# 모두공인 공인중개사

## 슈퍼리멤버

**2차 | 공인중개사법령 및 중개실무·부동산공법·부동산공시법·부동산세법**

이현·깨알연구소 편저

1. OX 문제와 해설을 통해 명확한 개념 확인 및 오답 최소화
2. 시험에 출제되는 용어 그대로 반복 훈련
3. 슈퍼리멤버 APP과 100% 연동으로 언제 어디서든 간편한 복습

**2023 최신개정판**

동영상강의·무료강의·해설강의·다양한 학습자료 | www.modooland.com

신조사 × 모두공인

## 머|리|말

### 1. 너를 꼭 기억할게!

공인중개사 시험은 민법과 부동산학개론을 기초로 하여 전 과목이 모두 하나로 연결되어 있습니다. 비슷한 내용들이 머릿속에서 소용돌이 치며 내 것이 되지 못합니다. 모든 시험이 그렇듯이 합격은 암기에 달려 있습니다. 어제 이해한 내용도 오늘은 다른 것과 뒤섞여 혼돈 속에 빠집니다. 이런 현상이 반복되다 보면 결국에는 자포자기하게 됩니다.

암기는 머리로 하는 게 아니라 맷집으로 합니다. 한 번, 두 번, 세 번 그래도 안 되면 열 번을 반복하다 보면 어느 새 내용이 이해되지 않아도 오답임을 알 수 있습니다. 「슈퍼리멤버」는 합격에 필요한 지문만을 선별하였으므로 자투리 시간에 무한 반복하시면 저절로 암기되는 기적을 보실 수 있습니다.

### 2. 기출은 합격이다!

「슈퍼리멤버」는 기출 OX 지문으로 구성되어 있습니다. 다시 〈핵.기.총〉을 찾아보지 않아도 해결될 수 있도록 친절한 해설을 실었습니다. 절대평가제 시험인 공인중개사 시험에서는 변형된 지문보다는 실제 출제된 지문이 일정 분량 이상 반복됩니다. 따라서 기출 지문만 익숙하게 되면 합격점수인 60점은 충분히 넘길 수 있습니다. 어려운 걸 맞추기 보다는 쉬운 걸 실수하지 않는 것이 합격하기에 가장 쉬운 방법입니다.

### 3. 강의와 교재의 크로스 체크!

강의만 계속 듣거나 교재만 계속 본다고 내용이 저절로 정리되지는 않습니다. 밥만 굶는다고 살이 빠지는 것이 아니라 운동을 병행해야 하듯이 강의를 들으면 반드시 교재로 확인을 하셔야 합니다. 자투리 시간을 최대한 활용하여 인강을 듣고 자기 전에 또는 아침에 눈을 뜨자마자 30분 정도는 책으로 확인을 하셔야 합니다. 교재 확인 작업은 늦어도 1주일 안에 하셔야 하고, 그 시간이 지나면 강의 내용이 가물가물해져서 책을 봐도 무슨 말인지 모르고, 졸리기만 합니다. 이 과정을 계속 반복하다 보면 어느 순간 아무 생각 없이 강의만 들어도 책 내용이 머릿속에 그려지고, 문제의 정답이 자동으로 보이기 시작합니다.

### 4. 오늘의 고통은 내일의 추억이다!

오늘의 힘든 하루를 버티면 내일은 아름다운 추억입니다. 부디 나 자신에게 부끄럽지 않게 열심히 하셔서 꼭 합격하시기를 기원합니다.

부동산 민법 및 공시법 강사

이현 드림

# 공인중개사 자격증,
# 좀 더 쉽게 공부하고 빠르게 합격할 수 없을까요?

기존의 40-50대 인기 자격증이던 공인중개사 시험이 최근 20-30대 수험생들에게까지 인기를 끌고 있어요. 많은 사람들이 빠르게 자격증 취득을 원하고 있지만, 현재 공인중개사 학원과 인강 사이트에서는 1년 내내 강의만 들어도 버거울 정도로 불필요하게 많은 컨텐츠를 제공하고 있어 단기간에 자격증을 취득하기 힘들어 보입니다. 게다가 우리가 평소에 흔하게 접하지 못한 법 과목이 많아 처음 공부하는 사람들에겐 더욱 생소하고 어렵게 느껴질 수 밖에없어요. 온전히 공인중개사 시험에만 시간을 투자하지 못하는 대학생, 직장인은 물론 주부까지도 조금 더 쉽게 공부하고 빠르게 합격할 수 있는 방법은 없을까요?

## 3단계 커리큘럼
### 이것만 공부해도 합격은 충분해요!

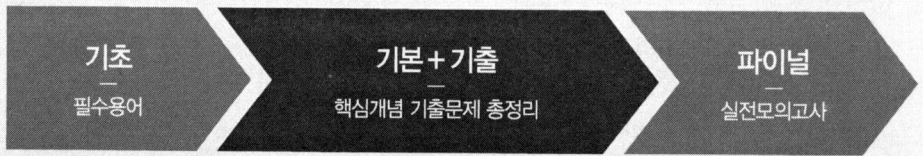

기초 - 기본 - 심화 - 기출 - 요약 - 모의고사까지 빈틈없이 꽉 짜여진 커리큘럼.
1년 내내 강의만 듣기에도 버거운 양인데 강의만 들으면 합격할 수 있을까요? 어떤 공부든 수강한 내용을 혼자 복습하는 시간을 가져야 온전히 내 것이 됩니다. 대부분의 단기 합격생들도 핵심개념과 기출 중심으로 반복 학습했다는 점을 합격 비법으로 뽑았어요.
모두공인에서는 단기 합격생의 비법에서 착안한 핵심개념과 기출 중심의 3단계 커리큘럼으로 강의는 최소화하고 혼공 시간을 확보해 드려요. 또한, 핵심개념과 기출을 한 번에 학습하는 〈핵.기.총〉 강의와 교재는 단권화 반복 학습에 최적화되어 있어요.

## 3·4·3 공부법
### 어려운 건 과감히 버려야 합격해요!

열심히 공부해도 맞히기 어려운 30%의 상급 난이도 내용은 과감하게 버리세요.
누구나 공부만 하면 쉽게 맞힐 수 있는 나머지 70%에 집중한다면 합격 점수는 충분하고, 학습양은 줄어듭니다. 과목당 40문제를 풀어야 하는 실제 시험은 시간 싸움입니다. 3·4·3 공부법에 맞춰 어려운 문제는 지문만 빠르게 읽어 찍고 넘어간다면 내가 공부한 70%의 문제 풀이에 집중할 수 있어 공부한 부분은 확실하게 맞히고 합격할 수 있어요.

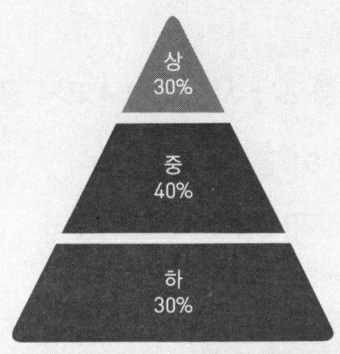

공인중개사 시험 문제 난이도 구성

## 과목별 다른 목표 점수
### 평균 70점을 목표로 공부해요!

공인중개사 시험은 평균 60점 이상이면 합격하는 절대평가 시험이에요. 고득점을 맞는다고 실무를 더 잘하게 되는 것은 아니기 때문에, 우리는 100점이 아닌 '합격'을 목표로 공부해야 해요.
모두공인은 빠른 합격이라는 목표를 달성하기 위해 과목 난이도에 따라 목표 점수를 다르게 설정합니다. 공인중개사 6과목의 난이도는 모두 다르기 때문에, 쉬운 과목에서 고득점을 하고 어려운 과목은 목표 점수를 낮게 잡아 평균 70점이 나오도록 전략적으로 공부하세요.

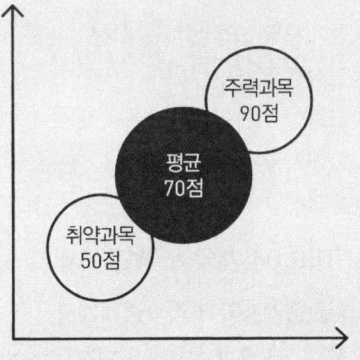

평균 70점 완성 전략

# 차 례

## 공인중개사 시험 2차 1교시 공인중개사법령 및 중개실무

### PART 01 공인중개사법령

#### CHAPTER 01 공인중개사 제도 … 3
- 01 공인중개사법 용어의 정의 ················································································ 4
- 02 중개대상물 ········································································································ 7
- 03 공인중개사 시험제도 및 정책심의위원회 ························································· 10
- 04 공인중개사 교육제도 ························································································ 15

#### CHAPTER 02 중개사무소 개설등록 … 19
- 05 중개사무소 개설등록 ························································································ 20
- 06 결격사유 ············································································································ 27
- 07 겸업할 수 있는 업무 ························································································ 30

#### CHAPTER 03 중개사무소의 설치와 이전 … 35
- 08 중개사무소의 설치와 이전 ················································································ 36
- 09 인장등록 ············································································································ 43
- 10 고용인 ················································································································ 46
- 11 중개사무소 명칭 및 표시·광고 ········································································ 50
- 12 휴업신고 및 폐업신고 ······················································································ 55

#### CHAPTER 04 계약과 책임 그리고 보수 … 59
- 13 일반중개계약과 전속중개계약 ·········································································· 60
- 14 확인·설명과 확인·설명서 ·············································································· 66
- 15 거래계약서 ········································································································ 75

16 손해배상책임과 반환채무이행보장 · · · · · · · · · · · · · · · · · · · · · · · · · · · · · · · · · · · · · · · 79
　　17 중개보수 · · · · · · · · · · · · · · · · · · · · · · · · · · · · · · · · · · · · · · · · · · · · · · · · · · · · · · · · · · · · · · · · · · · · · · 84

## CHAPTER 05 부동산거래정보망과 협회 ··· 89

　　18 부동산거래정보망 · · · · · · · · · · · · · · · · · · · · · · · · · · · · · · · · · · · · · · · · · · · · · · · · · · · · · · · · · · · · · · 90
　　19 공인중개사협회 · · · · · · · · · · · · · · · · · · · · · · · · · · · · · · · · · · · · · · · · · · · · · · · · · · · · · · · · · · · · · · · · 93
　　20 포상금 및 행정수수료 · · · · · · · · · · · · · · · · · · · · · · · · · · · · · · · · · · · · · · · · · · · · · · · · · · · · · · · · 98

## CHAPTER 06 행정처분과 행정형벌 ··· 103

　　21 금지행위 · · · · · · · · · · · · · · · · · · · · · · · · · · · · · · · · · · · · · · · · · · · · · · · · · · · · · · · · · · · · · · · · · · · · · · 104
　　22 자격취소와 자격정지 · · · · · · · · · · · · · · · · · · · · · · · · · · · · · · · · · · · · · · · · · · · · · · · · · · · · · · · · 108
　　23 절대적 등록취소와 상대적 등록취소 · · · · · · · · · · · · · · · · · · · · · · · · · · · · · · · · · · · · 114
　　24 업무정지 · · · · · · · · · · · · · · · · · · · · · · · · · · · · · · · · · · · · · · · · · · · · · · · · · · · · · · · · · · · · · · · · · · · · · · 121
　　25 행정처분 효과의 승계 · · · · · · · · · · · · · · · · · · · · · · · · · · · · · · · · · · · · · · · · · · · · · · · · · · · · · · · 124
　　26 벌칙(행정형벌) · · · · · · · · · · · · · · · · · · · · · · · · · · · · · · · · · · · · · · · · · · · · · · · · · · · · · · · · · · · · · · · 126
　　27 벌칙(과태료) · · · · · · · · · · · · · · · · · · · · · · · · · · · · · · · · · · · · · · · · · · · · · · · · · · · · · · · · · · · · · · · · · 131

# PART 02 부동산 거래신고 등에 관한 법령

## CHAPTER 01 부동산 거래신고 등에 관한 법령 ··· 137

　　28 부동산 거래신고 · · · · · · · · · · · · · · · · · · · · · · · · · · · · · · · · · · · · · · · · · · · · · · · · · · · · · · · · · · · · 138
　　29 외국인 등의 부동산 취득·보유신고 · · · · · · · · · · · · · · · · · · · · · · · · · · · · · · · · · · · · · · 149
　　30 토지거래허가제도 · · · · · · · · · · · · · · · · · · · · · · · · · · · · · · · · · · · · · · · · · · · · · · · · · · · · · · · · · · · 155
　　31 행정형벌·과태료 및 포상금 · · · · · · · · · · · · · · · · · · · · · · · · · · · · · · · · · · · · · · · · · · · · · · · 166
　　32 부동산 정보관리 등 · · · · · · · · · · · · · · · · · · · · · · · · · · · · · · · · · · · · · · · · · · · · · · · · · · · · · · · · · 170

## PART 03 부동산 중개실무

### CHAPTER 01 부동산 중개실무 ··· 173

33 주택임대차보호법 ········································································· 174
34 상가건물 임대차보호법 ································································ 180
35 경매 관련 실무 ············································································ 186
36 매수신청대리 ··············································································· 190
37 장사 등에 관한 법률 ··································································· 196
38 부동산 실권리자명의 등기에 관한 법률 ····································· 200
39 중개실무의 그 밖의 법률 ···························································· 204

## 공인중개사 시험 2차 1교시 부동산공법

## PART 01 국토의 계획 및 이용에 관한 법률

### CHAPTER 01 국토의 계획 및 이용에 관한 법률(1) ··· 211

01 광역도시계획 ··············································································· 212
02 도시·군기본계획 ········································································· 218
03 도시·군관리계획 ········································································· 221

### CHAPTER 02 국토의 계획 및 이용에 관한 법률(2) ··· 229

04 용도지역 ······················································································ 230
05 용도지구 ······················································································ 236
06 용도구역 ······················································································ 240

07 지구단위계획 · · · · · · · · · · · · · · · · · · · · · · · · · · · · · · · · · · · · · · · · · · · · · · · · · · · · · · · · · · 244
08 도시 · 군계획시설사업 · · · · · · · · · · · · · · · · · · · · · · · · · · · · · · · · · · · · · · · · · · · · · · · · · 250

## CHAPTER 03 국토의 계획 및 이용에 관한 법률(3) ··· 265

09 개발행위허가 · · · · · · · · · · · · · · · · · · · · · · · · · · · · · · · · · · · · · · · · · · · · · · · · · · · · · · · · · · 266
10 개발밀도관리구역과 기반시설부담구역 · · · · · · · · · · · · · · · · · · · · · · · · · · · · · · · · · 275

# PART 02 도시개발법

## CHAPTER 01 도시개발법 ··· 283

11 개발계획 · · · · · · · · · · · · · · · · · · · · · · · · · · · · · · · · · · · · · · · · · · · · · · · · · · · · · · · · · · · · · · · · 284
12 도시개발구역의 지정 · · · · · · · · · · · · · · · · · · · · · · · · · · · · · · · · · · · · · · · · · · · · · · · · · · · 288
13 도시개발구역의 시행자 · · · · · · · · · · · · · · · · · · · · · · · · · · · · · · · · · · · · · · · · · · · · · · · · 293
14 도시개발조합 및 실시계획 · · · · · · · · · · · · · · · · · · · · · · · · · · · · · · · · · · · · · · · · · · · · · 296
15 수용 또는 사용방식의 사업시행 · · · · · · · · · · · · · · · · · · · · · · · · · · · · · · · · · · · · · · · 302
16 환지방식의 사업시행 · · · · · · · · · · · · · · · · · · · · · · · · · · · · · · · · · · · · · · · · · · · · · · · · · · 309
17 도시개발사업의 비용부담 · · · · · · · · · · · · · · · · · · · · · · · · · · · · · · · · · · · · · · · · · · · · · 315

# PART 03 도시 및 주거환경정비법

## CHAPTER 01 도시 및 주거환경정비법 ··· 321

18 도시 및 주거환경정비법 용어의 정의 · · · · · · · · · · · · · · · · · · · · · · · · · · · · · · · · · 322
19 기본계획의 수립 및 정비구역의 지정 · · · · · · · · · · · · · · · · · · · · · · · · · · · · · · · · · 324
20 정비사업의 시행 · · · · · · · · · · · · · · · · · · · · · · · · · · · · · · · · · · · · · · · · · · · · · · · · · · · · · · · · 331
21 정비조합 · · · · · · · · · · · · · · · · · · · · · · · · · · · · · · · · · · · · · · · · · · · · · · · · · · · · · · · · · · · · · · · · 336

22 사업시행계획 · · · · · · · · · · · · · · · · · · · · · · · · · · · · · · · · · · · · · · · · · · · · · · · · · · · · · · · · · · · · · · · · · · · · · 342
23 관리처분계획 · · · · · · · · · · · · · · · · · · · · · · · · · · · · · · · · · · · · · · · · · · · · · · · · · · · · · · · · · · · · · · · · · · · · · 345
24 공사완료와 청산금 및 비용부담 · · · · · · · · · · · · · · · · · · · · · · · · · · · · · · · · · · · · · · · · · · · · · · · · 351

## PART 04 건축법

### CHAPTER 01 건축법 ··· 357

25 건축법 용어의 정의 · · · · · · · · · · · · · · · · · · · · · · · · · · · · · · · · · · · · · · · · · · · · · · · · · · · · · · · · · · · 358
26 건축법의 적용과 용도변경 · · · · · · · · · · · · · · · · · · · · · · · · · · · · · · · · · · · · · · · · · · · · · · · · · · · · 365
27 건축허가 및 신고 · · · · · · · · · · · · · · · · · · · · · · · · · · · · · · · · · · · · · · · · · · · · · · · · · · · · · · · · · · · · · · 368
28 대지와 도로 · · · · · · · · · · · · · · · · · · · · · · · · · · · · · · · · · · · · · · · · · · · · · · · · · · · · · · · · · · · · · · · · · · · 380
29 면적과 높이 · · · · · · · · · · · · · · · · · · · · · · · · · · · · · · · · · · · · · · · · · · · · · · · · · · · · · · · · · · · · · · · · · · · 384
30 건축물의 구조 안전 및 재료 · · · · · · · · · · · · · · · · · · · · · · · · · · · · · · · · · · · · · · · · · · · · · · · · · · 388
31 특별건축구역 및 건축협정 · · · · · · · · · · · · · · · · · · · · · · · · · · · · · · · · · · · · · · · · · · · · · · · · · · · · 391
32 건축위원회 및 이행강제금 · · · · · · · · · · · · · · · · · · · · · · · · · · · · · · · · · · · · · · · · · · · · · · · · · · · · 398

## PART 05 주택법

### CHAPTER 01 주택법 ··· 403

33 주택법 용어의 정의 · · · · · · · · · · · · · · · · · · · · · · · · · · · · · · · · · · · · · · · · · · · · · · · · · · · · · · · · · · · 404
34 주택건설사업과 주택조합 · · · · · · · · · · · · · · · · · · · · · · · · · · · · · · · · · · · · · · · · · · · · · · · · · · · · · 411
35 주택상환사채 · · · · · · · · · · · · · · · · · · · · · · · · · · · · · · · · · · · · · · · · · · · · · · · · · · · · · · · · · · · · · · · · · · 420
36 사업계획승인 · · · · · · · · · · · · · · · · · · · · · · · · · · · · · · · · · · · · · · · · · · · · · · · · · · · · · · · · · · · · · · · · · · 423
37 매도청구 및 사용검사 · · · · · · · · · · · · · · · · · · · · · · · · · · · · · · · · · · · · · · · · · · · · · · · · · · · · · · · · · 428
38 주택의 공급 및 전매행위 제한 · · · · · · · · · · · · · · · · · · · · · · · · · · · · · · · · · · · · · · · · · · · · · · · · 432

39 리모델링 등 · · · · · · · · · · · · · · · · · · · · · · · · · · · · · · · · · · · · · · · · · · · · · · · · · · · · · · · · · · · · · · · · · · · · · · · · · · · · 442

## PART 06 농지법

### CHAPTER 01 농지법 ··· 447

　40 농지법 용어의 정의 · · · · · · · · · · · · · · · · · · · · · · · · · · · · · · · · · · · · · · · · · · · · · · · · · · · · · · · · · · · · · · · 448
　41 농지의 소유 · · · · · · · · · · · · · · · · · · · · · · · · · · · · · · · · · · · · · · · · · · · · · · · · · · · · · · · · · · · · · · · · · · · · · · · · · · 450
　42 농지의 이용 · 보전 · 전용 · · · · · · · · · · · · · · · · · · · · · · · · · · · · · · · · · · · · · · · · · · · · · · · · · · · · · 455

## 공인중개사 시험 2차 2교시 부동산공시법　461

### CHAPTER 01 공간정보의 구축 및 관리에 관한 법률 ··· 463

　01 토지의 등록 · · · · · · · · · · · · · · · · · · · · · · · · · · · · · · · · · · · · · · · · · · · · · · · · · · · · · · · · · · · · · · · · · · · · · · · · · · 464
　02 지적공부 · · · · · · · · · · · · · · · · · · · · · · · · · · · · · · · · · · · · · · · · · · · · · · · · · · · · · · · · · · · · · · · · · · · · · · · · · · · · · · 475
　03 토지의 이동 및 지적정리 · · · · · · · · · · · · · · · · · · · · · · · · · · · · · · · · · · · · · · · · · · · · · · · · · · · · · 484
　04 지적측량 · · · · · · · · · · · · · · · · · · · · · · · · · · · · · · · · · · · · · · · · · · · · · · · · · · · · · · · · · · · · · · · · · · · · · · · · · · · · · · 494

### CHAPTER 02 부동산등기법 ··· 501

　05 등기법 총칙 · · · · · · · · · · · · · · · · · · · · · · · · · · · · · · · · · · · · · · · · · · · · · · · · · · · · · · · · · · · · · · · · · · · · · · · · · · 502
　06 등기절차의 개시 · · · · · · · · · · · · · · · · · · · · · · · · · · · · · · · · · · · · · · · · · · · · · · · · · · · · · · · · · · · · · · · · · · 510
　07 등기관의 처분과 이의신청 · · · · · · · · · · · · · · · · · · · · · · · · · · · · · · · · · · · · · · · · · · · · · · · · · · · 523
　08 소유권에 관한 등기절차 · · · · · · · · · · · · · · · · · · · · · · · · · · · · · · · · · · · · · · · · · · · · · · · · · · · · · · · 530
　09 소유권 이외의 권리에 관한 등기절차 · · · · · · · · · · · · · · · · · · · · · · · · · · · · · · · · · · · · 542
　10 각종 등기절차 · · · · · · · · · · · · · · · · · · · · · · · · · · · · · · · · · · · · · · · · · · · · · · · · · · · · · · · · · · · · · · · · · · · · · · · 550

## 공인중개사 시험 2차 2교시 부동산세법

### PART 01 조세총론

#### CHAPTER 01 조세총론 … 565

    01 조세의 기초 · · · · · · · · · · · · · · · · · · · · · · · · · · · · · · · · · · · · · · · · · · · · · · · · · · · · · · · · · · · · · · · · 566
    02 납세의무 · · · · · · · · · · · · · · · · · · · · · · · · · · · · · · · · · · · · · · · · · · · · · · · · · · · · · · · · · · · · · · · · · · · · 570
    03 조세우선권과 조세불복 · · · · · · · · · · · · · · · · · · · · · · · · · · · · · · · · · · · · · · · · · · · · · · · · · · · 574

### PART 02 지방세

#### CHAPTER 01 취득세 … 579

    04 취득세 과세대상과 납세의무자 · · · · · · · · · · · · · · · · · · · · · · · · · · · · · · · · · · · · · · · · · · · 580
    05 취득세 과세표준과 세율 · · · · · · · · · · · · · · · · · · · · · · · · · · · · · · · · · · · · · · · · · · · · · · · · · · · 588
    06 취득세 부과 · 징수 · · · · · · · · · · · · · · · · · · · · · · · · · · · · · · · · · · · · · · · · · · · · · · · · · · · · · · · · · 596

#### CHAPTER 02 등록면허세 … 599

    07 등록면허세 과세대상과 납세의무자 · · · · · · · · · · · · · · · · · · · · · · · · · · · · · · · · · · · · · · 600
    08 등록면허세 과세표준과 세율 · · · · · · · · · · · · · · · · · · · · · · · · · · · · · · · · · · · · · · · · · · · · · · 603
    09 등록면허세 부과 · 징수 · · · · · · · · · · · · · · · · · · · · · · · · · · · · · · · · · · · · · · · · · · · · · · · · · · · · 607

#### CHAPTER 03 재산세 … 609

    10 재산세 과세대상과 납세의무자 · · · · · · · · · · · · · · · · · · · · · · · · · · · · · · · · · · · · · · · · · · · 610
    11 재산세 과세표준과 세율 · · · · · · · · · · · · · · · · · · · · · · · · · · · · · · · · · · · · · · · · · · · · · · · · · · · 616
    12 재산세 부과 · 징수 · · · · · · · · · · · · · · · · · · · · · · · · · · · · · · · · · · · · · · · · · · · · · · · · · · · · · · · · · 621

## PART 03 국세

### CHAPTER 01 종합부동산세 ⋯ 627

13 종합부동산세 과세대상과 납세의무자 · · · · · · · · · · · · · · · · · · · · · · · · · · · · · · · · · · · · · · · · · · · · 628
14 종합부동산세 과세표준과 세율 · · · · · · · · · · · · · · · · · · · · · · · · · · · · · · · · · · · · · · · · · · · · · · · · · · · · · · 632
15 종합부동산세 부과·징수 · · · · · · · · · · · · · · · · · · · · · · · · · · · · · · · · · · · · · · · · · · · · · · · · · · · · · · · · · · · · · · · 636

### CHAPTER 02 종합소득세 ⋯ 639

16 종합소득세 · · · · · · · · · · · · · · · · · · · · · · · · · · · · · · · · · · · · · · · · · · · · · · · · · · · · · · · · · · · · · · · · · · · · · · · · · · · · · · · · 640

### CHAPTER 03 양도소득세 ⋯ 645

17 양도소득세 과세대상 · · · · · · · · · · · · · · · · · · · · · · · · · · · · · · · · · · · · · · · · · · · · · · · · · · · · · · · · · · · · · · · · · 646
18 비과세 양도소득 · · · · · · · · · · · · · · · · · · · · · · · · · · · · · · · · · · · · · · · · · · · · · · · · · · · · · · · · · · · · · · · · · · · · · · · · 649
19 양도시기와 취득시기 · · · · · · · · · · · · · · · · · · · · · · · · · · · · · · · · · · · · · · · · · · · · · · · · · · · · · · · · · · · · · · · · · · 653
20 양도차익의 계산 · · · · · · · · · · · · · · · · · · · · · · · · · · · · · · · · · · · · · · · · · · · · · · · · · · · · · · · · · · · · · · · · · · · · · · · · 656
21 양도차익 특례 · · · · · · · · · · · · · · · · · · · · · · · · · · · · · · · · · · · · · · · · · · · · · · · · · · · · · · · · · · · · · · · · · · · · · · · · · · · 660
22 양도소득세 과세표준과 산출세액 · · · · · · · · · · · · · · · · · · · · · · · · · · · · · · · · · · · · · · · · · · · · · · · · · · 665
23 양도소득세 신고 및 납부 · · · · · · · · · · · · · · · · · · · · · · · · · · · · · · · · · · · · · · · · · · · · · · · · · · · · · · · · · · · · · 671
24 국외자산양도에 대한 양도소득 · · · · · · · · · · · · · · · · · · · · · · · · · · · · · · · · · · · · · · · · · · · · · · · · · · · · · 676

공인중개사 시험 2차 1교시
# 공인중개사법령 및 중개실무

모두공인공인중개사슈퍼리멤버

# PART 01
# 공인중개사법령

# CHAPTER 01

# 공인중개사 제도

| 2014년 | 2015년 | 2016년 | 2017년 | 2018년 | 2019년 | 2020년 | 2021년 | 2022년 |
|---|---|---|---|---|---|---|---|---|
| 4문 | 3문 | 5문 | 4문 | 3문 | 4문 | 2문 | 2문 | 4문 |

**핵심 01** | 공인중개사법 용어의 정의
**핵심 02** | 중개대상물
**핵심 03** | 공인중개사 시험제도 및 정책심의위원회
**핵심 04** | 공인중개사 교육제도

# 공인중개사법 용어의 정의

## 1 공인중개사법 제정목적

**01** | 공인중개사 2009년

공인중개사의 업무 등에 관한 사항을 정하여 그 전문성을 제고하는 것은 공인중개사법상 명문으로 규정된 목적에 해당한다. ( )

**02** | 공인중개사 2009년

개업공인중개사의 공신력을 제고하는 것은 공인중개사법상 명문으로 규정된 목적에 해당한다. ( )

## 2 중개

**03** | 공인중개사 2018·2022년

중개라 함은 중개대상물에 대하여 거래당사자 간의 매매·교환·임대차 그 밖의 권리의 득실변경에 관한 행위를 알선하는 것을 말한다. ( )

**04** | 공인중개사 2015년

'중개'의 정의에서 말하는 '그 밖의 권리'에 저당권은 포함되지 않는다. ( )

---

02 (×) 공인중개사법은 공인중개사의 업무 등에 관한 사항을 정하여 그 전문성을 제고하고 부동산중개업을 건전하게 육성하여 국민경제에 이바지함을 목적으로 한다.

04 (×) 지상권, 지역권, 전세권, 저당권, 임차권은 중개대상에 해당한다. 이와 달리 점유권, 질권은 중개대상에 해당하지 않는다.

**보충** 중개에 해당하는 그 밖의 권리는 다음과 같다.
① 지상권, 지역권, 전세권, 저당권, 임차권은 중개대상에 해당한다.
② 점유권, 질권은 중개대상에 해당하지 않는다.
③ 유치권의 성립은 중개대상에 해당하지 않지만 유치권의 양도, 유치권이 성립된 건물은 중개대상에 해당한다.
④ 법정지상권의 성립은 중개대상에 해당하지 않지만 법정지상권의 양도, 법정지상권이 성립된 토지는 중개대상에 해당한다.
⑤ 등기된 환매권은 중개대상에 해당한다.

**정답** 01 (○), 02 (×), 03 (○), 04 (×)

**05** | 공인중개사 2015년

법정지상권을 양도하는 행위를 알선하는 것은 중개에 해당한다. ( )

**06** | 공인중개사 2017년

개업공인중개사의 행위가 손해배상책임을 발생시킬 수 있는 '중개행위'에 해당하는지는 객관적으로 보아 사회통념상 거래의 알선·중개를 위한 행위라고 인정되는지에 따라 판단해야 한다. ( )

## 3 중개업

**07** | 공인중개사 2018·2022년

중개업이라 함은 다른 사람의 의뢰에 의하여 일정한 보수를 받고 중개를 업으로 행하는 것을 말한다. ( )

**08** | 공인중개사 2015·2016년

우연한 기회에 단 1회 임대차계약의 중개를 하고 보수를 받은 사실만으로는 중개를 업으로 한 것이라고 볼 수 없다. ( )

**09** | 공인중개사 2014년

중개사무소의 개설등록을 하지 않은 자가 일정한 보수를 받고 중개를 업으로 행한 경우, 중개업에 해당하지 않는다. ( )

**10** | 공인중개사 2013·2014년

일정한 보수를 받고 부동산중개행위를 부동산컨설팅행위에 부수하여 업으로 하는 경우, 중개업에 해당하지 않는다. ( )

## 4 공인중개사와 개업공인중개사

**11** | 공인중개사 2014년·2018년

공인중개사라 함은 공인중개사자격을 취득한 자를 말한다. ( )

---

09 (×) 중개사무소 개설등록을 하지 않은 자가 다른 사람의 의뢰에 의하여 일정한 보수를 받고 중개를 업으로 하는 것도 중개업에 해당한다. 즉, 무등록중개업도 중개업에 해당하며 3년 이하의 징역 또는 3천만 원 이하의 벌금에 처한다.

10 (×) 중개행위가 부동산 컨설팅행위에 부수하여 이루어졌다고 하여 이를 중개업에 해당하지 않는다고 볼 것은 아니다. 즉, 중개업에 해당한다.

**정답** 05 (○), 06 (○), 07 (○), 08 (○), 09 (×), 10 (×), 11 (○)

**12** | 공인중개사 2015·2017년

'공인중개사'에는 외국법에 따라 공인중개사자격을 취득한 자도 포함된다.  ( )

**13** | 공인중개사 2018년

개업공인중개사라 함은 공인중개사자격을 가지고 중개를 업으로 하는 자를 말한다. ( )

### 5  소속공인중개사와 중개보조원

**14** | 공인중개사 2015년

소속공인중개사란 법인인 개업공인중개사에 소속된 공인중개사만을 말한다.  ( )

**15** | 공인중개사 2014·2016·2019년

소속공인중개사에는 개업공인중개사인 법인의 사원 또는 임원으로서 공인중개사인 자가 포함된다.  ( )

**16** | 공인중개사 2013·2016년

공인중개사로서 개업공인중개사에 고용되어 그의 중개업무를 보조하는 자도 소속공인중개사이다.  ( )

**17** | 공인중개사 2022년

중개보조원은 공인중개사가 아닌 자로서 개업공인중개사에 소속되어 개업공인중개사의 중개업무와 관련된 단순한 업무를 보조하는 자를 말한다.  ( )

**18** | 공인중개사 2015년

중개보조원이란 공인중개사가 아닌 자로서 개업공인중개사에 소속되어 중개대상물에 대한 현장안내와 중개대상물의 확인·설명의무를 부담하는 자를 말한다.  ( )

---

12 (×) 공인중개사란 공인중개사법에 의한 공인중개사자격을 취득한 자를 말한다.
13 (×) 개업공인중개사란 공인중개사법에 의하여 중개사무소의 개설등록을 한 자를 말한다.
14 (×) 소속공인중개사에는 법인인 개업공인중개사에 소속된 공인중개사 외에도 개인인 개업공인중개사에게 소속된 공인중개사도 포함된다.
18 (×) 중개보조원은 공인중개사가 아닌 자로서 현장안내 및 일반사무 등 단순한 업무를 보조하는 자이다. 중개보조원은 중개대상물의 확인·설명의무를 부담하지 않는다.

**정답** 12 (×), 13 (×), 14 (×), 15 (○), 16 (○), 17 (○), 18 (×)

# 02 중개대상물

## 1 토지 건축물 및 그 밖의 토지의 정착물

**01** | 공인중개사 **2021년**
지목이 양어장인 토지는 중개대상물에 해당한다. ( )

**02** | 공인중개사 **2020년**
가압류된 토지는 중개대상물에 해당한다. ( )

**03** | 공인중개사 **2018년**
토지거래허가구역 내의 토지는 중개대상물에 해당한다. ( )

**04** | 공인중개사 **2015년**
공용폐지가 되지 아니 한 행정재산인 토지는 중개대상물에 해당하지 않는다. ( )

**05** | 공인중개사 **2020년**
토지의 정착물인 미등기 건축물은 중개대상물에 해당한다. ( )

**06** | 공인중개사 **2016년**
유치권이 행사되고 있는 건물도 중개대상물이 될 수 있다. ( )

**07** | 공인중개사 **2022년**
동·호수가 특정되어 분양계약이 체결된 아파트분양권은 중개대상물에 해당한다. ( )

**08** | 공인중개사 **2015·2017·2018년**
피분양자가 선정된 장차 건축될 특정의 건물은 중개대상물에 해당한다. ( )

---

06 (○) 유치권의 성립은 중개대상물에 해당하지 않지만 유치권이 성립된 건물은 중개대상물에 해당한다.

**정답** 01 (○), 02 (○), 03 (○), 04 (○), 05 (○), 06 (○), 07 (○), 08 (○)

**09** | 공인중개사 2022년

아파트 추첨기일에 신청하여 당첨되면 아파트의 분양예정자로 선정될 수 있는 지위인 입주권은 중개대상물에 해당한다. ( )

**10** | 공인중개사 2014·2015·2017·2021·2022년

주택이 철거될 경우 일정한 요건 하에 택지개발지구 내에 이주자 택지를 공급받을 지위인 대토권은 중개대상물에 해당한다. ( )

## 2 입목, 광업재단 및 공업재단

**11** | 공인중개사 2018년

「입목에 관한 법률」의 적용을 받지 않으나 명인방법을 갖춘 수목의 집단은 중개대상물에 해당한다. ( )

**12** | 공인중개사 2015년

「입목에 관한 법률」에 따라 등기된 입목은 중개대상물에 해당한다. ( )

**13** | 공인중개사 2021년

토지로부터 분리된 수목은 중개대상물에 해당한다. ( )

**14** | 공인중개사 2020년

「공장 및 광업재단 저당법」에 따른 공장재단은 중개대상물에 해당한다. ( )

---

09 (×) 아파트의 분양예정자로 선정될 수 있는 지위를 가리키는 데에 불과한 입주권은 중개대상물에 해당하지 않는다.
10 (×) 주택이 철거될 경우 일정한 요건 하에 택지개발지구 내에 이주자 택지를 공급받을 지위인 대토권은 공인중개사법령상 중개대상물에 해당하지 않는다.
13 (×) 명인방법을 갖추지 않았거나 「입목에 관한 법률」에 따라 등기되지 않은 수목은 중개대상물에 해당하지 않는다.

**정답** 09 (×), 10 (×), 11 (○), 12 (○), 13 (×), 14 (○)

## 3 중개대상물에 해당하지 않는 것

**15** | 공인중개사 2014년
20톤 이상의 선박은 공인중개사법령상 중개대상물에 해당한다. ( )

**16** | 공인중개사 2014·2021년
미채굴광물, 온천수, 금전채권, 점유는 공인중개사법령상 중개대상물에 해당하지 않는다. ( )

**17** | 공인중개사 2014·2017·2020·2021년
영업용 건물의 영업시설·비품 등 유형물이나 거래처, 신용 등 무형의 재산적 가치는 공인중개사법령상 중개대상물에 해당한다. ( )

---

15 (×) 자동차, 선박, 항공기는 중개대상물에 해당하지 않는다.

17 (×) 거래처, 신용, 영업상의 노하우 또는 점포 위치에 따른 영업상의 이점 등 무형의 재산적 가치는 중개대상물에 해당하지 않는다.

**정답** 15 (×), 16 (○), 17 (×)

# 03 공인중개사 시험제도 및 정책심의위원회

## 1 공인중개사 시험제도

**01 | 공인중개사 2019년**
국토교통부장관이 직접 공인중개사자격시험을 시행하려는 경우에는 미리 공인중개사 정책심의위원회의 의결을 미리 거쳐야 한다. ( )

**02 | 공인중개사 2017년**
부득이한 사정으로 해당 연도의 공인중개사자격시험을 시행하지 않을 것인지 여부에 관한 의결은 정책심의위원회의 심의·의결사항이다. ( )

**03 | 공인중개사 2019년**
시험시행기관장은 시험을 시행하려는 때에는 시험시행에 관한 개략적인 사항을 전년도 12월 31일까지 일간신문, 관보, 방송 중 하나 이상에 공고하고, 인터넷 홈페이지 등에도 이를 공고해야 한다. ( )

**04 | 공인중개사 2016년**
공인중개사의 자격이 취소된 후 3년이 지나지 아니한 자는 공인중개사가 될 수 없다. ( )

**05 | 공인중개사 2019년**
시험시행기관장은 시험에서 부정한 행위를 한 응시자에 대하여는 그 시험을 무효로 하고, 그 처분이 있은 날부터 5년간 시험응시자격을 정지한다. ( )

**06 | 공인중개사 모의문제**
시험에 응시하고자 하는 자는 지방자치단체의 조례로 정한 수수료를 납부하여야 한다. ( )

---

03 (×) 시험시행기관의 장은 시험을 시행하려는 때에는 시험시행에 관한 개략적인 사항을 매년 2월 말일까지 관보 및 일간신문에 공고하여야 한다.

**정답** 01 (○), 02 (○), 03 (×), 04 (○), 05 (○), 06 (○)

**07** | 공인중개사 모의문제

국토교통부장관이 시행하는 시험에 응시하고자 하는 자는 국토교통부장관이 결정·공고한 수수료를 납부하여야 한다. ( )

## 2 공인중개사 자격증

**08** | 공인중개사 2016·2022년

시·도지사는 공인중개사자격시험 합격자의 결정·공고일로부터 2개월 이내에 시험합격자에 관한 사항을 공인중개사자격증 교부대장에 기재한 후 자격증을 교부해야 한다. ( )

**09** | 공인중개사 2016·2019·2022년

공인중개사자격증의 재교부를 신청하는 자는 재교부신청서를 국토교통부장관에게 제출해야 한다. ( )

**10** | 공인중개사 2015·2022년

자격증의 재교부를 신청하는 자는 해당 지방자치단체의 조례가 정하는 바에 따라 수수료를 납부해야 한다. ( )

**11** | 공인중개사 2017·2022년

공인중개사는 유·무상 여부를 불문하고 자기의 공인중개사자격증을 양도해서는 아니 된다. ( )

**12** | 공인중개사 2013·2017년

공인중개사 자격증은 특정 업무를 위하여 일시적으로 대여할 수 있다. ( )

---

08 (×) 시·도지사는 공인중개사자격시험 합격자의 결정·공고일로부터 1개월 이내에 시험합격자에 관한 사항을 공인중개사자격증 교부대장에 기재한 후 자격증을 교부해야 한다.
09 (×) 자격증을 분실·훼손 시에는 자격증을 교부한 시·도지사에게 재교부신청을 할 수 있다.
12 (×) 공인중개사는 다른 사람에게 자기의 성명을 사용하여 중개업무를 하게 하거나 자기의 공인중개사자격증을 양도 또는 대여하여서는 아니 된다.

**정답** 07 (○), 08 (×), 09 (×), 10 (○), 11 (○), 12 (×)

**13** | 공인중개사 2016년

공인중개사자격증의 대여란 다른 사람이 그 자격증을 이용하여 공인중개사로 행세하면서 공인중개사의 업무를 행하려는 것을 알면서도 그에게 자격증 자체를 빌려주는 것을 말한다. ( )

**14** | 공인중개사 2020년

공인중개사가 아닌 자는 공인중개사 또는 이와 유사한 명칭을 사용하지 못한다. ( )

**15** | 공인중개사 2013·2015년

무자격자가 자신의 명함에 중개사무소명칭을 '부동산뉴스', 그 직함을 '대표'라고 기재하여 사용하였더라도, 이를 공인중개사와 유사한 명칭을 사용한 것이라고 볼 수 없다. ( )

**16** | 공인중개사 2016년

공인중개사가 다른 사람에게 자기의 성명을 사용하여 중개업무를 하게 한 경우, 시·도지사는 그 자격을 취소해야 한다. ( )

## 3 정책심의위원회

**17** | 공인중개사 2019년

국토교통부에 심의위원회를 둘 수 있다. ( )

**18** | 공인중개사 2017년

국토교통부장관이 직접 공인중개사자격시험 문제를 출제할 것인지 여부에 관한 의결은 정책심의위원회의 심의·의결사항이다. ( )

**19** | 공인중개사 2017·2022년

부득이한 사정으로 해당 연도의 공인중개사자격시험을 시행하지 않을 것인지 여부에 관한 의결은 정책심의위원회의 심의·의결사항이다. ( )

---

15 (×) 공인중개사가 아닌 자는 공인중개사 또는 이와 유사한 명칭을 사용하지 못한다. 무자격자가 자신의 명함에 중개사무소명칭을 '부동산뉴스', 그 직함을 '대표'라고 기재하여 사용하였다면, 이는 공인중개사와 유사한 명칭을 사용한 것이라고 본다.

**정답** 13 (○), 14 (○), 15 (×), 16 (○), 17 (○), 18 (○), 19 (○)

**20** | 공인중개사 2017·2021·2022년

중개보수 변경에 관한 사항의 심의는 정책심의위원회의 심의·의결사항이다. ( )

**21** | 공인중개사 2022년

손해배상책임의 보장 등에 관한 사항의 심의는 정책심의위원회의 심의·의결사항이다.
( )

**22** | 공인중개사 2017년

공인중개사협회의 설립인가에 관한 의결은 정책심의위원회의 심의·의결사항이다. ( )

**23** | 공인중개사 2016년

심의위원회에서 중개보수 변경에 관한 사항을 심의한 경우 시·도지사는 이에 따라야 한다.
( )

**24** | 공인중개사 2016·2019·2021년

심의위원회는 위원장 1명을 포함하여 7명 이상 11명 이내의 위원으로 구성한다. ( )

**25** | 공인중개사 2016·2021년

심위위원회 위원장은 국토교통부 제1차관이 된다. ( )

**26** | 공인중개사 2021년

위원장이 부득이한 사유로 직무를 수행할 수 없을 때에는 위원 중에서 호선된 자가 그 직무를 대행한다. ( )

---

23 (×) 심의·의결사항 중 공인중개사시험 등 공인중개사의 자격취득에 관한 사항의 경우에는 시·도지사는 심의위원회의 심의·의결사항을 따라야 한다.

26 (×) 위원장이 부득이한 사유로 직무를 수행할 수 없을 때에는 위원장이 미리 지명한 위원이 그 직무를 대행한다.

**정답** 20 (○), 21 (○), 22 (×), 23 (×), 24 (○), 25 (○), 26 (×)

**27** | 공인중개사 2019년

심의위원회의 위원장이 부득이한 사유로 직무를 수행할 수 없을 때에는 부위원장이 그 직무를 대행한다. ( )

**28** | 공인중개사 2019년

심의위원회의 회의는 재적위원 과반수의 출석으로 개의(開議)하고, 출석위원 과반수의 찬성으로 의결한다. ( )

**29** | 공인중개사 2017년

심의위원에 대한 기피신청을 받아들일 것인지 여부에 관한 의결은 정책심의위원회의 심의·의결사항이다. ( )

**30** | 공인중개사 2016년

심의위원회 위원이 해당 안건에 대하여 연구, 용역 또는 감정을 한 경우 심의위원회의 심의·의결에서 제척된다. ( )

**31** | 공인중개사 2019년

심의위원회의 위원이 해당 안건에 대하여 자문을 한 경우 심의위원회의 심의·의결에서 제척된다. ( )

---

27 (×) 위원장이 부득이한 사유로 직무를 수행할 수 없을 때에는 위원장이 미리 지명한 위원이 그 직무를 대행한다.

**정답** 27 (×), 28 (○), 29 (○), 30 (○), 31 (○)

# 공인중개사 교육제도

## 1 실무교육

**01** | 공인중개사 **2017년**
실무교육은 그에 관한 업무의 위탁이 없는 경우 시·도지사가 실시한다. ( )

**02** | 공인중개사 **2017년**
중개보조원은 고용신고일 전 1년 이내에 실무교육을 받아야 한다. ( )

**03** | 공인중개사 **2020년**
중개사무소 개설등록을 신청하려는 법인의 공인중개사가 아닌 사원은 실무교육 대상이 아니다. ( )

**04** | 공인중개사 **2013·2020년**
분사무소의 책임자인 공인중개사는 등록관청이 실시하는 실무교육을 받아야 한다. ( )

**05** | 공인중개사 **2013·2014·2016년**
폐업신고 후 1년 이내에 중개사무소의 개설등록을 다시 신청하려는 공인중개사는 실무교육을 받지 않아도 된다. ( )

---

02 (×) 중개보조원은 업무개시 전까지 직무교육을 이수하여야 한다.
03 (×) 법인의 공인중개사가 아닌 사원도 실무교육 대상이다. 법인의 경우 대표자, 사원 또는 임원의 전원은 실무교육을 받아야 한다.
04 (×) 등록관청(×), 시·도지사(○), 분사무소의 책임자인 공인중개사는 시·도지사가 실시하는 실무교육을 받아야 한다.

**정답** 01 (○), 02 (×), 03 (×), 04 (×), 05 (○)

**06** | 공인중개사 2015·2018·2020년

개업공인중개사로서 폐업신고를 한 후 1년 이내에 소속공인중개사로 고용신고를 하려는 자는 실무교육을 받아야 한다. ( )

**07** | 공인중개사 2013·2014·2016·2018년

개업공인중개사가 되려는 자의 실무교육시간은 26시간 이상 32시간 이하이다. ( )

## 2 직무교육

**08** | 공인중개사 2015년

소속공인중개사는 고용신고일 전 1년 이내에 직무교육을 받아야 한다. ( )

**09** | 공인중개사 2014·2015·2016년

고용관계 종료 신고 후 1년 이내에 고용신고를 다시 하려는 중개보조원도 직무교육은 받아야 한다. ( )

**10** | 공인중개사 2017년

직무교육의 교육시간은 3시간 이상 4시간 이하로 한다. ( )

**11** | 공인중개사 2020년

중개보조원이 받는 실무교육에는 부동산 중개 관련 법·제도의 변경사항이 포함된다. ( )

---

06 (×) 개업공인중개사로서 폐업신고를 한 후 1년 이내에 소속공인중개사로 고용신고를 하려는 자는 실무교육을 받지 않아도 된다.

07 (×) 개업공인중개사가 되려는 자의 실무교육시간은 28시간 이상 32시간 이하이다.

08 (×) 직무교육(×), 실무교육(○), 소속공인중개사는 고용신고일 전 1년 이내에 실무교육을 받아야 한다.

09 (×) 고용관계 종료 신고 후 1년 이내에 고용 신고를 다시 하려는 자는 직무교육을 받지 않아도 된다.

11 (×) 중개보조원은 실무교육이 아닌 직무교육을 받아야 하며, 직무교육에는 중개보조원의 직무수행에 필요한 직업윤리 등의 내용이 포함된다.

**정답** 06 (×), 07 (×), 08 (×), 09 (×), 10 (○), 11 (×)

## 3 연수교육

**12** | 공인중개사 2015·2017년

실무교육을 받은 개업공인중개사는 실무교육을 받은 후 2년 마다 시·도지사가 실시하는 직무교육을 받아야 한다. ( )

**13** | 공인중개사 2015·2016년

분사무소의 책임자가 되고자 하는 공인중개사는 고용신고일 전 1년 이내에 시·도지사가 실시하는 연수교육을 받아야 한다. ( )

**14** | 공인중개사 2018·2020년

소속공인중개사는 2년마다 국토교통부장관이 실시하는 연수교육을 받아야 한다. ( )

**15** | 공인중개사 2013·2016년

시·도지사는 연수교육을 실시하려는 경우 실무교육 또는 연수교육을 받은 후 2년이 되기 1개월 전까지 연수교육의 일시·장소·내용 등을 당사자에게 통지해야 한다. ( )

**16** | 공인중개사 2014·2015·2016·2020년

실무교육은 28시간 이상 32시간 이하, 연수교육은 3시간 이상 4시간 이하로 한다. ( )

---

12 (×) 직무교육(×), 연수교육(○), 실무교육을 받은 개업공인중개사는 실무교육을 받은 후 2년 마다 시·도지사가 실시하는 연수교육을 받아야 한다.

13 (×) 연수교육(×), 실무교육(○), 분사무소의 책임자가 되고자 하는 공인중개사는 고용신고일 전 1년 이내에 시·도지사가 실시하는 실무교육을 받아야 한다.

14 (×) 국토교통부장관(×), 시·도지사(○), 소속공인중개사는 2년마다 시·도지사가 실시하는 연수교육을 받아야 한다.

15 (×) 2년이 되기 1개월 전(×), 2년이 되기 2개월 전(○), 시·도지사는 연수교육을 실시하려는 경우 실무교육 또는 연수교육을 받은 후 2년이 되기 2개월 전까지 연수교육의 일시·장소·내용 등을 당사자에게 통지해야 한다.

16 (×) 실무교육은 28시간 이상 32시간 이하, 연수교육은 12시간 이상 16시간 이하로 한다.

**정답** 12 (×), 13 (×), 14 (×), 15 (×), 16 (×)

### 4 실무교육, 직무교육 및 연수교육의 지침수립

**17** | 공인중개사 2015년

국토교통부장관이 마련하여 시행하는 교육지침에는 교육대상, 교육과목 및 교육시간 등이 포함되어야 하나, 수강료는 그러하지 않다. ( )

### 5 부동산거래사고 예방교육

**18** | 공인중개사 2015·2017년

국토교통부장관, 시·도지사 및 등록관청은 필요하다고 인정하면 개업공인중개사 등의 부동산거래사고 예방을 위한 교육을 실시할 수 있다. ( )

**19** | 공인중개사 2020년

국토교통부장관, 시·도지사, 등록관청은 개업공인중개사 등에 대한 부동산거래사고 예방 등의 교육을 위하여 교육 관련 연구에 필요한 비용을 지원할 수 있다. ( )

---

17 (×) 국토교통부장관이 마련하여 시행하는 교육지침에는 교육의 목적, 교육대상, 교육과목, 교육시간, 강사의 자격, 출결확인, 교육평가 및 수강료 등이 포함되어야 한다.

**정답** 17 (×), 18 (○), 19 (○)

# CHAPTER 02

## 중개사무소 개설등록

| 2014년 | 2015년 | 2016년 | 2017년 | 2018년 | 2019년 | 2020년 | 2021년 | 2022년 |
| --- | --- | --- | --- | --- | --- | --- | --- | --- |
| 3문 | 4문 | 3문 | 4문 | 4문 | 2문 | 3문 | 2문 | 2문 |

**핵심 05** | 중개사무소 개설등록
**핵심 06** | 결격사유
**핵심 07** | 겸업할 수 있는 업무

# 중개사무소 개설등록

## 1 중개사무소 개설등록

**01** | 공인중개사 **2014년**

공인중개사(소속공인중개사 제외) 또는 법인이 아닌 자는 중개사무소의 개설등록을 신청할 수 없다. ( )

**02** | 공인중개사 **2013·2017년**

소속공인중개사는 중개사무소의 개설등록을 신청할 수 있다. ( )

**03** | 공인중개사 **2013년**

변호사가 부동산 중개업무를 하기 위해서는 공인중개사법령에서 정한 기준에 따라 개설등록을 해야 한다. ( )

## 2 개설등록의 등록기준

**04** | 공인중개사 **2013년**

가설건축물대장에 기재된 건축물을 사무소로 확보한 등록신청자에 의한 중개업등록은 허용된다. ( )

**05** | 공인중개사 **2016·2020년**

개설등록을 하려면 소유권에 의하여 사무소의 사용권을 확보하여야 한다. ( )

---

02 (×) 공인중개사(소속공인중개사를 제외한다) 또는 법인이 아닌 자는 중개사무소의 개설등록을 신청할 수 없다. 따라서 소속공인중개사는 중개사무소의 개설등록을 신청할 수 없다.

04 (×) 중개사무소는 건축물대장(가설건축물대장은 제외한다)에 기재된 건물에 중개사무소를 확보하여야 한다. 따라서 가설건축물대장에 기재된 건축물을 사무소로 확보한 경우 중개업등록은 허용되지 않는다.

05 (×) 개설등록을 하려면 소유·전세·임대차 또는 사용대차 등의 방법에 의하여 중개사무소의 사용권을 확보하여야 한다. 따라서 반드시 소유권에 의하여 사무소의 사용권을 확보하여야 하는 것은 아니다.

**정답** 01 (○), 02 (×), 03 (○), 04 (×), 05 (×)

**06** | 공인중개사 **2013년**

개설등록을 하기 위해서는 20㎡ 이상의 사무소 면적을 확보해야 한다. ( )

**07** | 공인중개사 **2014·2015·2016·2017년**

법인이 중개사무소를 등록·설치하려는 경우「상법」상 회사는 자본금이 5천만 원 이상이어야 한다. ( )

**08** | 공인중개사 **2020년**

자본금이 1,000만 원 이상인「협동조합기본법」상 협동조합은 개설등록을 할 수 있다. ( )

**09** | 공인중개사 **2016·2021년**

법인이 중개사무소를 개설하려는 경우「협동조합 기본법」상 사회적협동조합은 자본금이 5천만 원 이상이어야 한다. ( )

**10** | 공인중개사 **2017년**

법인이 중개사무소를 등록·설치하려는 경우 법인이 중개업 및 겸업제한에 위배되지 않는 업무만을 영위할 목적으로 설립되어야 한다. ( )

**11** | 공인중개사 **2015·2017년**

법인이 중개사무소를 등록·설치하려는 경우 대표자는 공인중개사이어야 한다. ( )

**12** | 공인중개사 **2017년**

법인의 임원 중 공인중개사가 아닌 자도 분사무소의 책임자가 될 수 있다. ( )

---

06 (×) 개설등록의 등록기준에 사무소의 면적에 대한 규정은 없다.
08 (×) 자본금이 5,000만 원 이상인「협동조합기본법」상 협동조합은 개설등록을 할 수 있다.
09 (×)「상법」상 회사 또는「협동조합 기본법」에 따른 협동조합으로서 자본금이 5천만 원 이상이어야 한다. 다만, 사회적협동조합은 제외한다.
12 (×) 분사무소의 책임자는 공인중개사이어야 한다.

**정답** 06 (×), 07 (○), 08 (×), 09 (×), 10 (○), 11 (○), 12 (×)

**13** | 공인중개사 2017년

법인이 중개사무소를 분사무소 설치하려는 경우 분사무소의 책임자가 분사무소 설치신고일 전 2년 이내에 직무교육을 받아야 한다. ( )

**14** | 공인중개사 2015·2017년

법인이 중개사무소를 등록·설치하려는 경우 대표자를 포함한 임원 또는 사원의 3분의 1 이상이 공인중개사이어야 한다. ( )

**15** | 공인중개사 2015년

법인이 중개사무소를 등록·설치하려는 경우 법인의 대표자, 임원 또는 사원의 3분의 1 이상이 실무교육을 받아야 한다. ( )

**16** | 공인중개사 2015년

지역농업협동조합이 농지의 임대차에 관한 중개업무를 하려면 「공인중개사법」에 따라 중개사무소 개설등록을 해야 한다. ( )

**17** | 공인중개사 2013년

「농업협동조합법」에 따라 부동산중개사업을 할 수 있는 지역농업협동조합도 공인중개사법령에서 정한 개설등록 기준을 갖추어야 한다. ( )

---

13 (×) 2년(×), 1년(○), 직무교육(×), 실무교육(○), 법인이 중개사무소를 분사무소 설치하려는 경우 분사무소의 책임자가 분사무소 설치신고일 전 1년 이내에 실무교육을 받아야 한다.

14 (×) 포함한(×), 제외한(○), 법인이 중개사무소를 등록·설치하려는 경우 대표자를 제외한 임원 또는 사원의 3분의 1 이상이 공인중개사이어야 한다.

15 (×) 3분의 1 이상(×), 전원(○), 법인이 중개사무소를 등록·설치하려는 경우 법인의 대표자, 임원 또는 사원 전원이 실무교육을 받아야 한다.

16 (×) 지역농업협동조합은 공인중개사법의 규정을 적용하지 않으므로 「공인중개사법」에 따라 중개사무소 개설등록을 하지 않아도 농지의 임대차에 관한 중개업무를 할 수 있다.

17 (×) 지역농업협동조합은 공인중개사법의 규정을 적용하지 않으므로 중개사무소 개설등록을 하지 않아도 중개업무를 할 수 있다.

**정답** 13 (×), 14 (×), 15 (×), 16 (×), 17 (×)

## 3 등록절차

**18** | 공인중개사 2020년

건축물대장에 기재되지 않은 건물에 중개사무소를 확보한 경우, 건축물대장의 기재가 지연된 사유를 적은 서류를 첨부하여야 한다. ( )

**19** | 공인중개사 2017년

중개사무소의 개설등록신청서에는 신청인의 여권용 사진을 첨부하여야 한다. ( )

**20** | 공인중개사 2017년

외국인을 소속공인중개사로 고용신고하는 경우에는 그의 공인중개사자격을 증명하는 서류를 첨부해야 한다. ( )

**21** | 공인중개사 2013·2017년

개설등록을 신청 받은 등록관청은 그 인가여부를 신청일 부터 14일 이내에 신청인에게 통보해야 한다. ( )

**22** | 공인중개사 2017년

국토교통부장관은 중개사무소의 개설등록을 한 자에 대하여 국토교통부령이 정하는 바에 따라 중개사무소등록증을 교부해야 한다. ( )

**23** | 공인중개사 2015년

등록증은 중개사무소를 두려는 지역을 관할하는 시장(구가 설치되지 아니한 시의 시장과 특별자치도 행정시의 시장을 말함)·군수 또는 구청장이 교부한다. ( )

---

20 (×) 외국인의 경우에는 결격사유에 해당하지 아니함을 증명하는 서류를 첨부하여야 한다. **보충** 외국인을 소속공인중개사로 고용신고하는 경우에도 공인중개사자격을 증명하는 서류는 제출하지 않으며 등록관청은 공인중개사자격증을 발급한 시·도지사에게 공인중개사자격 확인을 요청하여야 한다.

21 (×) 14일(×), 7일(○), 등록신청을 받은 등록관청은 등록신청을 받은 날부터 7일 이내에 등록신청인에게 등록사실을 서면으로 통지해야 한다.

22 (×) 국토교통부장관(×), 등록관청(○), 등록관청은 중개사무소의 개설등록을 한 자에 대하여 국토교통부령이 정하는 바에 따라 등록증을 교부하여야 한다.

**정답** 18 (○), 19 (○), 20 (×), 21 (×), 22 (×), 23 (○)

**24** | 공인중개사 2017년

등록관청은 중개사무소등록증을 교부하기 전에 개설등록을 한 자가 손해배상책임을 보장하기 위한 조치(보증)를 하였는지 여부를 확인해야 한다. ( )

**25** | 공인중개사 2015년

자격증 및 등록증을 잃어버리거나 못쓰게 된 경우에는 시·도지사에게 재교부를 신청한다. ( )

**26** | 공인중개사 2014·2015·2018년

등록관청이 중개사무소등록증을 교부한 때에는 이 사실을 다음 달 10일까지 국토교통부장관에게 통보해야 한다. ( )

**27** | 공인중개사 2018년

중개사무소등록증을 재교부한 때 등록관청은 공인중개사협회에 통보해야 한다. ( )

**28** | 공인중개사 2018년

휴업기간변경신고를 받은 때 등록관청은 공인중개사협회에 통보해야 한다. ( )

**29** | 공인중개사 2018·2021년

중개보조원 고용신고를 받은 때 등록관청은 공인중개사협회에 통보해야 한다. ( )

---

25 (×) 자격증을 잃어버리거나 못쓰게 된 경우에는 시·도지사에게 재교부를 신청하고 등록증을 잃어버리거나 못쓰게 된 경우에는 등록관청에 신청한다.

26 (×) 국토교통부장관(×), 공인중개사협회(○), 등록증을 교부한 등록관청은 그 사실을 다음달 10일까지 공인중개사협회에 통보해야 한다.

27 (×) 중개사무소등록증 재교부는 등록관청이 공인중개사협회에 통보할 사항에 해당하지 않는다.

  **보충** 다음의 경우 등록관청은 공인중개사협회에 통보하여야 한다.
  ① 등록증 교부사항
  ② 분사무소설치 신고사항
  ③ 휴업·폐업·재개업·휴업기간변경 신고사항
  ④ 행정처분(등록취소·업무정지)사항
  ⑤ 사무소이전 신고사항
  ⑥ 소속공인중개사·중개보조원의 고용 및 고용관계 종료 신고사항

**정답** 24 (○), 25 (×), 26 (×), 27 (×), 28 (○), 29 (○)

**30** | 공인중개사 2018년

업무정지처분을 한 때 등록관청은 공인중개사협회에 통보해야 한다.                    (    )

**31** | 공인중개사 2017년

중개사무소의 개설등록을 한 개업공인중개사가 종별을 달리하여 업무를 하고자 등록신청서를 다시 제출하는 경우, 종전의 등록증은 반납해야 한다.                    (    )

## 4 중개사무소 등록증 대여 및 이중등록·이중소속 금지

**32** | 공인중개사 모의문제

개업공인중개사는 다른 사람에게 자기의 성명 또는 상호를 사용하여 중개 업무를 하게 하거나 자기의 중개사무소등록증을 양도 또는 대여하는 행위를 하여서는 아니 된다.    (    )

**33** | 공인중개사 2017년

개업공인중개사는 이중으로 중개사무소의 개설등록을 하여 중개업을 할 수 없다.    (    )

**34** | 공인중개사 2016년

등록관청은 이중으로 등록된 중개사무소의 개설등록을 취소해야 한다.                    (    )

**35** | 공인중개사 2014·2019년

개업공인중개사는 다른 개업공인중개사의 중개보조원 또는 개업공인중개사인 법인의 사원·임원이 될 수 없다.                    (    )

**36** | 공인중개사 2016년

휴업기간 중에 있는 개업공인중개사는 다른 개업공인중개사인 법인의 임원이 될 수 있다.
(    )

**37** | 공인중개사 2016년

이중소속의 금지에 위반한 경우 1년 이하의 징역 또는 1천만 원 이하의 벌금형에 처한다.
(    )

---

36 (×) 휴업기간 중에 있는 개업공인중개사는 다른 개업공인중개사인 법인의 임원이 될 수 없다.

**정답** 30 (○), 31 (○), 32 (○), 33 (○), 34 (○), 35 (○), 36 (×), 37 (○)

**38** | 공인중개사 2022년

소속공인중개사는 중개사무소의 개설등록을 신청할 수 있다. ( )

## 5 무등록 중개업

**39** | 공인중개사 2013년

무자격자가 공인중개사 명의의 중개사무소에서 동업형식으로 중개업무를 한 경우, 무자격자는 형사처벌의 대상이 된다. ( )

**40** | 공인중개사 2013년

무자격자가 공인중개사의 업무를 수행하였는지 여부는 실질적으로 무자격자가 공인중개사의 명의를 사용하여 업무를 수행하였는지 여부에 상관없이, 외관상 공인중개사가 직접 업무를 수행하는 형식을 취하였는지 여부에 따라 판단해야 한다. ( )

**41** | 공인중개사 2019년

무등록 중개업자에게 중개를 의뢰한 거래당사자는 무등록 중개업자의 중개행위에 대하여 무등록 중개업자와 공동정범으로 처벌된다. ( )

---

38 (×) 소속공인중개사는 이중소속 금지규정에 따라 중개사무소의 개설등록을 신청할 수 없다.
40 (×) 무자격자가 공인중개사의 업무를 수행하였는지 여부는 실질적으로 무자격자가 공인중개사의 명의를 사용하여 업무를 수행하였는지를 기준으로 판단한다.
41 (×) 무등록 중개업자에게 중개를 의뢰한 거래당사자는 무등록 중개업자와 공동정범으로 처벌되지 않는다. 공인중개사법령에는 중개를 의뢰한 자를 처벌할 수 있는 규정이 없다.

**정답** 38 (×), 39 (○), 40 (×), 41 (×)

# 결격사유

### 1 결격사유의 내용

**01 | 공인중개사 2014년**
만 19세에 달하지 아니한 자는 개설등록의 결격사유에 해당한다. ( )

**02 | 공인중개사 2018·2020·2021년**
피특정후견인은 중개사무소의 등록을 할 수 없다. ( )

**03 | 공인중개사 2014·2019·2022년**
금고 이상의 실형의 선고를 받고 그 집행이 종료되거나 집행이 면제된 날부터 3년이 지나지 아니한 자는 개설등록의 결격사유에 해당한다. ( )

**04 | 공인중개사 2016년**
배임죄로 징역 2년의 실형을 선고받고 그 집행이 종료된 날부터 2년이 지난 공인중개사는 중개사무소의 개설등록을 할 수 있다. ( )

**05 | 공인중개사 2017년**
甲이「도로교통법」을 위반하여 금고 이상의 실형을 선고받고 그 집행이 종료된 날부터 3년이 지나지 않은 경우, 개설등록의 결격사유에 해당한다. ( )

**06 | 공인중개사 2018·2021년**
금고 이상의 형의 집행유예를 받고 그 유예기간 중에 있는 자는 개설등록의 결격사유에 해당한다. ( )

---

02 (×) 피특정후견인은 중개사무소 개설등록 결격사유에 해당하지 않는다. **비교** 피성년후견인 또는 피한정후견인은 결격사유에 해당한다.

04 (×) 금고 이상의 실형의 선고를 받고 그 집행이 종료되거나 집행이 면제된 날부터 3년이 지나지 아니한 자는 개설등록의 결격사유에 해당하여 개설등록을 할 수 없다.

**정답** 01 (○), 02 (×), 03 (○), 04 (×), 05 (○), 06 (○)

**07** | 공인중개사 2016년

사기죄로 징역 2년형을 선고받고 그 형의 집행이 3년간 유예된 경우, 그 유예기간이 종료된 공인중개사는 중개사무소의 개설등록을 할 수 있다. ( )

**08** | 공인중개사 2022년

사원 중 금고 이상의 형의 집행유예를 받고 그 유예기간 중에 있는 자가 있는 법인은 개설등록의 결격사유에 해당한다. ( )

**09** | 공인중개사 2014·2018년

형의 선고유예를 받고 3년이 지나지 아니한 자는 개설등록의 결격사유에 해당한다. ( )

**10** | 공인중개사 모의문제

「공인중개사법」을 위반하여 300만 원 이상의 벌금형의 선고를 받고 3년이 경과되지 아니한 자는 개설등록의 결격사유에 해당한다. ( )

**11** | 공인중개사 2022년

공인중개사법을 위반하여 200만 원의 벌금형의 선고를 받고 2년이 된 자는 개설등록의 결격사유에 해당한다. ( )

**12** | 공인중개사 2013·2018·2019년

공인중개사의 자격이 취소된 후 3년이 지나지 아니한 자는 개설등록의 결격사유에 해당한다. ( )

**13** | 공인중개사 2017·2019년

공인중개사의 자격이 정지된 자로서 자격정지기간 중에 있는 자는 개설등록의 결격사유에 해당한다. ( )

---

09 (×) 선고유예는 중개사무소 개설등록 결격사유에 해당하지 않는다. **비교** 집행유예를 받은 자는 그 유예기간 동안 결격사유에 해당한다.

11 (×) 「공인중개사법」을 위반하여 300만 원 이상의 벌금형의 선고를 받고 3년이 경과되지 아니한 자는 개설등록의 결격사유에 해당한다.

**정답** 07 (○), 08 (○), 09 (×), 10 (○), 11 (×), 12 (○), 13 (○)

**14** | 공인중개사 모의문제

등록취소처분을 받고 등록취소 후 3년이 경과되지 아니한 자는 개설등록의 결격사유에 해당한다. ( )

**15** | 공인중개사 2017년

개업공인중개사가 중개대상물 확인·설명서를 교부하지 않아 업무정지처분을 받고 폐업신고를 한 후 그 업무정지기간이 지나지 않은 경우, 개설등록의 결격사유에 해당한다. ( )

**16** | 공인중개사 2019년

업무정지처분을 받은 법인인 개업공인중개사의 업무정지의 사유가 발생한 당시의 사원 또는 임원이었던 자로서 해당 개업공인중개사에 대한 업무정지기간이 지나지 아니한 자는 개설등록의 결격사유에 해당한다. ( )

**17** | 공인중개사 2013년

미성년자가 임원으로 있는 법인은 개설등록의 결격사유에 해당한다. ( )

**18** | 공인중개사 2020년

공인중개사 자격이 취소된 후 3년이 지나지 아니한 임원이 있는 법인은 개설등록의 결격사유에 해당한다. ( )

**19** | 공인중개사 2017·2020년

개업공인중개사인 법인의 해산으로 중개사무소 개설등록이 취소된 후 3년이 지나지 않은 경우 그 법인의 대표이었던 자는 개설등록의 결격사유에 해당한다. ( )

---

19 (×) 개업공인중개사인 법인의 해산으로 중개사무소 개설등록이 취소된 사항은 결격사유에 해당하지 않는다.

**정답** 14 (○), 15 (○), 16 (○), 17 (○), 18 (○), 19 (×)

# 핵심테마 07 겸업할 수 있는 업무

## 1 종별 업무범위

**01** | 공인중개사 2019년
개업공인중개사는 등록관청의 관할 구역 외의 지역에 있는 중개대상물을 중개할 수 없다.
( )

**02** | 공인중개사 2014년
다른 법률에 의해 중개업을 할 수 있는 경우를 제외하고는 개업공인중개사의 종별에 관계없이 중개대상물의 범위가 같다.
( )

**03** | 공인중개사 모의문제
다른 법률의 규정에 의하여 중개업을 할 수 있는 법인의 경우에는 해당 법률에서 규정한 물건만 중개할 수 있다.
( )

**04** | 공인중개사 모의문제
공인중개사인 개업공인중개사는 공인중개사법 및 다른 법률에서 제한하지 않는 범위에서 겸업이 가능하며 법인인 개업공인중개사의 겸업업무를 모두 수행할 수 있다. ( )

**05** | 공인중개사 모의문제
부칙상 개업공인중개사는 겸업의 제한이 없으나 경매공매대상 부동산에 대한 권리분석 및 취득의 알선과 매수신청 및 입찰신청의 대리를 할 수 없다.
( )

---

01 (×) 원칙적으로 개업공인중개사의 업무지역 범위는 전국이다. 따라서 개업공인중개사는 등록관청의 관할 구역 외의 지역에 있는 중개대상물을 중개할 수 있다.

**정답** 01 (×), 02 (○), 03 (○), 04 (○), 05 (○)

## 2 법인인 개업공인중개사의 업무범위

**06** | 공인중개사 2018년
주택의 임대관리 및 부동산의 임대업은 법인인 개업공인중개사가 겸업할 수 있다. ( )

**07** | 공인중개사 2017·2021년
주택의 임대관리는 법인인 개업공인중개사가 겸업할 수 있다. ( )

**08** | 공인중개사 2013년
농업용 건축물에 대한 관리대행은 법인인 개업공인중개사가 겸업할 수 있다. ( )

**09** | 공인중개사 2014·2018년
상업용 건축물의 분양대행은 법인인 개업공인중개사가 겸업할 수 있다. ( )

**10** | 공인중개사 2013·2015·2019년
주택의 분양대행은 법인인 개업공인중개사가 겸업할 수 있다. ( )

**11** | 공인중개사 2013·2014·2017년
법인인 개업공인중개사는 토지의 분양대행을 할 수 있다. ( )

---

06 (×) 주택의 임대관리는 겸업 가능한 업무에 해당한다. 하지만 임대업은 겸업 가능한 업무에 해당하지 않는다.
　**보충** 법인인 개업공인중개사는 중개업과 다음의 업무 외에 다른 업무를 함께 할 수 없다.
　　① 상업용 건축물 및 주택의 임대관리 등 부동산의 관리대행
　　② 상업용 건축물 및 주택의 분양대행
　　③ 부동산의 이용·개발 및 거래에 관한 상담
　　④ 중개업에 부수하는 용역(도배나 이사 등)의 알선
　　⑤ 경매 및 공매대상 부동산에 대한 권리분석 및 취득의 알선과 매수신청 또는 입찰신청의 대리
　　⑥ 개업공인중개사를 대상으로 한 경영기법 및 경영정보의 제공
08 (×) 상업용 건축물 및 주택의 임대관리 등 부동산의 관리대행은 겸업 가능하다. 하지만 농업용 건축물의 관리대행은 겸업 가능한 업무에 해당하지 않는다.
11 (×) 상업용 건축물 및 주택의 분양대행은 겸업 가능한 업무에 해당한다. 하지만 토지의 분양대행은 겸업 가능한 업무에 해당하지 않는다.

**정답** 06 (×), 07 (○), 08 (×), 09 (○), 10 (○), 11 (×)

**12** | 공인중개사 2013·2015·2017·2018·2019년

부동산의 이용·개발 및 거래에 관한 상담은 법인인 개업공인중개사가 겸업할 수 있다.
( )

**13** | 공인중개사 2020년

부동산의 거래에 관한 상담 및 금융의 알선은 법인인 개업공인중개사가 겸업할 수 있다.
( )

**14** | 공인중개사 2015·2017·2019·2021년

중개의뢰인의 의뢰에 따른 도배·이사업체의 소개 등 주거이전에 부수되는 용역의 알선은 법인인 개업공인중개사가 겸업할 수 있다. ( )

**15** | 공인중개사 2014년

법인인 개업공인중개사는 중개업에 부수되는 도배 및 이사업체를 운영할 수 있다. ( )

**16** | 공인중개사 2018·2021년

「국세징수법」에 의한 공매대상 부동산에 대한 입찰신청의 대리는 법인인 개업공인중개사가 겸업할 수 있다. ( )

**17** | 공인중개사 2020년

「국세징수법」상 공매대상 동산에 대한 입찰신청의 대리는 법인인 개업공인중개사가 겸업할 수 있다. ( )

---

13 (×) 부동산의 이용·개발 및 거래에 관한 상담업무는 겸업 가능한 업무에 해당한다. 하지만 금융의 알선은 겸업 가능한 업무에 해당하지 않는다.

15 (×) 도배 및 이사업체의 소개 등 주거이전에 부수되는 용역의 알선은 겸업가능하다. 하지만 용역을 직접 제공하는 용역업은 겸업 가능한 업무에 해당하지 않는다.

17 (×) 동산(×), 부동산(○), 「국세징수법」상 공매대상 부동산에 대한 입찰신청의 대리는 법인인 개업공인중개사가 겸업할 수 있다.

**정답** 12 (○), 13 (×), 14 (○), 15 (×), 16 (○), 17(×)

**18** | 공인중개사 2014년

법인인 개업공인중개사는 대법원 규칙이 정하는 요건을 갖춘 경우, 법원에 등록하지 않고 경매대상 부동산의 매수신청대리를 할 수 있다. ( )

**19** | 공인중개사 2015·2017·2019·2022년

개업공인중개사를 대상으로 한 중개업의 경영기법 및 경영정보의 제공은 법인인 개업공인중개사가 겸업할 수 있다. ( )

**20** | 공인중개사 2013년

개업공인중개사가 아닌 공인중개사를 대상으로 한 중개업 경영기법의 제공행위는 법인인 개업공인중개사가 겸업할 수 있다. ( )

**21** | 공인중개사 2021년

개업공인중개사를 대상으로 한 공제업무의 대행은 법인인 개업공인중개사가 겸업할 수 있다. ( )

**22** | 공인중개사 2014년

겸업제한 규정을 위반한 경우, 등록관청은 중개사무소 개설등록을 취소할 수 있다. ( )

---

18 (×) 법인인 개업공인중개사는 대법원 규칙이 정하는 요건을 갖춘 경우, 법원에 대리등록을 하고 경매대상 부동산의 매수신청대리를 할 수 있다.

20 (×) 개업공인중개사를 대상으로 한 경영기법 및 경영정보의 제공은 겸업 가능하다. 하지만 개업공인중개사가 아닌 공인중개사를 대상으로 한 중개업 경영기법의 제공행위는 겸업 가능한 업무에 해당하지 않는다.

21 (×) 개업공인중개사를 대상으로 한 경영기법 및 경영정보의 제공은 겸업 가능하다. 하지만 공제업무의 대행은 법인인 개업공인중개사의 겸업 가능한 업무에 해당하지 않는다.

**정답** 18 (×), 19 (○), 20 (×), 21 (×), 22 (○)

# CHAPTER 03

## 중개사무소의 설치와 이전

| 2014년 | 2015년 | 2016년 | 2017년 | 2018년 | 2019년 | 2020년 | 2021년 | 2022년 |
|---|---|---|---|---|---|---|---|---|
| 5문 | 5문 | 5문 | 6문 | 5문 | 5문 | 10문 | 7문 | 1문 |

**핵심 08** | 중개사무소의 설치와 이전
**핵심 09** | 인장등록
**핵심 10** | 고용인
**핵심 11** | 중개사무소 명칭 및 표시 · 광고
**핵심 12** | 휴업신고 및 폐업신고

 핵심테마 08 중개사무소의 설치와 이전

## 1 중개사무소의 설치

**01** | 공인중개사 2019·2021년
법인이 아닌 개업공인중개사는 그 등록관청의 관할구역 안에 1개의 중개사무소만 둘 수 있다. ( )

**02** | 공인중개사 2015·2019·2020년
법인이 아닌 개업공인중개사는 분사무소를 둘 수 없다. ( )

**03** | 공인중개사 2013·2019년
법인인 개업공인중개사는 등록관청에 신고하고 그 관할 구역 외의 지역에 분사무소를 둘 수 있다. ( )

**04** | 공인중개사 2017년
법인인 개업공인중개사는 주된 중개사무소를 두려는 지역을 관할하는 등록관청에 중개사무소 개설등록을 해야 한다. ( )

**05** | 공인중개사 2015·2019년
개업공인중개사는 이동이 용이한 임시 중개시설물을 설치해서는 아니 된다. ( )

**06** | 공인중개사 2015년
「공인중개사법」을 위반하여 2 이상의 중개사무소를 둔 경우 등록관청은 중개사무소의 개설등록을 취소할 수 있다. ( )

정답 01 (○), 02 (○), 03 (○), 04 (○), 05 (○), 06 (○)

## 2 분사무소의 설치

**07** | 공인중개사 2014·2016년

분사무소 설치신고는 주된 사무소의 소재지를 관할하는 등록관청에 해야 한다. ( )

**08** | 공인중개사 2022년

법인인 개업공인중개사가 등록관청의 관할 구역 외의 지역에 분사무소를 두기 위해서는 등록관청의 허가를 받아야 한다. ( )

**09** | 공인중개사 2016년

분사무소는 주된 사무소의 소재지가 속한 시·군·구에 설치할 수 있다. ( )

**10** | 공인중개사 2021년

법인인 개업공인중개사가 그 등록관청의 관할구역 외의 지역에 둘 수 있는 분사무소는 시·도별로 1개소를 초과할 수 없다. ( )

**11** | 공인중개사 2014·2016·2020·2021년

다른 법률의 규정에 따라 중개업을 할 수 있는 법인의 분사무소에는 공인중개사를 책임자로 두지 않아도 된다. ( )

**12** | 공인중개사 2013년

분사무소의 설치신고를 하는 자는 지방자치단체 조례로 정하는 수수료를 납부해야 한다. ( )

**13** | 공인중개사 2014년

분사무소의 설치신고를 받은 등록관청은 그 신고내용이 적합한 경우에는 국토교통부령이 정하는 신고확인서를 교부해야 한다. ( )

---

08 (×) 허가(×), 신고(○), 법인인 개업공인중개사가 등록관청의 관할 구역 외의 지역에 분사무소를 두기 위해서는 주된 사무소의 소재지를 관할하는 등록관청에 신고해야 한다.

09 (×) 분사무소는 주된 사무소의 소재지가 속한 시·군·구를 제외한 시·군·구별로 설치하되, 시·군·구별로 1개소를 초과할 수 없다.

10 (×) 시·도별(×), 시·군·구별(○), 분사무소는 주된 사무소의 소재지가 속한 시·군·구를 제외한 시·군·구별로 설치하되, 시·군·구별로 1개소를 초과할 수 없다.

**정답** 07 (○), 08 (×), 09 (×), 10 (×), 11 (○), 12 (○), 13 (○)

**14** | 공인중개사 2014년

분사무소의 설치신고를 하려는 자는 법인등기사항증명서를 제출하여야 한다. ( )

### 3 중개사무소의 공동사용

**15** | 공인중개사 2015년

업무정지 중이 아닌 다른 개업공인중개사의 중개사무소를 공동사용하는 방법으로 사무소의 이전을 할 수 있다. ( )

**16** | 공인중개사 2021년

개업공인중개사가 중개사무소를 공동으로 사용하려면 중개사무소의 개설등록 또는 이전신고를 할 때 그 중개사무소를 사용할 권리가 있는 다른 개업공인중개사의 승낙서를 첨부해야 한다. ( )

**17** | 공인중개사 2015년

분사무소의 설치는 업무정지기간 중에 있는 다른 개업공인중개사의 중개사무소를 공동으로 사용하는 방법으로는 할 수 없다. ( )

### 4 중개사무소의 이전신고

**18** | 공인중개사 2017·2018·2021년

중개사무소를 이전한 때에는 이전한 날부터 10일 이내에 이전신고를 해야 한다. ( )

**19** | 공인중개사 2016년

중개사무소를 등록관청의 관할 지역 외의 지역으로 이전한 경우에는 이전 후의 중개사무소를 관할하는 등록관청에 신고해야 한다. ( )

---

14 (×) 분사무소 설치신고를 받은 등록관청은 공인중개사 자격증을 발급한 시·도지사에게 분사무소 책임자의 공인중개사 자격 확인을 요청하여야 하고, 법인등기사항증명서를 확인하여야 한다.

**보충** 분사무소의 설치신고를 하는 경우 첨부되어야 하는 서류는 다음과 같다.
① 분사무소 책임자의 실무교육 수료확인증 사본
② 보증의 설정을 증명할 수 있는 서류
③ 건축물대장에 기재된 건물에 분사무소를 확보하였음을 증명하는 서류

**정답** 14 (×), 15 (○), 16 (○), 17 (○), 18 (○), 19 (○)

**20** | 공인중개사 2020·2021년

이전신고를 할 때 중개사무소등록증을 제출하지 않아도 된다. ( )

**21** | 공인중개사 2021년

건축물대장에 기재되지 않은 건물로 이전신고를 하는 경우, 건축물대장 기재가 지연되는 사유를 적은 서류도 제출해야 한다. ( )

**22** | 공인중개사 2013년

등록관청 관할 외 지역으로 중개사무소를 이전한 경우, 이전 후 등록관청의 요청으로 종전 등록관청이 송부해야 하는 서류에는 중개사무소 개설등록 신청서류도 포함된다. ( )

**23** | 공인중개사 2021년

개업공인중개사가 등록관청 관할지역 내로 중개사무소를 이전하는 경우, 이전신고를 받은 등록관청은 중개사무소 등록증에 변경사항만을 적어 교부할 수 없고 재교부해야 한다. ( )

**24** | 공인중개사 2020년

개업공인중개사가 등록관청 관할지역 외의 지역으로 중개사무소를 이전하는 경우, 이전신고를 받은 등록관청은 중개사무소등록증의 변경사항을 기재하여 교부하거나 중개사무소등록증을 재교부하여야 한다. ( )

---

20 (×) 이전신고를 할 때 중개사무소등록증을 첨부하여 신고해야 한다.
22 (○) 신고를 받은 이전 후 등록관청은 종전의 등록관청에 관련 서류를 송부하여 줄 것을 요청하여야 한다. 이 경우 종전의 등록관청은 지체 없이 관련 서류를 이전 후 등록관청에 송부하여야 한다.
  ① 중개사무소 등록대장
  ② 중개사무소 개설등록 신청서류
  ③ 최근 1년간의 행정처분서류 및 행정처분절차가 진행 중인 관련서류
23 (×) 개업공인중개사가 등록관청 관할지역 내로 중개사무소를 이전하는 경우, 이전신고를 받은 등록관청은 기존의 등록증에 변경사항을 기재하여 이를 교부할 수 있다.
24 (×) 개업공인중개사가 등록관청 관할지역 외의 지역으로 중개사무소를 이전하는 경우, 이전신고를 받은 등록관청은 기존의 등록증에 변경사항을 기재하여 이를 교부할 수 없으며, 중개사무소등록증을 재교부하여야 한다.

**정답** 20 (×), 21 (○), 22 (○), 23 (×), 24 (×)

**25** | 공인중개사 2015·2017년

중개사무소를 등록관청의 관할지역 외의 지역으로 이전한 경우, 그 이전신고 전에 발생한 사유로 인한 개업공인중개사에 대한 행정처분은 이전 후 등록관청이 행한다. ( )

**26** | 공인중개사 2014·2015·2021년

개업공인중개사는 등록관청에 중개사무소의 이전사실을 신고한 경우 지체 없이 사무소의 간판을 철거해야 한다. ( )

## 5 분사무소의 이전신고

**27** | 공인중개사 2017년

분사무소를 이전한 때에는 주된 사무소의 소재지를 관할하는 등록관청에 이전신고를 해야 한다. ( )

**28** | 공인중개사 2015·2020년

분사무소 이전신고는 이전한 날부터 10일 이내에 이전할 분사무소의 소재지를 관할하는 등록관청에 하면 된다. ( )

**29** | 공인중개사 2018년

주된 사무소의 이전신고는 이전 후 등록관청에 해야 한다. ( )

**30** | 공인중개사 2018년

주된 사무소의 이전신고서에는 중개사무소등록증과 건축물대장에 기재된 건물에 중개사무소를 확보한 경우 이를 증명하는 서류가 첨부되어야 한다. ( )

**31** | 공인중개사 2017·2020년

분사무소의 이전신고를 하려는 법인인 개업공인중개사는 중개사무소등록증을 첨부해야 한다. ( )

---

28 (×) 이전할 분사무소 소재지의(×), 주된 사무소 소재지의(○), 분사무소를 이전한 때에는 이전한 날로부터 10일 이내에 주된 사무소 소재지의 등록관청에 신고하여야 한다.

31 (×) 분사무소의 이전신고를 하려는 법인인 개업공인중개사는 분사무소설치신고확인서 및 분사무소 확보증명서류를 첨부해야 한다.

**정답** 25 (○), 26 (○), 27 (○), 28 (×), 29 (○), 30 (○), 31 (×)

**32** | 공인중개사 2013·2017·2018·2020년

분사무소의 이전신고를 받은 등록관청은 지체 없이 이를 이전 전 및 이전 후의 소재지를 관할하는 시장·군수 또는 구청장에게 통보해야 한다. ( )

## 6 이전신고와 공인중개사협회 통보 등

**33** | 공인중개사 2015년

등록관청은 중개사무소의 이전신고를 받은 때에는 그 사실을 공인중개사협회에 통보해야 한다. ( )

**34** | 공인중개사 2020년

중개사무소 이전신고를 하지 않은 경우 과태료 부과대상이 아니다. ( )

## 7 중개사무소등록증 등의 게시

**35** | 공인중개사 2020년

개업공인중개사의 실무교육 수료확인증 원본은 중개사무소에 게시해야 한다. ( )

**36** | 공인중개사 모의문제

개업공인중개사는 중개사무소등록증 원본을 게시하여야 한다. ( )

**37** | 공인중개사 2020·2021년

분사무소의 경우 분사무소설치신고확인서 원본은 중개사무소에 게시해야 한다. ( )

---

34 (×) 중개사무소 이전신고를 하지 않은 경우 과태료 부과대상(100만 원 이하 과태료)이다.

35 (×) 개업공인중개사의 실무교육 수료확인증 원본은 개업공인중개사의 게시의무에 해당하지 않는다. **보충** 개업공인중개사의 게시의무는 다음과 같다.
 ① 중개사무소등록증 원본(분사무소의 경우 분사무소설치신고확인서 원본)
 ② 중개보수·실비의 요율 및 한도액표
 ③ 개업공인중개사 및 소속공인중개사의 공인중개사자격증 원본
 ④ 보증의 설정을 증명할 수 있는 서류
 ⑤ 일반과세 또는 간이과세사업자를 증명할 수 있는 사업자등록증

**정답** 32 (○), 33 (○), 34 (×), 35 (×), 36 (○), 37 (○)

**38** | 공인중개사 모의문제

개업공인중개사는 중개보수·실비의 요율 및 한도액표를 게시하여야 한다. ( )

**39** | 공인중개사 모의문제

개업공인중개사는 공인중개사자격증 원본을 게시하여야 한다. ( )

**40** | 공인중개사 2017·2020·2021년

소속공인중개사가 있는 경우 소속공인중개사의 공인중개사자격증 사본은 중개사무소에 게시해야 한다. ( )

**41** | 공인중개사 모의문제

개업공인중개사는 보증의 설정을 증명할 수 있는 서류를 게시하여야 한다. ( )

**42** | 공인중개사 2020년

일반과세 또는 간이과세사업자를 증명할 수 있는 사업자등록증 원본은 중개사무소에 게시해야 한다. ( )

---

40 (×) 사본(×), 원본(○), 소속공인중개사가 있는 경우 소속공인중개사의 공인중개사자격증 원본은 중개사무소에 게시해야 한다.

**정답** 38 (○), 39 (○), 40 (×), 41 (○), 42 (○)

# 인장등록

## 1 인장등록

**01** | 공인중개사 2014·2016년

개업공인중개사는 중개행위에 사용할 인장을 업무개시 전에 등록관청에 등록해야 한다.
( )

**02** | 공인중개사 2017·2018년

소속공인중개사는 중개업무를 수행하더라도 인장등록을 하지 않아도 된다. ( )

**03** | 공인중개사 2016·2020년

중개보조원은 중개업무를 보조하기 위해 인장등록을 하여야 한다. ( )

**04** | 공인중개사 2016년

소속공인중개사의 인장의 크기는 가로·세로 각각 7mm 이상 30mm 이내이어야 한다.
( )

**05** | 공인중개사 2013년

법인인 개업공인중개사가 주된 사무소에서 사용할 인장을 등록할 때에는 「상업등기규칙」에 따라 신고한 법인의 인장을 등록해야 한다. ( )

**06** | 공인중개사 2017년

법인인 개업공인중개사의 주된 사무소에서 사용할 인장은 「상업등기규칙」에 따라 법인의 대표자가 보증하는 인장이어야 한다. ( )

---

02 (×) 개업공인중개사 및 소속공인중개사는 업무개시 전에 중개행위에 사용할 인장을 등록하여야 한다.
03 (×) 개업공인중개사 및 소속공인중개사는 업무개시 전에 중개행위에 사용할 인장을 등록하여야 한다. 하지만 중개보조원은 인장등록의무가 없다.
06 (×) 법인인 개업공인중개사의 경우에는 「상업등기규칙」에 따라 신고한 법인의 인장이어야 한다.

**정답** 01 (○), 02 (×), 03 (×), 04 (○), 05 (○), 06 (×)

**07** | 공인중개사 2014·2018년

분사무소에서 사용할 인장으로는 「상업등기규칙」에 따라 법인의 대표자가 보증하는 인장을 등록할 수 있다. ( )

**08** | 공인중개사 2016년

법인인 개업공인중개사의 분사무소에서 사용할 인장은 「상업등기규칙」에 따라 신고한 법인의 인장으로만 등록해야 한다. ( )

**09** | 공인중개사 2013·2014·2016·2017·2018·2019·2020년

법인인 개업공인중개사의 인장등록은 「상업등기규칙」에 따른 인감증명서의 제출로 갈음한다. ( )

**10** | 공인중개사 2018·2020년

법인의 분사무소에서 사용하는 인장은 분사무소 소재지 등록관청에 등록해야 한다. ( )

**11** | 공인중개사 2017·2019년

개업공인중개사의 인장등록은 중개사무소 개설등록신청과 같이 할 수 있다. ( )

**12** | 공인중개사 2013·2019년

개업공인중개사의 인장등록은 소속공인중개사 및 중개보조원에 대한 고용신고와 같이 할 수 있다. ( )

**13** | 공인중개사 2013·2016·2018·2019년

개업공인중개사가 등록한 인장을 변경한 경우, 변경 일부터 7일 이내에 변경된 인장을 등록관청에 등록해야 한다. ( )

**14** | 공인중개사 2017년

개업공인중개사가 등록한 인장을 변경한 경우, 변경일부터 7일 이내에 그 변경된 인장을 등록관청에 등록하지 않으면 이는 업무정지사유에 해당한다. ( )

---

08 (×) 분사무소에서 사용할 인장의 경우에는 「상업등기규칙」에 따라 법인의 대표자가 보증하는 인장을 등록할 수 있으며, 분사무소의 인장은 주된 사무소 관할 등록관청에 등록해야 한다.

10 (×) 분사무소의 인장은 주된 사무소 관할 등록관청에 등록해야 한다.

**정답** 07 (○), 08 (×), 09 (○), 10 (×), 11 (○), 12 (○), 13 (○), 14 (○)

**15** | 공인중개사 2019·2020년

소속공인중개사가 등록하지 아니한 인장을 중개행위에 사용한 경우, 등록관청은 1년의 범위 안에서 업무의 정지를 명할 수 있다. ( )

---

15 (×) 1년(×), 6개월(○), 등록하지 아니한 인장을 중개행위에 사용한 경우 6개월의 범위 안에서 개업공인중개사는 업무정지처분, 소속공인중개사는 자격정지처분을 받을 수 있다.

**정답** 15 (×)

# 고용인

## 1 고용인의 신고

**01** | 공인중개사 2015·2016·2020년
개업공인중개사는 소속공인중개사의 업무개시 후 10일 이내에 등록관청에 고용신고를 하여야 한다. ( )

**02** | 공인중개사 2017·2019년
소속공인중개사, 중개보조원의 고용신고는 전자문서에 의하여도 할 수 있다. ( )

**03** | 공인중개사 2015·2021년
소속공인중개사에 대한 고용신고를 받은 등록관청은 공인중개사자격증을 발급한 시·도지사에게 그 자격확인을 요청해야 한다. ( )

**04** | 공인중개사 2017년
중개보조원에 대한 고용신고를 받은 등록관청은 시·도지사에게 그의 공인중개사자격 확인을 요청해야 한다. ( )

**05** | 공인중개사 2020년
소속공인중개사에 대한 고용신고를 받은 등록관청은 소속공인중개사의 직무교육 수료 여부를 확인하여야 한다. ( )

---

01 (×) 업무개시 후 10일 이내에(×), 업무개시 전까지(○), 개업공인중개사는 소속공인중개사 또는 중개보조원을 고용한 경우에는 업무개시 전까지 등록관청에 신고하여야 한다.

04 (×) 중개보조원은 공인중개사가 아니므로 그의 공인중개사자격확인을 하지 않는다. **비교** 소속공인중개사에 대한 고용신고를 받은 등록관청은 시·도지사에게 그의 공인중개사자격 확인을 요청해야 한다.

05 (×) 직무교육(×), 실무교육(○), 소속공인중개사에 대한 고용신고를 받은 등록관청은 소속공인중개사의 실무교육 수료 여부를 확인하여야 한다.

**정답** 01 (×), 02 (○), 03 (○), 04 (×), 05 (×)

**06** | 공인중개사 2021년

개업공인중개사는 중개보조원을 고용한 경우, 등록관청에 신고한 후 업무개시 전까지 등록관청이 실시하는 직무교육을 받도록 해야 한다. ( )

**07** | 공인중개사 2017·2020년

외국인을 소속공인중개사로 고용하는 경우에는 그의 공인중개사자격을 증명하는 서류를 첨부해야 한다. ( )

**08** | 공인중개사 2014·2016·2017·2019·2021년

중개보조원은 고용관계가 종료된 날부터 7일 이내에 등록관청에 그 사실을 신고해야 한다. ( )

## 2 고용인에 대한 개업공인중개사의 책임

**09** | 공인중개사 2014·2016·2019·2020·2021년

중개보조원뿐만 아니라 소속공인중개사의 업무상 행위는 그를 고용한 개업공인중개사의 행위로 본다. ( )

**10** | 공인중개사 2015년

중개보조원의 업무상 행위는 그를 고용한 개업공인중개사의 행위로 추정한다. ( )

---

06 (×) 등록관청에 신고한 후 업무개시 전까지(×), 직무교육을 받도록 한 후 업무개시 전까지(○), 개업공인중개사는 중개보조원을 고용한 경우, 직무교육을 받도록 한 후 업무개시 전까지 등록관청에 신고(전자문서에 의한 신고를 포함한다)하여야 한다.

07 (×) 공인중개사자격을 증명하는 서류(×), 결격사유에 해당하지 아니함을 증명하는 서류(○), 외국인의 경우에는 결격사유에 해당하지 아니함을 증명하는 서류를 첨부하여야 한다. 외국인을 소속공인중개사로 고용신고하는 경우에도 공인중개사자격을 증명하는 서류는 제출하지 않으며 등록관청은 공인중개사자격증을 발급한 시·도지사에게 공인중개사자격 확인을 요청하여야 한다.

08 (×) 7일(×), 10일(○), 개업공인중개사는 소속공인중개사 또는 중개보조원과의 고용관계가 종료된 때에는 고용관계가 종료된 날부터 10일 이내에 등록관청에 신고하여야 한다.

10 (×) 추정한다(×). 본다(○). 소속공인중개사 또는 중개보조원의 업무상 행위는 그를 고용한 개업공인중개사의 행위로 본다.

**정답** 06 (×), 07 (×), 08 (×), 09 (○), 10 (×)

**11** | 공인중개사 2019년

중개보조원이 중개업무와 관련된 행위를 함에 있어서 과실로 거래당사자에게 손해를 입힌 경우, 그를 고용한 개업공인중개사 뿐만 아니라 중개보조원도 손해배상책임이 있다.
( )

**12** | 공인중개사 2015년

중개보조원의 업무상 과실로 인한 불법행위로 의뢰인에게 손해를 입힌 경우 개업공인중개사가 손해배상책임을 지고 중개보조원은 그 책임을 지지 않는다. ( )

**13** | 공인중개사 2020년

소속공인중개사의 중개행위가 금지행위에 해당하여 소속공인중개사가 징역형의 선고를 받았다는 이유로 개업공인중개사도 해당 조(條)에 규정된 징역형을 선고받는다. ( )

**14** | 공인중개사 2015년

등록의 결격사유 중 '이 법을 위반하여 300만 원 이상의 벌금형의 선고를 받고 3년이 지나지 아니한 자'에는 개업공인중개사가 사용주로서 양벌규정으로 처벌받은 경우도 포함된다.
( )

---

12 (×) 중개보조원의 업무상 과실로 인한 불법행위로 의뢰인에게 손해를 입힌 경우 개업공인중개사와 중개보조원은 연대하여 그 손해를 배상하여야 할 책임을 진다.

13 (×) 징역형(×), 벌금형(○), 소속공인중개사의 중개행위가 금지행위에 해당하여 징역형의 선고를 받은 경우, 개업공인중개사는 양벌규정에 의하여 해당 조(條)에 규정된 벌금형을 받는다. 다만, 개업공인중개사가 그 위반행위를 방지하기 위하여 해당 업무에 관하여 상당한 주의와 감독을 게을리하지 아니한 경우에는 벌금형을 받지 않는다.

14 (×) 양벌규정에 의한 처벌은 개설등록의 결격사유에 해당하지 않는다.

**정답** 11 (○), 12 (×), 13 (×), 14 (×)

## 3 고용인의 공인중개사자격증 게시의 의무 등

**15** | 공인중개사 2019·2021년

개업공인중개사가 소속공인중개사를 고용한 경우에는 개업공인중개사 및 소속공인중개사의 공인중개사자격증 원본을 중개사무소에 게시하여야 한다. ( )

**16** | 공인중개사 2018·2021년

중개보조원 고용신고를 받은 때 등록관청은 다음달 10일까지 공인중개사협회에 통보해야 한다. ( )

**17** | 공인중개사 모의문제

고용 및 고용관계 종료신고를 하지 않은 경우 개업공인중개사는 업무정치처분을 받을 수 있다. ( )

**18** | 공인중개사 2014년

중개보조원의 업무상 행위가 법령을 위반하더라도 중개보조원에게 업무정지처분을 명할 수 있는 규정이 없다. ( )

정답  15 (○), 16 (○), 17 (○), 18 (○)

 # 중개사무소 명칭 및 표시·광고

## 1 중개사무소의 명칭

**01** | 공인중개사 2016·2020년

공인중개사인 개업공인중개사는 그 사무소의 명칭에 '공인중개사사무소' 또는 '부동산중개'라는 문자를 사용하여야 한다. ( )

**02** | 공인중개사 2018년

공인중개사는 개설등록을 하지 않아도 그 사무소에 '부동산중개'라는 명칭을 사용할 수 있다. ( )

**03** | 공인중개사 2020년

공인중개사가 중개사무소의 개설등록을 하지 않은 경우, 그 사무소에 '공인중개사사무소'라는 명칭을 사용할 수 없지만, '부동산중개'라는 명칭은 사용할 수 있다. ( )

**04** | 공인중개사 2021년

무자격자가 자신의 명함에 '부동산뉴스 대표'라는 명칭을 기재하여 사용하였다면 공인중개사와 유사한 명칭을 사용한 것에 해당한다. ( )

**05** | 공인중개사 2018년

법 제7638호 부칙 제6조 제2항에 규정된 개업공인중개사는 사무소의 명칭에 '공인중개사사무소'라는 문자를 사용할 수 있다. ( )

---

02 (×) 공인중개사가 개설등록을 하여 개업공인중개사가 되면 그 사무소에 '공인중개사사무소' 또는 '부동산중개'라는 명칭을 사용할 수 있다.

03 (×) 공인중개사가 중개사무소의 개설등록을 하지 않은 경우, 그 사무소에 '공인중개사사무소' 또는 '부동산중개'라는 명칭을 사용할 수 없다.

05 (×) 부칙상 개업공인중개사는 사무소의 명칭에 '공인중개사사무소'라는 문자를 사용해서는 안 된다. 하지만 '부동산중개'라는 명칭은 사용할 수 있다.

**정답** 01 (○), 02 (×), 03 (×), 04 (○), 05 (×)

**06** | 공인중개사 2016·2017년

개업공인중개사는 옥외광고물을 설치해야 할 의무가 있다. ( )

**07** | 공인중개사 2018·2020·2021년

공인중개사인 개업공인중개사가 법령에 따른 옥외광고물을 설치하는 경우 중개사무소등 록증에 표기된 개업공인중개사의 성명을 표기하여야 한다. ( )

**08** | 공인중개사 2017년

법인 분사무소의 옥외광고물을 설치하는 경우 법인 대표자의 성명을 표기해야 한다. ( )

**09** | 공인중개사 2016년

개업공인중개사가 설치한 옥외광고물에 인식할 수 있는 크기의 연락처를 표기하여야 한다. ( )

## 2 중개대상물의 표시·광고

**10** | 공인중개사 2020년

개업공인중개사가 의뢰받은 중개대상물에 대하여 표시·광고를 하려는 경우, 중개사무소의 명칭은 명시하지 않아도 된다. ( )

**11** | 공인중개사 2019년

중개대상물에 대하여 표시·광고를 하려는 경우 중개사무소의 명칭은 명시해야 한다. ( )

**12** | 공인중개사 2019년

중개대상물에 대하여 표시·광고를 하려는 경우 중개사무소의 연락처는 명시해야 한다. ( )

---

06 (×) 개업공인중개사는 옥외광고물을 설치할 의무를 부담하지 않는다.
08 (×) 법인 분사무소의 옥외광고물을 설치하는 경우 분사무소 책임자의 성명을 표기하여야 한다.
09 (×) 연락처(×), 성명(○), 개업공인중개사는 옥외광고물을 설치하는 경우 성명을 인식할 수 있는 정도의 크기로 표기하여야 한다.
10 (×) 개업공인중개사가 의뢰받은 중개대상물에 대하여 표시·광고를 하려는 경우, 중개사무소 명칭, 소재지, 연락처 및 등록번호, 개업공인중개사 성명(법인인 경우에는 대표자의 성명)을 명시하여야 한다.

**정답** 06 (×), 07 (○), 08 (×), 09 (×), 10 (×), 11 (○), 12 (○)

**13** | 공인중개사 2019년

중개대상물에 대하여 표시광고를 하려는 경우 개업공인중개사의 성명은 명시해야 한다.
( )

**14** | 공인중개사 2018년

법인인 개업공인중개사가 의뢰받은 중개대상물에 대하여 법령에 따른 표시·광고를 하는 경우 대표자의 성명을 명시해야 한다. ( )

**15** | 공인중개사 2019·2020·2021·2022년

개업공인중개사는 의뢰받은 중개대상물에 대하여 표시·광고를 하려면 개업공인중개사, 소속공인중개사 및 중개보조원에 관한 사항을 명시해야 한다. ( )

**16** | 공인중개사 2014·2016·2017년

개업공인중개사가 아닌 자는 중개대상물에 대한 표시·광고를 해서는 안 된다. ( )

**17** | 공인중개사 2020년

인터넷을 이용하여 표시·광고를 하는 경우 중개사무소에 관한 사항은 명시하지 않아도 된다. ( )

**18** | 공인중개사 2021년

개업공인중개사는 중개대상물이 존재하지 않아서 실제로 거래를 할 수 없는 중개대상물에 대한 광고와 같은 부당한 표시·광고를 해서는 안 된다. ( )

**19** | 공인중개사 2021년

개업공인중개사는 중개대상물의 가격 등, 내용을 과장되게 하는 부당한 표시·광고를 해서는 안 된다. ( )

---

15 (×) 개업공인중개사가 의뢰받은 중개대상물에 대하여 표시·광고를 하려면 중개사무소, 개업공인중개사에 관한 사항을 명시하여야 하며, 중개보조원에 관한 사항은 명시해서는 안 된다.

17 (×) 인터넷을 이용하여 중개대상물에 대한 표시·광고를 하는 때에는 중개사무소 및 개업공인중개사에 관한 사항 외에 중개대상물의 종류별로 소재지, 면적, 가격 등의 사항을 명시하여야 한다.

**정답** 13 (○), 14 (○), 15 (×), 16 (○), 17 (×), 18 (○), 19 (○)

## 3 표시·광고의 제재

**20** | 공인중개사 2016년

개업공인중개사가 설치한 옥외광고물에 인식할 수 있는 크기의 연락처를 표기하지 않으면 100만 원 이하의 과태료 부과대상이 된다. ( )

**21** | 공인중개사 2017·2021년

개업공인중개사가 아닌 자가 '부동산중개'라는 명칭을 사용한 경우, 3년 이하의 징역 또는 3천만 원 이하의 벌금에 처한다. ( )

**22** | 공인중개사 2016·2017년

개업공인중개사가 아닌 자가 사무소 간판에 '공인중개사사무소'의 명칭을 사용한 경우 등록관청은 그 간판의 철거를 명할 수 있다. ( )

**23** | 공인중개사 2018년

등록관청은 규정을 위반한 사무소 간판의 철거를 명할 수 있으나, 법령에 의한 대집행은 할 수 없다. ( )

---

20 (×) 연락처(×), 성명(○), 개업공인중개사는 옥외광고물을 설치하는 경우 성명을 인식할 수 있는 정도의 크기로 표기하여야 한다. 성명을 표기하지 않거나 허위로 표기한 경우에는 100만 원 이하의 과태료 부과대상이 된다.

21 (×) 개업공인중개사가 아닌 자가 '부동산중개'라는 명칭을 사용한 경우, 1년 이하의 징역 또는 1천만 원 이하의 벌금에 처한다.

**보충** 표시·광고의 제재는 다음과 같다.
① 일정한 명시 사항을 명시하지 않거나 허위로 표기한 경우 100만 원 이하의 과태료 처분사유에 해당한다.
② 부당한 표시·광고를 하는 경우 500만 원 이하의 과태료 처분사유에 해당한다.
③ 개업공인중개사가 아닌 자가 중개대상물에 대한 표시·광고를 하면 1년 이하의 징역이나 1천만 원 이하의 벌금형에 해당한다.

23 (×) 등록관청은 규정을 위반한 사무소 간판의 철거를 명할 수 있다. 개업공인중개사가 철거를 이행하지 아니하는 경우에는 「행정대집행법」에 의하여 대집행을 할 수 있다.

**정답** 20 (×), 21 (×), 22 (○), 23 (×)

## 4 국토부장관의 인터넷 표시·광고 모니터링

**24** | 공인중개사 2021년

국토교통부장관은 인터넷 표시·광고 모니터링 업무 수행에 필요한 전문인력과 전담조직을 갖췄다고 국토교통부장관이 인정하는 단체에게 인터넷 표시·광고 모니터링 업무를 위탁할 수 있다. ( )

**25** | 공인중개사 2021년

국토교통부장관은 인터넷을 이용한 중개대상물에 대한 표시·광고의 규정준수 여부에 관하여 기본 모니터링과 수시 모니터링을 할 수 있다. ( )

**26** | 공인중개사 2020년

인터넷을 이용한 중개대상물의 표시·광고 모니터링 업무 수탁 기관은 기본계획서에 따라 6개월마다 기본 모니터링 업무를 수행한다. ( )

---

26 (×) 6개월(×), 분기별(○), 인터넷을 이용한 중개대상물의 표시·광고 모니터링 업무 수탁 기관은 기본계획서에 따라 분기별로 기본 모니터링 업무를 수행한다.

**정답** 24 (○), 25 (○), 26 (×)

# 휴업신고 및 폐업신고

## 1 휴업신고

**01** | 공인중개사 2013·2015·2021년
개업공인중개사는 3개월의 휴업을 하고자 하는 경우 미리 등록관청에 신고해야 한다. ( )

**02** | 공인중개사 2013·2015·2018·2019년
중개사무소의 개설등록 후 업무를 개시하지 않은 개업공인중개사라도 3개월을 초과하는 휴업을 하고자 하는 때에는 부동산중개업 휴업신고서에 중개사무소등록증을 첨부하여 등록관청에 미리 신고하여야 한다. ( )

**03** | 공인중개사 2013·2014·2018년
개업공인중개사가 휴업을 하는 경우, 질병으로 인한 요양 등 대통령령이 정하는 부득이한 사유가 있는 경우를 제외하고는 3개월을 초과할 수 없다. ( )

**04** | 공인중개사 2016·2019년
취학을 이유로 하는 휴업은 6개월을 초과할 수 있다. ( )

**05** | 공인중개사 2020년
3개월을 초과하는 중개사무소 휴업신고할 때에는 중개사무소등록증 원본이 첨부되어야 한다. ( )

**06** | 공인중개사 2017년
신고한 휴업기간의 변경은 미리 신고해야 한다. ( )

---

01 (×) 3개월(×), 3개월을 초과하는(○), 개업공인중개사가 3개월을 초과하는 휴업을 하려는 경우 등록관청에 미리 신고해야 한다.
03 (×) 휴업은 6개월을 초과할 수 없다. 다만, 질병으로 인한 요양, 징집으로 인한 입영, 취학 또는 임신하거나 출산한 경우 등 부득이한 사유가 있는 경우에는 그러하지 아니하다.

**정답** 01 (×), 02 (○), 03 (×), 04 (○), 05 (○), 06 (○)

**07** | 공인중개사 2013·2018·2021년

휴업기간 변경신고서에는 중개사무소등록증을 첨부해야 한다. ( )

**08** | 공인중개사 2014·2017년

개업공인중개사가 휴업한 중개업을 재개하고자 하는 때에는 휴업한 중개업의 재개 후 1주일 이내에 신고해야 한다. ( )

**09** | 공인중개사 2016·2021년

중개사무소재개신고를 받은 등록관청은 반납을 받은 중개사무소등록증을 즉시 반환해야 한다. ( )

**10** | 공인중개사 2013·2016·2021년

부동산중개업의 재개신고나 휴업기간의 변경신고는 전자문서에 의한 방법으로 할 수 없다. ( )

## 2 폐업신고

**11** | 공인중개사 모의문제

개업공인중개사는 폐업을 하고자 하는 때에는 국토교통부령으로 정하는 신고서에 중개사무소등록증을 첨부하여 등록관청에 그 사실을 미리 신고하여야 한다. ( )

**12** | 공인중개사 2020년

중개사무소 폐업신고 할 때에는 중개사무소등록증 원본이 첨부되어야 한다. ( )

---

07 (×) 휴업기간 변경신고서에는 중개사무소등록증을 첨부하지 않는다. 휴업신고 할 때 이미 중개사무소등록증을 등록관청에 반납한 상태이기 때문이다. 중개사무소등록증은 휴업신고나 폐업신고 시에 첨부한다.

08 (×) 개업공인중개사는 휴업한 중개업을 재개하고자 하는 때에는 등록관청에 미리 신고하여야 한다.

10 (×) 재개신고와 휴업기간 변경신고는 전자문서에 의한 신고를 할 수 있다. 비교 휴업신고와 폐업신고는 중개사무소등록증을 첨부하여 등록관청에 직접 신고해야한다.

**정답** 07 (×), 08 (×), 09 (○), 10 (×), 11 (○), 12 (○)

**13** | 공인중개사 2019년

개업공인중개사가 부동산중개업폐업신고서를 작성하는 경우에는 폐업기간, 부동산중개업 휴업신고서를 작성하는 경우에는 휴업기간을 기재하여야 한다.     ( )

## ③ 분사무소의 휴업·폐업신고

**14** | 공인중개사 2017년

분사무소의 폐업은 미리 신고해야한다.     ( )

**15** | 공인중개사 2020년

분사무소 폐업신고 할 때에는 중개사무소등록증 원본이 첨부되어야 한다.     ( )

**16** | 공인중개사 2018·2020년

분사무소는 주된 사무소와 별도로 휴업할 수 있다.     ( )

## ④ 휴업·폐업신고 위반시 제재

**17** | 공인중개사 2013년

개업공인중개사가 3월을 초과하는 휴업을 하면서 휴업신고를 하지 않은 경우에는 100만원 이하의 과태료를 부과한다.     ( )

**18** | 공인중개사 2014·2021년

중개사무소의 개설등록 취소처분을 받은 경우 중개사무소의 간판을 지체 없이 철거해야 한다.     ( )

---

13 (×) 폐업기간(×), 폐업일(○), 휴업의 경우 휴업기간을 기재하며, 폐업의 경우 폐업일을 기재하여야 한다.
15 (×) 분사무소 폐업신고 할 때에는 분사무소 설치신고확인서를 첨부하여야 한다.

**정답** 13 (×), 14 (○), 15 (×), 16 (○), 17 (○), 18 (○)

**19** | 공인중개사 2014·2015·2021년

등록관청에 6개월을 초과하는 휴업신고를 한 경우 중개사무소의 간판을 지체 없이 철거해야 한다. ( )

**20** | 공인중개사 2014·2016·2019·2021년

등록관청에 폐업사실을 신고한 경우 1개월 이내에 사무소의 간판을 철거해야 한다. ( )

---

19 (×) 휴업신고를 한 경우는 간판철거사유에 해당하지 않는다. 폐업신고를 한 경우 중개사무소의 간판을 지체 없이 철거해야 한다.

   **보충** 간판철거사유는 다음과 같다.
   ① 등록관청에 중개사무소의 이전사실을 신고한 경우
   ② 등록관청에 폐업사실을 신고한 경우
   ③ 중개사무소의 개설등록취소처분을 받은 경우

20 (×) 등록관청에 폐업사실을 신고한 경우 지체 없이 사무소의 간판을 철거해야 한다.

**정답** 19 (×), 20 (×)

# CHAPTER 04

# 계약과 책임 그리고 보수

| 2014년 | 2015년 | 2016년 | 2017년 | 2018년 | 2019년 | 2020년 | 2021년 | 2022년 |
|---|---|---|---|---|---|---|---|---|
| 8문 | 10문 | 6문 | 8문 | 7문 | 4문 | 7문 | 5문 | 10문 |

**핵심 13** | 일반중개계약과 전속중개계약
**핵심 14** | 확인·설명과 확인·설명서
**핵심 15** | 거래계약서
**핵심 16** | 손해배상책임과 반환채무이행보장
**핵심 17** | 중개보수

# 핵심테마 13 일반중개계약과 전속중개계약

## 1 일반중개계약

**01** | 공인중개사 2022년

일반중개계약은 중개의뢰인이 중개대상물의 중개를 의뢰하기 위해 특정한 개업공인중개사를 정하여 그 개업공인중개사에 한정하여 중개대상물을 중개하도록 하는 계약을 말한다. ( )

**02** | 공인중개사 2017년

중개의뢰인은 동일한 내용의 일반중개계약을 다수의 개업공인중개사와 체결할 수 있다. ( )

**03** | 공인중개사 2017년

일반중개계약의 체결은 서면으로 해야 한다. ( )

**04** | 공인중개사 2014·2018년

중개의뢰인은 개업공인중개사에게 거래예정가격을 기재한 일반중개계약서의 작성을 요청할 수 있다. ( )

**05** | 공인중개사 2017년

중개의뢰인은 일반중개계약서에 개업공인중개사가 준수해야 할 사항의 기재를 요청할 수 있다. ( )

**06** | 공인중개사 모의문제

중개의뢰인의 요청이 있더라도 개업공인중개사는 일반계약서를 작성할 의무는 없다. ( )

---

01 (×) 중개의뢰인이 다수의 개업공인중개사에게 중개를 의뢰하여 체결하는 계약을 일반중개계약이라 하며, 대부분 구두로 체결하는 것이 보통이다.

03 (×) 일반중개계약은 서면 또는 구두로 할 수 있으며, 대부분 구두로 체결하는 것이 보통이다.

**정답** 01 (×), 02 (○), 03 (×), 04 (○), 05 (○), 06 (○)

**07** | 공인중개사 2013·2017년

일반중개계약을 체결하는 경우, 국토교통부장관이 관련 법령에 의하여 정한 표준서식의 중개계약서를 사용해야 한다. ( )

**08** | 공인중개사 2018년

개업공인중개사가 일반중개계약을 체결한 때에는 부동산거래정보망에 중개대상물에 관한 정보를 공개해야 한다. ( )

## 2 전속중개계약

**09** | 공인중개사 2016년

특정한 개업공인중개사를 정하여 그 개업공인중개사에 한하여 중개대상물을 중개하도록 하는 계약이 전속중개계약이다. ( )

**10** | 공인중개사 2013·2014·2015·2016·2017·2018년

당사자 간에 다른 약정이 없는 한 전속중개계약의 유효기간은 3개월로 한다. ( )

**11** | 공인중개사 2022년

중개의뢰인과 개업공인중개사가 전속중개계약의 유효기간을 4개월로 약정한 것은 유효하다. ( )

**12** | 공인중개사 2017·2018년

전속중개계약은 법령이 정하는 계약서에 의하여야 하며, 중개의뢰인과 개업공인중개사가 모두 서명 또는 날인한다. ( )

**13** | 공인중개사 2013·2014·2015·2022년

개업공인중개사가 전속중개계약을 체결한 때에는 그 계약서를 3년 동안 보존해야 한다. ( )

---

07 (×) 국토교통부장관은 일반중개계약의 표준이 되는 서식을 정하여 그 사용을 권장할 수 있다. 국토교통부장관의 표준서식의 사용권장이 있더라도 개업공인중개사가 사용할 의무는 없다.

08 (×) 개업공인중개사가 일반중개계약을 체결한 때에는 부동산거래정보망에 중개대상물에 관한 정보를 공개해야 하는 의무규정이 없다. **비교** 전속중개계약을 체결한 개업공인중개사는 전속계약 체결 후 7일 이내에 부동산거래정보망 또는 일간신문에 해당 중개대상물에 관한 정보를 공개하여야 한다.

**정답** 07 (×), 08 (×), 09 (○), 10 (○), 11 (○), 12 (○), 13 (○)

**14** | 공인중개사 **2015·2016·2018·2022년**

개업공인중개사가 전속중개계약을 체결한 때에는 중개의뢰인에게 2주일에 1회 이상 중개업무 처리 상황을 문서로 통지해야 한다. ( )

### 3 전속중개계약에서 공개해야 할 정보

**15** | 공인중개사 **2017·2022년**

개업공인중개사가 전속중개계약을 체결한 때에는 부동산거래정보망에 중개대상물에 관한 정보를 공개해야 한다. ( )

**16** | 공인중개사 **2014·2015년**

개업공인중개사는 전속중개계약을 체결한 때, 중개의뢰인이 해당 중개대상물에 관한 정보의 비공개를 요청한 경우에는 부동산거래정보망과 일간신문에 이를 공개해서는 아니 된다. ( )

**17** | 공인중개사 **2013·2014·2015·2019년**

중개대상물의 권리관계에 관한 사항 중에서 권리자의 주소·성명 등 인적사항에 관한 정보는 전속중개계약 체결 후 공개해야 할 정보이다. ( )

**18** | 공인중개사 **2015년**

오수·폐수·쓰레기 처리시설 등의 상태는 전속중개계약 체결 후 공개해야 할 정보이다. ( )

**19** | 공인중개사 **2015년**

벽면 및 도배의 상태는 전속중개계약 체결 후 공개해야 할 정보이다. ( )

**20** | 공인중개사 **2019년**

부동산에 대한 일조(日照)·소음·진동 등 환경조건은 전속중개계약 체결 후 공개해야 할 정보이다. ( )

---

17 (×) 전속중개계약을 체결한 개업공인중개사는 부동산거래정보망이나 일간신문에 중개대상물의 정보를 공개할 경우, 권리자의 주소·성명 등 인적사항을 공개해서는 안 된다.

**정답** 14 (○), 15 (○), 16 (○), 17 (×), 18 (○), 19 (○), 20 (○)

**21** | 공인중개사 2015·2017년

전속중개계약 체결 후 개업공인중개사가 공개해야 할 부동산에 관한 정보에는 도로 및 대중교통수단과의 연계성이 포함된다. ( )

**22** | 공인중개사 2018·2019년

임대차에 대한 전속중개계약을 체결한 개업공인중개사는 중개대상물의 공시지가를 공개해야 한다. ( )

---

22 (×) 전속중개계약을 체결한 개업공인중개사는 중개대상물의 거래예정금액 및 공시지가를 공개하여야한다. 다만, 임대차 계약의 경우에는 공시지가를 공개하지 아니할 수 있다.

**보충** 전속중개계약에서 공개해야할 정보는 다음과 같다.

① 기본적인 사항 : 중개대상물의 종류·소재지·지목 및 면적, 건축물의 용도·구조 및 건축연도 등 당해 중개대상물을 특정하기 위하여 필요한 중개대상물의 기본적인 사항
② 권리관계에 관한 사항 : 소유권·전세권·저당권·임차권 등 당해 중개대상물의 권리관계에 관한 사항. 다만, 각 권리자의 주소·성명 등 인적사항에 관한 정보는 공개하여서는 아니 된다.
③ 공법상 이용제한 및 거래규제에 관한 사항
④ 상태 : 수도·전기·가스·소방, 열공급·승강기설비, 오수·폐수·쓰레기 처리시설 등의 상태
⑤ 상태 : 벽면 및 도배의 상태
⑥ 조건 : 일조·소음·진동 등 환경조건
⑦ 조건 : 도로 및 대중교통수단과의 연계성, 시장·학교 등과의 근접성 등 입지조건
⑧ 중개대상물의 거래예정가격 + 공시지가(다만, 임대차의 경우에는 공시지가를 공개하지 아니할 수 있다)

**정답** 21 (○), 22 (×)

## 4 전속중개계약 의무사항

**23** | 공인중개사 2016년

전속중개계약의 유효기간 내에 다른 개업공인중개사에게 해당 중개대상물의 중개를 의뢰하여 거래한 중개의뢰인은 전속중개계약을 체결한 개업공인중개사에게 위약금 지불의무를 진다. ( )

**24** | 공인중개사 2022년

전속중개계약의 유효기간 내에 중개의뢰인이 스스로 발견한 상대방과 거래한 경우, 중개의뢰인은 개업공인중개사에게 지급해야 할 중개보수 전액을 위약금으로 지급해야 한다. ( )

**25** | 공인중개사 2022년

중개의뢰인은 개업공인중개사가 공인중개사법령상의 중개대상물 확인·설명의무를 이행하는데 협조해야 한다. ( )

**26** | 공인중개사 2022년

국토교통부령으로 정하는 전속중개계약서에 의하지 않고 전속중개계약을 체결하거나 계약서를 3년 동안 보존하지 않은 경우 개업공인중개사에 대해 업무를 정지할 수 있다. ( )

---

24 (×) 전속중개계약의 유효기간 내에 중개의뢰인이 스스로 발견한 상대방과 거래한 경우, 의뢰인은 그가 지불해야 할 중개보수의 50%에 해당하는 금액의 범위 내에서 개업공인중개사가 중개행위를 할 때 소요한 비용을 개업공인중개사에게 지불해야 한다.

**정답** 23 (○), 24 (×), 25 (○), 26 (○)

## 5 일반중개계약과 전속중개계약의 서식

**27** | 공인중개사 2022년

전속중개계약에 정하지 않은 사항에 대하여는 중개의뢰인과 개업공인중개사가 합의하여 별도로 정할 수 있다. ( )

**28** | 공인중개사 2022년

표준서식인 일반중개계약서와 전속중개계약서에는 개업공인중개사가 중개보수를 과다 수령 시 그 차액의 환급을 공통적으로 규정하고 있다. ( )

**29** | 공인중개사 2019·2022년

희망지역과 취득 희망가격은 부동산을 매수하려는 자가 일반중개계약을 체결할 때 기재하는 항목에 해당한다. ( )

**30** | 공인중개사 2020년

개업공인중개사의 중개업무 처리상황에 대한 통지의무는 일반중개계약서와 전속중개계약서에 공통으로 기재되는 사항에 해당한다. ( )

---

30 (×) 개업공인중개사의 중개업무 처리상황에 대한 통지의무는 전속중개계약서의 개업공인중개사의 의무사항에 포함되며, 일반중개계약서의 개업공인중개사의 의무사항에는 포함되지 않는다.

**정답** 27 (○), 28 (○), 29 (○), 30 (×)

# 핵심테마 14 확인·설명과 확인·설명서

## 1 개업공인중개사 등의 기본윤리

**01** | 공인중개사 2019년
개업공인중개사는 선량한 관리자의 주의로 중개대상물의 권리관계 등을 조사·확인하여 중개의뢰인에게 설명할 의무가 있다. ( )

**02** | 공인중개사 2018년
부동산중개계약은 「민법」상 위임계약과 유사하다. ( )

**03** | 공인중개사 2014년
중개보조원의 업무상 비밀누설금지의무는 업무를 떠난 후에도 요구된다. ( )

**04** | 공인중개사 2021년
개업공인중개사가 그 업무상 알게 된 비밀을 누설한 경우 피해자의 명시한 의사에 반하여 벌하지 않는다. ( )

## 2 확인·설명

**05** | 공인중개사 2015년
개업공인중개사는 중개가 완성되기 전에 확인·설명사항을 확인하여 이를 해당 중개대상물에 관한 권리를 취득하고자 하는 중개의뢰인에게 설명해야 한다. ( )

**06** | 공인중개사 2019·2020년
중개보조원은 중개대상물에 관한 확인·설명의무가 있다. ( )

---

06 (×) 중개보조원은 확인·설명의무가 없다. 확인·설명의무는 개업공인중개사에게 있다.

**정답** 01 (○), 02 (○), 03 (○), 04 (○), 05 (○), 06 (×)

**07** | 공인중개사 2021년

벽면 및 도배의 상태는 중개상물의 확인·설명사항과 전속중개계약에 따라 부동산거래정보망에 공개해야 할 중개대상물에 관한 정보에 공통으로 규정된 사항에 해당한다. (   )

**08** | 공인중개사 2021년

일조·소음의 환경조건은 중개상물의 확인·설명사항과 전속중개계약에 따라 부동산거래정보망에 공개해야 할 중개대상물에 관한 정보에 공통으로 규정된 사항에 해당한다. (   )

**09** | 공인중개사 2017년

시장·학교와의 근접성 등 중개대상물의 입지조건은 개업공인중개사가 확인·설명해야 하는 사항에 해당된다. (   )

**10** | 공인중개사 2015·2021년

취득시 부담해야 할 조세의 종류와 세율은 중개상물의 확인·설명사항과 전속중개계약에 따라 부동산거래정보망에 공개해야 할 중개대상물에 관한 정보에 공통으로 규정된 사항에 해당한다. (   )

---

10 (×) 취득시 부담해야 할 조세의 종류와 세율은 중개대상물의 확인·설명해야 하는 사항에 해당하지만 전속중개계약에 따라 부동산거래정보망에 공개해야 할 중개대상물에 관한 정보에는 해당하지 않는다.

**보충** 확인·설명해야하는 내용은 다음과 같으며, 3★은 전속중개계약에는 공개하지 않고 확인·설명에만 해당하는 내용이다.

① 기본적인 사항 : 중개대상물의 종류·소재지·지목 및 면적, 건축물의 용도·구조 및 건축연도 등 당해 중개대상물을 특정하기 위하여 필요한 중개대상물의 기본적인 사항
② 권리관계에 관한 사항 : 소유권·전세권·저당권·임차권 등 당해 중개대상물의 권리관계에 관한 사항. 다만, 각 권리자의 주소·성명 등 인적사항에 관한 정보는 공개하여서는 아니 된다.
③ 공법상 이용제한 및 거래규제에 관한 사항
④ 상태 : 내부·외부 시설물의 상태(수도·전기·가스·소방, 열공급·승강기설비, 오수·폐수·쓰레기 처리시설 등의 상태)
⑤ 상태 : 바닥면, 벽면 및 도배의 상태
⑥ 조건 : 일조·소음·진동 등 환경조건
⑦ 조건 : 도로 및 대중교통수단과의 연계성, 시장·학교 등과의 근접성 등 입지조건
⑧ 중개대상물의 거래예정가격
⑨ ★ 권리를 취득함에 따라 부담해야 할 조세의 종류 및 세율
⑩ ★ 중개보수 및 실비의 금액과 그 산출내역
⑪ ★ 토지이용계획

**정답** 07 (○), 08 (○), 09 (○), 10 (×)

**11** | 공인중개사 2018년

개업공인중개사는 중개보수 및 실비의 금액과 그 산출내역을 확인·설명해야 한다. ( )

**12** | 공인중개사 모의문제

개업공인중개사는 확인·설명을 위하여 필요한 경우에는 중개대상물의 매도의뢰인·임대의뢰인 등에게 당해 중개대상물의 상태에 관한 자료를 요구할 수 있다. ( )

**13** | 공인중개사 2014·2018년

개업공인중개사는 임대의뢰인이 중개대상물의 상태에 관한 자료요구에 불응한 경우 그 사실을 중개대상물 확인·설명서에 기재할 의무가 있다. ( )

### 3 확인·설명서

**14** | 공인중개사 2014·2015·2018년

개업공인중개사는 중개가 완성되어 거래계약서를 작성하는 때에는 확인·설명사항을 서면으로 작성하여 거래당사자에게 교부하고 확인·설명서 원본, 사본 또는 전자문서를 3년간 보존하여야 한다. ( )

**15** | 공인중개사 2014년

공동중개의 경우, 중개대상물 확인·설명서에는 참여한 개업공인중개사(소속공인중개사 포함) 중 1인이 서명·날인하면 된다. ( )

**16** | 공인중개사 2014·2020년

중개대상물 확인·설명서에는 개업공인중개사가 서명 또는 날인하되, 해당 중개행위를 한 소속공인중개사가 있는 경우에는 소속공인중개사가 함께 서명 또는 날인해야 한다. ( )

---

15 (×) 2명의 개업공인중개사가 공동중개한 경우 중개대상물 확인·설명서에는 공동중개한 개업공인중개사 모두 서명 및 날인하여야 한다.

16 (×) 서명 또는 날인(×), 서명 및 날인(○), 중개대상물 확인·설명서에는 개업공인중개사가 서명 및 날인하되, 해당 중개행위를 한 소속공인중개사가 있는 경우에는 소속공인중개사가 함께 서명 및 날인해야 한다.

**정답** 11 (○), 12 (○), 13 (○), 14 (○), 15 (×), 16 (×)

**17** | 공인중개사 2018년

개업공인중개사는 작성된 중개대상물 확인·설명서를 거래당사자 모두에게 교부해야 한다. ( )

### 4 확인·설명, 확인·설명서 위반시 제재

**18** | 공인중개사 2014년

중개가 완성된 후 개업공인중개사가 중개대상물 확인·설명서를 작성하여 교부하지 아니한 것만으로도 중개사무소 개설등록 취소사유에 해당한다. ( )

**19** | 공인중개사 2015·2020년

개업공인중개사가 성실·정확하게 중개대상물의 확인·설명을 하지 아니하면 업무정지사유에 해당한다. ( )

**20** | 공인중개사 2017년

중개업무를 수행하는 소속공인중개사가 성실·정확하게 중개대상물의 확인·설명을 하지 않은 것은 소속공인중개사의 자격정지사유에 해당한다. ( )

---

18 (×) 개설등록 취소사유(×), 업무정지사유(○), 중개가 완성된 후 개업공인중개사가 중개대상물 확인·설명서를 작성하여 교부하지 아니한 경우 업무정지사유에 해당한다. **보충** 확인·설명과 확인·설명서에 관한 행정처분은 다음과 같다.
  ① 확인·설명서를 작성하여 교부하지 않거나 보존하지 않은 경우 개업공인중개사는 업무정지사유에 해당하며, 소속공인중개사는 이에 해당하지 않는다.
  ② 확인·설명서에 서명 및 날인하지 않은 경우 개업공인중개사는 업무정지사유에 해당하며, 소속공인중개사는 자격정지사유에 해당한다.
  ③ 확인·설명을 하지 아니하거나 설명의 근거자료를 제시하지 않은 경우 개업공인중개사는 500만 원 이하의 과태료 부과사유에 해당하며, 소속공인중개사는 자격정지사유에 해당한다.
19 (×) 개업공인중개사가 성실·정확하게 중개대상물의 확인·설명을 하지 아니하거나 설명의 근거자료를 제시하지 않은 경우, 500만 원 이하의 과태료 부과 사유에 해당한다.

**정답** 17 (○), 18 (×), 19 (×), 20 (○)

## 5 확인·설명서의 작성방법 : 주거용 건축물

<확인·설명서 서식 비교>

| 구분 | | 주거용 | 비주거용 | 토지 |
|---|---|---|---|---|
| 기본 | 01. 대상물건의 표시 | ○ | ○ | ○ |
| | 02. 권리관계 | ○ | ○ | ○ |
| | 03. 공법상 이용제한 및 거래규제 + 토지이용계획 | ○ | ○ | ○ |
| | 04. 입지조건 | 도대차판교 | 도대차 | 도대 |
| | 05. 관리에 관한 사항 | ○ | ○ | × |
| | 06. 비선호시설(1km 이내) | ○ | × | ○ |
| | 07. 거래예정금액 | ○ | ○ | ○ |
| | 08. 취득시 부담조세의 종류 및 세율 | ○ | ○ | ○ |
| 세부 | 09. 실제권리관계 또는 공시되지 않은 물건의 권리 사항 | ○ | ○ | ○ |
| | 10. 상태(내부·외부 시설물) | ○ | ○ | × |
| | 11. 상태(벽면·바닥면·도배) | 벽바도 | 벽바 | × |
| | 12. 환경조건(일조·소음·진동) | 일소진 | × | × |
| 보수 | 13. 중개보수 | ○ | ○ | ○ |

**21** | 공인중개사 **2017년**

주거용 건축물의 확인·설명서를 작성하는 경우 개업공인중개사 기본 확인사항은 개업공인중개사가 확인한 사항을 적어야 한다.　　　　　　　　　　　　　　　　( )

**22** | 공인중개사 **2017년**

주거용 건축물의 확인·설명서를 작성하는 경우 건축물의 내진설계 적용여부와 내진능력은 개업공인중개사 기본 확인사항이다.　　　　　　　　　　　　　　　( )

**23** | 공인중개사 **2014년**

권리관계의 '등기부기재사항'은 중개업자 기본 확인사항으로, '실제권리관계 또는 공시되지 않은 물건의 권리 사항'은 중개업자 세부 확인사항으로 구분하여 기재한다. ( )

정답 21 (○), 22 (○), 23 (○)

**24** | 공인중개사 2022년

'다가구주택 확인서류 제출여부'는 개업공인중개사의 기본 확인사항으로 제외하거나 생략할 수 없다. ( )

**25** | 공인중개사 2020년

토지이용계획은 주거용 건축물 매매계약의 중개의뢰를 받은 개업공인중개사가 확인·설명해야 할 사항에 포함된다. ( )

**26** | 공인중개사 2014년

'건폐율 상한 및 용적률 상한'은 중개업자 기본 확인사항으로 토지이용계획확인서의 내용을 확인하여 적는다. ( )

**27** | 공인중개사 2014년

'거래예정금액'은 중개업자 세부 확인사항으로 중개가 완성된 때의 거래금액을 기재한다. ( )

**28** | 공인중개사 2014·2022년

'취득시 부담할 조세의 종류 및 세율'은 중개대상물 유형별 모든 서식에 공통적으로 기재할 사항으로 임대차의 경우에도 기재해야 한다. ( )

**29** | 공인중개사 모의문제

주거용 건축물의 임대차를 중개하면서 확인·설명서 작성시 개별공시지가(㎡당) 및 건물(주택)공시가격을 생략할 수 있다. ( )

**30** | 공인중개사 2017년

아파트를 제외한 주택의 경우, 단독경보형감지기 설치여부는 개업공인중개사 세부 확인사항이다. ( )

---

26 (×) '건폐율 상한 및 용적률 상한'은 중개업자 기본 확인사항으로 시·군 조례에 따라 기재한다.
27 (×) 세부(×), 기본(○), 완성된 때의(×), 완성되기 전의(○), 거래금액(×), 거래예정금액(○), '거래예정금액'은 중개업자 기본 확인사항으로 중개가 완성되기 전의 거래예정금액을 기재한다.
28 (×) '취득시 부담할 조세의 종류 및 세율'은 중개대상물 유형별 모든 서식에 공통적으로 기재할 사항이다. 다만 임대차의 경우에는 제외한다.

**정답** 24 (○), 25 (○), 26 (×), 27 (×), 28 (×), 29 (○), 30 (○)

**31** | 공인중개사 2017년

주거용 건축물의 확인·설명서를 작성하는 경우 벽면 및 도배상태는 매도(임대)의뢰인에게 자료를 요구하여 확인한 사항을 적는다. ( )

**32** | 공인중개사 2016년

공원의 접근성 등의 입지조건은 주거용 건축물의 확인·설명서의 기본 확인사항이다. ( )

### 6  확인·설명서의 작성방법 : 비주거용 건축물

**33** | 공인중개사 2015년

비주거용 건축물의 확인·설명서를 작성하는 경우 '대상물건의 표시'는 토지대장 및 건축물대장 등을 확인하여 적는다. ( )

**34** | 공인중개사 2018년

비주거용 건축물의 확인·설명서에서 "내진설계 적용여부"는 기본 확인사항이다. ( )

**35** | 공인중개사 2015년

비주거용 건축물의 확인·설명서를 작성하는 경우 '권리관계'의 "등기부기재사항"은 등기사항증명서를 확인하여 적는다. ( )

**36** | 공인중개사 2014년

주차장의 유무는 비주거용 건축물 중개대상물 확인·설명서 작성 시 세부확인사항이다. ( )

**37** | 공인중개사 2022년

비주거용 건축물의 확인·설명서를 작성하는 경우 '비선호시설(1㎞이내)의 유무에 관한 사항'은 기본 확인사항이다. ( )

---

32 (×) 입지조건에 해당하는 사항은 도로와의 관계, 대중교통, 주차장, 교육시설, 판매 및 의료시설이다. 그러나 공원은 입지조건에 해당하지 않는다.
36 (×) 주차장의 유무는 비주거용 건축물의 중개대상물 확인·설명서 작성 시 기본확인사항이다.
37 (×) 비주거용 건축물의 확인·설명서를 작성하는 경우 비선호시설(1km 이내) 유무를 기재하지 않는다.

**정답** 31 (○), 32 (×), 33 (○), 34 (○), 35 (○), 36 (×), 37 (×)

**38** | 공인중개사 2018년

비주거용 건축물의 확인·설명서에서 "실제권리관계 또는 공시되지 않은 물건의 권리 사항"은 세부 확인사항이다. ( )

**39** | 공인중개사 2015년

비주거용 건축물의 확인·설명서를 작성하는 경우 "중개보수"는 실제거래금액을 기준으로 계산하고, 협의가 없는 경우 부가가치세는 포함된 것으로 본다. ( )

**40** | 공인중개사 2018년

비주거용 건축물의 확인·설명서에서 "단독경보형감지기" 설치 여부는 세부 확인사항이다. ( )

**41** | 공인중개사 2018년

비주거용 건축물의 확인·설명서에서 "환경조건(일조량·소음·진동)"은 세부 확인사항이다. ( )

## 7 확인·설명서의 작성방법 : 토지

**42** | 공인중개사 2015·2016년

입지조건은 토지 매매의 경우 중개대상물 확인·설명서 서식의 기본 확인사항이다. ( )

**43** | 공인중개사 2015년

거래예정금액은 토지 매매의 경우 중개대상물 확인·설명서 서식의 기본 확인사항이다. ( )

---

39 (×) 실제거래금액(×), 거래예정금액(○), 포함된(×), 별도로(○), "중개보수"는 거래예정금액을 기준으로 계산하고, 협의가 없는 경우 부가가치세는 별도로 부과한다.
40 (×) "단독경보형감지기" 설치 여부는 주거용 건축물 확인·설명서의 세부 확인사항에 기재한다. 비주거용 건축물의 세부 확인사항에는 '소화전 및 비상벨' 설치 여부를 기재한다.
41 (×) "환경조건(일조량·소음·진동)"은 주거용 건축물의 확인·설명서에만 기재한다. 비주거용 건축물에는 기재하지 않는다.

**정답** 38 (○), 39 (×), 40 (×), 41 (×), 42 (○), 43 (○)

**44** | 공인중개사 2016년

일조량 등 환경조건은 토지의 확인·설명서에 기재해야 할 사항이다. ( )

**45** | 공인중개사 2015·2016년

비선호시설(1km이내)은 토지 매매의 경우 중개대상물 확인·설명서 서식의 기본 확인사항이다. ( )

**46** | 공인중개사 2016년

관리주체의 유형에 관한 사항은 토지의 확인·설명서에 기재해야 할 사항이다. ( )

**47** | 공인중개사 2015년

취득 시 부담할 조세의 종류 및 세율은 토지 매매의 경우 중개대상물 확인·설명서 서식의 기본 확인사항이다. ( )

**48** | 공인중개사 2016년

공법상 이용제한 및 거래규제에 관한 사항은 토지의 확인·설명서에 기재해야 할 사항이다. ( )

---

44 (×) 일조량 등 환경조건은 토지의 확인·설명서에는 기재하지 않는다.
46 (×) 관리에 관한 사항은 토지의 확인·설명서에는 기재하지 않는다.

**정답** 44 (×), 45 (○), 46 (×), 47 (○), 48 (○)

# 거래계약서

## 1 거래계약서 작성의무

<중개계약서, 확인·설명서, 거래계약서 비교>

| 구분 | 일반중개계약서 | 전속중개계약서 | 확인·설명서 | 거래계약서 |
|---|---|---|---|---|
| 법정서식 | 있음 | 있음 | 있음 | × |
| 법정서식 사용의무 | × | 있음 | 있음 | 권장 |
| 서명·날인 | 서명 또는 날인 | | 서명 및 날인 | |
| 보존기간 | × | 3년 | 3년 | 5년 |
| 공인전자문서센터 | × | × | ○ | ○ |

**01** | 공인중개사 2017·2020년

개업공인중개사는 중개가 완성된 때에만 거래계약서를 작성·교부하여야 한다. ( )

**02** | 공인중개사 2015·2016·2017·2020·2022년

작성된 거래계약서는 거래당사자에게 교부하고 3년간 원본, 사본 또는 전자문서를 보존해야 한다. ( )

**03** | 공인중개사 2015·2018·2020·2022년

소속공인중개사가 중개행위를 한 경우 그 거래계약서에는 소속공인중개사와 개업공인중개사가 함께 서명 및 날인해야 한다. ( )

**04** | 공인중개사 2014·2016년

분사무소의 소속공인중개사가 중개행위를 한 경우 그 소속공인중개사와 분사무소의 책임자가 함께 거래계약서에 서명 및 날인해야 한다. ( )

---

02 (×) 개업공인중개사는 중개대상물에 관하여 중개가 완성된 때에는 거래계약서를 작성하여 거래당사자에게 교부하고 5년 동안 그 원본, 사본 또는 전자문서를 보존하여야 한다.

**정답** 01 (○), 02 (×), 03 (○), 04 (○)

**05** | 공인중개사 2017·2018년

공동중개의 경우, 참여한 개업공인중개사 모두 거래계약서에 서명 또는 날인해야 한다.
(   )

**06** | 공인중개사 2015년

개업공인중개사는 하나의 거래계약에 서로 다른 둘 이상의 거래계약서를 작성해서는 아니 된다.
(   )

**07** | 공인중개사 2014·2015·2016년

거래계약서는 국토교통부장관이 정한 표준서식을 사용해야 한다.
(   )

**08** | 공인중개사 2017년

국토교통부장관은 개업공인중개사가 작성하는 거래계약서의 표준이 되는 서식을 정하여 그 사용을 권장할 수 있다.
(   )

## 2  거래계약서 기재사항

**09** | 공인중개사 2018년

거래계약서에는 물건의 인도일시를 기재하여야 한다.
(   )

---

05 (×) 서명 또는 날인(×), 서명 및 날인(○), 공동중개의 경우, 참여한 개업공인중개사 모두 거래계약서에 서명 및 날인해야 한다.

07 (×) 국토교통부장관은 개업공인중개사가 작성하는 거래계약서의 표준이 되는 서식을 정하여 그 사용을 권장할 수 있다고 규정하고 있다. 하지만 실제로 표준서식이 정해져 있지는 않다.

09 (○) 거래계약서의 기재사항은 다음과 같다.
① 거래당사자의 인적 사항
② 물건의 표시
③ 계약일
④ 물건의 인도일시
⑤ 권리이전의 내용
⑥ 거래금액·계약금액 및 그 지급일자 등 지급에 관한 사항
⑦ 그 밖의 약정내용(거래당사자간 약정내용, 거래당사자간 특약사항)
⑧ 중개대상물 확인·설명서 교부일자
⑨ 계약의 조건이나 기한이 있는 경우에는 그 조건 또는 기한

**정답** 05 (×), 06 (○), 07 (×), 08 (○), 09 (○)

**10** | 공인중개사 2013년

거래금의 지급일자는 거래계약서에 기재해야 할 사항이다. ( )

**11** | 공인중개사 2013년

당사자의 담보책임을 면제하기로 한 경우 그 약정은 거래계약서에 기재해야 할 사항이다. ( )

**12** | 공인중개사 2013·2017년

계약의 조건이 있는 경우, 그 조건은 거래계약서에 기재해야 할 사항이다. ( )

**13** | 공인중개사 2013·2014·2016·2018·2020·2022년

거래계약서에는 중개대상물 확인·설명서 교부일자를 기재해야 한다. ( )

## 3 거래계약서 작성의무 위반시 제재

<중개계약서, 확인·설명서, 거래계약서 위반사유와 제재>

| 구분 | 위반사유 | 제재 |
|---|---|---|
| 전속중개계약서 | 법정계약서 사용하지 않고 교부, 보존하지 않은 경우 | 개공 : 업무정지<br>소공 : 해당 없음 |
| 확인·설명 | 확인·설명하지 않거나 근거자료 제시하지 않은 경우 | 개공 : 500만 원 이하 과태료<br>소공 : 자격정지 |
| 확인·설명서 | 교부, 보존하지 않은 경우 | 개공 : 업무정지<br>소공 : 해당 없음 |
| | 서명 및 날인하지 않은 경우 | 개공 : 업무정지<br>소공 : 자격정지 |
| 거래계약서 | 교부, 보존하지 않은 경우 | 개공 : 업무정지<br>소공 : 해당 없음 |
| | 서명 및 날인하지 않은 경우 | 개공 : 업무정지<br>소공 : 자격정지 |
| | 거짓 기재하거나 서로 다른 둘 이상의 계약서 작성한 경우 | 개공 : 상대적 등록취소<br>소공 : 자격정지 |

**정답** 10 (○), 11 (○), 12 (○), 13 (○)

**14** | 공인중개사 2015년

거래계약서에 거래내용을 거짓으로 기재한 경우 등록관청은 중개사무소 개설등록을 취소할 수 있다. ( )

**15** | 공인중개사 2020년

개업공인중개사가 하나의 거래계약에 대하여 서로 다른 둘 이상의 거래계약서를 작성한 경우, 등록관청은 중개사무소의 개설등록을 취소하여야 한다. ( )

**16** | 공인중개사 2018년

하나의 거래에 대하여 서로 다른 둘 이상의 거래계약서를 작성한 경우 소속공인중개사의 자격정지사유에 해당한다. ( )

**17** | 공인중개사 2016년

거래계약서의 원본, 사본 또는 전자문서를 보존기간 동안 보존하지 않은 경우 등록관청은 중개사무소의 개설등록을 취소할 수 있다. ( )

---

15 (×) 취소하여야 한다(×). 취소할 수 있다(○). 개업공인중개사가 하나의 거래계약에 대하여 서로 다른 둘 이상의 거래계약서를 작성한 경우, 등록관청은 중개사무소의 개설등록을 취소할 수 있다.

17 (×) 거래계약서의 원본, 사본 또는 전자문서를 보존기간 동안 보존하지 않은 경우 등록관청은 개업공인중개사에게 업무정지 처분을 할 수 있다.

**정답** 14 (○), 15 (×), 16 (○), 17 (×)

# 핵심테마 16 손해배상책임과 반환채무이행보장

## 1 손해배상책임

**01 | 공인중개사 2016년**
개업공인중개사가 중개행위를 함에 있어서 거래당사자에게 손해를 입힌 경우 고의·과실과 관계없이 그 손해를 배상해야 한다. ( )

**02 | 공인중개사 2021년**
개업공인중개사는 고의로 거래당사자에게 손해를 입힌 경우에는 재산상의 손해뿐만 아니라 비재산적 손해에 대해서도 공인중개사법령상 손해배상책임보장규정에 의해 배상할 책임이 있다. ( )

**03 | 공인중개사 2015·2016·2017·2018·2021년**
개업공인중개사는 자기의 중개사무소를 다른 사람의 중개행위의 장소로 제공함으로써 거래당사자에게 재산상의 손해를 발생하게 한 때에는 그 손해를 배상할 책임이 있다. ( )

**04 | 공인중개사 2018년**
개업공인중개사 등이 아닌 제3자의 중개행위로 거래당사자에게 재산상 손해가 발생한 경우 그 제3자는 이 법에 따른 손해배상책임을 진다. ( )

---

01 (×) 고의·과실과 관계없이(×), 고의 또는 과실로 인하여(○), 개업공인중개사는 중개행위를 하는 경우 고의 또는 과실로 인하여 거래당사자에게 재산상의 손해를 발생하게 한 때에는 그 손해를 배상할 책임이 있다.
02 (×) 개업공인중개사는 중개행위를 하는 경우 고의 또는 과실로 인하여 거래당사자에게 손해를 발생하게 한 때에는 그 손해를 배상할 책임이 있다. 개업공인중개사가 배상해야 할 손해는 재산상의 손해에 한정된다. 비재산적 손해에 대해서는 민법상 불법행위에 대한 책임으로 별도의 손해배상청구가 필요하다.
04 (×) 개업공인중개사 등이 아닌 제3자의 중개행위로 거래당사자에게 재산상 손해가 발생한 경우 그 제3자는 공인중개사법에 따른 손해배상책임의 대상이 되지 않는다.

**정답** 01 (×), 02 (×), 03 (○), 04 (×)

## 2 손해배상책임의 보장조치

**05** | 공인중개사 2017·2020년

개업공인중개사는 업무를 개시하기 전에 손해배상책임을 보장하기 위하여 보증보험 또는 공제에 가입하거나 공탁을 해야 한다. ( )

**06** | 공인중개사 2014·2018년

개업공인중개사의 손해배상책임을 보장하기 위한 보증보험 또는 공제가입, 공탁은 중개사무소 개설등록신청을 할 때 해야 한다. ( )

**07** | 공인중개사 2021년

법인인 개업공인중개사가 분사무소를 두는 경우 분사무소마다 추가로 2억 원 이상의 손해배상책임의 보증설정을 해야 하나 보장금액의 상한은 없다. ( )

**08** | 공인중개사 2013·2015년

지역농업협동조합이 부동산중개업을 하는 때에는 중개업무를 개시하기 전에 보장금액 2천만 원 이상의 보증을 보증기관에 설정하고 그 증명서류를 갖추어 등록관청에 신고해야 한다. ( )

**09** | 공인중개사 2014년

다른 법률의 규정에 따라 중개업을 할 수 있는 법인이 부동산중개업을 하는 경우 업무보증설정을 하지 않아도 된다. ( )

**10** | 공인중개사 2018·2020·2021년

손해배상책임의 보장을 위한 공탁금은 개업공인중개사가 폐업 또는 사망한 날부터 3년 이내에는 회수할 수 없다. ( )

---

06 (×) 개업공인중개사는 업무를 개시하기 전에 손해배상책임을 보장하기 위하여 보증보험 또는 공제에 가입하거나 공탁을 하여야 한다.

09 (×) 다른 법률의 규정에 따라 중개업을 할 수 있는 법인이 부동산중개업을 하는 경우 업무보증설정을 하여야 한다. 지역농업협동조합의 경우는 최소 2천만 원 이상이어야 한다.

**정답** 05 (○), 06 (×), 07 (○), 08 (○), 09 (×), 10 (○)

## 3 보증의 설정과 변경

**11** | 공인중개사 2021년

보증기관이 보증사실을 등록관청에 직접 통보한 경우라도 개업공인중개사는 등록관청에 보증설정신고를 해야 한다. ( )

**12** | 공인중개사 2021년

개업공인중개사가 보증설정신고를 할 때 등록관청에 제출해야 할 증명서류는 전자문서로 제출할 수 있다. ( )

**13** | 공인중개사 2016년

개업공인중개사는 중개를 개시하기 전에 거래당사자에게 손해배상책임의 보장에 관한 설명을 해야 한다. ( )

**14** | 공인중개사 2014·2017·2020년

공제에 가입한 개업공인중개사로서 보증기간이 만료되어 다시 보증을 설정하고자 하는 자는 그 보증기간 만료 후 15일 이내에 다시 보증을 설정해야 한다. ( )

## 4 보증금의 지급과 위반시 제재

**15** | 공인중개사 2014·2017·2020년

보증보험금으로 손해배상을 한 경우 개업공인중개사는 30일 이내에 보증보험에 다시 가입해야 한다. ( )

---

11 (×) 보증기관이 보증사실을 등록관청에 직접 통보한 경우에는 개업공인중개사는 등록관청에 보증설정신고를 생략할 수 있다.

13 (×) 중개를 개시하기 전에(×), 중개가 완성된 때(○), 개업공인중개사는 중개가 완성된 때에는 거래당사자에게 손해배상책임의 보장에 관한 사항을 설명하고 관계 증서의 사본을 교부하거나 관계증서에 관한 전자문서를 제공하여야 한다.

14 (×) 공제에 가입한 개업공인중개사로서 보증기간이 만료되어 다시 보증을 설정하고자 하는 자는 그 보증기간 만료일까지 다시 보증을 설정해야 한다.

15 (×) 개업공인중개사가 보증보험금·공제금 또는 공탁금으로 손해배상을 한 때에는 15일 이내에 보증보험 또는 공제에 다시 가입하거나 공탁금 중 부족하게 된 금액을 보전해야 한다.

**정답** 11 (×), 12 (○), 13 (×), 14 (×), 15 (×)

**16** | 공인중개사 2014·2020년

개업공인중개사가 손해배상책임을 보장하기 위한 조치를 이행하지 아니하고 업무를 개시한 경우 등록관청은 개설등록을 취소할 수 있다. ( )

## 5 반환채무이행보장

**17** | 공인중개사 2019년

개업공인중개사는 거래의 안전을 보장하기 위하여 필요하다고 인정하는 경우, 계약금 등을 예치하도록 거래당사자에게 권고할 수 있다. ( )

**18** | 공인중개사 2019년

계약금 등의 반환채무이행보장의 예치대상은 계약금·중도금 또는 잔금이다. ( )

**19** | 공인중개사 2019년

개업공인중개사는 거래당사자에게 「공인중개사법」에 따른 공제사업을 하는 자의 명의로 계약금 등을 예치하도록 권고할 수 없다. ( )

**20** | 공인중개사 2013·2019년

「보험업법」에 따른 보험회사는 계약금 등의 예치명의자가 될 수 있다. ( )

---

19 (×) 개업공인중개사는 거래당사자에게 「공인중개사법」에 따른 공제사업을 하는 자의 명의로 계약금 등을 예치하도록 권고할 수 있다.

**보충** 예치명의자에 해당하는 자는 다음과 같다.
① 개업공인중개사
② 「은행법」에 따른 은행
③ 「보험업법」에 따른 보험회사
④ 「자본시장과 금융투자업에 관한 법률」에 따른 신탁업자
⑤ 「우체국예금·보험에 관한 법률」에 따른 체신관서
⑥ 공제사업을 하는 자
⑦ 부동산 거래계약의 이행을 보장하기 위하여 계약금·중도금 또는 잔금 및 계약 관련서류를 관리하는 업무를 수행하는 전문회사

**정답** 16 (○), 17 (○), 18 (○), 19 (×), 20 (○)

**21** | 공인중개사 **2013년**

「우체국예금·보험에 관한 법률」에 따른 체신관서는 계약금 등의 예치명의자가 될 수 있다. ( )

**22** | 공인중개사 **2013년**

「자본시장과 금융투자법에 관한 법률」에 따른 신탁업자는 계약금 등의 예치명의자가 될 수 있다. ( )

**23** | 공인중개사 **2013년**

공제사업을 하는 공인중개사협회는 계약금 등의 예치명의자가 될 수 있다. ( )

**24** | 공인중개사 **2013년**

법원은 계약금 등의 예치명의자가 될 수 있다. ( )

**25** | 공인중개사 **2019년**

개업공인중개사는 계약금 등을 자기 명의로 금융기관 등에 예치하는 경우 자기 소유의 예치금과 분리하여 관리될 수 있도록 하여야 한다. ( )

---

24 (×) 법원은 계약금 등의 예치명의자에 해당하지 않는다.

**정답** 21 (○), 22 (○), 23 (○), 24 (×), 25 (○)

# 핵심테마 17 중개보수

## 1 중개보수와 지급시기

**01** | 공인중개사 2018·2022년
개업공인중개사의 고의 또는 과실로 중개의뢰인과의 거래행위가 해제된 경우 중개보수를 받을 수 없다. ( )

**02** | 공인중개사 2020년
개업공인중개사의 고의와 과실 없이 중개의뢰인의 사정으로 거래계약이 해제된 경우에는 개업공인중개사는 중개보수를 받을 수 있다. ( )

**03** | 공인중개사 2015·2018·2020년
주택의 중개보수는 국토교통부령으로 정하는 범위 안에서 시·도의 조례로 정하고, 주택 외의 중개대상물의 중개보수는 국토교통부령으로 정한다. ( )

**04** | 공인중개사 2015·2018·2020·2022년
중개보수의 지급시기는 개업공인중개사와 중개의뢰인의 약정이 없을 때에는 중개대상물의 거래대금 지급이 완료된 날로 한다. ( )

## 2 중개보수의 범위와 한도

**05** | 공인중개사 2020년
개업공인중개사는 중개대상물의 매도인과 매수인으로부터 각각 중개보수를 받을 수 있다. ( )

**06** | 공인중개사 2018년
주택의 임대차 중개에 관하여 중개의뢰인 일방으로부터 받을 수 있는 한도는 국토교통부령이 정하는 범위 안에서 시·도 조례로 정하며, 그 요율한도 이내에서 중개의뢰인과 개업공인중개사가 서로 협의하여 결정한다. ( )

**정답** 01 (○), 02 (○), 03 (○), 04 (○), 05 (○), 06 (○)

**07** | 공인중개사 2015·2017·2018년

주택인 중개대상물 소재지와 중개사무소 소재지가 다른 경우, 개업공인중개사는 중개대상물 소재지를 관할하는 시·도의 조례에서 정한 기준에 따라 중개보수를 받아야 한다. ( )

**08** | 공인중개사 모의문제

개업공인중개사는 주택 외의 중개대상물에 대하여 중개보수 요율의 범위 안에서 실제 자기가 받고자 하는 중개보수의 상한요율을 중개보수·실비의 요율 및 한도액 표에 명시하여야 하며, 이를 초과하여 중개보수를 받아서는 아니 된다. ( )

**09** | 공인중개사 2022년

전용면적이 85㎡ 이하이고, 상·하수도 시설이 갖추어진 전용입식 부엌, 전용수세식 화장실 및 목욕시설을 갖춘 오피스텔의 매매계약에 대한 중개보수는 주택의 중개에 대한 보수 및 실비 규정을 적용한다. ( )

**10** | 공인중개사 2018년

전용면적이 85㎡ 이하이고, 상·하수도 시설이 갖추어진 전용입식 부엌, 전용수세식 화장실 및 목욕시설을 갖춘 오피스텔의 임대차에 대한 중개보수의 상한요율은 거래금액의 1천분의 5이다. ( )

---

07 (×) 중개대상물의 소재지(×), 중개사무소의 소재지(○), 주택인 중개대상물의 소재지와 중개사무소의 소재지가 다른 경우 개업공인중개사는 중개사무소의 소재지를 관할하는 시·도의 조례로 정하는 요율한도 이내에서 중개의뢰인과 개업공인중개사가 서로 협의하여 결정한다.

09 (×) 해당 중개대상물은 오피스텔이므로 주택 외의 중개에 대한 보수 및 실비 규정을 적용한다.

10 (×) 전용면적이 85㎡ 이하이고, 상·하수도 시설이 갖추어진 전용입식 부엌, 전용수세식 화장실 및 목욕시설을 갖춘 오피스텔의 임대차에 대한 중개보수의 상한요율은 거래금액의 1천분의 4이다. **비교** 오피스텔의 매매에 대한 중개보수의 상한요율은 거래금액의 1천분의 5이다.

**정답** 07 (×), 08 (○), 09 (×), 10 (×)

## 3 중개보수의 계산

**11** | 공인중개사 2015·2017년

중개대상물인 건축물 중 주택의 면적이 2분의 1 미만인 경우, 주택 외의 중개대상물에 대한 중개보수 규정을 적용한다. ( )

**12** | 공인중개사 2018년

중개대상물인 건축물 중 주택의 면적이 2분의 1 이상인 건축물은 주택의 중개보수 규정을 적용한다. ( )

**13** | 공인중개사 2017년

중도금의 일부만 납부된 아파트 분양권의 매매를 중개하는 경우, 중개보수는 총 분양대금과 프리미엄을 합산한 금액을 거래금액으로 하여 계산한다. ( )

**14** | 공인중개사 2018년

아파트 분양권의 매매를 중개한 경우 당사자가 거래 당시 수수하게 되는 총 대금(통상적으로 계약금, 기납부한 중도금, 프리미엄을 합한 금액)을 거래가액으로 보아야 한다. ( )

**15** | 공인중개사 2017·2018년

교환계약의 경우, 중개보수는 교환대상 중개대상물 중 거래금액이 큰 중개대상물의 가액을 거래금액으로 하여 계산한다. ( )

**16** | 공인중개사 2017년

동일한 중개대상물에 대하여 동일 당사자 간에 매매를 포함한 둘 이상의 거래가 동일 기회에 이루어지는 경우, 중개보수는 매매계약에 관한 거래금액만을 적용하여 계산한다. ( )

---

13 (×) 중도금의 일부만 납부된 아파트 분양권의 매매를 중개하는 경우, 중개보수는 총 분양대금과 프리미엄을 합산한 금액을 거래금액으로 계산하는 것이 아닌, 이미 납입한 금액(계약금, 기납부한 중도금)에 프리미엄을 합산한 금액을 거래금액으로 한다.

**정답** 11 (○), 12 (○), 13 (×), 14 (○), 15 (○), 16 (○)

## 4 실비

**17** | 공인중개사 2017·2022년
개업공인중개사는 계약금 등의 반환채무이행 보장을 위해 실비가 소요되더라도 보수 이외에 실비를 받을 수 없다. ( )

**18** | 공인중개사 2018·2022년
중개대상물의 권리관계 등의 확인에 소요되는 실비를 받을 수 있다. ( )

**19** | 공인중개사 모의문제
실비의 한도 등에 관하여 필요한 사항은 국토교통부령이 정하는 범위 안에서 시·도의 조례로 정한다. ( )

## 5 중개보수의 무효와 위반시 제재

**20** | 공인중개사 2017·2018·2020·2022년
공인중개사법령에서 정한 한도를 초과하는 중개보수 약정은 그 한도를 초과하는 범위 내에서 무효이다. ( )

**21** | 공인중개사 2015년
공인중개사자격이 없는 자가 중개사무소 개설등록을 하지 아니한 채 부동산중개업을 하면서 거래당사자와 체결한 중개보수 지급약정은 무효이다. ( )

**22** | 공인중개사 2013년
무자격자가 우연한 기회에 단 1회 거래행위를 중개한 경우, 과다하지 않은 중개수수료 지급약정도 무효이다. ( )

---

17 (×) 개업공인중개사는 중개대상물의 권리관계 등의 확인 또는 계약금 등의 반환채무이행의 보장에 소요되는 실비를 받을 수 있다.

22 (×) 무자격자가 우연한 기회에 단 1회 거래행위를 중개한 경우, 과다하지 않은 중개수수료 지급약정은 유효하다.

**정답** 17 (×), 18 (○), 19 (○), 20 (○), 21 (○), 22 (×)

**23** | 공인중개사 2022년

공인중개사법령상 중개보수 제한 규정들은 공매대상 부동산 취득의 알선에 대해서는 적용되지 않는다. ( )

**24** | 공인중개사 2022년

개업공인중개사는 중개대상물에 대한 거래계약이 완료되지 않을 경우에도 중개의뢰인과 중개행위에 상응하는 보수를 지급하기로 약정할 수 있고, 이 경우 공인중개사법령상 중개보수 제한 규정들이 적용된다. ( )

**25** | 공인중개사 2020년

개업공인중개사가 중개보수 산정에 관한 지방자치단체의 조례를 잘못 해석하여 법정 한도를 초과한 중개보수를 받은 경우 「공인중개사법」 제33조의 금지행위에 해당하지 않는다. ( )

---

23 (×) 공매대상 부동산 취득의 알선에 대해서도 중개보수 제한 규정이 적용된다.
25 (×) 개업공인중개사가 중개보수 산정에 관한 지방자치단체의 조례를 잘못 해석하여 법정한도를 초과한 중개보수를 받은 경우 「공인중개사법」 제33조의 금지행위에 해당한다.

**정답** 23 (×), 24 (○), 25 (×)

## CHAPTER 05

# 부동산거래정보망과 협회

| 2014년 | 2015년 | 2016년 | 2017년 | 2018년 | 2019년 | 2020년 | 2021년 | 2022년 |
|---|---|---|---|---|---|---|---|---|
| 5문 | 2문 | 4문 | 1문 | 2문 | 6문 | 2문 | 3문 | 3문 |

핵심 18 | 부동산거래정보망
핵심 19 | 공인중개사협회
핵심 20 | 포상금 및 행정수수료

# 부동산거래정보망

## 1 부동산거래정보망과 거래정보사업자

**01** | 공인중개사 2014·2019년

국토교통부장관은 부동산거래정보망을 설치·운영할 자를 지정할 수 있다. ( )

**02** | 공인중개사 2019년

부동산거래정보망을 설치·운영할 자로 지정을 받을 수 있는 자는 「전기통신사업법」의 규정에 의한 부가통신사업자로서 국토교통부령으로 정하는 요건을 갖춘 자이다. ( )

**03** | 공인중개사 2020년

부동산거래정보망을 설치·운영할 자로 지정받기 위해서는 부동산거래정보망의 가입·이용신청을 한 개업공인중개사의 수가 500명 이상이고 2개 이상의 특별시·광역시·도 및 특별자치도에서 각각 30인 이상의 개업공인중개사가 가입·이용신청을 하여야 한다. ( )

**04** | 공인중개사 2020년

부동산거래정보망을 설치·운영할 자로 지정받기 위해서는 정보처리기사 1명 이상을 확보하여야 한다. ( )

**05** | 공인중개사 2020년

부동산거래정보망을 설치·운영할 자로 지정받기 위해서는 공인중개사 1명 이상을 확보하여야 한다. ( )

**06** | 공인중개사 2013년

국토교통부장관은 거래정보사업자 지정신청을 받은 날부터 14일 이내에 이를 검토하여 그 지정여부를 결정해야 한다. ( )

---

06 (×) 국토교통부장관은 지정신청을 받은 때에는 지정신청을 받은 날부터 30일 이내에 이를 검토하여 지정기준에 적합하다고 인정되는 경우에는 거래정보사업자로 지정하여야 한다.

**정답** 01 (○), 02 (○), 03 (○), 04 (○), 05 (○), 06 (×)

**07** | 공인중개사 2015·2016·2018·2019년

거래정보사업자는 지정받은 날부터 3개월 이내에 부동산거래정보망의 이용 및 정보제공방법 등에 관한 운영규정을 정하여 국토교통부장관의 승인을 얻어야 한다. ( )

**08** | 공인중개사 2019년

거래정보사업자가 부동산거래정보망의 이용 및 정보제공방법 등에 관한 운영규정을 변경하고자 하는 경우 국토교통부장관의 승인을 얻어야 한다. ( )

**09** | 공인중개사 2015년

거래정보사업자는 개업공인중개사로부터 공개를 의뢰받은 중개대상물의 정보에 한정하여 이를 부동산거래정보망에 공개해야 한다. ( )

**10** | 공인중개사 2015년

거래정보사업자는 의뢰받은 내용과 다르게 정보를 공개해서는 아니 된다. ( )

**11** | 공인중개사 2013년

거래정보사업자는 개업공인중개사로부터 의뢰받은 중개대상물의 정보뿐만 아니라 의뢰인의 이익을 위해 직접 조사한 중개대상물의 정보도 부동산거래정보망에 공개할 수 있다. ( )

**12** | 공인중개사 2015년

개업공인중개사는 해당 중개대상물의 거래가 완성된 때에는 지체 없이 이를 해당 거래정보사업자에게 통보해야 한다. ( )

## 2 거래정보사업자의 지정취소

**13** | 공인중개사 2022년

거짓 등 부정한 방법으로 지정을 받은 경우 거래정보사업자의 지정취소사유에 해당한다. ( )

---

11 (×) 거래정보사업자는 개업공인중개사로부터 의뢰받은 중개대상물의 정보에 한하여 부동산거래정보망에 공개하여야 한다.

**정답** 07 (○), 08 (○), 09 (○), 10 (○), 11 (×), 12 (○), 13 (○)

**14** | 공인중개사 2020·2022년

부동산거래정보망의 이용 및 정보제공방법 등에 관한 운영규정을 위반하여 부동산거래정보망을 운영한 경우 거래정보사업자의 지정취소사유에 해당한다. ( )

**15** | 공인중개사 2020년

부동산거래정보망의 이용 및 정보제공방법 등에 관한 운영규정을 변경하고도 국토교통부장관의 승인을 받지 않고 부동산거래정보망을 운영한 경우 거래정보사업자의 지정취소사유에 해당한다. ( )

**16** | 공인중개사 2022년

개업공인중개사로부터 공개를 의뢰받은 중개대상물의 내용과 다르게 부동산거래정보망에 정보를 공개한 경우 거래정보사업자의 지정취소사유에 해당한다. ( )

**17** | 공인중개사 2020년

개업공인중개사로부터 공개를 의뢰받지 아니한 중개대상물 정보를 부동산거래정보망에 공개한 경우 거래정보사업자의 지정취소사유에 해당한다. ( )

**18** | 공인중개사 2020·2022년

정당한 사유 없이 지정받은 날부터 6개월 이내에 부동산거래정보망을 설치하지 아니한 경우 거래정보사업자의 지정취소사유에 해당한다. ( )

**19** | 공인중개사 2015년

거래정보사업자가 정당한 사유 없이 지정받은 날부터 1년 이내에 부동산거래정보망을 설치·운영하지 아니한 경우에는 그 지정을 취소해야 한다. ( )

**20** | 공인중개사 2020년

개인인 거래정보사업자가 사망한 경우 거래정보사업자의 지정취소사유에 해당한다. ( )

**21** | 공인중개사 2013년

거래정보사업자로 지정받은 법인이 해산하여 부동산거래정보망사업의 계속적인 운영이 불가능한 경우, 국토교통부장관은 청문을 거치지 않고 사업자 지정을 취소할 수 있다. ( )

---

18 (×) 정당한 사유 없이 지정받은 날부터 1년 이내에 부동산거래정보망을 설치·운영하지 아니한 경우 거래정보사업자의 지정취소사유에 해당한다.

19 (×) 취소해야 한다(×). 취소할 수 있다(○). 거래정보사업자가 정당한 사유 없이 지정받은 날부터 1년 이내에 부동산거래정보망을 설치·운영하지 아니한 경우 국토교통부장관은 그 지정을 취소할 수 있다.

**정답** 14 (○), 15 (○), 16 (○), 17 (○), 18 (×), 19 (×), 20 (○), 21 (○)

# 핵심테마 19 공인중개사협회

## 1 공인중개사협회

**01** | 공인중개사 2014·2021년

협회의 설립은 공인중개사법령의 규정을 제외하고 「민법」의 사단법인에 관한 규정을 준용하므로 설립허가주의를 취한다. ( )

**02** | 공인중개사 2014·2016년

협회는 총회의 의결내용을 15일 이내에 국토교통부장관에게 보고해야 한다. ( )

**03** | 공인중개사 2019년

공인중개사협회를 설립하고자 하는 때에는 발기인이 작성하여 서명·날인한 정관에 대하여 회원 600인 이상이 출석한 창립총회에서 출석한 회원 과반수의 동의를 얻어 국토교통부장관의 설립인가를 받아야 한다. ( )

**04** | 공인중개사 2019년

창립총회에는 서울특별시에서는 100인 이상, 광역시·도 및 특별자치도에서는 각각 20인 이상의 회원이 참여하여야 한다. ( )

**05** | 공인중개사 2016·2019년

협회가 그 지부 또는 지회를 설치한 때에는 그 지부는 시·도지사에게, 지회는 등록관청에 신고하여야 한다. ( )

---

01 (×) 협회의 설립은 공인중개사법령의 규정을 제외하고 「민법」의 사단법인에 관한 규정을 준용한다. 이 경우 협회는 그 설립에 있어 인가주의를 채택하고 있다.

02 (×) 협회는 총회의 의결내용을 지체 없이 국토교통부장관에게 보고하여야 한다.

**정답** 01 (×), 02 (×), 03 (○), 04 (○), 05 (○)

**06** | 공인중개사 2014년

협회는 시·도에 지부를 반드시 두어야 하나, 군·구에 지회를 반드시 두어야 하는 것은 아니다. ( )

**07** | 공인중개사 2019년

협회는 개업공인중개사에 대한 행정제재처분의 부과와 집행의 업무를 할 수 있다. ( )

**08** | 공인중개사 2021년

협회는 시·도지사로부터 위탁을 받아 실무교육에 관한 업무를 할 수 있다. ( )

**09** | 공인중개사 2019·2021년

협회는 부동산 정보제공에 관한 업무를 직접 수행할 수 있다. ( )

**10** | 공인중개사 2019년

협회는 영리사업으로서 회원 간의 상호부조를 목적으로 공제사업을 할 수 있다. ( )

---

06 (×) 협회는 정관으로 정하는 바에 따라 시·도에 지부를, 시·군·구에 지회를 둘 수 있다.

07 (×) 협회는 개업공인중개사에 대한 행정제재처분의 부과와 집행의 업무를 할 수 없다.

　**보충** 공인중개사협회의 고유 업무는 다음과 같다.
　① 회원의 품위유지를 위한 업무
　② 부동산중개제도의 연구·개선에 관한 업무
　③ 회원의 자질향상을 위한 지도 및 교육·연수에 관한 업무
　④ 회원의 윤리헌장 제정 및 그 실천에 관한 업무
　⑤ 부동산 정보제공에 관한 업무
　⑥ 공제사업. 이 경우 공제사업은 비영리사업으로서 회원 간의 상호부조를 목적으로 한다.

10 (×) 영리사업(×), 비영리사업(○), 협회는 공제사업을 할 수 있다. 이 경우 공제사업은 비영리사업으로서 회원 간의 상호부조를 목적으로 한다.

**정답** 06 (×), 07 (×), 08 (○), 09 (○), 10 (×)

## 2 공인중개사협회의 공제사업

**11** | 공인중개사 2014·2019년
협회의 공제규정을 제정·변경하고자 하는 때에는 국토교통부장관의 승인을 얻어야 한다. ( )

**12** | 공인중개사 2019·2022년
책임준비금의 적립비율은 공제사고 발생률 및 공제금지급액 등을 종합적으로 고려하여 정하되, 공제료 수입액의 100분의 10 이상으로 정한다. ( )

**13** | 공인중개사 2021·2022년
협회는 공제사업을 다른 회계와 구분하여 별도의 회계로 관리해야 한다. ( )

**14** | 공인중개사 2013·2019·2021년
협회는 공제사업을 하는 경우 책임준비금을 다른 용도로 사용하려면 국토교통부장관의 승인을 얻어야 한다. ( )

**15** | 공인중개사 2019·2022년
공인중개사협회는 회계연도 종료 후 6개월 이내에 매년도의 공제사업 운용실적을 일간신문·협회보 등을 통하여 공제계약자에게 공시하여야 한다. ( )

**16** | 공인중개사 2014년
협회는 재무건전성 기준이 되는 지급여력비율을 100분의 100 이상으로 유지해야 한다. ( )

---

15 (×) 협회는 매년도의 공제사업 운용실적을 매회계년도 종료 후 3개월 이내에 일간신문·협회보 등을 통하여 공제계약자에게 공시하여야 한다.

**정답** 11 (○), 12 (○), 13 (○), 14 (○), 15 (×), 16 (○)

## 3 공제사업의 조사 및 검사

**17** | 공인중개사 2019년

금융감독원의 원장은 국토교통부장관의 요청이 있는 경우에는 공제사업에 관하여 조사 또는 검사를 할 수 있다. ( )

**18** | 공인중개사 2014년

공제사업의 양도는 국토교통부장관이 협회의 공제사업 운영에 대하여 개선조치로서 명할 수 있는 조치에 해당한다. ( )

**19** | 공인중개사 2014·2018·2022년

자산예탁기관의 변경은 국토교통부장관이 협회의 공제사업 운영에 대하여 개선조치로서 명할 수 있는 조치에 해당한다. ( )

**20** | 공인중개사 2014·2018·2022년

불건전한 자산에 대한 적립금의 보유는 국토교통부장관이 협회의 공제사업 운영에 대하여 개선조치로서 명할 수 있는 조치에 해당한다. ( )

**21** | 공인중개사 2014·2018년

자산의 장부가격의 변경은 국토교통부장관이 협회의 공제사업 운영에 대하여 개선조치로서 명할 수 있는 조치에 해당한다. ( )

---

18 (×) 공제사업의 양도는 국토교통부장관이 협회의 공제사업 운영에 대하여 개선조치로서 명할 수 있는 조치에 해당하지 않는다.

**보충** 국토교통부장관은 공인중개사협회의 공제사업 운영에 대하여 다음의 조치를 명할 수 있다.
① 업무집행방법의 변경
② 자산예탁기관의 변경
③ 자산의 장부가격의 변경
④ 불건전한 자산에 대한 적립금의 보유
⑤ 가치가 없다고 인정되는 자산의 손실 처리
⑥ 그 밖에 이 법 및 공제규정을 준수하지 아니하여 공제사업의 건전성을 해할 우려가 있는 경우 이에 대한 개선명령

**정답** 17 (○), 18 (×), 19 (○), 20 (○), 21 (○)

## 4 공제사업의 운영위원회

<공제사업 운영위원회와 공인중개사 정책심의위원회 비교>

| 공제사업 운영위원회 | 공인중개사 정책심의위원회 |
|---|---|
| 위원장 포함 19명 이내 | 위원장 포함 7명 이상 11명 이내 |
| 위원장과 부위원장은 위원 중에서 각각 호선 | 위원장은 국토교통부 제1차관 |
| 부위원장이 위원장 직무대행 | 위원장이 미리 지명한 위원이 위원장 직무대행 |
| 위원의 임기는 2년, 1회에 한하여 연임가능 | 위원의 임기는 2년, 연임규정 없음 |

**22** | 공인중개사 2016년

공제사업 운영위원회 위원의 임기는 2년이며 연임할 수 없다.  ( )

**23** | 공인중개사 2014년

위촉받아 보궐위원이 된 운영위원의 임기는 전임자 임기의 남은 기간으로 한다.  ( )

**24** | 공인중개사 2013년

협회의 운영위원회의 위원장이 부득이한 사유로 그 직무를 수행할 수 없을 때에는 위원장이 미리 지명한 위원이 그 직무를 대행한다.  ( )

**25** | 공인중개사 2014년

운영위원회의 회의는 재적위원 과반수의 찬성으로 심의사항을 의결한다.  ( )

---

22 (×) 공제사업 운영위원회 위원의 임기는 2년으로 하되, 1회에 한하여 연임할 수 있다.
24 (×) 운영위원회의 부위원장은 위원장을 보좌하며, 위원장이 부득이한 사유로 그 직무를 수행할 수 없을 때에는 그 직무를 대행한다.
25 (×) 운영위원회의 회의는 재적위원 과반수의 출석으로 개의하고, 출석위원 과반수의 찬성으로 심의사항을 의결한다.

**정답** 22 (×), 23 (○), 24 (×), 25 (×)

# 포상금 및 행정수수료

## 1 포상금

【무거양아표교】

| 【무】 | 무등록중개업자 : 중개사무소의 개설등록을 하지 아니하고 중개업을 한 자 |
| --- | --- |
| 【거】 | 거짓 그 밖의 부정한 방법으로 중개사무소의 개설등록을 한 자 |
| 【양】 | 등록증 또는 자격증을 양도·대여하거나 다른 사람으로부터 양수·대여 받은 자 |
| 【아표】 | 개업공인중개사가 아닌 자로서 중개대상물에 대한 표시·광고를 한 자 |
| 【교】 | 부동산거래질서 교란행위를 한 자 |

**01** | 공인중개사 2021년

중개사무소의 개설등록을 하지 않고 중개업을 한 자는 포상금을 지급받을 수 있는 신고대상이다. ( )

**02** | 공인중개사 2015년

등록관청은 거짓으로 중개사무소의 개설등록을 한 자를 수사기관에 신고한 자에게 포상금을 지급할 수 있다. ( )

**03** | 공인중개사 2021년

부정한 방법으로 중개사무소의 개설등록을 한 자는 포상금을 지급받을 수 있는 신고대상이다. ( )

**04** | 공인중개사 2021년

공인중개사자격증을 다른 사람으로부터 양수받은 자는 포상금을 지급받을 수 있는 신고대상이다. ( )

**05** | 공인중개사 2022년

공인중개사자격증을 다른 사람으로부터 대여받은 자는 포상금을 지급받을 수 있는 신고대상이다. ( )

**정답** 01 (○), 02 (○), 03 (○), 04 (○), 05 (○)

**06** | 공인중개사 2021년

개업공인중개사로서 부당한 이익을 얻을 목적으로 거짓으로 거래가 완료된 것처럼 꾸미는 등 중개대상물의 시세에 부당한 영향을 줄 우려가 있는 행위를 한 자는 포상금을 지급받을 수 있는 신고대상이다. ( )

**07** | 공인중개사 2020년

중개대상물의 내용을 사실과 다르게 거짓으로 표시·광고한 자를 신고한 자는 포상금 지급 대상이다. ( )

## 2 포상금 지급금액과 지급절차

**08** | 공인중개사 2015년

포상금은 1건당 50만 원으로 한다. ( )

**09** | 공인중개사 2015년

포상금의 지급에 소요되는 비용은 그 전부 또는 일부를 국고에서 보조할 수 있다. ( )

**10** | 공인중개사 2019년

포상금의 지급에 소요되는 비용 중 시·도에서 보조할 수 있는 비율은 100분의 50 이내로 한다. ( )

**11** | 공인중개사 2019년

검사가 신고사건에 대하여 기소유예의 결정을 한 경우에는 포상금을 지급하지 않는다. ( )

---

07 (×) 개업공인중개사가 아닌 자로서 중개대상물에 대한 표시·광고를 한 자는 포상금 지급 대상이다.

09 (×) 전부 또는 일부를(×), 일부를(○), 포상금의 지급에 소요되는 비용은 대통령령으로 정하는 바에 따라 그 일부를 국고에서 보조할 수 있다.

10 (×) 시·도에서(×), 국고(○), 포상금의 지급에 소요되는 비용 중 국고에서 보조할 수 있는 비율은 100분의 50이내로 한다.

11 (×) 검사가 공소제기 또는 기소유예의 결정을 한 경우에 한하여 포상금을 지급한다.

**정답** 06 (○), 07 (×), 08 (○), 09 (×), 10 (×), 11 (×)

**12** | 공인중개사 2015·2019년

포상금지급신청서를 제출받은 등록관청은 그 사건에 관한 수사기관의 처분내용을 조회한 후 포상금의 지급을 결정하고, 그 결정일로부터 1개월 이내에 포상금을 지급하여야 한다. ( )

**13** | 공인중개사 2015년

하나의 사건에 대하여 포상금 지급요건을 갖춘 2건의 신고가 접수된 경우, 등록관청은 최초로 신고한 자에게 포상금을 지급한다. ( )

**14** | 공인중개사 2019년

등록관청은 하나의 사건에 대하여 2건 이상의 신고가 접수된 경우, 공동으로 신고한 것이 아니면 포상금을 균등하게 배분하여 지급한다. ( )

## 3 행정수수료

**15** | 공인중개사 2014·2016·2019년

중개사무소의 개설등록 신청하는 자는 조례가 정하는 바에 따라 수수료를 납부하여야 한다. ( )

**16** | 공인중개사 2014·2016·2019년

분사무소설치의 신고를 하는 자는 행정청에 수수료를 납부하여야 한다. ( )

**17** | 공인중개사 2019년

분사무소설치신고확인서의 재교부를 신청하는 자는 조례가 정하는 바에 따라 수수료를 납부하여야 한다. ( )

**18** | 공인중개사 2014·2016년

중개사무소등록증의 재교부를 신청하는 자는 행정청에 수수료를 납부하여야 한다. ( )

---

14 (×) 등록관청은 하나의 사건에 대하여 2건 이상의 신고 또는 고발이 접수된 경우에는 최초로 신고 또는 고발한 자에게 포상금을 지급한다.

**정답** 12 (○), 13 (○), 14 (×), 15 (○), 16 (○), 17 (○), 18 (○)

**19** | 공인중개사 2016년

공인중개사 자격시험에 합격하여 공인중개사자격증을 처음으로 교부받는 자는 행정청에 수수료를 납부하여야 한다. ( )

**20** | 공인중개사 2019년

국토교통부장관이 시행하는 공인중개사자격시험 응시하는 자는 조례가 정하는 바에 따라 수수료를 납부하여야 한다. ( )

**21** | 공인중개사 2014·2016년

중개사무소의 휴업 신청은 행정청에 수수료를 납부하여야 하는 사유로 명시되어 있다. ( )

---

19 (×) 공인중개사 자격시험에 합격하여 공인중개사자격증을 처음 교부받을 때에는 수수료를 납부하지 않는다.
20 (×) 국토교통부장관이 시행하는 공인중개사자격시험에 응시할 때에는 국토교통부장관이 결정·공고하는 수수료를 납부하여야 한다.
21 (×) 중개사무소의 휴업을 신고할 때에는 수수료를 납부하지 않는다.

**정답** 19 (×), 20 (×), 21 (×)

# CHAPTER 06

## 행정처분과 행정형벌

| 2014년 | 2015년 | 2016년 | 2017년 | 2018년 | 2019년 | 2020년 | 2021년 | 2022년 |
| --- | --- | --- | --- | --- | --- | --- | --- | --- |
| 6문 | 8문 | 6문 | 7문 | 9문 | 5문 | 6문 | 8문 | 4문 |

**핵심 21** | 금지행위
**핵심 22** | 자격취소와 자격정지
**핵심 23** | 절대적 등록취소와 상대적 등록취소
**핵심 24** | 업무정지
**핵심 25** | 행정처분 효과의 승계
**핵심 26** | 벌칙(행정형벌)
**핵심 27** | 벌칙(과태료)

모 두 공 인 공 인 중 개 사 슈 퍼 리 멤 버

## 핵심테마 21 금지행위

### 1 금지행위

<판매무명초(1-1) 관직쌍투부단(3-3)>

| 【판】 | 거짓된 언행 그 밖의 방법으로 중개의뢰인의 판단을 그르치게 하는 행위 |
|---|---|
| 【매】 | 중개대상물의 매매를 업으로 하는 행위 |
| 【무명】 | 중개사무소의 개설등록을 하지 아니하고 중개업을 영위하는 자인 사실을 알면서 그를 통하여 중개를 의뢰받거나 그에게 자기의 명의를 이용하게 하는 행위 |
| 【초】 | 사례·증여 그 밖의 어떠한 명목으로 중개보수 또는 실비를 초과하여 금품을 받는 행위 |
| 【관】 | 관계 법령에서 양도·알선 등이 금지된 부동산의 분양, 임대 등과 관련 있는 증서 등의 매매 교환 등을 중개하거나 그 매매를 업으로 하는 행위 |
| 【직】 | 중개의뢰인과 직접 거래를 하는 행위 |
| 【쌍】 | 거래당사자 쌍방을 대리하는 행위 |
| 【투】 | 탈세 등 관계법령을 위반할 목적으로 소유권보존등기 또는 이전등기를 하지 않은 부동산의 매매를 중개하는 등 부동산 투기를 조장하는 행위, 관계법령의 규정에 의하여 전매 등 권리의 변동이 제한된 부동산의 매매를 중개하는 등 부동산 투기를 조장하는 행위 |
| 【부】 | 부당한 이익을 얻거나 제3자에게 부당한 이익을 얻게 할 목적으로 거짓으로 거래가 완료된 것처럼 꾸미는 등 중개대상물의 시세에 부당한 영향을 주거나 줄 우려가 있는 행위 |
| 【단】 | 단체를 구성하여 특정 중개대상물에 대하여 중개를 제한하거나 단체 구성원 이외의 자와 공동중개를 제한하는 행위 |

**01** | 공인중개사 **2014년**

개업공인중개사가 매도의뢰인과 서로 짜고 매도의뢰가격을 숨긴 채 이에 비하여 무척 높은 가격으로 매수의뢰인에게 부동산을 매도하고 그 차액을 취득한 행위는 개업공인중개사의 금지행위이다. ( )

**02** | 공인중개사 **2013·2014·2016·2018년**

토지 또는 건축물의 매매를 업으로 하는 행위는 개업공인중개사의 금지행위이다. ( )

정답 01 (○), 02 (○)

**03** | 공인중개사 2017년

법인 아닌 개업공인중개사가 중개대상물 외 건축자재의 매매를 업으로 하는 행위는 개업공인중개사의 금지행위이다. ( )

**04** | 공인중개사 2017년

중개사무소 개설등록을 하지 않고 중개업을 영위하는 자인 사실을 알면서 그를 통하여 중개를 의뢰받는 행위는 금지행위에 해당한다. ( )

**05** | 공인중개사 2017년

다른 사람에게 자기의 상호를 사용하여 중개업무를 하게 하는 행위는 금지행위에 해당한다. ( )

**06** | 공인중개사 2017년

중개업을 하려는 공인중개사에게 중개사무소등록증을 대여하는 행위는 금지행위에 해당한다. ( )

**07** | 공인중개사 2015년

공인중개사가 자기 명의로 개설등록을 마친 후 무자격자에게 중개사무소의 경영에 관여하게 하고 이익을 분배하였더라도 그 무자격자에게 부동산거래 중개행위를 하도록 한 것이 아니라면 등록증 대여행위에 해당하지 않는다. ( )

**08** | 공인중개사 2017년

사례금 명목으로 법령이 정한 한도를 초과하여 중개보수를 받는 행위는 개업공인중개사의 금지행위이다. ( )

**09** | 공인중개사 2018년

법정한도를 초과하는 중개보수를 요구한 개업공인중개사가 법정한도를 초과하는 금액을 중개의뢰인에게 반환하였다면 금지행위에 해당하지 않는다. ( )

---

03 (×) 건축자재는 중개대상물이 아니므로 중개대상물을 매매로 업으로 하는 금지행위에 해당하지 않는다.
09 (×) 법정한도를 초과하는 금액을 중개의뢰인에게 반환하였다 하더라도 금지행위에 해당한다.

**정답** 03 (×), 04 (○), 05 (○), 06 (○), 07 (○), 08 (○), 09 (×)

**10** | 공인중개사 2016년

상업용 건축물의 분양을 대행하고 법정의 중개보수 또는 실비를 초과하여 금품을 받는 행위는 개업공인중개사의 금지행위이다. ( )

**11** | 공인중개사 2017년

관계 법령에서 양도·알선 등이 금지된 부동산의 분양과 관련 있는 증서의 매매를 중개하는 행위는 개업공인중개사의 금지행위이다. ( )

**12** | 공인중개사 2018년

아파트의 특정 동·호수에 대한 분양계약이 체결된 후 그 분양권의 매매를 중개한 것은 금지행위에 해당한다. ( )

**13** | 공인중개사 2013·2019·2020년

중개의뢰인과 직접 중개대상물을 거래하는 행위는 개업공인중개사의 금지행위이다. ( )

**14** | 공인중개사 2014·2016년

개업공인중개사가 소유자로부터 거래에 관한 대리권을 수여받은 대리인과 직접 거래한 행위는 개업공인중개사의 금지행위이다. ( )

**15** | 공인중개사 2018년

개업공인중개사가 중개의뢰인과 직접 거래를 하는 행위를 금지하는 규정은 효력규정이다. ( )

**16** | 공인중개사 2019년

개업공인중개사가 거래당사자 쌍방을 대리하는 것은 금지행위이다. ( )

---

10 (×) 상업용 건축물의 분양을 대행한 것은 중개행위가 아닌 겸업에 해당한다. 중개보수가 아니므로 (어떠한 보수를 받더라도) 개업공인중개사의 금지행위에 해당하지 않는다.

12 (×) 아파트의 특정 동·호수에 대한 피분양자로 선정되거나 분양계획이 체결된 분양권은 장래 건축될 건물인 중개대상물에 해당하므로 금지행위에 해당하지 않는다.

15 (×) 개업공인중개사가 중개의뢰인과 직접 거래를 하는 행위는 단속규정으로 거래의 효력은 인정하되 개업공인중개사의 금지행위로 행정처벌을 받게 된다.

**정답** 10 (×), 11 (○), 12 (×), 13 (○), 14 (○), 15 (×), 16 (○)

**17** | 공인중개사 2016년

중개의뢰인을 대리하여 타인에게 중개대상물을 임대하는 행위는 개업공인중개사의 금지행위이다. ( )

**18** | 공인중개사 2018년

탈세 등 관계 법령을 위반할 목적으로 미등기 부동산의 매매를 중개하여 부동산투기를 조장하는 행위는 금지행위에 해당한다. ( )

**19** | 공인중개사 2014·2017년

중개의뢰인이 중간생략등기의 방법으로 전매하여 세금을 포탈하려는 것을 개업공인중개사가 알고도 투기목적의 전매를 중개하였으나, 전매차익이 발생하지 않은 경우 그 중개행위는 개업공인중개사의 금지행위이다. ( )

**20** | 공인중개사 2020년

제3자에게 부당한 이익을 얻게 할 목적으로 거짓으로 거래가 완료된 것처럼 꾸미는 등 중개대상물의 시세에 부당한 영향을 줄 우려가 있는 행위는 금지행위이다. ( )

**21** | 공인중개사 2020년

단체를 구성하여 단체 구성원 이외의 자와 공동중개를 제한하는 행위는 금지행위에 해당한다. ( )

---

17 (×) 중개의뢰인을 대리하여 타인에게 중개대상물을 임대하는 행위는 일방대리에 해당하므로 금지행위에 해당하지 않는다.

**정답** 17 (×), 18 (○), 19 (○), 20 (○), 21 (○)

# 핵심테마 22. 자격취소와 자격정지

## 1 자격취소

【부양지역】

| 【부】 | 부정한 방법으로 공인중개사의 자격을 취득한 경우 |
|---|---|
| 【양】 | 다른 사람에게 자기의 성명을 사용하여 중개업무를 하게 하거나 자격증을 양도·대여한 경우 |
| 【지】 | 자격정지기간 중에 중개업무를 하거나, 자격정지기간 중에 다른 개업공인중개사의 소속공인중개사·중개보조원·법인의 사원 또는 임원이 되는 경우 |
| 【역】 | 공인중개사법을 위반하여 징역형을 선고받은 경우(집행유예도 포함한다) |

**01** | 공인중개사 2021·2022년
부정한 방법으로 공인중개사의 자격을 취득한 경우 그 자격을 취소해야 한다. ( )

**02** | 공인중개사 2017년
부정한 방법으로 공인중개사의 자격을 취득한 경우는 소속공인중개사의 자격정지사유에 해당한다. ( )

**03** | 공인중개사 2021년
다른 사람에게 자기의 공인중개사자격증을 대여한 경우 자격취소사유에 해당한다. ( )

**04** | 공인중개사 2014·2021년
「공인중개사법」에 따라 공인중개사 자격정지처분을 받고 그 자격정지기간 중에 중개업무를 행한 경우 자격취소사유에 해당한다. ( )

**05** | 공인중개사 2013·2016년
공인중개사가 자격정지처분을 받고 그 정지기간 중에 다른 개업공인중개사의 소속공인중개사가 된 경우 자격취소사유가 된다. ( )

---

02 (×) 부정한 방법으로 공인중개사의 자격을 취득한 경우는 개업공인중개사의 자격취소사유에 해당한다.

**정답** 01 (○), 02 (×), 03 (○), 04 (○), 05 (○)

**06** | 공인중개사 2020년

공인중개사가 「공인중개사법」을 위반하여 징역형의 집행유예를 받은 경우 자격취소사유에 해당한다. ( )

**07** | 공인중개사 2013년

공인중개사가 폭행죄로 징역형을 선고 받은 경우에는 자격취소 사유가 된다. ( )

## 2 자격취소의 처분 및 절차

**08** | 공인중개사 2015년

자격취소처분은 중개사무소의 소재지를 관할하는 시·도지사가 한다. ( )

**09** | 공인중개사 2016·2018년

자격증을 교부한 시·도지사와 중개사무소의 소재지를 관할하는 시·도지사가 서로 다른 경우에는 자격증을 교부한 시·도지사가 자격취소처분에 필요한 절차를 이행해야 한다.
( )

**10** | 공인중개사 2015·2018·2019·2022년

자격취소사유가 발생한 경우에는 청문을 실시하지 않아도 해당 공인중개사의 자격을 취소할 수 있다. ( )

**11** | 공인중개사 2015·2018·2019·2022년

시·도지사는 자격취소처분을 한 때에는 5일 이내에 이를 국토교통부장관에게 보고하고 다른 시·도지사에게 통지해야 한다. ( )

---

07 (×) 공인중개사가 폭행죄로 징역형을 선고 받은 경우는 공인중개사법을 위반한 경우가 아니므로 자격취소 사유에 해당하지 않는다. **비교** 공인중개사법을 위반하여 징역형을 선고받은 경우는 자격취소 사유에 해당한다.

08 (×) 공인중개사의 자격취소처분은 그 공인중개사자격증을 교부한 시·도지사가 행한다.

09 (×) 자격증을 교부한 시·도지사와 중개사무소의 소재지를 관할하는 시·도지사가 서로 다른 경우에는 사무소의 소재지를 관할하는 시·도지사가 자격취소처분에 필요한 절차를 모두 이행한 후 자격증을 교부한 시·도지사에게 통보해야 한다.

10 (×) 시·도지사는 공인중개사의 자격을 취소하고자 하는 경우에는 청문을 실시하여야 한다.

**정답** 06 (○), 07 (×), 08 (×), 09 (×), 10 (×), 11 (○)

**12 | 공인중개사 2022년**

공인중개사의 자격이 취소된 자는 자격취소처분을 받은 날부터 7일 이내에 공인중개사자격증을 교부한 시·도지사에게 반납해야 한다. ( )

**13 | 공인중개사 2016년**

공인중개사 자격취소처분을 받은 개업공인중개사는 중개사무소의 소재지를 관할하는 시·도지사에게 공인중개사자격증을 반납해야 한다. ( )

**14 | 공인중개사 2019년**

공인중개사자격이 취소되었으나 공인중개사자격증을 분실 등의 사유로 반납할 수 없는 자는 신규발급절차를 거쳐 발급된 공인중개사자격증을 반납하여야 한다. ( )

## 3 자격정지

**[금이둘 서서확인]**

| | |
|---|---|
| 【금】 | 금지행위를 한 경우(판매무명초1-1 관직쌍투부단3-3) : 6개월 |
| 【이】 | 이중소속 : 2 이상의 중개사무소에 소속된 경우 : 6개월 |
| 【둘】 | 거래계약서에 거래금액 등 거래내용을 거짓으로 기재하거나, 서로 다른 2(둘) 이상의 거래계약서를 작성한 경우 : 6개월 |
| 【서】 | 거래계약서에 서명 및 날인을 하지 아니한 경우 : 3개월 |
| 【서】 | 확인·설명서에 서명 및 날인을 하지 아니한 경우 : 3개월 |
| 【확】 | 성실·정확하게 중개대상물의 확인·설명을 하지 않은 경우, 확인·설명시 설명의 근거자료를 제시하지 아니한 경우 : 3개월 |
| 【인】 | 인장등록을 하지 아니하거나, 등록하지 않은 인장을 사용한 경우 : 3개월 |

**15 | 공인중개사 2020·2021년**

중개대상물의 매매를 업으로 하는 행위를 한 경우 소속공인중개사로서 자격정지사유에 해당한다. ( )

---

13 (×) 공인중개사의 자격이 취소된 자는 자격취소처분을 받은 날부터 7일 이내에 공인중개사자격증을 교부한 시·도지사에게 반납해야 한다.

14 (×) 분실 등의 사유로 인하여 공인중개사자격증을 반납할 수 없는 자는 자격증 반납을 대신하여 그 이유를 기재한 사유서를 시·도지사에게 제출하여야 한다.

**정답** 12 (○), 13 (×), 14 (×), 15 (○)

**16** | 공인중개사 2017년

거래당사자 쌍방을 대리하는 행위를 한 경우는 소속공인중개사의 자격정지사유에 해당한다. ( )

**17** | 공인중개사 2013년

당해 중개대상물의 거래상 중요사항에 관하여 거짓된 언행으로 중개의뢰인의 판단을 그르치게 한 경우는 3개월의 자격정지사유에 해당한다. ( )

**18** | 공인중개사 2017·2018·2019·2021년

둘 이상의 중개사무소의 소속공인중개사가 된 경우는 소속공인중개사의 자격정지사유에 해당한다. ( )

**19** | 공인중개사 2018·2020년

거래계약서에 거래금액 등 거래내용을 거짓으로 기재한 경우는 자격정지사유에 해당한다. ( )

**20** | 공인중개사 2019년

고객의 요청에 의해 거래계약서에 거래금액을 거짓으로 기재한 경우는 자격정지사유에 해당한다. ( )

**21** | 공인중개사 2018년

하나의 거래에 대하여 서로 다른 둘 이상의 거래계약서를 작성한 경우는 자격정지사유에 해당한다. ( )

**22** | 공인중개사 2013년

하나의 거래 중개가 완성된 때 서로 다른 두 개의 거래계약서를 작성한 경우는 3개월의 자격정지사유에 해당한다. ( )

---

17 (×) 당해 중개대상물의 거래상 중요사항에 관하여 거짓된 언행으로 중개의뢰인의 판단을 그르치게 한 경우는 6개월의 자격정지사유에 해당한다.

22 (×) 하나의 거래 중개가 완성된 때 서로 다른 두 개의 거래계약서를 작성한 경우는 6개월의 자격정지사유에 해당한다.

**정답** 16 (○), 17 (×), 18 (○), 19 (○), 20 (○), 21 (○), 22 (×)

**23** | 공인중개사 2016년

거래계약서에 서명 및 날인을 하지 아니한 경우는 자격정지사유에 해당한다.  ( )

**24** | 공인중개사 2015년

거래계약서를 작성·교부하지 아니한 경우 소속중개사의 자격정지사유에 해당한다. ( )

**25** | 공인중개사 2016·2018년

전속중개계약서에 의하지 아니하고 전속중개계약을 체결한 경우는 자격정지사유에 해당한다.  ( )

**26** | 공인중개사 2018·2021년

소속공인중개사가 성실·정확하게 중개대상물의 확인·설명을 하지 않은 경우는 자격정지사유에 해당한다.  ( )

**27** | 공인중개사 2013년

소속공인중개사가 중개대상물의 확인·설명의 근거자료를 제시하지 않은 경우는 3개월의 자격정지사유에 해당한다.  ( )

**28** | 공인중개사 2015년

중개대상물 확인·설명서를 교부하지 아니한 경우 소속중개사의 자격정지사유에 해당한다.  ( )

**29** | 공인중개사 2021년

등록관청에 등록하지 않은 인장을 사용하여 중개행위를 한 경우 소속공인중개사로서 자격정지사유에 해당한다.  ( )

---

24 (×) 거래계약서를 작성·교부하지 아니한 경우 개업공인중개사는 업무정지의 처분을 받게 된다. 하지만 소속공인중개사는 그러한 규정이 없으므로 자격정지사유에 해당하지 않는다.

25 (×) 전속중개계약서에 의하지 아니하고 전속중개계약을 체결한 경우 개업공인중개사는 업무정지의 처분을 받게 된다. 하지만 소속공인중개사는 그러한 규정이 없으므로 자격정지사유에 해당하지 않는다.

28 (×) 중개대상물 확인·설명서를 교부하지 아니한 경우 개업공인중개사는 업무정지의 처분을 받게 된다. 하지만 소속공인중개사는 그러한 규정이 없으므로 자격정지사유에 해당하지 않는다.

**정답** 23 (○), 24 (×), 25 (×), 26 (○), 27 (○), 28 (×), 29 (○)

## 4 자격정지 처분 및 절차

**30 | 공인중개사 2014년**
자격취소처분은 공인중개사를 대상으로, 자격정지처분은 소속공인중개사를 대상으로 한다. ( )

**31 | 공인중개사 2016년**
시장·군수 또는 구청장은 공인중개사 자격정지사유 발생시 6개월의 범위 안에서 기간을 정하여 그 자격을 정지할 수 있다. ( )

**32 | 공인중개사 2015년**
시·도지사가 공인중개사의 자격정지처분을 한 경우에 다른 시·도지사에게 통지해야 한다. ( )

**33 | 공인중개사 2016년**
자격정지기간은 2분의 1의 범위 안에서 가중 또는 감경할 수 있으며, 가중하여 처분하는 때에는 9개월로 할 수 있다. ( )

---

31 (×) 자격증을 교부한 시·도지사는 공인중개사 자격정지사유 발생시 6개월의 범위 안에서 기간을 정하여 그 자격을 정지할 수 있다.

32 (×) 시·도지사가 공인중개사의 자격정지처분을 한 경우에 다른 시·도지사에게 통지해야 하는 규정이 없다.
　비교　시·도지사가 공인중개사의 자격취소처분을 한 때에는 5일 이내에 이를 국토교통부장관에게 보고하고 다른 시·도지사에게 통지해야 한다.

33 (×) 시·도지사는 위반행위의 동기결과 및 횟수 등을 참작하여 자격정지기간의 2분의 1의 범위 안에서 가중 또는 감경할 수 있으며, 가중하여 처분하는 때에도 자격정지 기간은 6개월을 초과할 수 없다.

**정답** 30 (○), 31 (×), 32 (×), 33 (×)

# 절대적 등록취소와 상대적 등록취소

## 1 절대적 등록취소

**【해결거양이지최】**

| 【해】 | 개인인 개업공인중개사가 사망하거나 개업공인중개사인 법인이 해산한 경우 |
|---|---|
| 【결】 | 결격사유에 해당하게 된 경우. 다만, 법인의 사원 또는 임원이 결격사유에 해당하는 경우로서 그 사유가 발생한 날부터 2월 이내에 그 사유를 해소한 경우에는 그러하지 아니하다. |
| 【거】 | 거짓 그 밖의 부정한 방법으로 중개사무소의 개설등록을 한 경우 |
| 【양】 | 다른 사람에게 자기의 성명 또는 상호를 사용하여 중개업무를 하게 하거나 중개사무소등록증을 양도 또는 대여한 경우 |
| 【이】 | 이중으로 중개사무소의 개설등록을 한 경우(이중등록), 다른 개업공인중개사의 소속공인중개사·중개보조원 또는 사원·임원이 된 경우(이중소속) |
| 【지】 | 업무정지기간 중에 중개업무를 하거나 자격정지처분을 받은 소속공인중개사로 하여금 자격정지기간 중에 중개업무를 하게 한 경우 |
| 【최】 | 최근 1년 이내에 이 법에 의하여 2회 이상 업무정지처분을 받고 다시 업무정지처분에 해당하는 행위를 한 경우 |

【결】 결격사유에 해당하게 된 경우

① 미성년자 : 만 19세에 달하지 아니한 자
② 피성년후견인 또는 피한정후견인
③ 파산선고를 받고 복권되지 아니한 자
④ 금고 이상의 실형의 선고를 받고 그 집행이 종료되거나 집행이 면제된 날부터 3년이 경과되지 아니한 자
⑤ 금고 이상의 형의 집행유예를 받고 그 유예기간 중에 있는 자
⑥ 「공인중개사법」을 위반하여 300만 원 이상의 벌금형의 선고를 받고 3년이 경과되지 아니한 자
⑦ 자격취소 후 3년이 경과되지 아니한 자
⑧ 자격정지처분을 받고 자격정지기간 중에 있는 자
⑨ 등록취소처분을 받고 등록취소 후 3년이 경과되지 아니한 자
⑩ 업무정지처분을 받고 폐업신고를 한 자로서 업무정지기간이 경과되지 아니한 자
⑪ 업무정지처분을 받은 법인인 개업공인중개사의 업무정지의 사유가 발생한 당시의 사원 또는 임원이었던 자로서 당해 개업공인중개사에 대한 업무정지기간이 경과되지 아니한 자

**01** | 공인중개사 2014·2019·2021년

개업공인중개사인 법인이 해산한 경우 개설등록을 취소하여야 한다. ( )

**02** | 공인중개사 2013·2018년

개인인 개업공인중개사가 사망한 경우 개설등록을 취소할 수 있다. ( )

**03** | 공인중개사 2019년

법인이 아닌 개업공인중개사가 파산선고를 받고 복권되지 아니한 경우 개설등록을 취소해야 한다. ( )

**04** | 공인중개사 2020년

공인중개사의 자격이 취소된 후 3년이 지나지 아니한 자는 중개보조원이 될 수 없다. ( )

**05** | 공인중개사 2018년

개업공인중개사가 배임죄로 징역 1년, 집행유예 1년 6개월이 선고되어 확정된 경우 개설등록을 취소하여야 한다. ( )

**06** | 공인중개사 2021년

금고 이상의 실형의 선고를 받고 그 집행이 종료되거나 집행이 면제된 날부터 3년이 지나지 아니한 자는 중개사무소의 개설등록을 할 수 없다. ( )

**07** | 공인중개사 2021년

개업공인중개사가 개설등록 후 금고 이상의 형의 집행유예를 받고 그 유예기간 중에 있게 된 경우 개설등록을 취소하여야 한다. ( )

**08** | 공인중개사 2018년

공인중개사법령을 위반한 공인중개사에게 400만 원 벌금형이 선고되어 확정된 경우 개설등록을 취소하여야 한다. ( )

---

02 (×) 개인인 개업공인중개사가 사망한 경우 개설등록을 취소하여야 한다.

**정답** 01 (○), 02 (×), 03 (○), 04 (○), 05 (○), 06 (○), 07 (○), 08 (○)

**09** | 공인중개사 2022년

시·도지사는 공인중개사가 이 법을 위반하여 300만 원 이상 벌금형의 선고를 받은 경우에는 그 자격을 취소해야 한다. ( )

**10** | 공인중개사 2014·2019·2021년

거짓된 방법으로 중개사무소의 개설등록을 하는 경우 개설등록을 반드시 취소해야 한다. ( )

**11** | 공인중개사 2018년

개업공인중개사가 다른 사람에게 자기의 성명을 사용하여 중개업무를 하게 한 경우 개설등록을 취소하여야 한다. ( )

**12** | 공인중개사 2015년

개업공인중개사가 등록증을 타인에게 대여한 경우 공인중개사 자격의 취소사유가 된다. ( )

**13** | 공인중개사 2014·2021년

개업공인중개사가 이중으로 중개사무소 개설등록을 한 경우 개설등록을 취소하여야 한다. ( )

---

09 (×) 이 법을 위반하여 300만 원 이상 벌금형의 선고를 받은 경우(×), 이 법을 위반하여 징역형을 선고받은 경우(○), 시·도지사는 공인중개사가 이 법을 위반하여 징역형을 선고받은 경우에는 그 자격을 취소해야 한다.

**비교** 등록관청은 「공인중개사법」을 위반하여 300만 원 이상의 벌금형의 선고를 받고 3년이 경과되지 아니한 경우에는 (결격사유에 해당하므로) 중개사무소의 개설등록을 취소하여야 한다.

**보충** 공인중개사법 위반과 다른 법률 위반하는 경우 행정처분은 다음과 같다.
① 공인중개사법을 위반하여 징역형(집행유예 포함)을 선고받으면, 자격취소
② 금고·징역형(집행유예 포함)을 선고받으면, (결격사유에 해당하여)절대적 등록취소
③ 공인중개사법을 위반하여 300만 원 이상의 벌금형을 선고받고 3년이 지나지 않으면, (결격사유에 해당하여)절대적 등록취소
④ 다른 법률 위반하여 벌금형을 선고받으면, 행정처분 없음

12 (×) 개업공인중개사가 등록증을 타인에게 대여한 경우 자격취소가 아니라 절대적 등록취소사유에 해당한다.

**보충** 자격증을 양도·대여한 경우는 자격취소, 등록증을 양도·대여한 경우는 절대적 등록취소에 해당한다.

**정답** 09 (×), 10 (○), 11 (○), 12 (×), 13 (○)

**14** | 공인중개사 2014년

개업공인중개사가 다른 개업공인중개사의 중개보조원이 된 경우 개설등록을 반드시 취소해야 한다. ( )

**15** | 공인중개사 2019년

자격정지처분을 받은 소속공인중개사로 하여금 자격정지기간 중에 중개업무를 하게 한 경우 개설등록을 취소해야 한다. ( )

**16** | 공인중개사 2016·2021년

최근 1년 이내에 「공인중개사법」에 의하여 2회 업무정지처분을 받고 다시 업무정지처분에 해당하는 행위를 한 경우 개설등록을 취소해야 한다. ( )

정답 14 (○), 15 (○), 16 (○)

## 2 상대적 등록취소

**【미둘금전보휴이사임법최2-2】**

| 【미】 | 등록기준에 미달하게 된 경우 |
|---|---|
| 【둘】 | 거래계약서에 거래금액 등을 거짓으로 기재하거나 서로 다른 2(둘) 이상의 거래계약서를 작성한 경우 |
| 【금】 | 금지행위를 한 경우 : 판매무명초(1-1) 관직쌍투부단(3-3) |
| 【전】 | 전속중개계약을 체결한 때에 중개대상물에 관한 정보를 공개하지 아니하거나 중개의뢰인의 비공개 요청에도 불구하고 정보를 공개한 경우 |
| 【보】 | 손해배상책임을 보장하기 위한 조치를 이행하지 아니하고 업무를 개시한 경우 |
| 【휴】 | 부득이한 사유가 있는 경우를 제외하고 6월을 초과하여 휴업한 경우 |
| 【이사】 | 2 이상의 중개사무소를 둔 경우 |
| 【임】 | 임시중개시설물을 설치한 경우 |
| 【법】 | 법인인 개업공인중개사가 규정된 업무 이외의 겸업을 한 경우 |
| 【최】 | 최근 1년 이내에 이 법에 의하여 3회 이상 업무정지 또는 과태료의 처분을 받고 다시 업무정지 또는 과태료의 처분에 해당하는 행위를 한 경우(단, 절대적 등록취소사유에 해당하는 경우는 제외) |
| 【2-2】 | 개업공인중개사가 조직한 사업자단체 또는 그 구성원인 개업공인중개사가 「독점규제 및 공정거래에 관한 법률」에 따른 처분을 최근 2년 이내에 2회 이상 받은 경우 |

<소속공인중개사와 개업공인중개사의 같은 경우 다른 처분>
○ 소속공인중개의 【금】금지행위는 자격정지, 개업공인중개사의 【금】금지행위는 상대적 등록취소
○ 소속공인중개의 【2】2계약서·거짓 기재는 자격정지, 개업공인중개사의 【2】2계약서·거짓 기재는 상대적 등록취소

**17 | 공인중개사 2015년**

중개사무소 등록기준에 미달하게 된 경우 개설등록을 취소할 수 있다. ( )

**18 | 공인중개사 2013년**

거래계약서에 거래금액을 거짓으로 기재한 경우 개설등록을 취소해야 한다. ( )

---

18 (×) 거래계약서에 거래금액을 거짓으로 기재한 경우 개설등록을 취소할 수 있다.

**정답** 17 (○), 18 (×)

**19** | 공인중개사 2021년

해당 중개대상물의 거래상의 중요사항에 관하여 거짓된 언행으로 중개의뢰인의 판단을 그르치게 하는 행위를 한 경우 업무정지처분을 할 수 없다. ( )

**20** | 공인중개사 2013년

증여의 명목으로 법령이 정한 수수료 또는 실비를 초과하는 금품을 받은 경우 개설등록을 취소할 수 있다. ( )

**21** | 공인중개사 2013년

탈세를 목적으로 미등기 부동산의 매매를 중개하는 등 부동산 투기를 조장한 경우 개설등록을 취소할 수 있다. ( )

**22** | 공인중개사 2018년

등록관청은 법정한도를 초과하는 중개보수를 요구한 개업공인중개사에게 업무의 정지를 명할 수 없다. ( )

**23** | 공인중개사 모의문제

전속중개계약을 체결한 때에 중개대상물에 관한 정보를 공개하지 아니하거나 중개의뢰인의 비공개요청에도 불구하고 정보를 공개한 경우 개설등록을 취소할 수 있다. ( )

**24** | 공인중개사 2015년

손해배상책임을 보장하기 위한 조치를 이행하지 아니하고 업무를 개시한 경우 개설등록을 취소할 수 있다. ( )

**25** | 공인중개사 2015년

대통령령으로 정하는 부득이한 사유가 없음에도 계속하여 6개월을 초과하여 휴업한 경우 개설등록을 취소할 수 있다. ( )

---

19 (×) 해당 중개대상물의 거래상의 중요사항에 관하여 거짓된 언행으로 중개의뢰인의 판단을 그르치게 하는 행위를 한 경우 상대적 등록취소 사유에 해당하며, 상대적 등록취소는 개설등록을 취소할 수도 있고, 업무정지처분을 할 수도 있다.

22 (×) 법정한도를 초과하는 중개보수를 요구한 개업공인중개사의 경우 상대적 등록취소 사유에 해당한다. 따라서 개설등록을 취소할 수도 있고, 업무정지처분을 할 수도 있다.

**정답** 19 (×), 20 (○), 21 (○), 22 (×), 23 (○), 24 (○), 25 (○)

**26** | 공인중개사 2019년

공인중개사법령을 위반하여 둘 이상의 중개사무소를 둔 경우 개설등록을 취소해야 한다.
(   )

**27** | 공인중개사 2015년

이동이 용이한 임시 중개시설물을 설치한 경우 개설등록을 취소할 수 있다.   (   )

**28** | 공인중개사 2014년

법인인 개업공인중개사가 최근 1년 이내에 겸업금지 규정을 1회 위반한 경우 업무정지처분을 할 수 없다.
(   )

**29** | 공인중개사 2016년

최근 1년 이내에 「공인중개사법」에 의하여 1회 업무정지처분, 2회 과태료처분을 받고 다시 업무정지처분에 해당하는 행위를 한 경우 개설등록을 취소해야 한다.   (   )

**30** | 공인중개사 2015년

개업공인중개사가 조직한 사업자단체가 「독점규제 및 공정거래에 관한 법률」을 위반하여 공정거래위원회로부터 과징금 처분을 최근 2년 이내에 2회 이상 받은 경우 그의 공인중개사자격이 취소된다.
(   )

---

26 (×) 공인중개사법령을 위반하여 둘 이상의 중개사무소를 둔 경우 개설등록을 취소할 수 있다.

28 (×) 법인인 개업공인중개사가 규정된 업무 이외의 겸업을 한 경우 상대적 등록취소 사유에 해당한다. 따라서 개설등록을 취소할 수 있고, 업무정지처분을 할 수도 있다.

29 (×) 최근 1년 이내에 「공인중개사법」에 의하여 3회 이상 업무정지 또는 과태료의 처분을 받고 다시 업무정지 또는 과태료의 처분에 해당하는 행위를 한 경우 상대적 등록취소 사유에 해당하여 개설등록을 취소할 수 있다.

30 (×) 개업공인중개사가 조직한 사업자단체가 「독점규제 및 공정거래에 관한 법률」에 따른 처분을 최근 2년 이내에 2회 이상 받은 경우 상대적 등록취소 사유에 해당하여 개설등록을 취소할 수 있다.

**정답** 26 (×), 27 (○), 28 (×), 29 (×), 30 (×)

# 업무정지

## 1 행정처분 : 업무정지

**【최상결정 서서서명령부인시】**

| 【최】 | 최근 1년 이내에 이 법에 의하여 2회 이상 업무정지 또는 과태료의 처분을 받고 다시 과태료의 처분에 해당하는 행위를 한 경우 : 6개월 |
|---|---|
| 【상】 | 상대적 등록취소사유【미둘금전보휴이사임법최2-2】를 최근 1년 이내에 1회 위반한 경우 : 6개월 |
| 【결】 | 결격사유에 해당하는 자를 소속공인중개사 또는 중개보조원으로 두었으나 그 사유를 2개월 이내에 해소하지 않은 경우 : 6개월 |
| 【정】 | 부동산거래정보망에 중개대상물에 관한 정보를 거짓으로 공개한 경우 : 6개월 / 중개대상물의 거래가 완성된 사실을 거래정보사업자에게 지체 없이 통보하지 아니한 경우 : 3개월 |
| 【서】 | 표준서식인 전속중개계약서를 사용하지 않거나 보존하지 않은 경우 : 3개월 |
| 【서】 | 확인·설명서를 교부하지 않거나 보존하지 않은 경우, 서명 및 날인하지 않은 경우 : 3개월 |
| 【서】 | 거래계약서 작성·교부하지 않거나 보존하지 않은 경우, 서명 및 날인하지 않은 경우 : 3개월 |
| 【명령】 | 보고, 자료의 제출, 조사 또는 검사를 거부·방해 또는 기피하거나 그 밖의 명령을 이행하지 아니하거나 거짓으로 보고 또는 자료제출을 한 경우 : 3개월 |
| 【부】 | 부칙상의 개업공인중개사가 지역적 업무범위를 위반한 경우 : 3개월 |
| 【인】 | 인장등록을 하지 아니하거나 등록하지 아니한 인장을 사용한 경우 : 3개월 |
| 【시】 | 개업공인중개사가 조직한 사업자단체 또는 그 구성원인 개업공인중개사가 독점규제 및 공정거래에 관한 법률의 금지행위를 위반하여 시정조치 또는 과징금을 받은 경우 |

<최근 1년 이내, 구분하여 알아두기>

○ 절대적 등록취소 : 최근 1년 이내에 「공인중개사법」에 의하여 2회 이상 업무정지처분을 받고 다시 업무정지처분에 해당하는 행위를 한 경우

○ 상대적 등록취소 : 최근 1년 이내에 「공인중개사법」에 의하여 3회 이상 업무정지 또는 과태료의 처분을 받고 다시 업무정지 또는 과태료의 처분에 해당하는 행위를 한 경우

○ 업무정지 : 최근 1년 이내에 「공인중개사법」에 의하여 2회 이상 업무정지 또는 과태료의 처분을 받고 다시 과태료의 처분에 해당하는 행위를 한 경우

**01** | 공인중개사 2013년

최근 1년 이내에 이 법에 의하여 2회 이상 업무정지처분을 받은 개업공인중개사가 다시 업무정지처분에 해당하는 행위를 한 경우, 6월의 업무정지처분을 받을 수 있다. ( )

**02** | 공인중개사 2015년

개업공인중개사가 미성년자를 중개보조원으로 고용한 날부터 45일 만에 고용관계를 해소한 경우, 이를 이유로 업무정지처분을 할 수 있다. ( )

**03** | 공인중개사 2014·2021년

부동산거래정보망에 중개대상물에 관한 정보를 거짓으로 공개한 경우 업무정지처분을 할 수 있다. ( )

**04** | 공인중개사 2015년

국토교통부령이 정하는 전속중개계약서에 의하지 아니하고 전속중개계약을 체결한 경우 개업공인중개사의 개설등록을 취소할 수 있다. ( )

**05** | 공인중개사 2021년

거래당사자에게 교부해야 하는 중개대상물확인·설명서를 교부하지 않은 경우 개업공인중개사에게 업무정지처분을 할 수 있다. ( )

**06** | 공인중개사 2014년

중개대상물의 확인·설명서를 보존하지 않은 경우 개업공인중개사에게 업무정지처분을 할 수 있다. ( )

---

01 (×) 최근 1년 이내에 이 법에 의하여 2회 이상 업무정지처분을 받은 개업공인중개사가 다시 업무정지처분에 해당하는 행위를 한 경우, 절대적 등록취소에 해당하여 개설등록을 취소하여야 한다. **비교** 최근 1년 이내에 이 법에 의하여 2회 이상 업무정지 또는 과태료의 처분을 받고 다시 과태료의 처분에 해당하는 행위를 한 경우, 6월의 업무정지처분을 받을 수 있다.

02 (×) 결격사유에 해당하는 자를 소속공인중개사 또는 중개보조원으로 두었으나 그 사유를 2개월 이내에 해소하지 않은 경우, 6월의 업무정지처분을 받을 수 있다. 결격사유에 해당하는 자와 45일 만에 고용관계를 해소하였으므로 이를 이유로 업무정지처분을 할 수 없다.

04 (×) 표준서식인 전속중개계약서를 사용하지 않거나 보존하지 않은 경우, 개업공인중개사는 3개월의 업무정지처분을 받을 수 있다.

**정답** 01 (×), 02 (×), 03 (○), 04 (×), 05 (○), 06 (○)

**07** | 공인중개사 2018년

중개대상물 확인·설명서를 교부하지 않은 경우 개업공인중개사의 업무정지 사유이면서 소속공인중개사의 자격정지 사유에 해당한다. ( )

**08** | 공인중개사 2018년

중개대상물 확인·설명서에 서명 및 날인을 하지 아니한 경우 개업공인중개사의 업무정지 사유이면서 소속공인중개사의 자격정지 사유에 해당한다. ( )

**09** | 공인중개사 2021년

거래당사자에게 교부해야 하는 거래계약서를 적정하게 작성·교부하지 않은 경우 개업공인중개사에게 업무정지처분을 할 수 있다. ( )

**10** | 공인중개사 2018년

거래계약서에 서명 및 날인을 하지 아니한 경우 개업공인중개사의 업무정지 사유이면서 소속공인중개사의 자격정지 사유에 해당한다. ( )

**11** | 공인중개사 2018년

인장등록을 하지 아니한 경우 개업공인중개사의 업무정지 사유이면서 소속공인중개사의 자격정지 사유에 해당한다. ( )

## 2 업무정지처분의 시효 및 효과

**12** | 공인중개사 2013·2017년

업무정지처분은 그 사유가 발생한 날부터 2년이 지난 때에는 이를 할 수 없다. ( )

**13** | 공인중개사 2013·2018년

등록관청은 업무정지기간의 2분의 1의 범위 안에서 가중 또는 감경할 수 있으며, 가중하여 처분하는 경우에도 업무정지기간은 6개월을 초과할 수 없다. ( )

---

07 (×) 중개대상물 확인·설명서를 교부하지 않은 경우 개업공인중개사의 업무정지 사유에 해당하며, 소속공인중개사의 자격정지 사유에는 해당하지 않는다.
12 (×) 개업공인중개사의 업무정지처분은 해당하는 사유가 발생한 날부터 3년이 지난 때에는 이를 할 수 없다.

**정답** 07 (×), 08 (○), 09 (○), 10 (○), 11 (○), 12 (×), 13 (○)

# 핵심테마 25 행정처분 효과의 승계

## 1 행정처분 효과의 승계

**01** | 공인중개사 **2018년**
폐업신고 전에 개업공인중개사에게 한 업무정지처분의 효과는 그 처분일부터 3년간 재등록 개업공인중개사에게 승계된다. ( )

**02** | 공인중개사 **2018년**
폐업신고 전에 개업공인중개사에게 한 과태료부과처분의 효과는 그 처분일부터 9개월 된 때에 재등록을 한 개업공인중개사에게 승계된다. ( )

**03** | 공인중개사 **2014·2020년**
폐업신고 전의 개업공인중개사에 대하여 위반행위를 사유로 행한 업무정지처분의 효과는 폐업일로부터 1년간 다시 개설등록을 한 자에게 승계된다. ( )

---

01 (×) 폐업신고 전의 개업공인중개사에게 한 업무정지처분의 효과는 그 처분일부터 1년간 다시 중개사무소의 개설등록을 한 자에게 승계된다.
03 (×) 폐업일(×), 처분일(○), 폐업신고 전의 개업공인중개사에 대하여 위반행위를 사유로 행한 업무정지처분의 효과는 처분일로부터 1년간 다시 개설등록을 한 자에게 승계된다.

**정답** 01 (×), 02 (○), 03 (×)

## 2 재등록 개업공인중개사에 대한 행정처분

**04** | 공인중개사 2014·2018년

재등록 개업공인중개사에 대하여 폐업신고 전의 개설등록취소에 해당하는 위반행위를 이유로 행정처분을 할 때 폐업의 사유는 고려하지 않는다. ( )

**05** | 공인중개사 2018년

폐업기간이 3년 6개월인 재등록 개업공인중개사에게 폐업신고 전의 중개사무소 개설등록 취소사유에 해당하는 위반행위를 이유로 개설등록취소처분을 할 수 있다. ( )

**06** | 공인중개사 2018년

폐업기간이 13개월인 재등록 개업공인중개사에게 폐업신고 전의 업무정지사유에 해당하는 위반행위에 대하여 업무정지처분을 할 수 있다. ( )

---

04 (×) 폐업신고 전의 위반행위에 대하여 재등록한 개업공인중개사에게 행정처분을 함에 있어서 등록관청은 폐업기간과 폐업의 사유 등을 고려하여야 한다.

05 (×) 등록취소는 폐업기간이 3년을 초과한 경우 처분할 수 없다. 따라서 폐업기간이 3년 6개월인 경우 등록취소처분을 할 수 없다.

06 (×) 업무정지는 폐업기간이 1년을 초과한 경우 처분할 수 없다. 따라서 폐업기간이 13개월인 경우 업무정지처분을 할 수 없다.

**정답** 04 (×), 05 (×), 06 (×)

# 벌칙(행정형벌)

## 1 3년 이하의 징역 또는 3천만 원 이하의 벌금

【무거관직쌍투부단교】

| 【무】 | 무등록중개업자 : 중개사무소의 개설등록을 하지 아니하고 중개업을 한 자 |
|---|---|
| 【거】 | 거짓 그 밖의 부정한 방법으로 중개사무소의 개설등록을 한 자 |
| 【관】 | 관계 법령에서 양도·알선 등이 금지된 부동산의 분양, 임대 등과 관련 있는 증서 등의 매매·교환 등을 중개하거나 그 매매를 업으로 하는 행위 |
| 【직】 | 중개의뢰인과 직접 거래를 하는 행위 |
| 【쌍】 | 거래당사자 쌍방을 대리하는 행위 |
| 【투】 | 투기를 조장하는 행위 : 탈세 등 관계 법령을 위반할 목적으로 소유권보존등기 또는 이전등기를 하지 아니한 부동산이나 관계 법령의 규정에 의하여 전매 등 권리의 변동이 제한된 부동산의 매매를 중개하는 등 부동산 투기를 조장하는 행위 |
| 【부】 | 부당한 이익을 얻거나 제3자에게 부당한 이익을 얻게 할 목적으로 거짓으로 거래가 완료된 것처럼 꾸미는 등 중개대상물의 시세에 부당한 영향을 주거나 줄 우려가 있는 행위 |
| 【단】 | 단체를 구성하여 특정 중개대상물에 대하여 중개를 제한하거나 단체 구성원 이외의 자와 공동중개를 제한하는 행위 |
| 【교】 | 거래질서교란행위 : 시세에 부당한 영향을 줄 목적으로 개업공인중개사 등의 업무를 방해한 자 |

**01** | 공인중개사 2013·2014·2020년

중개사무소의 개설등록을 하지 않고 중개업을 한 경우 3년 이하의 징역 또는 3천만 원 이하의 벌금에 처한다. ( )

**02** | 공인중개사 2020년

거짓으로 중개사무소의 개설등록을 한 자는 3년 이하의 징역 또는 3천만 원 이하의 벌금에 처한다. ( )

**03** | 공인중개사 2018년

관계 법령에서 양도·알선 등이 금지된 부동산의 분양·임대 등과 관련 있는 증서 등의 매매·교환 등을 중개한 개업공인중개사는 3년 이하의 징역 또는 3천만 원 이하의 벌금에 처한다. ( )

**04** | 공인중개사 2014·2016·2017년

중개의뢰인과 직접 거래를 한 경우 3년 이하의 징역 또는 3천만 원 이하의 벌금에 처한다. ( )

정답 01 (○), 02 (○), 03 (○), 04 (○)

## 2 1년 이하의 징역 또는 1천만 원 이하의 벌금

【양양이사임판매무명초의비유유표】

| | |
|---|---|
| 【양】 | 자기의 성명을 사용하여 중개업무를 하게 하거나 공인중개사자격증을 양도·대여한 자 또는 다른 사람의 공인중개사자격증을 양수·대여 받은 자 |
| 【양】 | 자기의 성명 또는 상호를 사용하여 중개업무를 하게 하거나 중개사무소등록증을 다른 사람에게 양도·대여한 자 또는 다른 사람의 성명·상호를 사용하여 중개업무를 하거나 중개사무소등록증을 양수·대여 받은 자 |
| 【이사】 | 이중으로 중개사무소의 개설등록을 하거나 2 이상의 중개사무소에 소속된 자, 2 이상의 중개사무소를 둔 자 |
| 【임】 | 임시중개시설물을 설치한 자 |
| 【판】 | 거짓된 언행 그 밖의 방법으로 중개의뢰인의 판단을 그르치게 하는 행위 |
| 【매】 | 중개대상물의 매매를 업으로 하는 행위 |
| 【무명】 | 중개사무소의 개설등록을 하지 아니하고 중개업을 영위하는 자인 사실을 알면서 그를 통하여 중개를 의뢰받거나 그에게 자기의 명의를 이용하게 하는 행위 |
| 【초】 | 사례·증여 그 밖의 어떠한 명목으로 보수 또는 실비를 초과하여 금품을 받는 행위 |
| 【의】 | 공개를 의뢰받은 중개대상물의 정보에 한하여 이를 부동산거래정보망에 공개하여야 하며, 의뢰받은 내용과 다르게 정보를 공개하거나 개업공인중개사에 따라 정보가 차별적으로 공개되도록 하여서는 아니 된다는 규정을 위반한 거래정보사업자 |
| 【비】 | 업무상 비밀을 누설한 개업공인중개사 |
| 【유】 | 공인중개사가 아닌 자로서 공인중개사 또는 이와 유사한 명칭을 사용한 자 |
| 【유】 | 개업공인중개사가 아닌 자로서 '공인중개사무소', '부동산중개' 또는 이와 유사한 명칭을 사용한 자 |
| 【표】 | 개업공인중개사가 아닌 자로서 중개업을 하기 위하여 중개대상물에 대한 표시·광고를 한 자 |

**05** | 공인중개사 2013년

다른 사람에게 자기의 성명을 사용하여 중개업무를 하게 한 경우 1년 이하의 징역 또는 1천만 원 이하의 벌금에 처한다. ( )

**06** | 공인중개사 2013·2016년

공인중개사자격증을 양도한 경우 1년 이하의 징역 또는 1천만 원 이하의 벌금에 처한다. ( )

**07** | 공인중개사 2016년

중개사무소등록증을 양도한 경우 1년 이하의 징역 또는 1천만 원 이하의 벌금에 처한다. ( )

**08** | 공인중개사 2013·2014·2016·2017·2020년

이중으로 중개사무소의 개설등록을 한 경우 1년 이하의 징역 또는 1천만 원 이하의 벌금에 처한다. ( )

**09** | 공인중개사 2013·2014년

2 이상의 중개사무소에 소속된 경우 1년 이하의 징역 또는 1천만 원 이하의 벌금에 처한다. ( )

**10** | 공인중개사 2014·2016·2020년

천막, 그 밖에 이동이 용이한 임시 중개시설물을 설치한 경우 1년 이하의 징역 또는 1천만 원 이하의 벌금에 처한다. ( )

**11** | 공인중개사 2021년

중개대상물의 거래상의 중요사항에 관해 거짓된 언행으로 중개의뢰인의 판단을 그르치게 한 경우 과태료 부과대상에 해당한다. ( )

**12** | 공인중개사 2018년

법정한도를 초과하는 중개보수를 요구한 개업공인중개사는 1년 이하의 징역 또는 1천만 원 이하의 벌금사유에 해당한다. ( )

---

11 (×) 중개대상물의 거래상의 중요사항에 관해 거짓된 언행으로 중개의뢰인의 판단을 그르치게 한 경우 1년 이하의 징역 또는 1천만 원 이하의 벌금에 처한다.

**정답** 05 (○), 06 (○), 07 (○), 08 (○), 09 (○), 10 (○), 11 (×), 12 (○)

**13** | 공인중개사 2017년

개업공인중개사로부터 공개를 의뢰받지 아니한 중개대상물의 정보를 부동산거래정보망에 공개한 거래정보사업자는 1년 이하의 징역 또는 1천만 원 이하의 벌금에 처한다. ( )

**14** | 공인중개사 2018년

공인중개사가 아닌 자로서 공인중개사 또는 이와 유사한 명칭을 사용한 자는 1년 이하의 징역 또는 1천만 원 이하의 벌금에 처한다. ( )

**15** | 공인중개사 2017년

개업공인중개사가 아닌 자로서 중개업을 하기 위하여 중개대상물에 대한 표시·광고를 한 자는 과태료 부과대상자이다. ( )

---

15 (×) 개업공인중개사가 아닌 자로서 중개업을 하기 위하여 중개대상물에 대한 표시·광고를 한 자는 1년 이하의 징역 또는 1천만 원 이하의 벌금에 처한다.

**정답** 13 (○), 14 (○), 15 (×)

# 핵심테마 27 벌칙(과태료)

## 1 500만 원 이하의 과태료

【연수 부당 설명 운명운명 징검개통】

| 【연수】 | 시·도지사 ▷ 개업공인중개사 또는 소속공인중개사 : 연수교육을 정당한 사유 없이 받지 아니한 경우 |
|---|---|
| 【부당】 | 등록관청 ▷ 개업공인중개사 : 부당한 표시·광고를 한 경우 |
| 【설명】 | 등록관청 ▷ 개업공인중개사 : 성실·정확하게 중개대상물을 확인, 설명하지 아니하거나 설명의 근거자료를 제시하지 않은 경우 |
| 【운】 | 국장 ▷ 거래정보사업자 : 운영규정의 승인, 변경승인을 받지 아니하거나 운영규정을 위반하여 운영한 경우 |
| 【명】 | 국장 ▷ 거래정보사업자 : 보고, 자료의 제출, 조사 또는 검사를 거부·방해 또는 기피하거나 그 밖의 명령을 이행하지 않은 경우, 거짓 보고 또는 제출 |
| 【운】 | 국장 ▷ 협회 : 공제사업 운용실적을 공시(3개월 이내)하지 아니한 경우 |
| 【명】 | 국장 ▷ 협회 : 국토교통부장관의 보고, 제출, 그 밖에 필요한 명령을 위반한 경우 |
| 【징】 | 국장 ▷ 협회 : 임원에 대한 징계·해임의 요구를 이행하지 아니하거나, 시정명령을 이행하지 아니한 경우 |
| 【검】 | 국장 ▷ 협회 : 금융감독원장의 공제사업에 관한 조사 또는 검사에 불응한 경우 |
| 【개】 | 국장 ▷ 협회 : 국토부장관의 공제업무 개선명령을 이행하지 아니한 경우 |
| 【통】 | 국장 ▷ 통신사업자 : 정당한 사유 없이 표시·광고 모니터링의 관련 자료 제출요구에 따르지 아니한 자, 필요한 조치를 하지 아니한 자 |

**01** | 공인중개사 2018년

연수교육을 정당한 사유 없이 받지 아니한 자는 등록관청이 과태료를 부과한다. ( )

**02** | 공인중개사 2015년

「공인중개사법」에 따른 연수교육을 정당한 사유 없이 받지 아니한 자는 100만 원 이하의 과태료 부과대상이다. ( )

**03** | 공인중개사 2020년

중개대상물이 존재하지 않아서 거래할 수 없는 중개대상물을 광고한 개업공인중개사는 1년 이하의 징역 또는 1천만 원 이하의 벌금에 처한다. ( )

**04** | 공인중개사 2021년

중개대상물에 관한 권리를 취득하려는 중개의뢰인에게 해당 중개대상물의 권리관계를 성실·정확하게 확인·설명하지 않은 개업공인중개사는 과태료 부과대상에 해당한다.( )

**05** | 공인중개사 2016·2020년

부동산거래정보망의 이용 및 정보제공방법 등에 관한 운영규정의 내용을 위반하여 부동산거래정보망을 운영한 거래정보사업자는 국토교통부장관이 과태료를 부과한다. ( )

**06** | 공인중개사 2020년

공인중개사법령에 따른 보고의무를 위반하여 보고를 하지 아니한 거래정보사업자는 국토교통부장관이 과태료를 부과한다. ( )

**07** | 공인중개사 2018년

공제사업 운용실적을 공시하지 아니한 자는 국토교통부장관이 과태료를 부과한다. ( )

**08** | 공인중개사 2018년

공인중개사협회의 임원에 대한 징계·해임의 요구를 이행하지 아니한 자는 국토교통부장관이 과태료를 부과한다. ( )

---

01 (×) 등록관청(×), 시·도지사(○), 연수교육을 정당한 사유 없이 받지 아니한 자는 시·도지사가 과태료를 부과한다.
02 (×) 연수교육을 정당한 사유 없이 받지 아니한 자는 500만 원 이하의 과태료 부과대상이다.
03 (×) 부당한 표시·광고를 한 경우 500만 원 이하의 과태료 부과대상이다.

**정답** 01 (×), 02 (×), 03 (×), 04 (○), 05 (○), 06 (○), 07 (○), 08 (○)

**09** | 공인중개사 2015년

공제업무의 개선명령을 이행하지 않은 경우 100만 원 이하의 과태료 부과대상이다. (　)

## 2 100만 원 이하의 과태료

【이보게 반반폐광고 문자문자】

| 【이】 | 중개사무소의 이전신고를 하지 아니한 자 |
|---|---|
| 【보】 | 손해배상책임(보증)에 관한 사항을 설명하지 아니하거나 관계증서의 사본 또는 관계증서에 관한 전자문서를 교부하지 아니한 자 |
| 【게】 | 중개사무소등록증 등을 게시하지 아니한 자 |
| 【반】 | ★ 공인중개사자격증을 반납하지 아니하거나 공인중개사자격증을 반납할 수 없는 사유서를 제출하지 아니한 자 또는 거짓으로 공인중개사자격증을 반납할 수 없는 사유서를 제출한 자 |
| 【반】 | 등록이 취소된 후 등록증을 반납하지 아니한 자 |
| 【폐】 | 휴업, 폐업, 휴업한 중개업의 재개 또는 휴업기간의 변경신고를 하지 아니한 자 |
| 【광고】 | 개업공인중개사가 의뢰받은 중개대상물에 대하여 표시·광고 및 인터넷을 이용하여 중개대상물에 대한 명시의무를 위반한 경우 |
| 【문자】 | 사무소의 명칭에 '공인중개사사무소', '부동산중개'라는 문자를 사용하지 아니한 자 또는 옥외광고물에 성명을 표기하지 아니하거나 거짓으로 표기한 자 |
| 【문자】 | 부칙상 개업공인중개사가 사무소의 명칭에 '공인중개사사무소'의 문자를 사용한 경우 |

**10** | 공인중개사 2016·2017년

중개사무소의 이전신고를 하지 않은 경우 등록관청이 과태료를 부과한다. (　)

**11** | 공인중개사 2015년

중개사무소를 이전한 날부터 10일 이내에 이전신고를 하지 아니한 자는 100만 원 이하의 과태료 부과대상이다. (　)

---

09 (×) 공제업무의 개선명령을 이행하지 않은 경우 500만 원 이하의 과태료 부과대상이다.

**정답** 09 (×), 10 (○), 11 (○)

**12** | 공인중개사 2016년

거래당사자에게 손해배상책임의 보장에 관한 사항을 설명하지 않은 경우 시·도지사가 과태료를 부과한다. ( )

**13** | 공인중개사 2015년

중개사무소등록증을 게시하지 아니한 자는 100만 원 이하의 과태료 부과대상이다. ( )

**14** | 공인중개사 2020년

공인중개사 자격이 취소된 자로 공인중개사자격증을 반납하지 아니한 자는 등록관청이 과태료를 부과한다. ( )

**15** | 공인중개사 2015·2017·2021년

휴업한 중개업의 재개신고를 하지 않은 경우 100만 원 이하의 과태료 부과대상이다. ( )

**16** | 공인중개사 2021년

인터넷을 이용하여 중개대상물에 대한 표시·광고를 하면서 중개대상물의 종류별로 가격 및 거래형태를 명시하지 않은 경우 과태료 부과대상에 해당한다. ( )

**17** | 공인중개사 2015·2016년

개업공인중개사의 사무소 명칭에 '공인중개사사무소' 또는 '부동산중개'라는 문자를 사용하지 않은 경우 등록관청이 과태료를 부과한다. ( )

**18** | 공인중개사 2015년

「옥외광고물 등의 관리와 옥외광고산업 진흥에 관한 법률」에 따른 광고물에 성명을 거짓으로 표기한 자는 100만 원 이하의 과태료 부과대상이다. ( )

---

12 (×) 시·도지사(×), 등록관청(○), 거래당사자에게 손해배상책임의 보장에 관한 사항을 설명하지 않은 경우 등록관청이 과태료를 부과한다.

14 (×) 등록관청(×), 시·도지사(○), 공인중개사 자격이 취소된 자로 공인중개사자격증을 반납하지 아니한 자는 시·도지사가 과태료를 부과한다.

**정답** 12 (×), 13 (○), 14 (×), 15 (○), 16 (○), 17 (○), 18 (○)

MEMO

모두공인공인중개사 슈퍼리멤버

# PART 02
# 부동산 거래신고 등에 관한 법령

# CHAPTER 01

## 부동산 거래신고 등에 관한 법령

| 2014년 | 2015년 | 2016년 | 2017년 | 2018년 | 2019년 | 2020년 | 2021년 | 2022년 |
|--------|--------|--------|--------|--------|--------|--------|--------|--------|
| 2문 | 3문 | 4문 | 5문 | 4문 | 8문 | 5문 | 8문 | 9문 |

**핵심 28** | 부동산 거래신고
**핵심 29** | 외국인 등의 부동산 취득·보유신고
**핵심 30** | 토지거래허가제도
**핵심 31** | 행정형벌·과태료 및 포상금
**핵심 32** | 부동산 정보관리 등

모 두 공 인 공 인 중 개 사 슈 퍼 리 멤 버

# 핵심테마 28 부동산 거래신고

## 1 부동산 거래신고제

**01** | 공인중개사 2020년

부동산매매계약을 체결한 경우 거래당사자는 거래계약의 체결일부터 3개월 이내에 신고관청에 단독 또는 공동으로 신고하여야 한다. ( )

**02** | 공인중개사 2019년

개업공인중개사가 거래계약서를 작성·교부한 경우 거래당사자는 60일 이내에 부동산거래신고를 하여야 한다. ( )

**03** | 공인중개사 2014년

중개대상물의 범위에 속하는 물건의 매매계약을 체결한 때에는 모두 부동산 거래신고를 해야 한다. ( )

**04** | 공인중개사 2015년

공인중개사법령상 중개대상물에 해당한다고 하여 모두 부동산 거래신고의 대상이 되는 것은 아니다. ( )

---

01 (×) 3개월(×), 30일(○), 단독 또는 공동(×), 공동(○), 부동산매매계약을 체결한 경우 거래당사자는 거래계약의 체결일부터 30 이내에 신고관청에 공동으로 신고하여야 한다.
02 (×) 60일(×), 30일(○), 개업공인중개사가 거래계약서를 작성·교부한 경우 개업공인중개사는 30일 이내에 부동산거래신고를 하여야 한다.
03 (×) 입목, 공장재단, 광업재단은 중개대상물이지만 부동산 거래신고 대상은 아니다.

**정답** 01 (×), 02 (×), 03 (×), 04 (○)

**05** | 공인중개사 2019년

「택지개발촉진법」에 따라 공급된 토지의 임대차계약은 부동산 거래신고의 대상에 해당한다. ( )

**06** | 공인중개사 2017·2019년

「도시개발법」에 따른 부동산에 대한 공급계약은 부동산 거래신고의 대상에 해당한다. ( )

**07** | 공인중개사 2017년

「도시 및 주거환경정비법」에 따른 관리처분계획의 인가로 취득한 입주자로 선정된 지위의 매매계약은 부동산 거래신고의 대상에 해당한다. ( )

**08** | 공인중개사 2017년

「건축물의 분양에 관한 법률」에 따른 부동산에 대한 공급계약은 부동산 거래신고의 대상에 해당한다. ( )

---

05 (×) 임대차계약(×), 공급계약(○), 「택지개발촉진법」에 따라 공급된 토지의 공급계약은 부동산 거래신고의 대상이다. 부동산 거래신고 대상인 계약은 다음과 같다.
① 부동산의 매매계약
② 부동산은 토지 또는 건축물을 의미하며 입목, 광업재단, 공장재단의 매매계약은 부동산 거래신고의 대상에 해당하지 않는다.
③ 다음에 해당하는 부동산에 대한 공급계약 또는 공급계약을 통하여 부동산을 공급받는 자로 선정된 지위의 매매계약
  【도】 도시개발법
  【시】 도시 및 주거환경정비법
  【건】 건축물의 분양에 관한 법률
  【택】 택지개발촉진법
  【주】 주택법
  【공】 공공주택 특별법
  【산】 산업입지 및 개발에 관한 법률
  【빈집】 빈집 및 소규모주택 정비에 관한 특례법
④ 「도시 및 주거환경정비법」에 따른 관리처분계획의 인가로 취득한 입주자로 선정된 지위의 매매계약
⑤ 「빈집 및 소규모주택 정비에 관한 특례법」에 따른 사업시행계획인가로 취득한 입주자로 선정된 지위의 매매계약

**정답** 05 (×), 06 (○), 07 (○), 08 (○)

**09** | 공인중개사 2019년

「주택법」에 따라 공급된 주택의 매매계약은 부동산 거래신고의 대상에 해당한다. ( )

**10** | 공인중개사 2015·2019년

「도시 및 주거환경정비법」에 따른 관리처분계약의 인가로 취득한 입주자로 선정된 지위의 매매계약은 부동산 거래신고의 대상에 해당한다. ( )

**11** | 공인중개사 2019년

「체육시설의 설치·이용에 관한 법률」에 따라 등록된 시설이 있는 건물의 매매계약은 부동산 거래신고의 대상에 해당한다. ( )

## 2 부동산 거래신고 신고의무자

**12** | 공인중개사 2017년

거래당사자 중 일방이 국가인 경우, 국가가 부동산거래계약의 신고를 해야 한다. ( )

**13** | 공인중개사 2019년

「지방공기업법」에 따른 지방공사와 개인이 매매계약을 체결한 경우 양 당사자는 공동으로 신고하여야 한다. ( )

**14** | 공인중개사 2016년

거래당사자 일방이 부동산 거래신고를 거부하는 경우 다른 당사자는 국토교통부령에 따라 단독으로 신고할 수 있다. ( )

**15** | 공인중개사 2016·2017·2018년

개업공인중개사가 공동으로 토지의 매매를 중개하여 거래계약서를 작성·교부한 경우 해당 개업공인중개사가 공동으로 신고해야 한다. ( )

---

11 (○) 부동산의 매매계약은 부동산 거래신고의 대상이다.
13 (×) 거래당사자 중 일방이 국가, 지방자치단체, 대통령령으로 정하는 자의 경우에는 국가 등이 신고를 해야 한다.

**정답** 09 (○), 10 (○), 11 (○), 12 (○), 13 (×), 14 (○), 15 (○)

## 3 부동산 거래신고 신고사항

**16** | 공인중개사 2017·2019·2020년
거래대상 부동산의 공법상 거래규제 및 이용제한에 관한 사항은 부동산거래계약신고서의 기재사항이다. ( )

**17** | 공인중개사 2018년
매매계약에 조건이나 기한이 있는 경우 그 조건 또는 기한도 신고해야 한다. ( )

**18** | 공인중개사 2017년
개업공인중개사가 거래계약서를 작성·교부한 경우, 개업공인중개사의 인적사항과 개설등록한 중개사무소의 상호·전화번호 및 소재지도 신고사항에 포함된다. ( )

## 4 부동산 거래신고 방법 : 거래당사자 간의 직접거래의 경우

**19** | 공인중개사 2015·2018년
거래당사자 간 직접거래의 경우에는 공동으로 신고서에 서명 또는 날인을 하여 거래당사자 공동으로 신고서를 제출하여야 한다. ( )

**20** | 공인중개사 2018년
지방자치단체가 개업공인중개사의 중개 없이 토지를 매수하는 경우 부동산거래계약 신고서에 단독으로 서명 또는 날인하여 신고관청에 제출해야 한다. ( )

---

16 (×) 거래대상 부동산의 공법상 거래규제 및 이용제한에 관한 사항은 부동산거래계약신고서의 기재사항에 해당하지 않는다. 부동산 거래신고 신고사항은 다음과 같다.
① 거래당사자의 인적사항
② 계약 체결일, 중도금 지급일 및 잔금 지급일
③ 거래대상 부동산 등의 소재지·지번·지목 및 면적
④ 거래대상 부동산 등의 종류
⑤ 실제 거래가격
⑥ 계약의 조건이나 기한이 있는 경우에는 그 조건 또는 기한
⑦ 개업공인중개사가 거래계약서를 작성·교부한 경우에는 개업공인중개사의 인적사항, 중개사무소의 상호·전화번호 및 소재지

19 (×) 거래당사자는 신고서에 공동으로 서명 또는 날인하여 (거래당사자 중 일방이) 신고관청에 제출해야 한다.

**정답** 16 (×), 17 (○), 18 (○), 19 (×), 20 (○)

**21** | 공인중개사 2020년

「주택법」에 따라 지정된 투기과열지구에 소재하는 주택으로서 실제 거래가격이 3억 원 이상인 주택의 거래계약을 체결한 경우 신고서를 제출할 때 매수인과 매도인이 공동으로 서명 및 날인한 자금조달·입주계획서를 함께 제출하여야 한다. ( )

**22** | 공인중개사 2020년

「주택법」에 따라 지정된 조정대상지역에 소재하는 주택으로서 실제 거래가격이 5억 원이고, 매수인이 국가인 경우 국가는 매도인과 공동으로 실제거래가격 등을 신고하여야 한다. ( )

### 5 부동산 거래신고 방법 : 개업공인중개사에 의한 거래의 경우

**23** | 공인중개사 2014년

부동산거래의 신고를 하려는 개업공인중개사는 부동산거래계약 신고서에 서명 또는 날인을 하여 거래대상 부동산 소재지 관할 신고관청에 제출해야 한다. ( )

**24** | 공인중개사 2015년

거래의 신고를 하려는 개업공인중개사는 부동산거래계약 신고서에 서명 또는 날인하여 중개사무소 소재지 등록관청에 제출해야 한다. ( )

**25** | 공인중개사 2014·2015년

부동산거래계약 신고서의 방문 제출은 해당 거래계약을 중개한 개업공인중개사의 위임을 받은 소속공인중개사가 대행할 수 없다. ( )

---

21 (×) 공동으로 서명 및 날인한(×), 매수인이 단독으로 서명 또는 날인한(○), 「주택법」에 따라 지정된 투기과열지구에 소재하는 주택의 거래계약을 체결한 경우 신고서를 제출할 때 매수인이 단독으로 서명 또는 날인한 자금조달·입주계획서를 함께 신고관청에 제출하여야 한다.

22 (×) 「주택법」에 따라 지정된 조정대상지역에 소재하는 주택으로서 실제 거래가격이 5억 원이고, 매수인이 국가인 경우 국가가 실제거래가격 등을 신고하여야 한다.

24 (×) 중개사무소 소재지 등록관청(×), 그 부동산 등의 소재지를 관할하는 신고관청(○), 거래의 신고를 하려는 개업공인중개사는 부동산거래계약 신고서에 서명 또는 날인하여 그 부동산 등의 소재지를 관할하는 신고관청에 제출해야 한다.

25 (×) 개업공인중개사의 위임을 받은 소속공인중개사는 부동산 거래계약 신고서의 제출을 대행할 수 있다.

**정답** 21 (×), 22 (×), 23 (○), 24 (×), 25 (×)

**26** | 공인중개사 2019년

소속공인중개사 및 중개보조원은 부동산거래신고를 할 수 있다. ( )

**27** | 공인중개사 2017년

개업공인중개사의 위임을 받은 소속공인중개사가 부동산거래계약 신고서의 제출을 대행하는 경우, 소속공인중개사는 신분증명서를 신고관청에 보여 주어야 한다. ( )

### 6 부동산 거래신고 방법 : 전자문서에 의한 신고방법

**28** | 공인중개사 2019년

부동산 거래계약의 신고를 하는 경우 전자인증의 방법으로 신분을 증명할 수 없다. ( )

**29** | 공인중개사 2019년

개업공인중개사가 부동산거래계약시스템을 통하여 부동산거래계약을 체결한 경우 부동산거래계약이 체결된 때에 부동산거래계약 신고서를 제출한 것으로 본다. ( )

### 7 부동산 거래계약 신고서 작성

**30** | 공인중개사 2014년

거래당사자가 다수인 경우 매수인 또는 매도인의 주소란에 거래대상별 거래지분을 기준으로 각자의 거래지분 비율을 표시한다. ( )

**31** | 공인중개사 2015·2018·2022년

거래당사자가 외국인인 경우 거래당사자의 국적을 반드시 기재해야 한다. ( )

---

26 (×) 개업공인중개사의 위임을 받은 소속공인중개사는 부동산 거래계약 신고서의 제출을 대행할 수 있다. 다만, 중개보조원은 부동산거래계약 신고서의 제출을 대행할 수 없다.
28 (×) 부동산 거래계약의 신고를 하는 경우 전자인증의 방법으로 신분을 증명할 수 있다.

**정답** 26 (×), 27 (○), 28 (×), 29 (○), 30 (○), 31 (○)

**32** | 공인중개사 2015·2017·2018·2020·2022년

부동산거래계약 신고서를 작성할 때 건축물의 면적은 집합건축물의 경우 연면적을 적고, 그 밖에 건축물의 경우 전용면적을 적는다. ( )

**33** | 공인중개사 2016년

물건별 거래금액란에는 각각의 부동산별 거래가격을 적는다. ( )

**34** | 공인중개사 2014년

최초 공급계약(분양) 또는 전매계약(분양권, 입주권)의 경우 분양가격, 발코니 확장 등 선택비용 및 추가지불액을 각각 적는다. ( )

**35** | 공인중개사 2015년

종전 부동산란은 분양권 매매의 경우에만 작성한다. ( )

**36** | 공인중개사 2022년

'계약의 조건 및 참고사항'란은 부동산 거래계약 내용에 계약조건이나 기한을 붙인 경우, 거래와 관련한 참고내용이 있을 경우에 적는다. ( )

**37** | 공인중개사 2016년

입주권이 매매의 대상인 경우, 부가가치세액을 제외한 금액을 적는다. ( )

---

32 (×) 계약대상 면적에는 실제 거래면적을 계산하여 적되, 건축물 면적은 집합건축물의 경우 전용면적을 적고, 그 밖의 건축물의 경우 연면적을 적는다.

35 (×) 종전 부동산란은 입주권 매매의 경우만 작성한다.

37 (×) 거래대상의 종류가 공급계약(분양) 또는 전매계약(분양권, 입주권)인 경우 물건별 거래가격 및 총 실제거래가격에 부가가치세를 포함한 금액을 적고, 그 외의 거래대상의 경우 부가가치세를 제외한 금액을 적는다.

**정답** 32 (×), 33 (○), 34 (○), 35 (×), 36 (○), 37 (×)

## 8 신고필증의 교부 등

**38 | 공인중개사 2015년**

신고관청은 부동산거래계약 신고서가 제출되면 그 신고내용을 확인한 후 신고인에게 신고필증을 지체 없이 발급해야 한다. ( )

**39 | 공인중개사 2017·2018년**

부동산 매수인은 신고인이 부동산거래계약 신고필증을 발급받은 때에 「부동산 등기 특별조치법」에 따른 검인을 받은 것으로 본다. ( )

**40 | 공인중개사 2019년**

시·도지사는 부동산거래의 계약·신고·허가·관리 등의 업무와 관련된 정보체계를 구축·운영하여야 한다. ( )

**41 | 공인중개사 2016년**

신고관청은 부동산 거래신고의 내용에 누락이 있는 경우 신고인에게 신고 내용을 보완하게 할 수 있다. ( )

## 9 해제 등 신고, 정정신청, 변경신고

**42 | 공인중개사 모의문제**

거래당사자는 부동산 거래신고를 한 후 해당 거래계약이 해제, 무효 또는 취소된 경우 해제 등이 확정된 날부터 30일 이내에 해당 신고관청에 공동으로 신고해야 한다. ( )

**43 | 공인중개사 2017년**

부동산거래계약 신고서를 제출한 후 해당 부동산 거래계약이 해제된 경우, 개업공인중개사가 거래계약서를 작성·교부하여 신고를 한 경우에는 개업공인중개사가 해제 등의 신고를 할 수 있다. ( )

---

40 (×) 시·도지사(×), 국토교통부장관(○), 국토교통부장관은 부동산거래의 계약·신고·허가·관리 등의 업무와 관련된 정보체계를 구축·운영하여야 한다.

**정답** 38 (○), 39 (○), 40 (×), 41 (○), 42 (○), 43 (○)

**44** | 공인중개사 2019년

개업공인중개사의 성명·주소는 부동산 거래계약 신고 내용의 정정신청사항에 해당한다.
( )

**45** | 공인중개사 2019년

거래당사자의 전화번호는 부동산 거래계약 신고 내용의 정정신청사항에 해당한다. ( )

**46** | 공인중개사 2019년

거래 지분 비율은 부동산 거래계약 신고 내용의 정정신청사항에 해당한다. ( )

**47** | 공인중개사 2019년

거래대상 건축물의 종류, 부동산의 면적은 부동산 거래계약 신고 내용의 정정신청사항에 해당한다. ( )

**48** | 공인중개사 2013년

거래지분의 변경, 계약의 기한 변경, 면적의 변경, 중도금 및 지급일의 변경은 부동산 거래계약 변경신고서를 제출할 수 있는 사유에 해당한다. ( )

## 10 주택임대차 계약의 신고

**49** | 공인중개사 2021년

보증금이 6천만 원을 초과하거나 월 차임이 30만 원을 초과하는 주택임대차계약을 신규로 체결한 계약당사자는 그 보증금 또는 차임 등을 임대차계약의 체결일부터 30일 이내에 주택 소재지를 관할하는 신고관청에 공동으로 신고해야 한다. ( )

---

44 (×) 개업공인중개사의 성명·주소는 부동산 거래계약 신고 내용의 정정신청사항에 해당하지 않는다. 부동산 거래계약 신고내용 중 다음에 해당하는 사항이 잘못 기재된 경우에는 신고관청에 신고내용의 정정을 신청할 수 있다.
① 거래당사자의 주소·전화번호 또는 휴대전화번호
② 거래 지분 비율
③ 개업공인중개사의 전화번호·상호 또는 사무소 소재지
④ 거래대상 건축물의 종류
⑤ 거래대상 부동산 등의 지목·면적·거래 지분 및 대지권비율

**정답** 44 (×), 45 (○), 46 (○), 47 (○), 48 (○), 49 (○)

**50** | 공인중개사 모의문제

임차인이 「주민등록법」에 따라 전입신고를 하는 경우 이 법에 따른 주택임대차 계약의 신고를 한 것으로 본다. ( )

**51** | 공인중개사 모의문제

임대차 계약의 신고 및 변경신고의 접수를 완료한 때에는 「주택임대차보호법」에 따른 확정일자를 부여한 것으로 본다(임대차계약서가 제출된 경우로 한정한다). ( )

**52** | 공인중개사 2019년

정보처리시스템을 이용하여 주택임대차계약을 체결하였더라도 해당 주택의 임차인은 정보처리시스템을 통하여 전자계약증서에 확정일자 부여를 신청할 수 없다. ( )

## 11 부동산 거래신고 위반시 제재

【3,000만 원 이하의 과태료】
① 거래계약을 체결하지 아니하였음에도 불구하고 거짓으로 부동산 거래신고를 한 자
② 해당 계약이 해제 등이 되지 아니하였음에도 불구하고 거짓으로 해제 등의 신고를 한 자
③ 거래대금 지급을 증명할 수 있는 자료를 제출하지 아니하거나 거짓으로 제출한 자 또는 그 밖의 필요한 조치를 이행하지 아니한 자

【500만 원 이하의 과태료】
① 부동산 거래신고를 하지 아니한 자(공동신고를 거부한 자 포함한다)
② 부동산 거래의 해제 등 신고를 하지 아니한 자(공동신고를 거부한 자 포함한다)
③ 개업공인중개사로 하여금 부동산 거래신고를 하지 아니하게 하거나 거짓된 내용을 신고하도록 요구한 자
④ 거짓으로 부동산 거래신고 또는 해제 등 신고를 하는 행위를 조장하거나 방조한 자
⑤ 거래대금 지급을 증명할 수 있는 자료 외의 자료를 제출하지 아니하거나 거짓으로 제출한 자

---

52 (×) 정보처리시스템을 이용하여 주택임대차계약을 체결한 경우 해당 주택의 임차인은 정보처리시스템을 통하여 전자계약증서에 확정일자 부여를 신청할 수 있다.

**정답** 50 (○), 51 (○), 52 (×)

**53** | 공인중개사 2020년

개업공인중개사가 거짓으로 부동산거래계약 신고서를 작성하여 신고한 경우에는 벌금형 부과사유가 된다. ( )

**54** | 공인중개사 2016년

신고관청의 요구에도 거래대금지급을 증명할 수 있는 자료를 제출하지 아니한 자에게는 500만 원 이하의 과태료가 부과된다. ( )

**55** | 공인중개사 2016년

개업공인중개사에게 거짓으로 부동산 거래신고를 하도록 요구한 자는 과태료 부과대상자가 된다. ( )

---

53 (×) 벌금(×), 과태료(○), 개업공인중개사가 거짓으로 부동산거래계약 신고서를 작성하여 신고한 경우에는 과태료 부과사유가 된다.
54 (×) 거래대금지급을 증명할 수 있는 자료를 제출하지 아니한 자에게는 3,000만 원 이하의 과태료가 부과된다.

**정답** 53 (×), 54 (×), 55 (○)

# 외국인 등의 부동산 취득·보유신고

## 1 외국인 등 용어의 정의

**01** | 공인중개사 **2019년**

외국인 등이 부동산 임대차계약을 체결하는 경우 계약체결일로부터 6개월 이내에 신고관청에 신고하여야 한다. ( )

**02** | 공인중개사 **2015년**

외국인이 대한민국에 소재하는 건물에 대한 저당권을 취득하는 경우에도 「부동산 거래신고 등에 관한 법령」이 적용될 여지가 있다. ( )

**03** | 공인중개사 **2015년**

외국의 법령에 따라 설립된 법인이라도 구성원의 2분의 1이 대한민국 국민인 경우 「부동산 거래신고 등에 관한 법령」에 따른 '외국인'에 해당하지 아니한다. ( )

---

01 (×) 외국인 등이 부동산 임대차계약을 체결하는 경우는 신고대상이 되지 않는다. 외국인 등도 국내 부동산을 취득할 수 있으며, 취득하기 전이나 취득 후에 「부동산 거래신고 등에 관한 법률」에 의한 허가를 받거나 신고를 하여야 한다.

02 (×) 「부동산거래신고 등에 관한 법령」은 외국인 등이 국내 부동산의 소유권을 취득할 때 적용되는 법이다. 따라서 저당권을 취득하는 경우에는 적용되지 않는다.

03 (×) 외국의 법령에 따라 설립된 법인 또는 단체는 외국인에 해당한다. 다음에 해당하는 경우 외국인 등에 해당한다.
   ① 대한민국의 국적을 보유하고 있지 아니한 개인
   ② 외국의 법령에 따라 설립된 법인 또는 단체
   ③ 사원 또는 구성원의 2분의 1 이상이 ①에 해당하는 자인 법인 또는 단체
   ④ 업무를 집행하는 사원이나 이사 등 임원의 2분의 1 이상이 ①에 해당하는 자인 법인 또는 단체
   ⑤ ①에 해당하는 사람이나 ②에 해당하는 법인 또는 단체가 자본금의 2분의 1 이상이나 의결권의 2분의 1 이상을 가지고 있는 법인 또는 단체
   ⑥ 외국 정부
   ⑦ 대통령령으로 정하는 국제기구 : 국제연합과 그 산하기구·전문기구, 정부간 기구, 준정부간 기구, 비정부간 국제기구

**정답** 01 (×), 02 (×), 03 (×)

**04** | 공인중개사 2017·2022년

외국의 법령에 따라 설립된 법인이 자본금의 2분의 1 이상을 가지고 있는 법인은 '외국인 등'에 해당한다. ( )

**05** | 공인중개사 2016·2021년

사원 또는 구성원의 2분의 1 이상이 대한민국 국적을 보유하지 않은 법인 또는 단체는 「부동산거래신고 등에 관한 법령」상 외국인에 해당한다. ( )

**06** | 공인중개사 2020년

국제연합도 외국인 등에 포함된다. ( )

**07** | 공인중개사 2022년

비정부간 국제기구는 외국인 등에 포함되지 아니한다. ( )

## 2 계약(교환·증여)에 의한 외국인 등의 부동산 취득신고

**08** | 공인중개사 2016년

외국인이 대한민국 안의 토지를 취득하는 계약(부동산거래신고대상인 계약은 제외)을 체결하였을 때에는 계약체결일부터 30일 이내에 신고해야 한다. ( )

**09** | 공인중개사 2018년

대한민국 국적을 보유하고 있지 아니한 자가 토지를 증여받은 경우 계약체결일부터 60일 이내에 취득신고를 해야 한다. ( )

---

07 (×) 국제연합과 그 산하기구·전문기구, 정부간 기구, 준정부간 기구, 비정부간 국제기구는 외국인에 해당한다.
08 (×) 30일(×), 60일(○), 외국인 등이 대한민국 안의 부동산 등을 취득하는 계약(부동산 거래신고를 하는 경우는 제외한다)을 체결하였을 때에는 계약체결일부터 60일 이내에 신고관청에 신고해야 한다.

**정답** 04 (○), 05 (○), 06 (○), 07 (×), 08 (×), 09 (○)

**10** | 공인중개사 2014·2017년

외국인이 대한민국 안의 토지를 취득하는 계약을 체결하였을 때, 부동산 거래신고를 한 경우에도 부동산 취득신고를 해야 한다. ( )

**11** | 공인중개사 2013·2020년

외국인 등이 대한민국 안의 부동산에 대한 매매계약을 체결하였을 때에는 계약체결일부터 60일 이내에 신고관청에 신고하여야 한다. ( )

### 3 계약 외의 원인에 의한 외국인 등의 부동산 취득신고

**12** | 공인중개사 2013·2017·2019년

외국인이 부동산을 경매로 취득한 때에는 그 취득일부터 60일 이내에 시장·군수 또는 구청장에게 신고해야 한다. ( )

**13** | 공인중개사 2015년

「부동산 거래신고 등에 관한 법령」은 대한민국 영토에서 외국인의 상속·경매 등 계약 외의 원인에 의한 토지취득에는 적용되지 않는다. ( )

---

10 (×) 외국인이 부동산 거래신고의 대상인 계약을 체결하여 부동산 거래신고를 한 경우에는 부동산 취득신고는 하지 않아도 된다.

11 (×) 60일(×), 30일(○), 부동산 매매계약의 경우 외국인 등의 부동산 취득신고가 아닌 부동산 거래신고에 해당한다. 따라서 외국인 등이 대한민국 안의 부동산에 대한 매매계약을 체결하였을 때에는 계약체결일부터 30일 이내에 신고관청에 부동산 거래신고를 하여야 한다.

12 (×) 60일(×), 6개월(○), 외국인 등이 상속·경매 등 계약 외의 원인으로 대한민국 안의 부동산 등을 취득한 때에는 부동산 등을 취득한 날부터 6개월 이내에 신고관청에 신고해야 한다.

13 (×) 「부동산거래신고 등에 관한 법령」은 대한민국 영토에서 외국인의 상속·경매 등 계약 외의 원인에 의한 토지취득에도 적용된다. 계약 외의 원인에 의한 부동산 취득신고는 부동산을 취득한 날부터 6개월 이내에 신고하여야 한다.

**정답** 10 (×), 11 (×), 12 (×), 13 (×)

**14** | 공인중개사 2016·2018년

외국인이 법인의 합병 등 계약 외의 원인으로 대한민국 안의 토지를 취득한 경우 그 취득한 날부터 60일 이내에 신고해야 한다. ( )

**15** | 공인중개사 2019년

외국인 등이 법원의 확정판결로 대한민국 안의 부동산 등을 취득한 때에는 신고하지 않아도 된다. ( )

**16** | 공인중개사 2021년

외국인 등이 건축물의 개축을 원인으로 대한민국 안의 부동산을 취득한 때에도 부동산 취득신고를 해야 한다. ( )

**17** | 공인중개사 2013·2016·2020년

외국인이 부동산을 상속으로 취득한 때에, 이를 신고하지 않거나 거짓으로 신고한 경우 100만 원 이하의 과태료가 부과된다. ( )

## 4 계속 보유하는 경우의 외국인 등의 부동산 취득신고

**18** | 공인중개사 2016·2017년

대한민국 안의 토지를 가지고 있는 대한민국 국민이 외국인으로 변경되고 그 외국인이 해당 토지를 계속 보유하려는 경우 신고의무가 없다. ( )

---

14 (×) 60일(×), 6개월(○), 외국인이 법인의 합병 등 계약 외의 원인으로 대한민국 안의 토지를 취득한 경우 그 취득한 날부터 6개월 이내에 신고해야 한다.

15 (×) 외국인 등이 법원의 확정판결 등 계약 외의 원인으로 대한민국 안의 부동산등을 취득한 때에는 6개월 이내에 신고관청에 신고하여야 한다.

18 (×) 대한민국 안의 부동산을 가지고 있는 대한민국 국민이 외국인으로 변경되었음에도 해당 부동산을 계속 보유하려는 경우, 외국인으로 변경된 날부터 6개월 이내에 신고관청에 계속소유에 관한 신고를 해야 한다.

**정답** 14 (×), 15 (×), 16 (○), 17 (○), 18 (×)

**19** | 공인중개사 2022년

대한민국 안의 부동산을 가지고 있는 대한민국 국민이 외국인으로 변경된 경우 그 외국인이 해당 부동산을 계속 보유하려는 경우에는 부동산 보유의 허가를 받아야 한다.　　( )

### 5 외국인 등의 토지취득 허가

**20** | 공인중개사 2015년

외국인이 생태·경관보전지역 내의 토지를 취득한 경우 신고하면 된다.　　( )

**21** | 공인중개사 2021년

「군사기지 및 군사시설 보호법」에 따른 군사기지 및 군사시설 보호구역 안의 토지는 외국인 등이 취득할 수 없다.　　( )

**22** | 공인중개사 2018년

외국정부가 「군사기지 및 군사시설 보호법」에 따른 군사시설 보호지역 내 토지를 취득하려는 경우 계약체결 전에 국토교통부장관에게 취득허가를 받아야 한다.　　( )

**23** | 공인중개사 2020년

외국인이 「수도법」에 따른 상수원보호구역에 있는 토지를 취득하려는 경우 토지취득계약을 체결하기 전에 신고관청으로부터 토지취득의 허가를 받아야 한다.　　( )

---

19 (×) 허가(×), 신고(○), 대한민국 안의 부동산을 가지고 있는 대한민국 국민이 외국인으로 변경된 경우 그 외국인이 해당 부동산을 계속 보유하려는 경우에는 외국인으로 변경된 날부터 6개월 이내에 신고관청에 계속소유에 관한 신고를 해야 한다.

20 (×) 신고(×), 허가(○), 외국인이 생태·경관보전지역 내의 토지를 취득한 경우 허가를 받아야 한다.

21 (×) 「군사기지 및 군사시설 보호법」에 따른 군사기지 및 군사시설 보호구역 안의 토지는 외국인 등이 취득할 경우 허가를 받아야 한다.

22 (×) 국토교통부장관(×), 신고관청(○), 외국정부가 「군사기지 및 군사시설 보호법」에 따른 군사시설 보호지역 내 토지를 취득하려는 경우 계약체결 전에 신고관청에게 허가를 받아야 한다.

23 (×) 「수도법」에 따른 상수원보호구역에 있는 토지는 허가를 받아야 하는 경우에 해당하지 않는다. 군사시설보호구역, 문화재보호구역, 생태·경관보전지역, 야생동물 특별보호구역의 토지를 취득하려는 경우에는 계약을 체결하기 전에 신고관청으로부터 토지취득의 허가를 받아야 한다.

**정답** 19 (×), 20 (×), 21 (×), 22 (×), 23 (×)

**24** | 공인중개사 2022년

외국인이 취득하려는 토지가 토지거래허가구역과 「문화재보호법」에 따른 지정문화재와 이를 위한 보호물 또는 보호구역에 있으면 토지거래계약허가와 토지취득허가를 모두 받아야 한다. ( )

**25** | 공인중개사 2013·2018·2021·2022년

국제연합의 산하기구가 허가 없이 「자연환경보전법」상 생태·경관보전지역의 토지를 취득하는 계약을 체결한 경우 그 효력은 발생하지 않는다. ( )

## 6 신고 및 허가의 절차

**26** | 공인중개사 2019·2022년

외국인 등의 토지거래 허가신청서를 받은 신고관청은 신청서를 받은 날부터 30일 이내에 허가 또는 불허가 처분을 하여야 한다. ( )

**27** | 공인중개사 2019년

특별자치시장은 외국인 등이 신고한 부동산 등의 취득·계속보유 신고내용을 매 분기 종료일부터 1개월 이내에 직접 국토교통부장관에게 제출하여야 한다. ( )

---

24 (×) 국토교통부장관 또는 시·도지사가 지정한 허가구역에서 토지거래계약의 허가를 받은 경우에는 외국인 등의 토지취득허가를 받지 않아도 된다.

26 (×) 30일(×), 15일(○), 외국인 등의 토지거래 허가신청서를 받은 신고관청은 신청서를 받은 날부터 15일 이내에 허가 또는 불허가 처분을 하여야 한다.

**정답** 24 (×), 25 (○), 26 (×), 27 (○)

# 핵심테마 30 토지거래허가제도

## 1 토지거래허가구역의 지정권자와 대상지역

**01** | 공인중개사 2020년

국토교통부장관은 토지의 투기적인 거래가 성행하는 지역에 대해서는 7년의 기간을 정하여 토지거래계약에 관한 허가구역을 지정할 수 있다. ( )

**02** | 공인중개사 2021년

토지의 투기적인 거래 성행으로 지가가 급격히 상승하는 등의 특별한 사유가 있으면 5년을 넘는 기간으로 허가구역을 지정할 수 있다. ( )

**03** | 공인중개사 2021년

시·도지사는 법령의 개정으로 인해 토지이용에 대한 행위제한이 강화되는 지역을 허가구역으로 지정할 수 있다. ( )

---

01 (×) 7년(×), 5년(○), 국토교통부장관 또는 시·도지사는 토지의 투기적인 거래가 성행하거나 지가(地價)가 급격히 상승하는 지역과 그러한 우려가 있는 지역에 대해 5년 이내의 기간을 정하여 토지거래계약에 관한 허가구역으로 지정할 수 있다.

02 (×) 5년을 넘는 기간(×), 5년 이내의 기간(○), 토지의 투기적인 거래 성행으로 지가가 급격히 상승하는 등의 특별한 사유가 있으면 5년 이내의 기간을 정하여 허가구역을 지정할 수 있다.

03 (×) 강화(×), 완화되거나 해제되는(○), 시·도지사는 법령의 개정으로 인해 토지이용에 대한 행위제한이 완화되거나 해제되는 지역을 허가구역으로 지정할 수 있다.

**정답** 01 (×), 02 (×), 03 (×)

**04** | 공인중개사 **2020년**

「국토의 계획 및 이용에 관한 법률」에 따른 도시지역 중 주거지역의 경우 600㎡ 이하의 토지에 대해서는 토지거래계약허가가 면제된다. ( )

**05** | 공인중개사 **2021년**

토지거래허가구역의 지정 당시 국토교통부장관 또는 시·도지사가 따로 정하여 공고하지 않은 경우, 「국토의 계획 및 이용에 관한 법률」에 따른 도시지역 중 녹지지역 안의 250㎡ 면적의 토지거래계약에 관하여는 허가가 필요 없다. ( )

## 2 토지거래허가구역의 지정절차

**06** | 공인중개사 **2020년**

시·도지사가 토지거래허가구역을 지정하려면 시·도도시계획위원회의 심의를 거쳐 인접 시·도지사의 의견을 들어야 한다. ( )

---

04 (×) 600㎡(×), 60㎡(○), 「국토의 계획 및 이용에 관한 법률」에 따른 도시지역 중 주거지역의 경우 60㎡ 이하의 토지에 대해서는 토지거래계약허가가 면제된다.

**보충** 다음에 정하는 용도별 면적 이하의 토지에 대해서는 국토교통부장관 또는 시·도지사가 따로 정하여 공고하지 않은 경우 허가가 필요하지 않다.
① 도시지역의 주거지역 : 60㎡ 이하
② 도시지역의 상업지역 : 150㎡ 이하
③ 도시지역의 공업지역 : 150㎡ 이하
④ 도시지역의 녹지지역 : 200㎡ 이하
⑤ 도시지역의 용도지역의 지정이 없는 구역 : 60㎡ 이하
⑥ 도시지역 외의 지역 : 250㎡. 다만, 농지의 경우 500㎡, 임야의 경우 1,000㎡

05 (×) 250㎡(×), 200㎡(○), 토지거래허가구역의 지정 당시 국토교통부장관 또는 시·도지사가 따로 정하여 공고하지 않은 경우, 「국토의 계획 및 이용에 관한 법률」에 따른 도시지역 중 녹지지역 안의 200㎡ 면적 이하의 토지거래계약에 관하여는 허가가 필요하지 않다.

06 (×) 국토교통부장관 또는 시·도지사는 허가구역을 지정하려면 중앙도시계획위원회 또는 시·도도시계획위원회의 심의를 거쳐야 한다. **비교** 지정기간이 끝나는 허가구역을 계속하여 다시 허가구역으로 지정하려면 중앙도시계획위원회 또는 시·도도시계획위원회의 심의 전에 미리 시·도지사(국토교통부장관이 허가구역을 지정하는 경우만 해당한다) 및 시장·군수 또는 구청장의 의견을 들어야 한다.

**정답** 04 (×), 05 (×), 06 (×)

**07** | 공인중개사 2020년

시·도지사가 토지거래허가구역을 지정한 때에는 이를 공고하고 그 공고내용을 국토교통부장관, 시장·군수 또는 구청장에게 통지하여야 한다. ( )

**08** | 공인중개사 2021년

허가구역을 지정한 시·도지사는 지체 없이 허가구역지정에 관한 공고내용을 관할 등기소의 장에게 통지해야 한다. ( )

**09** | 공인중개사 2021년

허가구역 지정의 공고에는 허가구역에 대한 축척 5만분의 1 또는 2만5천분의 1의 지형도가 포함되어야 한다. ( )

**10** | 공인중개사 2017·2020·2021·2022년

허가구역의 지정은 허가구역의 지정을 공고한 날의 다음 날부터 그 효력이 발생한다. ( )

**11** | 공인중개사 2022년

국토교통부장관 또는 시·도지사는 허가구역의 지정 사유가 없어졌다고 인정되면 지체 없이 허가구역의 지정을 해제해야 한다. ( )

---

08 (×) 허가구역을 지정한 시·도지사는 국토교통부장관, 시장·군수 또는 구청장에게 통지해야 한다. 통지를 받은 시장·군수 또는 구청장은 지체 없이 허가구역지정에 관한 공고내용을 관할 등기소의 장에게 통지해야 한다.

09 (○) 허가구역 지정 공고 내용은 다음과 같다.
 ① 허가구역의 지정기간
 ② 허가구역의 토지 소재지·지번·지목·면적 및 용도지역
 ③ 허가구역에 대한 축척 5만분의 1 또는 2만5천분의 1의 지형도
 ④ 허가 면제 대상 토지면적

10 (×) 공고한 날의 다음 날부터(×), 공고한 날부터 5일 후에(○), 허가구역의 지정은 허가구역의 지정을 공고한 날부터 5일 후에 그 효력이 발생한다.

**정답** 07 (○), 08 (×), 09 (○), 10 (×), 11 (○)

## 3 토지거래허가구역 내 토지거래에 대한 허가

**12** | 공인중개사 모의문제

허가구역에 있는 토지에 관한 소유권·지상권을 이전하거나 설정하는 계약을 체결하려는 당사자는 공동으로 시장·군수 또는 구청장의 허가를 받아야 한다. ( )

**13** | 공인중개사 2017년

「민사집행법」에 따른 경매의 경우에는 허가구역 내 토지거래에 대한 허가의 규정은 적용하지 아니한다. ( )

**14** | 공인중개사 모의문제

토지거래허가를 전제로 계약을 체결하는 경우에는 처벌하지 않으나, 그 계약의 효력은 유동적 무효이다. ( )

**15** | 공인중개사 2018년

거래를 중개한 개업공인중개사의 성명 및 주소는 토지거래계약 허가신청서에 기재하거나 제출해야할 서류에 해당한다. ( )

**16** | 공인중개사 2022년

토지거래허가를 받으려는 자는 그 허가신청서에 계약내용과 그 토지의 이용계획, 취득자금 조달계획 등을 적어 시장·군수 또는 구청장에게 제출해야 한다. ( )

---

15 (×) 토지거래계약 허가신청서의 기재사항에 거래를 중개한 개업공인중개사의 성명 및 주소는 포함되지 않는다.

**보충** 허가를 받으려는 자는 그 허가신청서에 계약내용과 다음의 사항을 기재한 토지거래계약신청서에 그 토지의 이용계획서, 취득자금 조달계획서를 첨부하여 시장·군수 또는 구청장에게 제출해야 한다.
① 당사자의 성명 및 주소(법인의 경우에는 명칭 및 소재지와 대표자의 성명 및 주소)
② 토지의 지번·지목·면적·이용현황 및 권리설정현황
③ 토지의 정착물인 건축물·공작물 및 입목 등에 관한 사항
④ 이전 또는 설정하려는 권리의 종류
⑤ 계약예정금액
⑥ 토지의 이용에 관한 계획
⑦ 토지취득에 필요한 자금조달계획

**정답** 12 (○), 13 (○), 14 (○), 15 (×), 16 (○)

**17 | 공인중개사 2018년**

이전 또는 설정하려는 권리의 종류는 토지거래계약 허가신청서에 기재하거나 제출해야 할 서류에 해당한다. ( )

**18 | 공인중개사 2018년**

토지이용계획서와 토지취득자금조달계획서는 토지거래계약 허가신청서에 기재하거나 제출해야할 서류에 해당한다. ( )

**19 | 공인중개사 2018년**

매매의 경우 매도인과 매수인의 성명 및 주소는 토지거래계약 허가신청서에 기재하거나 제출해야할 서류에 해당한다. ( )

## 4  이의신청 및 매수청구

**20 | 공인중개사 2021년**

허가구역 지정에 이의가 있는 자는 그 지정이 공고된 날부터 1개월 내에 시장·군수·구청장에게 이의를 신청할 수 있다. ( )

**21 | 공인중개사 2021·2022년**

토지거래허가신청에 대해 불허가처분을 받은 자는 그 통지를 받은 날부터 1개월 이내에 시장·군수·구청장에게 해당 토지에 관한 권리의 매수를 청구할 수 있다. ( )

**22 | 공인중개사 2019년**

지방자치단체는 토지거래계약 불허가처분 토지에 대하여 매수할 자로 지정될 수 있는 자이다. ( )

---

20 (×) 토지거래허가구역 지정에 대한 이의신청 규정은 없다. **비교** 토지거래허가처분에 이의가 있는 자는 그 처분을 받은 날부터 1개월 이내에 시장·군수 또는 구청장에게 이의를 신청할 수 있다.

22 (○) 매수청구를 받은 시장·군수 또는 구청장은 국가, 지방자치단체, 한국토지주택공사, 그 밖에 대통령령으로 정하는 공공기관 또는 공공단체 중에서 매수할 자를 지정하여, 매수할 자로 하여금 예산의 범위에서 공시지가를 기준으로 하여 해당 토지를 매수하게 하여야 한다.

**정답** 17 (○), 18 (○), 19 (○), 20 (×), 21 (○), 22 (○)

## 5 선매제도

**23** | 공인중개사 2022년

시장·군수 또는 구청장은 공익사업용 토지에 대해 토지거래계약에 관한 허가신청이 있는 경우, 한국토지주택공사가 그 매수를 원하는 경우에는 한국토지주택공사를 선매자(先買者)로 지정하여 그 토지를 협의 매수할 수 있다.　( )

**24** | 공인중개사 모의문제

시장·군수 또는 구청장은 선매대상 토지에 대한 허가신청이 있는 날부터 1개월 이내에 선매자를 지정하여 토지 소유자에게 알려야 한다.　( )

**25** | 공인중개사 모의문제

선매자로 지정된 자는 지정 통지를 받은 날부터 15일 이내에 매수가격 등 선매조건을 기재한 서면을 토지소유자에게 통지하여 선매협의를 하여야 한다.　( )

**26** | 공인중개사 모의문제

선매자는 지정 통지를 받은 날부터 1개월 이내에 그 토지 소유자와 선매협의를 끝내야 한다.　( )

## 6 토지이용의무와 의무기간

**27** | 공인중개사 2021년

토지거래계약을 허가받은 자는 대통령령으로 정하는 사유가 있는 경우 외에는 토지 취득일부터 10년간 그 토지를 허가받은 목적대로 이용해야 한다.　( )

---

27 (×) 10년간(×), 5년의 범위에서 대통령으로 정하는 기간 동안(○), 토지거래계약을 허가받은 자는 5년의 범위에서 대통령령으로 정하는 기간에 그 토지를 허가받은 목적대로 이용해야 한다.

**정답** 23 (○), 24 (○), 25 (○), 26 (○), 27 (×)

**28** | 공인중개사 2017년

자기의 거주용 주택용지로 이용할 목적으로 토지거래계약을 허가받은 자는 대통령령으로 정하는 사유가 있는 경우 외에는 토지취득일부터 2년간 그 토지를 허가받은 목적대로 이용해야 한다. ( )

## 7  이행명령과 이행강제금

**29** | 공인중개사 2021년

토지거래계약허가를 받아 취득한 토지를 허가받은 목적대로 이용하고 있지 않은 경우 시장·군수·구청장은 3개월 이내의 기간을 정하여 토지의 이용 의무를 이행하도록 문서로 명할 수 있다. ( )

**30** | 공인중개사 2021년

토지거래계약허가를 받아 취득한 토지를 허가받은 목적대로 이용하고 있지 않은 경우 시장·군수·구청장은 과태료를 부과할 수 있다. ( )

**31** | 공인중개사 2020년

부동산 거래신고 법령상 이행명령은 구두 또는 문서로 하며 이행기간은 3개월 이내로 정하여야 한다. ( )

---

28 (○) 다음의 경우 토지취득일부터 2년간 그 토지를 허가받은 목적대로 이용해야 한다.
 ① 자기의 거주용 주택용지로 이용하려는 목적으로 허가받은 경우
 ② 지역주민을 위한 복지시설 또는 편의시설의 설치를 목적으로 허가받은 경우
 ③ 농업인·임업인·어업인 등 또는 대통령령으로 정하는 자가 그 허가구역에서 농업·축산업·임업 또는 어업을 경영하기 위하여 필요한 경우
 ④ 「공익사업을 위한 토지 등의 취득 및 보상에 관한 법률」 또는 그 밖의 법령에 따라 토지를 공익사업용으로 협의양도하거나 수용된 사람이 그 허가구역에서 협의양도하거나 수용된 토지에 대체되는 토지(종전의 토지가액 이하인 토지로 한정한다)를 취득하려는 경우

30 (×) 과태료(×), 이행강제금(○), 시장·군수 또는 구청장(허가관청)은 이용의무를 이행하지 아니한 자에 대하여 상당한 기간(3개월 이내)을 정하여 이용의무를 이행하도록 명할 수 있다. 허가관청은 이행명령이 정하여진 기간에 이행되지 아니한 경우에는 토지 취득가액의 100분의 10의 범위에서 이행강제금을 부과한다.

31 (×) 구두 또는 문서(×), 문서(○), 이행명령은 문서로 하여야 하며, 이행기간은 3개월 이내로 정하여야 한다.

**정답** 28 (○), 29 (○), 30 (×), 31 (×)

**32** | 공인중개사 2020·2022년

토지거래계약허가를 받아 토지를 취득한 자가 당초의 목적대로 이용하지 아니하고 방치하여 이행명령을 받고도 정하여진 기간에 이를 이행하지 아니한 경우, 시장·군수 또는 구청장은 토지 취득가액의 100분의 10에 상당하는 금액의 이행강제금을 부과한다. ( )

**33** | 공인중개사 2019·2021년

토지거래계약허가를 받아 토지를 취득한 자가 직접 이용하지 아니하고 임대한 경우에는 토지 취득가액의 100분의 7에 상당하는 금액을 이행강제금으로 부과한다. ( )

**34** | 공인중개사 모의문제

토지거래계약허가를 받아 토지를 취득한 자가 허가관청의 승인 없이 당초의 이용목적을 변경하여 이용하는 경우 토지 취득가액의 100분의 5에 상당하는 금액을 이행강제금으로 부과한다. ( )

## 8 이행강제금의 부과

**35** | 공인중개사 2019년

군수는 최초의 의무이행위반이 있었던 날을 기준으로 1년에 한 번씩 그 이행명령이 이행될 때까지 반복하여 이행강제금을 부과·징수할 수 있다. ( )

---

32 (○) 시장·군수 또는 구청장은 이행명령이 정하여진 기간에 이행되지 아니한 경우에는 토지 취득가액의 100분의 10의 범위에서 다음에서 정하는 금액의 이행강제금을 부과한다.
① 당초의 목적대로 이용하지 아니하고 방치한 경우 : 취득가액의 100분의 10
② 직접 이용하지 아니하고 임대한 경우 : 취득가액의 100분의 7
③ 허가관청의 승인 없이 이용목적을 변경하여 이용하는 경우 : 취득가액의 100분의 5
④ 위 ㉠부터 ㉢까지에 해당하지 아니하는 경우 : 취득가액의 100분의 7

35 (×) 최초의 의무이행위반이 있었던 날(×), 최초의 이행명령이 있었던 날(○), 시장·군수 또는 구청장은 최초의 이행명령이 있었던 날을 기준으로 1년에 한 번씩 그 이행명령이 이행될 때까지 반복하여 이행강제금을 부과·징수할 수 있다.

**정답** 32 (○), 33 (○), 34 (○), 35 (×)

**36** | 공인중개사 2020년

최초의 이행명령이 있었던 날을 기준으로 1년에 두 번씩 그 이행명령이 이행될 때까지 반복하여 이행강제금을 부과·징수할 수 있다. ( )

**37** | 공인중개사 2019·2022년

시장은 토지의 이용 의무기간이 지난 후에도 이행명령위반에 대해서는 이행강제금을 반복하여 부과할 수 있다. ( )

**38** | 공인중개사 2017·2020년

토지의 이용의무를 이행하지 않아 이행명령을 받은 자가 그 명령을 이행하는 경우에는 새로운 이행강제금의 부과를 즉시 중지하고, 명령을 이행하기 전에 이미 부과된 이행강제금을 징수해서는 안 된다. ( )

**39** | 공인중개사 2019년

시장·군수 또는 구청장은 이행명령을 받은 자가 그 명령을 이행하는 경우라도 명령을 이행하기 전에 이미 부과된 이행강제금은 징수하여야 한다. ( )

### 9 이행강제금 부과처분의 이의제기

**40** | 공인중개사 2019년

이행강제금 부과처분을 받은 자가 국토교통부장관에게 이의를 제기하려는 경우에는 부과처분을 고지 받은 날부터 14일 이내에 하여야 한다. ( )

---

36 (×) 두 번씩(×), 한 번씩(○), 시장·군수 또는 구청장은 최초의 이행명령이 있었던 날을 기준으로 1년에 한 번씩 그 이행명령이 이행될 때까지 반복하여 이행강제금을 부과·징수할 수 있다.

37 (×) 시장·군수는 토지 이용 의무기간이 지난 후에는 이행강제금을 부과할 수 없다.

38 (×) 시장·군수 또는 구청장은 이행명령을 받은 자가 그 명령을 이행하는 경우 새로운 이행강제금의 부과를 즉시 중지하되, 명령을 이행하기 전에 이미 부과된 이행강제금은 징수하여야 한다.

40 (×) 14일(×), 30일(○), 국토교통부장관(×), 허가관청(○), 이행강제금의 부과처분에 불복하는 자는 허가관청에 이의를 제기할 수 있다. 이의를 제기하려는 경우에는 부과처분을 고지 받은 날부터 30일 이내에 이의를 제기하여야 한다.

**정답** 36 (×), 37 (×), 38 (×), 39 (○), 40 (×)

**41** | 공인중개사 2021년

허가받은 목적대로 토지를 이용하지 않았음을 이유로 이행강제금 부과처분을 받은 자가 시장·군수·구청장에게 이의를 제기하려면 그 처분을 고지받은 날부터 30일 이내에 해야 한다. ( )

## 10 특례와 의제규정

**42** | 공인중개사 2022년

농지에 대하여 토지거래계약 허가를 받은 경우에는 「농지법」에 따른 농지전용허가를 받은 것으로 본다. ( )

**43** | 공인중개사 2022년

국세의 체납처분을 하는 경우에는 '허가구역 내 토지거래에 대한 허가'의 규정을 적용한다. ( )

## 11 권리와 의무의 승계 및 위반시 제제

**44** | 공인중개사 2022년

토지의 소유권자에게 부과된 토지 이용에 관한 의무는 그 토지에 관한 소유권의 변동과 동시에 그 승계인에게 이전한다. ( )

**45** | 공인중개사 모의문제

허가를 받지 아니하고 체결한 토지거래계약은 그 효력이 발생하지 아니한다. ( )

**46** | 공인중개사 2021년

토지거래계약허가를 받아 취득한 토지를 허가받은 목적대로 이용하고 있지 않은 경우 시장·군수·구청장은 토지거래계약허가를 취소할 수 있다. ( )

---

42 (×) 농지전용허가를(×), 농지취득자격증명을(○), 농지에 대하여 토지거래계약 허가를 받은 경우에는 「농지법」에 따른 농지취득자격증명을 받은 것으로 본다.

43 (×) 국세의 체납처분 또는 강제집행을 하는 경우에는 '허가구역 내 토지거래에 대한 허가'의 규정을 적용하지 아니한다. 즉, 허가를 면제한다(허가를 받지 않아도 된다).

**정답** 41 (○), 42 (×), 43 (×), 44 (○), 45 (○), 46 (○)

**47** | 공인중개사 모의문제

부정한 방법으로 토지거래에 관한 허가를 받은 경우 시장·군수·구청장은 토지거래계약 허가를 취소할 수 있다. ( )

정답 47 (○)

# 31 행정형벌·과태료 및 포상금

## 1 부동산 거래신고 등에 관한 법령상 행정형벌

**01** | 공인중개사 2021년
외국인이 부정한 방법으로 허가를 받아 토지취득계약을 체결한 경우 2년 이하의 징역 또는 2천만 원 이하의 벌금에 처한다. ( )

**02** | 공인중개사 2022년
토지거래허가구역 내에서 토지거래계약허가를 받은 사항을 변경하려는 경우 변경허가를 받지 아니하고 토지거래계약을 체결한 자는 2년 이하의 징역 또는 해당 토지가격의 100분의 30에 해당하는 금액 이하의 벌금에 처한다. ( )

**03** | 공인중개사 2021년
토지거래허가구역 안에서 속임수나 그 밖의 부정한 방법으로 토지거래계약 허가를 받은 경우 비율 형식의 벌금에 해당한다. ( )

---

03 (○) 토지거래허가구역 안에서 속임수나 그 밖의 부정한 방법으로 토지거래계약 허가를 받은 경우 2년 이하의 징역 또는 해당 토지가격의 100분의 30에 해당하는 금액 이하의 벌금에 처한다. 따라서 비율 형식의 벌금에 해당한다.

**정답** 01 (○), 02 (○), 03 (○)

## 2 부동산 거래신고 등에 관한 법령상 과태료

**04** | 공인중개사 2022년

신고관청의 관련 자료의 제출요구에도 거래대금 지급을 증명할 수 있는 자료를 제출하지 아니한 자는 500만 원 이하의 과태료에 처한다. ( )

**05** | 공인중개사 2022년

개업공인중개사에게 부동산거래신고를 하지 아니하게 한 자는 500만 원 이하의 과태료에 처한다. ( )

**06** | 공인중개사 2022년

외국인이 경매로 대한민국 안의 부동산을 취득한 후 취득 신고를 하지 아니한 자는 300만 원 이하의 과태료에 처한다. ( )

**07** | 공인중개사 2021년

부동산매매계약을 체결한 거래당사자가 그 실제거래가격을 거짓으로 신고한 경우 그 부동산 의 취득가액의 100분의 5 이하에 상당하는 금액의 과태료에 처한다. ( )

---

04 (×) 신고관청의 관련 자료의 제출요구에도 거래대금 지급을 증명할 수 있는 자료를 제출하지 아니한 자는 3천만 원 이하의 과태료에 처한다.

**보충** 다음의 경우 3천만 원 이하의 과태료에 처한다.
① 부동산 거래신고대상에 해당하는 계약을 체결하지 아니하였음에도 불구하고 부동산 거래신고를 하는 경우
② 부동산 거래신고 후 해당 계약이 해제 등이 되지 아니하였음에도 불구하고 부동산 거래의 해제 등 신고를 하는 경우
③ 거래대금 지급을 증명할 수 있는 자료를 제출하지 아니하거나 거짓으로 제출한 자 또는 그 밖의 필요한 조치를 이행하지 아니한 자

05 (○) 다음의 경우 500만 원 이하의 과태료에 처한다.
① 부동산 거래신고를 하지 아니한 자(공동신고를 거부한 자를 포함)
② 개업공인중개사에 부동산 거래신고를 하지 아니하게 하거나 거짓으로 신고하도록 요구한 자
③ 거짓으로 부동산 거래신고를 하는 행위를 조장하거나 방조한 자
④ 거래대금 지급을 증명할 수 있는 자료 외의 자료를 제출하지 아니하거나 거짓으로 제출한 자

06 (×) 300만 원(×), 100만 원(○), 외국인이 경매로 대한민국 안의 부동산을 취득한 후 취득 신고를 하지 아니한 자는 100만 원 이하의 과태료에 처한다.

**정답** 04 (×), 05 (○), 06 (×), 07 (○)

**08** | 공인중개사 2021·2022년

부동산매매계약을 체결한 후 신고 의무자가 아닌 자가 거짓으로 부동산거래신고를 한 경우 비율 형식의 과태료에 처한다. ( )

## 3 부동산 거래신고 등에 관한 법령상 포상금

**09** | 공인중개사 2021년

부동산 매매계약에 관하여 개업공인중개사에게 신고를 하지 않도록 요구하는 행위는 부동산 거래신고 등에 관한 법령상 신고포상금 지급대상에 해당하는 위반행위이다. ( )

**10** | 공인중개사 2021년

부동산 매매계약에 관하여 부동산의 실제 거래가격을 거짓으로 신고하도록 조장하는 행위는 부동산 거래신고 등에 관한 법령상 신고포상금 지급대상에 해당하는 위반행위이다. ( )

**11** | 공인중개사 2021년

부동산 매매계약의 거래당사자가 부동산의 실제 거래가격을 거짓으로 신고하는 행위는 부동산 거래신고 등에 관한 법령상 신고포상금 지급대상에 해당하는 위반행위이다. ( )

---

09 (×) 개업공인중개사에게 신고를 하지 않도록 요구하는 행위는 부동산 거래신고 등에 관한 법령상 신고포상금 지급대상에 해당하는 위반행위에 해당하지 않는다.

**보충** 시장·군수 또는 구청장은 다음에 해당하는 자를 관계 행정기관이나 수사기관에 신고하거나 고발한 자에게 예산의 범위에서 포상금을 지급할 수 있다.
① 부동산 등의 실제 거래가격을 거짓으로 신고한 자
② 신고의무자가 아닌 자로서 부동산 등의 실제 거래가격을 거짓으로 신고한 자
③ 신고대상에 해당하는 계약을 체결하지 아니하였음에도 불구하고 거짓으로 신고를 한 자
④ 신고 후 해당 계약이 해제 등이 되지 아니하였음에도 불구하고 거짓으로 해제 등 신고를 한 자
⑤ 주택 임대차 계약의 보증금·차임 등 계약금액을 거짓으로 신고한 자
⑥ 토지거래허가 또는 변경허가를 받지 아니하고 토지거래계약을 체결한 자 또는 거짓이나 그 밖의 부정한 방법으로 토지거래계약허가를 받은 자
⑦ 토지거래계약허가를 받아 취득한 토지에 대하여 허가받은 목적대로 이용하지 아니한 자

10 (×) 부동산의 실제 거래가격을 거짓으로 신고하도록 조장하는 행위는 부동산 거래신고 등에 관한 법령상 신고포상금 지급대상에 해당하는 위반행위에 해당하지 않는다.

**정답** 08 (○), 09 (×), 10 (×), 11 (○)

**12** | 공인중개사 2021년

토지거래계약허가를 받아 취득한 토지를 허가받은 목적대로 이용하지 않는 행위는 부동산 거래신고 등에 관한 법령상 신고포상금 지급대상에 해당하는 위반행위이다. ( )

**13** | 공인중개사 2019년

부동산 거래신고 등에 관한 법령상 해당 위반행위에 관여한 자가 신고한 경우라도 신고포상금은 지급하여야 한다. ( )

**14** | 공인중개사 2019년

부동산 거래신고 등에 관한 법령상 익명으로 고발하여 고발인을 확인할 수 없는 경우에는 해당 신고포상금은 국고로 환수한다. ( )

**15** | 공인중개사 2019년

부동산 거래신고 등에 관한 법령상 포상금의 지급에 드는 비용은 국고로 충당한다. ( )

**16** | 공인중개사 2019년

부동산 거래신고 등에 관한 법령상 신고관청 또는 허가관청으로부터 포상금 지급 결정을 통보받은 신고인은 포상금을 받으려면 국토교통부령으로 정하는 포상금 지급신청서를 작성하여 신고관청 또는 허가관청에 제출하여야 한다. ( )

---

13 (×) 부동산 거래신고 등에 관한 법령상 해당 위반행위에 관여한 자가 신고한 경우는 포상금을 지급하지 아니할 수 있다.

14 (×) 부동산 거래신고 등에 관한 법령상 익명이나 가명으로 신고 또는 고발하여 신고인 또는 고발인을 확인할 수 없는 경우 포상금을 지급하지 아니할 수 있다.

15 (×) 부동산 거래신고 등에 관한 법령상 포상금의 지급에 드는 비용은 시·군이나 구의 재원으로 충당한다.

**정답** 12 (○), 13 (×), 14 (×), 15 (×), 16 (○)

## 핵심테마 32 부동산 정보관리 등

### 1 부동산정보체계의 구축 및 운영

**01 | 공인중개사 2022년**

중개사무소의 개설등록에 관한 정보는 부동산정보체계의 관리 대상 정보로 명시되어 있다. ( )

**02 | 공인중개사 2022년**

토지거래계약의 허가 관련 정보는 부동산정보체계의 관리 대상 정보로 명시되어 있다. ( )

**03 | 공인중개사 2022년**

「부동산등기 특별조치법」 제3조에 따른 검인관련 정보는 부동산정보체계의 관리 대상 정보로 명시되어 있다. ( )

**04 | 공인중개사 2022년**

부동산 거래계약 등 부동산거래 관련 정보는 부동산정보체계의 관리 대상 정보로 명시되어 있다. ( )

---

01 (×) 국토교통부장관은 효율적인 정보의 관리 및 국민편의 증진을 위하여 다음의 정보를 관리할 수 있는 정보체계를 구축·운영할 수 있다.
① 부동산거래 신고 정보
② 검증체계 관련 정보
③ 외국인 등의 부동산 취득·보유 신고 자료 및 관련 정보
④ 토지거래계약의 허가 관련 정보
⑤ 「부동산등기 특별조치법」에 따른 검인 정보
⑥ 부동산 거래계약 등 부동산거래 관련 정보

**정답** 01 (×), 02 (○), 03 (○), 04 (○)

MEMO

모두공인공인중개사 슈퍼리멤버

# PART 03
# 부동산 중개실무

## CHAPTER 01

# 부동산 중개실무

| 2014년 | 2015년 | 2016년 | 2017년 | 2018년 | 2019년 | 2020년 | 2021년 | 2022년 |
|---|---|---|---|---|---|---|---|---|
| 7문 | 5문 | 7문 | 5문 | 6문 | 6문 | 5문 | 5문 | 7문 |

**핵심 33** | 주택임대차보호법
**핵심 34** | 상가건물임대차보호법
**핵심 35** | 경매 관련 실무
**핵심 36** | 매수신청대리
**핵심 37** | 장사 등에 관한 법률
**핵심 38** | 부동산 실권리자명의 등기에 관한 법률
**핵심 39** | 중개실무의 그 밖의 법률

# 주택임대차보호법

## 1 주택임대차보호법

**01 │ 공인중개사 2017·2022년**
「주택임대차보호법」은 주거용 건물의 임대차에 적용되며, 그 임차주택의 일부가 주거 외의 목적으로 사용되는 경우에도 적용된다. ( )

**02 │ 공인중개사 2018년**
주택의 등기를 하지 아니한 전세계약에 관하여는 「주택임대차보호법」을 준용한다. ( )

**03 │ 공인중개사 2015년**
「지방공기업법」에 따라 주택사업을 목적으로 설립된 지방공사는 「주택임대차보호법」상 대항력이 인정되는 법인이 아니다. ( )

## 2 존속기간의 보장

**04 │ 공인중개사 2021년**
주택임대차 계약 시, 임차인과 임대인이 임대차기간을 2년 미만으로 정한다면 임차인은 그 임대차기간이 유효함을 주장할 수 없다. ( )

**05 │ 공인중개사 2021년**
주택임대차계약이 묵시적으로 갱신되면 임대차의 존속기간은 2년으로 본다. ( )

---

03 (×) 한국토지주택공사 및 지방공사가 주택을 임차하여 해당 법인이 선정한 자가 대항요건 등을 갖춘 경우에는 해당 법인이 「주택임대차보호법」의 적용을 받는다. 또한 「중소기업기본법」에 따른 중소기업에 해당하는 법인이 소속 직원의 주거용으로 주택을 임차한 경우에도 「주택임대차보호법」은 적용된다.

04 (×) 임대차기간을 2년 미만으로 정한 경우 임차인은 2년 미만으로 정한 기간이 유효함을 주장할 수 있다.
**비교** 임대인은 2년 미만으로 정한 기간이 유효함을 주장할 수 없다.

**정답** 01 (○), 02 (○), 03 (×), 04 (×), 05 (○)

**06** | 공인중개사 2014·2017년

주택임대차계약이 묵시적으로 갱신된 경우 임대인은 언제든지 임차인에게 계약해지를 통지할 수 있다. ( )

**07** | 공인중개사 2021년

계약이 묵시적으로 갱신되면 임차인은 언제든지 임대인에게 계약해지를 통지할 수 있고, 임대인이 그 통지를 받은 날부터 3개월이 지나면 해지의 효력이 발생한다. ( )

**08** | 공인중개사 2021·2022년

임차인이 임대인에게 계약갱신요구권을 행사하여 계약이 갱신되면, 갱신되는 임대차의 존속기간은 2년으로 본다. ( )

### 3 대항력

**09** | 공인중개사 2014년

임차인이 주택의 인도를 받고 주민등록을 마친 날과 제3자의 저당권설정 등기일이 같은 날이면 임차인은 저당권실행으로 그 주택을 취득한 매수인에게 대항하지 못한다. ( )

**10** | 공인중개사 2015·2016년

다세대주택인 경우 전입신고 시 지번만 기재하고 동·호수는 기재하지 않더라도 대항력을 인정받는다. ( )

---

06 (×) 임대인(×), 임차인(○), 주택임대차계약이 묵시적으로 갱신된 경우 임차인은 언제든지 임대인에게 계약해지를 통지할 수 있다.

09 (○) 임차인이 주택의 인도와 전입신고를 마친 때에는 그 다음 날부터 제3자에 대하여도 효력이 발생한다. 따라서 임차인의 대항력은 저당권실행으로 그 주택을 취득한 매수인보다 하루 늦게 효력이 발생하므로 저당권실행으로 그 주택을 취득한 매수인에게 대항하지 못한다.

10 (×) 전입신고를 할 때에는 공동주택인 다세대주택은 지번뿐만 아니라 동·호수까지 기재하여 신고하여야 한다. 비교 다가구주택은 지번만 기재하여 신고해도 유효하다.

**정답** 06 (×), 07 (○), 08 (○), 09 (○), 10 (×)

**11** | 공인중개사 2014·2022년

임차인이 임차권등기를 통하여 대항력을 가지는 경우, 임차주택의 양수인은 임대인의 지위를 승계한 것으로 본다. ( )

## 4 우선변제권

**12** | 공인중개사 2016년

주택을 인도받고 주민등록을 마친 때에는 확정일자를 받지 않더라도 주택의 경매 시 후순위저당권자보다 우선하여 보증금을 변제받는다. ( )

**13** | 공인중개사 2015년

주택임차인이 그 지위를 강화하고자 별도로 전세권설정 등기를 마쳤더라도 「주택임대차보호법」상 대항요건을 상실하면 이미 취득한 「주택임대차보호법」상 대항력 및 우선변제권을 상실한다. ( )

**14** | 공인중개사 2016년

확정일자를 먼저 받은 후 주택의 인도와 전입신고를 하면 그 신고일이 저당권설정등기일과 같아도 임차인이 저당권자에 우선한다. ( )

**15** | 공인중개사 2016년

대항력을 갖춘 임차인이라도 저당권설정등기 이후 증액된 임차보증금에 관하여는 저당권에 기해 주택을 경락받은 소유자에게 대항할 수 없다. ( )

---

12 (×) 대항력과 임대차계약서상의 확정일자를 갖춘 임차인은 우선변제권이 인정된다. 따라서 주택을 인도받고 주민등록을 마쳤더라도 확정일자를 받지 않았다면 주택의 경매 시 후순위저당권자보다 우선하여 보증금을 변제받을 수 없다.

14 (×) 확정일자를 먼저 받은 후 주택의 인도와 전입신고를 하면 대항력은 인도와 전입신고를 한 다음날 '0'시에 발생한다. 따라서 신고일이 저당권설정등기일과 같다면 저당권자가 임차인보다 우선한다.

**정답** 11 (○), 12 (×), 13 (○), 14 (×), 15 (○)

**16** | 공인중개사 2017년

임차인은 「공증인법」에 따른 공증인으로부터 확정일자를 받을 수 없다. ( )

**17** | 공인중개사 2015년

확정일자는 확정일자번호, 확정일자 부여일 및 확정일자 부여기관을 주택임대차계약증서에 표시하는 방법으로 부여한다. ( )

**18** | 공인중개사 2018년

임대차계약을 체결하려는 자는 임차인의 동의를 받아 확정일자부여기관에 해당 주택의 확정일자 부여일 정보의 제공을 요청할 수 있다. ( )

### 5 소액임차인의 우선변제권 : 최우선변제권

**19** | 공인중개사 2022년

임차인은 임차주택에 대한 경매신청의 등기 전에 대항요건을 갖추지 않은 경우에도 보증금 중 일정액에 대해서는 다른 담보물권자보다 우선하여 변제받을 권리가 있다. ( )

**20** | 공인중개사 2014년

소액임차인의 최우선변제권은 주택가액(대지가액 포함)의 3분의 1에 해당하는 금액까지만 인정된다. ( )

---

16 (×) 「공증인법」에 의한 공증인으로부터 확정일자를 받을 수 있다. **보충** 확정일자는 읍·면사무소, 동 주민센터, 시(특별시·광역시·특별자치시는 제외하고, 특별자치도는 포함)·군·구의 출장소, 지방법원 및 그 지원과 등기소 또는 공증인법에 따른 공증인이 부여한다.

18 (×) 임차인의(×), 임대인의(○), 임대차계약을 체결하려는 자는 임대인의 동의를 받아 확정일자부여기관에 해당 주택의 확정일자 부여일 정보의 제공을 요청할 수 있다.

19 (×) 임차인은 소액보증금 중 일정액에 대해서는 다른 담보물권자보다 우선하여 변제받을 수 있다. 이 경우 임차인은 주택에 대한 경매개시결정등기 전에 대항요건을 갖추어야 한다.

20 (×) 소액임차인의 최우선변제권은 주택가액(대지가액 포함)의 2분의 1에 해당하는 금액까지만 인정된다. 임차인의 보증금 중 일정액이 주택가액의 2분의 1을 초과하는 경우에는 주택가액의 2분의 1에 해당하는 금액까지만 우선변제권이 있다.

**정답** 16 (×), 17 (○), 18 (×), 19 (×), 20 (×)

## 6 임차권등기명령

**21** | 공인중개사 2020년

임차권등기명령의 집행에 따른 임차권등기를 마치면 임차인은 대항력을 유지하지만 우선변제권은 유지하지 못한다. ( )

**22** | 공인중개사 2020년

용인시 소재 주택에 대한 임차권등기명령의 집행에 따른 임차권등기 후에 임차인이 주민등록을 서울특별시로 이전한 경우 대항력을 상실한다. ( )

**23** | 공인중개사 2018년

임차권등기명령의 집행에 따른 임차권등기가 끝난 주택을 그 이후에 임차한 임차인은 보증금 중 일정액을 다른 담보물권자보다 우선하여 변제받을 권리가 없다. ( )

**24** | 공인중개사 2020년

임차인이 임차권등기와 관련하여 든 비용은 임대인에게 청구할 수 있으나, 임차권등기명령 신청과 관련하여 든 비용은 임대인에게 청구할 수 없다. ( )

**25** | 공인중개사 2020년

임차인은 임차권등기명령 신청서에 신청의 취지와 이유를 적어야 하지만, 임차권등기의 원인이 된 사실을 소명할 필요는 없다. ( )

---

21 (×) 임차권등기명령의 집행에 따른 임차권등기를 마치면 임차인은 대항력과 우선변제권을 모두 유지한다.
22 (×) 임차권등기 이후에는 주택의 점유와 주민등록의 요건을 갖추지 않더라도 임차인이 종전에 가지고 있던 대항력과 우선변제권이 유지된다. 즉, 임차권등기 이후에는 대항요건을 상실하더라도 이미 취득한 대항력 또는 우선변제권을 상실하지 아니한다. 따라서 임차인은 자유롭게 주거를 이전할 수 있다.
24 (×) 임차인은 임차권등기명령의 신청 및 그에 따른 임차권등기와 관련하여 소요된 비용을 임대인에게 청구할 수 있다.
25 (×) 임차권등기명령의 신청 시에는 신청의 취지와 이유, 임차권등기의 원인이 된 사실을 소명해야 한다.

**정답** 21 (×), 22 (×), 23 (○), 24 (×), 25 (×)

## 7 기타

**26** | 공인중개사 모의문제

차임, 보증금의 증액청구는 주택임대차계약 또는 약정한 차임이나 보증금의 증액이 있은 후 1년 이내에는 하지 못한다. ( )

**27** | 공인중개사 2015년

차임의 증액청구에 관한 규정은 주택임대차계약이 종료된 후 재계약을 하는 경우에는 적용되지 않는다. ( )

**28** | 공인중개사 2017년

경제사정의 변동으로 약정한 차임이 과도하게 되어 적정하지 않은 경우, 주택임대차기간 중 임차인은 그 차임의 20분의 1의 금액을 초과하여 감액을 청구할 수 없다. ( )

**29** | 공인중개사 2018년

임차인이 상속인 없이 사망한 경우 그 주택에서 가정공동생활을 하던 사실상의 혼인 관계에 있는 자가 임차인의 권리와 의무를 승계한다. ( )

**30** | 공인중개사 2017년

임대차기간에 관한 분쟁이 발생한 경우, 임대인은 주택임대차분쟁조정위원회에 조정을 신청할 수 있다. ( )

---

28 (×) 증액청구는 약정한 차임의 20분의 1을 초과하지 못하고, 차임 또는 보증금의 증액이 있은 후 1년 이내에는 이를 하지 못한다. 이와 달리 임차인의 감액청구 경우에는 제한이 없다. 따라서 임차인은 그 차임의 20분의 1의 금액을 초과하여 감액을 청구할 수 있다.

**정답** 26 (○), 27 (○), 28 (×), 29 (○), 30 (○)

# 상가건물 임대차보호법

## 1 상가건물 임대차보호법

<주택임대차보호법과 상가건물 임대차보호법 비교>

| 구분 | 주택임대차보호법 | 상가건물 임대차보호법 |
|---|---|---|
| 대항력 | 주택의 인도 + 전입신고 다음날 | 건물의 인도 + 사업자등록신청 다음날 |
| 확정일자 부여기관 | 읍·면·동 주민센터, 시·군·자치구 출장소, 공증인, 법원 등기과, 등기소 | 관할 세무서장 |
| 최단기간 보장 | 2년 + 2년(임차인의 계약갱신요구권) | 1년, 10년 보장 (임차인의 계약갱신요구권) |
| 갱신요구권 행사 | 기간 만료 전 6개월~2개월까지 | 기간 만료 전 6개월~1개월까지 |
| 법정갱신 | 기간 만료 전 6개월~2개월까지 | 기간 만료 전 6개월~1개월까지 |

**01** | 공인중개사 2017년

보증금액을 초과하는 임대차인 경우에도 「상가건물 임대차보호법」상 우선변제권에 관한 규정이 적용된다. ( )

---

01 (×) 「상가건물 임대차보호법」이 적용되는 보증금액의 범위를 초과하는 임대차인 경우에는 우선변제권 규정은 적용되지 않는다.

**보충** 상가임대차의 보증금액의 범위 규정에도 불구하고 다음의 경우는 보증금을 초과하는 임대차에 대하여도 적용된다.
① 대항력 규정
② 10년의 범위를 넘지 않는 범위 내에서 인정되는 계약갱신요구권
③ 계약갱신요구에 의한 갱신시 전과 동일조건 간주규정
④ 권리금 회수기회 보호규정
⑤ 차임 연체하는 경우 계약의 해지규정
⑥ 계약갱신요구 등에 관한 임시 특례 규정 : 한시법
⑦ 표준계약서 작성규정

**정답** 01 (×)

**02** | 공인중개사 2017년

보증금액을 초과하는 임대차인 경우에도 「상가건물 임대차보호법」상 대항력 규정이 적용된다. ( )

**03** | 공인중개사 2020년

보증금액을 초과하는 임대차인 경우에도 「상가건물 임대차보호법」상 계약갱신요구권은 적용된다. ( )

**04** | 공인중개사 2022년

보증금액을 초과하는 임대차인 경우에도 「상가건물 임대차보호법」상 권리금에 관한 규정이 적용된다. ( )

**05** | 공인중개사 2017년

보증금액을 초과하는 임대차인 경우에도 「상가건물 임대차보호법」상 차임을 연체하는 경우 계약의 해지규정이 적용된다. ( )

**06** | 공인중개사 2017년

보증금액을 초과하는 임대차인 경우에도 「상가건물 임대차보호법」상 임대차기간의 보장 규정이 적용된다. ( )

## 2 임대차기간의 보장

**07** | 공인중개사 2014년

「상가건물 임대차보호법」을 적용받는 상가건물의 임대차 기간을 6개월로 정한 경우, 임차인은 그 유효함을 주장할 수 없다. ( )

---

06 (×) 「상가건물 임대차보호법」이 적용되는 보증금액의 범위를 초과하는 임대차인 경우 임대차기간의 보장규정은 적용되지 않는다.

07 (×) 기간의 정함이 없거나 기간을 1년 미만으로 정한 임대차는 그 기간을 1년으로 본다. 다만, 임차인은 1년 미만으로 정한 기간이 유효함을 주장할 수 있다. 따라서 임대차기간을 6개월로 정한 경우, 임차인은 그 유효함을 주장할 수 있다.

**정답** 02 (○), 03 (○), 04 (○), 05 (○), 06 (×), 07 (×)

**08** | 공인중개사 2014년

「상가건물 임대차보호법」을 적용받는 상가건물의 임대차가 묵시적으로 갱신된 경우, 그 존속기간은 임대인이 그 사실을 안 때부터 1년으로 본다. ( )

**09** | 공인중개사 2016년

「상가건물 임대차보호법」을 적용받는 상가건물의 임차인의 계약갱신요구권은 전체 임대차기간이 2년을 초과하지 아니하는 범위에서만 행사할 수 있다. ( )

**10** | 공인중개사 2022년

「상가건물 임대차보호법」을 적용받는 상가건물의 임차인이 2기의 차임액에 해당하는 금액에 이르도록 차임을 연체한 사실이 있는 경우, 임대인은 임차인의 계약갱신요구를 거절할 수 있다. ( )

**11** | 공인중개사 2016년

상가건물의 월차임이 1백만 원인 경우, 임차인의 차임연체액이 2백만 원에 이르는 경우 임대인은 계약을 해지할 수 있다. ( )

**12** | 공인중개사 2014·2018·2022년

「상가건물 임대차보호법」을 적용받는 상가건물의 경우 임대인의 동의를 받고 전대차계약을 체결한 전차인은 임차인의 계약갱신요구권 행사기간 이내에 임차인을 대위하여 임대인에게 계약갱신요구권을 행사할 수 있다. ( )

---

08 (×) 임대인이 그 사실을 안 때부터 1년(×), 그 기간이 만료된 때부터 1년(○), 「상가건물 임대차보호법」을 적용받는 상가건물의 임대차가 묵시적으로 갱신된 경우, 그 기간이 만료된 때 전 임대차와 동일한 조건으로 다시 임대차한 것으로 본다. 이 경우에 임대차의 존속기간은 1년으로 본다.

09 (×) 2년(×), 10년(○), 임차인의 계약갱신요구권은 전체 임대차기간이 10년을 초과하지 아니하는 범위에서만 행사할 수 있다.

10 (×) 2기(×), 3기(○), 임차인이 3기의 차임액에 해당하는 금액에 이르도록 차임을 연체한 사실이 있는 경우, 임대인은 임차인의 계약갱신요구를 거절할 수 있다. 비교 「주택임대차보호법」은 2기의 차임액 연체 시 / 「상가건물 임대차보호법」은 3기의 차임액 연체 시 계약갱신요구 거절할 수 있다.

11 (×) 2백만 원(×), 3백만 원(○), 임차인의 차임연체액이 3기에 달한 경우 임대인은 임대차계약을 해지할 수 있다. 월차임이 1백만 원이므로 임차인의 차임연체액이 3백만 원에 이르는 경우 임대인은 계약을 해지할 수 있다.

**정답** 08 (×), 09 (×), 10 (×), 11 (×), 12 (○)

**13** | 공인중개사 2016년

「상가건물 임대차보호법」을 적용받는 상가건물의 경우 임차인이 임대인의 동의 없이 건물의 전부를 전대한 경우 임대인은 임차인의 계약갱신요구를 거절할 수 있다. ( )

## 3 대항력과 우선변제권

**14** | 공인중개사 2018년

상가건물의 임대차는 그 등기가 없는 경우에도 임차인이 건물의 인도와 법령에 따른 사업자등록을 신청하면 그 다음날부터 제3자에 대하여 효력이 생긴다. ( )

**15** | 공인중개사 2014년

상가건물의 임대차를 등기한 때에는 그 다음 날부터 제3자에 대하여 효력이 생긴다. ( )

**16** | 공인중개사 2014년

「상가건물 임대차보호법」을 적용받는 상가건물의 경우 임차인은 대항력과 확정일자를 갖춘 경우, 경매에 의해 매각된 임차건물을 양수인에게 인도하지 않더라도 배당에서 보증금을 수령할 수 있다. ( )

**17** | 공인중개사 2018년

임대차계약의 당사자가 아닌 이해관계인은 관할 세무서장에게 임대인·임차인의 인적사항이 기재된 서면의 열람을 요청할 수 있다. ( )

---

15 (×) 그 다음 날부터(×), 등기한 때부터(○), 상가건물의 임대차를 등기한 때에는 등기한 때부터 제3자에 대하여 효력이 생긴다. 비교 임대차의 대항력은 그 등기가 없는 경우에도 임차인이 건물의 인도와 사업자등록을 신청한 때에는 그 다음 날부터 제3자에 대하여 효력이 생긴다.

16 (×) 임차인은 대항력과 확정일자를 갖춘 경우, 경매에 의해 매각된 임차건물을 양수인에게 인도하지 않으면 배당에서 보증금을 수령할 수 없다.

17 (×) 인적사항(×), 확정일자 부여일, 차임 및 보증금 등(○), 상가건물의 임대차에 이해관계가 있는 자와 임대차계약을 체결하려는 자는 임대인의 동의를 받아 세무서장에게 해당 상가건물의 확정일자 부여일, 차임 및 보증금 등 정보의 제공을 요청할 수 있다.

**정답** 13 (○), 14 (○), 15 (×), 16 (×), 17 (×)

### 4 소액임차인의 우선변제권 : 최우선변제권

**18** | 공인중개사 모의문제

「상가건물 임대차보호법」을 적용받는 상가건물의 경우 임차인은 소액보증금 중 일정액에 대하여 다른 담보물권자보다도 우선하여 변제받을 수 있다. 이 경우 임차인은 건물에 대한 경매신청의 등기 전에 대항요건을 갖추어야 한다. ( )

**19** | 공인중개사 2016년

상가건물이 서울특별시에 있는 경우 보증금 5천만 원, 월차임 1백만 원의 상가건물의 경매 시 임차인은 2천 5백만 원을 다른 담보권자보다 우선하여 변제받을 수 있다. ( )

### 5 임차권등기명령

**20** | 공인중개사 모의문제

상가건물임대차가 종료된 후 보증금을 돌려받지 못한 임차인은 임차건물의 소재지를 관할하는 지방법원, 지방법원지원 또는 시·군법원에 임차권등기명령을 신청할 수 있다. ( )

**21** | 공인중개사 모의문제

임차권등기를 마치면 임차인은 대항력 및 우선변제권을 취득한다. ( )

**22** | 공인중개사 모의문제

임차권등기 이후에는 대항요건을 상실하더라도 이미 취득한 대항력 또는 우선변제권을 상실하지 아니한다. ( )

**23** | 공인중개사 2018년

상가건물의 임차인은 임차권등기명령의 신청과 관련하여 든 비용을 임대인에게 청구할 수 없다. ( )

---

19 (×) 보증금 5천만 원, 월차임 1백만 원을 환산하면 환산보증금은 1억 5천만 원이다. 상가건물이 서울특별시에 있을 경우 최우선변제대상은 6천 5백만 원 이하의 경우 2천 2백만 원까지 변제의 대상이 된다. 그런데 환산보증금 1억 5천만 원은 6천 5백만 원을 넘어간 경우이므로 최우선변제의 대상이 되지 않는다.

23 (×) 임차인은 임차권등기명령의 신청 및 그에 따른 임차권등기와 관련하여 든 비용을 임대인에게 청구할 수 있다.

**정답** 18 (○), 19 (×), 20 (○), 21 (○), 22 (○), 23 (×)

## 6 보증금반환청구소송

**24** | 공인중개사 모의문제

임차인이 임차건물에 대하여 보증금반환청구소송의 확정판결, 그 밖에 이에 준하는 집행권원에 의하여 경매를 신청하는 경우에는 「민사집행법」의 규정에 불구하고 반대의무의 이행이나 이행의 제공을 집행개시의 요건으로 하지 아니한다. ( )

## 7 권리금의 보호

**25** | 공인중개사 2015년

권리금 계약이란 신규임차인이 되려는 자가 임차인에게 권리금을 지급하기로 하는 계약을 말한다. ( )

**26** | 공인중개사 2015년

국토교통부장관은 권리금에 대한 감정평가의 절차와 방법 등에 관한 기준을 고시할 수 있다. ( )

**27** | 공인중개사 2015년

국토교통부장관은 권리금 계약을 체결하기 위한 표준권리금계약서를 정하여 그 사용을 권장할 수 있다. ( )

## 8 기타

**28** | 공인중개사 2018년

상가건물 임대차계약의 경우 차임이 경제사정의 침체로 상당하지 않게 된 경우 당사자는 장래의 차임 감액을 청구할 수 있다. ( )

**29** | 공인중개사 2016년

상가건물의 월차임이 1백만 원인 경우, 임대인의 차임증액청구가 인정되더라도 10만 원까지만 인정된다. ( )

---

29 (×) 기존의 차임 또는 보증금의 100분의 5를 초과하여 차임 또는 보증금을 증액할 수 없으므로 월차임 1백만 원의 100분의 5, 즉, 5만 원까지만 인정된다.

**정답** 24 (○), 25 (○), 26 (○), 27 (○), 28 (○), 29 (×)

# 경매 관련 실무

## 1 경매의 권리분석

**01** | 공인중개사 2020·2022년
후순위 저당권자가 경매신청을 하였더라도 매각부동산 위의 모든 저당권은 매각으로 소멸된다. ( )

**02** | 공인중개사 2014년
가압류채권에 대항할 수 있는 전세권은 그 전세권자가 배당요구를 하면 매각으로 소멸된다. ( )

**03** | 공인중개사 2022년
전세권 및 등기된 임차권은 저당권·압류채권·가압류채권에 대항할 수 없는 경우에는 매각으로 소멸된다. ( )

**04** | 공인중개사 2015년
매수인은 매각부동산 위의 유치권자에게 그 유치권으로 담보하는 채권을 변제할 책임이 없다. ( )

**05** | 공인중개사 2022년
유치권자는 유치권이 성립된 목적물을 경매로 매수한 자에 대하여 그 피담보채권의 변제를 청구할 수 있다. ( )

**06** | 공인중개사 2015년
매각부동산 위의 전세권은 저당권에 대항할 수 있는 경우라도 전세권자가 배당요구를 하면 매각으로 소멸된다. ( )

---

04 (×) 유치권, 법정지상권은 설정의 순위에 관계없이 매수인이 인수하여야 한다. 매수인은 유치권자에게 그 유치권으로 담보하는 채권을 변제할 책임이 있다.

05 (×) 매수인은 유치권자에게 그 유치권으로 담보하는 채권을 변제할 책임이 있으나 매수인이 채무자인 것은 아니다. 따라서 유치권자는 경매로 매수한 자에 대하여 그 피담보권의 변제를 청구할 수는 없다.

**정답** 01 (○), 02 (○), 03 (○), 04 (×), 05 (×), 06 (○)

**07** | 공인중개사 2022년

최선순위 전세권은 그 전세권자가 배당요구를 하면 매각으로 소멸된다. ( )

## 2 경매절차 ①~② : 경매신청과 경매개시결정

**08** | 공인중개사 2017년

경매개시결정을 한 부동산에 대하여 다른 강제경매의 신청이 있는 때에는 법원은 뒤의 경매신청을 각하해야 한다. ( )

**09** | 공인중개사 2017년

경매신청이 취하되면 압류의 효력은 소멸된다. ( )

## 3 경매절차 ⑥ : 매각의 실시

**10** | 공인중개사 2017년

부동산의 매각은 호가경매(呼價競賣), 기일입찰 또는 기간입찰의 세 가지 방법 중 집행법원이 정한 방법에 따른다. ( )

**11** | 공인중개사 2014·2015년

기일입찰에서 매수신청인은 보증으로 매수가격의 10분의 1에 해당하는 금액을 집행관에게 제공해야 한다. ( )

**12** | 공인중개사 2019년

최저매각가격이 1억 원으로 정해진 경매에서 매수신청인 甲이 1억 2천만 원에 매수신청을 하려는 경우, 법원에서 달리 정함이 없으면 1천 2백만 원을 보증금액으로 제공하여야 한다. ( )

---

08 (×) 경매절차를 개시하는 결정을 한 부동산에 대하여 다른 강제경매의 신청이 있는 때에는 법원은 다시 경매개시결정을 하고, 먼저 경매개시결정을 한 집행절차에 따라 경매한다.

11 (×) 매수가격의(×), 최저매각가격의(○), 기일입찰에서 매수신청인은 보증으로 최저매각가격의 10분의 1에 해당하는 금액을 집행관에게 제공해야 한다.

12 (×) 입찰에 참가하는 자는 법원에서 정한 최저매각가격의 10분의 1에 해당하는 금액을 매수 보증금으로 제공하여야 한다. 최저매각가격이 1억 원이므로 보증금액은 1천만 원이다.

**정답** 07 (○), 08 (×), 09 (○), 10 (○), 11 (×), 12 (×)

**13** | 공인중개사 2019년

최고가 매수신고를 한 사람이 2명인 때에는 법원은 그 2명뿐만 아니라 모든 사람에게 다시 입찰하게 하여야 한다. ( )

**14** | 공인중개사 2019년

매수신청인 甲이 다른 사람과 동일한 금액으로 최고가 매수신고를 하여 다시 입찰하는 경우, 전의 입찰가격에 못 미치는 가격으로 입찰하여 매수할 수 있다. ( )

**15** | 공인중개사 2014·2018·2020년

차순위매수신고는 그 신고액이 최고가매수신고액에서 그 보증액을 뺀 금액을 넘지 않는 때에만 할 수 있다. ( )

**16** | 공인중개사 2019년

최저매각가격이 1억 원으로 정해진 경매에서 1억 5천만 원의 최고가 매수신고인이 있는 경우, 법원에서 보증금액을 달리 정하지 않았다면 매수신청인 甲이 차순위 매수신고를 하기 위해서는 신고액이 1억 4천만 원을 넘어야 한다. ( )

## 4 경매절차 ⑦ : 매각결정기일

**17** | 공인중개사 2017년

강제경매신청을 기각하거나 각하하는 재판에 대하여는 즉시항고를 할 수 있다. ( )

**18** | 공인중개사 2017년

매각허가결정에 대하여 항고를 하고자 하는 사람은 보증으로 매각대금의 10분의 1에 해당하는 금전 또는 법원이 인정한 유가증권을 공탁해야 한다. ( )

---

13 (×) 최고가 매수신고를 한 사람이 2명인 때에는 법원은 그 2명을 상대로 다시 입찰하게 하여 최고가 매수인을 결정한다.
14 (×) 다른 사람과 동일한 금액으로 최고가 매수신고를 하여 다시 입찰하는 경우, 전의 입찰가격에 못 미치는 가격으로는 입찰하여 매수할 수 없다.
15 (×) 차순위매수신고는 그 신고액이 최고가매수신고액에서 그 보증액을 뺀 금액을 넘는 때에만 할 수 있다.

**정답** 13 (×), 14 (×), 15 (×), 16 (○), 17 (○), 18 (○)

## 5 경매절차 ⑧ : 매각대금의 납부

**19** | 공인중개사 2015·2018년

매각허가결정이 확정되면 법원은 대금지급기일을 정하여 매수인에게 통지해야 하고 매수인은 그 대금지급기일에 매각대금을 지급해야 한다. ( )

**20** | 공인중개사 2014·2020·2022년

매수인은 매각대금을 다 낸 때에 매각의 목적인 권리를 취득한다. ( )

**21** | 공인중개사 2018년

매수인은 매각대금을 다 낸 후 소유권이전등기를 촉탁한 때 매각의 목적인 권리를 취득한다. ( )

**22** | 공인중개사 2019년

차순위매수신고인인 경우 매각기일이 종결되면 즉시 매수신청의 보증을 돌려줄 것을 신청할 수 있다. ( )

**23** | 공인중개사 2014·2020년

재매각절차에서 전(前)의 매수인은 매수신청을 할 수 없으며, 매수신청의 보증을 돌려줄 것을 요구하지 못한다. ( )

## 6 경매절차 ⑨ : 배당

**24** | 공인중개사 2015년

「민법」·「상법」, 그 밖의 법률에 의하여 우선변제청구권이 있는 채권자는 매각결정기일까지 배당요구를 할 수 있다. ( )

---

19 (×) 대금지급기일에(×), 대금지급기한 내에(○), 매각허가결정이 확정되면 법원은 대금지급기한을 정하여 매수인에게 통지해야 하고 매수인은 그 대금지급기한 내에 매각대금을 지급해야 한다.

21 (×) 매수인은 매각대금을 다 낸 때에 매각의 목적인 권리를 취득한다.

22 (×) 매수인이 대금을 납부하면 차순위매수신고인은 매수의 책임을 벗게 되고 즉시 매수신청의 보증을 돌려 줄 것을 요구할 수 있다.

24 (×) 매각결정기일까지(×), 배당요구의 종기까지(○), 「민법」·「상법」, 그 밖의 법률에 의하여 우선변제청구권이 있는 채권자는 배당요구의 종기까지 배당요구를 할 수 있다.

**정답** 19 (×), 20 (○), 21 (×), 22 (×), 23 (○), 24 (×)

# 매수신청대리

## 1 매수신청대리인의 등록

**01** | 공인중개사 **2016년**
매수신청대리인이 되고자 하는 법인인 개업공인중개사는 주된 중개사무소가 있는 곳을 관할하는 지방법원장에게 매수신청대리인 등록을 해야 한다. ( )

**02** | 공인중개사 **2014·2016년**
공인중개사는 중개사무소 개설등록을 하지 않으면 매수신청대리인 등록을 할 수 없다. ( )

**03** | 공인중개사 **2015년**
소속공인중개사는 매수신청대리인 등록을 할 수 있다. ( )

**04** | 공인중개사 **2015·2018·2022년**
중개사무소 폐업신고로 매수신청대리인 甲의 매수신청대리인 등록이 취소된 경우 3년이 지나지 아니하면 甲은 다시 매수신청대리인 등록을 할 수 없다. ( )

**05** | 공인중개사 **2017년**
개업공인중개사는 매수신청대리인등록증을 중개사무소 안의 보기 쉬운 곳에 게시하여야 한다. ( )

**06** | 공인중개사 **2015년**
매수신청대리인 등록을 한 개업공인중개사는 법원행정처장이 인정하는 특별한 경우 그 사무소의 간판에 '법원'의 휘장 등을 표시할 수 있다. ( )

---

03 (×) 소속공인중개사는 매수신청대리인 등록을 할 수 없다. 매수신청대리인 등록신청이 가능한 자는 법인인 개업공인중개사와 공인중개사인 개업공인중개사이다.

04 (×) 중개사무소 폐업신고에 따라 매수신청대리인 등록이 취소된 경우는 그 등록이 취소된 후 3년이 지나지 않더라도 등록의 결격사유에 해당하지 않는다.

**정답** 01 (○), 02 (○), 03 (×), 04 (×), 05 (○), 06 (○)

**07** | 공인중개사 2013년

매수신청대리의 위임을 받은 개업공인중개사 甲은 매각기일변경신청을 할 수 있다. ( )

**08** | 공인중개사 2013년

매수신청대리의 위임을 받은 개업공인중개사 甲은 「민사집행법」에 따른 매수신청 보증의 제공을 할 수 있다. ( )

**09** | 공인중개사 2021년

매수신청대리의 위임을 받은 개업공인중개사 甲은 입찰표를 작성·제출할 수 있다. ( )

**10** | 공인중개사 2013·2017·2020년

매수신청대리의 위임을 받은 개업공인중개사 甲은 「민사집행법」에 따른 차순위매수신고를 할 수 있다. ( )

**11** | 공인중개사 2021년

매수신청대리의 위임을 받은 개업공인중개사 甲은 「민사집행법」에 따라 매수신청의 보증을 돌려 줄 것을 신청할 수 있다. ( )

**12** | 공인중개사 2018년

매수신청대리의 위임을 받은 개업공인중개사 甲은 「민사집행법」에 따른 공유자의 우선매수신고를 할 수 있다. ( )

---

07 (×) 매수신청대리인으로 등록된 개업공인중개사는 매수신청대리의 위임을 받은 경우라도 매각기일변경신청을 할 수 없다.

**보충** 매수신청대리의 위임을 받은 경우 다음의 행위를 할 수 있다.
① 매수신청 보증의 제공
② 입찰표의 작성 및 제출
③ 차순위매수신고
④ 매수신청의 보증을 돌려줄 것을 신청하는 행위
⑤ 공유자의 우선매수신고
⑥ 임차인의 임대주택 우선매수신고
⑦ 공유자 또는 임대주택 임차인의 우선매수신고에 따라 차순위매수신고인으로 보게 되는 경우 그 차순위매수신고인의 지위를 포기하는 행위

**정답** 07 (×), 08 (○), 09 (○), 10 (○), 11 (○), 12 (○)

**13** | 공인중개사 2016년

매수신청대리인으로 등록된 개업공인중개사는 매수신청대리의 위임을 받은 경우 법원의 부당한 매각허가결정에 대하여 항고할 수 있다. ( )

**14** | 공인중개사 2022년

매수신청대리인을 등록한 개업공인중개사 甲은 「공장 및 광업재단 저당법」에 따른 광업재단에 대한 매수신청대리를 할 수 있다. ( )

### 2 매수신청대리업무

**15** | 공인중개사 2016년

매수신청대리인으로 등록된 개업공인중개사는 매수신청대리행위를 함에 있어 매각장소 또는 집행법원에 중개보조원을 대리출석하게 할 수 있다. ( )

**16** | 공인중개사 2014·2018·2020·2021년

매수신청대리인 甲은 매수신청대리권의 범위에 해당하는 대리행위를 할 때 매각장소 또는 집행법원에 직접 출석해야 한다. ( )

**17** | 공인중개사 2016년

매수신청대리인으로 등록된 개업공인중개사는 본인의 인감증명서가 첨부된 위임장과 매수신청대리인 등록증 사본을 한번 제출하면 그 다음 날부터는 대리행위마다 대리권을 증명할 필요가 없다. ( )

---

13 (×) 매수신청대리인으로 등록된 개업공인중개사가 매수신청대리의 위임을 받은 경우라도 항고업무를 할 수 없다.

14 (○) 매수신청대리의 대상물에는 토지, 건물 그 밖의 토지의 정착물, 입목, 공장재단 및 광업재단 등이 있다. 따라서 매수신청대리인은 광업재단에 대한 매수신청대리를 할 수 있다.

15 (×) 매수신청대리인으로 등록된 개업공인중개사는 매수신청대리행위를 함에 있어 매각장소 또는 집행법원에 직접 출석하여야 한다. 소속공인중개사가 대리하여 출석할 수 없다. 비교 파트2의 부동산거래계약 신고서의 방문 제출은 해당 거래계약을 중개한 개업공인중개사의 위임을 받은 소속공인중개사가 대행할 수 있다.

17 (×) 매수신청대리인으로 등록된 개업공인중개사는 매수신청대리행위를 하는 경우 각 대리행위마다 대리권을 증명하는 문서를 제출하여야 한다.

**정답** 13 (×), 14 (○), 15 (×), 16 (○), 17 (×)

**18** | 공인중개사 2014년

매수신청대리인으로 등록한 개업공인중개사는 매수신청대리 사건카드에 중개행위에 사용하기 위해 등록한 인장을 사용하여 서명·날인해야 한다. ( )

**19** | 공인중개사 2015년

개업공인중개사는 매수신청대리에 관하여 위임인으로부터 보수를 받은 경우, 그 영수증에는 중개행위에 사용하기 위해 등록한 인장을 사용해야 한다. ( )

**20** | 공인중개사 2014년

개업공인중개사가 매수신청대리를 위임받은 경우 해당 매수신청대리 대상물의 경제적 가치에 대하여는 위임인에게 설명하지 않아도 된다. ( )

**21** | 공인중개사 2014년

개업공인중개사는 매수신청대리행위에 관한 보수표와 보수에 대하여 위임인에게 위임계약 전에 설명해야 한다. ( )

**22** | 공인중개사 2021년

매수신청인 乙의 매수신청대리인 甲에 대한 보수의 지급시기는 당사자 간 약정이 없으면 매각허가결정일로 한다. ( )

**23** | 공인중개사 2017·2020년

매수신청대리인의 보수의 지급시기는 매수신청인과 매수신청대리인의 약정에 따르며 약정이 없을 때에는 매각대금의 지급기한일로 한다. ( )

---

20 (×) 개업공인중개사는 위임을 받은 경우에는 매수신청대리 대상물의 표시, 권리관계, 매수신청대리 대상물의 경제적 가치, 제한사항, 매수인이 부담 및 인수하여야 할 권리 등의 사항에 대하여 위임인에게 성실·정확하게 설명하고 등기사항증명서 등 설명의 근거자료를 제시하여야 한다.

22 (×) 매각허가결정일(×), 매각대금의 지급기한일(○), 매수신청인 乙의 매수신청대리인 甲에 대한 보수의 지급시기는 당사자 간의 약정에 따르며, 약정이 없을 때에는 매각대금의 지급기한일로 한다.

**정답** 18 (○), 19 (○), 20 (×), 21 (○), 22 (×), 23 (○)

## 3 의무와 금지행위

**24** | 공인중개사 2020년

매수신청대리인으로 등록한 공인중개사 甲이 중개사무소를 이전한 경우 그 날부터 10일 이내에 관할지방법원장에게 그 사실을 신고하여야 한다. ( )

**25** | 공인중개사 2013년

「민간임대주택에 관한 특별법」에 따른 임차인의 임대주택 우선매수신고를 하는 행위는 매수신청대리업무를 수행하는 개업공인중개사의 금지행위이다. ( )

**26** | 공인중개사 2013년

이중으로 매수신청대리인 등록신청을 하는 행위는 매수신청대리업무를 수행하는 개업공인중개사의 금지행위이다. ( )

**27** | 공인중개사 2015년

개업공인중개사는 매수신청대리인이 된 사건에 있어서 매수신청인으로서 매수신청을 하는 행위를 해서는 아니 된다. ( )

**28** | 공인중개사 2013년

명의를 대여하는 행위는 매수신청대리업무를 수행하는 개업공인중개사의 금지행위이다. ( )

---

25 (×) 임차인의 우선매수신고를 하는 행위는 매수신청대리업무를 수행하는 개업공인중개사의 금지행위에 해당하지 않는다.

**보충** 매수신청대리업무의 금지행위는 다음과 같다.
① 이중으로 매수신청대리인 등록신청을 하는 행위
② 매수신청대리인이 된 사건에 있어서 매수신청인으로서 매수신청을 하는 행위
③ 동일 부동산에 대하여 이해관계가 다른 2인 이상의 대리인이 되는 행위
④ 명의대여를 하거나 등록증을 대여 또는 양도하는 행위
⑤ 다른 개업공인중개사의 명의를 사용하는 행위
⑥ 「형법」상 경매·입찰방해죄에 해당하는 행위
⑦ 사건카드 또는 확인·설명서에 허위기재하거나 필수적 기재사항을 누락하는 행위

**정답** 24 (○), 25 (×), 26 (○), 27 (○), 28 (○)

## 4 지도·감독 및 행정처분

**29** | 공인중개사 2022년

매수신청대리인 甲의 중개사무소 개설등록이 취소된 경우 시·도지사는 매수신청대리인 등록을 취소해야 한다. ( )

**30** | 공인중개사 2018년

매수신청대리인 甲의 공인중개사 자격이 취소된 경우 지방법원장은 매수신청대리인 등록을 취소해야 한다. ( )

**31** | 공인중개사 2017년

매수신청대리인으로 등록한 개업공인중개사가 중개업을 휴업한 경우 관할 지방법원장은 개업공인중개사의 매수신청대리인 등록을 취소해야 한다. ( )

**32** | 공인중개사 2020년

매수신청대리인으로 등록한 개업공인중개사 甲이 매수신청대리 업무의 정지처분을 받을 수 있는 기간은 1년 이상 6개월 이하이다. ( )

**33** | 공인중개사 2014년

개업공인중개사가 매수신청대리 업무정지처분을 받은 때에는 업무정지사실을 해당 중개사무소의 출입문에 표시해야 한다. ( )

---

29 (×) 시·도지사(×), 지방법원장(○), 매수신청대리인 甲의 중개사무소 개설등록이 취소된 경우 지방법원장은 매수신청대리인 등록을 취소해야 한다.

31 (×) 매수신청대리인으로 등록한 개업공인중개사가 중개업을 휴업하였을 경우 지방법원장은 매수신청대리업무를 정지하는 처분을 하여야 한다. 즉, 절대적 업무정지사유에 해당한다.

32 (×) 매수신청대리인으로 등록한 개업공인중개사가 매수신청대리 업무의 정지처분을 받을 수 있는 기간은 1개월 이상 2년 이하이다.

**정답** 29 (×), 30 (○), 31 (×), 32 (×), 33 (○)

# 핵심테마 37 장사 등에 관한 법률

## 1 매장·화장 및 개장의 신고

**01** | 공인중개사 2016년

매장을 한 자는 매장 후 30일 이내에 매장지를 관할하는 시장 등에게 신고해야 한다. (    )

## 2 묘지의 설치와 조성

**02** | 공인중개사 2016년

가족묘지란 「민법」에 따라 친족관계였던 자의 분묘를 같은 구역 안에 설치하는 묘지를 말한다. (    )

**03** | 공인중개사 2016년

개인묘지는 20㎡를 초과해서는 안 된다. (    )

**04** | 공인중개사 모의문제

공설묘지 및 사설묘지에 설치된 분묘의 설치기간은 30년으로 한다. (    )

**05** | 공인중개사 2016년

설치기간이 끝난 분묘의 연고자는 설치기간이 끝난 날부터 1년 이내에 해당 분묘에 설치된 시설물을 철거하고 매장된 유골을 화장하거나 봉안해야 한다. (    )

---

03 (×) 개인묘지는 30㎡를 초과할 수 없다. **보충** 가족묘지는 100㎡ 이하, 종중·문중묘지는 1,000㎡ 이하, 법인묘지는 10만㎡ 이상이어야 한다.

**정답** 01 (○), 02 (○), 03 (×), 04 (○), 05 (○)

## 3 분묘기지권

**06** | 공인중개사 2021년
분묘기지권은 등기사항증명서를 통해 확인할 수 없다. ( )

**07** | 공인중개사 2014·2019년
아직 사망하지 않은 사람을 위한 장래의 묘소인 경우 분묘기지권이 인정되지 않는다. ( )

**08** | 공인중개사 2018년
분묘기지권이 성립하기 위해서는 그 내부에 시신이 안장되어 있고, 봉분 등 외부에서 분묘의 존재를 인식할 수 있는 형태를 갖추고 있어야 한다. ( )

**09** | 공인중개사 2014년
평장되어 있어 객관적으로 인식할 수 있는 외형을 갖추고 있지 아니한 경우, 분묘기지권이 인정되지 아니한다. ( )

**10** | 공인중개사 2019년
암장되어 있어 객관적으로 인식할 수 있는 외형을 갖추고 있지 않은 묘소에는 분묘기지권이 인정되지 않는다. ( )

**11** | 공인중개사 2014년
분묘의 특성상, 타인의 승낙 없이 분묘를 설치한 경우에도 즉시 분묘기지권을 취득한다. ( )

---

06 (○) 분묘기지권은 관습법상 인정된 물권으로 그 성립에 등기를 요하지 아니한다. 따라서 분묘기지권은 등기사항증명서를 통해 확인할 수 없다.

11 (×) 분묘의 특성상, 타인의 승낙 없이 분묘를 설치한 경우 분묘를 설치한 때부터 20년간 평온·공연하게 분묘의 기지를 점유하면 분묘기지권을 가진다.

**정답** 06 (○), 07 (○), 08 (○), 09 (○), 10 (○), 11 (×)

**12** | 공인중개사 2018·2022년

「장사 등에 관한 법률」의 시행에 따라 그 시행일 이전의 분묘기지권은 존립 근거를 상실하고, 그 이후에 설치된 분묘에는 분묘기지권이 인정되지 않는다. ( )

**13** | 공인중개사 2014년

분묘기지권의 효력이 미치는 범위는 분묘의 기지 자체에 한정된다. ( )

**14** | 공인중개사 2019·2021년

분묘기지권의 효력이 미치는 지역의 범위 내라고 할지라도 기존의 분묘 외에 새로운 분묘를 신설할 권능은 포함되지 않는다. ( )

**15** | 공인중개사 2019·2022년

분묘기지권이 시효취득된 경우 특별한 사정이 없는 한 시효취득자는 지료를 지급할 필요가 없다. ( )

**16** | 공인중개사 2021·2022년

자기 소유 토지에 분묘를 설치한 사람이 분묘이장의 특약 없이 토지를 양도함으로써 분묘기지권을 취득한 경우, 특별한 사정이 없는 한 분묘기지권이 성립한 때부터 지료지급의무가 없다. ( )

---

12 (×)「장사 등에 관한 법률」은 2001년 1월 13일부터 설치된 장사시설에 관하여 적용된다. 그 시행일 이전에 타인의 토지에 승낙 없이 설치된 분묘는 현재 분묘기지권을 시효로 취득하는 것이 가능하며 기존의 분묘기지권도 그 효력이 그대로 유지된다.

13 (×) 분묘기지권의 효력은 분묘의 기지 자체뿐만 아니라 그 분묘의 수호 및 제사에 필요한 범위 내에서 분묘의 기지 주위의 공지를 포함한 지역까지 미친다.

15 (×) 분묘기지권을 시효로 취득한 경우, 분묘기지권자는 토지소유자가 지료를 청구하면 그 청구한 날부터의 지료를 지급할 의무가 있다.

16 (×) 자기 소유 토지에 분묘를 설치한 사람이 그 토지를 양도하면서 분묘를 이장하겠다는 특약을 하지 않음으로써 분묘기지권을 취득한 경우, 특별한 사정이 없는 한 분묘기지권자는 분묘기지권이 성립한 때부터 토지 소유자에게 그 분묘의 기지에 대한 토지사용의 대가로서 지료를 지급할 의무가 있다.

**정답** 12 (×), 13 (×), 14 (○), 15 (×), 16 (×)

**17** | 공인중개사 2022년

분묘기지권의 존속기간은 지상권의 존속기간에 대한 규정이 유추적용되어 30년으로 인정된다. ( )

**18** | 공인중개사 2018·2021·2022년

분묘가 멸실된 경우 유골이 존재하여 분묘의 원상회복이 가능한 일시적인 멸실에 불과하여도 분묘기지권은 소멸한다. ( )

**19** | 공인중개사 2018년

분묘기지권은 권리자가 의무자에 대하여 그 권리를 포기하는 의사표시를 하는 외에 점유까지도 포기해야만 그 권리가 소멸한다. ( )

---

17 (×) 분묘기지권의 존속기간은 당사자의 약정이 없는 경우에는 권리자가 분묘의 수호와 봉제사를 계속하고 그 분묘가 존속하고 있는 동안은 분묘기지권은 존속한다.

18 (×) 분묘가 멸실된 경우라 하더라도 유골이 존재하여 분묘의 원상회복이 가능하고 일시적인 멸실에 불과한 경우라면 분묘기지권은 소멸하지 아니하고 존속한다.

19 (×) 분묘기지권에 대한 포기의 의사를 표시하면 분묘기지권은 소멸한다. 이 경우 포기의 의사표시 외에 점유의 포기까지는 요하지 아니한다.

정답 17 (×), 18 (×), 19 (×)

# 부동산 실권리자명의 등기에 관한 법률

## 1 3자간 등기명의신탁

**01** | 공인중개사 2016·2021년
3자간 등기명의신탁의 등기는 유효하다. ( )

**02** | 공인중개사 2016년
3자간 등기명의신탁에서 수탁자로 등기가 이루어지면 소유권은 신탁자에게 귀속된다. ( )

**03** | 공인중개사 2016·2019·2021년
3자간 등기명의신탁에서 수탁자는 소유권을 취득하고 신탁자는 수탁자에게 대금 상당의 부당이득반환청구권을 행사할 수 있다. ( )

**04** | 공인중개사 2021년
3자간 등기명의신탁에서 신탁자는 매도인을 대위하여 수탁자 명의의 소유권이전등기의 말소를 청구할 수 있다. ( )

**05** | 공인중개사 2016·2019년
3자간 등기명의신탁에서 매매계약은 유효하므로 신탁자는 매도인을 상대로 소유권이전등기를 청구할 수 있다. ( )

---

01 (×) 명의신탁약정 및 소유권이전등기는 무효이고 소유권은 원소유자(매도인)에게 귀속된다.

02 (×) 3자간 등기명의신탁에서 수탁자로 등기가 이루어지더라도 등기는 무효이며, 소유권은 매도인(원소유자)에게 귀속된다.

03 (×) 3자간 등기명의신탁에서 매매계약은 유효하므로 신탁자는 매도인(원소유자)을 상대로 한 소유권이전등기 청구권을 갖는다. 수탁자가 등기이전을 거부하는 경우 신탁자는 매도인(원소유자)을 대위하여 수탁자 명의 등기의 말소를 청구하고 매도인(원소유자)을 상대로 소유권이전등기를 청구할 수 있다.

**정답** 01 (×), 02 (×), 03 (×), 04 (○), 05 (○)

**06** | 공인중개사 2019년

3자간 등기명의신탁에서 수탁자가 해당 부동산을 제3자에게 처분한 경우, 수탁자는 신탁자와의 관계에서 횡령죄가 성립하지 않는다. ( )

## 2 계약명의신탁

**07** | 공인중개사 2017년

계약명의신탁에서 명의신탁자와 명의수탁자의 약정은 무효이다. ( )

**08** | 공인중개사 2017·2020년

계약명의신탁에서 매도인이 선의인 경우, 신탁자와 수탁자의 약정은 유효하다. ( )

**09** | 공인중개사 2017년

계약명의신탁에서 매도인이 선의인 경우, 수탁자는 해당 부동산의 소유권을 취득한다. ( )

**10** | 공인중개사 2020년

매도인이 계약명의신탁 사실을 모르는 경우, 신탁자는 수탁자에게 해당 부동산의 소유권이전등기를 청구할 수 없다. ( )

---

06 (○) 명의신탁자는 신탁부동산의 소유권을 가지지 아니하고 신탁자와 수탁자 사이에 위탁신임관계를 인정할 수도 없다. 따라서 명의수탁자가 신탁 받은 부동산을 임의로 처분하여도 명의신탁자에 대한 관계에서 횡령죄가 성립하지 아니한다.

08 (×) 명의신탁약정은 매도인의 선·악을 불문하고 무효이다.

10 (○) 계약명의신탁의 수탁자로의 등기는 유효하고 명의신탁약정은 무효이다. 따라서 신탁자는 소유권이전등기를 청구할 수 없고, 매매대금에 대한 부당이득반환청구만 할 수 있다.

**정답** 06 (○), 07 (○), 08 (×), 09 (○), 10 (○)

**11** | 공인중개사 2020년

매도인이 수탁자에게 소유권이전등기를 할 때 비로소 신탁자와 수탁자 사이의 명의신탁 약정 사실을 알게 된 경우 해당 부동산의 소유자는 매도인이다. ( )

**12** | 공인중개사 2017·2020년

계약명의신탁에서 매도인이 악의인 경우, 수탁자로부터 해당 부동산을 매수하여 등기한 제3자는 그 소유권을 취득하지 못한다. ( )

## 3 위반시 제재

**13** | 공인중개사 2014년

위법한 명의신탁약정에 따라 수탁자 명의로 등기한 명의신탁자는 5년 이하의 징역 또는 2억 원 이하의 벌금에 처한다. ( )

**14** | 공인중개사 2014년

무효인 명의신탁약정에 따라 수탁자 명의로 등기한 명의신탁자에게 해당 부동산가액의 100분의 30에 해당하는 확정금액의 과징금을 부과한다. ( )

**15** | 공인중개사 2014년

위법한 명의신탁의 신탁자라도 이미 실명등기를 하였을 경우에는 과징금을 부과하지 않는다. ( )

---

11 (×) 계약명의신탁에서 계약과 등기의 효력은 매매계약을 체결할 당시 매도인의 인식을 기준으로 판단해야 하고, 매도인이 계약 체결 이후에 명의신탁약정 사실을 알게 되었다고 하더라도 위 계약과 등기의 효력에는 영향이 없다. 따라서 계약이후 소유권이전등기를 할 때 매도인(원소유자)이 신탁자와 수탁자 사이의 명의신탁약정 사실을 알게 된 경우라도 매매계약을 체결할 당시에는 그 사실을 알지 못했으므로 부동산의 소유자는 수탁자가 된다.

12 (×) 명의신탁자 및 명의수탁자는 제3자에게 대항하지 못하므로 수탁자가 제3자에게 처분한 경우 제3자는 선·악 불문하고 소유권을 취득한다.

14 (×) 무효인 명의신탁약정에 따라 수탁자 명의로 등기한 명의신탁자에게 해당 부동산 평가금액의 100분의 30 범위 내에서 과징금을 부과한다.

15 (×) 위법한 명의신탁의 신탁자가 이미 실명등기를 하였을 경우에는 명의신탁관계 종료 시점 또는 실명등기 시점의 부동산 가액으로 과징금을 부과한다.

**정답** 11 (×), 12 (×), 13 (○), 14 (×), 15 (×)

**16** | 공인중개사 2014년

명의신탁을 이유로 과징금을 부과받은 자에게 과징금 부과일부터 부동산평가액의 100분의 20에 해당하는 금액을 매년 이행강제금으로 부과한다. ( )

**17** | 공인중개사 2022년

부동산의 위치와 면적을 특정하여 2인 이상이 구분소유하기로 하는 약정을 하고 그 구분소유자의 공유로 등기한 경우, 그 등기는 「부동산 실권리자명의 등기에 관한 법률」 위반으로 무효이다. ( )

**18** | 공인중개사 2014·2019년

종교단체의 명의로 그 산하조직이 보유한 부동산에 관한 물권을 등기한 경우, 그 등기는 언제나 무효이다. ( )

---

16 (×) 과징금 부과일로부터 1년이 지났음에도 이행하지 아니한 경우, 해당 부동산가액의 100분의 10에 해당하는 금액을 이행강제금으로 부과한다. 1차 이행강제금을 받고도 다시 1년이 지나도록 실명등기를 하지 않은 자에게는 100분의 20에 해당하는 금액을 이행강제금으로 부과한다.

17 (×) 다음에 해당하는 경우 명의신탁약정에서 제외되므로 그 등기는 유효하다.
 ① 채무 변제를 담보하기 위해 채권자가 부동산에 관한 물권을 이전받거나 가등기하는 경우
 ② 부동산의 위치와 면적을 특정하여 2인 이상이 구분소유하기로 하는 약정을 하고, 그 구분소유자의 공유로 등기하는 경우
 ③ 신탁법 또는 자본시장과 금융투자업에 관한 법률에 따른 신탁재산인 사실을 등기한 경우

18 (×) 다음에 해당하는 경우로서 조세포탈, 강제집행의 면탈 또는 법령상 제한의 회피를 목적으로 하지 아니하는 경우에는 명의신탁약정 및 그 등기는 유효하다.
 ① 종중이 보유한 부동산에 관한 물권을 종중 외의 자의 명의로 등기한 경우
 ② 배우자 명의로 부동산에 관한 물권을 등기한 경우
 ③ 종교단체의 명의로 그 산하 조직이 보유한 부동산에 관한 물권을 등기한 경우

**정답** 16 (×), 17 (×), 18 (×)

# 핵심테마 39 중개실무의 그 밖의 법률

## 1 검인제도

**01** | 공인중개사 2013년

검인신청을 받은 X토지 소재지 관할청이 검인할 때에는 계약서 내용의 진정성을 확인하여야 한다. ( )

**02** | 공인중개사 2013년

매매를 원인으로 소유권이전청구권 보전을 위한 가등기에 기하여 본등기를 하는 경우, 매매계약서는 검인의 대상이 된다. ( )

**03** | 공인중개사 2013년

X토지의 소유권을 이전받은 매수인이 매수대금의 자금을 위하여 X토지에 저당권을 설정하는 경우 저당권설정계약서도 검인의 대상이 된다. ( )

**04** | 공인중개사 2013년

부동산거래신고필증을 교부받아도 계약서에 검인을 받지 않는 한 소유권이전등기를 신청할 수 없다. ( )

**05** | 공인중개사 2013년

계약서를 작성한 개업공인중개사는 자신의 이름으로는 그 계약서의 검인을 신청할 수 없다. ( )

---

01 (×) 검인은 형식적으로 심사하므로 계약의 진정성을 확인할 수 없다.

02 (×) 저당권설정계약서는 검인을 받아야 하는 경우에 해당하지 않는다. 계약을 원인으로 하여 토지 또는 건축물에 관한 소유권이전등기를 신청하는 경우 검인을 받아야 한다.

04 (×) 매매계약은 검인대상이면서 부동산 거래신고 대상에도 포함된다. 다만, 부동산 거래신고를 하여 신고필증을 발급받으면 검인을 받은 것으로 본다.

05 (×) 계약을 체결한 당사자 중 1인 또는 그 위임을 받은 자, 계약서를 작성한 변호사와 법무사 및 개업공인중개사는 검인을 신청할 수 있다.

**정답** 01 (×), 02 (○), 03 (×), 04 (×), 05 (×)

## 2 법정지상권

**06** | 공인중개사 2014년

대지와 건물이 동일소유자에게 속한 경우, 건물에 전세권을 설정한 때에는 그 대지소유권의 특별승계인은 전세권설정자에 대하여 지상권을 설정한 것으로 본다. ( )

**07** | 공인중개사 2019년

토지와 건물이 동일인의 소유이고 건물에 대한 철거특약이 없는 경우, 건물이 건물로서의 요건을 갖추었다면 무허가건물이라도 관습상의 법정지상권이 인정된다. ( )

**08** | 공인중개사 2019년

관습상의 법정지상권이 성립한 후 건물을 증축하더라도 구 건물을 기준으로 관습상의 법정지상권은 인정된다. ( )

**09** | 공인중개사 2019년

대지소유자가 건물만을 매도하여 관습상의 법정지상권이 인정되면 건물 매수인은 대지소유자에게 자료를 지급할 의무가 없다. ( )

**10** | 공인중개사 2014년

지상권자가 약정된 지료를 2년 이상 지급하지 않은 경우, 지상권설정자는 지상권의 소멸을 청구할 수 있다. ( )

**11** | 공인중개사 2019년

건물 취득 시 건물을 위해 대지에 대한 임대차계약을 체결하더라도 관습상의 법정지상권을 포기한 것은 아니다. ( )

---

09 (×) 법정지상권을 취득한 경우 건물의 매수인은 대지 소유자에게 지료를 지급할 의무가 있다.

11 (×) 동일인에게 속하였던 대지나 건물 중 건물만을 매수하면서 대지에 관한 임대차계약을 체결하였다면 위 건물매수로 인하여 취득하게 될 관습상의 법정지상권을 포기하였다고 볼 것이다.

**정답** 06 (○), 07 (○), 08 (○), 09 (×), 10 (○), 11 (×)

**12** | 공인중개사 2014년

건물 없는 토지에 저당권이 설정된 후 저당권설정자가 건물을 신축하고 저당권의 실행으로 인하여 그 토지와 지상건물이 소유자를 달리하게 된 경우에 법정지상권이 성립한다.
( )

**13** | 공인중개사 2014년

지상권의 존속기간은 당사자가 설정행위에서 자유롭게 정할 수 있으나, 다만 최단기간의 제한이 있다. ( )

### 3 농지법

**14** | 공인중개사 2016·2018년

주말·체험영농을 위해 농지를 소유하는 경우 한 세대의 부부가 각각 1,000㎡ 미만으로 소유할 수 있다. ( )

**15** | 공인중개사 2018년

농지전용협의를 마친 농지를 취득하려는 자는 농지취득자격증명을 발급받을 필요가 없다. ( )

**16** | 공인중개사 2016년

농업법인의 합병으로 농지를 취득하는 경우 농지취득자격증명을 발급받지 않고 농지를 취득할 수 있다. ( )

**17** | 공인중개사 2016년

농지전용허가를 받아 농지를 소유하는 자가 취득한 날부터 2년 이내에 그 목적사업에 착수하지 않으면 해당농지를 처분할 의무가 있다. ( )

---

12 (×) 법정지상권이 성립하기 위해서는 토지 위에 건물이 있는 상태에서 저당권이 설정되어야 한다. 저당권이 설정된 후 건물이 신축된 경우 법정지상권은 성립하지 않는다.

14 (×) 주말·체험영농을 하려는 자는 총 1,000㎡ 미만의 농지를 소유할 수 있다. 이 경우 면적 계산은 그 세대원 전부가 소유하는 총 면적으로 한다.

**정답** 12 (×), 13 (○), 14 (×), 15 (○), 16 (○), 17 (○)

**18** | 공인중개사 2015년

선거에 따른 공직취임으로 인하여 일시적으로 농업경영에 종사하지 아니하게 된 자가 소유하고 있는 농지는 임대할 수 있다. ( )

**19** | 공인중개사 2015·2016년

농업경영을 하려는 자에게 농지를 임대하는 임대차계약은 서면계약을 원칙으로 한다. ( )

**20** | 공인중개사 2015년

농지이용증진사업 시행계획에 따라 농지를 임대하는 경우 임대차기간은 5년 이상으로 해야 한다. ( )

**21** | 공인중개사 2016년

징집으로 인하여 농지를 임대하면서 임대차기간을 정하지 않은 경우 3년, 다년생식물 재배지 등의 경우에는 5년으로 약정된 것으로 본다. ( )

**22** | 공인중개사 2015·2016년

개인이 소유하는 임대 농지의 양수인은 「농지법」에 따른 임대인의 지위를 승계한 것으로 본다. ( )

**23** | 공인중개사 2015년

농지 임대차계약의 당사자는 임차료에 관하여 협의가 이루어지지 아니한 경우 농지소재지를 관할하는 시장·군수 또는 자치구 구청장에게 조정을 신청할 수 있다. ( )

---

19 (○) 다음에 해당하는 경우 외에는 농지를 임대하거나 무상사용하게 할 수 없다.
 ① 국가 등의 소유 농지를 임대하거나 무상사용하게 하는 경우
 ② 농지이용증진사업 시행계획에 따라 농지를 임대하거나 무상사용하게 하는 경우
 ③ 질병, 징집, 취학, 선거에 따른 공직취임, 그 밖의 부득이한 사유로 인하여 일시적으로 농업경영에 종사하지 아니하게 된 자가 소유하고 있는 농지를 임대하거나 무상사용하게 하는 경우
 ④ 60세 이상인 사람으로서 소유하고 있는 농지 중에서 자기의 농업경영에 이용한 기간이 5년이 넘은 농지를 임대하거나 무상사용하게 하는 경우
 ⑤ 농지를 주말·체험영농을 하려는 자에게 임대하거나 무상사용하게 하는 경우, 또는 주말·체험영농을 하려는 자에게 임대하는 것을 업으로 하는 자에게 임대하거나 무상사용하게 하는 경우
20 (×) 농지를 임대하는 경우 임대차기간은 3년 이상으로 해야 한다. 다만, 다년생식물 재배지 등 대통령령으로 정하는 농지의 경우에는 5년 이상으로 하여야 한다.

**정답** 18 (○), 19 (○), 20 (×), 21 (○), 22 (○), 23 (○)

공인중개사 시험 2차 1교시
# 부동산공법

모두공인공인중개사 슈퍼리멤버

# PART 01
# 국토의 계획 및 이용에 관한 법률

# CHAPTER 01

# 국토의 계획 및 이용에 관한 법률(1)

| 2014년 | 2015년 | 2016년 | 2017년 | 2018년 | 2019년 | 2020년 | 2021년 | 2022년 |
|---|---|---|---|---|---|---|---|---|
| 1문 | 3문 | 3문 | 2문 | 4문 | 1문 | 3문 | 3문 | 2문 |

**핵심 01** | 광역도시계획
**핵심 02** | 도시·군기본계획
**핵심 03** | 도시·군관리계획

# 광역도시계획

## 1 광역계획권의 지정

**01** | 공인중개사 2018년

둘 이상의 특별시·광역시·특별자치시·특별자치도·시 또는 군의 공간구조 및 기능을 상호 연계시키고 환경을 보전하며 광역시설을 체계적으로 정비하기 위하여 필요한 경우에는 광역계획권을 지정할 수 있다. ( )

**02** | 공인중개사 2016년

광역계획권은 인접한 둘 이상의 특별시·광역시·시 또는 군의 관할구역 단위로 지정하여야 하며, 그 관할구역의 일부만을 광역계획권에 포함시킬 수는 없다. ( )

**03** | 공인중개사 2015년

광역계획권은 광역시장이 지정할 수 있다. ( )

**04** | 공인중개사 2018·2022년

광역계획권이 둘 이상의 시·도의 관할 구역에 걸쳐 있는 경우에는 관할 시·도지사가 공동으로 광역계획권을 지정하여야 한다. ( )

**05** | 공인중개사 2018·2021년

광역계획권이 도의 관할구역에 걸쳐 있는 경우에는 도지사가 지정할 수 있다. ( )

---

02 (×) 광역계획권은 인접한 관할 구역의 전부 또는 일부를 대상으로 지정할 수 있다.

03 (×) 광역계획권은 광역시장이 지정할 수 없다.

**보충** 광역계획권이 도의 관할구역에 걸쳐있는 경우에는 도지사가 지정할 수 있다. 광역계획권이 둘 이상의 시·도의 관할 구역에 걸쳐 있는 경우에는 국토교통부장관이 지정할 수 있다.

04 (×) 광역계획권이 둘 이상의 시·도의 관할 구역에 걸쳐 있는 경우에는 국토교통부장관이 광역계획권을 지정할 수 있다.

**정답** 01 (○), 02 (×), 03 (×), 04 (×), 05 (○)

**06** | 공인중개사 2022년

도지사가 광역계획권을 지정하려면 관계 중앙행정기관의 장의 의견을 들은 후 지방도시계획위원회의 심의를 거쳐야 한다. ( )

**07** | 공인중개사 2016·2017·2022년

국토교통부장관은 광역계획권을 지정하려면 관계 시·도지사, 시장 또는 군수의 의견을 들은 후 중앙도시계획위원회의 심의를 거쳐야 한다. ( )

**08** | 공인중개사 2016·2018·2022년

중앙행정기관의 장, 시·도지사, 시장 또는 군수는 국토교통부장관이나 도지사에게 광역계획권의 변경을 요청할 수 있다. ( )

정답 06 (○), 07 (○), 08 (○)

## 2 광역도시계획의 수립

**09** | 공인중개사 2020·2021년

광역도시계획의 수립기준은 국토교통부장관이 정한다. ( )

**10** | 공인중개사 2021년

광역계획권이 같은 도의 관할구역에 속하여 있는 경우 관할 도지사가 광역도시계획을 수립하여야 한다. ( )

**11** | 공인중개사 2018년

광역계획권이 둘 이상의 시·도의 관할구역에 걸쳐 있는 경우 시·도지사가 광역도시계획을 공동으로 수립하여야 한다. ( )

**12** | 공인중개사 2020년

도지사는 시장 또는 군수가 협의를 거쳐 요청하는 경우에는 단독으로 광역도시계획을 수립할 수 있다. ( )

---

10 (×) 광역계획권이 같은 도의 관할 구역에 속하여 있는 경우 관할 시장 또는 군수가 공동으로 광역도시계획을 수립하여야 한다.

- 광역도시계획의 수립 – 원칙
  ① 광역계획권이 같은 도의 관할구역에 속하여 있는 경우에는 관할 시장 또는 군수가 공동으로 수립하여야 한다.
  ② 광역계획권이 둘 이상의 시·도의 관할 구역에 걸쳐 있는 경우에는 관할 시·도지사가 공동으로 수립하여야 한다.
  ③ 광역계획권을 지정한 날부터 3년이 지날 때까지 관할 시장 또는 군수로부터 광역도시계획의 승인 신청이 없는 경우에는 도지사가 수립하여야 한다.
  ④ 광역계획권을 지정한 날부터 3년이 지날 때까지 시·도지사로부터 광역도시계획의 승인 신청이 없는 경우에는 국토교통부장관이 수립하여야 한다.
  ⑤ 국가계획과 관련된 광역도시계획의 수립이 필요한 경우에는 국토교통부장관이 수립하여야 한다.
- 광역도시계획의 수립 – 예외
  ① 국토교통부장관은 시·도지사가 요청하는 경우와 그 밖에 필요하다고 인정되는 경우에는 관할 시·도지사와 공동으로 광역도시계획을 수립할 수 있다.
  ② 도지사는 시장 또는 군수가 요청하는 경우와 그 밖에 필요하다고 인정하는 경우에는 관할 시장 또는 군수와 공동으로 광역도시계획을 수립할 수 있다.
  ③ 시장·군수가 협의해서 요청하는 경우에는 도지사가 단독으로 광역도시계획을 수립할 수 있다.

**정답** 09 (○), 10 (×), 11 (○), 12 (○)

**13** | 공인중개사 2018년

국가계획과 관련된 광역도시계획의 수립이 필요한 경우 광역도시계획의 수립권자는 국토교통부장관이다. ( )

**14** | 공인중개사 2017년

국토교통부장관은 시·도지사가 요청하는 경우에는 시·도지사와 공동으로 광역도시계획을 수립할 수 있다. ( )

**15** | 공인중개사 2021년

광역계획권을 지정한 날부터 3년이 지날 때까지 관할 시장 또는 군수로부터 광역도시계획의 승인 신청이 없는 경우 관할 도지사가 광역도시계획을 수립하여야 한다. ( )

**16** | 공인중개사 모의문제

광역계획권을 지정한 날부터 3년이 지날 때까지 시·도지사로부터 광역도시계획의 승인 신청이 없는 경우에는 국토교통부장관이 수립하여야 한다. ( )

### 3 기초조사·공청회·의견청취

**17** | 공인중개사 2021년

시장 또는 군수가 기초조사정보체계를 구축한 경우에는 등록된 정보의 현황을 5년마다 확인하고 변동사항을 반영하여야 한다. ( )

**18** | 공인중개사 2015·2018·2020년

국토교통부장관, 시·도지사, 시장 또는 군수는 광역도시계획을 수립하려면 미리 공청회를 열어 주민과 관계 전문가 등으로부터 의견을 들어야 한다. ( )

**19** | 공인중개사 2020년

광역도시계획의 수립을 위한 공청회는 광역계획권 단위로 개최하되, 필요한 경우에는 광역계획권을 수개의 지역으로 구분하여 개최할 수 있다. ( )

**정답** 13 (○), 14 (○), 15 (○), 16 (○), 17 (○), 18 (○), 19 (○)

**20** | 공인중개사 2017·2021년

시·도지사, 시장 또는 군수는 광역도시계획을 수립하거나 변경하려면 미리 관계 시·도, 시 또는 군의 의회와 관계 시장 또는 군수의 의견을 들어야 한다. ( )

## 4 광역도시계획의 승인

**21** | 공인중개사 2016·2017년

시장 또는 군수가 광역도시계획을 수립하거나 변경하려면 국토교통부장관의 승인을 받아야 한다. ( )

**22** | 공인중개사 2016년

도지사가 시장 또는 군수의 요청으로 관할 시장 또는 군수와 공동으로 광역도시계획을 수립하는 경우에는 국토교통부장관의 승인을 받지 않고 광역도시계획을 수립할 수 있다. ( )

## 5 공고·열람·조정

**23** | 공인중개사 2020년

국토교통부장관은 광역도시계획을 수립하였을 때에는 직접 그 내용을 공고하고 일반이 열람할 수 있도록 하여야 한다. ( )

---

21 (×) 시장 또는 군수가 광역도시계획을 수립하거나 변경하려면 도지사의 승인을 받아야 한다.

- 광역도시계획의 승인
① 시장·군수 수립 : 도지사 승인
② 시·도지사 수립 : 국토교통부장관
③ 시장 또는 군수의 요청으로 관할 시장 또는 군수와 공동으로 광역도시계획을 수립하는 경우와 시장 또는 군수가 협의를 거쳐 요청하는 경우에 단독으로 도지사가 수립하는 경우에는 국토교통부장관의 승인을 받지 않는다.

23 (×) 국토교통부장관은 직접 광역도시계획을 수립 또는 변경하거나 승인하였을 때에는 관계 중앙행정기관의 장과 시·도지사에게 관계 서류를 송부하여야 한다. 관계 서류를 받은 시·도지사는 이를 해당 시·도의 공보와 인터넷 홈페이지에 그 내용을 공고하고, 일반인이 관계 서류를 30일 이상 열람할 수 있도록 해야 한다.

**정답** 20 (○), 21 (×), 22 (○), 23 (×)

**24** | 공인중개사 2020년
광역도시계획을 공동으로 수립하는 시·도지사는 그 내용에 관하여 서로 협의가 되지 아니하면 공동이나 단독으로 국토교통부장관에게 조정을 신청할 수 있다. ( )

**25** | 공인중개사 2015년
국토교통부장관이 조정의 신청을 받아 광역도시계획의 내용을 조정하는 경우 중앙도시계획위원회의 심의를 거쳐야 한다. ( )

정답  24 (○), 25 (○)

## 핵심테마 02 도시·군기본계획

### 1 도시·군기본계획

**01** | 공인중개사 2013년

도시·군기본계획의 내용이 광역도시계획의 내용과 다를 때에는 국토교통부장관이 결정하는 바에 따른다. ( )

**02** | 공인중개사 2021년

광역도시계획이 수립되어 있는 지역에 대하여 수립하는 도시·군기본계획은 그 광역도시계획에 부합되어야 한다. ( )

**03** | 공인중개사 2015년

동일 지역에 대하여 수립된 광역도시계획의 내용과 도시·군기본계획의 내용이 다를 때에는 광역도시계획의 내용이 우선한다. ( )

### 2 도시·군기본계획의 수립

**04** | 공인중개사 2013년

시장·군수는 관할 구역에 대해서만 도시·군기본계획을 수립할 수 있으며, 인접한 시 또는 군의 관할 구역을 포함하여 계획을 수립할 수 없다. ( )

**05** | 공인중개사 2016년

시장 또는 군수는 인접한 시 또는 군의 관할 구역을 포함하여 도시·군기본계획을 수립하려면 미리 그 시장 또는 군수와 협의하여야 한다. ( )

---

01 (×) 도시·군기본계획의 내용이 광역도시계획의 내용과 다를 때에는 광역도시계획의 내용이 우선한다.

04 (×) 시장·군수는 관할 구역에 대해서 도시·군기본계획을 수립할 수 있으며, 필요한 경우 관할 행정청과 협의하여 인접한 시 또는 군의 관할 구역의 전부 또는 일부를 포함하여 계획을 수립할 수 있다.

**정답** 01 (×), 02 (○), 03 (○), 04 (×), 05 (○)

**06** | 공인중개사 2013·2021년

「수도권정비계획법」에 의한 수도권에 속하고 광역시와 경계를 같이하지 아니한 시로서 인구 20만 명 이하인 시는 도시·군기본계획을 수립하지 아니할 수 있다. ( )

**07** | 공인중개사 2021년

도시·군기본계획에는 기후변화 대응 및 에너지절약에 관한 사항에 대한 정책 방향이 포함되어야 한다. ( )

### 3 기초조사·공청회·의견청취

**08** | 공인중개사 2016·2020년

도시·군기본계획 입안일부터 5년 이내에 토지적성평가를 실시한 경우 등 대통령령으로 정하는 경우에는 토지적성평가 또는 재해취약성분석을 하지 아니할 수 있다. ( )

**09** | 공인중개사 2013년

도시·군기본계획을 변경하는 경우에는 공청회를 개최하지 아니할 수 있다. ( )

**10** | 공인중개사 2020년

시장 또는 군수는 도시·군기본계획을 수립하려면 미리 그 시 또는 군 의회의 의견을 들어야 한다. ( )

---

06 (×) 수도권에 속하고(×), 수도권에 속하지 아니하고(○), 20만 명(×), 10만 명(○), 「수도권정비계획법」에 의한 수도권에 속하지 아니하고 광역시와 경계를 같이하지 아니한 시 또는 군으로서 인구 10만 명 이하인 시 또는 군은 도시·군기본계획을 수립하지 아니할 수 있다.

09 (×) 도시·군기본계획을 수립하거나 변경하는 경우에는 공청회를 개최하여야 한다.

**정답** 06 (×), 07 (○), 08 (○), 09 (×), 10 (○)

## 4 도시·군기본계획의 승인·변경·정비

**11** | 공인중개사 모의문제

광역시장이 도시·군기본계획을 수립하려면 국토교통부장관의 승인을 받아야 한다. (   )

**12** | 공인중개사 2021년

특별시장·광역시장·특별자치시장 또는 특별자치도지사는 도시·군기본계획을 변경하려면 관계 행정기관의장(국토교통부장관을 포함)과 협의한 후 지방도시계획위원회의 심의를 거쳐야 한다. (   )

**13** | 공인중개사 2020년

시장 또는 군수는 도시·군기본계획을 변경하려면 도지사와 협의한 후 지방도시계획위원회의 심의를 거쳐야 한다. (   )

**14** | 공인중개사 2016·2020·2021년

시장 또는 군수는 5년마다 관할 구역의 도시·군기본계획에 대하여 타당성을 전반적으로 재검토하여 정비하여야 한다. (   )

---

11 (×) 광역시장이 도시·군기본계획을 수립하거나 변경하려면 국토교통부장관의 승인을 받지 않고 스스로 확정한다. 다만, 확정하기 전에 행정기관의 장(국토교통부장관을 포함한다)과 협의한 후 지방도시계획위원회의 심의를 거쳐야 한다.

13 (×) 시장 또는 군수는 도시·군기본계획을 수립하거나 변경하려면 도지사의 승인을 받아야 한다. 도지사는 도시·군기본계획을 승인하려면 관계 행정기관의 장과 협의한 후 지방도시계획위원회의 심의를 거쳐야 한다.

**정답** 11 (×), 12 (○), 13 (×), 14 (○)

# 03 도시·군관리계획

## 1 도시·군관리계획의 의의

**01** | 공인중개사 2015년
도시·군관리계획은 광역도시계획과 도시·군기본계획에 부합되어야 한다. ( )

**02** | 공인중개사 2015년
도시·군관리계획을 조속히 입안하여야 할 필요가 있다고 인정되면 도시·군기본계획을 수립할 때에 도시·군 관리계획을 함께 입안할 수 있다. ( )

**03** | 공인중개사 2015년
용도지구의 지정은 도시·군관리계획으로 결정한다. ( )

**04** | 공인중개사 2017년
국토교통부장관이 용도지역을 지정하는 경우에는 도시·군관리계획으로 결정한다. ( )

**05** | 공인중개사 2018년
도시·군계획시설사업은 도시·군관리계획에 해당한다. ( )

**06** | 공인중개사 2018년
「도시개발법」에 따른 도시개발사업은 도시·군관리계획에 해당한다. ( )

**07** | 공인중개사 2018년
「도시 및 주거환경정비법」에 따른 정비사업은 도시·군계획계획에 해당한다. ( )

정답 01 (○), 02 (○), 03 (○), 04 (○), 05 (○), 06 (○), 07 (○)

**08** | 공인중개사 2015년

개발밀도관리구역의 지정은 도시·군관리계획으로 결정하여야 하는 사항이다. ( )

**09** | 공인중개사 2015년

도시자연공원구역의 지정은 도시·군관리계획으로 결정하여야 하는 사항이다. ( )

**10** | 공인중개사 2015년

도시개발사업에 관한 계획은 도시·군관리계획으로 결정하여야 하는 사항이다. ( )

**11** | 공인중개사 2015년

기반시설의 정비에 관한 계획은 도시·군관리계획으로 결정하여야 하는 사항이다. ( )

## 2 도시·군관리계획의 입안

**12** | 공인중개사 2021년

인접한 특별시·광역시·특별자치시·특별자치도·시 또는 군의 관할 구역에 대한 도시·군관리계획은 관계 특별시장·광역시장·특별자치시장·특별자치도지사·시장 또는 군수가 협의하여 공동으로 입안하거나 입안할 자를 정한다. ( )

**13** | 공인중개사 2021년

국토교통부장관은 국가계획과 관련된 경우 직접 도시·군관리계획을 입안할 수 있다. ( )

---

08 (×) 개발밀도관리구역의 지정은 도시·군관리계획으로 결정하여야 하는 사항에 해당하지 않는다.

**보충** 도시·군관리계획의 내용은 다음과 같다.
- 도시·군관리계획의 내용
① 용도지역·용도지구의 지정 또는 변경에 관한 계획
② 용도구역(개발제한구역·도시자연공원구역·시가화조정구역·수산자원보호구역)의 지정 또는 변경에 관한 계획
③ 기반시설의 설치·정비 또는 개량에 관한 계획
④ 도시개발사업이나 정비사업에 관한 계획
⑤ 지구단위계획구역의 지정 또는 변경에 관한 계획과 지구단위계획
⑥ 입지규제최소구역의 지정 또는 변경에 관한 계획과 입지규제최소구역계획

**정답** 08 (×), 09 (○), 10 (○), 11 (○), 12 (○), 13 (○)

## 3 도시·군관리계획의 입안 제안

**14** | 공인중개사 2019·2021년

주민은 산업·유통개발진흥지구의 지정에 관한 사항에 대하여 도시·군관리계획의 입안권자에게 도시·군관리계획의 입안을 제안할 수 없다. ( )

**15** | 공인중개사 2013·2015년

주민은 기반시설의 설치·정비 또는 개량에 관한 사항에 대하여 입안권자에게 도시·군관리계획의 입안을 제안할 수 있다. ( )

---

14 (×) 산업·유통개발진흥지구의 지정 및 변경에 관한 사항은 입안제안의 대상에 해당한다.

- 도시·군관리계획 입안제안
① 주민은 다음에 대하여 도시·군관리계획을 입안할 수 있는 자에게 도시·군관리계획의 입안을 제안할 수 있다. 이 경우 제안서에는 도시·군관리계획도서와 계획설명서를 첨부하여야 한다.
② 입안을 제안하려는 자는 토지소유자의 동의를 받아야 하고, 이 경우 대상 토지 면적에서 국·공유지는 제외한다.

- 도시·군관리계획 입안제안의 내용
① 기반시설의 설치·정비 또는 개량에 관한 사항
② 지구단위계획구역의 지정 및 변경과 지구단위계획의 수립 및 변경에 관한 사항
③ 개발진흥지구 중 공업기능 또는 유통물류기능 등을 집중적으로 개발·정비하기 위한 산업·유통개발진흥지구의 지정 및 변경에 관한 사항
④ 용도지구 중 해당 용도지구에 따른 건축물이나 그 밖의 시설의 용도·종류 및 규모 등의 제한을 지구단위계획으로 대체하기 위한 용도지구의 지정 및 변경에 관한 사항
⑤ 입지규제최소구역의 지정 및 변경과 입지규제최소구역계획의 수립 및 변경에 관한 사항

정답 14 (×), 15 (○)

**16** | 공인중개사 2018년

주민이 기반시설의 설치·정비에 관한 사항에 대하여 입안을 제안하려면 대상 토지 면적의 3분의 2 이상의 토지 소유자의 동의를 받아야 한다. ( )

**17** | 공인중개사 2014·2017년

주민은 시장 또는 군수에게 지구단위계획구역의 지정 및 변경에 관한 사항에 대하여 도시·군관리계획의 입안을 제안할 수 있다. ( )

**18** | 공인중개사 2018년

주민이 지구단위계획구역의 지정과 지구단위계획의 수립에 관한 사항에 대하여 입안을 제안하려면 대상 토지 면적의 3분의 2 이상의 토지 소유자의 동의를 받아야 한다. ( )

**19** | 공인중개사 2018년

주민이 산업·유통개발진흥지구의 지정에 관한 사항에 대하여 입안을 제안하려면 대상 토지 면적의 3분의 2 이상의 토지 소유자의 동의를 받아야 한다. ( )

**20** | 공인중개사 2018년

주민이 용도지구 중 해당 용도지구에 따른 건축물이나 그 밖의 시설의 용도·종류 및 규모 등의 제한을 지구단위계획으로 대체하기 위한 용도지구의 지정에 관한 사항에 대하여 입안을 제안하려면 대상 토지 면적의 3분의 2 이상의 토지 소유자의 동의를 받아야 한다. ( )

**21** | 공인중개사 2019년

도시·군관리계획의 입안을 제안받은 자는 그 처리 결과를 제안자에게 알려야 한다. ( )

---

16 (×) 주민이 기반시설의 설치·정비에 관한 사항에 대하여 입안을 제안하려면 대상 토지 면적의 5분의 4이상의 토지 소유자의 동의를 받아야 한다.

- 도시·군관리계획 입안제안의 동의 요건
① 기반시설의 설치·정비 또는 개량에 관한 사항 : 4/5 이상 동의
② 지구단위계획구역의 지정 및 변경과 지구단위계획의 수립 및 변경에 관한 사항 : 2/3 이상 동의
③ 개발진흥지구 중 산업·유통개발진흥지구의 지정 및 변경에 관한 사항 : 2/3 이상 동의
④ 용도지구 중 해당 용도지구에 따른 건축물이나 그 밖의 시설의 용도·종류 및 규모 등의 제한을 지구단위계획으로 대체하기 위한 용도지구의 지정 및 변경에 관한 사항 : 2/3 이상 동의
⑤ 입지규제최소구역의 지정 및 변경과 입지규제최소구역계획의 수립 및 변경에 관한 사항 : 2/3 이상 동의

**정답** 16 (×), 17 (○), 18 (○), 19 (○), 20 (○), 21 (○)

**22** | 공인중개사 2017·2019년

도시·군관리계획의 입안을 제안받은 자는 도시·군관리계획의 입안 및 결정에 필요한 비용을 제안자에게 부담시킬 수 없다. ( )

### 4 도시·군관리계획의 기초조사

**23** | 공인중개사 2017년

도시지역의 축소에 따른 용도지역·용도지구·용도구역 또는 지구단위계획구역의 변경인 경우에는 기초조사를 생략할 수 있다. ( )

**24** | 공인중개사 2016년

도시·군관리계획을 입안할 때 개발제한구역 안에 기반시설을 설치하는 경우에는 환경성 검토를 생략할 수 있다. ( )

---

22 (×) 도시·군관리계획의 입안을 제안받은 자는 도시·군관리계획의 입안 및 결정에 필요한 비용을 제안자에게 부담시킬 수 있다.

24 (×) 개발제한구역 안에 기반시설을 설치하는 경우에는 토지적성평가만 생략할 수 있다.

- 기초조사(환경성 검토, 토지적성평가, 재해취약성분석)를 생략할 수 있는 사유
① 해당 지구단위계획구역이 도심지(상업지역과 상업지역에 연접한 지역)에 위치하는 경우
② 해당 지구단위계획구역 안의 나대지 면적이 구역면적의 2%에 미달하는 경우
③ 해당 지구단위계획구역 또는 도시·군계획시설부지가 다른 법률에 따라 지역·지구 등으로 지정되거나 개발계획이 수립된 경우
④ 해당 지구단위계획구역의 지정목적이 해당 구역을 정비 또는 관리하고자 하는 경우로서 지구단위계획구역의 내용에 너비 12m 이상 도로의 설치계획이 없는 경우
⑤ 기존의 용도지구를 폐지하고 지구단위계획을 수립 또는 변경하여 그 용도지구에 따른 건축물이나 그 밖의 시설의 용도·종류 및 규모 등의 제한을 그대로 대체하려는 경우
⑥ 해당 도시·군계획시설의 결정을 해제하려는 경우

- 토지적성평가를 생략할 수 있는 사유
① 도시·군관리계획 입안일부터 5년 이내에 토지적성평가를 실시한 경우
② 주거지역·상업지역·공업지역에 도시·군관리계획을 입안하는 경우
③ 법 또는 다른 명령에 따라 조성된 지역에 도시·군관리계획을 입안하는 경우
④ 개발제한구역의 지정 및 관리에 관한 특별조치법 시행령상 개발제한구역에서 조정 또는 해제된 지역에 대하여 도시·군관리계획을 입안하는 경우
⑤ 「도시개발법」에 따른 도시개발사업의 경우
⑥ 지구단위계획구역 또는 도시·군계획시설부지에서 도시·군관리계획을 입안하는 경우

**정답** 22 (×), 23 (○), 24 (×)

**25** | 공인중개사 2016년

도시·군관리계획을 입안할 때 해당 지구단위계획구역 안의 나대지면적이 구역면적의 2%에 미달하는 경우에는 환경성 검토를 생략할 수 있다. ( )

**26** | 공인중개사 2021년

도시·군관리계획으로 입안하려는 지구단위계획구역이 상업지역에 위치하는 경우에는 재해취약성분석을 하지 아니할 수 있다. ( )

**27** | 공인중개사 2016년

도시·군관리계획을 입안할 때「도시개발법」에 따른 도시개발사업의 경우에는 환경성 검토를 생략할 수 있다. ( )

**28** | 공인중개사 2015년

도시·군계획시설 부지에서 도시·군관리계획을 입안하는 경우에는 그 계획의 입안을 위한 토지적성평가를 실시하지 아니할 수 있다. ( )

### 5 주민 및 지방의회의 의견청취

**29** | 공인중개사 2013·2015년

도시지역의 축소에 따른 용도지역의 변경을 도시·군관리계획으로 입안하는 경우에는 주민 및 지방의회의 의견청취 절차를 생략할 수 있다. ( )

### 6 도시·군관리계획의 결정권자

**30** | 공인중개사 2017·2018년

도시자연공원구역의 지정에 관한 도시·군관리계획은 국토교통부장관이 도시·군관리계획의 결정권자이다. ( )

---

27 (×)「도시개발법」에 따른 도시개발사업의 경우에는 토지적성평가만 생략할 수 있다.
30 (×) 도시자연공원구역의 지정에 관한 도시·군관리계획은 시·도지사, 대도시 시장이 결정한다.

**정답** 25 (○), 26 (○), 27 (×), 28 (○), 29 (○), 30 (×)

**31** | 공인중개사 2020·2021년

시장 또는 군수가 입안한 지구단위계획구역의 지정·변경에 관한 도시·군관리계획은 시장 또는 군수가 직접 결정한다. ( )

**32** | 공인중개사 2018·2020년

개발제한구역의 지정에 관한 도시·군관리계획은 국토교통부장관이 결정한다. ( )

**33** | 공인중개사 2017·2018년

국가계획과 연계하여 시가화조정구역의 지정이 필요한 경우 국토교통부장관이 직접 그 지정을 도시·군관리계획으로 결정할 수 있다. ( )

**34** | 공인중개사 2013·2018년

국가계획과 관련되어 국토교통부장관이 입안한 도시·군관리계획은 국토교통부장관이 결정한다. ( )

**35** | 공인중개사 2018년

둘 이상의 시·도에 걸쳐 이루어지는 사업의 계획 중 도시·군관리계획으로 결정하여야 할 사항이 있는 경우 국토교통부장관이 입안한 도시·군관리계획은 국토교통부장관이 도시·군관리계획의 결정권자이다. ( )

**36** | 공인중개사 2017년

수산자원보호구역의 지정에 관한 도시·군관리계획은 국토교통부장관이 결정한다. ( )

---

36 (×) 수산자원보호구역의 지정에 관한 도시·군관리계획은 해양수산부장관이 결정한다.

**정답** 31 (○), 32 (○), 33 (○), 34 (○), 35 (○), 36 (×)

## 7 도시·군관리계획의 결정절차 : 협의·심의

**37** | 공인중개사 2020년

시·도지사가 지구단위계획을 결정하려면 「건축법」에 따라 시·도에 두는 건축위원회와 도시계획위원회가 공동으로 하는 심의를 거쳐야 한다. ( )

**38** | 공인중개사 2020년

국토교통부장관은 관계 중앙행정기관의 장의 요청이 없어도 국가안전보장상 기밀을 지켜야 할 필요가 있다고 인정되면 중앙도시계획위원회의 심의를 거치지 않고 도시·군관리계획을 결정할 수 있다. ( )

## 8 도시·군관리계획의 결정의 효력과 기득권 보호

**39** | 공인중개사 2015·2017·2020·2021년

도시·군관리계획 결정은 지형도면을 고시한 날부터 효력이 발생한다. ( )

**40** | 공인중개사 2013·2017년

시가화조정구역의 지정에 관한 도시·군관리계획 결정 당시 승인받은 사업이나 공사에 이미 착수한 자는 신고 없이 그 사업이나 공사를 계속할 수 있다. ( )

---

38 (×) 국토교통부장관은 국가안전보장상 기밀을 지켜야 할 필요가 있다고 인정되면(관계 중앙행정기관의 장이 요청하는 경우에만) 중앙도시계획위원회의 심의를 거치지 않고 도시·군관리계획을 결정할 수 있다.

40 (×) 도시·군관리계획 결정 당시 이미 사업이나 공사에 착수한 자는 그 도시·군관리계획 결정과 관계없이 그 사업이나 공사를 계속할 수 있다. 다만 수산자원보호구역 또는 시가화조정구역의 지정에 관한 도시·군관리계획 결정 당시 이미 사업 또는 공사에 착수한 자는 3개월 이내에 사업 또는 공사의 내용을 신고하여야 한다.

**정답** 37 (○), 38 (×), 39 (○), 40 (×)

# CHAPTER 02

## 국토의 계획 및 이용에 관한 법률(2)

| 2014년 | 2015년 | 2016년 | 2017년 | 2018년 | 2019년 | 2020년 | 2021년 | 2022년 |
|--------|--------|--------|--------|--------|--------|--------|--------|--------|
| 7문 | 6문 | 7문 | 7문 | 6문 | 7문 | 4문 | 6문 | 6문 |

**핵심 04** | 용도지역
**핵심 05** | 용도지구
**핵심 06** | 용도구역
**핵심 07** | 지구단위계획
**핵심 08** | 도시·군계획시설사업

 용도지역

### 1 용도지역의 세분

**01** | 공인중개사 2017년

근린상업지역은 용도지역 중 도시지역에 해당한다.                                    (   )

**02** | 공인중개사 2017년

전용공업지역은 용도지역 중 도시지역에 해당한다.                                    (   )

**03** | 공인중개사 2017년

자연녹지지역은 용도지역 중 도시지역에 해당한다.                                    (   )

**04** | 공인중개사 2017년

계획관리지역은 용도지역 중 도시지역에 해당한다.                                    (   )

**05** | 공인중개사 2013년

저층주택 중심의 편리한 주거환경을 조성하기 위하여 필요한 지역은 제1종 일반주거지역으로 지정한다.                                                                            (   )

**06** | 공인중개사 2013년

환경을 저해하지 아니하는 공업의 배치를 위하여 필요한 지역은 준공업지역으로 지정한다.                                                                                        (   )

**07** | 공인중개사 2015년

용도지역을 다시 세부 용도지역으로 나누어 지정하려면 도시·군관리계획으로 결정하여야 한다.                                                                                  (   )

---

04 (×) 용도지역은 크게 도시지역, 관리지역, 농림지역, 자연환경보전지역으로 구분한다. 도시지역에는 주거지역, 상업지역, 공업지역, 녹지지역을 포함한다. 계획관리지역은 도시지역이 아니라 관리지역에 해당한다.

06 (×) 환경을 저해하지 아니하는 공업의 배치를 위하여 필요한 지역은 일반공업지역으로 지정한다. 비교 준공업지역은 경공업 그 밖의 공업을 수용하되, 주거기능·상업기능 및 업무기능의 보완이 필요한 지역을 말한다.

**정답** 01 (○), 02 (○), 03 (○), 04 (×), 05 (○), 06 (×), 07 (○)

## 2 용도지역의 지정특례

**08** | 공인중개사 2013년

공유수면의 매립구역이 둘 이상의 용도지역에 걸쳐 있는 경우에는 걸친 부분의 면적이 가장 큰 용도지역과 같은 용도지역으로 지정된 것으로 본다. ( )

**09** | 공인중개사 2022년

공유수면의 매립 목적이 그 매립구역과 이웃하고 있는 용도지역의 내용과 다른 경우 그 매립준공구역은 이와 이웃하고 있는 용도지역으로 지정된 것으로 본다. ( )

**10** | 공인중개사 2015년

관리지역에서 「농지법」에 따른 농업진흥지역으로 지정·고시된 지역은 「국토의 계획 및 이용에 관한 법률」에 따른 농림지역으로 결정·고시된 것으로 본다. ( )

**11** | 공인중개사 2022년

「택지개발촉진법」에 따른 택지개발지구로 지정·고시된 지역은 「국토의 계획 및 이용에 관한 법률」에 따른 도시지역으로 결정·고시된 것으로 본다. ( )

**12** | 공인중개사 2015년

「택지개발촉진법」에 따른 택지개발지구로 지정·고시되었다가 택지개발사업의 완료로 지구 지정이 해제되면 그 지역은 지구 지정 이전의 용도지역으로 환원된 것으로 본다. ( )

---

08 (×) 공유수면의 매립목적이 그 매립구역과 이웃하고 있는 용도지역의 내용과 다른 경우 및 그 매립구역이 둘 이상의 용도지역에 걸쳐 있거나 이웃하고 있는 경우 그 매립구역이 속할 용도지역은 도시·군관리계획결정으로 지정하여야 한다.

09 (×) 공유수면의 매립목적이 그 매립구역과 이웃하고 있는 용도지역의 내용과 다른 경우 및 그 매립구역이 둘 이상의 용도지역에 걸쳐 있거나 이웃하고 있는 경우 그 매립구역이 속할 용도지역은 도시·군관리계획결정으로 지정하여야 한다.

12 (×) 개발사업의 완료로 해제되는 경우는 용도지역의 환원으로 보지 않는다. **보충** 도시지역으로 간주하는 구역 등이 해제되는 경우(개발사업의 완료로 해제되는 경우는 제외한다) 이 법 또는 다른 법률에서 그 구역 등이 어떤 용도지역에 해당하는지를 따로 정하고 있지 아니한 경우에는 이를 지정하기 이전의 용도지역으로 환원된 것으로 본다.

**정답** 08 (×), 09 (×), 10 (○), 11 (○), 12 (×)

## 3 용도지역별 건폐율

용도지역별 건폐율

| 대구분 | 중구분 | 세분 | 건폐율 |
|---|---|---|---|
| 도시지역 | 주거지역 | 제1종 전용주거지역 | 50% 이하 |
| | | 제2종 전용주거지역 | 50% 이하 |
| | | 제1종 일반주거지역 | 60% 이하 |
| | | 제2종 일반주거지역 | 60% 이하 |
| | | 제3종 일반주거지역 | 50% 이하 |
| | | 준주거지역 | 70% 이하 |
| | 공업지역 | 전용공업지역 | 70% 이하 |
| | | 일반공업지역 | 70% 이하 |
| | | 준공업지역 | 70% 이하 |
| | 상업지역 | 근린상업지역 | 70% 이하 |
| | | 유통상업지역 | 80% 이하 |
| | | 일반상업지역 | 80% 이하 |
| | | 중심상업지역 | 90% 이하 |
| | 녹지지역 | 보전녹지지역 | 20% 이하 |
| | | 생산녹지지역 | 20% 이하 |
| | | 자연녹지지역 | 20% 이하 |
| 관리지역 | 보전관리지역 | - | 20% 이하 |
| | 생산관리지역 | - | 20% 이하 |
| | 계획관리지역 | - | 40% 이하 |
| 농림지역 | - | - | 20% 이하 |
| 자연환경보전지역 | - | - | 20% 이하 |

**13** | 공인중개사 2014년
제2종전용주거지역의 건폐율의 최대한도는 50%이다. ( )

**14** | 공인중개사 2014년
제1종일반주거지역의 건폐율의 최대한도는 60%이다. ( )

**15** | 공인중개사 2014년
준공업지역의 건폐율의 최대한도는 70%이다. ( )

**16** | 공인중개사 2014년
계획관리지역의 건폐율의 최대한도는 40%이다. ( )

**17** | 공인중개사 2016년
생산녹지지역의 건폐율의 최대한도는 20%이다. ( )

**18** | 공인중개사 2016년
근린상업지역의 건폐율의 최대한도는 70%이다. ( )

**19** | 공인중개사 2016년
유통상업지역의 건폐율의 최대한도는 80%이다. ( )

정답 13 (○), 14 (○), 15 (○), 16 (○), 17 (○), 18 (○), 19 (○)

## 4 용도지역별 용적률

용도지역별 용적률

| 대구분 | 중구분 | 세분 | 용적률(최대) |
|---|---|---|---|
| 도시지역 | 주거지역 | 제1종 전용주거지역 | 100% |
| | | 제2종 전용주거지역 | 150% |
| | | 제1종 일반주거지역 | 200% |
| | | 제2종 일반주거지역 | 250% |
| | | 제3종 일반주거지역 | 300% |
| | | 준주거지역 | 500% |
| | 공업지역 | 전용공업지역 | 300% |
| | | 일반공업지역 | 350% |
| | | 준공업지역 | 400% |
| | 상업지역 | 근린상업지역 | 900% |
| | | 유통상업지역 | 1,100% |
| | | 일반상업지역 | 1,300% |
| | | 중심상업지역 | 1,500% |
| | 녹지지역 | 보전녹지지역 | 80% |
| | | 생산녹지지역 | 100% |
| | | 자연녹지지역 | 100% |
| 관리지역 | 보전관리지역 | - | 80% |
| | 생산관리지역 | - | 80% |
| | 계획관리지역 | - | 100% |
| 농림지역 | - | - | 80% |
| 자연환경보전지역 | - | - | 80% |

**20** | 공인중개사 2021년
근린상업지역의 용적률의 최대한도는 900%이다. ( )

**21** | 공인중개사 2017·2019·2021년
준주거지역의 용적률의 최대한도는 500%이다. ( )

**22** | 공인중개사 2017·2019·2021년
준공업지역의 용적률의 최대한도는 400%이다. ( )

**23** | 공인중개사 2017·2019년
일반공업지역의 용적률의 최대한도는 350%이다. ( )

**24** | 공인중개사 2017·2019년
제3종일반주거지역의 용적률의 최대한도는 300%이다. ( )

**25** | 공인중개사 2019년
제1종전용주거지역의 용적률의 최대한도는 100%이다. ( )

**26** | 공인중개사 2021년
계획관리지역의 용적률의 최대한도는 100%이다. ( )

**27** | 공인중개사 2021년
보전녹지지역의 용적률의 최대한도는 80%이다. ( )

**28** | 공인중개사 2013·2015년
도시지역이 세부 용도지역으로 지정되지 아니한 경우에는 용도지역의 용적률 규정을 적용할 때에 보전녹지지역에 관한 규정을 적용한다. ( )

**정답** 20 (○), 21 (○), 22 (○), 23 (○), 24 (○), 25 (○), 26 (○), 27 (○), 28 (○)

# 용도지구

## 1 용도지구의 의의 및 종류

**01 | 공인중개사 2019년**
용도지구란 토지의 이용 및 건축물의 용도·건폐율·용적률·높이 등에 대한 용도지역의 제한을 강화하거나 완화하여 적용함으로서 용도지역의 기능을 증진시키고 경관·안전 등을 도모하기 위하여 도시·군관리계획으로 결정하는 지역을 말한다. ( )

**02 | 공인중개사 2019년**
보호지구에는 세부적으로 역사문화환경보호지구, 중요시설물보호지구, 생태계보호지구가 있다. ( )

**03 | 공인중개사 2019년**
방재지구에는 세부적으로 자연방재지구, 시가지방재지구, 특정개발방재지구가 있다. ( )

**04 | 공인중개사 2022년**
대도시 시장은 재해의 반복 발생이 우려되는 지역에 대해서는 특정용도제한지구를 지정하여야 한다. ( )

**05 | 공인중개사 2017년**
방재지구의 지정을 도시·군관리계획으로 결정하는 경우 도시·군관리계획의 내용에는 해당 방재지구의 재해저감대책을 포함하여야 한다. ( )

**06 | 공인중개사 2019년**
경관지구에는 세부적으로 자연경관지구, 주거경관지구, 시가지경관지구가 있다. ( )

---

03 (×) 방재지구는 세부적으로 자연방재지구, 시가지방재지구가 있다.
04 (×) 대도시 시장은 재해의 반복 발생이 우려되는 지역에 대해서는 방재지구를 지정할 수 있다.
06 (×) 경관지구에는 세부적으로 자연경관지구, 시가지경관지구, 특화경관지구가 있다.

**정답** 01 (○), 02 (○), 03 (×), 04 (×), 05 (○), 06 (×)

**07** | 공인중개사 2020년

공업기능 및 유통·물류기능을 중심으로 개발·정비할 필요가 있는 용도지구는 산업·유통개발진흥지구이다. ( )

**08** | 공인중개사 2022년

대도시 시장은 유통상업지역에 복합용도지구를 지정할 수 있다. ( )

**09** | 공인중개사 2019년

취락지구에는 세부적으로 자연취락지구, 농어촌취락지구, 집단취락지구가 있다. ( )

**10** | 공인중개사 2017년

집단취락지구란 개발제한구역 안의 취락을 정비하기 위하여 필요한 지구를 말한다. ( )

**11** | 공인중개사 2017년

시·도지사는 법률에서 정하고 있는 용도지구 외에 새로운 용도지구를 신설할 수 없다. ( )

## 2 용도지구의 건축제한

**12** | 공인중개사 2018년

고도지구 안에서는 도시·군관리계획으로 정하는 높이를 초과하는 건축물을 건축할 수 없다. ( )

**13** | 공인중개사 2018년

지구단위계획 또는 관계 법률에 따른 개발계획을 수립하지 아니하는 개발진흥지구에서는 개발진흥지구의 지정목적 범위에서 해당 용도지역에서 허용되는 건축물을 건축할 수 있다. ( )

---

08 (×) 대도시 시장은 주거지역·공업지역·관리지역에 복합용도지구를 지정할 수 있다.
09 (×) 취락지구에는 세부적으로 자연취락지구, 집단취락지구가 있다.
11 (×) 시·도지사는 법률에서 정하고 있는 용도지구 외에 새로운 용도지구를 신설 또는 변경할 수 있다.

**정답** 07 (○), 08 (×), 09 (×), 10 (○), 11 (×), 12 (○), 13 (○)

**14** | 공인중개사 2018년

일반주거지역에 지정된 복합용도지구 안에서는 장례시설을 건축할 수 있다. ( )

**15** | 공인중개사 2018년

방재지구 안에서는 용도지역 안에서의 층수 제한에 있어 1층 전부를 필로티 구조로 하는 경우 필로티 부분을 층수에서 제외한다. ( )

**16** | 공인중개사 2015·2022년

용도지역 안에서의 건축물의 용도·종류 및 규모의 제한에 대한 규정은 도시·군계획시설에 대해서도 적용된다. ( )

**17** | 공인중개사 2014년

자연취락지구 안에서는 4층 이하의 정신병원을 건축할 수 있다. ( )

**18** | 공인중개사 2018년

자연취락지구 안에서는 4층 이하의 방송통신시설을 건축할 수 있다. ( )

---

14 (×) 일반주거지역에 지정된 복합용도지구 안에서는 장례시설을 건축할 수 없다. **보충** 일반주거지역에 지정된 복합용도지구 안에서는 준주거지역에 허용되는 건축물을 건축할 수 있다. 다만, 제2종 근린생활시설 중 안마시술소, 문화 및 집회시설 중 관람장, 공장, 위험물저장 및 처리시설, 동물 및 식물관련시설, 장례시설은 제외한다.

16 (×) 용도지역·용도지구 안에서의 도시·군계획시설에 대하여는 용도지역·용도지구 안에서의 건축제한에 관한 규정을 적용하지 아니한다.

17 (×) 정신병원, 관광휴게시설, 동물전용 장례식장 등은 자연취락지구에 건축할 수 없다.

- 자연취락지구 안에서 건축할 수 있는 건축물(4층 이하의 건축물에 한한다)
  ① 단독주택
  ② 제1종 근린생활시설 - 한의원, 마을회관
  ③ 제2종 근린생활시설 - 노래연습장
  ④ 운동시설
  ⑤ 창고(농업·임업, 축산업·수산업용만 해당한다)
  ⑥ 동물 및 식물관련시설 - 도축장
  ⑦ 교정 및 국방·군사시설
  ⑧ 방송통신시설 - 방송국
  ⑨ 발전시설

**정답** 14 (×), 15 (○), 16 (×), 17 (×), 18 (○)

**19** | 공인중개사 2014·2020년
자연취락지구 안에서는 4층 이하의 단독주택을 건축할 수 있다. ( )

**20** | 공인중개사 2020년
자연취락지구 안에서는 4층 이하의 한의원을 건축할 수 있다. ( )

**21** | 공인중개사 2014년
자연취락지구 안에서는 4층 이하의 노래연습장을 건축할 수 있다. ( )

**22** | 공인중개사 2014년
자연취락지구 안에서는 4층 이하의 축산업용 창고를 건축할 수 있다. ( )

**23** | 공인중개사 2020년
자연취락지구 안에서는 4층 이하의 도축장을 건축할 수 있다. ( )

**24** | 공인중개사 2020년
자연취락지구 안에서는 4층 이하의 동물 전용의 장례식장을 건축할 수 있다. ( )

---

24 (×) 정신병원, 관광휴게시설, 동물전용 장례식장 등은 자연취락지구에 건축할 수 없다.
**정답** 19 (○), 20 (○), 21 (○), 22 (○), 23 (○), 24 (×)

## 용도구역

### 1 개발제한구역·도시자연공원구역·수산자원보호구역

**01** | 공인중개사 2013년
국토교통부장관은 개발제한구역의 지정을 도시·군기본계획으로 결정할 수 있다.　　( )

**02** | 공인중개사 2013년
시·도지사는 도시자연공원구역의 지정을 광역도시계획으로 결정할 수 있다.　　( )

**03** | 공인중개사 2013년
시·도지사는 수산자원보호구역의 변경을 도시·군기본계획으로 결정할 수 있다.　　( )

### 2 입지규제최소구역

**04** | 공인중개사 2018년
도시·군기본계획에 따른 도심·부도심 또는 생활권의 중심지역은 도심지역에서 입지규제최소구역으로 지정할 수 있는 지역이다.　　( )

**05** | 공인중개사 2020년
도시·군관리계획의 결정권자는 도시·군기본계획에 따른 도심·부도심 또는 생활권의 중심지역과 그 주변지역의 전부 또는 일부를 입지규제최소구역으로 지정할 수 있다.　　( )

---

01 (×) 도시·군기본계획(×), 도시·군관리계획(○), 국토교통부장관은 개발제한구역의 지정을 도시·군관리계획으로 결정할 수 있다.
02 (×) 광역도시계획(×), 도시·군관리계획(○), 시·도지사는 도시자연공원구역의 지정을 도시·군관리계획으로 결정할 수 있다.
03 (×) 시·도지사(×), 해양수산부장관(○), 도시·군기본계획(×), 도시·군관리계획(○), 해양수산부장관은 수산자원보호구역의 변경을 도시·군관리계획으로 결정할 수 있다.

정답  01 (×), 02 (×), 03 (×), 04 (○), 05 (○)

**06** | 공인중개사 2018년

세 개 이상의 노선이 교차하는 대중교통 결절지로부터 5킬로미터 이내에 위치한 지역은 도심지역에서 입지규제최소구역으로 지정할 수 있는 지역이다. ( )

**07** | 공인중개사 2018년

철도역사, 터미널 등의 기반시설 중 지역의 거점 역할을 수행하는 시설을 중심으로 주변지역을 집중적으로 정비할 필요가 있는 지역은 도심지역에서 입지규제최소구역으로 지정할 수 있는 지역이다. ( )

**08** | 공인중개사 2018년

「도시 및 주거환경정비법」에 따른 노후·불량건축물이 밀집한 주거지역 또는 공업지역으로 정비가 시급한 지역은 도심지역에서 입지규제최소구역으로 지정할 수 있는 지역이다. ( )

**09** | 공인중개사 2018년

「도시재생 활성화 및 지원에 관한 특별법」에 다른 도시재생활성화지역 중 근린재생형 활성화계획을 수립하는 지역은 도심지역에서 입지규제최소구역으로 지정할 수 있는 지역이다. ( )

---

06 (×) 5km(×), 1km(○), 세 개 이상의 노선이 교차하는 대중교통 결절지로부터 1킬로미터 이내에 위치한 지역은 도시지역에서 입지규제최소구역으로 지정할 수 있다.

- **입지규제최소구역 지정대상**
  ① 도시·군기본계획에 따른 도심·부도심 또는 생활권의 중심지역
  ② 철도역사, 터미널 등의 기반시설 중 지역의 거점 역할을 수행하는 시설을 중심으로 주변지역을 집중적으로 정비할 필요가 있는 지역
  ③ 세 개 이상의 노선이 교차하는 대중교통 결절지로부터 1킬로미터 이내에 위치한 지역
  ④ 「도시 및 주거환경정비법」에 따른 노후·불량건축물이 밀집한 주거지역 또는 공업지역으로 정비가 시급한 지역
  ⑤ 「도시재생 활성화 및 지원에 관한 특별법」에 다른 도시재생활성화지역 중 도시경제기반형 활성화계획을 수립하는 지역
  ⑥ 그 밖에 창의적인 지역개발이 필요한 지역으로 대통령령으로 정하는 지역
    ㉠ 산업입지 및 개발에 관한 법률에 따른 도시첨단산업단지
    ㉡ 빈집 및 소규모주택 정비에 관한 특례법에 따른 소규모주택정비사업의 시행구역
    ㉢ 「도시재생 활성화 및 지원에 관한 특별법」에 따른 도시재생활성화지역 중 근린재생형 활성화계획을 수립하는 지역

**정답** 06 (×), 07 (○), 08 (○), 09 (○)

**10** | 공인중개사 2020년

다른 법률에서 도시·군관리계획의 결정을 의제하고 있는 경우에는 「국토의 계획 및 이용에 관한 법률」에 따르지 아니하고 입지규제최소구역을 지정할 수 있다. ( )

**11** | 공인중개사 2020·2021년

입지규제최소구역에 대하여는 「주차장법」에 따른 부설주차장의 설치에 관한 규정을 적용하지 아니할 수 있다. ( )

### 3 시가화조정구역

**12** | 공인중개사 2013년

국토교통부장관은 시가화조정구역의 변경을 광역도시계획으로 결정할 수 있다. ( )

**13** | 공인중개사 2021년

시가화조정구역은 도시지역과 그 주변지역의 무질서한 시가화를 방지하고 계획적·단계적인 개발을 도모하기 위하여 시·도지사가 도시·군기본계획으로 결정하여 지정하는 용도구역이다. ( )

---

10 (×) 다른 법률에서 도시·군관리계획의 결정을 의제하고 있는 경우에도 「국토의 계획 및 이용에 관한 법률」에 따르지 아니하고 입지규제최소구역을 지정할 수 없다.

11 (○) 입지규제최소구역에 대하여는 다음의 법률 규정을 적용하지 아니할 수 있다.
　① 주택법에 따른 주택의 배치, 부대시설·복리시설의 설치기준 및 대지조성 기준
　② 주차장법에 따른 부설주차장의 설치
　③ 문화예술진흥법에 따른 건축물에 대한 미술작품의 설치
　④ 건축법에 따른 공개 공지 등의 확보

12 (×) 광역도시계획(×), 도시·군관리계획(○), 시가화조정구역의 지정·변경은 시·도지사가 행하고, 국가계획과 연계하여 시가화조정구역의 지정·변경이 필요한 경우에는 국토교통부장관이 직접 도시·군관리계획으로 지정·변경할 수 있다.

13 (×) 도시·군기본계획(×), 도시·군관리계획(○), 시가화조정구역은 도시지역과 그 주변지역의 무질서한 시가화를 방지하고 계획적·단계적인 개발을 도모하기 위하여 시·도지사가 도시·군관리계획으로 결정하여 지정하는 용도구역이다.

**정답** 10 (×), 11 (○), 12 (×), 13 (×)

**14** | 공인중개사 2021년

시가화유보기간은 5년 이상 20년 이내의 기간이다. ( )

**15** | 공인중개사 2021년

시가화유보기간이 끝나면 국토교통부장관 또는 시·도지사는 이를 고시하여야 하고, 시가화조정구역 지정 결정은 그 고시일 다음 날부터 그 효력을 잃는다. ( )

**16** | 공인중개사 2021년

공익상 그 구역 안에서의 사업시행이 불가피한 것으로서 주민의 요청에 의하여 시·도지사가 시가화조정구역의 지정목적달성에 지장이 없다고 인정한 도시·군계획사업은 시가화조정구역에서 시행할 수 있다. ( )

**17** | 공인중개사 2021년

시가화조정구역에서 입목의 벌채, 조림, 육림 행위는 허가 없이 할 수 있다. ( )

---

15 (×) 그 고시일의 다음 날(×), 시가화 유보기간이 끝난 날의 다음 날(○), 시가화유보기간이 끝나면 국토교통부장관 또는 시·도지사는 이를 고시하여야 하고, 시가화조정구역의 지정 결정은 시가화 유보기간이 끝난 날의 다음 날부터 그 효력을 잃는다.

16 (×) 주민의(×), 관계 중앙행정기관의(○), 시·도지사(×), 국토교통부장관(○), 공익상 그 구역 안에서의 사업시행이 불가피한 것으로서 관계 중앙행정기관의 요청에 의하여 국토교통부장관이 시가화조정구역의 지정목적달성에 지장이 없다고 인정한 도시·군계획사업만 시가화조정구역에서 시행할 수 있다.

17 (×) 허가 없이(×), 허가를 받아야(○), 시가화조정구역에서 입목의 벌채, 조림, 육림 행위는 허가를 받아야 할 수 있다.

**정답** 14 (○), 15 (×), 16 (×), 17 (×)

# 지구단위계획

## 1 지구단위계획의 의의·수립·결정

**01** | 공인중개사 **2019년**

도시·군계획 수립 대상지역의 일부에 대하여 토지 이용을 합리화하고 그 기능을 증진시키며 미관을 개선하고 양호한 환경을 확보하며, 그 지역을 체계적·계획적으로 관리하기 위하여 수립하는 도시·군관리계획은 지구단위계획이다.  ( )

**02** | 공인중개사 **2014·2016년**

지구단위계획의 수립기준은 시·도지사가 국토교통부장관과 협의하여 정한다.  ( )

**03** | 공인중개사 **2016·2021년**

지구단위계획구역 및 지구단위계획은 도시·군관리계획으로 결정한다.  ( )

**04** | 공인중개사 **2013년**

지구단위계획구역의 결정은 도시·군관리계획으로 하여야 하나, 지구단위계획의 결정은 그러하지 아니하다.  ( )

**05** | 공인중개사 **2021년**

지구단위계획은 해당 용도지역의 특성을 고려하여 수립한다.  ( )

**06** | 공인중개사 **2014년**

시장 또는 군수가 입안한 지구단위계획의 수립·변경에 관한 도시·군관리계획은 해당 시장 또는 군수가 직접 결정한다.  ( )

---

02 (×) 지구단위계획의 수립기준은 국토교통부장관이 정한다.
04 (×) 지구단위계획구역의 결정 및 지구단위계획의 결정은 도시·군관리계획으로 하여야 한다.

**정답** 01 (○), 02 (×), 03 (○), 0 4(×), 05 (○), 06 (○)

## 2 도시지역의 지구단위계획 지정

**07** | 공인중개사 2016년

두 개의 노선이 교차하는 대중교통 결절지로부터 2km 이내에 위치한 지역은 지구단위계획구역으로 지정하여야 한다. ( )

**08** | 공인중개사 2016년

시·도지사는 「도시개발법」에 따라 지정된 도시개발구역의 전부 또는 일부에 대하여 지구단위계획구역을 지정할 수 있다. ( )

**09** | 공인중개사 2016년

「택지개발촉진법」에 따라 지정된 택지개발지구에서 시행되는 사업이 끝난 후 10년이 지난 지역으로서 관계 법률에 따른 토지 이용과 건축에 관한 계획이 수립되어 있지 않은 지역은 지구단위계획구역으로 지정하여야 한다. ( )

---

07 (×) 세 개 이상의 노선이 교차하는 대중교통 결절지로부터 1km 이내에 위치한 지역은 지구단위계획구역으로 지정할 수 있다.

- 도시지역의 재량적 지구단위계획구역 지정대상지역(지정할 수 있다)
  ① 용도지구
  ② 도시개발법에 지정된 도시개발구역
  ③ 도시 및 주거환경정비법에 따라 지정된 정비구역
  ④ 택지개발촉진법에 따라 지정된 택지개발지구
  ⑤ 주택법에 따른 대지조성사업지구
  ⑥ 산업입지 및 개발에 관한 법률의 산업단지와 준산업단지
  ⑦ 관광진흥법에 따라 지정된 관광단지와 관광특구
  ⑧ 개발제한구역·도시자연공원구역·공원·시가화조정구역에서 해제되는 구역, 녹지지역에서 주거·상업·공업지역으로 변경되는 구역과 새로 도시지역으로 편입되는 구역 중 계획적인 개발 또는 관리가 필요한 지역
  ⑨ 시범도시, 개발행위허가제한지역
  ⑩ 세 개 이상의 노선이 교차하는 대중교통결절지로부터 1km 이내에 위치하는 지역

- 도시지역의 의무적 지정대상지역(지정하여야 한다)
  ① 정비구역, 택지개발지구에서 사업이 끝난 후 10년이 지난 지역
  ② 체계적·계획적인 개발관리가 필요한 지역으로서 면적이 30만 제곱미터 이상인 다음의 지역
    ㉠ 공원 또는 시가화 조정구역에서 해제되는 지역. 다만, 녹지지역으로 지정 또는 존치되거나 법 또는 다른 법령에 의하여 도시·군계획사업 등 개발계획이 수립되지 아니하는 경우를 제외한다.
    ㉡ 녹지지역에서 주거지역·상업지역 또는 공업지역으로 변경되는 지역

**정답** 07 (×), 08 (○), 09 (○)

**10** | 공인중개사 2014년

개발제한구역에서 해제되는 구역 중 계획적인 개발 또는 관리가 필요한 지역은 지구단위계획구역으로 지정될 수 있다. ( )

**11** | 공인중개사 2013년

「주택법」에 따라 대지조성사업지구로 지정된 지역의 전부에 대하여 지구단위계획구역을 지정할 수 있다. ( )

**12** | 공인중개사 2013년

「도시개발법」에 따라 지정된 20만 제곱미터의 도시개발구역에서 개발사업이 끝난 후 10년이 지난 지역은 지구단위계획구역으로 지정하여야 한다. ( )

## 3 도시지역 외의 지역의 지구단위계획 지정

**13** | 공인중개사 2013·2017년

도시지역 외의 지역도 지구단위계획구역으로 지정될 수 있다. ( )

**14** | 공인중개사 2017년

「관광진흥법」에 따라 지정된 관광특구에 대하여 지구단위계획구역을 지정할 수 있다. ( )

---

12 (×) 지정하여야 한다(×). 지정할 수 있다(○). 「도시개발법」에 따라 지정된 20만 제곱미터의 도시개발구역에서 개발사업이 끝난 후 10년이 지난 지역은 지구단위계획구역으로 지정할 수 있다.

13 (○) 지구단위계획구역은 도시지역이 아니더라도 지정할 수 있다. 도시지역 외의 지역을 지구단위계획구역으로 지정하려는 경우에는 다음에 해당하여야 한다.

- 도시지역 외의 지구단위계획구역 지정대상지역
  ① 계획관리지역 : 50% 이상이 계획관리지역으로 다음에 해당하는 지역(다음 생략)
  ② 개발진흥지구 : 개발진흥지구로서 다음의 요건에 해당하는 지역
    ㉠ 주거개발진흥지구, 복합개발진흥지구 및 특정개발진흥지구 : 계획관리지역
    ㉡ 산업·유통개발진흥지구 및 복합개발진흥지구 : 농림지역·생산관리지역·계획관리지역
    ㉢ 관광·휴양개발진흥지구 : 도시지역 외의 지역
  ③ 용도지구를 폐지하고 그 용도지구에서의 행위 제한 등을 지구단위계획으로 대체하려는 지역

**정답** 10 (○), 11 (○), 12 (×), 13 (○), 14 (○)

**15** | 공인중개사 2021년

「관광진흥법」에 따라 지정된 관광단지의 전부 또는 일부에 대하여 지구단위계획구역을 지정할 수 있다. ( )

**16** | 공인중개사 2014년

도시지역 외의 지역으로서 용도지구를 폐지하고 그 용도지구에서의 행위 제한 등을 지구단위계획으로 대체하려는 지역은 지구단위계획구역으로 지정될 수 있다. ( )

## 4 지구단위계획의 내용

**17** | 공인중개사 2017년

건축물의 형태·색채에 관한 계획도 지구단위계획의 내용으로 포함될 수 있다. ( )

## 5 도시지역 내의 지구단위계획구역에서의 규정의 완화

**18** | 공인중개사 2017년

지구단위계획으로 차량진입금지구간을 지정한 경우 「주차장법」에 따른 주차장 설치기준을 최대 80%까지 완화하여 적용할 수 있다. ( )

**19** | 공인중개사 2015년

도시지역 내 지구단위계획구역의 지정이 한옥마을의 보존을 목적으로 하는 경우 지구단위계획으로 「주차장법」 제19조 제3항에 의한 주차장 설치기준을 100퍼센트까지 완화하여 적용할 수 있다. ( )

---

18 (×) 지구단위계획으로 차량진입금지구간을 지정한 경우 「주차장법」에 따른 주차장 설치기준을 최대 100%까지 완화하여 적용할 수 있다.

- 주차장 설치기준의 완화 대상
① 한옥마을을 보존하고자 하는 경우
② 차 없는 거리를 조성하고자 하는 경우(지구단위계획으로 보행자전용도로를 지정하거나 차량의 출입을 금지한 경우를 포함)
③ 그 밖에 국토교통부령(차량진입금지구간)이 정하는 경우

**정답** 15 (○), 16 (○), 17 (○), 18 (×), 19 (○)

## 6 도시지역 외의 지구단위계획구역에서의 규정의 완화

**20** | 공인중개사 2018년

도시지역 외의 지구단위계획구역에서는 지구단위계획으로 당해 용도지역 또는 개발진흥지구에 적용되는 건폐율의 150퍼센트 이내에서 건폐율을 완화하여 적용할 수 있다. ( )

**21** | 공인중개사 2018년

도시지역 외의 지구단위계획구역에서는 지구단위계획으로 당해 용도지역 또는 개발진흥지구에 적용되는 용적률의 200% 이내에서 용적률을 완화하여 적용할 수 있다. ( )

**22** | 공인중개사 2018년

도시지역 외의 지구단위계획구역에서는 지구단위계획으로 당해 용도지역에 적용되는 건축물 높이의 120퍼센트 이내에서 높이제한을 완화하여 적용할 수 있다. ( )

**23** | 공인중개사 2018년

도시지역 외 지구단위계획구역의 계획관리지역에 지정된 개발진흥지구 내의 지구단위계획구역에서는 건축물의 용도·종류 및 규모 등을 완화하여 적용할 수 있다. ( )

**24** | 공인중개사 2018년

도시지역 외 지구단위계획으로 계획관리지역 외의 지역에 지정된 개발진흥지구 내의 지구단위계획구역에서는 건축물의 용도·종류 및 규모 등을 완화하여 적용할 경우 아파트 및 연립주택은 허용되지 아니한다. ( )

---

22 (×) 도시지역 외에서는 용도지역에 적용되는 건축물의 건폐율 및 용적률을 완화하여 적용할 수 있지만 건축물 높이제한을 완화하여 적용할 수 없다. **비교** 용도지역에 적용되는 건축물 높이의 120% 이내에서 높이제한을 완화하여 적용할 수 있는 것은 도시지역 내에 지정하는 지구단위계획구역에서 적용되는 규정이다.

23 (○) 도시지역 외의 지구단위계획구역의 완화 적용
  ① 도시지역 외의 지구단위계획구역에서는 지구단위계획으로 당해 용도지역 또는 개발진흥지구에 적용되는 건폐율의 150% 및 용적률의 200% 이내에서 건폐율 및 용적률을 완화하여 적용할 수 있다.
  ② 도시지역 외의 지구단위계획구역에서는 지구단위계획으로 건축물의 용도·종류 및 규모 등을 완화하여 적용할 수 있다. 다만, 개발진흥지구(계획관리지역에 지정된 개발진흥지구를 제외한다)에 지정된 지구단위계획구역에 대하여는 공동주택 중 아파트 및 연립주택은 허용되지 않는다.

**정답** 20 (○), 21 (○), 22 (×), 23 (○), 24 (○)

## 7 지구단위계획구역의 건축물에 대한 규정

**25** | 공인중개사 2021년

지구단위계획이 수립되어 있는 지구단위계획구역에서 공사기간 중 이용하는 공사용 가설건축물을 건축하려면 그 지구단위계획에 맞게 하여야 한다. ( )

---

25 (×) 지구단위계획구역에서 건축물(일정 기간 내 철거가 예상되는 경우 등 대통령령으로 정하는 가설건축물은 제외한다)을 건축하려면 그 지구단위계획에 맞게 하여야 한다. 공사용 가설건축물은 지구단위계획이 적용되지 않는 건축물이므로 지구단위계획에 맞지 않아도 된다.

- 지구단위계획이 적용되지 않는 가설건축물
① 존치기간이 3년의 범위에서 해당 특별시·광역시·특별자치시·특별자치도·시 또는 군의 도시·군계획조례로 정한 존치기간 이내인 가설건축물
② 재해복구기간 중 이용하는 재해복구용 가설건축물
③ 공사기간 중 이용하는 공사용 가설건축물

정답  25 (×)

# 도시·군계획시설사업

## 1 기반시설의 종류

**01** | 공인중개사 2015년
청소년수련시설은 공공·문화체육시설에 해당한다. ( )

**02** | 공인중개사 2017·2021년
차량 검사 및 면허시설은 교통시설에 해당한다. ( )

**03** | 공인중개사 2017·2021년
방송·통신시설은 유통·공급시설에 해당한다. ( )

**04** | 공인중개사 2017년
하천은 방재시설에 해당한다. ( )

**05** | 공인중개사 2017년
저수지는 방재시설에 해당한다. ( )

**06** | 공인중개사 2014년
사방설비는 방재시설에 해당한다. ( )

**정답** 01 (○), 02 (○), 03 (○), 04 (○), 05 (○), 06 (○)

**07** | 공인중개사 2015년

하수도는 방재시설에 해당한다. ( )

**08** | 공인중개사 2015·2017년

폐차장은 환경기초시설에 해당한다. ( )

**09** | 공인중개사 2021년

폐기물처리 및 재활용시설은 보건위생시설에 해당한다. ( )

**10** | 공인중개사 2015년

유원지는 공간시설에 해당한다. ( )

**11** | 공인중개사 2017년

장사시설은 공간시설에 해당한다. ( )

---

07 (×) 하수도는 환경기초시설에 해당한다.
- 기반시설의 종류
  ① 교통시설 : 도로·철도·항만·공항·주차장·자동차정류장·궤도·차량 검사 및 면허시설
  ② 공간시설 : 광장·공원·녹지·유원지·공공공지
  ③ 유통·공급시설 : 유통업무설비, 수도·전기·가스·열공급설비, 방송·통신시설, 공동구·시장, 유류저장 및 송유설비
  ④ 공공·문화체육시설 : 학교·공공청사·문화시설·공공필요성이 인정되는 체육시설·연구시설·사회복지시설·공공직업훈련시설·청소년수련시설
  ⑤ 방재시설 : 하천·유수지·저수지·방화설비·방풍설비·방수설비·사방설비·방조설비
  ⑥ 보건위생시설 : 장사시설·도축장·종합의료시설
  ⑦ 환경기초시설 : 하수도·폐기물처리 및 재활용시설·빗물저장 및 이용시설·수질오염방지시설·폐차장

09 (×) 폐기물처리 및 재활용시설은 환경기초시설에 해당한다.

11 (×) 장사시설은 보건위생시설에 해당한다.

**정답** 07 (×), 08 (○), 09 (×), 10 (○), 11 (×)

## 2 공동구

**12** 공인중개사 2017·2018·2021년

「도시개발법」에 따른 도시개발구역이 200만 제곱미터를 초과하는 경우 해당 구역에서 개발사업을 시행하는 자는 공동구를 설치하여야 한다. ( )

**13** 공인중개사 2020년

200만㎡를 초과하며, 「산업입지 및 개발에 관한 법률」에 따른 일반산업단지는 공동구를 설치하여야 한다. ( )

**14** 공인중개사 2020년

200만㎡를 초과하며, 「공공주택 특별법」에 따른 공공주택지구는 공동구를 설치하여야 한다. ( )

**15** 공인중개사 2020년

200만㎡를 초과하며, 「도시 및 주거환경정비법」에 따른 정비구역은 공동구를 설치하여야 한다. ( )

**16** 공인중개사 2020년

200만㎡를 초과하며, 「도청이전을 위한 도시건설 및 지원에 관한 특별법」에 따른 도청이전신도시는 공동구를 설치하여야 한다. ( )

---

13 (×) 「산업입지 및 개발에 관한 법률」에 따른 일반산업단지는 공동구를 설치하여야 하는 지역에 해당하지 않는다.

- **공동구 설치**

공동구를 설치하는 경우에 도시·군관리계획으로 그 설치를 결정하여야 하나, 다음의 해당하는 지역·지구·구역 등이 200만㎡를 초과하는 경우, 해당 지역 등에서 개발사업을 시행하는 자는 공동구를 설치하여야 한다.
① 「도시개발법」에 따른 도시개발구역
② 「택지개발촉진법」에 따른 택지개발지구
③ 「경제자유구역의 지정 및 운영에 관한 특별법」에 따른 경제자유지역
④ 「도시 및 주거환경정비법」에 따른 정비구역
⑤ 「공공주택 특별법」에 따른 공공주택지구
⑥ 「도청이전을 위한 도시건설 및 지원에 관한 특별법」에 따른 도청이전신도시

정답 12 (○), 13 (×), 14 (○), 15 (○), 16 (○)

**17** | 공인중개사 2015·2017년

공동구가 설치된 경우 가스관과 하수도관은 공동구협의회의 심의를 거쳐 공동구에 수용할 수 있다. ( )

**18** | 공인중개사 2014년

사업시행자는 공동구의 설치공사를 완료한 때에는 지체 없이 공동구에 수용할 수 있는 시설의 종류와 공동구 설치위치를 일간신문에 공시하여야 한다. ( )

**19** | 공인중개사 2014년

공동구 점용예정자는 공동구에 수용될 시설을 공동구에 수용함으로써 용도가 폐지된 종래의 시설은 사업시행자가 지정하는 기간 내에 철거하여야 하고, 도로는 원상으로 회복하여야 한다. ( )

**20** | 공인중개사 2014년

사업시행자는 공동구의 설치가 포함되는 개발사업의 실시계획인가 등이 있은 후 지체 없이 공동구 점용예정자에게 부담금의 납부를 통지하여야 한다. ( )

**21** | 공인중개사 2014년

공동구관리자가 공동구의 안전 및 유지관리계획을 변경하려면 미리 관계 행정기관의 장과 협의한 후 공동구협의회의 심의를 거쳐야 한다. ( )

**22** | 공인중개사 2014년

공동구관리자는 1년에 1회 이상 공동구의 안전점검을 실시하여야 한다. ( )

**23** | 공인중개사 2017년

공동구관리자는 매년 해당 공동구의 안전 및 유지관리계획을 수립·시행하여야 한다. ( )

---

18 (×) 사업시행자는 공동구의 설치공사를 완료한때에는 지체 없이 공동구를 수용할 수 있는 시설의 종류와 공동구 설치위치를 공동구 점용예정자에게 개별적으로 통지하여야 한다.
23 (×) 공동구관리자는 5년마다 해당 공동구의 안전 및 유지관리계획을 수립·시행하여야 한다.

정답 17 (○), 18 (×), 19 (○), 20 (○), 21 (○), 22 (○), 23 (×)

**24** | 공인중개사 2018년

공동구관리자는 10년마다 해당 공동구의 안전 및 유지관리계획을 수립·시행하여야 한다.
( )

### 3 광역시설

**25** | 공인중개사 2017년

광역시설의 설치 및 관리는 도시·군계획시설의 설치 관리 규정에 따른다. ( )

**26** | 공인중개사 2017·2021년

국가계획으로 설치하는 광역시설은 그 광역시설의 설치·관리를 사업종목으로 하여 다른 법률에 따라 설립된 법인이 설치·관리할 수 있다. ( )

### 4 도시·군계획시설사업 의의 및 집행계획의 수립

**27** | 공인중개사 2021년

도시·군계획시설은 기반시설 중 도시·군관리계획으로 결정된 시설이다. ( )

**28** | 공인중개사 2016년

도시·군관리계획으로 결정된 하천의 정비사업은 도시·군계획시설사업에 해당한다. ( )

**29** | 공인중개사 2017년

광역시장이 도시·군계획시설사업의 단계별집행계획을 수립하고자 하는 때에는 미리 관계 행정기관의 장과 협의하여야 하며, 해당 지방의회의 의견을 들어야 한다. ( )

---

24 (×) 공동구관리자는 5년마다 해당 공동구의 안전 및 유지관리계획을 수립·시행하여야 한다.

**정답** 24 (×), 25 (○), 26 (○), 27 (○), 28 (○), 29 (○)

**30** | 공인중개사 2015·2022년

용도지역 안에서의 건축물의 용도·종류 및 규모의 제한에 대한 규정은 도시·군계획시설에 대해서도 적용된다. ( )

## 5  도시·군계획시설사업의 시행자

**31** | 공인중개사 2021년

도시·군계획시설사업이 같은 도의 관할 구역에 속하는 둘 이상의 시 또는 군에 걸쳐 시행되는 경우에는 국토교통부장관이 시행자를 정한다. ( )

**32** | 공인중개사 2017년

둘 이상의 시 또는 군의 관할 구역에 걸쳐 시행되는 도시·군계획시설사업이 광역도시계획과 관련된 경우, 도지사는 관계 시장 또는 군수의 의견을 들어 직접 시행할 수 있다. ( )

**33** | 공인중개사 2013년

도시·군계획시설사업이 둘 이상의 지방자치단체의 관할 구역에 걸쳐 시행되는 경우, 사업시행자에 대한 협의가 성립되지 아니하는 때에는 사업면적이 가장 큰 지방자치단체가 사업시행자가 된다. ( )

---

30 (×) 용도지역·용도지구 안에서의 도시·군계획시설에 대하여는 용도지역·용도지구 안에서의 건축제한에 관한 규정을 적용하지 아니한다.

31 (×) 도시·군계획시설사업이 같은 도의 관할 구역에 속하는 둘 이상의 시 또는 군에 걸쳐 시행되는 경우에는 관계 시장 또는 군수가 협의하여 시행자를 지정하며, 협의가 성립하지 않는 경우에는 관할 도지사가 시행자를 지정한다.

33 (×) 도시·군계획시설사업이 둘 이상의 지방자치단체의 관할 구역에 걸쳐 시행되는 경우, 사업시행자에 대한 협의가 성립되지 아니하는 때에는 도시·군계획시설사업을 시행하려는 구역이 같은 도의 관할 구역에 속하는 경우에는 관할 도지사가 시행자를 지정하고, 둘 이상의 시·도의 관할 구역에 걸치는 경우에는 국토교통부장관이 시행자를 지정한다.

**정답** 30 (×), 31 (×), 32 (○), 33 (×)

**34** | 공인중개사 2016·2021년

한국토지주택공사, 지방공사에 해당하는 자가 도시·군계획시설사업의 시행자로 지정받으려면 사업 대상 토지 면적의 3분의 2 이상의 토지소유자의 동의를 얻어야 한다. ( )

## 6 시행자와 행정심판

**35** | 공인중개사 2015년

도시·군계획시설사업의 시행자가 행정청인 경우, 시행자의 처분에 대해서는 행정심판을 제기할 수 없다. ( )

**36** | 공인중개사 2017년

행정청이 아닌 시행자의 처분에 대하여는 해당 시행자를 지정한 자에게 행정심판을 제기하여야 한다. ( )

---

34 (×) 한국토지주택공사는 동의를 받지 아니하고도 도시·군계획시설사업의 시행자로 지정을 받을 수 있다.
- **민간시행자지정 동의요건**
  다음에 해당하지 아니하는 자가 도시·군계획시설사업의 시행자로 지정을 받으려면 도시·군계획시설사업의 대상인 토지(국공유지는 제외한다)면적의 3분의 2 이상에 해당하는 토지를 소유하고, 토지 소유자 총수의 2분의 1 이상에 해당하는 자의 동의를 얻어야 한다.
  ① 국가 또는 지방자치단체
  ② 대통령으로 정하는 공공기관(한국농수산식품유통공사, 대한석탄공사, 한국토지주택공사, 한국관광공사, 한국농어촌공사, 한국도로공사, 한국석유공사, 한국수자원공사, 한국전력공사, 한국철도공사)
  ③ 지방공사 및 지방공단
  ④ 다른 법률에 의하여 도시·군계획시설사업이 포함된 사업의 시행자로 지정된 자
  ⑤ 공공시설을 관리할 관리청에 무상으로 귀속되는 공공시설을 설치하고자 하는 자
  ⑥ 국유재산법이나 지방재정법에 따라 기부를 조건으로 시설물을 설치하려는 자

35 (×) 도시·군계획시설사업의 시행자가 행정청인 경우, 시행자의 처분에 대하여 행정심판을 제기할 수 있다.

**정답** 34 (×), 35 (×), 36 (○)

## 7 실시계획의 작성 및 인가 등

**37** | 공인중개사 2021년

도시·군계획시설사업 실시계획에는 사업의 착수예정일 및 준공예정일도 포함되어야 한다. ( )

**38** | 공인중개사 2021년

도시·군계획시설사업 실시계획 인가 내용과 다르게 도시·군계획시설사업을 하여 토지의 원상회복 명령을 받은 자가 원상회복을 하지 아니하면 「행정대집행법」에 따른 행정대집행에 따라 원상회복을 할 수 있다. ( )

**39** | 공인중개사 2017년

시행자는 도시·군계획시설사업을 효율적으로 추진하기 위하여 필요하다고 인정되면 사업시행대상지역을 둘 이상으로 분할하여 시행할 수 있다. ( )

**40** | 공인중개사 2017년

지방자치단체가 직접 시행하는 경우에는 이행보증금을 예치하여야 한다. ( )

**41** | 공인중개사 2017년

행정청인 시행자는 이해관계인의 주소 또는 거소(居所)가 불분명하여 서류를 송달할 수 없는 경우 그 서류의 송달을 갈음하여 그 내용을 공시할 수 있다. ( )

**42** | 공인중개사 2016년

도시·군계획시설사업의 시행자는 도시·군계획시설사업에 필요한 토지나 건축물을 수용할 수 있다. ( )

---

40 (×) 지방자치단체가 직접 시행하는 경우에는 이행보증금 예치 대상에서 제외된다.

- **이행보증금**
  특별시장·광역시장·특별자치시장·특별자치도지사·시장 또는 군수는 기반시설의 설치나 그에 필요한 용지의 확보, 위해 방지, 환경오염 방지, 경관 조성, 조경 등을 위하여 필요하다고 인정되는 경우에는 그 이행을 담보하기 위하여 도시·군계획시설사업의 시행자에 이행보증금을 예치하게 할 수 있다. 다만, 국가 또는 지방자치단체, 공기업, 위탁집행형 준정부기관, 지방공사, 지방공단에 대하여는 이행보증금을 예치하게 할 수 없다.

**정답** 37 (○), 38 (○), 39 (○), 40 (×), 41 (○), 42 (○)

**43** | 공인중개사 2022년

도시·군계획시설사업의 시행자는 개발밀도관리구역, 기반시설부담구역 및 기반시설설치계획에 관한 기초조사를 위하여 타인의 토지에 출입하거나 타인의 토지를 재료 적치장 또는 임시통로로 일시 사용할 수 있다. ( )

## 8 도시·군계획시설부지의 매수청구

**44** | 공인중개사 2017년

도시·군계획시설결정의 고시일부터 5년 이내에 도시·군계획시설사업이 시행되지 아니하는 경우 그 도시·군계획시설의 부지 중 지목이 대(垈)인 토지의 소유자는 그 토지의 매수를 청구할 수 있다. ( )

**45** | 공인중개사 2013년

도시·군계획시설결정의 고시일부터 10년 이내에 도시·군계획시설사업에 관한 실시계획의 인가만 있고 사업이 시행되지 아니하는 경우에는 그 시설부지의 매수청구권이 인정된다. ( )

**46** | 공인중개사 2015년

도시·군계획시설 부지에 대한 매수청구의 대상은 지목이 대(垈)인 토지에 한정되며, 그 토지에 있는 건축물은 포함되지 않는다. ( )

**47** | 공인중개사 2015·2016년

도시·군계획시설사업의 시행자가 정하여진 경우에는 그 시행자에게 토지의 매수를 청구할 수 있다. ( )

---

44 (×) 도시·군계획시설결정의 고시일부터 10년 이내에 도시·군계획시설사업이 시행되지 아니하는 경우 그 도시·군계획시설의 부지 중 지목이 대(垈)인 토지의 소유자는 그 토지의 매수를 청구할 수 있다.

45 (×) 실시계획의 인가나 그에 상당하는 절차가 진행된 경우는 매수청구에서 제외된다. 따라서 도시·군계획시설결정의 고시일부터 10년 이내에 도시·군계획시설사업에 관한 실시계획의 인가만 있고 사업이 시행되지 아니하는 경우에는 그 시설부지의 매수청구 대상에서 제외된다.

46 (×) 도시·군계획시설 부지에서의 매수청구의 대상은 지목이 대(垈)인 토지와 그 토지에 있는 건축물과 정착물을 포함한다.

**정답** 43 (○), 44 (×), 45 (×), 46 (×), 47 (○)

**48** | 공인중개사 2016년

A광역시 도시·군계획시설사업의 매수청구권이 인정되는 경우, 매수의무자는 매수청구를 받은 날부터 6개월 이내에 매수여부를 결정하여 토지소유자와 A광역시장에게 알려야 한다. ( )

**49** | 공인중개사 2014·2015·2021년

도시·군계획시설 부지의 매수청구의 경우, 매수의무자가 매수하기로 결정한 토지는 매수결정을 알린 날부터 2년 이내에 매수하여야 한다. ( )

**50** | 공인중개사 2014년

매수 청구된 토지의 매수가격·매수절차 등에 관하여「국토의 계획 및 이용에 관한 법률」에 특별한 규정이 있는 경우 외에는「공익사업을 위한 토지 등의 취득 및 보상에 관한 법률」을 준용한다. ( )

### 9 도시·군계획시설채권 발행

**51** | 공인중개사 2014년

매수의무자인 지방자치단체가 매수청구를 받은 장기미집행 도시·군계획시설 부지 중 지목이 대인 토지를 매수하는 경우, 토지 소유자가 원하면 도시·군계획시설채권을 발행하여 매수대금을 지급할 수 있다. ( )

**52** | 공인중개사 2014·2015년

매수의무자인 지방자치단체가 매수청구를 받은 장기미집행 도시·군계획시설 부지 중 지목이 대인 토지를 매수하는 경우, 비업무용 토지로서 매수대금이 2천만 원을 초과하는 경우 매수의무자는 그 초과하는 금액에 대해서 도시·군계획시설채권을 발행하여 지급할 수 있다. ( )

---

52 (×) 지방자치단체가 매수청구를 하는 경우, 비업무용 토지로서 매수대금이 3천만 원을 초과하는 경우 매수의무자는 그 초과하는 금액에 대해서 도시·군계획시설채권을 발행하여 지급할 수 있다.

**정답** 48 (○), 49 (○), 50 (○), 51 (○), 52 (×)

**53** | 공인중개사 **2021년**

도시·군계획시설 부지의 매수의무자인 지방공사는 도시·군계획시설채권을 발행하여 그 대금을 지급할 수 있다. ( )

**54** | 공인중개사 **2016년**

한국토지주택공사를 사업시행자로 하는 도시·군계획시설사업에서 한국토지주택공사는 도시·군계획시설채권을 발행하여 그 대금을 지급할 수 있다. ( )

**55** | 공인중개사 **2014·2015·2021년**

도시·군계획시설채권의 상환기간은 10년 이내로 한다. ( )

## 10  매수거부에 대한 조치

**56** | 공인중개사 **2018년**

도시·군계획시설 부지의 매수청구 시 매수의무자가 매수하지 아니하기로 결정한 날부터 1년이 경과하면 토지 소유자는 해당 용도지역에서 허용되는 건축물을 건축할 수 있다.
( )

---

53 (×) 지방공사(×), 지방자치단체(○), 도시·군계획시설 부지의 매수의무자인 지방자치단체는 도시·군계획시설채권을 발행하여 그 대금을 지급할 수 있다.

54 (×) 한국토지주택공사가 사업시행자이므로 도시·군계획시설채권을 발행할 수 없다. 매수의무자가 지방자치단체인 경우에만 도시·군계획시설채권을 발행할 수 있다.

56 (×) 도시·군계획시설 부지의 매수 청구 시 매수의무자가 매수하지 아니하기로 결정한 경우 또는 매수 결정을 알린 날부터 2년이 지날 때까지 해당 토지를 매수하지 아니하는 경우, 매수청구자는 개발행위허가를 받아 다음의 건축물 또는 공작물을 설치할 수 있다.

① 단독주택으로서 3층 이하인 것
② 제1종 근린생활시설로서 3층 이하인 것
③ 제2종 근린생활시설(단란주점, 안마시술소, 노래연습장 및 다중생활시설은 제외)로서 3층 이하인 것
④ 공작물

**정답** 53 (×), 54 (×), 55 (○), 56 (×)

**57** | 공인중개사 2016년

도시·군계획시설사업의 매수청구권이 인정되는 경우, 매수청구에 대해 매수의무자가 매수하지 아니하기로 결정한 경우 토지소유자는 자신의 토지에 2층의 다세대주택을 건축할 수 있다. ( )

**58** | 공인중개사 2015년

도시·군계획시설 부지의 매수청구에서 매수청구를 한 토지의 소유자는 매수의무자가 매수하지 아니하기로 결정한 경우에는 개발행위허가를 받아서 공작물을 설치할 수 있다. ( )

## 11 도시·군계획시설결정의 실효·해제권고·해제신청

**59** | 공인중개사 2016·2017·2018·2019년

도시·군계획시설에 대해서 시설결정이 고시된 날부터 10년이 지날 때까지 도시·군계획시설사업이 시행되지 아니한 경우 그 도시·군계획시설의 결정은 효력을 잃는다. ( )

**60** | 공인중개사 2022년

국토교통부장관이 해당 도시·군계획시설에 대한 도시·군관리계획 결정권자에게 도시·군계획시설결정의 해제를 권고하려는 경우에는 중앙도시계획위원회의 심의를 거쳐야 한다. ( )

**61** | 공인중개사 2013년

지방의회로부터 장기미집행시설의 해제권고를 받은 시장·군수는 도지사가 결정한 도시·군관리계획의 해제를 도시·군관리계획으로 결정할 수 있다. ( )

---

57 (×) 매수의무자가 매수거부 시 토지소유자는 3층 이하의 단독주택을 건축할 수 있다. 다세대주택은 공동주택이므로 건축할 수 없다.

59 (×) 도시·군계획시설에 대해서 시설결정이 고시된 날부터 20년이 지날 때까지 도시·군계획시설사업이 시행되지 아니한 경우 20년이 되는 날의 다음 날에 도시·군계획시설의 결정은 효력을 잃는다.

61 (×) 지방의회로부터 장기미집행시설의 해제권고를 받은 시장·군수는 도지사가 결정한 도시·군관리계획의 해제가 필요한 경우에 도지사에게 도시·군계획시설결정의 해제를 신청하여야 한다.

**정답** 57 (×), 58 (○), 59 (×), 60 (○), 61 (×)

## 62 | 공인중개사 2018년

도시·군계획시설 부지로 되어 있는 토지의 소유자는 도시·군계획시설결정의 실효시까지 그 토지의 도시·군계획시설결정 해제를 위한 도시·군관리계획 입안을 신청할 수 없다.   ( )

## 12 비용부담과 자연취락지구에 대한 지원

### 63 | 공인중개사 2013년

도지사가 시행한 도시·군계획시설사업으로 그 도에 속하지 않는 군이 현저히 이익을 받는 경우, 해당 도지사와 군수 간의 비용부담에 관한 협의가 성립되지 아니하는 때에는 행정안전부장관이 결정하는 바에 따른다.   ( )

### 64 | 공인중개사 2019년

어린이놀이터 및 마을회관의 설치는 국가 또는 지방자치단체가 자연취락지구 안의 주민의 생활편익과 복지증진 등을 위하여 시행하거나 지원할 수 있는 사업이다.   ( )

### 65 | 공인중개사 2019년

쓰레기처리장·하수처리시설의 개량은 국가 또는 지방자치단체가 자연취락지구 안의 주민의 생활편익과 복지증진 등을 위하여 시행하거나 지원할 수 있는 사업이다.   ( )

---

62 (×) 도시·군계획시설 부지로 되어 있는 토지의 소유자는 도시·군계획시설결정의 고시일부터 10년 이내에 도시·군계획시설 설치에 관한 도시·군계획시설사업이 시행되지 아니한 경우로서 단계별집행계획상 도시·군계획시설의 실효시까지 집행계획이 없는 경우에는 해당 도시·군관리계획 입안권자에게 그 토지의 도시·군계획시설결정 해제를 위한 도시·군관리계획 입안을 신청할 수 있다.

64 (○) 국가 또는 지방자치단체는 자연취락지구 안의 주민의 생활편익과 복지증진 등을 위한 사업을 시행하거나 그 사업을 지원할 수 있다.
① 자연취락지구 안에 있거나 자연취락지구에 연결되는 도로·수도공급설비·하수도 등의 정비
② 어린이놀이터·공원·녹지·주차장·학교·마을회관 등의 설치·정비
③ 쓰레기처리장·하수처리시설 등의 설치·개량
④ 하천정비 등 재해방지를 위한 시설의 설치·개량
⑤ 주택의 신축·개량

**정답** 62 (×), 63 (○), 64 (○), 65 (○)

**66** | 공인중개사 2019년

하천정비 등 재해방지를 위한 시설의 설치는 국가 또는 지방자치단체가 자연취락지구 안의 주민의 생활편익과 복지증진 등을 위하여 시행하거나 지원할 수 있는 사업이다. (    )

**67** | 공인중개사 2019년

주택의 개량은 국가 또는 지방자치단체가 자연취락지구 안의 주민의 생활편익과 복지증진 등을 위하여 시행하거나 지원할 수 있는 사업이다. (    )

정답  66 (○), 67 (○)

# CHAPTER 03

## 국토의 계획 및 이용에 관한 법률(3)

| 2014년 | 2015년 | 2016년 | 2017년 | 2018년 | 2019년 | 2020년 | 2021년 | 2022년 |
|--------|--------|--------|--------|--------|--------|--------|--------|--------|
| 3문 | 2문 | 1문 | 1문 | 2문 | 4문 | 5문 | 3문 | 4문 |

**핵심 09** | 개발행위허가
**핵심 10** | 개발밀도관리구역과 기반시설부담구역

# 개발행위허가

## 1 개발행위허가의 기준

**01** | 공인중개사 2020년

도시·군계획으로 경관계획이 수립되어 있는 경우에는 그에 적합할 것은 개발행위허가의 기준에 해당한다. ( )

**02** | 공인중개사 2020년

공유수립매립의 경우 매립목적이 도시·군계획에 적합할 것은 개발행위허가의 기준에 해당한다. ( )

**03** | 공인중개사 2020년

토지의 분할 및 물건을 쌓아놓는 행위에 입목의 벌채가 수반되지 아니할 것은 개발행위허가의 기준에 해당한다. ( )

**04** | 공인중개사 2020년

도시·군계획조례로 정하는 도로의 너비에 관한 기준에 적합할 것은 개발행위허가의 기준에 해당한다. ( )

**05** | 공인중개사 2020년

자금조달계획이 목적사업의 실현에 적합하도록 수립되어 있을 것은 개발행위허가의 기준에 해당한다. ( )

---

05 (×) 자금조달계획이 목적사업의 실현에 적합하도록 수립되어 있을 것은 개발행위허가의 기준에 해당하지 않는다.

**정답** 01 (○), 02 (○), 03 (○), 04 (○), 05 (×)

## 2 개발행위허가의 대상과 예외

**06** | 공인중개사 2013년

전·답 사이의 지목변경을 수반하는 경작을 위한 토지의 형질변경은 개발행위허가의 대상이 아니다. ( )

**07** | 공인중개사 2013·2014년

개발행위허가를 받은 사업면적을 5퍼센트 범위 안에서 축소하거나 확장하는 경우에는 별도의 변경허가를 받을 필요가 없다. ( )

**08** | 공인중개사 2015년

건축물의 건축에 대해 개발행위허가를 받은 후 건축물 연면적을 5 퍼센트 범위 안에서 확대하려면 변경허가를 받아야 한다. ( )

**09** | 공인중개사 2019년

재해복구를 위한 응급조치로서 공작물의 설치를 하려는 자는 도시·군계획사업에 의한 행위가 아닌 한 개발행위허가를 받아야 한다. ( )

**10** | 공인중개사 2015년

도시·군관리계획의 시행을 위한 「도시개발법」에 따른 도시개발사업에 의해 건축물을 건축하는 경우에는 개발행위허가를 받지 않아도 된다. ( )

**11** | 공인중개사 2015년

토지의 일부를 공공용지로 하기 위해 토지를 분할하는 경우에는 개발행위허가를 받지 않아도 된다. ( )

---

07 (×) 확대 또는 축소하는 경우에는(×), 축소하는 경우에는(○), 개발행위허가를 받은 사업면적을 5% 범위 안에서 축소하는 경우에는 변경허가를 받지 않아도 된다. **비교** 개발행위허가를 받은 사업면적을 5% 범위 안에서 확대하는 경우에는 변경허가를 받아야 한다.

09 (×) 재해복구를 위한 응급조치를 한 경우에는 1개월 이내에 특별시장·광역시장·특별자치시장·특별자치도지사·시장 또는 군수에게 신고하여야 한다.

**정답** 06 (○), 07 (×), 08 (○), 09 (×), 10 (○), 11 (○)

**12** | 공인중개사 2022년

토지의 일부가 도시·군계획시설로 지형도면고시가 된 당해 토지의 분할은 개발행위허가를 받아야 한다. ( )

### 3  개발행위허가의 절차

**13** | 공인중개사 2014년

자연녹지지역에서는 도시계획위원회의 심의를 통하여 개발행위허가의 기준을 강화 또는 완화하여 적용할 수 있다. ( )

**14** | 공인중개사 2013년

개발행위를 허가하는 경우에는 조건을 붙일 수 없다. ( )

**15** | 공인중개사 2015·2019년

환경오염 방지조치를 할 것을 조건으로 개발허가행위를 하려는 경우에는 미리 개발행위허가를 신청한 자의 의견을 들어야 한다. ( )

**16** | 공인중개사 2015년

개발행위허가를 하는 경우 미리 허가신청자의 의견을 들어 경관 등에 관한 조치를 할 것을 조건으로 허가할 수 있다. ( )

**17** | 공인중개사 2015·2022년

토지 분할에 대해 개발행위허가를 받은 자가 그 개발행위를 마치면 관할 행정청의 준공검사를 받아야 한다. ( )

---

12 (×) 토지의 일부가 도시·군계획시설로 지형도면고시가 된 당해 토지의 분할은 개발행위허가를 받지 아니하고 할 수 있다.

14 (×) 개발행위를 허가하는 경우에는 기반시설의 설치 또는 그에 필요한 용지의 확보, 위해 방지, 환경오염방지, 경관, 조경 등에 관한 조치를 할 것을 조건으로 개발행위허가를 할 수 있다.

17 (×) 토지 분할에 대해 개발행위허가를 받은 자가 그 개발행위를 마치면 관할 행정청의 준공검사를 받지 아니한다.

**정답** 12 (×), 13 (○), 14 (×), 15 (○), 16 (○), 17 (×)

**18** | 공인중개사 2014년

건축물 건축에 대해 개발행위허가를 받은 자가 건축을 완료하고 그 건축물에 대해 「건축법」상 사용승인을 받은 경우에는 따로 준공검사를 받지 않아도 된다.  ( )

## 4 개발행위허가의 제한 및 이행보증금

**19** | 공인중개사 2022년

국토교통부장관은 개발행위로 인하여 주변의 환경이 크게 오염될 우려가 있는 지역에서 개발행위허가를 제한하고자 하는 경우 중앙도시계획위원회의 심의를 거쳐야 한다. ( )

**20** | 공인중개사 2013년

개발행위로 인하여 주변의 문화재 등이 크게 손상될 우려가 있는 지역에 대해서는 최대 5년까지 개발행위허가를 제한할 수 있다.  ( )

**21** | 공인중개사 2022년

시·도지사는 기반시설부담구역으로 지정된 지역에 대해서는 10년간 개발행위허가를 제한할 수 있다.  ( )

**22** | 공인중개사 2014년

기반시설부담구역으로 지정된 지역에 대해 개발행위허가를 제한하였다가 이를 연장하기 위해서는 중앙도시계획위원회의 심의를 거쳐야 한다.  ( )

**23** | 공인중개사 2019년

국가나 지방자치단체가 시행하는 개발행위에도 이행보증금을 예치하게 하여야 한다.
( )

---

20 (×) 개발행위로 인하여 주변의 문화재 등이 크게 손상될 우려가 있는 지역에 대해서는 최대 3년까지 개발행위허가를 제한할 수 있다.
21 (×) 시·도지사는 기반시설부담구역으로 지정된 지역에 대해서는 3년 이내의 기간 동안 개발행위허가를 제한할 수 있으며 한 차례만 2년 이내의 기간 동안 개발행위허가의 제한을 연장할 수 있다.
22 (×) 기반시설부담구역으로 지정된 지역에 대해 개발행위허가를 제한하였다가 이를 연장하기 위해서는 중앙도시계획위원회의 심의를 거치지 아니하고 1회에 한하여 2년 이내의 기간 동안 개발행위허가의 제한을 연장할 수 있다.
23 (×) 국가나 지방자치단체는 이행보증금을 예치하지 않는다.

**정답** 18 (○), 19 (○), 20 (×), 21 (×), 22 (×), 23 (×)

**24** | 공인중개사 2020년

개발행위허가의 취소와 실시계획인가의 취소는 청문을 하여야 한다. ( )

**25** | 공인중개사 2020년

개발행위허가의 취소와 실시계획인가의 취소, 개발행위허가의 제한을 하는 경우 청문을 하여야 한다. ( )

## 5 성장관리계획구역의 지정

**26** | 공인중개사 2018·2021년

주변지역과 연계하여 체계적인 관리가 필요한 주거지역은 성장관리계획구역으로 지정할 수 있는 지역이다. ( )

**27** | 공인중개사 2018·2021년

개발수요가 많아 무질서한 개발이 진행되고 있는 계획관리지역은 성장관리계획구역으로 지정할 수 있는 지역이다. ( )

---

25 (×) 개발행위허가의 취소와 실시계획인가의 취소는 청문을 하여야 하며, 개발행위허가를 제한하는 경우에는 청문을 하지 않는다.

26 (×) 주거지역은 (이미 성장이 된 지역이므로) 성장관리계획구역을 지정할 수 있는 지역에 해당하지 않는다. 주변지역과 연계하여 체계적인 관리가 필요한 지역은 성장관리계획구역으로 지정할 수 있다. 녹지지역, 관리지역, 농림지역 및 자연환경보전지역이 이에 해당한다.

- **성장관리계획구역의 지정**
  특별시장·광역시장·특별자치시장·특별자치도지사·시장 또는 군수는 녹지지역, 관리지역, 농림지역 및 자연환경보전지역 중 다음의 어느 하나에 해당하는 지역의 전부 또는 일부에 대하여 성장관리계획구역을 지정할 수 있다.
  ① 개발수요가 많아 무질서한 개발이 진행되고 있거나 진행될 것으로 예상되는 지역
  ② 주변의 토지이용이나 교통여건 변화 등으로 향후 시가화가 예상되는 지역
  ③ 주변지역과 연계하여 체계적인 관리가 필요한 지역
  ④ 「토지이용규제 기본법」에 따른 지역·지구 등의 변경으로 토지이용에 대한 행위제한이 완화되는 지역
  ⑤ 그 밖에 난개발의 방지와 체계적인 관리가 필요한 지역으로서 대통령령으로 정하는 지역

**정답** 24 (○), 25 (×), 26 (×), 27 (○)

**28** | 공인중개사 2018·2021년

개발수요가 많아 무질서한 개발이 진행될 것으로 예상되는 생산관리지역은 성장관리계획구역으로 지정할 수 있는 지역이다. ( )

**29** | 공인중개사 2018·2021년

주변의 토지이용 변화 등으로 향후 시가화가 예상되는 농림지역은 성장관리계획구역으로 지정할 수 있는 지역이다. ( )

**30** | 공인중개사 2018·2021년

교통여건 변화 등으로 향후 시가화가 예상되는 자연환경보전지역은 성장관리계획구역으로 지정할 수 있는 지역이다. ( )

**31** | 공인중개사 2020년

「국토의 계획 및 이용에 관한 법률」 제58조에 따른 시가화 용도 지역은 성장관리방안의 수립 대상 지역이다. ( )

**32** | 공인중개사 2022년

시장 또는 군수는 공업지역 중 향후 시가화가 예상되는 지역의 전부 또는 일부에 대하여 성장관리계획구역을 지정할 수 있다. ( )

---

31 (×) 성장관리방안의 수립 대상지역은 녹지지역, 관리지역, 농림지역 및 자연환경보전지역이다. 따라서 시가화 용도 지역은 성장관리방안의 수립 대상지역이 아니다.

32 (×) 시장 또는 군수는 녹지지역, 관리지역, 농림지역 및 자연환경보전지역 중 향후 시가화가 예상되는 지역의 전부 또는 일부에 대하여 성장관리계획구역을 지정할 수 있다.

**정답** 28 (○), 29 (○), 30 (○), 31 (×), 32 (×)

## 6 성장관리계획구역의 수립

**33** | 공인중개사 2020년

기반시설의 배치와 규모에 관한 사항은 성장관리방안에 포함되지 않을 수 있다. ( )

**34** | 공인중개사 2020년

계획관리지역에서 경관계획을 포함하는 성장관리방안을 수립한 경우에는 50퍼센트 이하의 범위에서 조례로 건폐율을 정할 수 있다. ( )

**35** | 공인중개사 2022년

성장관리계획구역 내 생산녹지지역에서는 30퍼센트 이하의 범위에서 성장관리계획으로 정하는 바에 따라 건폐율을 완화하여 적용할 수 있다. ( )

**36** | 공인중개사 2022년

성장관리계획구역 내 보전관리지역에서는 125퍼센트 이하의 범위에서 성장관리계획으로 정하는 바에 따라 용적률을 완화하여 적용할 수 있다. ( )

**37** | 공인중개사 2014년

개발행위허가의 신청 내용이 성장관리방안의 내용에 어긋나는 경우에는 개발행위허가를 하여서는 아니 된다. ( )

---

33 (×) 기반시설의 배치와 규모에 관한 사항은 성장관리방안에 반드시 포함되어야 하는 내용이다.
- 성장관리계획구역의 수립
  특별시장·광역시장·특별자치시장·특별자치도지사·시장 또는 군수는 성장관리계획구역을 지정할 때에는 다음의 사항 중 그 성장관리계획구역의 지정목적을 이루는 데 필요한 사항을 포함하여 성장관리계획을 수립하여야 한다.
  ① 도로, 공원 등 기반시설의 배치와 규모에 관한 사항
  ② 건축물의 용도제한, 건축물의 건폐율 또는 용적률
  ③ 건축물의 배치, 형태, 색채 및 높이
  ④ 환경관리 및 경관계획
  ⑤ 그 밖에 난개발의 방지와 체계적인 관리에 필요한 사항으로서 대통령령으로 정하는 사항
36 (×) 성장관리계획구역 내 계획관리지역에서는 125퍼센트 이하의 범위에서 성장관리계획으로 정하는 바에 따라 용적률을 완화하여 적용할 수 있다.

**정답** 33 (×), 34 (○), 35 (○), 36 (×), 37 (○)

**38** | 공인중개사 2022년

시장 또는 군수가 성장관리계획구역을 지정하려면 시·도지사의 의견을 들은 후 중앙도시계획위원회의 심의를 거쳐야 한다. ( )

## 7 공공시설의 귀속

**39** | 공인중개사 2021·2022년

개발행위허가를 받은 행정청이 기존의 공공시설에 대체되는 공공시설을 설치한 경우에는 새로 설치된 공공시설은 그 시설을 관리할 관리청에 무상으로 귀속된다. ( )

**40** | 공인중개사 2021년

개발행위허가를 받은 자가 행정청이 아닌 경우, 개발행위허가를 받은 자가 새로 설치한 공공시설은 그 시설을 관리할 관리청에 무상으로 귀속된다. ( )

**41** | 공인중개사 2019·2022년

개발행위허가를 받은 자가 행정청인 경우, 그가 기존의 공공시설에 대체되는 공공시설을 설치하면 기존의 공공시설은 대체되는 공공시설의 설치비용에 상당하는 범위 안에서 개발행위허가를 받은 자에게 무상으로 양도될 수 있다. ( )

**42** | 공인중개사 2013·2019·2021년

개발행위허가를 받은 자가 행정청이 아닌 경우, 개발행위의 용도가 폐지되는 공공시설은 개발행위허가를 받은 자에게 무상으로 귀속된다. ( )

---

38 (×) 시장 또는 군수가 성장관리계획구역을 지정하려면 미리 주민과 지방의회의 의견을 들어야 하며, 관계 행정기관과의 협의 및 지방도시계획위원회의 심의를 거쳐야 한다.

41 (×) 개발행위허가를 받은 자가 행정청인 경우, 개발행위로 용도가 폐지되는 공공시설은 개발행위허가를 받은 자에게 전부 무상으로 귀속된다.

42 (×) 개발행위허가를 받은 자가 행정청이 아닌 경우, 그가 기존의 공공시설에 대체되는 공공시설을 설치하면 기존의 공공시설은 대체되는 공공시설의 설치비용에 상당하는 범위 안에서 개발행위허가를 받은 자에게 무상으로 양도될 수 있다.

**정답** 38 (×), 39 (○), 40 (○), 41 (×), 42 (×)

**43** | 공인중개사 2021년

개발행위허가를 받은 행정청은 개발행위가 끝나 준공검사를 마친 때에는 해당 시설의 관리청에 공공시설의 종류와 토지의 세목을 통지하여야 한다. ( )

**44** | 공인중개사 2022년

개발행위허가를 받은 자가 행정청인 경우, 관리청에 귀속되거나 개발행위허가를 받은 자에게 양도될 공공시설은 준공검사를 받음으로써 관리청과 개발행위허가를 받은 자에게 각각 귀속되거나 양도된 것으로 본다. ( )

**45** | 공인중개사 2022년

개발행위허가를 받은 자가 행정청인 경우, 개발행위허가를 받은 자는 국토교통부장관의 허가를 받아 그에게 귀속된 공공시설의 처분으로 인한 수익금을 도시·군계획사업 외의 목적에 사용할 수 있다. ( )

---

44 (×) 개발행위허가를 받은 자가 행정청인 경우, 관리청에 귀속되거나 개발행위허가를 받은 자에게 양도될 공공시설은 그 공공시설의 종류와 토지의 세목을 통지한 날에 관리청과 개발행위허가를 받은 자에게 각각 귀속되거나 양도된 것으로 본다.

45 (×) 개발행위허가를 받은 자가 행정청인 경우, 개발행위허가를 받은 자는 국토교통부장관의 허가를 받아 그에게 귀속된 공공시설의 처분으로 인한 수익금을 도시·군계획사업 외의 목적에 사용할 수 없다.

**정답** 43 (○), 44 (×), 45 (×)

#  개발밀도관리구역과 기반시설부담구역

## 1 개발밀도관리구역

**01 | 공인중개사 2018년**
주거·상업지역에서의 개발행위로 기반시설의 수용능력이 부족할 것으로 예상되는 지역 중 기반시설의 설치가 곤란한 지역은 기반시설부담구역으로 지정할 수 있다. ( )

**02 | 공인중개사 2013년**
주거지역에서의 개발행위로 기반시설의 용량이 부족할 것으로 예상되는 지역 중 기반시설의 설치가 곤란한 지역으로서, 향후 2년 이내에 당해 지역의 학생 수가 학교수용능력을 20퍼센트 이상 초과할 것으로 예상되는 지역은 개발밀도관리구역으로 지정될 수 있다. ( )

**03 | 공인중개사 2018년**
개발밀도관리구역에서는 당해 용도지역에 적용되는 건폐율 또는 용적률을 강화 또는 완화하여 적용할 수 있다. ( )

**04 | 공인중개사 2013·2021·2022년**
시장 또는 군수는 개발밀도관리구역에서는 해당 용도지역에 적용되는 용적률의 최대한도의 50퍼센트 범위에서 용적률을 강화하여 적용한다. ( )

**05 | 공인중개사 2019년**
개발밀도관리구역을 지정하려는 경우에는 시장 또는 군수는 주민의 의견을 들어야 한다고 명시되어 있다. ( )

---

01 (×) 기반시설부담구역(×), 개발밀도관리구역(○), 주거·상업지역에서의 개발행위로 기반시설의 수용능력이 부족할 것으로 예상되는 지역 중 기반시설의 설치가 곤란한 지역은 개발밀도관리구역으로 지정할 수 있다.
03 (×) 개발밀도관리구역에서는 당해 용도지역에 적용되는 건폐율 또는 용적률을 강화하여 적용한다.
05 (×) 개발밀도관리구역을 지정하려는 경우에는 주민의 의견을 듣는 절차는 없으며, 지방도시계획위원회의 심의를 거쳐 이를 지방자치단체의 공보와 인터넷 홈페이지에 고시해야 한다.

**정답** 01 (×), 02 (○), 03 (×), 04 (○), 05 (×)

**06** | 공인중개사 2021년

시장 또는 군수가 개발밀도관리구역을 변경하는 경우 관할 지방도시계획위원회의 심의를 거치지 않아도 된다. ( )

**07** | 공인중개사 2018년

군수가 개발밀도관리구역을 지정하려면 지방도시계획위원회의 심의를 거쳐 도지사의 승인을 받아야 한다. ( )

## 2 기반시설부담구역의 지정

**08** | 공인중개사 2016·2019년

광역시장은 「국토의 계획 및 이용에 관한 법률」의 개정으로 인하여 행위 제한이 완화되는 지역에 대하여는 이를 기반시설부담구역으로 지정할 수 없다. ( )

**09** | 공인중개사 2013·2022년

기반시설의 설치가 필요하다고 인정하는 지역으로서 해당지역의 전년도 개발행위허가 건수가 전전년도 개발행위 허가 건수보다 20퍼센트 이상 증가한 지역은 기반시설부담구역으로 지정하여야 한다. ( )

---

06 (×) 시장 또는 군수가 개발밀도관리구역을 변경하는 경우 관할 지방도시계획위원회의 심의를 거쳐야 한다.

07 (×) 군수가 개발밀도관리구역을 지정하려면 지방도시계획위원회의 심의를 거쳐야 한다. 그러나 도지사의 승인은 받지 아니한다.

08 (×) 광역시장은 「국토의 계획 및 이용에 관한 법률」의 개정으로 인하여 행위 제한이 완화되는 지역에 대하여는 이를 기반시설부담구역으로 지정하여야 한다.

- 기반시설부담구역의 지정

다음의 어느 하나에 해당하는 지역에 대하여는 기반시설부담구역으로 지정하여야 한다.
① 이 법 또는 다른 법령의 제정·개정으로 인하여 행위 제한이 완화되거나 해제되는 지역
② 이 법 또는 다른 법령에 따라 지정된 용도지역 등이 변경되거나 해제되어 행위 제한이 완화되는 지역
③ 개발행위허가 현황 및 인구증가율 등을 고려하여 대통령령으로 정하는 다음의 지역
  ㉠ 해당 지역의 전년도 개발행위허가 건수가 전전년도 개발행위 건수보다 20% 이상 증가한 지역
  ㉡ 해당 지역의 전년도 인구증가율이 그 지역이 속하는 특별시·광역시·특별자치시·특별자치도·시 또는 군의 전년도 인구증가율보다 20% 이상 높은 지역

**정답** 06 (×), 07 (×), 08 (×), 09 (○)

**10** | 공인중개사 2014·2016년

동일한 지역에 대해 기반시설부담구역과 개발밀도관리 구역을 중복하여 지정할 수 있다.
( )

**11** | 공인중개사 2013년

기반시설부담구역은 개발밀도관리구역 외의 지역에서 지정된다. ( )

### 3 기반시설부담구역의 지정절차와 기반시설설치계획

**12** | 공인중개사 2019년

기반시설부담구역을 지정하려는 경우에는 시장 또는 군수는 주민의 의견을 들어야 하며, 지방도시계획위원회의 심의를 거쳐 공보와 홈페이지에 고시하여야 한다. ( )

**13** | 공인중개사 2018·2019·2022년

기반시설부담구역이 지정되면 광역시장은 대통령령으로 정하는 바에 따라 기반시설설치계획을 수립하여야 하며, 이를 도시·군관리계획에 반영하여야 한다. ( )

**14** | 공인중개사 2019년

지구단위계획을 수립한 경우에는 기반시설설치계획을 수립한 것으로 본다. ( )

**15** | 공인중개사 2014·2019·2021·2022년

기반시설부담구역의 지정고시일부터 2년이 되는 날까지 기반시설설치계획을 수립하지 아니하면 그 2년이 되는 날의 다음날에 구역의 지정은 해제된 것으로 본다. ( )

---

10 (×) 기반시설부담구역과 개발밀도관리구역은 중복하여 지정할 수 없다.

15 (×) 기반시설부담구역의 지정고시일부터 1년이 되는 날까지 기반시설설치계획을 수립하지 아니하면 그 1년이 되는 날의 다음 날에 구역의 지정은 해제된 것으로 본다.

**정답** 10 (×), 11 (○), 12 (○), 13 (○), 14 (○), 15 (×)

## 4 기반시설부담구역에 설치가 필요한 기반시설 및 기반시설유발계수

**16** | 공인중개사 2014·2015·2016년

공원, 도로, 대학, 폐기물처리시설, 녹지는 기반시설부담구역에 설치가 필요한 기반시설에 해당한다. ( )

**17** | 공인중개사 2014년

제1종 근린생활시설, 공동주택, 의료시설, 업무시설, 숙박시설 중 기반시설유발계수가 가장 높은 것은 숙박시설이다. ( )

**18** | 공인중개사 2019년

단독주택, 장례시설, 관광휴게시설, 제2종 근린생활시설, 비금속 광물제품 제조공장 중 기반시설유발계수가 가장 큰 것은 관광휴게시설이다. ( )

**19** | 공인중개사 2017년

의료시설과 교육연구시설의 기반시설유발계수는 같다. ( )

---

16 (×) 공원, 도로, 폐기물처리시설, 녹지는 기반시설부담구역에 설치가 필요한 기반시설에 해당하지만 대학(고등교육법에 따른 학교)은 기반시설부담구역에 설치가 필요한 기반시설에 해당하지 않는다.

17 (×) 보기 중 기반시설유발계수가 가장 높은 것은 제1종 근린생활시설(1.3)이다.

- 기반시설유발계수
  ① 위락시설 : 2.1
  ② 관광휴게시설 : 1.9
  ③ 제2종 근린생활시설 : 1.6
  ④ 자원순환 관련 시설, 종교시설, 문화 및 집회시설, 운수시설 : 1.4
  ⑤ 제1종 근린생활시설, 판매시설 : 1.3
  ⑥ 숙박시설 : 1.0
  ⑦ 의료시설 : 0.9
  ⑧ 단독주택, 공동주택, 교육연구시설, 노유자시설, 수련시설, 운동시설, 업무시설 : 0.7

19 (×) 의료시설의 기반시설유발계수는 0.9이고, 교육연구시설의 기반시설유발계수 0.70이다.

**정답** 16 (×), 17 (×), 18 (○), 19 (×)

## 5 기반시설설치비용의 부과 대상

**20** | 공인중개사 2020년

기반시설부담구역에서 기반시설설치비용의 부과 대상인 건축행위는 제2조 제20호에 따른 시설(단독주택 및 숙박시설 등)로서 200㎡(기존 건축물의 연면적을 포함한다)를 초과하는 건축물의 신축·증축 행위로 한다. ( )

**21** | 공인중개사 2018년

기반시설부담구역에서 개발행위를 허가받고자 하는 자에게는 기반시설설치비용을 부과하여야 한다. ( )

**22** | 공인중개사 2016년

기존 건축물을 철거하고 신축하는 건축행위가 기반시설 설치비용의 부과대상이 되는 경우에는 기존 건축물의 건축연면적을 초과하는 건축행위만 부과대상으로 한다. ( )

**23** | 공인중개사 2016년

기반시설부담구역 내에서 「주택법」에 따른 리모델링을 하는 건축물은 기반시설설치비용의 부과대상이 아니다. ( )

---

21 (×) 기반시설부담구역에서 개발행위를 허가받고자 하는 자 모두에게 기반시설설치비용을 부과하는 것은 아니며 다음의 행위를 하는 자에게만 기반시설설치비용을 부과한다. 기반시설부담구역에서 기반시설설치비용의 부과 대상인 건축행위는 단독주택 및 숙박시설 등 대통령령으로 정하는 시설로서 200㎡를 초과하는 건축물의 신축·증축 행위로 한다. 다만, 기본 건축물을 철거하고 신축하는 경우에는 기존 건축물의 건축 연면적을 초과하는 건축행위만 부과대상으로 한다.

**정답** 20 (○), 21 (×), 22 (○), 23 (○)

## 6 기반시설설치비용의 부과 및 납부 등

**24** | 공인중개사 2021년

시장 또는 군수는 기반시설설치비용 납부의무자가 지방자치단체로부터 건축허가를 받은 날부터 3개월 이내에 기반시설설치비용을 부과하여야 한다. ( )

**25** | 공인중개사 2017·2021년

기반시설설치비용 납부의무자는 사용승인 신청 후 7일까지 그 비용을 내야 한다. ( )

**26** | 공인중개사 2017·2022년

기반시설설치비용의 관리 및 운용을 위하여 기반시설부담구역별로 특별회계가 설치되어야 한다. ( )

**27** | 공인중개사 2017년

기반시설설치비용 산정시 기반시설을 설치하는 데 필요한 용지비용도 산입된다. ( )

**28** | 공인중개사 2013·2014·2017년

기반시설설치비용은 현금으로 납부하여야 하며, 부과대상 토지 및 이와 비슷한 토지로 납부할 수 없다. ( )

---

24 (×) 시장 또는 군수는 기반시설설치비용 납부의무자가 지방자치단체로부터 건축허가를 받은 날부터 2개월 이내에 기반시설설치비용을 부과하여야 한다.
25 (×) 기반시설설치비용 납부의무자는 사용승인 신청시까지 그 비용을 내야 한다.
28 (×) 기반시설설치비용은 현금으로 납부하여야 하며, 부과대상 토지 및 이와 비슷한 토지로 하는 납부를 인정할 수 있다.

**정답** 24 (×), 25 (×), 26 (○), 27 (○), 28 (×)

 MEMO

모두공인공인중개사 **슈퍼리멤버**

# PART 02
# 도시개발법

# CHAPTER 01

## 도시개발법

| 2014년 | 2015년 | 2016년 | 2017년 | 2018년 | 2019년 | 2020년 | 2021년 | 2022년 |
| --- | --- | --- | --- | --- | --- | --- | --- | --- |
| 6문 | 6문 | 6문 | 6문 | 6문 | 6문 | 6문 | 6문 | 6문 |

**핵심 11** | 개발계획
**핵심 12** | 도시개발구역의 지정
**핵심 13** | 도시개발구역의 시행자
**핵심 14** | 도시개발조합 및 실시계획
**핵심 15** | 수용 또는 사용방식의 사업시행
**핵심 16** | 환지방식의 사업시행
**핵심 17** | 도시개발사업의 비용부담

## 핵심테마 11 개발계획

### 1 개발계획의 수립시기

**01** | 공인중개사 **2015년**

해당 도시개발구역에 포함되는 주거지역이 전체 도시개발구역 지정 면적의 100분의 40인 지역을 도시개발구역으로 지정할 때 도시개발구역을 지정한 후에 개발계획을 수립할 수 있다. ( )

**02** | 공인중개사 **2015·2019년**

자연녹지지역에서 도시개발구역을 지정한 이후 도시개발사업의 계획을 수립하는 것은 허용되지 아니한다. ( )

**03** | 공인중개사 **2015년**

도시지역 외의 지역에 도시개발구역을 지정할 경우 도시개발구역을 지정한 후에 개발계획을 수립할 수 있다. ( )

---

01 (×) 해당 도시개발구역에 포함되는 주거지역·상업지역·공업지역의 면적의 합계가 전체 도시개발구역 지정면적의 100분의 30 이하인 지역을 도시개발구역으로 지정하는 경우에 도시개발구역을 지정한 후에 개발계획을 수립할 수 있다.

- **도시개발구역 지정 후 개발계획을 수립하는 경우**
  - ㉮ 원칙 : 도시개발구역의 지정권자는 도시개발구역을 지정하려면 해당 도시개발구역에 대한 도시개발사업의 계획을 수립하여야 한다.
  - ㉯ 예외 : 다음에 해당하는 지역에 도시개발구역을 지정할 때에는 도시개발구역을 지정한 후에 개발계획을 수립할 수 있다.
    ① 자연녹지지역
    ② 생산녹지지역(생산녹지지역이 도시개발구역 지정면적의 100분의 30 이하인 경우만 해당)
    ③ 도시지역 외의 지역(관리지역, 농림지역, 자연환경보전지역)
    ④ 국토교통부장관이 국가균형발전을 위하여 관계 중앙행정기관의 장과 협의하여 도시개발구역으로 지정하려는 지역(자연환경보전지역은 제외)
    ⑤ 해당 도시개발구역에 포함되는 주거지역·상업지역·공업지역의 면적의 합계가 전체 도시개발구역 지정면적의 100분의 30 이하인 지역
    ⑥ 개발계획 공모하는 경우

02 (×) 자연녹지지역에 도시개발구역을 지정할 때 도시개발구역을 지정한 후에 개발계획을 수립할 수 있다.

**정답** 01 (×), 02 (×), 03 (○)

**04** | 공인중개사 2014년

계획관리지역에 도시개발구역을 지정할 때에는 도시개발구역을 지정한 후에 개발계획을 수립할 수 있다. ( )

**05** | 공인중개사 2015년

국토교통부장관이 국가균형발전을 위하여 관계 중앙행정기관의 장과 협의하여 상업지역에 도시개발구역을 지정할 경우 도시개발구역을 지정한 후에 개발계획을 수립할 수 있다. ( )

**06** | 공인중개사 2015년

개발계획을 공모하는 경우 도시개발구역을 지정한 후에 개발계획을 수립할 수 있다. ( )

## 2 개발계획의 수립기준과 내용

**07** | 공인중개사 2015년

도시·군기본계획이 수립되어 있는 지역에 대하여 개발계획을 수립하려면 개발계획의 내용이 해당 도시·군기본계획에 들어맞도록 하여야 한다. ( )

**08** | 공인중개사 2020년

환경보전계획, 재원조달계획의 설치계획은 도시개발구역을 지정한 후에 개발계획에 포함시킬 수 있다. ( )

**09** | 공인중개사 2015년

세입자의 주거 및 생활 안정 대책에 관한 사항은 도시개발구역을 지정한 후에 개발계획의 내용으로 포함시킬 수 있다. ( )

---

08 (×) 다음에 해당하는 내용은 도시개발구역을 지정한 후에 개발계획에 포함시킬 수 있다.
- 도시개발구역 지정 후 개발계획에 포함시킬 수 있는 내용
① 도시개발구역 밖의 지역에 기반시설을 설치하는 경우 그 시설의 설치에 필요한 비용의 부담계획
② 수용 또는 사용의 대상이 되는 토지·건축물의 세부목록
③ 임대주택건설계획 등 세입자 등의 주거 및 생활 안정 대책
④ 순환개발 등 단계적 사업추진이 필요한 경우 사업추진 계획 등

**정답** 04 (○), 05 (○), 06 (○), 07 (○), 08 (×), 09 (○)

### 3 개발계획 수립시 동의

**10** | 공인중개사 2017년

환지방식의 도시개발사업에 대한 계획을 수립하려고 할 때 너비가 10m인 도로를 신설 또는 폐지하는 경우에는 토지소유자의 동의를 받아야 한다. ( )

**11** | 공인중개사 2017년

환지방식의 도시개발사업에 대한 계획을 수립하려고 할 때 사업시행지구를 분할하거나 분할된 사업시행지구를 통합하는 경우에는 토지소유자의 동의를 받아야 한다. ( )

**12** | 공인중개사 2017년

기반시설을 제외한 도시개발구역의 용적률이 종전보다 100분의 4 증가하는 경우에는 토지소유자의 동의를 받아야 한다. ( )

---

10 (×) 너비가 12m 이상인 도로를 신설 또는 폐지하는 경우 토지소유자의 동의를 받아야 한다.
- 환지 방식의 도시개발사업에 대한 개발계획 수립
  ㉮ 원칙 : 환지방식의 도시개발사업에 대한 개발계획을 수립하려면 환지방식이 적용되는 지역의 토지면적의 3분의 2 이상에 해당하는 토지 소유자와 그 지역의 토지 소유자 총수의 2분의 1 이상의 동의를 받아야 한다. 환지방식으로 시행하기 위하여 개발계획을 변경하려는 경우에도 또한 같다.
  ㉯ 도시개발사업의 시행자가 국가나 지방자치단체이면 토지 소유자의 동의를 받을 필요가 없다.
    ① 너비가 12m 이상인 도로를 신설 또는 폐지하는 경우
    ② 사업시행지구를 분할하거나 분할된 사업시행지구를 통합하는 경우
    ③ 도로를 제외한 기반시설의 면적이 종전보다 100분의 10 이상으로 증감하거나 신설되는 기반시설의 총면적이 종전 기반시설 면적의 100분의 5 이상인 경우
    ④ 수용예정인구가 종전보다 100분의 10 이상 증감하는 경우(변경 이후 수용예정인구가 3천 명 미만인 경우는 제외한다)
    ⑤ 기반시설을 제외한 도시개발구역의 용적률이 종전보다 100분의 5 이상 증가하는 경우
    ⑥ 기반시설의 설치에 필요한 비용이 종전보다 100분의 5 이상 증가하는 경우
    ⑦ 사업시행방식을 변경하는 경우 등

12 (×) 100분의 4(×), 100분의 5 이상(○), 기반시설을 제외한 도시개발구역의 용적률이 종전보다 100분의 5 이상 증가하는 경우에는 토지소유자의 동의를 받아야 한다.

**정답** 10 (×), 11 (○), 12 (×)

**13** | 공인중개사 2017년

도로를 제외한 기반시설의 면적이 종전보다 100분의 4 증가하는 경우에는 토지소유자의 동의를 받아야 한다.  ( )

**14** | 공인중개사 2017년

수용예정인구가 종전보다 100분의 5 증가하여 2천 6백 명이 되는 경우에는 토지소유자의 동의를 받아야 한다.  ( )

**15** | 공인중개사 2013·2014·2015·2020년

지정권자는 도시개발사업을 환지 방식으로 시행하려고 개발계획을 수립할 때 시행자가 지방자치단체인 경우 토지소유자의 동의를 받아야 한다.  ( )

---

13 (×) 100분의 4(×), 100분의 10 이상(○), 도로를 제외한 기반시설의 면적이 종전보다 100분의 10 이상으로 증감하거나 신설되는 기반시설의 총면적이 종전 기반시설 면적의 100분의 5 이상인 경우에는 토지소유자의 동의를 받아야 한다.

14 (×) 100분의 5(×), 100분의 10 이상(○), 수용예정인구가 종전보다 100분의 10 이상 증감하는 경우(변경 이후 수용예정인구가 3천 명 미만인 경우는 제외한다)에는 토지소유자의 동의를 받아야 한다.

15 (×) 지정권자는 도시개발사업을 환지 방식으로 시행하려고 개발계획을 수립할 때 시행자가 지방자치단체인 경우 토지소유자의 동의를 받을 필요가 없다.

**정답** 13 (×), 14 (×), 15 (×)

# 도시개발구역의 지정

## 1 도시개발구역의 지정권자

**01** | 공인중개사 2014년

서울특별시와 광역시를 제외한 인구 50만 이상의 대도시의 시장은 도시개발구역을 지정할 수 있다. ( )

**02** | 공인중개사 2019년

대도시 시장은 직접 도시개발구역을 지정할 수 없고, 도지사에게 그 지정을 요청하여야 한다. ( )

**03** | 공인중개사 2019년

도시개발사업이 필요하다고 인정되는 지역이 둘 이상의 도의 행정구역에 걸치는 경우에는 해당 면적이 더 넓은 행정구역의 도지사가 도시개발구역을 지정하여야 한다. ( )

---

02 (×) 대도시 시장은 직접 도시개발구역을 지정할 수 있다.

03 (×) 도시개발사업이 필요하다고 인정되는 지역이 둘 이상의 도의 행정구역에 걸치는 경우에는 도지사가 협의하여 지정할 자를 정한다.

**정답** 01 (○), 02 (×), 03 (×)

**04** | 공인중개사 2015년

지방공사의 장이 30만 제곱미터 규모로 도시개발구역의 지정을 요청하는 경우 국토교통부장관이 도시개발구역을 지정할 수 있다. ( )

**05** | 공인중개사 2015년

국가가 도시개발사업을 실시할 필요가 있는 경우 국토교통부장관이 도시개발구역을 지정할 수 있다. ( )

**06** | 공인중개사 2015년

관계 중앙행정기관의 장이 요청하는 경우 국토교통부장관이 도시개발구역을 지정할 수 있다. ( )

**07** | 공인중개사 2015년

둘 이상의 시·도 또는 대도시의 행정구역에 걸치는 경우로서 시·도지사 또는 대도시 시장의 협의가 성립되지 아니하는 경우 국토교통부장관이 도시개발구역을 지정할 수 있다. ( )

**08** | 공인중개사 2015·2019년

천재지변, 그 밖의 사유로 인하여 도시개발사업을 긴급하게 할 필요가 있는 경우 국토교통부장관이 도시개발구역을 지정할 수 있다. ( )

---

04 (×) 지방공사의 장(×), 공공기관의 장 또는 정부출연기관의 장(○), 공공기관의 장 또는 정부출연기관의 장이 30만㎡ 이상으로서 국가계획과 밀접한 관련이 있는 도시개발구역의 지정을 제안하는 경우 국토교통부장관이 도시개발구역을 지정할 수 있다.

- **국토교통부장관이 도시개발구역의 지정권자인 경우**
① 국가가 도시개발사업을 실시할 필요가 있는 경우
② 관계 중앙행정기관의 장이 요청하는 경우
③ 공공기관의 장 또는 정부출연기관의 장이 30만㎡ 이상으로서 국가계획과 밀접한 관련이 있는 도시개발구역의 지정을 제안하는 경우
④ 둘 이상의 시·도 또는 대도시의 행정구역에 걸치는 경우로서 시·도지사 또는 대도시 시장의 협의가 성립되지 아니하는 경우
⑤ 천재지변, 그 밖의 사유로 인하여 도시개발사업을 긴급하게 할 필요가 있는 경우

**정답** 04 (×), 05 (○), 06 (○), 07 (○), 08 (○)

## 2 도시개발구역의 지정제안·지정요청 및 지정대상 지역

**09** | 공인중개사 2018년

토지 소유자가 도시개발구역의 지정을 제안하려는 경우에는 대상 구역 토지면적의 2분의 1 이상에 해당하는 토지 소유자의 동의를 받아야 한다. ( )

**10** | 공인중개사 2014년

군수가 도시개발구역의 지정을 요청하려는 경우 주민이나 관계전문가 등으로부터 의견을 들어야 한다. ( )

**11** | 공인중개사 2014·2018년

주거지역 및 상업지역은 1만㎡ 이상, 공업지역은 3만㎡ 이상, 자연녹지지역은 1만㎡ 이상, 생산녹지지역은 1만㎡ 이상 도시지역 외의 지역은 원칙적으로 30만㎡ 이상 일 때 도시개발구역으로 지정할 수 있다. ( )

## 3 도시개발구역의 분할 및 결합

**12** | 공인중개사 2013·2015년

서로 떨어진 둘 이상의 지역은 결합하여 하나의 도시개발구역으로 지정될 수 없다. ( )

**13** | 공인중개사 2015·2019년

도시개발구역의 총 면적이 1만 제곱미터 미만인 경우 둘 이상의 사업시행지구로 분할하여 지정할 수 있다. ( )

---

09 (×) 토지소유자가 도시개발구역의 지정을 제안하려는 경우에는 대상 구역의 토지 면적의 3분의 2 이상에 해당하는 토지 소유자의 동의를 받아야 한다.

12 (×) 도시개발구역의 지정권자는 도시개발사업의 효율적인 추진과 도시의 경관 보호 등을 위하여 필요하다고 인정하는 경우에는 도시개발구역을 둘 이상의 사업시행지구로 분할하거나 서로 떨어진 둘 이상의 지역을 결합하여 하나의 도시개발구역으로 지정할 수 있다.

13 (×) 1만㎡ 미만(×), 1만㎡ 이상(○), 도시개발구역을 둘 이상의 사업시행지구로 분할할 경우 분할 후 각각 면적이 1만㎡ 이상인 경우에는 둘 이상의 사업시행지구로 분할하여 지정할 수 있다.

**정답** 09 (×), 10 (○), 11 (○), 12 (×), 13 (×)

## 4 도시개발구역의 지정절차

**14** | 공인중개사 2013년

광역시장이 개발계획을 변경하는 경우 군수 또는 구청장은 광역시장으로부터 송부받은 관계 서류를 일반인에게 공람시키지 않아도 된다. ( )

## 5 도시개발구역에서의 행위제한

**15** | 공인중개사 2021년

토지의 합병은 도시개발구역에서 허가를 받아야 할 행위이다. ( )

**16** | 공인중개사 2021년

토지의 채취, 죽목의 식재, 공유수면의 매립, 「건축법」에 따른 건축물의 용도 변경은 도시개발구역에서 허가를 받아야 할 행위이다. ( )

---

14 (×) 광역시장이 개발계획을 변경하는 경우 군수 또는 구청장은 광역시장으로부터 송부받은 관계 서류를 일반인에게 공람시켜야 한다.

15 (×) 토지의 합병은 도시개발구역에서 허가를 받아야 할 행위가 아니다. [비교] 토지분할은 도시개발구역에서 허가를 받아야 할 행위이다.

- 도시개발구역내 개발행위허가
  ① 건축물(가설건축물을 포함)의 건축, 대수선 또는 용도 변경
  ② 공작물의 설치 : 인공을 가하여 제작한 시설물의 설치
  ③ 토지의 형질변경 : 절토·성토·정지·포장 등의 방법으로 토지의 형상을 변경하는 행위, 토지의 굴착 또는 공유수면의 매립
  ④ 토석의 채취 : 흙·모래·자갈·바위 등의 토석을 채취하는 행위. 다만, 토지의 형질 변경을 목적으로 하는 것은 제3호에 따른다.
  ⑤ 토지분할
  ⑥ 물건을 쌓아놓는 행위 : 옮기기 쉽지 아니한 물건을 1개월 이상 쌓아놓는 행위
  ⑦ 죽목의 벌채 및 식재

정답 14 (×), 15 (×), 16 (○)

## 6 도시개발구역 지정의 해제의제

**17** | 공인중개사 2013년

도시개발구역의 지정은 도시개발사업의 공사 완료의 공고일에 해제된 것으로 본다. (　)

**18** | 공인중개사 2020년

도시개발구역을 지정한 후 개발계획을 수립하는 경우, 도시개발구역이 지정·고시된 날부터 2년이 되는 날까지 개발계획을 수립·고시하지 아니하는 경우에는 그 2년이 되는 날 도시개발구역의 지정이 해제된 것으로 본다. 다만, 도시개발구역의 면적이 330만㎡ 이상인 경우에는 5년으로 한다. (　)

**19** | 공인중개사 2020년

도시개발구역을 지정한 후 개발계획을 수립하는 경우, 개발계획을 수립·고시한 날부터 3년이 되는 날까지 실시계획 인가를 신청하지 아니하는 경우에는 그 3년이 되는 날 도시개발구역의 지정이 해제된 것으로 본다. 다만, 도시개발구역의 면적이 330만㎡ 이상인 경우에는 5년으로 한다. (　)

**20** | 공인중개사 2013년

도시개발사업의 공사 완료로 도시개발구역의 지정이 해제의제된 경우에는 도시개발구역의 용도지역은 해당도시개발구역 지정 전의 용도지역으로 환원되거나 폐지된 것으로 본다. (　)

---

17 (×) 도시개발구역의 지정은 도시개발사업의 공사 완료의 공고일 다음날에 해제된 것으로 본다.

20 (○) 공사완료에 따라 도시개발구역의 지정이 해제의제된 경우에는 환원되거나 폐지된 것으로 보지 아니한다.
　**비교** 도시개발구역의 지정이 해제의제된 경우에는 그 도시개발구역에 대한 용도지역 및 지구단위계획구역은 해당 도시개발구역 지정 전의 용도지역 및 지구단위계획구역으로 각각 환원되거나 폐지된 것으로 본다.

**정답** 17 (×), 18 (○), 19 (○), 20 (○)

# 도시개발구역의 시행자

## 1 시행자의 지정

**01** | 공인중개사 2018년
국가는 도시개발사업의 시행자가 될 수 있다. ( )

**02** | 공인중개사 2018년
국가철도공단은 「역세권의 개발 및 이용에 관한 법률」에 따른 역세권개발사업을 시행하는 경우에만 도시개발사업의 시행자가 된다. ( )

**03** | 공인중개사 2022년
한국부동산원은 도시개발사업의 시행자가 될 수 있다. ( )

**04** | 공인중개사 2016·2020년
조합은 도시개발사업 전부를 환지 방식으로 시행하는 경우에 도시개발사업의 시행자가 될 수 있다. ( )

---

03 (×) 한국부동산원은 도시개발사업의 시행자가 될 수 없다. **보충** 도시개발사업의 시행자는 다음의 자 중에서 지정권자가 지정한다.
① 국가나 지방자치단체
② 대통령령으로 정하는 공공기관
  ㉠ 한국토지주택공사
  ㉡ 한국수자원공사
  ㉢ 한국농어촌공사
  ㉣ 한국관광공사
  ㉤ 한국철도공사
  ㉥ 혁신도시 조성 및 발전에 관한 특별법에 따른 매입공공기관
③ 대통령령으로 정하는 정부출연기관
  ㉠ 국가철도공단(「역세권의 개발 및 이용에 관한 법률」에 따른 역세권개발사업을 시행하는 경우에만 해당한다)
  ㉡ 제주특별자치도 설치 및 국제자유도시 조성을 위한 특별법에 따른 제주국제자유도시개발센터
④ 지방공사

**정답** 01 (○), 02 (○), 03 (×), 04 (○)

**05** | 공인중개사 2019년

지정권자가 '도시개발구역 전부를 환지방식으로 시행하는 도시개발사업'을 '지방자치단체의 장이 집행하는 공공시설에 관한 사업'과 병행하여 시행할 필요가 있다고 인정하는 경우에는 국가를 시행자로 지정할 수 있다. ( )

## 2 시행자의 변경

**06** | 공인중개사 2017·2018년

사업시행자가 도시개발구역 지정의 고시일부터 6개월 이내에 실시계획의 인가를 신청하지 아니하는 경우 도시개발구역 지정권자가 시행자를 변경할 수 있다. ( )

**07** | 공인중개사 2017·2018년

도시개발사업에 관한 실시계획의 인가를 받은 후 2년 이내에 사업을 착수하지 아니하는 경우 도시개발구역 지정권자가 시행자를 변경할 수 있다. ( )

**08** | 공인중개사 2017년

사업시행자의 부도로 도시개발사업의 목적을 달성하기 어렵다고 인정되는 경우 도시개발구역 지정권자가 시행자를 변경할 수 있다. ( )

**09** | 공인중개사 2017년

행정처분으로 실시계획의 인가가 취소된 경우 도시개발구역 지정권자가 시행자를 변경할 수 있다. ( )

---

05 (×) 지정권자가 '도시개발구역 전부를 환지방식으로 시행하는 도시개발사업'을 '지방자치단체의 장이 집행하는 공공시설에 관한 사업'과 병행하여 시행할 필요가 있다고 인정하는 경우에는 지방자치단체, 한국토지주택공사, 지방공사, 신탁업자를 시행자로 지정할 수 있다.

06 (×) 지정권자는 도시개발구역의 전부를 환지 방식으로 시행하는 경우로서 시행자로 지정된 자가 1년 이내에 도시개발사업에 관한 실시계획의 인가를 신청하지 아니하는 경우에는 시행자를 변경할 수 있다.

- 도시개발사업의 시행자를 변경할 수 있는 경우
  ① 실시계획의 인가를 받은 후 2년 이내에 사업을 착수하지 아니하는 경우
  ② 시행자의 부도·파산 그 밖에 이와 비슷한 사유로 인하여 도시개발사업의 목적을 달성하기 어렵다고 인정되는 경우
  ③ 행정처분에 따라 시행자의 지정 또는 실시계획의 인가가 취소된 경우
  ④ 도시개발구역의 전부를 환지방식으로 시행하는 경우 시행자로 지정된 자가 도시개발구역 지정의 고시일로부터 1년 이내에 개발사업에 관한 실시계획의 인가를 신청하지 아니하는 경우

**정답** 05 (×), 06 (×), 07 (○), 08 (○), 09 (○)

## 3 도시개발사업의 대행

**10** | 공인중개사 2017년

공공사업시행자인 국가, 지방자치단체, 공공기관(한국토지주택공사, 한국관광공사 등), 정부출연기관(국가철도공단 등), 지방공사는 도시개발사업을 효율적으로 시행하기 위하여 필요한 경우에는 대통령령으로 정하는 바에 따라 설계·분양 등 도시개발사업의 일부를 「주택법」 제4조에 따른 주택건설사업자 등으로 하여금 대행하게 할 수 있다. ( )

**11** | 공인중개사 2018·2019년

도시개발사업의 시행자인 국가 또는 지방자치단체가 「주택법」에 따른 주택건설사업자에게 대행하게 할 수 있는 도시개발사업의 범위에는 실시설계, 기반시설공사, 부지조성공사, 조성된 토지의 분양 등이 있다. ( )

정답 10 (○), 11 (○)

# 도시개발조합 및 실시계획

## 1 도시개발조합의 설립인가

**01** | 공인중개사 **2016·2018년**
조합을 설립하려면 도시개발구역의 토지 소유자 7명 이상이 국토교통부장관에게 조합 설립의 인가를 받아야 한다. ( )

**02** | 공인중개사 **2022년**
조합의 설립인가를 받은 조합의 대표자는 설립인가를 받은 날부터 30일 이내에 주된 사무소의 소재지에서 설립등기를 하여야 한다. ( )

**03** | 공인중개사 **2022년**
조합은 그 주된 사무소의 소재지에서 등기를 하면 성립한다. ( )

**04** | 공인중개사 **2018·2022년**
조합이 인가받은 사항 중 주된 사무소의 소재지를 변경하려는 경우 변경인가를 받아야 한다. ( )

**05** | 공인중개사 **2018·2020·2022년**
조합 설립의 인가를 신청하려면 해당 도시개발구역의 토지면적의 2분의 1 이상에 해당하는 토지 소유자와 그 구역의 토지 소유자 총수의 3분의 2 이상의 동의를 받아야 한다. ( )

---

01 (×) 국토교통부장관(×), 지정권자(○), 조합을 설립하려면 도시개발구역의 토지소유자 7명 이상이 지정권자에게 조합 설립의 인가를 받아야 한다.

04 (×) 변경인가(×), 신고(○), 조합이 인가받은 사항 중 주된 사무소의 소재지를 변경하려는 경우 신고를 하여야 한다.

05 (×) 토지면적의 3분의2 이상(○), 토지 소유자 총수의 2분의 1 이상(○), 조합 설립의 인가를 신청하려면 해당 도시개발구역의 토지면적의 3분의 2 이상에 해당하는 토지 소유자와 그 구역의 토지 소유자 총수의 2분의 1 이상의 동의를 받아야 한다.

**정답** 01 (×), 02 (○), 03 (○), 04 (×), 05 (×)

**06** | 공인중개사 2016년

조합 설립의 인가를 신청하려면 국공유지를 제외한 해당 도시개발구역의 토지면적의 3분의 2 이상에 해당하는 토지 소유자와 그 구역의 토지 소유자 총수의 2분의 1 이상의 동의를 받아야 한다. ( )

**07** | 공인중개사 2016년

조합이 작성하는 정관에는 도시개발구역의 면적이 포함되어야 한다. ( )

**08** | 공인중개사 2020년

토지소유자가 조합설립인가 신청에 동의하였다면 이후 조합 설립인가의 신청 전에 그 동의를 철회하였더라도 그 토지소유자는 동의자 수에 포함된다. ( )

## 2 도시개발조합의 조합원 및 임원

**09** | 공인중개사 2014·2022년

조합원은 도시개발구역 내의 토지소유자 및 저당권자로 한다. ( )

**10** | 공인중개사 2014년

조합원은 도시개발구역 내에 보유한 토지면적에 비례하여 의결권을 가진다. ( )

**11** | 공인중개사 2020년

조합원은 보유토지의 면적과 관계없는 평등한 의결권을 가지므로, 공유 토지의 경우 공유자별로 의결권이 있다. ( )

---

06 (×) 조합설립의 인가를 신청하는 경우 면적 산정 시 국공유지를 포함하여 산정한다.

08 (×) 포함된다(×). 제외된다(○). 토지소유자가 조합 설립인가 신청에 동의하였더라도 이후 조합 설립인가의 신청 전에 그 동의를 철회하면 그 토지소유자는 동의자 수에서 제외된다.

09 (×) 토지소유자 및 저당권자(×), 토지소유자(○), 조합원은 도시개발구역 내의 토지소유자로 한다.

10 (×) 면적에 비례하여(×), 면적에 관계없이 평등한(○), 조합원은 도시개발구역 내에 보유한 토지면적에 관계없이 평등한 의결권을 가진다.

11 (×) 공유자별로(×), 공유대표자 1명만(○), 공유 토지의 경우에는 공유자의 동의를 받은 공유대표자 1명만 의결권이 있다.

**정답** 06 (×), 07 (○), 08 (×), 09 (×), 10 (×), 11 (×)

**12** | 공인중개사 2014년

의결권이 없는 조합원도 조합의 임원이 될 수 있다. ( )

**13** | 공인중개사 2013년

이사는 의결권을 가진 조합원이어야 한다. ( )

**14** | 공인중개사 2013·2016년

조합의 이사는 그 조합의 조합장을 겸할 수 없다. ( )

**15** | 공인중개사 2013년

조합장은 총회·대의원회 또는 이사회의 의장이 된다. ( )

**16** | 공인중개사 2013년

감사의 선임은 총회의 의결을 거쳐야 한다. ( )

**17** | 공인중개사 2013년

이사의 자기를 위한 조합과의 계약에 관하여는 조합장이 조합을 대표한다. ( )

**18** | 공인중개사 2018년

금고 이상의 형을 선고받고 그 집행이 끝나지 아니한 자는 조합원이 될 수 없다. ( )

**19** | 공인중개사 2014년

조합원으로 된 자가 금고 이상의 형의 선고를 받은 경우에는 그 사유가 발생한 다음 날부터 조합원의 자격을 상실한다. ( )

---

12 (×) 의결권이 없는 조합원은 조합의 임원이 될 수 없다.
17 (×) 조합장 또는 이사의 자기를 위한 조합과의 계약이나 소송에 관하여는 감사가 조합을 대표한다.
18 (×) 금고 이상의 형을 선고받고 그 집행이 끝나지 아니한 자는 조합원이 될 수 있다. **비교** 금고 이상의 형을 선고받고 그 집행이 끝나지 아니한 자는 조합의 임원이 될 수 없다.
19 (×) 조합원(×), 조합임원(○), 조합임원으로 선임된 자가 금고 이상의 형의 선고를 받은 경우에는 그 사유가 발생한 다음 날부터 임원의 자격을 상실한다.

**정답** 12 (×), 13 (○), 14 (○), 15 (○), 16 (○), 17 (×), 18 (×), 19 (×)

**20** | 공인중개사 2020년

도시개발구역의 토지소유자가 미성년자인 경우에는 조합의 조합원이 될 수 없다. ( )

**21** | 공인중개사 2018년

의결권을 가진 조합원의 수가 50인 이상인 조합은 총회의 권한을 대행하게 하기 위하여 대의원회를 둘 수 있다. ( )

**22** | 공인중개사 2020년

대의원회는 총회의 권한을 대행하여 정관을 변경할 수 있다. ( )

**23** | 공인중개사 2020년

환지예정지의 지정은 대의원회가 총회의 권한을 대행할 수 있다. ( )

**24** | 공인중개사 2014년

조합원이 정관에 따라 부과된 부과금을 체납하는 경우 조합은 특별자치도지사·시장·군수 또는 구청장에게 그 징수를 위탁할 수 있다. ( )

---

20 (×) 도시개발구역의 토지소유자가 미성년자인 경우에도 조합의 조합원이 될 수 있다. 비교 도시개발구역의 토지소유자가 미성년자인 경우에는 조합의 임원이 될 수 없다.

22 (×) 정관의 변경은 대의원회에서 대행할 수 없다. 대의원회에서 대행할 수 없고 총회의 의결을 거쳐야 하는 사항은 다음과 같다.

- 총회의 의결사항(대위원회에서 대행할 수 없는 사항)
① 정관의 변경
② 개발계획의 수립 및 변경
③ 조합임원의 선임
④ 조합의 합병 또는 해산
⑤ 환지계획의 작성

**정답** 20 (×), 21 (○), 22 (×), 23 (○), 24 (○)

## 3 실시계획의 작성·인가·고시

**25** | 공인중개사 2020년

시행자가 작성하는 실시계획에는 지구단위계획이 포함되어야 한다. ( )

**26** | 공인중개사 2020년

지정권자가 시행자가 아닌 경우 시행자는 작성된 실시 계획에 관하여 지정권자의 인가를 받아야 한다. ( )

**27** | 공인중개사 2018·2020년

지정권자인 국토교통부장관이 실시계획을 작성하는 경우 시장·군수 또는 구청장의 의견을 미리 들어야 한다. ( )

**28** | 공인중개사 2018년

인가를 받은 실시계획 중 사업시행면적의 100분의 20이 감소된 경우 지정권자의 변경인가를 받을 필요가 없다. ( )

---

27 (×) 지정권자인 국토교통부장관이 실시계획을 작성하는 경우 시·도지사 또는 대도시 시장의 의견을 미리 들어야 한다.

28 (×) 인가를 받은 실시계획 중 사업시행면적의 100분의 10이 범위에서 감소된 경우에는 경미한 변경에 해당하여 지정권자의 변경인가를 받을 필요가 없다.

- 실시계획 인가의 경미한 변경
  ① 사업시행면적의 100분의 10의 범위에서의 면적의 감소
  ② 사업시행면적의 100분의 10의 범위에서의 사업비의 증감

**정답** 25 (○), 26 (○), 27 (×), 28 (×)

## 4 실시계획의 고시 및 인·허가 등의 의제

**29** | 공인중개사 2018년

도시개발사업을 환지 방식으로 시행하는 구역에 대하여 지정권자가 실시계획을 작성한 경우에는 사업의 명칭·목적, 도시·군관리계획의 결정내용을 관할 등기소에 통보·제출하여야 한다. ( )

**30** | 공인중개사 2012·2020년

고시된 실시계획의 내용 중 「국토의 계획 및 이용에 관한 법률」에 따라 도시·군관리계획으로 결정하여야 하는 사항이 종전에 도시·군관리계획으로 결정된 사항에 저촉되면 종전에 도시·군관리계획으로 결정된 사항이 우선하여 적용된다. ( )

**31** | 공인중개사 2020년

실시계획의 인가에 의해 「주택법」에 따른 사업계획의 승인은 의제될 수 있다. ( )

**32** | 공인중개사 2018년

실시계획을 인가할 때 지정권자가 해당 실시계획에 대한 하수도법에 따른 공공하수도 공사시행의 허가에 관하여 관계 행정기관의 장과 협의한 때에는 해당 허가를 받은 것으로 본다. ( )

---

29 (×) 도시·군관리계획의 결정내용은 관할 등기소에 통보·제출해야 할 사항에 해당하지 않는다. **비교** 도시개발사업을 환지 방식으로 시행하는 구역에 대하여 지정권자가 실시계획을 작성한 경우에는 사업의 명칭·목적, 도시개발구역의 위치 및 면적, 시행자, 시행기간, 시행방식을 관할 등기소에 통보·제출하여야 한다.

30 (×) 고시된 실시계획의 내용 중 「국토의 계획 및 이용에 관한 법률」에 따라 도시·군관리계획으로 결정하여야 하는 사항은 같은 법에 따른 도시·군관리계획이 결정되어 고시된 것으로 본다. 이 경우 종전에 도시·군관리계획으로 결정된 사항 중 고시 내용에 저촉되는 사항은 고시된 실시계획의 내용으로 변경된 것으로 본다.

**정답** 29 (×), 30 (×), 31 (○), 32 (○)

# 수용 또는 사용방식의 사업시행

## 1 도시개발사업의 시행방식

**01 | 공인중개사 2019년**
계획적이고 체계적인 도시개발 등 집단적인 조성과 공급이 필요한 경우에는 환지 방식으로 정하여야 하며, 다른 시행방식에 의할 수 없다. ( )

**02 | 공인중개사 2019년**
분할 혼용방식은 수용 또는 사용 방식이 적용되는 지역과 환지 방식이 적용되는 지역을 사업시행지구별로 분할하여 시행하는 방식이다. ( )

**03 | 공인중개사 2019년**
시행자는 도시개발사업의 시행방식을 토지 등을 수용 또는 사용하는 방식, 환지 방식 또는 이를 혼용하는 방식 중에서 정하여 국토교통부장관의 허가를 받아야 한다. ( )

## 2 사업시행방식의 변경

**04 | 공인중개사 2019년**
도시개발구역지정 이후에는 도시개발사업의 시행방식을 변경할 수 없다. ( )

---

01 (×) 계획적이고 체계적인 도시개발 등 집단적인 조성과 공급이 필요한 경우에는 수용 또는 사용 방식으로 사업시행방식을 정한다.
03 (×) 시행자는 도시개발사업의 시행방식을 토지 등을 수용 또는 사용하는 방식, 환지 방식 또는 이를 혼용하는 방식 중에서 정하며, 국토교통부장관의 허가를 받지는 않는다.
04 (×) 도시개발구역지정 이후에도 도시개발사업의 시행방식을 변경할 수 있다. 지정권자는 도시개발구역 지정 이후 지가상승 등 여건의 변화로 도시개발사업 시행방식 지정 당시의 요건을 충족하지 못하거나 다른 사업시행방식의 요건을 충족하는 경우에는 도시개발사업의 시행방식을 변경할 수 있다.

**정답** 01 (×), 02 (○), 03 (×), 04 (×)

**05** | 공인중개사 2021년

도시개발사업을 시행하는 지방자치단체는 도시개발구역지정 이후 그 시행방식을 혼용방식에서 수용 또는 사용방식으로 변경할 수 있다. ( )

## 3 토지 등의 수용

**06** | 공인중개사 2016년

시행자가 아닌 지정권자는 도시개발사업에 필요한 토지 등을 수용할 수 있다. ( )

**07** | 공인중개사 2021년

도시개발사업을 시행하는 정부출연기관이 그 사업에 필요한 토지를 수용하려면 사업대상 토지면적의 3분의 2 이상에 해당하는 토지를 소유하고 토지 소유자 총수의 2분의 1 이상에 해당하는 자의 동의를 받아야 한다. ( )

**08** | 공인중개사 2019년

「지방공기업법」에 따라 설립된 지방공사가 시행자인 경우 토지소유자 전원의 동의 없이는 도시개발사업에 필요한 토지 등을 수용하거나 사용할 수 없다. ( )

---

05 (×) 수용 또는 사용방식(×), 전부 환지방식(○), 도시개발사업을 시행하는 지방자치단체는 도시개발구역지정 이후 그 시행방식을 혼용방식에서 전부 환지방식으로 변경할 수 있다.

06 (×) 시행자가 아닌 지정권자는 도시개발사업에 필요한 토지 등을 수용할 수 없다. 시행자가 수용 또는 사용할 수 있다.

07 (×) 공공사업시행자인 정부출연기관이 도시개발사업을 시행하는 경우 그 사업에 필요한 토지를 수용하려면 동의를 받지 아니한다. 비교 민간시행자는 그 사업에 필요한 토지를 수용하려면 사업대상 토지면적의 3분의 2 이상에 해당하는 토지를 소유하고 토지 소유자 총수의 2분의 1 이상에 해당하는 자의 동의를 받아야 한다.

- 공공사업시행자
① 국가나 지방자치단체
② 공공기관
③ 정부출연기관
④ 지방공사

08 (×) 공공사업시행자인 「지방공기업법」에 따라 설립된 지방공사가 시행자인 경우 토지소유자의 동의 없이도 도시개발사업에 필요한 토지 등을 수용하거나 사용할 수 있다.

**정답** 05 (×), 06 (×), 07 (×), 08 (×)

**09** | 공인중개사 2016년

도시개발사업을 위한 토지의 수용에 관하여 특별한 규정이 없으면 「도시 및 주거환경정비법」에 따른다. ( )

**10** | 공인중개사 2016년

수용의 대상이 되는 토지의 세부목록을 고시한 경우에는 「공익사업을 위한 토지 등의 취득 및 보상에 관한 법률」에 따른 사업인정 및 그 고시가 있었던 것으로 본다. ( )

## 4 토지상환채권

**11** | 공인중개사 2022년

토지 등의 매수 대금 일부의 지급을 위하여 토지상환채권을 발행할 수 있다. ( )

**12** | 공인중개사 2016·2022년

시행자가 토지상환채권을 발행할 경우, 그 발행규모는 토지상환채권으로 상환할 토지·건축물이 도시개발사업으로 조성되는 분양토지 또는 분양건축물의 3분의 2를 초과하지 않아야 한다. ( )

**13** | 공인중개사 2021·2022년

도시개발사업을 시행하는 공공기관은 토지상환채권을 발행할 수 없다. ( )

**14** | 공인중개사 2019년

지방자치단체가 시행자인 경우 지급보증 없이 토지상환채권을 발행할 수 있다. ( )

**15** | 공인중개사 2022년

토지상환채권은 이전할 수 있다. ( )

---

09 (×) 도시개발사업을 위한 토지의 수용에 관하여 특별한 규정이 없으면 「공익사업을 위한 토지 등의 취득 및 보상에 관한 법률」을 준용한다.

12 (×) 토지상환채권의 발행규모는 분양토지 또는 분양건축물의 2분의 1을 초과하지 아니하여야 한다.

13 (×) 도시개발사업을 시행하는 공공기관 및 민간사업시행자는 토지상환채권을 발행할 수 있다. 다만, 민간사업시행자는 은행·보험회사·공제조합으로부터 지급보증을 받은 경우에만 이를 발행할 수 있다.

**정답** 09 (×), 10 (○), 11 (○), 12 (×), 13 (×), 14 (○), 15 (○)

**16** | 공인중개사 2022년

토지가격의 추산방법은 토지상환채권의 발행계획에 포함되어야 한다.                    (   )

## 5  선수금과 원형지의 공급

**17** | 공인중개사 2015년

시행하는 조성토지를 공급받는 자로부터 해당 대금의 전부를 미리 받을 수 있다.          (   )

**18** | 공인중개사 2019년

지정권자가 아닌 시행자는 조성토지 등을 공급받거나 이용하려는 자로부터 지정권자의 승인 없이 해당 대금의 전부 또는 일부를 미리 받을 수 있다.                              (   )

**19** | 공인중개사 2014년

원형지를 공장 부지로 직접 사용하는 자는 원형지개발자가 될 수 있다.                (   )

**20** | 공인중개사 2014·2019년

원형지의 면적은 도시개발구역 전체 토지 면적의 3분의 1을 초과하여 공급될 수 있다.
                                                                      (   )

**21** | 공인중개사 2016년

국가에 공급될 수 있는 원형지 면적은 도시개발구역 전체 토지면적의 3분의 2까지로 한다.                                                                (   )

**22** | 공인중개사 2014년

원형지 공급 승인신청서에는 원형지 사용조건에 관한 서류가 첨부되어야 한다.          (   )

---

18 (×) 승인 없이(×), 승인을 받아(○), 지정권자가 아닌 시행자는 조성토지 등을 공급받거나 이용하려는 자로부터 지정권자의 승인을 받아 해당 대금의 전부 또는 일부를 미리 받을 수 있다.

20 (×) 원형지의 면적은 도시개발구역 전체 토지면적의 3분의 1을 초과하여 공급될 수 없다.

21 (×) 원형지의 면적은 3분의 1 이내로 한정하여 공급될 수 있다.

**정답** 16 (○), 17 (○), 18 (×), 19 (○), 20 (×), 21 (×), 22 (○)

## 6 원형지의 매각제한 및 선정방법 등

**23** | 공인중개사 2014년

지방자치단체가 원형지개발자인 경우 원형지 공사완료 공고일부터 5년이 경과하기 전에도 원형지를 매각할 수 있다. ( )

**24** | 공인중개사 2021년

원형지를 공급받아 개발하는 지방공사는 원형지에 대한 공사완료 공고일부터 5년이 지난 시점이라면 해당 원형지를 매각할 수 있다. ( )

**25** | 공인중개사 2021년

원형지가 공공택지 용도인 경우 원형지개발자의 선정은 추첨의 방법으로 할 수 있다. ( )

**26** | 공인중개사 2014년

원형지 공급가격은 개발계획이 반영된 원형지의 감정가격으로 한다. ( )

## 7 조성토지 등의 공급

**27** | 공인중개사 2015년

지정권자가 아닌 시행자가 조성토지 등을 공급하려고 할 때에는 조성토지 등의 공급계획을 작성하여 지정권자에게 제출하여야 한다. ( )

---

25 (×) 원형지개발자의 선정은 수의계약의 방법으로 한다. 다만 학교나 공장 등의 부지로 직접 사용하는 자에 해당하는 원형지개발자의 선정은 경쟁입찰의 방식으로 하며, 경쟁입찰이 2회 이상 유찰된 경우에는 수의계약의 방법으로 할 수 있다.

26 (×) 원형지 공급가격은 개발계획이 반영된 원형지의 감정가격에 시행자가 원형지에 설치한 기반시설 등의 공사비를 더한 금액을 기준으로 시행자와 원형지개발자가 협의하여 결정한다.

27 (×) 지정권자가 아닌 자가 조성토지 등을 공급하려고 할 때에는 조성토지 등의 공급계획에 대하여 지정권자의 승인을 받아야 한다. ※ 2022년 개정: 제출 ▷ 승인

**정답** 23 (○), 24 (○), 25 (×), 26 (×), 27 (×)

**28** 공인중개사 2015년

조성토지 등을 공급하려고 할 때 「주택법」에 따른 공공택지의 공급은 추첨의 방법으로 분양할 수 없다. ( )

**29** 공인중개사 2015년

공공청사용지를 지방자치단체에게 공급하는 경우에는 수의계약의 방법으로 할 수 없다. ( )

---

28 (×) 조성토지 등을 공급하려고 할 때 「주택법」에 따른 공공택지의 공급은 추첨의 방법으로 분양할 수 있다.

- 조성토지를 추첨의 방법으로 공급할 수 있는 경우

㉮ 조성토지 공급의 원칙은 경쟁입찰. 다만, 다음의 경우에는 추첨으로 공급할 수 있다.
  ① 주택법에 따른 국민주택규모 이하의 주택건설용지(공공시행자가 임대주택 건설용지를 공급하는 경우에는 추첨의 방법으로 분양해야 한다)
  ② 주택법에 따른 공공택지
  ③ 330㎡ 이하의 단독주택용지
  ④ 공장용지
  ⑤ 수의계약의 방법으로 조성토지를 공급하기로 하였으나 공급 신청량이 지정권자에게 제출한 조성토지 등의 공급 계획에서 계획된 면적을 초과하는 경우에는 추첨의 방법에 따른다.

29 (×) 공공청사용지를 지방자치단체에 공급하는 경우에는 수의계약의 방법으로 공급할 수 있다.

- 조성토지를 수의계약의 방법으로 공급할 수 있는 경우

㉮ 조성토지 공급의 원칙은 경쟁입찰. 다만, 다음의 경우에는 수의계약으로 공급할 수 있다.
  ① 학교용지·공공청사용지 등 일반에게 분양할 수 없는 공공용지를 국가, 지자체 등 그 시설을 설치할 수 있는 자에게 공급
  ② 임대주택 건설용지를 국가나 지방자치단체·한국토지주택공사·주택사업을 목적으로 설립된 지방공사가 단독 또는 공동으로 총지분의 100분의 50을 초과하여 출자한 부동산투자회사에 공급하는 경우
  ③ 존치하는 시설물의 유지관리에 필요한 최소한의 토지를 공급
  ④ 협의에 응하여 토지 등의 전부를 시행자에게 양도한 자(수용×)에게 공급
  ⑤ 토지상환채권에 의하여 토지를 상환하는 경우
  ⑥ 이용가치가 현저히 낮아 인접토지소유자에게 공급함이 불가피한 경우
  ⑦ 공공시행자가 복합적이고 입체적인 개발이 필요하여 일정한 절차에 따라 선정된 자에게 공급하는 경우
  ⑧ 대행개발사업자가 개발을 대행하는 토지를 해당 대행개발사업자에게 공급하는 경우
  ⑨ 경쟁입찰 또는 추첨의 결과 2회 이상 유찰된 경우

정답 28 (×), 29 (×)

**30** | 공인중개사 2019년

공공용지가 아닌 조성토지 등의 공급은 수의계약의 방법에 의하여야 한다. ( )

**31** | 공인중개사 2015년

토지상환채권에 의하여 토지를 상환하는 경우에는 수의계약의 방법으로 할 수 없다. ( )

## 8 조성토지 등의 가격평가

**32** | 공인중개사 2015년

조성토지 등의 가격평가는 감정가격으로 한다. ( )

**33** | 공인중개사 2013년

시행자는 학교·폐기물처리시설·공공청사·사회복지시설(유료시설 제외)·공장·임대주택·국민주택 규모 이하의 공동주택(공공시행자가 공급시 한정)·호텔업 시설(공공시행자가 200실 이상의 객실을 갖춘 호텔의 부지로 토지를 공급하는 경우로 한정), 행정청이 「국토의 계획 및 이용에 관한 법률」에 따라 직접 설치하는 시장 등을 설치하기 위한 조성토지 등과 이주단지의 조성을 위한 토지를 공급하는 경우에는 해당 토지의 가격을 감정평가한 가격 이하로 정할 수 있다. ( )

**34** | 공인중개사 2013년

시행자는 사회복지시설의 경우, 관할 지방자치단체의 장의 추천을 받은 경우에 해당 토지의 가격을 감정평가한 가격 이하로 정할 수 있다. ( )

---

30 (×) 공공용지가 아닌 조성토지 등의 공급은 경쟁입찰의 방법에 따른다.

31 (×) 토지상환채권에 의하여 토지를 상환하는 경우에는 수의계약의 방법으로 공급할 수 있다.

34 (×) 시행자는 「사회복지사업법」에 따른 사회복지법인이 설치하는 유료의 사회복지시설의 경우, 관할 지방자치단체의 장의 추천을 받은 경우에 해당 토지의 가격을 감정평가한 가격 이하로 정할 수 있다. 다만, 유료시설은 제외한다.

**정답** 30 (×), 31 (×), 32 (○), 33 (○), 34 (×)

# 핵심테마 16 환지방식의 사업시행

## 1 환지계획

**01** | 공인중개사 2019년

환지 계획에는 필지별로 된 환지 명세와 필지별과 권리별로 된 청산대상 토지 명세가 포함되어야 한다. ( )

**02** | 공인중개사 2016년

환지 전 토지에 대한 권리를 도시개발사업으로 조성되는 토지에 이전하는 방식은 평면환지이다. ( )

**03** | 공인중개사 2016년

환지 전 토지나 건축물(무허가 건축물은 제외)에 대한 권리를 도시개발사업으로 건설되는 구분건축물에 이전하는 방식은 입체환지이다. ( )

**04** | 공인중개사 2021년

도시개발사업을 입체 환지 방식으로 시행하는 경우에는 환지 계획에 건축 계획이 포함되어야 한다. ( )

**05** | 공인중개사 2014년

토지 소유자의 환지 제외 신청이 있더라도 해당 토지에 관한 임차권자 등이 동의하지 않는 경우에는 해당 토지를 환지에서 제외할 수 없다. ( )

**06** | 공인중개사 2021년

시행자는 토지면적의 규모를 조정할 특별한 필요가 있으면 면적이 넓은 토지는 그 면적을 줄여서 환지를 정하거나 환지 대상에서 제외할 수 있다. ( )

---

06 (×) 면적을 줄여서 환지를 정하거나 환지 대상에서 제외할 수 있다(×). 그 면적을 줄여서 환지를 정할 수 있다(○). 시행자는 토지면적의 규모를 조정할 특별한 필요가 있으면 면적이 넓은 토지는 그 면적을 줄여서 환지를 정할 수 있다. **비교** 시행자는 토지 면적의 규모를 조정할 특별한 필요가 있으면 면적이 작은 토지는 과소 토지가 되지 아니하도록 면적을 늘려 환지를 정하거나 환지 대상에서 제외할 수 있다.

**정답** 01 (○), 02 (○), 03 (○), 04 (○), 05 (○), 06 (×)

**07** | 공인중개사 2013년

시행자는 규약으로 정하는 목적을 위하여 일정한 토지를 환지로 정하지 아니하고 보류지로 정할 수 있다. ( )

**08** | 공인중개사 2019년

도시개발구역이 2 이상의 환지계획구역으로 구분되는 경우에도 사업비와 보류지는 도시개발구역 전체를 대상으로 책정하여야 하며, 환지계획구역별로는 책정할 수 없다. ( )

**09** | 공인중개사 2013년

군수는 「주택법」에 따른 공동주택의 건설을 촉진하기 위하여 필요하다고 인정하면 체비지 중 일부를 같은 지역에 집단으로 정하게 할 수 있다. ( )

**10** | 공인중개사 2022년

환지를 정하거나 그 대상에서 제외한 경우 그 과부족분(過不足分)은 금전으로 청산하여야 한다. ( )

**11** | 공인중개사 2021년

도시개발구역 지정권자가 정한 기준일의 다음 날부터 단독주택이 다세대주택으로 전환되는 경우 시행자는 해당 건축물에 대하여 금전으로 청산하거나 환지 지정을 제한할 수 있다. ( )

**12** | 공인중개사 2019년

도시개발구역에 있는 조성토지 등의 가격은 개별공시지가로 한다. ( )

**13** | 공인중개사 2018년

시행자는 환지 방식이 적용되는 도시개발구역에 있는 조성토지 등의 가격을 평가할 때에는 토지평가협의회의 심의를 거쳐 결정하되, 그에 앞서 감정평가업자가 평가하게 하여야 한다. ( )

---

08 (×) 도시개발구역이 2 이상의 환지계획구역으로 구분되는 경우에는 환지계획구역별로 사업비 및 보류지를 책정하여야 한다.

12 (×) 시행자는 환지 방식이 적용되는 도시개발구역에 있는 조성토지 등의 가격을 평가할 때에는 토지평가협의회 심의를 거쳐 결정하되, 그에 앞서 감정평가법인 등이 평가하게 하여야 한다.

**정답** 07 (○), 08 (×), 09 (○), 10 (○), 11 (○), 12 (×), 13 (○)

**14** | 공인중개사 2018년

환지설계 시 적용되는 토지·건축물의 평가액은 최초환지계획인가 신청 시를 기준으로 하여 정하되, 환지계획의 변경인가를 받아 변경할 수 있다. ( )

## 2 환지계획의 인가

**15** | 공인중개사 2014·2018년

행정청이 아닌 사업시행자가 환지계획을 작성한 경우에는 특별자치도지사, 시·도지사의 인가를 받아야 한다. ( )

**16** | 공인중개사 2014·2020년

행정청이 아닌 시행자가 인가를 받은 환지 계획의 내용 중 종전 토지의 합필 또는 분필로 환지명세가 변경되는 경우에는 변경인가를 받아야 한다. ( )

**17** | 공인중개사 2018년

행정청인 시행자가 환지 계획을 정하려고 하는 경우에 해당 토지소유자나 임차권자는 공람기간에 시행자에게 의견서를 제출할 수 있으며, 시행자는 그 의견이 타당하다고 인정하면 환지계획에 이를 반영하여야 한다. ( )

---

14 (×) 환지 설계 시 적용되는 토지·건축물의 평가액은 최초 환지 계획인가 시를 기준으로 하여 정하고 변경할 수 없으며, 환지 후 토지·건축물의 평가액은 실시계획의 변경으로 평가 요인이 변경된 경우에만 환지 계획의 변경인가를 받아 변경할 수 있다.

15 (×) 사업시행자가 환지계획을 작성한 경우에는 특별자치도지사, 시장·군수 또는 구청장의 인가를 받아야 한다.

16 (×) 행정청이 아닌 시행자가 인가받은 환지 계획의 내용 중 종전 토지의 합필 또는 분필로 환지명세가 변경되는 경우에는 변경인가를 받지 않아도 된다.

- 인가를 받지 않아도 되는 경미한 사항
① 종전 토지의 합필 또는 분필로 환지명세가 변경되는 경우
② 토지 또는 건축물 소유자의 동의에 따라 환지계획을 변경하는 경우. 다만, 다른 토지 또는 건축물 소유자에 대한 환지계획의 변경이 없는 경우로 한정한다.
③ 공간정보의 구축 및 관리 등에 관한 법률에 따른 지적측량의 결과를 반영하기 위하여 환지계획을 변경하는 경우
④ 환지로 지정된 토지나 건축물을 금전으로 청산하는 경우
⑤ 그 밖에 국토교통부령으로 정하는 경우

**정답** 14 (×), 15 (×), 16 (×), 17 (○)

## 3 환지예정지의 지정과 효과

**18** | 공인중개사 2013년

시행자는 도시개발사업의 시행을 위하여 필요하면 도시개발구역의 토지에 대하여 환지 예정지를 지정할 수 있다. ( )

**19** | 공인중개사 2014년

환지예정지의 지정이 있으면 종전의 토지에 대한 임차권 등은 종전의 토지에 대해서는 물론 환지예정지에 대해서도 소멸한다. ( )

**20** | 공인중개사 2019년

환지 예정지가 지정되어도 종전 토지의 임차권자는 환지처분 공고일까지 종전 토지를 사용·수익할 수 있다. ( )

**21** | 공인중개사 2021년

시행자는 환지 예정지를 지정한 경우에 해당 토지를 사용하거나 수익하는 데에 장애가 될 물건이 그 토지에 있으면 그 토지의 사용 또는 수익을 시작할 날을 따로 정할 수 있다. ( )

**22** | 공인중개사 2013·2020년

시행자는 체비지의 용도로 환지 예정지가 지정된 경우에는 도시개발사업에 드는 비용을 충당하기 위하여 이를 처분할 수 있다. ( )

**23** | 공인중개사 2016년

도시개발사업의 준공검사 전에는 체비지를 사용할 수 없다. ( )

**24** | 공인중개사 2021년

시행자는 환지를 정하지 아니하기로 결정된 토지 소유자나 임차권자등에게 날짜를 정하여 그날부터 해당 토지 또는 해당 부분의 사용 또는 수익을 정지시킬 수 있다. ( )

---

19 (×) 환지예정지의 지정이 있으면 종전의 토지에 대한 임차권 등은 종전의 토지에 대해서 사용하거나 수익할 수 없지만, 환지예정지에 대하여는 사용하거나 수익할 수 있다.

20 (×) 환지 예정지가 지정되면 종전 토지의 임차권자는 환지처분 공고일까지 환지 예정지나 해당 부분에 대하여 종전과 같은 내용의 권리를 행사할 수 있으며 종전 토지는 사용·수익할 수 없다.

23 (×) 체비지는 도시개발사업의 준공검사 전에도 사용할 수 있다.

**정답** 18 (○), 19 (×), 20 (×), 21 (○), 22 (○), 23 (×), 24 (○)

### 4 환지처분의 절차와 시행규정

**25** | 공인중개사 2020년
지방자치단체가 도시개발사업의 전부를 환지 방식으로 시행하려고 할 때에는 도시개발사업의 시행규정을 작성하여야 한다. ( )

**26** | 공인중개사 2016·2017·2022년
시행자는 도시개발사업에 관한 공사를 끝낸 경우에는 지체 없이 관보 또는 공보에 이를 공고하여야 한다. ( )

**27** | 공인중개사 2022년
도시개발구역의 토지 소유자나 이해관계인은 환지 방식에 의한 도시개발사업 공사 관계 서류의 공람 기간에 시행자에게 의견서를 제출할 수 있다. ( )

**28** | 공인중개사 2019·2022년
시행자는 준공검사를 받은 후 90일 이내에 지정권자에게 환지처분을 신청하여야 한다. ( )

**29** | 공인중개사 2017년
지정권자가 시행자인 경우 법 제51조에 따른 공사 완료공고가 있는 때에는 60일 이내에 환지처분을 하여야 한다. ( )

### 5 환지처분의 효과

**30** | 공인중개사 2015·2018·2022년
환지 계획에서 정하여진 환지는 그 환지처분이 공고된 날의 다음 날부터 종전의 토지로 본다. ( )

---

28 (×) 시행자는 준공검사를 받은 후 60일 이내에 환지처분을 하여야 한다.

**정답** 25 (○), 26 (○), 27 (○), 28 (×), 29 (○), 30 (○)

**31** | 공인중개사 2014년

환지계획에서 환지를 정하지 아니한 종전의 토지에 있던 권리는 환지처분이 공고된 날의 다음 날이 끝나는 때에 소멸한다. ( )

**32** | 공인중개사 2015년

환지처분은 행정상 처분으로서 종전의 토지에 전속(專屬)하는 것에 관하여 영향을 미친다. ( )

**33** | 공인중개사 2015·2017·2020년

도시개발사업의 시행으로 행사할 이익이 없어진 지역권은 환지처분이 공고된 날의 다음 날이 끝나는 때에 소멸한다. ( )

**34** | 공인중개사 2017년

환지 계획에 따라 입체환지처분을 받은 자는 환지처분이 공고된 날의 다음날에 환지 계획으로 정하는 바에 따라 건축물의 일부와 해당 건축물이 있는 토지의 공유지분을 취득한다. ( )

**35** | 공인중개사 2013년

체비지는 환지 계획에서 정한 자가 환지처분이 공고된 날에 해당 소유권을 취득한다. ( )

**36** | 공인중개사 2015·2017년

체비지로 정해지지 않은 보류지는 환지 계획에서 정한 자가 환지처분이 공고된 날의 다음 날에 해당 소유권을 취득한다. ( )

**37** | 공인중개사 2015년

청산금은 환지처분이 공고된 날의 다음 날에 확정된다. ( )

---

31 (×) 환지계획에서 환지를 정하지 아니한 종전의 토지에 있던 권리는 환지처분의 공고일이 끝나는 때에 소멸한다.

32 (×) 환지처분은 행정상 처분이나 재판상 처분으로서 종전의 토지에 전속하는 것에 관하여는 영향을 미치지 아니한다.

33 (×) 도시개발사업의 시행으로 행사할 이익이 없어진 지역권은 환지처분이 공고된 날이 끝나는 때에 소멸한다.

35 (×) 체비지는 시행자가 환지처분이 공고된 날의 다음 날에 해당 소유권을 취득한다. 다만, 이미 처분된 체비지는 해당 체비지를 매입한 자가 소유권이전등기를 마친 때에 이를 취득한다.

**정답** 31 (×), 32 (×), 33 (×), 35 (○), 35 (×), 36 (○), 37 (○)

# 핵심테마 17 도시개발사업의 비용부담

## 1 준공검사

**01 | 공인중개사 2016년**
지정권자는 효율적인 준공검사를 위하여 필요하면 관계 행정기관 등에 의뢰하여 준공검사를 할 수 있다. ( )

**02 | 공인중개사 2016년**
지정권자가 아닌 시행자는 도시개발사업에 관한 공사가 전부 끝나기 전이라도 공사가 끝난 부분에 관하여 준공검사를 받을 수 있다. ( )

**03 | 공인중개사 2016년**
지정권자가 아닌 시행자가 도시개발사업의 공사를 끝낸 때에는 공사완료 보고서를 작성하여 지정권자의 준공검사를 받아야 한다. ( )

## 2 비용부담

**04 | 공인중개사 2016년**
도시개발사업에 필요한 비용은 「도시개발법」이나 다른 법률에 특별한 규정이 있는 경우를 제외하고는 시행자가 부담한다. ( )

**05 | 공인중개사 2020년**
전부 환지 방식으로 사업을 시행하는 경우 전기시설의 지중선로설치를 요청한 사업시행자와 전기공급자는 각각 2분의 1의 비율로 그 설치비용을 부담한다. ( )

---

05 (×) 전부 환지 방식으로 사업을 시행하면서 전기시설의 지중선로설치를 요청하는 경우, 전기시설을 공급하는 자가 3분의 2, 지중에 설치할 것을 요청하는 자가 3분의 1의 비율로 부담한다.

**정답** 01 (○), 02 (○), 03 (○), 04 (○), 05 (×)

**06** | 공인중개사 2020년

지정권자인 시행자는 그가 시행한 사업으로 이익을 얻는 시·도에 비용의 전부 또는 일부를 부담시킬 수 있다. ( )

**07** | 공인중개사 2016년

도시개발사업에 관한 비용 부담에 대해 대도시 시장과 시·도지사 간의 협의가 성립되지 아니하는 경우에는 기획재정부장관의 결정에 따른다. ( )

**08** | 공인중개사 2016년

시행자는 공동구를 설치하는 경우에는 다른 법률에 따라 그 공동구에 수용될 시설을 설치할 의무가 있는 자에게 공동구의 설치에 드는 비용을 부담시킬 수 있다. ( )

**09** | 공인중개사 2020년

지정권자가 시행자가 아닌 경우 도시개발구역의 통신시설의 설치는 특별한 사유가 없으면 준공검사 신청일까지 끝내야 한다. ( )

**10** | 공인중개사 2016년

시행자가 지방자치단체인 경우에는 공원·녹지의 조성비 전부를 국고에서 보조하거나 융자할 수 있다. ( )

### 3 도시개발채권

**11** | 공인중개사 2021년

도시개발사업을 공공기관이 시행하는 경우 해당 공공기관의 장은 시·도지사의 승인을 받아 도시개발채권을 발행할 수 있다. ( )

---

06 (×) 전체 또는 일부를(×), 일부를(○), 지정권자가 시행자인 경우 그 시행자는 그가 시행한 도시개발사업으로 이익을 얻는 시·도가 있으면 그 도시개발사업에 소요된 비용의 일부를 그 이익을 얻는 시·도에 부담시킬 수 있다.

07 (×) 도시개발사업에 드는 비용부담에 대하여 협의가 성립되지 않으면 행정안전부장관의 결정에 따른다.

11 (×) 지방자치단체의 장(시·도지사)은 도시개발사업 또는 도시·군계획시설사업에 필요한 자금을 조달하기 위하여 도시개발채권을 발행할 수 있다.

**정답** 06 (×), 07 (×), 08 (○), 09 (○), 10 (○), 11 (×)

**12** | 공인중개사 2021년

「국토의 계획 및 이용에 관한 법률」에 따른 공작물의 설치허가를 받은 자는 도시개발채권을 매입하여야 한다. ( )

**13** | 공인중개사 2017년

수용 또는 사용방식으로 시행하는 도시개발사업의 경우 한국토지주택공사와 공사도급계약을 체결하는 자는 도시개발채권을 매입하여야 한다. ( )

**14** | 공인중개사 2018년

도시개발채권의 매입의무자가 아닌 자가 착오로 도시개발채권을 매입한 경우에는 도시개발채권을 중도에 상환할 수 있다. ( )

**15** | 공인중개사 2017년

도시개발채권의 매입의무자가 매입하여야 할 금액을 초과하여 도시개발채권을 매입한 경우 중도상환을 신청할 수 있다. ( )

**16** | 공인중개사 2018년

시·도지사는 도시개발채권을 발행하려는 경우 채권의 발행총액에 대하여 국토교통부장관의 승인을 받아야 한다. ( )

---

12 (×) 「국토의 계획 및 이용에 관한 법률」에 따른 토지의 형질변경허가를 받은 자는 도시개발채권을 매입하여야 한다.

- 도시개발채권을 매입하여야 하는 경우
  ① 수용 또는 사용방식에 의한 도시개발사업의 경우 국가 또는 지방자치단체, 공공기관, 정부출연기관, 지방공사 등과 도시개발사업의 시행을 위한 공사의 도급계약을 체결하는 자
  ② 국가, 지방자치단체, 정부투자기관, 지방공사 외의 도시개발사업을 시행하는 자
  ③ 국토의 계획 및 이용에 관한 법률에 의한 개발행위허가를 받는 자 중 토지형질변경 허가를 받은 자

16 (×) 시·도지사는 도시개발채권을 발행하려는 경우 채권의 발행총액에 대하여 행정안전부장관의 승인을 받아야 한다.

**정답** 12 (×), 13 (○), 14 (○), 15 (○), 16 (×)

**17** | 공인중개사 2021년

도시개발채권을 발행하려는 시·도지사는 기획재정부장관의 승인을 받은 후 채권의 발행총액 등을 공고하여야 한다. ( )

**18** | 공인중개사 2017년

도시개발채권은 무기명으로 발행할 수 있다. ( )

**19** | 공인중개사 2021년

도시개발채권의 이율은 기획재정부장관이 국채·공채 등의 금리와 특별회계의 상황 등을 고려하여 정한다. ( )

**20** | 공인중개사 2017·2018년

도시개발채권의 상환기간은 2년부터 10년까지의 범위에서 지방자치단체의 조례로 정한다. ( )

**21** | 공인중개사 2021년

도시개발채권의 상환기간은 5년보다 짧게 정할 수는 없다. ( )

**22** | 공인중개사 2018년

도시개발채권 매입필증을 제출받은 자는 매입필증을 3년간 보관하여야 한다. ( )

**23** | 공인중개사 2016·2017·2018년

도시개발채권의 소멸시효는 상환일부터 기산하여 원금은 3년, 이자는 2년으로 한다. ( )

---

17 (×) 도시개발채권을 발행하려는 시·도지사는 행정안전부장관의 승인을 받은 후 채권의 발행총액 등을 공고하여야 한다.

19 (×) 도시개발채권의 이율은 채권의 발행 당시의 국채·공채 등의 금리와 특별회계의 상황 등을 고려하여 해당 시·도 조례로 정한다.

20 (×) 도시개발채권의 상환기간은 5년부터 10년까지의 범위에서 지방자치단체의 조례로 정한다.

22 (×) 도시개발채권 매입필증을 제출받은 자는 매입필증을 5년간 보관하여야 한다.

23 (×) 도시개발채권의 소멸시효는 상환일부터 기산하여 원금은 5년, 이자는 2년으로 한다.

**정답** 17 (×), 18 (○), 19 (×), 20 (×), 21 (○), 22 (×), 23 (×)

모두공인공인중개사 **슈퍼리멤버**

# PART 03
# 도시 및 주거환경정비법

# CHAPTER 01

## 도시 및 주거환경정비법

| 2014년 | 2015년 | 2016년 | 2017년 | 2018년 | 2019년 | 2020년 | 2021년 | 2022년 |
|--------|--------|--------|--------|--------|--------|--------|--------|--------|
| 6문 | 6문 | 6문 | 6문 | 6문 | 6문 | 6문 | 6문 | 6문 |

**핵심 18** | 도시 및 주거환경정비법 용어의 정의
**핵심 19** | 기본계획의 수립 및 정비구역의 지정
**핵심 20** | 정비사업의 시행
**핵심 21** | 정비조합
**핵심 22** | 사업시행계획
**핵심 23** | 관리처분계획
**핵심 24** | 공사완료와 청산금 및 비용부담

# 핵심테마 18 도시 및 주거환경정비법 용어의 정의

## 1 용어의 정의

**01** | 공인중개사 2021년

도시저소득 주민이 집단거주하는 지역으로서 정비기반시설이 극히 열악하고 노후·불량건축물이 과도하게 밀집한 지역의 주거환경을 개선하거나 단독주택 및 다세대주택이 밀집한 지역에서 정비기반시설과 공동이용시설 확충을 통하여 주거환경을 보전·정비·개량하기 위한 사업은 재개발사업이다. ( )

**02** | 공인중개사 2017년

도시 및 주거환경정비법령상 공동작업장은 정비기반시설에 해당한다. ( )

**03** | 공인중개사 2017년

도시 및 주거환경정비법령상 하천, 공공공지, 공용주차장, 공원은 정비기반시설에 해당한다. ( )

---

01 (×) 정비사업 용어의 정의
  ① 주거환경개선사업 : 도시저소득 주민이 집단 거주하는 지역으로서 정비기반시설이 극히 열악하고 노후·불량건축물이 과도하게 밀집한 지역의 주거환경을 개선하거나 단독주택 및 다세대주택이 밀집한 지역에서 정비기반시설과 공동이용시설 확충을 통하여 주거환경을 보전·정비·개량하기 위한 사업
  ② 재개발 사업 : 정비기반시설이 열악하고 노후·불량건축물이 밀집한 지역에서 주거환경을 개선하거나 상업지역·공업지역 등에서 도시기능의 회복 및 상권 활성화 등을 위하여 도시환경을 개선하기 위한 사업
  ③ 재건축 사업 : 정비기반시설은 양호하나 노후·불량건축물에 해당하는 공동주택이 밀집한 지역에서 주거환경을 개선하기 위한 사업
02 (×) 공동작업장은 정비기반시설이 아니라 공동이용시설에 해당한다. **보충** 정비기반시설은 도로·상하수도·하천·구거·공원·공용주차장·공공공지·광장·공동구 그 밖에 주민의 생활에 필요한 열·가스 등의 공급시설로서 대통령령이 정하는 시설을 말한다.

**정답** 01 (×), 02 (×), 03 (○)

**04** | 공인중개사 2018년

유치원은 공동이용시설에 해당한다. ( )

**05** | 공인중개사 2018년

공동이용시설이란 주민이 공동으로 사용하는 놀이터·마을회관·공동작업장, 탁아소·어린이집·경로당 등 노유자시설과 공동으로 사용하는 구판장·세탁장·화장실 및 수도 등을 말한다. ( )

**06** | 공인중개사 2013년

주거환경개선사업의 정비구역 안에 소재한 토지의 소유자, 건축물의 소유자, 토지의 지상권자, 건축물의 부속토지의 지상권자는 토지등소유자에 해당한다. ( )

**07** | 공인중개사 2013·2014년

재건축사업의 정비구역 안에 소재한 토지의 지상권자는 도시 및 주거환경정비법령상 토지등소유자에 해당한다. ( )

---

04 (×) 유치원은 공동이용시설에 해당하지 않는다.

- **공동이용시설**
  ① 주민이 공동으로 사용하는 놀이터·마을회관·공동작업장
  ② 공동으로 사용하는 구판장·세탁장·화장실 및 수도
  ③ 탁아소·어린이집·경로당 등 노유자시설

07 (×) 재건축사업에 있어 '토지등소유자'는 정비구역에 위치한 건축물 및 부속토지의 소유자를 말한다. 지상권자는 해당하지 않는다.

**정답** 04 (×), 05 (○), 06 (○), 07 (×)

# 핵심테마 19 기본계획의 수립 및 정비구역의 지정

## 1 도시 및 주거환경정비 기본계획

**01** | 공인중개사 2015·2016·2018년

도지사가 기본계획을 수립할 필요가 없다고 인정하는 대도시가 아닌 시는 기본계획을 수립하지 아니할 수 있다. ( )

**02** | 공인중개사 2015년

기본계획에 대하여는 3년마다 그 타당성을 검토하여 그 결과를 기본계획에 반영하여야 한다. ( )

**03** | 공인중개사 2018년

국토교통부장관은 기본계획에 대하여 5년마다 타당성 여부를 검토하여 그 결과를 기본계획에 반영하여야 한다. ( )

**04** | 공인중개사 2018년

기본계획에는 사회복지시설 및 주민문화시설 등의 설치계획이 포함되어야 한다. ( )

**05** | 공인중개사 2016년

기본계획에 생활권별 기반시설 설치계획이 포함된 경우에는 기본계획에 포함되어야 할 사항 중 주거지 관리계획이 생략될 수 있다. ( )

---

02 (×) 기본계획에 대하여는 5년마다 그 타당성을 검토하여 그 결과를 기본계획에 반영하여야 한다.

03 (×) 특별시장·광역시장·특별자치시장·특별자치도지사 또는 시장이 기본계획의 수립권자이다. 기본계획의 수립권자는 기본계획에 대하여 5년마다 타당성을 검토하여 그 결과를 기본계획에 반영하여야 한다.

05 (×) 주거지 관리계획(×), 정비예정구역의 개략적 범위와 단계별 정비사업 추진계획(○), 수립자는 기본계획에 다음의 사항을 포함하는 경우에는 정비예정구역의 개략적 범위와 단계별 정비사업 추진계획을 생략할 수 있다.
① 생활권의 설정, 생활권별 기반시설 설치계획 및 주택수급계획
② 생활권별 주거지의 정비·보전·관리의 방향

**정답** 01 (○), 02 (×), 03 (×), 04 (○), 05 (×)

**06** | 공인중개사 2016년

기본계획의 작성방법은 국토교통부장관이 정한다. ( )

**07** | 공인중개사 2015·2018·2019년

도시 주거환경정비기본계획을 수립하고자 하는 때에는 14일 이상 주민에게 공람하고 지방의회의 의견을 들어야 한다. ( )

**08** | 공인중개사 2015년

대도시의 시장이 아닌 시장이 기본계획을 수립한 때에는 도지사의 승인을 받아야 한다.
( )

**09** | 공인중개사 2019년

도시·주거환경정비기본계획의 구체적으로 명시된 정비예정구역 면적의 25%를 변경하는 경우에는 지방의회의 의견청취를 생략할 수 있다. ( )

**10** | 공인중개사 2018년

대도시의 시장이 아닌 시장은 기본계획의 내용 중 정비사업의 계획기간을 단축하는 경우 도지사의 변경승인을 받지 아니할 수 있다. ( )

**11** | 공인중개사 2016년

대도시의 시장이 아닌 시장은 기본계획의 내용 중 단계별 정비사업추진계획을 변경하는 때에는 도지사의 승인을 얻지 않아도 된다. ( )

---

09 (×) 다음에 해당하는 경미한 사항을 변경하는 경우에는 주민공람과 지방의회의 의견청취 절차를 거치지 아니할 수 있다.
- **주민 및 지방의회 의견청취를 생략할 수 있는 사유**
  ① 정비기반시설의 규모를 확대하거나 그 면적의 10% 미만을 축소하는 경우
  ② 정비사업의 계획기간을 단축하는 경우
  ③ 공동이용시설에 대한 설치계획의 변경인 경우
  ④ 사회복지시설 및 주민문화시설 등의 설치계획의 변경인 경우
  ⑤ 정비구역으로 지정할 예정인 구역의 면적을 구체적으로 명시한 경우 해당구역 면적의 20% 미만의 변경인 경우
  ⑥ 단계별 정비사업 추진계획의 변경인 경우
  ⑦ 건폐율 및 용적률의 각 20% 미만의 변경인 경우
  ⑧ 정비사업의 시행을 위하여 필요한 재원조달에 관한 사항의 변경인 경우
  ⑨ 도시·군기본계획의 변경에 따른 변경인 경우

**정답** 06 (○), 07 (○), 08 (○), 09 (×), 10 (○), 11 (○)

**12** | 공인중개사 2016년

대도시의 시장은 지방도시계획위원회의 심의를 거치기 전에 관계 행정기관의 장과 협의하여야 한다. ( )

**13** | 공인중개사 2015·2019년

기본계획의 수립권자는 기본계획을 수립한 때에는 지체 없이 이를 해당 지방자치단체의 공보에 고시하고 일반인이 열람할 수 있도록 하여야 한다. ( )

## 2 안전진단

**14** | 공인중개사 2017년

정비계획의 입안권자는 단계별 정비사업추진계획에 따른 재건축사업의 정비예정구역별 정비계획의 수립시기가 도래한 때에는 안전진단을 실시하여야 한다. ( )

**15** | 공인중개사 2014년

재건축사업의 안전진단에 드는 비용은 시·도지사가 부담한다. ( )

**16** | 공인중개사 2017년

진입도로 등 기반시설 설치를 위하여 불가피하게 정비구역에 포함된 것으로 시장·군수가 인정하는 주택단지 내의 건축물은 안전진단 대상에서 제외할 수 있다. ( )

**17** | 공인중개사 2017년

정비계획의 입안권자는 현지조사 등을 통하여 해당 건축물의 구조안전성, 건축마감, 설비 노후도 및 주거환경 적합성 등을 심사하여 안전진단 실시 여부를 결정하여야 한다. ( )

**18** | 공인중개사 2017년

정비계획의 입안권자는 정비계획의 입안 여부를 결정한 경우에는 지체 없이 국토교통부장관에게 안전진단결과보고서를 제출하여야 한다. ( )

---

15 (×) 정비계획의 입안권자는 재건축사업의 안전진단에 드는 비용을 해당 안전진단의 실시를 요청하는 자에게 부담하게 할 수 있다.

18 (×) 정비계획의 입안권자(특별자치시장 및 특별자치도지사는 제외)는 정비계획의 입안 여부를 결정한 경우에는 지체 없이 특별시장·광역시장·도지사에게 결정내용과 안전진단결과보고서를 제출하여야 한다.

**정답** 12 (○), 13 (○), 14 (○), 15 (×), 16 (○), 17 (○), 18 (×)

**19** | 공인중개사 2017년

시·도지사는 필요한 경우 한국건설기술연구원에 안전진단결과의 적정성 여부에 대한 검토를 의뢰할 수 있다. ( )

## 3 정비구역의 지정

**20** | 공인중개사 2019년

정비구역의 지정권자는 정비구역의 진입로 설치를 위하여 필요한 경우에는 진입로 지역과 그 인접지역을 포함하여 정비구역을 지정할 수 있다. ( )

**21** | 공인중개사 2020년

시장·군수가 정비구역지정을 위하여 직접 정비계획을 입안하는 경우 정비사업의 시행계획 및 시행방법 등에 대한 주민의 의견을 조사·확인하여야 한다. ( )

---

21 (○) 특별시장·광역시장·특별자치시장·특별자치도지사·시장·군수 또는 자치구의 구청장은 정비계획을 입안하는 경우에는 다음의 사항을 조사·확인하여 정비계획의 입안대상지역의 요건에 적합한지 여부를 확인하여야 한다.
① 주민 또는 산업의 현황
② 토지 및 건축물의 이용과 소유현황
③ 도시·군계획시설 및 정비기반시설의 설치현황
④ 정비구역 및 주변지역의 교통상황
⑤ 토지 및 건축물의 가격과 임대차 현황
⑥ 정비사업의 시행계획 및 시행방법 등에 대한 주민의 의견

**정답** 19 (○), 20 (○), 21 (○)

## 4 정비구역에서의 행위제한

**22** | 공인중개사 2014년

정비구역에서 가설건축물을 건축하려는 자는 시장·군수 등의 허가를 받지 않아도 된다. ( )

**23** | 공인중개사 2014년

정비구역에서 죽목의 벌채를 하려는 자는 시장·군수 등의 허가를 받아야 한다. ( )

**24** | 공인중개사 2014년

정비구역에서 공유수면을 매립하려는 자는 시장·군수 등의 허가를 받아야 한다. ( )

**25** | 공인중개사 2014·2019년

정비구역에서 이동이 쉽지 아니한 물건을 14일 동안 쌓아놓으려는 자는 시장·군수 등의 허가를 받아야 한다. ( )

**26** | 공인중개사 2019년

정비구역에서는 「주택법」에 따른 지역주택조합의 조합원을 모집해서는 아니 된다. ( )

---

22 (×) 정비구역에서 가설건축물을 건축하려는 자는 시장·군수 등의 허가를 받아야 한다.
- **허가대상 개발행위**
  ① 건축물의 건축 등 : 「건축법」에 따른 건축물(가설건축물을 포함)의 건축 또는 용도변경
  ② 공작물의 설치 : 인공을 가하여 제작한 시설물(건축법에 따른 건축물은 제외)의 설치
  ③ 토지의 형질변경 : 절토·성토·정지·포장 등의 방법으로 토지의 형상을 변경하는 행위, 토지의 굴착 또는 공유수면의 매립
  ④ 토석의 채취 : 흙·모래·자갈·바위 등의 토석을 채취하는 행위(다만, 토지의 형질변경을 목적으로 하는 것은 위 3.에 따름)
  ⑤ 토지분할
  ⑥ 물건을 쌓아놓는 행위 : 이동이 쉽지 아니한 물건을 1개월 이상 쌓아놓는 행위
  ⑦ 죽목의 벌채 및 식재

25 (×) 14일 동안(×), 1개월(○), 정비구역에서 이동이 쉽지 아니한 물건을 1개월 이상 쌓아두기 위해서는 시장·군수 등의 허가를 받아야 한다.

**정답** 22 (×), 23 (○), 24 (○), 25 (×), 26 (○)

## 5 정비구역 등의 해제

**27** | 공인중개사 2013년

토지등소유자가 시행하는 재개발사업으로서 토지등소유자가 정비구역으로 지정·고시된 날부터 4년이 되는 날까지 사업시행계획인가를 신청하지 아니하는 경우에는 정비구역의 지정권자는 정비구역 등을 해제하여야 한다. ( )

**28** | 공인중개사 2013년

토지등소유자가 정비구역으로 지정·고시된 날부터 2년이 되는 날까지 조합설립추진위원회의 승인을 신청하지 아니하는 경우에는 정비구역의 지정권자는 정비구역 등을 해제하여야 한다. ( )

**29** | 공인중개사 2013년

추진위원회가 추진위원회 승인일부터 2년이 되는 날까지 조합설립인가를 신청하지 아니하는 경우에는 정비구역의 지정권자는 정비구역 등을 해제하여야 한다. ( )

---

27 (×) 4년이 되는 날까지(×), 5년이 되는 날까지(○), 토지등소유자가 시행하는 재개발사업으로서 토지등소유자가 정비구역으로 지정·고시된 날부터 5년이 되는 날까지 사업시행계획인가를 신청하지 아니하는 경우에는 정비구역의 지정권자는 정비구역 등을 해제하여야 한다.

- 다음에 해당하는 경우에는 정비구역 등을 해제하여야 한다.
① 정비예정구역에 대하여 기본계획에서 정한 정비구역 지정 예정일부터 3년이 되는 날까지 특별자치시장, 특별자치도지사, 시장 또는 군수가 정비구역을 지정하지 아니하거나 구청장 등이 정비구역의 지정을 신청하지 아니하는 경우
② 재개발사업·재건축사업(조합이 시행하는 경우로 한정한다)이 다음의 어느 하나에 해당하는 경우
  ㉠ 토지등소유자가 정비구역으로 지정·고시된 날부터 2년이 되는 날까지 조합설립추진위원회의 승인을 신청하지 아니하는 경우
  ㉡ 토지등소유자가 정비구역으로 지정·고시된 날부터 3년이 되는 날까지 조합설립인가를 신청하지 아니하는 경우(추진위원회를 구성하지 아니하는 경우로 한정한다)
  ㉢ 추진위원회가 추진위원회 승인일부터 2년이 되는 날까지 조합설립인가를 신청하지 아니하는 경우
  ㉣ 조합이 조합설립인가를 받은 날부터 3년이 되는 날까지 사업시행계획인가를 신청하지 아니하는 경우
③ 토지등소유자가 시행하는 재개발사업으로서 토지등소유자가 정비구역으로 지정·고시된 날부터 5년이 되는 날까지 사업시행계획인가를 신청하지 아니하는 경우

**정답** 27 (×), 28 (○), 29 (○)

**30** | 공인중개사 **2013년**

토지등소유자가 정비구역으로 지정·고시된 날부터 3년이 되는 날까지 조합설립인가를 신청하지 아니하는 경우(추진위원회를 구성하지 아니하는 경우로 한정한다)에는 정비구역의 지정권자는 정비구역 등을 해제하여야 한다. ( )

**31** | 공인중개사 **2013년**

조합이 조합설립인가를 받은 날부터 3년이 되는 날까지 사업시행계획인가를 신청하지 아니하는 경우에는 정비구역의 지정권자는 정비구역 등을 해제하여야 한다. ( )

정답 30 (○), 31 (○)

# 정비사업의 시행

## 1 정비사업의 시행방법

**01** | 공인중개사 2018년

주거환경개선사업은 정비구역에서 인가받은 관리처분계획에 따라 주택, 부대시설·복리시설 및 오피스텔을 건설하여 공급하는 방법으로 한다. ( )

**02** | 공인중개사 2018년

사업시행자가 환지로 공급하는 방법은 주거환경개선사업의 시행방법이다. ( )

**03** | 공인중개사 2017년

주거환경개선사업의 시행자는 '정비구역 안에서 정비기반시설을 새로이 설치하거나 확대하고 토지등소유자가 스스로 주택을 개량하는 방법' 및 '환지로 공급하는 방법'을 혼용할 수 있다. ( )

**04** | 공인중개사 2018년

재개발사업은 정비구역에서 인가받은 관리처분계획에 따라 건축물을 건설하여 공급하거나 환지로 공급하는 방법으로 한다. ( )

---

01 (×) 재건축사업은 정비구역에서 인가받은 관리처분계획에 따라 주택, 부대시설·복리시설 및 오피스텔을 건설하여 공급하는 방법으로 한다.
- 주거환경개선사업은 다음에 해당하는 방법 또는 이를 혼용하는 방법으로 한다.
① 사업시행자가 정비구역에서 정비기반시설 및 공동이용시설을 새로 설치하거나 확대하고 토지등소유자가 스스로 주택을 보전·정비하거나 개량하는 방법
② 사업시행자가 정비구역의 전부 또는 일부를 수용하여 주택을 건설한 후 토지등소유자에게 우선 공급하거나 대지를 토지등소유자 또는 토지등소유자외의 자에게 공급하는 방법
③ 사업시행자가 환지로 공급하는 방법
④ 사업시행자가 정비구역에서 인가받은 관리처분계획에 따라 주택 및 부대시설·복리시설을 건설하여 공급하는 방법

**정답** 01 (×), 02 (○), 03 (○), 04 (○)

**05** | 공인중개사 2019년

재건축사업을 하는 정비구역에서 오피스텔을 건설하여 공급하는 경우에는 「국토의 계획 및 이용에 관한 법률」에 따른 준주거지역 및 상업지역 이외의 지역에서 오피스텔을 건설 할 수 있다. ( )

## 2 정비사업의 시행자

**06** | 공인중개사 2017·2021년

세입자의 세대수가 토지등소유자의 3분의 1에 해당하는 경우 시장·군수 등은 토지주택공사 등을 주거환경개선사업 시행자로 지정하기 위해서는 세입자의 동의를 받아야 한다. ( )

**07** | 공인중개사 2016년

토지등소유자가 재개발사업을 시행하고자 하는 경우에는 토지등소유자로 구성된 조합을 설립하여야만 한다. ( )

**08** | 공인중개사 2021년

재개발사업은 토지등소유자가 30인인 경우에는 토지등소유자가 직접 시행할 수 있다. ( )

---

05 (×) 재건축사업을 하는 정비구역에서 오피스텔을 건설하여 공급하는 경우에는 「국토의 계획 및 이용에 관한 법률」에 따른 준주거지역 및 상업지역에서 오피스텔을 건설할 수 있다.
06 (×) 세입자의 세대수가 토지등소유자의 2분의 1 이하인 경우에는 시장·군수 등은 토지주택공사 등을 주거환경개선사업 시행자로 지정하기 위해서는 세입자의 동의절차를 거치지 않을 수 있다.
07 (×) 재개발사업은 토지등소유자가 20명 미만인 경우에는 조합을 설립하지 아니하고 토지등소유자가 사업을 시행할 수 있다.
08 (×) 재개발사업은 토지등소유자가 20인 미만인 경우에는 토지등소유자가 직접 시행할 수 있다.

**정답** 05 (×), 06 (×), 07 (×), 08 (×)

**09** | 공인중개사 2014년

재건축사업은 토지등소유자가 시행하거나 토지등소유자가 토지등소유자의 과반수의 동의를 받아 시장·군수 등, 토지주택공사 등, 건설업자 또는 등록사업자와 공동으로 시행할 수 있다. ( )

**10** | 공인중개사 2021년

재건축사업 조합설립추진위원회가 구성승인을 받은 날부터 2년이 되었음에도 조합설립인가를 신청하지 아니한 경우 시장·군수 등이 직접 시행할 수 있다. ( )

**11** | 공인중개사 2015년

천재지변으로 인하여 긴급하게 정비사업을 시행할 필요가 있다고 인정되는 경우 시장·군수 등이 직접 재개발사업을 시행할 수 있다. ( )

---

09 (×) 토지등소유자(×), 조합(○), 재건축사업은 조합이 시행하거나 조합이 조합원의 과반수의 동의를 받아 시장·군수 등, 토지주택공사 등, 건설업자 또는 등록사업자와 공동으로 시행할 수 있다.

10 (×) 재건축사업 조합설립추진위원회가 구성승인을 받은 날부터 3년 이내에 조합설립인가를 신청하지 아니한 경우 시장·군수 등이 직접 시행할 수 있다.

- **시장·군수 등이 재개발사업·재건축사업 직접 시행하는 경우**
  ① 천재지변,「재난 및 안전관리 기본법」또는「시설물의 안전 및 유지관리에 관한 특별법」에 따른 사용제한·사용금지, 그 밖의 불가피한 사유로 인하여 긴급히 정비사업을 시행할 필요가 있다고 인정하는 때
  ② 정비사업시행 예정일부터 2년 이내에 사업시행인가를 신청하지 아니하거나 신청한 내용이 위법 또는 부당하다고 인정하는 때(재건축사업의 경우는 제외)
  ③ 추진위원회가 시장·군수 등의 구성승인을 받은 날부터 3년 이내에 조합설립인가를 신청하지 아니하거나 조합이 조합설립인가를 받은 날부터 3년 이내에 사업시행계획인가를 신청하지 아니한 때
  ④ 지방자치단체의 장이 시행하는 도시·군계획사업과 병행하여 사업을 시행할 필요가 있다고 인정하는 때
  ⑤ 순환정비방식에 의하여 정비사업을 시행할 필요가 있다고 인정하는 때
  ⑥ 사업시행인가가 취소된 때
  ⑦ 정비구역의 국·공유지면적 또는 국·공유지와 토지주택공사 등이 소유한 토지를 합한 면적이 전체 토지면적의 2분의 1 이상으로서 토지등소유자의 과반수가 동의하는 때
  ⑧ 해당 정비구역의 토지면적 2분의 1 이상의 토지소유자와 토지등소유자의 3분의 2 이상에 해당하는 자가 시장·군수 등 또는 토지주택공사 등을 사업시행자로 지정할 것을 요청하는 때

**정답** 09 (×), 10 (×), 11 (○)

**12** | 공인중개사 2015년

고시된 정비계획에서 정한 정비사업시행 예정일부터 2년 이내에 사업시행인가를 신청하지 아니한 경우 시장·군수 등이 직접 재개발사업을 시행할 수 있다. ( )

**13** | 공인중개사 2015년

순환정비방식으로 정비사업을 시행할 필요가 있다고 인정되는 경우 시장·군수 등이 직접 재개발사업을 시행할 수 있다. ( )

**14** | 공인중개사 2015년

해당 정비구역의 국·공유지 면적이 전체 토지면적의 3분의 1 이상으로서 토지등소유자의 과반수가 군수의 직접 시행에 동의하는 경우 시장·군수 등이 직접 재개발사업을 시행할 수 있다. ( )

**15** | 공인중개사 2015년

해당 정비구역의 토지면적 2분의 1 이상의 토지소유자와 토지등소유자의 3분의 2 이상에 해당하는 자가 군수의 직접시행을 요청하는 경우 시장·군수 등이 직접 재개발사업을 시행할 수 있다. ( )

**16** | 공인중개사 2019년

조합설립인가 후 시장·군수 등이 토지주택공사 등을 사업시행자로 지정·고시한 때에는 그 고시일에 조합설립인가가 취소된 것으로 본다. ( )

---

14 (×) 해당 정비구역의 국·공유지 면적 또는 국·공유지와 토지주택공사 등이 소유한 토지를 합한 면적이 전체 토지면적의 2분의 1 이상으로서 토지등소유자의 과반수가 동의하는 경우 시장·군수가 직접 재개발사업을 시행할 수 있다.

16 (×) 조합설립인가 후 시장·군수 등이 토지주택공사 등을 사업시행자로 지정·고시한 때에는 그 고시일 다음 날에 조합설립인가가 취소된 것으로 본다.

**정답** 12 (○), 13 (○), 14 (×), 15 (○), 16 (×)

## 3 시공자 선정

**17** | 공인중개사 2015년

조합원 100명 이하인 정비사업의 경우 조합총회에서 정관으로 정하는 바에 따라 시공자를 선정할 수 있다. ( )

**18** | 공인중개사 2015년

토지등소유자가 재개발사업을 시행하는 경우에는 경쟁입찰의 방법으로 시공자를 선정해야 한다. ( )

**19** | 공인중개사 2015년

군수가 직접 정비사업을 시행하는 경우 군수는 사업시행자 지정·고시후 경쟁입찰 또는 수의계약(2회 이상 경쟁입찰이 유찰된 경우로 한정)의 방법에 따라 건설사업자 또는 등록사업자를 시공자로 선정하여야 한다. ( )

**20** | 공인중개사 2015년

주민대표회의가 시공자를 추천하기 위한 입찰방식에는 일반경쟁입찰·제한경쟁입찰 또는 지명경쟁입찰이 있다. ( )

**21** | 공인중개사 2015년

사업시행자는 선정된 시공자와 공사에 관한 계약을 체결할 때에는 기존 건축물의 철거공사에 관한 사항을 포함하여야 한다. ( )

---

18 (×) 토지등소유자가 재개발사업을 시행하는 경우에는 규약으로 정하는 방법에 따라 건설업자 또는 등록사업자를 시공자로 선정하여야 한다.

**정답** 17 (○), 18 (×), 19 (○), 20 (○), 21 (○)

# 정비조합

## 1 조합설립추진위원회

**01** | 공인중개사 **2007년**

추진위원회는 토지등소유자 과반수의 동의를 받아 추진위원회위원장을 포함한 5명 이상의 추진위원으로 구성하고, 시장·군수 등의 승인을 받아야 한다. ( )

**02** | 공인중개사 **2021년**

조합설립추진위원회는 토지등소유자의 수가 200인인 경우 5명 이상의 이사를 두어야 한다. ( )

## 2 조합설립인가

**03** | 공인중개사 **2014년**

재개발사업 추진위원회가 조합을 설립하려면 시·도지사의 인가를 받아야 한다. ( )

**04** | 공인중개사 **2018·2020년**

재개발사업의 추진위원회가 조합을 설립하려면 토지등소유자의 4분의 3 이상 및 토지 면적의 2분의 1 이상의 토지소유자의 동의를 받아 시장·군수 등의 인가를 받아야 한다. ( )

---

02 (×) 이사 (×), 추진위원회는 추진위원회를 대표하는 추진위원장 1명과 감사를 두어야 한다. **비교** 토지등소유자가 100명 이하인 조합에는 3명 이상의 이사를 둔다. 토지등소유자의 수가 100인을 초과하는 경우에는 이사의 수를 5명 이상으로 한다.

03 (×) 시·도지사(×), 시장·군수 등(○), 재개발사업 추진위원회가 조합을 설립하려면 시장·군수 등의 인가를 받아야 한다.

**정답** 01 (○), 02 (×), 03 (×), 04 (○)

**05** | 공인중개사 2014년

재건축사업의 추진위원회가 조합을 설립하고자 하는 때에는 법령상 요구되는 토지등소유자의 동의를 얻어 시장·군수 등에게 신고하여야 한다.  ( )

**06** | 공인중개사 2016·2020년

재건축사업의 추진위원회가 주택단지가 아닌 지역이 포함된 정비구역에서 조합을 설립하고자 하는 때에는 주택단지가 아닌 지역 안의 토지면적의 4분의 3 이상의 토지소유자의 동의를 얻어야 한다.  ( )

### 3 토지등소유자의 동의자수 산정방법

**07** | 공인중개사 2014년

재개발사업 조합의 설립을 위한 동의자수 산정 시, 1필지의 토지 또는 하나의 건축물을 여럿이서 공유하는 경우에는 그 여럿을 대표하는 1인을 토지등소유자로 산정한다.  ( )

**08** | 공인중개사 2014년

1인이 다수 필지의 토지 또는 다수의 건축물을 소유하고 있는 경우에는 필지나 건축물의 수에 상관없이 토지등소유자를 1인으로 산정한다.  ( )

**09** | 공인중개사 2014년

토지에 지상권이 설정되어 있는 경우 토지의 소유자와 해당 토지의 지상권자를 대표하는 1인을 토지등소유자로 산정한다.  ( )

---

05 (×) 신고(×), 인가(○), 재건축사업의 추진위원회가 조합을 설립하고자 하는 때에는 법령상 요구되는 토지등소유자의 동의를 얻어 시장·군수 등에게 인가를 받아야 한다.

06 (×) 재건축사업의 추진위원회가 주택단지가 아닌 지역이 포함된 정비구역에서 조합을 설립하고자 하는 때에는 주택단지가 아닌 지역 안의 토지 또는 건축물 소유자의 4분의 3 이상 및 토지면적의 3분의 2 이상의 토지소유자의 동의를 얻어야 한다.

**정답** 05 (×), 06 (×), 07 (○), 08 (○), 09 (○)

## 4 정관 작성 및 정관의 변경 등

**10** | 공인중개사 2019년

조합은 명칭에 '정비사업조합'이라는 문자를 사용하여야 한다. ( )

**11** | 공인중개사 2019년

조합의 정관에는 정비구역의 위치 및 면적이 포함되어야 한다. ( )

**12** | 공인중개사 2017년

대의원의 수, 대의원 선임방법, 청산금 분할징수 여부의 결정, 조합 상근임원 보수에 관한 사항은 조합의 정관으로 정하는 사항이다. ( )

**13** | 공인중개사 2015년

조합이 대의원의 수 및 선임절차를 변경하려면 조합원 3분의 2 이상의 동의가 필요하다. ( )

**14** | 공인중개사 2014·2018년

조합이 정관의 기재사항 중 조합원의 자격에 관한 사항을 변경하려는 경우에는 총회를 개최하여 조합원 3분의 2(이상)의 찬성으로 시장·군수 등의 인가를 받아야 한다. ( )

**15** | 공인중개사 2015년

조합이 정비사업 예정구역의 위치 및 면적, 조합의 비용부담 및 조합의 회계, 시공자·설계자의 선정 및 계약서에 포함될 내용을 변경하려면 조합원 3분의 2 이상의 동의가 필요하다. ( )

---

13 (×) 조합이 대의원의 수 및 선임절차를 변경하려면 조합원 과반수의 동의가 필요하다. **보충** 조합이 정관을 변경하려는 경우에는 총회를 개최하여 조합원 과반수의 찬성으로 시장·군수 등의 인가를 받아야 한다. 다만, 다음의 경우에는 조합원 3분의 2 이상의 찬성으로 한다.

조합원 3분의 2 이상의 찬성이 필요한 정관의 변경
① 조합원의 자격
② 조합원의 제명·탈퇴 및 교체
③ 정비구역의 위치 및 면적
④ 조합의 비용부담 및 조합의 회계
⑤ 정비사업의 부담 시기 및 절차
⑥ 시공자·설계자의 선정 및 계약서에 포함될 내용

**정답** 10 (○), 11 (○), 12 (○), 13 (×), 14 (○), 15 (○)

## 5 조합의 임원

**16** | 공인중개사 2016·2022년
토지등소유자가 100명 이하인 조합에는 2명 이하의 이사를 둔다. ( )

**17** | 공인중개사 2022년
조합임원의 임기는 3년 이하의 범위에서 정관으로 정하되, 연임할 수 있다. ( )

**18** | 공인중개사 2019년
조합장이 자기를 위하여 조합과 소송을 할 때에는 이사가 조합을 대표한다. ( )

**19** | 공인중개사 2014년
조합의 이사는 조합의 대의원을 겸할 수 없다. ( )

**20** | 공인중개사 2022년
조합임원은 같은 목적의 정비사업을 하는 다른 조합의 임원 또는 직원을 겸할 수 없다. ( )

**21** | 공인중개사 2022년
시장·군수 등이 전문조합관리인을 선정한 경우 전문조합관리인이 업무를 대행할 임원은 당연 퇴임한다. ( )

---

16 (×) 토지등소유자가 100명 이하인 조합에는 3명 이상의 이사를 둔다. **보충** 토지등소유자의 수가 100인을 초과하는 경우에는 이사의 수를 5명 이상으로 한다.

18 (×) 조합장이 자기를 위하여 조합과 소송을 할 때에는 감사가 조합을 대표한다.

**정답** 16 (×), 17 (○), 18 (×), 19 (○), 20 (○), 21 (○)

## 6 총회개최 및 의결

**22** | 공인중개사 2014년

조합의 이사는 대의원회에서 해임될 수 있다. ( )

**23** | 공인중개사 2013년

창립총회, 사업시행계획서의 작성 및 변경, 관리처분계획의 수립 및 변경, 정비사업비의 사용 및 변경을 위하여 개최하는 총회의 경우에는 조합원의 100분의 20 이상이 직접 출석하여야 한다. ( )

**24** | 공인중개사 2016년

사업시행계획서의 작성 및 변경, 관리처분계획의 수립 및 변경의 경우에는 조합원 과반수의 찬성으로 의결한다. 다만, 정비사업비가 100분의 10(생산자물가상승률분, 제73조에 따른 손실보상 금액은 제외한다) 이상 늘어나는 경우에는 조합원의 과반수의 동의를 받아야 한다. ( )

## 7 대의원회

**25** | 공인중개사 2014년

조합원의 수가 50명 이상인 조합은 대의원회를 두어야 한다. ( )

**26** | 공인중개사 2022년

조합장이 아닌 조합임원은 대의원이 될 수 없다. ( )

---

22 (×) 조합의 이사는 대의원회에서 해임될 수 없고, 총회의 의결을 거쳐야 한다.

24 (×) 사업시행계획서의 작성 및 변경, 관리처분계획의 수립 및 변경의 경우에는 조합원 과반수의 찬성으로 의결한다. 다만, 정비사업비가 100분의 10(생산자물가상승률분, 제73조에 따른 손실보상 금액은 제외한다) 이상 늘어나는 경우에는 조합원의 3분의 2 이상의 동의를 받아야 한다.

25 (×) 조합원의 수가 100명 이상인 조합은 대의원회를 두어야 한다. **보충** 대의원회는 조합원의 10분의 1 이상으로 구성한다. 다만, 조합원의 10분의 1이 100명을 넘는 경우에는 10분의 1의 범위에서 100명 이상으로 구성할 수 있다.

**정답** 22 (×), 23 (○), 24 (×), 25 (×), 26 (○)

**27** | 공인중개사 2016년

대의원회는 임기 중 궐위된 조합장을 보궐선임할 수 없다. ( )

**28** | 공인중개사 2016년

조합임원의 해임, 사업완료로 인한 조합의 해산, 정비사업비의 변경, 정비사업전문관리업자의 선정 및 변경은 대의원회가 대행할 수 없는 사항이다. ( )

## 8 주민대표회의

**29** | 공인중개사 2020년

토지등소유자가 시장·군수 등 또는 토지주택공사 등의 사업시행을 원하는 경우에는 정비구역 지정·고시 후 주민대표회의를 구성하여야 한다. ( )

**30** | 공인중개사 2020년

주민대표회의는 위원장을 포함하여 5명 이상 25명 이하로 구성한다. ( )

**31** | 공인중개사 2020·2021년

주민대표회의는 토지등소유자의 과반수의 동의를 받아 구성하며, 위원장과 부위원장 각 1명과 1명 이상 3명 이하의 감사를 둔다. ( )

**32** | 공인중개사 2020년

주민대표회의 또는 상가세입자는 사업시행자가 건축물의 철거의 사항에 관하여 시행규정을 정하는 때에 의견을 제시할 수 있다. ( )

---

27 (○) 대의원회는 총회의 의결사항 중 다음의 사항 외에는 총회의 권한을 대행할 수 있다.

- 대의원회가 대행할 수 없는 사항
① 정관의 변경에 관한 사항
② 조합임원과 대의원의 선임 및 해임에 관한 사항, 조합장의 보궐 선임
③ 정비사업전문관리업자의 선정 및 변경, 시공자·설계자·감정평가법인 등의 선임
④ 조합의 합병 또는 해산(사업완료로 인한 조합의 해산의 경우에는 제외한다)
⑤ 사업시행계획서, 관리처분계획의 수립 및 변경에 관한 사항
⑥ 정비사업비의 변경에 관한 사항
⑦ 조합의 합병 또는 해산에 관한 사항. 다만, 사업완료로 인한 해산의 경우는 제외

28 (×) 사업완료로 인한 조합의 해산은 대의원회가 대행할 수 있다.

**정답** 27 (○), 28 (×), 29 (○), 30 (○), 31 (○), 32 (○)

# 핵심테마 22 사업시행계획

## 1 사업시행계획

**01** | 공인중개사 **2020년**

재건축사업의 사업시행자가 작성하여야 하는 사업시행계획에는 「도시 및 주거환경정비법」 제10조(임대주택 및 주택규모별 건설비율)에 따른 임대주택의 건설계획이 포함되어야 한다. ( )

**02** | 공인중개사 **2020년**

사업시행계획서에는 세입자의 주거 및 이주 대책이 포함되어야 한다. ( )

**03** | 공인중개사 **2014년**

사업시행계획서에는 사업시행기간 동안의 정비구역 내 가로등 설치, 폐쇄회로 텔레비전 설치 등 범죄예방대책이 포함되어야 한다. ( )

---

01 (×) 임대주택의 건설계획은 재건축사업의 경우에는 사업시행계획서의 내용에서 제외된다. **보충** 사업시행자는 정비계획에 따라 다음의 사항을 포함하는 사업시행계획서를 작성하여야 한다.
① 토지이용계획(건축물배치계획 포함)
② 정비기반시설 및 공동이용시설의 설치계획
③ 임시거주시설을 포함한 주민이주대책
④ 세입자의 주거 및 이주 대책
⑤ 사업시행기간 동안의 정비구역 내 가로등 설치, 폐쇄회로 텔레비전 설치 등 범죄예방대책
⑥ 임대주택의 건설계획(재건축사업의 경우는 제외)
⑦ 소형주택의 건설계획(주거환경개선사업의 경우는 제외)
⑧ 공공지원민간임대주택 또는 임대관리 위탁주택의 건설계획(필요한 경우로 한정)
⑨ 건축물의 높이 및 용적률 등에 관한 건축계획
⑩ 정비사업의 시행과정에서 발생하는 폐기물의 처리계획
⑪ 교육시설의 교육환경 보호에 관한 계획(정비구역부터 200m 이내에 교육시설이 설치되어 있는 경우로 한정)
⑫ 정비사업비

**정답** 01 (×), 02 (○), 03 (○)

**04** | 공인중개사 2022년

사업시행자는 국민주택규모 주택을 건설하여야 하는 경우, 건설한 국민주택규모 주택을 국토교통부장관, 시·도지사, 시장, 군수, 구청장 또는 토지주택공사 등에 공급하여야 한다. ( )

**05** | 공인중개사 2022년

사업시행자는 국민주택규모 주택을 건설하여야 하는 경우, 인수자에게 공급하는 국민주택규모 주택의 부속 토지는 인수자에게 기부채납한 것으로 본다. ( )

**06** | 공인중개사 2014년

사업시행자가 사업시행인가를 받은 후 대지면적을 10퍼센트의 범위 안에서 변경하는 경우 시장·군수 등에게 신고하여야 한다. ( )

**07** | 공인중개사 2014년

시장·군수 등은 사업시행계획인가를 하려는 경우 정비구역으로부터 200미터 이내에 교육시설이 설치되어 있는 때에는 해당 지방자치단체의 교육감 또는 교육장과 협의하여야 한다. ( )

**08** | 공인중개사 2014년

시장·군수 등은 재개발사업의 사업시행계획인가를 하는 경우 해당 정비사업의 사업시행자가 지정개발자(지정개발자가 토지등소유자인 경우로 한정한다)인 때에는 정비사업비의 100분의 30의 금액을 예치하게 할 수 있다. ( )

**09** | 공인중개사 2014년

재개발사업의 사업시행계획서에는 일부 건축물의 존치 또는 리모델링에 관한 내용이 포함될 수 있다. ( )

**10** | 공인중개사 2014년

재개발사업의 인가받은 사업시행계획 중 건축물이 아닌 부대·복리시설의 위치를 변경하고자 하는 경우에는 변경인가를 받아야 한다. ( )

---

08 (×) 시장·군수 등은 재개발사업의 사업시행계획인가를 하는 경우 해당 정비사업의 사업시행자가 지정개발자(지정개발자가 토지등소유자인 경우로 한정한다)인 때에는 정비사업비의 100분의 20의 범위에서 시·도 조례로 정하는 금액을 예치하게 할 수 있다.

**정답** 04 (○), 05 (○), 06 (○), 07 (○), 08 (×), 09 (○), 10 (○)

## 2 정비사업시행을 위한 조치

**11** | 공인중개사 2014년

조합이 시·도지사 또는 토지주택공사 등에게 재개발사업의 시행으로 건설된 임대주택의 인수를 요청하는 경우 토지주택공사 등이 우선하여 인수하여야 한다. ( )

**12** | 공인중개사 2014년

재개발사업시행으로 철거되는 주택의 소유자 또는 세입자를 위하여 사업시행자가 지방자치단체의 건축물을 임시거주시설로 사용하는 경우 사용료 또는 대부료는 면제된다.
( )

**13** | 공인중개사 2017년

사업시행자는 사업의 시행으로 철거되는 주택의 소유자 또는 세입자에 대하여 당해 정비구역 내·외에 소재한 임대주택 등의 시설에 임시로 거주하게 하거나 주택자금의 융자알선 등 임시수용에 상응하는 조치를 하여야 한다. ( )

---

11 (×) 조합이 재개발사업의 시행으로 건설된 임대주택의 인수를 요청하는 경우, 시·도지사 또는 시장·군수, 구청장이 우선하여 인수하여야 한다.

**정답** 11 (×), 12 (○), 13 (○)

# 23 관리처분계획

## 1 분양공고 및 분양신청

**01 | 공인중개사 2022년**
분양신청기간의 연장은 30일의 범위에서 한 차례만 할 수 있다. ( )

**02 | 공인중개사 2019년**
분양대상자별 분담금의 추산액은 분양공고에 포함되어야 할 사항이다. ( )

**03 | 공인중개사 2019년**
분양신청자격, 분양신청방법, 분양신청기간 및 장소, 분양대상 대지 또는 건축물의 내역은 분양공고에 포함되어야 할 사항이다. ( )

**04 | 공인중개사 2022년**
분양신청을 하지 아니한 토지등소유자가 있는 경우 사업시행자는 관리처분계획이 인가·고시된 다음 날부터 90일 이내에 그 자와 토지, 건축물 또는 그 밖의 권리의 손실보상에 관한 협의를 하여야 한다. ( )

---

01 (×) 분양신청기간의 연장은 20일의 범위에서 한 차례만 할 수 있다.
02 (×) 분양대상자별 분담금의 추산액은 분양공고에 포함되어야 할 사항이 아니다. **보충** 분양공고에 포함되어야 하는 사항은 다음과 같다.

- **분양공고에 포함되어야 하는 사항**
① 사업시행인가의 내용
② 정비사업의 종류·명칭 및 정비구역의 위치·면적
③ 분양신청기간 및 장소
④ 분양대상 대지 또는 건축물의 내역
⑤ 분양신청자격
⑥ 분양신청방법
⑦ 토지소유자 외의 권리자의 권리신고방법
⑧ 분양을 신청하지 아니한 자에 대한 조치

**정답** 01 (×), 02 (×), 03 (○), 04 (○)

**05** | 공인중개사 2022년

사업시행자는 분양신청을 하지 아니한 자에 대하여 협의가 성립되지 아니하면 그 기간의 만료일 다음 날부터 60일 이내에 수용재결을 신청하거나 매도청구소송을 제기하여야 한다.                                                                                          (   )

## 2 관리처분계획의 수립

**06** | 공인중개사 2018년

계산착오·오기·누락 등에 따른 조서의 단순정정인 경우로서 불이익을 받는 자가 있는 경우 시장·군수 등에게 신고하여야 한다.                                                                                          (   )

**07** | 공인중개사 2018년

사업시행자의 변동에 따른 권리·의무의 변동이 있는 경우로서 분양설계의 변경을 수반하지 아니하는 경우 시장·군수 등에게 신고하여야 한다.                                                                                          (   )

**08** | 공인중개사 2018년

재건축사업에서의 매도청구에 대한 판결에 따라 관리처분계획을 변경하는 경우 시장·군수 등에게 신고하여야 한다.                                                                                          (   )

**09** | 공인중개사 2018년

주택분양에 관한 권리를 포기하는 토지등소유자에 대한 임대주택의 공급에 따라 관리처분계획을 변경하는 경우 시장·군수 등에게 신고하여야 한다.                                                                                          (   )

---

06 (×) 있는 경우(×), 없는 경우(○), 계산착오·오기·누락 등에 따른 조서의 단순정정인 경우로서 불이익을 받는 자가 없는 경우에는 시장·군수 등에게 신고하여야 한다.

• 관리처분계획의 경미한 변경으로 시장·군수 등에게 신고하여야 하는 사항
㉮ 원칙은 시장·군수 등의 인가를 받아야 한다. 다만 다음의 경미한 변경은 신고하여야 한다.
① 계산착오·오기·누락 등에 따른 조서의 단순정정인 경우로서 불이익을 받는 자가 없는 경우
② 정관 및 사업시행계획인가의 변경에 따라 관리처분계획을 변경하는 경우
③ 매도청구에 대한 판결에 따라 관리처분계획을 변경하는 경우
④ 법 제129조에 따른 권리·의무의 변동이 있는 경우로서 분양설계의 변경을 수반하지 아니하는 경우
⑤ 주택분양에 관한 권리를 포기하는 토지등소유자에 대한 임대주택의 공급에 따라 관리처분계획을 변경하는 경우
⑥ 민간임대사업자의 주소(법인인 경우에는 법인의 소재지와 대표자의 성명 및 주소)를 변경하는 경우

**정답** 05 (○), 06 (×), 07 (○), 08 (○), 09 (○)

**10** | 공인중개사 2018년

정관 및 사업시행계획인가의 변경에 따라 관리처분계획을 변경하는 경우 시장·군수 등에게 신고하여야 한다.                                    (   )

**11** | 공인중개사 2016년

재개발사업의 관리처분은 정비구역의 지상권자에 대한 분양을 포함하여야 한다.    (   )

**12** | 공인중개사 2016년

재건축사업의 관리처분의 기준은 조합원 전원의 동의를 받더라도 법령상 정하여진 관리처분의 기준과 달리 정할 수 없다.                                         (   )

**13** | 공인중개사 2022년

같은 세대에 속하지 아니하는 3명이 1토지를 공유한 경우에는 3주택을 공급하여야 한다.
                                                                          (   )

**14** | 공인중개사 2017년

관리처분계획상 분양대상자별 종전의 토지 또는 건축물의 명세에서 종전 주택의 주거전용면적이 60㎡를 넘지 않는 경우 2주택을 공급할 수 없다.            (   )

**15** | 공인중개사 2020년

정비사업의 시행으로 조성된 대지 및 건축물은 관리처분계획에 따라 처분 또는 관리하여야 한다.                                                              (   )

---

12 (×) 재건축사업의 관리처분의 기준은 조합원 전원의 동의를 받아 법령상 정하여진 관리처분기준을 다르게 정할 수 있다.

13 (×) 같은 세대에 속하지 아니하는 3명이 1토지를 공유한 경우에는 1주택을 공급하여야 한다.

14 (×) 관리처분계획상 분양대상자별 종전의 토지 또는 건축물의 명세에서 종전 주택의 주거전용면적이 60㎡를 넘지 않는 경우 2주택을 공급할 수 있다.

**정답** 10 (○), 11 (×), 12 (×), 13 (×), 14 (×), 15 (○)

**16** | 공인중개사 **2017·2020년**

주거환경개선사업의 사업시행자는 정비사업의 시행으로 건설된 건축물을 인가된 사업시행계획에 따라 토지등소유자에게 공급하여야 한다. ( )

### 3 관리처분계획에 따른 처분

**17** | 공인중개사 **2022년**

조합원 10분의 1 이상이 관리처분계획인가 신청이 있은 날부터 30일 이내에 관리처분계획의 타당성 검증을 요청한 경우 시장·군수는 이에 따라야 한다. ( )

**18** | 공인중개사 **2020년**

환지를 공급하는 방법으로 시행하는 주거환경개선사업의 사업시행자가 정비구역에 주택을 건설하는 경우 주택의 공급 방법에 관하여 「주택법」에도 불구하고 시장·군수 등의 승인을 받아 따로 정할 수 있다. ( )

**19** | 공인중개사 **2020년**

사업시행자는 분양신청을 받은 후 잔여분이 있는 경우에는 사업시행계획으로 정하는 목적을 위하여 그 잔여분을 조합원 또는 토지등소유자 이외의 자에게 분양할 수 있다. ( )

**20** | 공인중개사 **2017년**

국토교통부장관은 조합이 요청하는 경우 주택재건축사업의 시행으로 건설된 임대주택을 인수하여야 한다. ( )

---

16 (×) 사업시행계획에 따라(×), 관리처분계획에 따라(○), 주거환경개선사업의 사업시행자는 정비사업의 시행으로 건설된 건축물을 인가된 관리처분계획에 따라 토지등소유자에게 공급하여야 한다.

17 (×) 10분의 1(×), 5분의 1(○), 30일(×), 15일(○), 시장·군수 등은 조합원 5분의 1 이상이 관리처분계획인가 신청이 있은 날부터 15일 이내에 관리처분계획의 타당성 검증을 요청한 경우, 대통령령으로 정하는 공공기관에 관리처분계획의 타당성 검증을 요청하여야 한다.

20 (×) 주택재건축사업의 시행(×), 재개발사업의 시행(○), 국토교통부장관, 시·도지사, 시장, 군수, 구청장 또는 토지주택공사 등은 조합이 요청하는 경우 재개발사업의 시행으로 건설된 임대주택을 인수하여야 한다.

**정답** 16 (×), 17 (×), 18 (○), 19 (○), 20 (×)

**21** | 공인중개사 **2020년**

조합이 재개발임대주택의 인수를 요청하는 경우 국토교통부장관이 우선하여 인수하여야 한다. ( )

**22** | 공인중개사 **2017년**

사업시행자는 정비사업의 시행으로 임대주택을 건설하는 경우 공급대상자에게 주택을 공급하고 남은 주택에 대하여 공급대상자외의 자에게 공급할 수 있다. ( )

## 4 지분형주택 등의 공급

**23** | 공인중개사 **2022년**

지분형주택의 규모는 주거전용면적 60제곱미터 이하인 주택으로 한정한다. ( )

**24** | 공인중개사 **2017년**

시·도지사의 요청이 있는 경우 국토교통부장관은 인수한 임대주택의 일부를 「주택법」에 따른 토지임대부 분양주택으로 전환하여 공급하여야 한다. ( )

**25** | 공인중개사 **2022년**

시장·군수는 정비구역에서 면적이 100제곱미터의 토지를 소유한 자로서 건축물을 소유하지 아니한 자의 요청이 있는 경우에는 인수한 임대주택의 일부를 「주택법」에 따른 토지임대부 분양주택으로 전환하여 공급하여야 한다. ( )

---

21 (×) 조합이 재개발임대주택의 인수를 요청하는 경우 시·도지자, 시장, 군수, 구청장이 우선하여 인수하여야 한다. 시·도지사 또는 시장, 군수, 구청장이 예산·관리인력의 부족 등 부득이한 사정으로 인수하기 어려운 경우에는 국토교통부장관에게 토지주택공사 등을 인수자로 지정할 것을 요청할 수 있다.

24 (×) 정비구역의 세입자와 대통령령으로 정하는 면적 이하의 토지 또는 주택을 소유한 자의 요청이 있는 경우 국토교통부장관은 인수한 임대주택의 일부를 「주택법」에 따른 토지임대부 분양주택으로 전환하여 공급하여야 한다.

25 (×) 100제곱미터(×), 90제곱미터(○), 시장·군수는 정비구역에서 면적이 90제곱미터 미만의 토지를 소유한 자로서 건축물을 소유하지 아니한 자의 요청이 있는 경우에는 인수한 임대주택의 일부를 「주택법」에 따른 토지임대부 분양주택으로 전환하여 공급하여야 한다.

**정답** 21 (×), 22 (○), 23 (○), 24 (×), 25 (×)

## 5 건축물 등의 사용·수익의 중지 및 철거

**26** | 공인중개사 2016년

관리처분계획의 인가·고시가 있은 때에는 종전의 토지의 임차권자는 사업시행자의 동의를 받더라도 소유권의 이전고시가 있는 날까지 종전의 토지를 사용할 수 없다. ( )

**27** | 공인중개사 2016년

사업시행자는 폐공가의 밀집으로 범죄 발생의 우려가 있는 경우 기존 건축물의 소유자의 동의 및 시장·군수의 허가를 얻어 해당 건축물을 철거할 수 있다. ( )

---

26 (×) 관리처분계획의 인가·고시가 있은 때에는 종전 토지의 임차권자는 종전 토지를 사용할 수 없지만, 사업시행자의 동의를 받은 경우에는 종전 토지를 사용할 수 있다.

**정답** 26 (×), 27 (○)

# 공사완료와 청산금 및 비용부담

## 1 공사완료에 따른 조치

**01** | 공인중개사 2018년

사업시행자인 지방공사가 정비사업 공사를 완료한 때에는 시장·군수 등의 준공인가를 받아야 한다. ( )

**02** | 공인중개사 2018년

시장·군수 등은 준공인가 전 사용허가를 하는 때에는 동별·세대별 또는 구획별로 사용허가를 할 수 있다. ( )

**03** | 공인중개사 2018·2020년

준공인가에 따른 정비구역의 해제가 있으면 조합은 해산된 것으로 본다. ( )

**04** | 공인중개사 2016년

사업시행자는 준공인가 및 공사완료 고시가 있은 때에는 지체 없이 대지확정측량을 하고 토지의 분할절차를 거쳐 관리처분계획에서 정한 사항을 분양을 받을 자에게 통지하고 대지 또는 건축물의 소유권을 이전하여야 한다. ( )

**05** | 공인중개사 2018년

관리처분계획에 따라 소유권을 이전하는 경우 건축물을 분양받을 자는 이전고시가 있은 날의 다음 날에 그 건축물의 소유권을 취득한다. ( )

**06** | 공인중개사 2020년

정비사업의 효율적인 추진을 위하여 필요한 경우에는 해당 정비사업에 관한 공사가 전부 완료되기 전이라도 완공된 부분은 준공인가를 받아 대지 또는 건축물별로 분양받을 자에게 소유권을 이전할 수 있다. ( )

---

03 (×) 준공인가에 따른 정비구역의 해제는 조합의 존속에 영향을 주지 아니한다.

**정답** 01 (○), 02 (○), 03 (×), 04 (○), 05 (○), 06 (○)

**07** | 공인중개사 2020년

정비사업에 관하여 소유권의 이전고시가 있은 날부터는 대지 및 건축물에 관한 등기가 없더라도 저당권 등의 다른 등기를 할 수 있다. ( )

## 2 청산금

**08** | 공인중개사 2015년

조합 총회의 의결을 거쳐 정한 경우에는 관리처분계획인가 후부터 소유권 이전의 고시일까지 청산금을 분할징수할 수 있다. ( )

**09** | 공인중개사 2015년

종전에 소유하고 있던 토지의 가격과 분양받은 대지의 가격은 그 토지의 규모·위치·용도·이용상황·정비사업비 등을 참작하여 평가하여야 한다. ( )

**10** | 공인중개사 2015·2021년

시장·군수 등이 아닌 사업시행자는 부과금을 체납하는 자가 있는 때에는 지방세 체납처분의 예에 따라 부과·징수할 수 있다. ( )

**11** | 공인중개사 2021년

청산금을 지급받을 자가 받기를 거부하더라도 사업시행자는 그 청산금을 공탁할 수는 없다. ( )

**12** | 공인중개사 2015·2021년

청산금을 징수할 권리는 소유권 이전의 고시일로부터 5년간 이를 행사하지 아니하면 소멸한다. ( )

---

07 (×) 정비사업에 관하여 소유권이전고시가 있은 날부터 소유권이전등기가 있을 때까지는 저당권 등의 다른 등기를 하지 못한다.

10 (×) 시장·군수 등인 사업시행자는 부과금을 체납하는 자가 있는 때에는 지방세 체납처분의 예에 따라 부과·징수할 수 있으며, 시장·군수 등이 아닌 사업시행자는 시장·군수 등에게 청산금의 징수를 위탁할 수 있다.

11 (×) 청산금을 지급받을 자가 받기를 거부하면 사업시행자는 그 청산금을 공탁할 수 있다.

**정답** 07 (×), 08 (○), 09 (○), 10 (×), 11 (×), 12 (×)

**13** | 공인중개사 2015년

정비사업의 시행지역 안에 있는 건축물에 저당권을 설정한 권리자는 그 건축물의 소유자가 지급받을 청산금에 대하여 청산금을 지급하기 전에 압류절차를 거쳐 저당권을 행사할 수 있다. ( )

## 3 비용부담

**14** | 공인중개사 2019년

정비사업비는 「도시 및 주거환경정비법」 또는 다른 법령에 특별한 규정이 있는 경우를 제외하고는 사업시행자가 부담한다. ( )

**15** | 공인중개사 2019년

지방자치단체는 시장·군수 등이 아닌 사업시행자가 시행하는 정비사업에 드는 비용에 대해 융자를 알선할 수 있으나 직접적으로 보조할 수는 없다. ( )

**16** | 공인중개사 2019년

시장·군수 등이 아닌 사업시행자는 부과금 또는 연체료를 체납하는 자가 있는 때에는 시장·군수 등에게 그 부과·징수를 위탁할 수 있다. ( )

**17** | 공인중개사 2019년

사업시행자는 정비사업을 시행하는 지역에 전기·가스 등의 공급시설을 설치하기 위하여 공동구를 설치하는 경우에는 다른 법령에 따라 그 공동구에 수용될 시설을 설치할 의무가 있는 자에게 공동구의 설치에 드는 비용을 부담시킬 수 있다. ( )

---

15 (×) 지방자치단체는 시장·군수 등이 아닌 사업시행자가 시행하는 정비사업에 드는 비용에 대해 융자를 알선하거나 보조할 수 있다.

**정답** 13 (○), 14 (○), 15 (×), 16 (○), 17 (○)

**18** | 공인중개사 2021년

국가 또는 지방자치단체는 토지임대부 분양주택을 공급받는 자에게 해당 공급비용의 전부를 융자할 수는 없다. ( )

**19** | 공인중개사 2021년

정비구역의 국유·공유재산은 정비사업 외의 목적으로 매각되거나 양도될 수 없다. ( )

**20** | 공인중개사 2019년

정비구역의 국유·공유재산은 사업시행자 또는 점유자 및 사용자에게 다른 사람에 우선하여 수의계약으로 매각될 수 있다. ( )

## 4 공공재개발사업

**21** | 공인중개사 2021년

정비계획의 입안권자가 정비구역의 지정권자에게 공공재개발사업 예정구역 지정을 신청한 경우 지방도시계획위원회는 신청일 부터 30일 이내에 심의를 완료해야 한다. 다만, 30일 이내에 심의를 완료할 수 없는 정당한 사유가 있다고 판단되는 경우에는 심의기간을 30일의 범위에서 한 차례 연장할 수 있다. ( )

---

18 (×) 국가 또는 지방자치단체는 토지임대부 분양주택을 공급받는 자에게 해당 공급비용의 전부 또는 일부를 보조 또는 융자할 수 있다.

**정답** 18 (×), 19 (○), 20 (○), 21 (○)

모두공인공인중개사 **슈 퍼 리 멤 버**
# PART 04
# 건축법

# CHAPTER 01

## 건축법

| 2014년 | 2015년 | 2016년 | 2017년 | 2018년 | 2019년 | 2020년 | 2021년 | 2022년 |
|--------|--------|--------|--------|--------|--------|--------|--------|--------|
| 7문 | 7문 | 7문 | 7문 | 7문 | 7문 | 7문 | 7문 | 7문 |

**핵심 25** | 건축법 용어의 정의
**핵심 26** | 건축법의 적용과 용도변경
**핵심 27** | 건축허가 및 신고
**핵심 28** | 대지와 도로
**핵심 29** | 면적과 높이
**핵심 30** | 건축물의 구조 안전 및 재료
**핵심 31** | 특별건축구역 및 건축협정
**핵심 32** | 건축위원회 및 이행강제금

# 건축법 용어의 정의

## 1 고층건축물, 주요구조부 등

**01** | 공인중개사 2017·2020년
"고층건축물"에 해당하려면 건축물의 층수가 30층 이상이고 높이가 120미터 이상이어야 한다. ( )

**02** | 공인중개사 2016년
지붕틀, 주계단, 사이 기둥, 최하층 바닥은 건축법령상 주요구조부에 해당한다. ( )

**03** | 공인중개사 2017년
지하의 공작물에 설치하는 점포는 "건축물"에 해당하지 않는다. ( )

**04** | 공인중개사 2017년
구조 계산서와 시방서는 "설계도서"에 해당한다. ( )

---

01 (×) 이상이고(×), 이상이거나(○), '고층건축물'에 해당하려면 건축물의 층수가 30층 이상이거나 높이가 120m 이상이어야 한다.

02 (×) 주요구조부란 내력벽, 기둥, 바닥, 보, 지붕틀 및 주계단을 말한다. **비교** 사이 기둥과 최하층 바닥은 주요구조부에 해당하지 않는다.

03 (×) 지하의 공작물에 설치하는 점포는 건축물에 해당한다. 건축물이란 토지에 정착하는 공작물 중 지붕과 기둥 또는 벽이 있는 것과 이에 딸린 시설물, 지하나 고가의 공작물에 설치하는 사무소·공연장·점포·차고·창고, 그 밖에 대통령령으로 정하는 것을 말한다.

**정답** 01 (×), 02 (×), 03 (×), 04 (○)

## 2 다중이용 건축물

**05** | 공인중개사 2018년

바닥시설이 5천㎡ 이상인 5층의 숙박시설 중 관광휴게시설은 건축법령상 다중이용 건축물에 해당한다. ( )

**06** | 공인중개사 2018년

바닥시설이 5천㎡ 이상인 5층의 판매시설은 건축법령상 다중이용 건축물에 해당한다. ( )

**07** | 공인중개사 2018년

바닥시설이 5천㎡ 이상인 5층의 운수시설 중 여객용 시설은 건축법령상 다중이용 건축물에 해당한다. ( )

**08** | 공인중개사 2018년

바닥시설이 5천㎡ 이상인 5층의 종교시설은 건축법령상 다중이용 건축물에 해당한다. ( )

**09** | 공인중개사 2018년

바닥시설이 5천㎡ 이상인 5층의 의료시설 중 종합병원은 건축법령상 다중이용 건축물에 해당한다. ( )

---

05 (×) 숙박시설 중 관광휴게시설은 다중이용 건축물에 해당하지 않는다. **비교** 숙박시설 중 관광숙박시설이 다중이용 건축물에 해당한다.

- 다중이용 건축물
  ① 다음에 해당하는 용도로 바닥면적의 합계가 5천㎡ 이상인 건축물
    ㉠ 문화 및 집회시설(동물원 및 식물원은 제외)
    ㉡ 종교시설
    ㉢ 판매시설
    ㉣ 운수시설 중 여객용 시설
    ㉤ 의료시설 중 종합병원
    ㉥ 숙박시설 중 관광숙박시설
  ② 16층 이상인 건축물

**정답** 05 (×), 06 (○), 07 (○), 08 (○), 09 (○)

**10** | 공인중개사 2015년

바닥시설이 4천㎡인 5층의 성당은 건축법령상 다중이용 건축물에 해당한다. ( )

**11** | 공인중개사 2015년

문화 및 집회시설로서 바닥시설이 6천㎡인 2층의 식물원은 건축법령상 다중이용 건축물에 해당한다. ( )

**12** | 공인중개사 2015년

문화 및 집회시설로서 바닥시설이 6천㎡인 2층의 동물원은 건축법령상 다중이용 건축물에 해당한다. ( )

**13** | 공인중개사 2015년

교육연구시설로 사용하는 바닥시설이 5천㎡인 15층 연구소는 건축법령상 다중이용 건축물에 해당한다. ( )

---

10 (×) 종교시설인 성당은 용도상으로는 다중이용 건축물에 해당하나 바닥면적의 합계가 5천㎡ 이하이고 16층 이상의 건축물이 아니므로 다중이용 건축물에 해당하지 않는다.

11 (×) 문화 및 집회시설은 용도상 다중이용 건축물에 해당한다. 다만, 동물원·식물원은 제외된다.

12 (×) 문화 및 집회시설은 용도상 다중이용 건축물에 해당한다. 다만, 동물원·식물원은 제외된다.

13 (×) 교육연구시설은 용도상 다중이용 건축물에 해당하지 않으며, 16층 이상의 건축물이 아니므로 다중이용 건축물에 해당하지 않는다.

**정답** 10 (×), 11 (×), 12 (×), 13 (×)

## 3 신고대상 공작물

**14** | 공인중개사 2016년

높이 3m의 기념탑은 건축법령상 특별자치시장·특별자치도지사 또는 시장·군수·구청장에게 신고하고 축조하여야 하는 공작물이다.                                    ( )

**15** | 공인중개사 2016년

높이 3m의 담장은 건축법령상 특별자치시장·특별자치도지사 또는 시장·군수·구청장에게 신고하고 축조하여야 하는 공작물이다.                                    ( )

**16** | 공인중개사 2019년

높이 4미터의 옹벽은 건축법령상 특별자치시장·특별자치도지사 또는 시장·군수·구청장에게 신고하고 축조하여야 하는 공작물이다.                                    ( )

**17** | 공인중개사 2016년

높이 3m의 광고탑은 건축법령상 특별자치시장·특별자치도지사 또는 시장·군수·구청장에게 신고하고 축조하여야 하는 공작물이다.                                    ( )

---

14 (×) 기념탑은 높이가 4m를 넘으면 신고하고 축조하여야 한다.

- 신고대상 공작물
  ① 높이 2m를 넘는 옹벽 또는 담장
  ② 높이 4m를 넘는 장식장, 기념탑, 첨탑, 광고탑, 광고판, 그 밖에 이와 비슷한 것
  ③ 높이 6m를 넘는 굴뚝, 골프연습장 등의 운동시설을 위한 철탑과 주거지역·상업지역에 설치하는 통신용 철탑, 그 밖에 이와 비슷한 것
  ④ 높이 8m를 넘는 고가수조, 그 밖에 이와 비슷한 것
  ⑤ 높이 8m(위험방지를 위한 난간의 높이는 제외) 이하의 기계식 주차장 및 철골조립식 주차장(바닥면적이 조립식이 아닌 것을 포함)으로서 외벽이 없는 것
  ⑥ 높이 5m를 넘는 태양에너지를 이용하는 발전설비와 그 밖에 이와 비슷한 것
  ⑦ 바닥면적 30㎡를 넘는 지하대피호
  ⑧ 건축조례로 정하는 제조시설, 저장시설(시멘트사일로를 포함), 유희시설, 그 밖에 이와 비슷한 것
  ⑨ 건축물의 구조에 심대한 영향을 줄 수 있는 중량물로서 건축조례로 정하는 것

17 (×) 광고탑은 높이가 4m를 넘으면 신고하고 축조하여야 한다.

**정답** 14 (×), 15 (○), 16 (○), 17 (×)

**18** | 공인중개사 2019년

높이 3미터의 장식탑은 건축법령상 특별자치시장·특별자치도지사 또는 시장·군수·구청장에게 신고하고 축조하여야 하는 공작물이다. ( )

**19** | 공인중개사 2019년

상업지역에 설치하는 높이 8미터의 통신용 철탑은 건축법령상 특별자치시장·특별자치도지사 또는 시장·군수·구청장에게 신고하고 축조하여야 하는 공작물이다. ( )

**20** | 공인중개사 2019년

높이 8미터의 굴뚝은 건축법령상 특별자치시장·특별자치도지사 또는 시장·군수·구청장에게 신고하고 축조하여야 하는 공작물이다. ( )

**21** | 공인중개사 2016년

높이 7m의 고가수조(高架水槽)는 건축법령상 특별자치시장·특별자치도지사 또는 시장·군수·구청장에게 신고하고 축조하여야 하는 공작물이다. ( )

**22** | 공인중개사 2016·2019년

바닥면적 25㎡의 지하대피호는 건축법령상 특별자치시장·특별자치도지사 또는 시장·군수·구청장에게 신고하고 축조하여야 하는 공작물이다. ( )

## 4 신축·증축·개축·재축·이전

**23** | 공인중개사 2014년

건축물이 없던 나대지에 새로 건축물을 축조하는 것은 건축법령상 건축에 해당한다. ( )

**24** | 공인중개사 2014년

기존 5층의 건축물이 있는 대지에서 건축물의 층수를 7층으로 늘리는 것은 건축법령상 건축에 해당한다. ( )

---

18 (×) 높이 4m를 넘는 장식탑은 신고하고 축조하여야 한다.
21 (×) 고가수조는 높이가 8m를 넘으면 신고하고 축조하여야 한다.
22 (×) 지하대피호는 바닥면적이 30㎡를 넘으면 신고하고 축조하여야 한다.

**정답** 18 (×), 19 (○), 20 (○), 21 (×), 22 (×), 23 (○), 24 (○)

**25** | 공인중개사 2014년

태풍으로 멸실된 건축물을 그 대지에 연면적 합계, 동수, 층수, 높이가 모두 종전 규모이하로 다시 축조하는 것은 건축법령상 건축에 해당한다. ( )

**26** | 공인중개사 모의문제

건축물이 천재지변으로 멸실된 경우 그 대지에 종전 규모보다 연면적의 합계를 늘려 건축물을 다시 축조하는 것은 "재축"에 해당한다. ( )

**27** | 공인중개사 2020년

기존 건축물이 있는 대지에서 건축물의 내력벽을 증설하여 건축면적을 늘리는 것은 "대수선"에 해당한다. ( )

---

26 (×) 재축(×), 증축 또는 신축(○), 건축물이 천재지변으로 멸실된 경우 그 대지에 종전 규모보다 연면적의 합계를 늘려 건축물을 다시 축조하는 것은 증축 또는 신축에 해당한다.

- **재축**

건축물이 천재지변이나 그 밖의 재해(災害)로 멸실된 경우 그 대지에 다음의 요건을 모두 갖추어 다시 축조하는 것을 말한다.
① 연면적 합계는 종전 규모 이하로 할 것
② 동(棟)수, 층수 및 높이는 다음의 어느 하나에 해당할 것
  ㉠ 동수, 층수 및 높이가 모두 종전 규모 이하일 것
  ㉡ 동수, 층수 또는 높이의 어느 하나가 종전 규모를 초과하는 경우에는 해당 동수, 층수 및 높이가 건축법령 등에 모두 적합할 것

27 (×) 대수선(×), 증축(○), 기존 건축물이 있는 대지에서 건축물의 내력벽을 증설하여 건축면적을 늘리는 것은 '증축'에 해당한다.

- **대수선**

"대수선"이란 건축물의 기둥, 보, 내력벽, 주계단 등의 구조나 외부 형태를 아래와 같이 수선·변경하거나 증설하는 것으로서 증축·개축 또는 재축에 해당하지 아니하는 것을 말한다.
① 내력벽을 증설 또는 해체하거나 그 벽면적을 30m² 이상 수선 또는 변경하는 것
② 기둥을 증설 또는 해체하거나 세 개 이상 수선 또는 변경하는 것
③ 보를 증설 또는 해체하거나 세 개 이상 수선 또는 변경하는 것
④ 지붕틀을 증설 또는 해체하거나 세 개 이상 수선 또는 변경하는 것
⑤ 방화벽 또는 방화구획을 위한 바닥 또는 벽을 증설 또는 해체하거나 수선 또는 변경하는 것
⑥ 주계단·피난계단 또는 특별피난계단을 증설 또는 해체하거나 수선 또는 변경하는 것
⑦ 다가구주택의 가구 간 경계벽 또는 다세대주택의 세대 간 경계벽을 증설 또는 해체하거나 수선 또는 변경하는 것
⑧ 건축물의 외벽에 사용하는 마감재료를 증설 또는 해체하거나 벽면적 30m² 이상 수선 또는 변경하는 것

**정답** 25 (○), 26 (×), 27 (×)

**28** | 공인중개사 **2017년**

내력벽을 수선하더라도 수선되는 벽면적의 합계가 30㎡ 미만인 경우는 "대수선"에 포함되지 않는다. ( )

**29** | 공인중개사 **2014·2020년**

건축물을 이전하는 것은 "건축"에 해당한다. ( )

**30** | 공인중개사 **2020년**

건축물의 내력벽을 해체하여 같은 대지의 다른 위치로 옮기는 것은 "이전"에 해당한다. ( )

---

30 (×) 해체하여(×), 해체하지 않고(○), 건축물의 주요구조부를 해체하지 않고, 같은 대지의 다른 위치로 옮기는 것은 '이전'에 해당한다.

**정답** 28 (○), 29 (○), 30 (×)

# 건축법의 적용과 용도변경

## 1 건축법의 적용

**01** | 공인중개사 2015·2017·2019년

철도의 선로 부지에 있는 시설로서 플랫폼, 운전보안시설, 철도 사이의 아래를 가로지르는 보행시설, 해당 철도사업용 급수급탄 및 급유시설은 건축법령상 「건축법」의 적용을 받지 않는 건축물이다. ( )

**02** | 공인중개사 2017년

대지에 정착된 컨테이너를 이용한 주택은 건축법령상 「건축법」의 적용을 받지 않는 건축물이다. ( )

**03** | 공인중개사 2015·2017년

「문화재보호법」에 따른 임시지정문화재는 건축법령상 「건축법」의 적용을 받지 않는 건축물이다. ( )

**04** | 공인중개사 2015·2017년

고속도로 통행료 징수시설은 건축법령상 「건축법」의 적용을 받지 않는 건축물이다. ( )

---

02 (×) 대지에 정착된 컨테이너를 이용한 주택은 「건축법」의 규정이 적용되는 건축물에 해당한다.

- 건축법의 적용을 받지 않는 건축물
  ① 「문화재보호법」에 따른 지정문화재나 임시지정문화재
  ② 철도나 궤도의 선로 부지(敷地)에 있는 다음의 시설
     ㉮ 운전보안시설
     ㉯ 철도 선로의 위나 아래를 가로지르는 보행시설
     ㉰ 플랫폼
     ㉱ 해당 철도 또는 궤도사업용 급수(給水)·급탄(給炭) 및 급유(給油) 시설
  ③ 고속도로 통행료 징수시설
  ④ 컨테이너를 이용한 간이창고(산업집적활성화 및 공장설립에 관한 법률에 따른 공장의 용도로만 사용되는 건축물의 대지에 설치하는 것으로서 이동이 쉬운 것만 해당됨)
  ⑤ 「하천법」에 따른 하천구역 내의 수문조작실

**정답** 01 (○), 02 (×), 03 (○), 04 (○)

**05** | 공인중개사 2017년

「하천법」에 따른 하천구역 내의 수문조작실은 건축법령상 「건축법」의 적용을 받지 않는 건축물이다. ( )

## 2 용도변경

**06** | 공인중개사 2013년

공장을 자동차 관련 시설로 변경하는 경우에는 신고를 하여야 한다. ( )

| 시설군 | 용도군 |
|---|---|
| 자동차 관련 시설군 | 자동차 관련 시설 |
| 산업 등의 시설군 | 운수시설, 공장, 창고시설, 위험물저장 및 처리시설, 자원순환 관련 시설, 묘지 관련 시설, 장례시설 |
| 전기통신시설군 | 발전시설, 방송통신시설 |
| 문화 및 집회시설군 | 문화 및 집회시설, 종교시설, 위락시설, 관광휴게시설 |
| 영업시설군 | 판매시설, 운동시설, 숙박시설, 제2종 근린생활시설 중 다중생활시설 |
| 교육 및 복지시설군 | 의료시설, 교육연구시설, 노유자시설, 수련시설, 야영장시설 |
| 근린생활시설군 | 제1종 근린생활시설, 제2종 근린생활시설(다중생활시설은 제외) |
| 주거업무시설군 | 단독주택, 공동주택, 업무시설, 교정 및 군사시설 |
| 그 밖의 시설군 | 동물 및 식물 관련시설 |

**07** | 공인중개사 2013년

제1종 근린생활시설을 의료시설로 변경하는 경우에는 허가를 받아야 한다. ( )

---

06 (×) 공장을 자동차 관련 시설로 변경하는 경우는 하위 시설군에서 상위 시설군으로 용도를 변경하는 경우에 해당하므로 허가를 받아야 한다.
 • 건축물의 시설군(9)과 용도군(29)
 ① 상위 시설군에서 하위 시설군으로 변경하는 경우 신고를 하여야 한다.
 ② 하위 시설군에서 상위 시설군으로 변경하는 경우 허가를 받아야 한다.
 ③ 같은 시설군 안에서 용도를 변경하려는 자는 건축물대장 기재사항의 변경을 신청하여야 한다.

정답 05 (○), 06 (×), 07 (○)

**08** | 공인중개사 2013년

숙박시설을 수련시설로 변경하는 경우에는 신고를 하여야 한다. ( )

**09** | 공인중개사 2013년

교육연구시설을 판매시설로 변경하는 경우에는 허가를 받아야 한다. ( )

**10** | 공인중개사 2014년

판매시설을 창고시설로 변경하는 경우에는 허가를 받아야 한다. ( )

**11** | 공인중개사 2014년

숙박시설을 위락시설로 변경하는 경우에는 허가를 받아야 한다. ( )

**12** | 공인중개사 2014년

장례시설을 종교시설로 변경하는 경우에는 신고를 하여야 한다. ( )

**13** | 공인중개사 2014년

의료시설을 교육연구시설로 변경하는 경우에는 건축물 대장 기재내용의 변경을 신청하여야 한다. ( )

**14** | 공인중개사 2018년

병원으로 사용하던 4층 건축물을 서점으로 용도변경하는 경우 용도변경 허가를 받아야 한다. ( )

**15** | 공인중개사 2020년

허가권자는 신청한 복수의 용도가 이 법 및 관계 법령에서 정한 건축기준과 입지기준 등에 모두 적합한 경우에 한정하여 지방건축위원회의 심의를 거쳐 다른 시설군의 용도간의 복수용도를 허용할 수 있다. ( )

---

14 (×) 병원(의료시설)을 서점(제1종 근린생활시설)으로 용도변경(상위 시설군에서 하위 시설군으로 용도변경)하기 위해서는 용도변경을 신고하여야 한다.

**정답** 08 (○), 09 (○), 10 (○), 11 (○), 12 (○), 13 (○), 14 (×), 15 (○)

# 건축허가 및 신고

## 1 건축허가권자

**01** | 공인중개사 **2018년**
연면적이 200제곱미터 미만이고 3층 미만인 건축물의 대수선은 건축사가 아니어도 설계할 수 있다. ( )

**02** | 공인중개사 **2020년**
허가나 신고대상인 경우로서 용도변경하려는 부분의 바닥면적의 합계가 100제곱미터 이상인 경우에는 사용승인을 받아야 한다. ( )

**03** | 공인중개사 **2014년**
연면적의 10분의 3을 증축하여 연면적의 합계가 10만 제곱미터가 되는 창고를 광역시에 건축하고자 하는 자는 광역시장의 허가를 받아야 한다. ( )

**04** | 공인중개사 **2020년**
A광역시 B구에서 20층의 연면적 합계가 5만 제곱미터인 허가대상 건축물을 신축하려는 자는 B구청장의 허가를 받아야 한다. ( )

---

03 (×) 광역시에 연면적의 10분의 3을 증축하여 연면적의 합계가 10만㎡가 되는 경우에는 광역시장의 허가를 받아야 한다. 다만 공장, 창고, 지방건축위원회의 심의를 거친 건축물은 제외한다.

- 건축허가권자의 원칙과 예외
  ㉮ 원칙 : 건축물을 건축하거나 대수선하려는 자는 특별자치시장·특별자치도지사 또는 시장·군수·구청장의 허가를 받아야 한다.
  ㉯ 예외 : 다만, 다음의 건축물은 특별시나 광역시에 건축하려면 특별시장이나 광역시장의 허가를 받아야 한다.
    ① 층수가 21층 이상이거나 연면적의 합계가 10만㎡ 이상인 건축물의 건축
    ② 연면적의 10분의 3 이상을 증축하여 층수가 21층 이상으로 되거나 연면적의 합계가 10만㎡ 이상으로 되는 경우 , 다만 공장, 창고, 지방건축위원회의 심의를 거친 건축물은 제외한다.

**정답** 01 (○), 02 (○), 03 (×), 04 (○)

**05** | 공인중개사 2014년

건축물의 건축허가를 받으면 「국토의 계획 및 이용에 관한 법률」에 따른 개발행위허가를 받은 것으로 본다. ( )

**06** | 공인중개사 2013년

수질을 보호하기 위하여 도지사가 지정·공고한 구역에 시장·군수가 3층의 관광호텔의 건축을 허가하기 위해서는 도지사의 사전승인을 받아야 한다. ( )

## 2 건축허가의 사전결정

**07** | 공인중개사 2017년

건축허가의 사전결정을 할 수 있는 자는 건축허가권자이다. ( )

**08** | 공인중개사 2017년

사전결정 신청사항에는 건축허가를 받기 위하여 신청자가 고려하여야 할 사항이 포함될 수 있다. ( )

**09** | 공인중개사 2019·2022년

「산지관리법」 제15조2에 따른 도시지역 안의 보전산지에 대한 산지일시사용허가의 사전결정을 통지받은 경우에는 허가를 받거나 신고를 한 것으로 본다. ( )

---

06 (○) 도지사의 사전승인을 받아야 하는 건축물
  ㉮ 시장·군수는 다음의 어느 하나에 해당하는 건축물의 건축을 허가하려면 미리 건축계획서와 국토교통부령으로 정하는 건축물의 용도, 규모 및 형태가 표시된 기본설계도서를 첨부하여 도지사의 승인을 받아야 한다.
  ① 21층 이상인 건축물이거나 연면적의 합계가 10만㎡ 이상인 건축물[공장, 창고, 지방건축위원회의 심의를 거친 건축물(초고층 건축물은 제외)은 제외한다.]
  ② 연면적의 10분의 3 이상의 증축으로 인하여 층수가 21층 이상으로 되거나 연면적의 합계가 10만㎡ 이상으로 되는 경우의 증축[공장, 창고, 지방건축위원회의 심의를 거친 건축물(초고층 건축물은 제외)은 제외한다.]
  ③ 자연환경 또는 수질보호를 위하여 도지사가 지정·공고하는 구역 안에 건축하는 3층 이상 또는 연면적 합계 1천㎡ 이상의 건축물로서 위락시설 및 숙박시설·공동주택·일반음식점·일반업무시설에 해당하는 건축물
  ④ 주거환경 또는 교육환경 등 주변환경의 보호상 필요하다고 인정하여 도지사가 지정·공고하는 구역 안에 건축하는 위락시설·숙박시설의 건축물

**정답** 05 (○), 06 (○), 07 (○), 08 (○), 09 (○)

**10** | 공인중개사 2019년

「산지관리법」제14조에 따른 농림지역 안의 보전산지에 대한 산지전용허가의 사전결정을 통지받은 경우에는 허가를 받거나 신고를 한 것으로 본다. ( )

**11** | 공인중개사 2019년

「농지법」제34조에 따른 농지전용허가의 사전결정을 통지받은 경우에는 허가를 받거나 신고를 한 것으로 본다. ( )

**12** | 공인중개사 2019년

「국토의 개획 및 이용에 관한 법률」제56조에 따른 개발행위의 허가의 사전결정을 통지받은 경우에는 허가를 받거나 신고를 한 것으로 본다. ( )

**13** | 공인중개사 2017년

사전결정의 통지로써 「국토의 계획 및 이용에 관한 법률」에 따른 개발행위허가가 의제되는 경우 허가권자는 사전결정을 하기에 앞서 관계 행정기관의 장과 협의하여야 한다. ( )

**14** | 공인중개사 2017년

사전결정신청자는 건축위원회 심의와 「도시교통정비 촉진법」에 따른 교통영향평가서의 검토를 동시에 신청할 수 있다. ( )

---

10 (×) 농림지역(×), 도시지역(○) 「산지관리법」에 따른 도시지역 안의 보전산지에 대한 산지전용허가의 사전결정을 통지받은 경우에는 허가를 받거나 신고를 한 것으로 본다. **보충** 사전결정을 통지받은 경우에는 「산지관리법」에 의한 산지전용허가 및 산지전용신고, 산지일시사용허가·신고를 한 것으로 본다. 다만, 보전산지인 경우에는 도시지역에 한한다.

• 사전결정통지 간주규정

㉮ 사전결정을 통지받은 경우에는 다음의 허가를 받거나 신고 또는 협의를 한 것으로 본다.
① 「국토의 계획 및 이용에 관한 법률」에 의한 개발행위허가
② 「산지관리법」에 의한 산지전용허가 및 산지전용신고, 산지일시사용허가·신고. 다만, 보전산지인 경우에는 도시지역에 한한다.
③ 「농지법」에 의한 농지전용허가·신고 및 협의
④ 「하천법」에 의한 하천점용허가

**정답** 10 (×), 11 (○), 12 (○), 13 (○), 14 (○)

**15** | 공인중개사 2017년

사전결정신청자는 사전결정을 통지받은 날부터 2년 이내에 착공신고를 하여야 하며, 이 기간에 착공신고를 하지 아니하면 사전결정의 효력이 상실된다. ( )

### 3 대지의 소유권 확보

**16** | 공인중개사 2017년

분양을 목적으로 하는 공동주택의 건축주가 그 대지를 사용할 수 있는 권원을 확보한 경우, 건축법령상 건축허가를 받으려는 자는 해당 대지의 소유권을 확보하지 않아도 된다. ( )

**17** | 공인중개사 2017년

건축주가 집합건물의 공용부분을 변경하기 위하여 「집합건물의 소유 및 관리에 관한 법률」 제15조 제1항에 따른 결의가 있었음을 증명한 경우, 건축법령상 건축허가를 받으려는 자는 해당 대지의 소유권을 확보하지 않아도 된다. ( )

**18** | 공인중개사 2017년

건축하려는 대지에 포함된 국유지에 대하여 허가권자가 해당 토지의 관리청이 해당 토지를 건축주에게 매각할 것을 확인한 경우, 건축법령상 건축허가를 받으려는 자는 해당 대지의 소유권을 확보하지 않아도 된다. ( )

---

15 (×) 착공신고(×), 건축허가를 신청(○), 사전결정신청자는 산전결정을 통지받은 날부터 2년 이내에 건축허가를 신청하여야 하며, 이 기간에 건축허가를 신청하지 아니하면 사전결정의 효력이 상실된다.

16 (×) 분양을 목적으로 하는 공동주택의 건축주는 그 대지를 사용할 수 있는 권원을 확보하여야 한다.

- 건축허가를 받으려는 자가 해당 대지의 소유권을 확보하지 않아도 되는 경우
  ① 건축주가 대지의 소유권을 확보하지 못하였으나 그 대지를 사용할 수 있는 권원을 확보한 경우. 다만, 분양을 목적으로 하는 공동주택은 제외한다.
  ② 건축주가 다음의 어느 하나에 해당하는 사유로 건축물을 신축·개축·재축 및 리모델링을 하기 위하여 건축물 및 해당 대지의 공유자 수의 100분의 80 이상의 동의를 얻고 동의한 공유자의 지분 합계가 전체 지분의 100분의 80 이상인 경우
  ③ 건축주가 건축허가를 받아 주택과 주택 외의 시설을 동일 건축물로 건축하기 위하여 「주택법」 제21조를 준용한 대지 소유 등의 권리 관계를 증명한 경우. 다만, 「주택법」 제15조 제1항 각 호 외의 부분 본문에 따른 대통령령으로 정하는 호수 이상으로 건설·공급하는 경우에 한정한다.
  ④ 건축하려는 대지에 포함된 국유지 또는 공유지에 대하여 허가권자가 해당 토지의 관리청이 해당 토지를 건축주에게 매각하거나 양여할 것을 확인한 경우
  ⑤ 건축주가 집합건물의 공용부분을 변경하기 위하여 「집합건물의 소유 및 관리에 관한 법률」 제15조 제1항에 따른 결의가 있었음을 증명한 경우

**정답** 15 (×), 16 (×), 17 (○), 18 (○)

## 4 건축허가의 거부

**19** | 공인중개사 2013년

숙박시설에 해당하는 건축물의 건축을 허가하는 경우 건축물의 용도·규모 또는 형태가 주거환경이나 교육환경 등 주변 환경을 고려할 때 부적합하다고 인정되면 건축위원회의 심의를 거쳐 건축허가를 하지 않을 수 있다. ( )

## 5 건축허가의 제한 및 착공제한

**20** | 공인중개사 2015년

교육감이 교육환경의 개선을 위하여 특히 필요하다고 인정하여 요청하면 국토교통부장관은 허가를 받은 건축물의 착공을 제한할 수 있다. ( )

**21** | 공인중개사 2015년

국방부장관이 국방을 위하여 특히 필요하다고 인정하여 요청하면 국토교통부장관은 허가권자의 건축허가를 제한할 수 있다. ( )

**22** | 공인중개사 2021년

국방, 문화재보존 또는 국민경제를 위하여 특히 필요한 경우 주무부장관은 허가권자의 건축허가를 제한할 수 있다. ( )

---

19 (○) 다음에 해당하는 경우에는 이 법이나 다른 법률에도 불구하고 건축위원회 심의를 거쳐 건축허가를 아니할 수 있다.
  ① 위락시설이나 숙박시설에 해당하는 건축물의 건축을 허가하는 경우 건축물의 용도·규모 또는 형태가 주거환경이나 교육환경 등 주변 환경을 고려할 때 부적합하다고 인정되는 경우
  ② 국토의 계획 및 이용에 관한 법률에 따른 방재지구 및 자연재해대책법에 따른 자연재해위험개선지구 등 상습적으로 침수되거나 침수가 우려되는 지역에 건축하려는 건축물에 대하여 지하층 등 일부 공간을 주거용으로 사용하거나 거실을 설치하는 것이 부적하다고 인정되는 경우
20 (×) 교육감(×), 교육부장관(○), 교육부장관이 교육환경의 개선을 위하여 특히 필요하다고 인정하여 요청하는 경우는 국토교통부장관이 허가권자의 건축허가나 착공을 제한할 수 있다.
22 (×) 국토교통부장관은 국방, 문화재보존 또는 국민경제를 위하여 특히 필요한 경우 주무부장관이 요청하면 허가권자의 건축허가를 제한할 수 있다.

**정답** 19 (○), 20 (×), 21 (○), 22 (×)

**23** | 공인중개사 2020년

특별시장·광역시장·도지사는 지역계획이나 도시·군계획에 특히 필요하다고 인정하면 시장·군수·구청장의 건축허가나 허가를 받은 건축물의 착공을 제한할 수 있다. ( )

**24** | 공인중개사 2015년

특별시장은 지역계획에 특히 필요하다고 인정하면 관할구청장의 건축허가를 제한할 수 있다. ( )

**25** | 공인중개사 2021년

지역계획을 위하여 특히 필요한 경우 도지사는 특별자치시장의 건축허가를 제한할 수 있다. ( )

**26** | 공인중개사 2021년

시·도지사가 건축허가를 제한하는 경우에는 「토지이용규제 기본법」에 따라 주민의견을 청취하거나 건축위원회의 심의를 거쳐야 한다. ( )

**27** | 공인중개사 2013년

시·도지사는 시장·군수·구청장의 건축허가를 제한한 경우 즉시 국토교통부장관에게 보고하여야 한다. ( )

**28** | 공인중개사 2021년

국토교통부장관은 건축허가를 제한하는 경우 제한 목적·기간, 대상 건축물의 용도와 대상 구역의 위치·면적·경계를 지체 없이 공고하여야 한다. ( )

**29** | 공인중개사 2015년

도지사가 관할 군수의 건축허가를 제한한 경우, 국토교통부장관은 제한 내용이 지나치다고 인정하면 해제를 명할 수 있다. ( )

---

25 (×) 지역계획을 위하여 특히 필요한 경우 도지사는 시장 또는 군수의 건축허가를 제한할 수 있다.

26 (×) 시·도지사가 건축허가를 제한하는 경우에는 「토지이용규제 기본법」에 따라 주민의견을 청취한 후 건축위원회의 심의를 거쳐야 한다.

28 (×) 국토교통부장관은 건축허가를 제한하는 경우 제한 목적·기간, 대상 건축물의 용도와 대상 구역의 위치·면적·경계 등을 상세하게 정하여 허가권자에게 통보하여야 하며, 통보를 받은 허가권자는 지체 없이 이를 공고하여야 한다.

**정답** 23 (○), 24 (○), 25 (×), 26 (×), 27 (○), 28 (×), 29 (○)

**30** | 공인중개사 2015·2021년

건축물의 착공을 제한하는 경우 제한기간은 2년 이내로 하되, 1회에 한하여 1년 이내의 범위에서 제한기간을 연장할 수 있다. ( )

### 6 건축현장의 안전관리예치금 및 안전영향평가

**31** | 공인중개사 2019년

건축법령상 허가권자는 연면적이 1천㎡ 이상인 건축물로서 해당 지방자치단체의 조례로 정하는 건축물에 대하여는 착공신고를 하는 건축주에게 장기간 건축물의 공사현장이 방치되는 것에 대비하여 미리 미관 개선과 안전관리에 필요한 비용을 건축공사비의 1%의 범위에서 예치하게 할 수 있다. ( )

**32** | 공인중개사 2021년

안전영향평가 대상은 허가대상 건축물 중 초고층 건축물 또는 연면적이 10만㎡ 이상이고, 16층 이상인 건축물이다. ( )

정답  30 (○), 31 (○), 32 (○)

## 7 건축신고

**33** | 공인중개사 2013·2018년

연면적 180제곱미터인 2층 건축물의 대수선은 건축신고를 하면 건축허가를 받은 것으로 본다. ( )

**34** | 공인중개사 2018년

연면적 270제곱미터인 3층 건축물의 방화벽 수선은 건축신고를 하면 건축허가를 받은 것으로 본다. ( )

---

33 (○) 연면적 180㎡인 2층 건축물의 대수선 : 연면적 200㎡ 미만이고 3층 미만인 건축물의 대수선은 건축신고를 하면 건축허가를 받은 것으로 본다.

34 (○) 연면적 270㎡인 3층 건축물의 방화벽 수선 : 연면적과 3층 건축물과 상관없이 주요구조부의 해체가 없는 다음에 해당하는 대수선에 해당하여 건축신고를 하면 건축허가를 받은 것으로 본다.

④ 주요구조부의 해체가 없는 등 다음에 해당하는 대수선

㉠ 내력벽의 면적을 30㎡ 이상 수선하는 것
㉡ 기둥을 세 개 이상 수선하는 것
㉢ 보를 세 개 이상 수선하는 것
㉣ 지붕틀을 세 개 이상 수선하는 것
㉤ 방화벽 또는 방화구획을 위한 바닥 또는 벽을 수선하는 것
㉥ 주계단·피난계단 또는 특별피난계단을 수선하는 것

**정답** 33 (○), 34 (○)

**35** | 공인중개사 2018년

연면적 150제곱미터인 3층 건축물의 피난계단 증설은 건축신고를 하면 건축허가를 받은 것으로 본다. ( )

**36** | 공인중개사 2018년

1층의 바닥면적 50제곱미터, 2층의 바닥면적 30제곱미터인 2층의 건축물의 신축은 건축신고를 하면 건축허가를 받은 것으로 본다. ( )

---

35 (×) 연면적 150제곱미터인 3층 건축물의 피난계단 증설(대수선)은 (3층 미만이 아니므로) 건축신고를 하면 건축허가를 받은 것으로 볼 수 없다. [비교] 연면적이 200제곱미터 미만이고 3층 미만인 건축물의 대수선은 신고를 하면 건축허가를 받은 것으로 본다.

- 건축신고 – 신고로서 허가에 갈음되는 사항

㉮ 허가대상 건축물이라 하더라도 다음에 해당하는 경우에는 신고를 하면 건축허가를 받은 것으로 본다.

① 바닥면적의 합계가 85㎡이내의 증축·개축 또는 재축. 다만, 3층 이상 건축물의 경우에는 그 부분의 합계가 연면적의 10분의 1 이내인 경우로 한정한다.

② 관리지역·농림지역 또는 자연환경보전지역 안에서 연면적 200㎡ 미만이고 3층 미만인 건축물의 건축. 다만, 지구단위계획구역 또는 방재지구·붕괴위험지역 안에서의 건축을 제외한다.

③ 연면적이 200㎡ 미만이고 3층 미만인 건축물의 대수선

④ 주요구조부의 해체가 없는 등 다음에 해당하는 대수선
  ㉠ 내력벽의 면적을 30㎡ 이상 수선하는 것
  ㉡ 기둥을 세 개 이상 수선하는 것
  ㉢ 보를 세 개 이상 수선하는 것
  ㉣ 지붕틀을 세 개 이상 수선하는 것
  ㉤ 방화벽 또는 방화구획을 위한 바닥 또는 벽을 수선하는 것
  ㉥ 주계단·피난계단 또는 특별피난계단을 수선하는 것

⑤ 기타 소규모 건축물로서 다음에 해당하는 것
  ㉠ 연면적의 합계가 100㎡ 이하인 건축물
  ㉡ 높이 3m 이하의 범위 안에서 증축하는 건축물
  ㉢ 표준설계도서에 의하여 건축하는 건축물로서 건축조례로 정하는 건축물
  ㉣ 공업지역·도시지역 외의 지역에 지정된 지구단위계획구역 및 산업단지 안에서 건축하는 2층 이하인 건축물로서 연면적의 합계가 500㎡ 이하인 공장
  ㉤ 농업 또는 수산업을 경영하기 위하여 읍·면 지역에서 건축하는 것으로서 연면적이 200㎡ 이하인 창고 및 연면적이 400㎡ 이하인 축사, 작물재배사, 종묘배양시설, 화초 및 분재 등의 온실

36 (○) 1층의 바닥면적 50㎡, 2층의 바닥면적 30㎡인 2층의 건축물의 신축 : 바닥면적의 합계가 85㎡이내의 증축·개축 또는 재축 또는 연면적의 합계가 100㎡ 이하인 소규모 건축물에 해당하여 건축신고를 하면 건축허가를 받은 것으로 본다.

[정답] 35 (×), 36 (○)

**37** | 공인중개사 2018년

바닥면적 100제곱미터인 단층 건축물의 신축은 건축신고를 하면 건축허가를 받은 것으로 본다. ( )

**38** | 공인중개사 2014년

연면적의 합계가 200제곱미터인 건축물의 높이를 2미터 증축할 경우 건축신고를 하면 건축허가를 받은 것으로 본다. ( )

**39** | 공인중개사 2013·2014·2021년

건축신고를 한 자가 신고일부터 6개월 이내에 공사에 착수하지 아니하면 그 신고의 효력은 없어진다. ( )

---

37 (○) 바닥면적 100㎡인 단층 건축물의 신축 : 연면적의 합계가 100㎡ 이하인 소규모 건축물에 해당하여 건축신고를 하면 건축허가를 받은 것으로 본다.

38 (○) 높이 3m 이하의 범위 안에서 증축하는 건축물은 기타 소규모 건축물로서 다음에 해당하는 건축물로 건축신고를 하면 건축허가를 받은 것으로 본다.
  ⑤ 기타 소규모 건축물로서 다음에 해당하는 것
    ㉠ 연면적의 합계가 100㎡ 이하인 건축물
    ㉡ 높이 3m 이하의 범위 안에서 증축하는 건축물
    ㉢ 표준설계도서에 의하여 건축하는 건축물로서 건축조례로 정하는 건축물
    ㉣ 공업지역·도시지역 외의 지역에 지정된 지구단위계획구역 및 산업단지 안에서 건축하는 2층 이하인 건축물로서 연면적의 합계가 500㎡ 이하인 공장
    ㉤ 농업 또는 수산업을 경영하기 위하여 읍·면 지역에서 건축하는 것으로서 연면적이 200㎡ 이하인 창고 및 연면적이 400㎡ 이하인 축사, 작물재배사, 종묘배양시설, 화초 및 분재 등의 온실

39 (×) 건축신고를 한 자가 신고일부터 1년 이내에 공사에 착수하지 아니하면 그 신고의 효력은 없어진다.

**정답** 37 (○), 38 (○), 39 (×)

## 8 변경의 허가·신고사항 등

**40** | 공인중개사 2020·2021년

건축허가를 받은 이후에 건축주·설계자·공사시공자 또는 공사감리자를 변경하는 경우에는 신고하여야 한다. ( )

**41** | 공인중개사 2019년

공용건축물에 대한 특례로 국가나 지방자치단체가 소유한 대지의 지상 또는 지하 여유공간에 구분지상권을 설정하여 주민편의시설 등 대통령령으로 정하는 시설을 설치하고자 하는 경우, 허가권자는 구분지상권자를 건축주로 보고 구분지상권이 설정된 부분을 대지로 보아 건축허가를 할 수 있다. ( )

## 9 허가에 따른 허가 등의 의제사항

**42** | 공인중개사 2020년

건축허가를 받은 자가 해당 대지를 조성하기 위해 높이 5m의 옹벽을 축조하려면 따로 공작물 축조신고를 하여야 한다. ( )

## 10 가설건축물

**43** | 공인중개사 2020년

건축법령상 신고대상 가설건축물인 전시를 위한 견본주택을 축조하는 경우, 대지와 도로의 관계는 적용된다. ( )

**44** | 공인중개사 2020년

건축법령상 신고대상 가설건축물인 전시를 위한 견본주택을 축조하는 경우, 견본주택의 존치기간은 해당 주택의 분양완료일까지이다. ( )

---

42 (×) 건축허가를 받은 경우에는 해당 대지를 조성하기 위해 높이 5m의 옹벽을 축조하기 위해 따로 공작물 축조신고를 하지 않아도 된다. 건축허가를 받으면 공작물의 축조신고를 한 것으로 본다.
44 (×) 견본주택의 존치기간은 3년 이내이다.

**정답** 40 (○), 41 (○), 42 (×), 43 (○), 44 (×)

**45** | 공인중개사 2020년

건축법령상 신고대상 가설건축물인 전시를 위한 견본주택을 축조하는 경우, 견본주택이 2층 이상인 경우 공사감리자를 지정하여야 한다. ( )

**46** | 공인중개사 2017년

주거용으로 쓰는 가설건축물은 축조신고의 대상에 해당한다. ( )

## 11 공사감리 및 사용승인

**47** | 공인중개사 2020년

공사시공자는 공사를 하는 데에 필요하다고 인정하거나 제25조 제5항에 따라 공사감리자로부터 상세시공도면을 작성하도록 요청을 받으면 상세시공도면을 작성하여 공사감리자의 확인을 받아야 하며, 이에 따라 공사를 하여야 한다. ( )

**48** | 공인중개사 2021년

건축신고를 한 건축주가 건축물의 공사가 끝난 후 사용승인을 받은 후에 건축물을 사용할 수 있다. ( )

---

45 (×) 견본주택은 공사감리자 규정을 적용하지 않는다.

46 (×) 주거용으로 쓰는 가설건축물은 축조신고의 대상에 해당하지 않는다. **비교** 조립식 구조로 경비용으로 쓰는 가설건축물로서 연면적이 10제곱미터 이하인 것 또는 공사에 필요한 규모의 공사용 가설건축물 및 공작물은 신고대상 가설건축물이다.

**정답** 45 (×), 46 (×), 47 (○), 48 (○)

# 핵심테마 28 대지와 도로

## 1 대지의 안전 및 대지의 조경

**01** | 공인중개사 2014년
쓰레기로 매립된 토지에 건축물을 건축하는 경우 성토, 지반 개량 등 필요한 조치를 하여야 한다. ( )

**02** | 공인중개사 2014·2016·2020년
대지면적이 2천 제곱미터인 대지의 경우, 2층의 공장은 조경 등의 조치를 하여야 한다. ( )

**03** | 공인중개사 2020년
대지면적이 2천 제곱미터인 대지의 경우, 상업지역에 건축하는 물류시설은 조경 등의 조치를 하여야 한다. ( )

---

02 (×) 면적 5천m² 미만인 대지에 건축하는 공장은 조경 등의 조치를 하지 아니할 수 있다.

- **대지의 조경**
  ㉮ 면적 200㎡ 이상인 대지에 건축을 하는 건축주는 조례가 정하는 기준에 따라 대지에 조경이나 기타 필요한 조치를 하여야 한다. 단 다음의 경우 조경 등의 조치를 하지 아니할 수 있다.
  ① 녹지지역에 건축하는 건축물
  ② 면적 5천m² 미만인 대지에 건축하는 공장
  ③ 연면적의 합계가 1천 500m² 미만인 공장
  ④ 산업단지의 공장
  ⑤ 대지에 염분이 함유되어 있는 경우 또는 건축물 용도의 특성상 조경 등의 조치를 하기가 곤란하거나 불합리한 경우로서 건축조례로 정하는 건축물
  ⑥ 축사
  ⑦ 허가대상 가설건축물
  ⑧ 연면적의 합계가 1천 500m² 미만인 물류시설(주거지역 또는 상업지역에 건축하는 것은 제외한다)
  ⑨ 자연환경보전지역·농림지역 또는 관리지역(지구단위계획구역으로 지정된 지역은 제외한다)의 건축물

**정답** 01 (○), 02 (×), 03 (○)

**04** | 공인중개사 2016년

연면적의 합계가 1,500㎡ 미만인 공장은 조경 등의 조치를 하여야 한다. ( )

**05** | 공인중개사 2016년

「산업집적활성화 및 공장설립에 관한 법률」에 따른 산업단지의 공장은 조경 등의 조치를 하여야 한다. ( )

**06** | 공인중개사 2014·2020년

대지면적이 2천 제곱미터인 대지의 경우, 녹지지역에 건축하는 기숙사는 조경 등의 조치를 하여야 한다. ( )

**07** | 공인중개사 2020년

대지면적이 2천 제곱미터인 대지의 경우, 연면적의 합계가 1천 제곱미터인 축사는 조경 등의 조치를 하여야 한다. ( )

**08** | 공인중개사 2014년

도시·군계획시설에서 건축하는 연면적의 합계가 1천 500제곱미터 이상인 가설건축물에 대하여는 조경 등의 조치를 하여야 한다. ( )

---

04 (×) 연면적의 합계가 1,500㎡ 미만인 공장은 조경 등의 조치를 하지 아니할 수 있다.

05 (×) 「산업집적활성화 및 공장설립에 관한 법률」에 따른 산업단지의 공장은 조경 등의 조치를 하지 아니할 수 있다.

06 (×) 녹지지역에 건축하는 건축물은 조경 등의 조치를 하지 아니할 수 있다.

07 (×) 축사는 조경 등의 조치를 하지 아니할 수 있다.

08 (×) 도시·군계획시설에서 건축하는 가설건축물은 허가대상 가설건축물로서 조경 등의 조치를 하지 아니할 수 있다.

**정답** 04 (×), 05 (×), 06 (×), 07 (×), 08 (×)

## 2 공개공지 등의 확보

**09** | 공인중개사 2015·2016년

일반공업지역에 있는 바닥면적의 합계가 5천 제곱미터 이상인 종합병원은 공개공지 또는 공개공간을 설치하여야 하는 건축물이다. ( )

**10** | 공인중개사 2015·2016년

일반주거지역에 있는 바닥면적의 합계가 5천 제곱미터 이상인 교회는 공개공지 등을 설치하여야 하는 건축물이다. ( )

**11** | 공인중개사 2015년

일반상업지역에 있는 바닥면적의 합계가 5천 제곱미터 이상인 생활숙박시설은 공개공지 등을 설치하여야 하는 건축물이다. ( )

**12** | 공인중개사 2013·2014년

공개공지 등의 면적은 대지면적의 100분의 10 이하의 범위에서 건축조례로 정한다. ( )

**13** | 공인중개사 2013년

대지에 공개공지 등을 확보하여야 하는 건축물의 경우 공개공지 등을 설치하는 때에는 해당 지역에 적용하는 용적률의 1.2배 이하의 범위에서 건축조례로 정하는 바에 따라 용적률을 완화하여 적용할 수 있다. ( )

**14** | 공인중개사 2014년

공개공지 등을 설치하는 경우 건축물의 건폐율은 완화하여 적용할 수 있으나 건축물의 높이 제한은 완화하여 적용할 수 없다. ( )

---

09 (×) 일반공업지역에 있는 종합병원은 공개공지 또는 공개공간을 설치하여야 하는 건축물에 해당하지 않는다.
- 공개공지 등 설치 대상지역
  ① 일반주거지역, 준주거지역, 상업지역, 준공업지역
  ② 특별자치시장·특별자치도지사 또는 시장·군수·구청장이 도시화의 가능성이 크거나 노후산업단지의 정비가 필요하다고 인정하여 지정·공고하는 지역

14 (×) 공개공지 등을 설치하는 경우 건축물의 건폐율과 용적률 및 건축물의 높이 제한을 완화하여 적용할 수 있다.

**정답** 09 (×), 10 (○), 11 (○), 12 (○), 13 (○), 14 (×)

## 3 도로

**15** | 공인중개사 2014년

공장의 주변에 허가권자가 인정한 공지인 광장이 있는 경우 연면적의 합계가 1천 제곱미터인 공장의 대지는 도로에 2미터 이상 접하지 않아도 된다. ( )

**16** | 공인중개사 2014년

연면적의 합계가 2천 제곱미터인 공장의 대지는 너비 6미터 이상의 도로에 4미터 이상 접하여야 한다. ( )

**17** | 공인중개사 2017년

'막다른 도로'의 구조와 너비는 '막다른 도로'가 "도로"에 해당하는지 여부를 판단하는 기준이 된다. ( )

## 4 건축선

**18** | 공인중개사 2014년

군수는 건축물의 위치나 환경을 정비하기 위하여 필요하다고 인정하면 4미터 이하의 범위에서 건축선을 따로 지정할 수 있다. ( )

**19** | 공인중개사 2014년

담장의 지표 위 부분은 건축선의 수직면을 넘어서는 아니 된다. ( )

---

15 (○) 건축물의 대지는 2m 이상 도로에 접해야 한다. 하지만 건축물의 주변에 광장 그 밖에 관계법령에 의하여 건축이 금지되고 공중의 통행에 지장이 없는 공지로서 허가권자가 인정한 공지가 있는 경우에는 2m 이상 접하지 아니하여도 된다.

- 2m이상 접하지 아니하여도 되는 건축물의 대지
  ① 해당 건축물의 출입에 지장이 없다고 인정되는 경우
  ② 건축물의 주변에 광장·공원·유원지 그 밖에 관계법령에 의하여 건축이 금지되고 공중의 통행에 지장이 없는 공지로서 허가권자가 인정한 것
  ③ 농지법에 따른 농막을 건축하는 경우

16 (×) 연면적의 합계가 2천㎡ 이상인 건축물의 대지는 너비 6m 이상의 도로에 4m 이상 접하여야 한다. 다만 공장의 경우 연면적의 합계가 3천㎡ 이상인 건축물의 대지는 너비 6m 이상의 도로에 4m 이상 접하여야 한다.

**정답** 15 (○), 16 (×), 17 (○), 18 (○), 19 (○)

# 면적과 높이

## 1 건축면적과 바닥면적

**01 | 공인중개사 2022년**
지하주차장의 경사로의 면적은 건축면적에 산입하지 않는다. ( )

**02 | 공인중개사 2018년**
건축법령상 건축물 바닥면적의 산정방법으로 벽·기둥의 구획이 없는 건축물은 그 지붕 끝부분으로부터 수평거리 1미터를 후퇴한 선으로 둘러싸인 수평투영면적으로 한다. ( )

**03 | 공인중개사 2018년**
필로티 부분은 공동주택의 경우에는 바닥면적에 산입한다. ( )

**04 | 공인중개사 2018년**
승강기탑은 바닥면적에 산입하지 아니한다. ( )

**05 | 공인중개사 2013·2018·2020·2022년**
공동주택으로서 지상층에 설치한 생활폐기물 보관시설의 면적은 바닥면적에 산입한다.
( )

**06 | 공인중개사 2013년**
사용승인을 받은 후 15년 이상이 된 건축물을 리모델링하는 경우로서 열의 손실 방지를 위하여 외벽에 부가하여 마감재를 설치하는 부분은 바닥면적에 산입하지 아니한다. ( )

03 (×) 필로티나 그 밖에 이와 비슷한 구조의 부분은 그 부분이 공중의 통행이나 차량의 통행 또는 주차에 전용되는 경우와 공동주택의 경우에는 바닥면적에 산입하지 아니한다.

05 (×) 공동주택으로서 지상층에 설치한 기계실, 전기실, 어린이놀이터, 조경시설 및 생활폐기물 보관시설의 면적은 바닥면적에 산입하지 아니한다.

**정답** 01 (○), 02 (○), 03 (×), 04 (○), 05 (×), 06 (○)

## 2 연면적

**07** | 공인중개사 2020·2022년

지하층에 설치한 기계실, 전기실의 면적은 용적률을 산정할 때 연면적에 산입한다. ( )

**08** | 공인중개사 2013년

용적률을 산정할 때에는 해당 건축물의 부속용도로서 지상층의 주차용으로 쓰는 면적은 연면적에서 제외한다. ( )

## 3 대지의 분할제한

**09** | 공인중개사 2013년

제2종전용주거지역의 건축물이 있는 대지는 90㎡ 미만으로 분할할 수 없다. ( )

| 용도지역 | 기준 |
| --- | --- |
| 주거지역 | 60㎡ 미만 |
| 상업지역 | 150㎡ 미만 |
| 공업지역 | 150㎡ 미만 |
| 녹지지역 | 200㎡ 미만 |
| 그 밖의 지역 | 60㎡ 미만 |

---

07 (×) 지하층의 면적은 용적률을 산정할 때 연면적에서 제외한다.
- 용적률의 산정에 대하여는 다음에 해당하는 면적을 제외한다.
① 지하층의 면적
② 지상층의 주차용(해당 건축물의 부속용도인 경우만 해당한다)으로 쓰는 면적
③ 초고층 건축물과 준초고층 건축물에 설치하는 피난안전구역의 면적
④ 11층 이상인 건축물로서 11층 이상인 층의 바닥면적의 합계가 1만㎡ 이상인 건축물 지붕을 경사지붕으로 하는 경우에는 경사지붕 아래에 설치하는 대피공간

09 (×) 주거지역의 건축물이 있는 대지는 60㎡ 미만으로 분할할 수 없다.
건축물이 있는 대지는 대통령령으로 정하는 범위에서 해당 지방자치단체의 조례로 정하는 면적에 못 미치게 분할할 수 없다.

**정답** 07 (×), 07 (○), 09 (×)

**10** | 공인중개사 2013년

일반상업지역의 건축물이 있는 대지는 150㎡ 미만으로 분할할 수 없다. ( )

**11** | 공인중개사 2013년

준공업지역의 건축물이 있는 대지는 150㎡ 미만으로 분할할 수 없다. ( )

**12** | 공인중개사 2013년

생산녹지지역의 건축물이 있는 대지는 200㎡ 미만으로 분할할 수 없다. ( )

## 4 높이와 층수

**13** | 공인중개사 2020년

「건축법」상 건축물의 높이 제한 규정을 적용할 때, 건축물의 1층 전체에 필로티가 설치되어 있는 경우 건축물의 높이는 필로티의 충고를 제외하고 산정한다. ( )

**14** | 공인중개사 2020년

건축물의 층고는 방의 바닥구조체 윗면으로부터 위층 바닥구조체 아랫면까지의 높이로 한다. ( )

**15** | 공인중개사 2022년

층의 구분이 명확하지 아니한 건축물의 높이는 4미터마다 하나의 층으로 보고 그 층수를 산정한다. ( )

**16** | 공인중개사 2013·2020년

건축물이 부분에 따라 그 층수가 다른 경우에는 그 중 가장 많은 층수와 가장 적은 층수를 평균하여 반올림한 수를 그 건축물의 층수로 본다. ( )

---

14 (×) 건축물의 층고는 방의 바닥구조체 윗면으로부터 위층 바닥구조체의 윗면까지의 높이로 한다.
16 (×) 건축물이 부분에 따라 그 층수가 다른 경우에는 그 중 가장 많은 층수를 그 건축물의 층수로 본다.

**정답** 10 (○), 11 (○), 12 (○), 13 (○), 14 (×), 15 (○), 16 (×)

## 5 건축물의 높이제한

**17** | 공인중개사 2014년

허가권자는 가로구역별 건축물의 최고 높이를 지정하려면 지방건축위원회의 심의를 거쳐야 한다. ( )

**18** | 공인중개사 2014년

허가권자는 같은 가로구역에서 건축물의 용도 및 형태에 따라 건축물의 높이를 다르게 정할 수 있다. ( )

**19** | 공인중개사 2014년

전용주거지역과 일반주거지역 안에서 건축하는 건축물에 대하여는 일조의 확보를 위한 높이 제한이 적용된다. ( )

**20** | 공인중개사 2014년

일반상업지역에 건축하는 공동주택으로서 하나의 대지에 두 동(棟) 이상을 건축하는 경우에는 채광의 확보를 위한 높이 제한이 적용된다. ( )

---

20 (×) 일반상업지역에 건축하는 공동주택의 경우에는 채광의 확보를 위한 높이 제한이 적용되지 않는다. 비교 전용주거지역과 일반주거지역 안에서 건축하는 건축물에 대하여는 일조의 확보를 위한 높이 제한이 적용된다.

정답 17 (○), 18 (○), 19 (○), 20 (×)

# 건축물의 구조 안전 및 재료

## 1 건축물의 구조안전 확인

**01** | 공인중개사 2018년

연면적이 330제곱미터인 2층의 목구조 건축물의 건축주는 설계자로부터 구조 안전의 확인서류를 받아 허가권자에게 제출하여야 한다. ( )

**02** | 공인중개사 2018년

처마높이가 9m 이상인 건축물의 건축주는 해당 건축물의 설계자로부터 구조 안전의 확인서류를 받아 허가권자에게 제출하여야 한다. ( )

**03** | 공인중개사 2018년

단독주택의 건축주는 해당 건축물의 설계자로부터 구조 안전의 확인서류를 받아 허가권자에게 제출하여야 한다. ( )

---

01 (×) 연면적이 330제곱미터인 2층의 목구조 건축물의 건축주는 설계자로부터 구조 안전의 확인서류를 받아 허가권자에게 제출하지 않아도 된다. **비교** 목구조 건축물이 연면적이 500㎡ 이상 또는 3층 이상이면 구조 안전 확인서류를 제출해야 한다.

- **구조 안전 확인서류 제출**
  ㉮ 구조 안전을 확인한 건축물 중 다음에 해당하는 건축물의 건축주는 해당 건축물의 설계자로부터 구조 안전의 확인서류를 받아 허가권자에게 제출하여야 한다.
  ① 층수가 2층(목구조 건축물의 경우에는 3층) 이상인 건축물
  ② 연면적이 200㎡(목구조 건축물의 경우에는 500㎡) 이상인 건축물. 다만, 창고, 축사, 작물 재배사는 제외한다.
  ③ 높이가 13m 이상인 건축물
  ④ 처마높이가 9m 이상인 건축물
  ⑤ 기둥과 기둥 사이의 거리가 10m 이상인 건축물
  ⑥ 건축물의 용도 및 규모를 고려한 중요도가 높은 건축물로서 국토교통부령으로 정하는 건축물
  ⑦ 국가적 문화유산으로 보존할 가치가 있는 건축물로서 국토교통부령으로 정하는 것
  ⑧ 단독주택 및 공동주택
  ⑨ 한쪽 끝은 고정되고 다른 끝은 지지되지 아니한 구조로 된 보·차양 등이 외벽의 중심선으로부터 3미터 이상 돌출된 건축물 및 특수한 설계·시공·공법 등이 필요한 건축물로서 국토교통부장관이 정하여 고시하는 구조로 된 건축물

**정답** 01 (×), 02 (○), 03 (○)

**04** | 공인중개사 2018년

기둥과 기둥 사이의 거리가 10미터인 건축물의 건축주는 설계자로부터 구조 안전의 확인 서류를 받아 허가권자에게 제출하여야 한다. ( )

## 2 피난안전구역

**05** | 공인중개사 2016년

층수가 63층이고 높이가 190m인 초고층건축물에는 피난층 또는 지상으로 통하는 직통계단과 직접 연결되는 피난안전구역을 지상층으로부터 최대 30개 층마다 1개소 이상 설치하여야 한다. ( )

## 3 소음 방지용 경계벽의 설치

**06** | 공인중개사 2015년

판매시설 중 상점 간에는 건축물의 가구·세대 등 소음방지를 위한 경계벽을 설치하여야 한다. ( )

**07** | 공인중개사 2015년

숙박시설의 객실 간, 공동주택 중 기숙사의 침실 간, 교육연구시설 중 학교의 교실 간, 의료시설의 병실 간에는 건축물의 가구·세대 등 소음방지를 위한 경계벽을 설치하여야 한다. ( )

---

06 (×) 판매시설 중 상점 간에는 건축물의 가구·세대 등 소음방지를 위한 경계벽을 설치하여야 하는 경우에 해당하지 않는다.

- 소음 방지용 경계벽을 설치해야 하는 건축물
① 단독주택 중 다가구주택의 각 가구 간 또는 공동주택(기숙사는 제외한다)의 각 세대 간 경계벽(거실·침실 등의 용도로 쓰지 아니하는 발코니 부분은 제외한다)
② 공동주택 중 기숙사의 침실, 의료시설의 병실, 교육연구시설 중 학교의 교실 또는 숙박시설의 객실 간 경계벽
③ 제1종 근린생활시설 중 산후조리원의 임산부실 간 경계벽, 신생아실 간 경계벽, 임산부실과 신생아실 간 경계벽
④ 제2종 근린생활시설 중 다중생활시설의 호실 간 경계벽
⑤ 노유자시설 중 「노인복지법」에 따른 노인복지주택의 각 세대 간 경계벽
⑥ 노유자시설 중 노인요양시설의 호실 간 경계벽

**정답** 04 (○), 05 (○), 06 (×), 07 (○)

## 4 건축물의 범죄예방

**08** | 공인중개사 2018년

교육연구시설 중 도서관은 범죄예방 기준에 따라 건축하여야 하는 건축물이다. ( )

**09** | 공인중개사 2018년

교육연구시설 중 학교는 범죄예방 기준에 따라 건축하여야 하는 건축물이다. ( )

**10** | 공인중개사 2018년

제1종 근린생활시설 중 일용품을 판매하는 소매점은 범죄예방 기준에 따라 건축하여야 하는 건축물이다. ( )

**11** | 공인중개사 2018년

제2종 근린생활시설 중 다중생활시설은 범죄예방 기준에 따라 건축하여야 하는 건축물이다. ( )

**12** | 공인중개사 2018년

숙박시설 중 다중생활시설은 범죄예방 기준에 따라 건축하여야 하는 건축물이다. ( )

---

08 (×) 교육연구시설 중 연구소 및 도서관은 범죄예방 기준에 따라 건축하여야 하는 건축물에 해당하지 않는다.
　　비교 교육연구시설(연구소 및 도서관은 제외한다)은 범죄예방 기준에 따라 건축하여야 한다.
- **범죄예방 기준에 따라 건축하여야 하는 건축물**
① 다가구주택, 다세대주택, 연립주택, 아파트
② 제1종 근린생활시설 중 일용품을 판매하는 소매점
③ 제2종 근린생활시설 중 다중생활시설
④ 문화 및 집회시설(동·식물원은 제외한다)
⑤ 교육연구시설(연구소 및 도서관은 제외한다)
⑥ 노유자시설
⑦ 수련시설
⑧ 업무시설 중 오피스텔
⑨ 숙박시설 중 다중생활시설

**정답** 08 (×), 09 (○), 10 (○), 11 (○), 12 (○)

# 핵심테마 31 특별건축구역 및 건축협정

## 1 특별건축구역

**01** | 공인중개사 2021년

국토교통부장관은 지방자치단체가 국제행사 등을 개최하는 지역의 사업구역을 특별건축구역으로 지정할 수 있다. ( )

**02** | 공인중개사 2021년

「도로법」에 따른 접도구역은 특별건축구역으로 지정될 수 있다. ( )

**03** | 공인중개사 2021년

특별건축구역에서의 건축기준의 특례사항은 지방자치단체가 건축하는 건축물에는 적용되지 않는다. ( )

**04** | 공인중개사 2021년

특별건축구역을 지정한 경우에는 「국토의 계획 및 이용에 관한 법률」에 따른 용도지역·지구·구역의 지정이 있는 것으로 본다. ( )

---

01 (×) 지방자치단체가(×), 국가가(○), 국토교통부장관은 국가가 국제행사 등을 개최하는 지역의 사업구역을 특별건축구역으로 지정할 수 있다.

02 (×) 「도로법」에 따른 접도구역은 특별건축구역으로 지정할 수 없다.

- 특별건축구역의 지정의 예외
  ㉮ 다음의 지역구역 등에 대하여는 특별건축구역으로 지정할 수 없다.
  ① 개발제한구역의 지정 및 관리에 관한 특별조치법에 따른 개발제한구역
  ② 자연공원법에 따른 자연공원
  ③ 도로법에 따른 접도구역
  ④ 산지관리법에 따른 보전산지

03 (×) 특별건축구역에서의 건축기준의 특례사항은 국가나 지방자치단체가 건축하는 건축물에 적용한다.

04 (×) 특별건축구역을 지정한 경우에는 「국토의 계획 및 이용에 관한 법률」에 따른 도시·군관리계획의 결정이 있는 것으로 본다. 다만 용도지역·지구·구역의 지정 및 변경은 제외한다.

**정답** 01 (×), 02 (×), 03 (×), 04 (×)

## 2 특별건축구역에서 적용하지 아니할 수 있는 사항 등

**05** | 공인중개사 2022년

특별건축구역에서 건축하는 건축물에는 대지의 조경에 관한 사항을 적용하지 아니할 수 있다. ( )

**06** | 공인중개사 2022년

특별건축구역에서 건축하는 건축물에는 대지와 도로의 관계에 관한 사항을 적용하지 아니할 수 있다. ( )

**07** | 공인중개사 2022년

특별건축구역에서 건축하는 건축물에는 대지의 분할 제한에 관한 사항을 적용하지 아니할 수 있다. ( )

**08** | 공인중개사 2022년

특별건축구역에서 건축하는 건축물에는 대지 안의 공지에 관한 사항을 적용하지 아니할 수 있다. ( )

---

06 (×) 특별건축구역에서 건축하는 건축물에는 대지와 도로의 관계에 관한 사항을 적용한다.
  • 특별건축구역에 건축하는 건축물에 대하여는 다음을 적용하지 아니할 수 있다.
  ① 대지의 조경
  ② 건폐율, 용적률
  ③ 대지 안의 공지
  ④ 건축물의 높이제한
  ⑤ 일조 등의 확보를 위한 건축물의 높이제한
  ⑥ 주택법 제35조(주택건설기준 등) 중 주택건설기준 등에 관한 규정 제10조(배치기준), 제13조(기준척도), 제35조(비상급수시설), 제37조(난방설비), 제50조(근린생활시설) 및 제52조(유치원)
07 (×) 특별건축구역에서 건축하는 건축물에는 대지의 분할 제한에 관한 사항을 적용한다.

**정답** 05 (○), 06 (×), 07 (×), 08 (○)

**09** | 공인중개사 2021년

특별건축구역에서 「주차장법」에 따른 부설주차장의 설치에 관한 규정은 개별 건축물마다 적용하여야 한다. ( )

## 3 건축협정의 체결과 절차

**10** | 공인중개사 2016년

건축물의 소유자 등은 과반수의 동의로 건축물의 리모델링에 관한 건축협정을 체결할 수 있다. ( )

**11** | 공인중개사 2020년

해당 지역의 토지 또는 건축물의 소유자 전원이 합의하면 지상권자가 반대하는 경우에도 건축협정을 체결할 수 있다. ( )

**12** | 공인중개사 2016·2020년

협정체결자는 인가받은 건축협정을 변경하려면 협정체결자 과반수의 동의를 받아 건축협정인가권자에게 신고하여야 한다. ( )

---

09 (×) 특별건축구역에서는 부설주차장의 설치에 대한 규정은 건축물마다 적용하지 않고 특별건축구역 전부 또는 일부를 대상으로 통합하여 적용할 수 있다.
- **특별건축구역의 통합적용**
  ㉮ 특별건축구역에서는 다음의 관계 법령의 규정에 대하여는 개별 건축물마다 적용하지 아니하고 특별건축구역 전부 또는 일부를 대상으로 통합하여 적용할 수 있다.
  ① 문화예술진흥법에 따른 건축물에 대한 미술작품의 설치
  ② 주차장법에 따른 부설주차장의 설치
  ③ 도시공원 및 녹지 등에 관한 법률에 따른 공원의 설치

10 (×) 토지 또는 건축물의 소유자 등은 전원의 합의로 리모델링에 관한 건축협정을 체결할 수 있다.

11 (×) 해당 지역의 토지 또는 건축물의 소유자 전원이 합의하더라도 지상권자가 반대하는 경우에는 건축협정을 체결할 수 없다.

12 (×) 협정체결자는 인가받은 건축협정을 변경하려면 협정체결자 전원의 합의로 건축협정인가권자에게 변경인가를 받아야 한다.

**정답** 09 (×), 10 (×), 11 (×), 12 (×)

**13** | 공인중개사 2016년

협정체결자 또는 건축협정운영회의 대표자는 건축협정서를 작성하여 해당 건축협정인가권자의 인가를 받아야 한다. ( )

**14** | 공인중개사 2020년

건축협정 체결 대상 토지가 둘 이상의 시·군·구에 걸치는 경우에 관할 시·도지사에게 건축협정의 인가를 받아야 한다. ( )

**15** | 공인중개사 2016년

건축협정인가권자가 건축협정을 인가하였을 때에는 해당 지방자치단체의 공보에 그 내용을 공고하여야 한다. ( )

**16** | 공인중개사 2020년

건축협정에서 달리 정하지 않는 한, 건축협정이 공고된 후에 건축협정구역에 있는 토지에 관한 권리를 협정체결자로부터 이전받은 자도 건축협정에 따라야 한다. ( )

**17** | 공인중개사 2016·2020년

건축협정을 폐지하려면 협정체결자 전원의 동의를 받아 건축협정인가권자의 인가를 받아야 한다. ( )

---

14 (×) 건축협정 체결 대상 토지가 둘 이상의 시·군·구에 걸치는 경우에는 건축협정 체결 대상 토지면적의 과반이 속하는 건축협정인가권자에게 인가를 신청할 수 있다.

17 (×) 건축협정을 폐지하려면 협정체결자 과반수의 동의를 받아 건축협정인가권자의 인가를 받아야 한다.

**정답** 13 (○), 14 (×), 15 (○), 16 (○), 17 (×)

## 4 건축협정서에 명시하여야 하는 사항

**18** | 공인중개사 2019년

결합건축협정서를 체결하는 자는 결합건축협정서에 지방세 납세증명서를 명시하여야 한다. ( )

**19** | 공인중개사 2019년

결합건축협정서를 체결하는 자는 결합건축협정서에 결합건축 대상 대지의 위치 및 용도지역을 명시하여야 한다. ( )

**20** | 공인중개사 2019년

결합건축협정서를 체결하는 자가 자연인인 경우 성명, 주소 및 생년월일을 결합건축협정서에 명시하여야 한다. ( )

**21** | 공인중개사 2019년

결합건축협정서를 체결하는 자는 결합건축협정서에 결합건축 대상 대지별 건축계획서를 명시하여야 한다. ( )

**22** | 공인중개사 2019년

결합건축협정서를 체결하는 자는 결합건축협정서에 「국토의 계획 및 이용에 관한 법률」 제78조에 따라 조례로 정한 용적률과 결합건축으로 조정되어 적용되는 대지별 용적률을 명시하여야 한다. ( )

---

18 (×) 지방세 납세증명서는 결합건축협정서에 명시하여야 하는 사항이 아니다.
- **결합건축협정서에 명시하여야 하는 사항**
  ① 결합건축 대상 대지의 위치 및 용도지역
  ② 결합건축협정서를 체결하는 자의 성명, 주소 및 생년월일(법인, 법인 아닌 사단이나 재단 및 외국인의 경우에는 부동산등기법 제49조에 따라 부여된 등록번호)
  ③ 「국토의 계획 및 이용에 관한 법률」 제78조에 따라 조례로 정한 용적률과 결합건축으로 조정되어 적용되는 대지별 용적률
  ④ 결합건축 대상 대지별 건축계획서

**정답** 18 (×), 19 (○), 20 (○), 21 (○), 22 (○)

## 5 건축협정 통합적용의 특례

**23** | 공인중개사 2017년

건축협정의 인가를 받은 건축협정구역에서 연접한 대지에 대하여는 계단의 설치에 대한 규정을 개별 건축물마다 적용하지 아니하고 건축협정구역의 전부 또는 일부를 대상으로 통합하여 적용할 수 있다. ( )

**24** | 공인중개사 2017년

건축협정의 인가를 받은 건축협정구역에서 연접한 대지에 대하여는 건폐율, 지하층의 설치, 부설주차장의 설치, 개인하수처리시설의 설치에 대한 규정을 개별 건축물마다 적용하지 아니하고 건축협정구역의 전부 또는 일부를 대상으로 통합하여 적용할 수 있다. ( )

## 6 결합건축

**25** | 공인중개사 2022년

「국토의 계획 및 이용에 관한 법률」에 따라 지정된 상업지역은 결합건축 대상지역에 해당한다. ( )

**26** | 공인중개사 2022년

「역세권의 개발 및 이용에 관한 법률」에 따라 지정된 역세권개발구역은 결합건축 대상지역에 해당한다. ( )

---

23 (×) 계단의 설치는 건축협정의 통합적용의 특례에 해당하지 않으므로 계단의 설치에 대한 규정을 개별 건축물마다 적용하지 아니하고 건축협정구역의 전부 또는 일부를 대상으로 통합하여 적용할 수 없다.

- 건축협정 통합적용의 특례
  ㉮ 건축협정의 인가를 받은 건축협정구역에서 연접한 대지에 대하여는 다음의 관계 법령의 규정을 개별 건축물마다 적용하지 아니하고 건축협정구역의 전부 또는 일부를 대상으로 통합하여 적용할 수 있다.
  ① 대지의 조경, 대지와 도로와의 관계
  ② 지하층의 설치
  ③ 건폐율
  ④ 「주차장법」 제19조에 따른 부설주차장의 설치
  ⑤ 「하수도법」 제34조에 따른 개인하수처리시설의 설치

**정답** 23 (×), 24 (○), 25 (○), 26 (○)

**27** | 공인중개사 2022년

특별가로구역은 결합건축 대상지역에 해당한다. ( )

**28** | 공인중개사 2022년

건축협정구역, 특별건축구역, 리모델링 활성화 구역은 결합건축 대상지역에 해당한다.
( )

---

27 (×) 특별가로구역은 결합건축 대상지역에 해당하지 않는다.
- 결합건축 대상지역
  ㉮ 다음에 해당하는 지역에서 대지간의 최단거리가 100m 이내의 범위에서 2개의 대지 모두가 아래의 지역 중 동일한 지역에 속하고, 너비 12m 이상인 도로로 둘러싸인 하나의 구역 안에 있는 2개의 대지의 건축주가 서로 합의한 경우 2개의 대지를 대상으로 결합건축을 할 수 있다.
    ① 「국토의 계획 및 이용에 관한 법률」에 따라 지정된 상업지역
    ② 「역세권의 개발 및 이용에 관한 법률」에 따라 지정된 역세권개발구역
    ③ 도시 및 주거환경정비법 제2조에 따른 정비구역 중 주거환경개선사업의 시행을 위한 구역
    ④ 건축협정구역, 특별건축구역, 리모델링 활성화 구역
    ⑤ 도시재생 활성화 및 지원에 관한 특별법 제2조 제1항 제5호에 따른 도시재생활성화지역
    ⑥ 한옥 등 건축자산의 진흥에 관한 법률 제17조 제1항에 따른 건축자산 진흥구역

**정답** 27 (×), 28 (○)

# 핵심테마 32 건축위원회 및 이행강제금

## 1 건축분쟁전문위원회

**01** | 공인중개사 2017년

건축허가권자와 건축허가신청자 간의 분쟁은 건축분쟁전문위원회의 조정 및 재정 대상에 해당한다. ( )

**02** | 공인중개사 2021년

'건축주'와 '건축신고수리자' 간의 분쟁은 건축분쟁전문위원회의 조정 및 재정 대상에 해당한다. ( )

**03** | 공인중개사 2017년

공사시공자와 해당 건축물의 건축으로 피해를 입은 인근주민 간의 분쟁은 건축분쟁전문위원회의 조정 및 재정 대상에 해당한다. ( )

**04** | 공인중개사 2017·2021년

관계전문기술자와 해당 건축물의 건축으로 피해를 입은 인근주민 간의 분쟁은 건축분쟁전문위원회의 조정 및 재정 대상에 해당한다. ( )

---

01 (×) 건축허가권자와 건축허가신청자 간의 분쟁은 건축분쟁전문위원회의 조정 및 재정 대상에 해당하지 않는다.
- 건축분쟁전문위원회의 조정 및 재정의 대상
  ① 건축관계자와 해당 건축물의 건축 등으로 피해를 입은 인근주민 간의 분쟁
  ② 관계전문기술자와 인근주민 간의 분쟁
  ③ 건축관계자와 관계전문기술자 간의 분쟁
  ④ 건축관계자 간의 분쟁
  ⑤ 인근주민 간의 분쟁
  ⑥ 관계전문기술자 간의 분쟁
  ※ 건축관계자는 건축주, 설계자, 공사시공자, 공사감리자를 말한다.

02 (×) '건축주'와 '건축신고수리자' 간의 분쟁은 건축분쟁전문위원회의 조정 및 재정 대상에 해당하지 않는다.

**정답** 01 (×), 02 (×), 03 (○), 04 (○)

**05** | 공인중개사 2017년

해당 건축물의 건축으로 피해를 입은 인근주민 간의 분쟁은 건축분쟁전문위원회의 조정 및 재정 대상에 해당한다. ( )

**06** | 공인중개사 2017년

건축주와 공사감리자 간의 분쟁은 건축분쟁전문위원회의 조정 및 재정 대상에 해당한다. ( )

## 2 건축민원전문위원회

**07** | 공인중개사 2019년

도지사는 건축위원회의 심의 등을 효율적으로 수행하기 위하여 필요하면 자신이 설치하는 건축위원회에 건축민원전문위원회를 두어 운영할 수 있다. ( )

**08** | 공인중개사 2019년

건축민원전문위원회는 필요하다가 인정하면 신청인, 허가권자의 업무담당자, 이해관계자 또는 참고인을 위원회에 출석하게 하여 의견을 들을 수 있다. ( )

**09** | 공인중개사 2019년

건축민원전문위원회에 질의민원의 심의를 신청하려는 자는 문서에 의할 수 없는 특별한 사정이 있는 경우에는 구술로도 신청할 수 있다. ( )

**10** | 공인중개사 2019년

건축민원전문위원회는 심의에 필요하다고 인정하면 위원 또는 사무국의 소속 공무원에게 관계 서류를 열람하게 하거나 관계 사업장에 출입하여 조사하게 할 수 있다. ( )

**11** | 공인중개사 2019년

건축민원전문위원회는 건축법령의 운영 및 집행에 관한 민원을 심의할 수 있다. ( )

정답 05 (○), 06 (○), 07 (○), 08 (○), 09 (○), 10 (○), 11 (○)

## 3 이행강제금

**12** | 공인중개사 2018년

용적률을 초과하여 건축한 경우 100분의 90의 비율을 곱하여 이행강제금을 산정한다.
( )

**13** | 공인중개사 2018년

건폐율을 초과하여 건축한 경우 100분의 80의 비율을 곱하여 이행강제금을 산정한다.
( )

**14** | 공인중개사 2018년

신고를 하지 아니하고 건축한 경우 100분의 70의 비율을 곱하여 이행강제금을 산정한다.
( )

**15** | 공인중개사 2018년

허가를 받지 아니하고 건축한 경우 100분의 60의 비율을 곱하여 이행강제금을 산정한다.
( )

---

15 (×) 허가를 받지 아니하고 건축한 경우 100분의 100의 비율을 곱하여 이행강제금을 산정한다.

**정답** 12 (○), 13 (○), 14 (○), 15 (×)

모두공인공인중개사슈퍼리멤버
# PART 05
# 주택법

# CHAPTER 01

## 주택법

| 2014년 | 2015년 | 2016년 | 2017년 | 2018년 | 2019년 | 2020년 | 2021년 | 2022년 |
|--------|--------|--------|--------|--------|--------|--------|--------|--------|
| 7문 | 7문 | 7문 | 7문 | 7문 | 7문 | 7문 | 7문 | 7문 |

**핵심 33** | 주택법 용어의 정의
**핵심 34** | 주택건설사업과 주택조합
**핵심 35** | 주택상환사채
**핵심 36** | 사업계획승인
**핵심 37** | 매도청구 및 사용검사
**핵심 38** | 주택의 공급 및 전매행위 제한
**핵심 39** | 리모델링 등

#  핵심테마 33 주택법 용어의 정의

## 1 주택법의 단독주택과 공동주택

**01** | 공인중개사 2019년

주택이란 세대의 구성원이 장기간 독립된 주거생활을 할 수 있는 구조로 된 건축물의 전부 또는 일부를 말하며 그 부속토지는 제외한다. ( )

**02** | 공인중개사 2018년

공관과 기숙사는 주택법령상 주택에 해당한다. ( )

**03** | 공인중개사 2019년

「주택법」상 "단독주택"에는 다가구주택이 포함되지 않는다. ( )

**04** | 공인중개사 2019년

「주택법」상 "공동주택"에는 아파트, 연립주택, 기숙사 등이 포함된다. ( )

---

01 (×) 주택이란 세대의 구성원이 장기간 독립된 주거생활을 할 수 있는 구조로 된 건축물의 전부 또는 일부를 말하며 그 부속토지를 포함한다.

02 (×) 공관과 기숙사는 건축법에서는 주택에 해당하지만 주택법에서는 주택에 해당하지 않는다.

• 주택법의 주택의 정의
 ① 주택법상 단독주택 : 단독주택, 다중주택, 다가구주택  비교  공관(×)
 ② 주택법상 공동주택 : 아파트, 연립주택, 다세대주택  비교  기숙사(×)

03 (×) 「주택법」상 단독주택은 단독주택, 다중주택, 다가구주택이다. 그러므로 「주택법」상 단독주택에는 다가구주택이 포함된다.

04 (×) 「주택법」상 공동주택에는 아파트, 연립주택, 다세대주택이 포함된다. 그러므로 「주택법」상 공동주택에는 기숙사는 제외된다.

**정답** 01 (×), 02 (×), 03 (×), 04 (×)

## 2 세대구분형 공동주택

**05** | 공인중개사 2017년

세대구분형 공동주택이란 공동주택의 주택 내부 공간의 일부를 세대별로 구분하여 생활이 가능한 구조로 하되 그 구분된 공간의 일부를 구분 소유할 수 있는 주택이다. ( )

**06** | 공인중개사 2016년

세대구분형 공동주택의 세대별로 구분된 각각의 공간마다 별도의 욕실, 부엌과 현관을 설치하여야 한다. ( )

**07** | 공인중개사 2016년

하나의 세대가 통합하여 사용할 수 있도록 세대간에 연결문 또는 경량구조의 경계벽 등을 설치하여야 한다. ( )

**08** | 공인중개사 2016년

세대구분형 공동주택은 주택단지 공동주택 전체 호수의 3분의 1을 넘지 아니하여야 한다. ( )

**09** | 공인중개사 2016년

세대구분형 공동주택의 세대별로 구분된 각각의 공간의 주거전용면적 합계가 주택단지 전체 주거전용면적 합계의 3분의 1을 넘지 아니하여야 한다. ( )

**10** | 공인중개사 2016년

세대구분형 공동주택의 세대별로 구분된 각각의 공간은 주거전용면적이 $12m^2$ 이상이어야 한다. ( )

---

05 (×) 있는(×), 없는(○), 세대구분형 공동주택이란 공동주택의 주택 내부 공간의 일부를 세대별로 구분하여 생활이 가능한 구조로 하되, 그 구분된 공간의 일부를 구분 소유할 수 없는 주택이다.
10 (×) 세대구분형 공동주택의 세대별 공간에 대한 규정은 없다.

**정답** 05 (×), 06 (○), 07 (○), 08 (○), 09 (○), 10 (×)

### 3 국민주택

**11** | 공인중개사 2018년

지방자치단체의 재정으로부터 자금을 지원받아 건설되는 주택이 국민주택에 해당하려면 자금의 50퍼센트 이상을 지방자치단체로부터 지원받아야 한다. ( )

**12** | 공인중개사 2018·2021년

민영주택이라도 국민주택규모 이하로 건축되는 경우 국민주택에 해당한다. ( )

**13** | 공인중개사 2016년

한국토지주택공사가 수도권에 건설한 주거전용면적이 1세대 당 80제곱미터인 아파트는 국민주택에 해당한다. ( )

**14** | 공인중개사 2020년

주택도시기금으로부터 자금을 지원받아 건설되는 1세대 당 주거전용면적 84제곱미터인 주택은 "국민주택"에 해당한다. ( )

### 4 준주택과 도시형생활주택

**15** | 공인중개사 2020년

「건축법 시행령」에 따른 다중생활시설은 "준주택"에 해당하지 않는다. ( )

---

11 (×) 지방자치단체의 재정으로부터 자금을 지원받아 건설되는 주택이 국민주택규모 이하로 건설하게 되면 국민주택에 해당한다. 자금을 지원받는 비율은 관계없다.

- 국민주택
  ㉮ 다음에 해당하는 주택으로서 국민주택규모 이하인 주택을 말한다.
  ① 국가·지방단체, 한국토지주택공사 또는 지방공사가 건설하는 주택
  ② 국가·지방단체의 재정 또는 주택도시기금으로부터 자금을 지원받아 건설되거나 개량되는 주택

12 (×) 민영주택은 국민주택을 제외한 주택을 말한다.

15 (×) 다중생활시설은 준주택에 해당한다. 오피스텔, 노인복지주택, 다중생활시설, 기숙사는 준주택에 해당한다.

**정답** 11 (×), 12 (×), 13 (○), 14 (○), 15 (×)

**16** | 공인중개사 2018년

오피스텔은 주택법령상 주택에 해당한다. ( )

**17** | 공인중개사 2017·2021년

300세대인 국민주택규모의 단지형 다세대주택은 도시형 생활주택에 해당한다. ( )

**18** | 공인중개사 2022년

'주거전용면적이 30제곱미터 미만인 경우에는 욕실 및 부엌을 제외한 부분을 하나의 공간으로 구성할 것'은 도시형 생활주택으로서 소형주택의 요건에 해당한다. ( )

**19** | 공인중개사 2022년

'세대별 주거전용면적 60제곱미터 이하일 것'은 도시형 생활주택으로서 소형주택의 요건에 해당한다. ( )

---

16 (×) 오피스텔은 준주택에 해당하며, 주택에 해당하지 않는다.

17 (×) 300세대 미만의 국민주택규모의 단지형 다세대주택은 도시형 생활주택에 해당한다. 따라서 299세대까지는 도시형 생활주택에 해당하나 300세대는 도시형 생활주택에 해당하지 않는다.

18 (×) 욕실 및 부엌(×), 욕실 및 보일러실(○), 주거전용면적이 30제곱미터 미만인 경우에는 욕실 및 보일러실을 제외한 부분을 하나의 공간으로 구성할 것

- **도시형 생활주택**

도시형 생활주택이란 300세대 미만의 국민주택규모에 해당하는 주택으로서 도시지역에 건설하는 다음의 주택을 말한다.

① 소형주택 : 아파트, 연립주택, 다세대주택 중 어느 하나에 해당하는 주택으로서 다음의 요건을 모두 갖춘 주택
  ㉠ 세대별 주거전용면적은 60㎡ 이하일 것
  ㉡ 세대별로 독립된 주거가 가능하도록 욕실 및 부엌을 설치할 것
  ㉢ 주거전용면적이 30㎡ 미만인 경우에는 욕실 및 보일러실을 제외한 부분을 하나의 공간으로 구성할 것
  ㉣ 주택전용면적이 30㎡ 이상인 경우에는 침실(7㎡ 이상)을 세 개 이내로 구성할 것. 다만, 침실이 두 개 이상인 세대수는 소형주택의 전체 세대수의 3분의 1을 넘지 않아야 한다.
  ㉤ 지하층에는 세대를 설치하지 아니할 것

② 단지형 연립주택 : 소형 주택이 아닌 연립주택. 다만, 건축위원회의 심의를 받은 경우에는 주택으로 쓰는 층수를 5개층까지 건축할 수 있다.

③ 단지형 다세대주택 : 소형 주택이 아닌 다세대주택. 다만, 건축위원회의 심의를 받은 경우에는 주택으로 쓰는 층수를 5개층까지 건축할 수 있다.

**정답** 16 (×), 17 (×), 18 (×), 19 (○)

**20** | 공인중개사 2022년

'세대별로 독립된 주거가 가능하도록 욕실 및 부엌을 설치할 것'은 도시형 생활주택으로서 소형주택의 요건에 해당한다. ( )

**21** | 공인중개사 2022년

'지하층에는 세대를 설치하지 아니할 것'은 도시형 생활주택으로서 소형주택의 요건에 해당한다. ( )

## 5 부대시설·복리시설·간선시설

**22** | 공인중개사 2021년

주택에 딸린 「건축법」에 따른 건축설비는 복리시설에 해당한다. ( )

**23** | 공인중개사 2019년

주택단지에 딸린 어린이놀이터, 근린생활시설, 유치원, 주민운동시설, 지역난방공급시설 등은 "부대시설"에 포함된다. ( )

**24** | 공인중개사 2020년

"간선시설"이란 도로·상하수도·전기시설·가스시설·통신시설·지역난방시설 등을 말한다. ( )

**25** | 공인중개사 2020년

방범설비는 "복리시설"에 해당한다. ( )

---

22 (×) 주택에 딸린 건축법에 따른 건축설비는 부대시설에 해당한다.

23 (×) 주택단지에 딸린 어린이놀이터, 근린생활시설, 유치원, 주민운동시설은 복리시설에 해당하고, 지역난방공급시설은 간선시설에 해당한다.

24 (×) 기간시설이란 도로·상하수도·전기시설·가스시설·통신시설·지역난방시설 등을 말한다. **비교** 간선시설이란 도로·상하수도·전기시설·가스시설·통신시설·지역난방시설 등 주택단지 안의 기간시설을 그 주택단지 밖에 있는 같은 종류의 기간시설에 연결시키는 시설을 말한다. 다만, 가스시설·통신시설 및 지역난방시설의 경우에는 주택단지 안의 기간시설을 포함한다.

25 (×) 방범설비는 부대시설에 해당한다.

**정답** 20 (○), 21 (○), 22 (×), 23 (×), 24 (×), 25 (×)

**26** | 공인중개사 **2020년**

주민공동시설은 "부대시설"에 해당한다. ( )

## 6 주택단지

**27** | 공인중개사 **2019년**

"주택단지"에 해당하는 토지가 폭 8미터 이상인 도시계획예정도로로 분리된 경우, 분리된 토지를 각각 별개의 주택단지로 본다. ( )

**28** | 공인중개사 **2016·2017·2021년**

폭 10m 이상인 일반도로로 분리된 토지는 각각 별개의 주택단지로 본다. ( )

**29** | 공인중개사 **2021년**

철도로 분리된 토지는 각각 별개의 주택단지로 본다. ( )

**30** | 공인중개사 **2021년**

폭 10미터의 도시계획예정도로로 분리된 토지는 각각 별개의 주택단지로 본다. ( )

**31** | 공인중개사 **2021년**

폭 20미터의 자동차전용도로로 분리된 토지는 각각 별개의 주택단지로 본다. ( )

---

26 (×) 주민공동시설은 복리시설에 해당한다.
28 (×) 폭 10m인 일반도로로 분리된 토지는 하나의 주택단지이다. 비교 폭 20m 이상인 일반도로로 분리된 토지는 별개의 주택단지로 본다.
- 다음의 시설로 분리된 토지는 각각 별개의 주택단지로 본다.
① 철도·고속도로·자동차전용도로
② 폭 20m 이상인 일반도로
③ 폭 8m 이상인 도시계획예정도로
④ 보행자 및 자동차의 통행이 가능한 도로로서 다음에 해당하는 도로
  ㉠ 도시·군계획시설인 도로로서 국토교통부령으로 정하는 도로
  ㉡ 도로법에 따른 일반국도·특별시도·광역시도 또는 지방도
  ㉢ 그 밖에 관계 법령에 따라 설치된 도로로서 ㉠ 및 ㉡에 준하는 도로

**정답** 26 (×), 27 (○), 28 (×), 29 (○), 30 (○), 31 (○)

## 7 공공택지

**32** | 공인중개사 2017년

「산업입지 및 개발에 관한 법률」에 따른 산업단지개발사업에 의하여 개발·조성되는 공동주택이 건설되는 용지는 공공택지에 해당한다. ( )

## 8 공구

**33** | 공인중개사 2017년

공구란 하나의 주택단지에서 둘 이상으로 구분되는 일단의 구역으로서 공구별 세대수는 200세대 이상으로 해야 한다. ( )

**34** | 공인중개사 2015년

주택건설사업을 시행하려는 자가 공구별로 분할하여 주택을 건설·공급하려면 주택단지의 전체 세대수는 600세대 이상이어야 한다. ( )

---

33 (×) 공구란 하나의 주택단지에서 둘 이상으로 구분되는 일단의 구역으로서 공구별 세대수는 300세대 이상으로 해야 한다.

**정답** 32 (○), 33 (×), 34 (○)

# 주택건설사업과 주택조합

## 1 등록사업자

**01 | 공인중개사 2015년**
연간 20호 이상의 단독주택 건설사업을 시행하려는 자 또는 연간 1만㎡ 이상의 대지조성사업을 시행하려는 자는 국토교통부장관에게 등록하여야 한다. ( )

**02 | 공인중개사 2022년**
주택건설사업의 등록은 국토교통부장관이 시·도지사에게 위임할 수 없다. ( )

**03 | 공인중개사 2020년**
한국토지주택공사가 대지조성사업을 시행하려는 경우에는 대지조성사업의 등록을 하지 않아도 된다. ( )

**04 | 공인중개사 2013·2014년**
등록사업자와 공동으로 주택건설사업을 하는 주택조합은 등록하지 않고 공동주택의 건설사업을 시행할 수 있다. ( )

**05 | 공인중개사 2020년**
세대수를 증가하는 리모델링주택조합이 그 구성원의 주택을 건설하는 경우에는 등록사업자와 공동으로 사업을 시행할 수 있다. ( )

**06 | 공인중개사 2020년**
주택으로 쓰는 층수가 6개 층 이상인 아파트 건설 실적이 있는 자, 최근 3년간 300세대 이상의 공동주택을 건설한 실적이 있는 자는 주택으로 쓰는 층수가 6개 층 이상인 주택을 건설할 수 있다. ( )

**정답** 01 (O), 02 (O), 03 (O), 04 (O), 05 (O), 06 (O)

## 2 주택조합의 설립인가

**07** | 공인중개사 2014년

지역주택조합의 해산, 리모델링주택조합의 설립, 승인받은 조합원 추가모집에 따른 지역주택조합의 변경, 지역주택조합을 설립하는 경우는 주택법령상 인가 대상에 해당한다.
( )

**08** | 공인중개사 2014·2016년

국민주택을 공급받기 위하여 직장주택조합을 설립·해산하려면 관할 시장·군수·구청장의 인가를 받아야 한다.
( )

**09** | 공인중개사 2016년

지역주택조합이 설립인가를 받은 후에 조합원을 추가모집한 경우에는 주택조합의 변경인가를 받아야 한다.
( )

---

08 (×) 국민주택을 공급받기 위하여 직장주택조합을 설립하려는 자는 관할 시장·군수·구청장에게 신고하여야 한다. 신고한 내용을 변경하거나 직장주택조합을 해산하려는 경우에도 신고하여야 한다. **비교** 국민주택이 아닌 주택을 공급받기 위한 직장주택조합을 설립 또는 해산하는 경우에는 관할하는 시장·군수·구청장의 인가를 받아야 한다.

**정답** 07 (○), 08 (×), 09 (○)

## 3 주택조합 설립인가신청 제출서류

**10** | 공인중개사 2019년

조합원 동의를 받은 정산서는 지역주택조합의 설립인가신청을 위해 제출해야 하는 서류이다. ( )

**11** | 공인중개사 2019년

창립총회 회의록, 조합장선출동의서는 지역주택조합의 설립인가신청을 위해 제출해야 하는 서류이다. ( )

**12** | 공인중개사 2019년

조합원 전원이 자필로 연명한 조합규약은 지역주택조합의 설립인가신청을 위해 제출해야 하는 서류이다. ( )

**13** | 공인중개사 2019년

조합원 자격이 있는 자임을 확인하는 서류는 지역주택조합의 설립인가신청을 위해 제출해야 하는 서류이다. ( )

**14** | 공인중개사 2017·2019년

해당 주택건설대지의 80% 이상에 해당하는 토지의 사용권원을 확보하였음을 증명하는 서류는 지역주택조합의 설립인가신청을 위해 제출해야 하는 서류이다. ( )

---

10 (×) 조합원 동의를 받은 정산서는 해산인가를 받으려는 경우에 첨부하는 서류이다.
- 지역주택조합, 직장주택조합의 설립인가신청 제출서류
① 창립총회 회의록
② 조합장선출동의서
③ 조합원 전원이 자필로 연명(連名)한 조합규약
④ 조합원 명부
⑤ 사업계획서
⑥ 해당 주택건설대지의 80% 이상에 해당하는 토지의 사용권원을 확보하였음을 증명하는 서류
⑦ 해당 주택건설대지의 15% 이상에 해당하는 토지의 소유권을 확보하였음을 증명하는 서류
⑧ 고용자가 확인하는 근무확인서(직장주택조합의 경우만 해당한다)
⑨ 조합원 자격이 있는 자임을 확인하는 서류

**정답** 10 (×), 11 (○), 12 (○), 13 (○), 14 (○)

**15** | 공인중개사 2014·2015년

해당 주택건설대지의 80% 이상에 해당하는 토지의 사용권원을 확보하였음을 증명하는 서류는 리모델링주택조합의 설립인가신청을 위해 제출해야 하는 서류이다. ( )

**16** | 공인중개사 2014·2015년

수직증축형 리모델링의 경우 리모델링주택조합의 설립인가신청서에 해당 주택이 사용검사를 받은 후 10년 이상의 기간이 지났음을 증명하는 서류를 첨부하여야 한다. ( )

**17** | 공인중개사 2015년

조합원 명부는 리모델링주택조합의 설립인가신청을 위해 제출해야 하는 서류이다. ( )

**18** | 공인중개사 2022년

주택단지 전체를 리모델링하고자 주택조합을 설립하기위해서는 주택단지 전체의 구분소유자와 의결권의 각 3분의 2 이상의 결의 및 각 동의 구분소유자와 의결권의 각 과반수의 결의가 필요하다. ( )

## 4 주택조합 총회

**19** | 공인중개사 2018년

지역주택조합의 조합임원의 선임을 의결하는 총회의 경우에는 조합원의 100분의 10 이상이 직접 출석하여야 한다. ( )

---

15 (×) 주택건설대지의 80% 이상에 해당하는 토지의 사용권원을 확보하였음을 증명하는 서류는 지역주택조합과 직장주택조합 설립인가신청에 해당하는 서류이다. [비교] 리모델링주택조합은 해당 주택건설대지의 80% 이상에 해당하는 토지의 사용권원을 확보하였음을 증명하는 서류를 제출하지 않는다.

16 (×) 10년(×), 15년(○), 수직증축형 리모델링의 경우 리모델링주택조합의 설립인가신청서에 해당 주택이 사용검사를 받은 후 15년 이상의 기간이 지났음을 증명하는 서류를 첨부하여야 한다.

19 (×) 총회의 의결을 하는 경우에는 조합원의 100분의 10 이상이 직접 출석하여야 한다. 다만, 창립총회, 조합임원의 선임 및 해임, 사업비의 조합원별 분담 명세, 자금의 차입과 그 방법·이자율 및 상환방법 등을 의결하는 총회의 경우에는 조합원의 100분의 20 이상이 직접 출석하여야 한다.

**정답** 15 (×), 16 (×), 17 (○), 18 (○), 19 (×)

**20** | 공인중개사 2013년

주택상환사채의 발행방법의 변경은 지역주택조합 총회의 필수적 의결사항이다. ( )

**21** | 공인중개사 2014년

주택조합이 시공자와의 공사계약을 체결하려는 경우 조합총회의 의결을 거쳐야 한다.
( )

## 5 등록사업자의 책임 및 주택의 우선 공급 등

**22** | 공인중개사 2013년

조합과 등록사업자가 공동으로 사업을 시행하면서 시공하는 경우 등록사업자는 자신의 귀책사유로 발생한 손해에 대해서도 조합원에게 배상책임을 지지 않는다. ( )

**23** | 공인중개사 2014·2017년

주택조합(리모델링주택조합은 제외한다)은 그 구성원을 위하여 건설하는 주택을 그 조합원에게 우선 공급할 수 있다. ( )

---

20 (×) 주택상환사채의 발행방법의 변경은 지역주택조합 총회의 필수적 의결사항에 해당하지 않는다. 지역주택조합이 반드시 총회의 의결을 거치는 사항은 다음과 같다.

- **지역주택조합 총회의 필수적 의결사항**
  ① 조합규약의 변경
  ② 자금의 차입과 그 방법·이자율 및 상환방법
  ③ 예산으로 정한 사항 외에 조합원에게 부담이 될 계약의 체결
  ④ 시공자의 선정·변경 및 공사계약의 체결
  ⑤ 조합임원의 선임 및 해임
  ⑥ 사업비의 조합원별 분담내역
  ⑦ 조합해산의 결의 및 해산 시의 회계보고
  ⑧ 업무대행자의 선정·변경 및 업무대행계약의 체결

22 (×) 조합과 등록사업자가 공동으로 사업을 시행하면서 시공하는 경우 등록사업자는 자신의 귀책사유로 발생한 손해에 대해서 조합원에게 배상책임이 있다.

**정답** 20 (×), 21 (○), 22 (×), 23 (○)

## 6 조합원 모집

**24** | 공인중개사 2016년

지역주택조합은 임대주택으로 건설·공급하여야 하는 세대수를 포함하여 주택건설예정 세대수의 3분의 1 이상의 조합원으로 구성하여야 한다. ( )

**25** | 공인중개사 2017년

주택조합은 주택건설 예정 세대수의 50% 이상의 조합원으로 구성하되, 조합원은 10명 이상이어야 한다. ( )

**26** | 공인중개사 2017·2018년

지역주택조합의 조합원을 공개모집한 이후 조합원의 자격상실로 인한 결원을 충원하려면 시장·군수·구청장에게 신고하고 공개모집의 방법으로 조합원을 충원하여야 한다. ( )

## 7 조합 탈퇴

**27** | 공인중개사 2018년

지역주택조합설립에 동의한 조합원은 조합설립인가가 있은 이후에도 자신의 의사에 의해 조합을 탈퇴할 수 있다. ( )

**28** | 공인중개사 2017년

탈퇴한 조합원은 조합규약으로 정하는 바에 따라 부담한 비용의 환급을 청구할 수 있다. ( )

---

24 (×) 지역주택조합은 임대주택으로 건설·공급하는 세대수는 제외하고, 주택건설 예정 세대수의 50% 이상의 조합원으로 구성하여야 한다.

25 (×) 주택조합은 주택건설 예정 세대수의 50% 이상의 조합원으로 구성하되, 조합원은 20명 이상이어야 한다.

26 (×) 조합원을 공개모집한 이후 조합원의 자격상실로 인한 결원을 충원하려는 경우에는 시장·군수·구청장에게 신고하지 아니하고 선착순의 방법으로 조합원을 충원할 수 있다.

**정답** 24 (×), 25 (×), 26 (×), 27 (○), 28 (○)

**29** | 공인중개사 2018년

총회의 의결로 제명된 조합원은 조합에 자신이 부담한 비용의 환급을 청구할 수 있다.
( )

## 8 조합원의 자격

**30** | 공인중개사 2013년

지역주택조합의 경우 조합설립인가신청일부터 해당 조합주택의 입주가능일까지 주거전용면적 80제곱미터의 주택 1채를 보유하고, 6개월 이상 동일 지역에 거주한 세대주인 자는 조합원의 자격이 있다.
( )

**31** | 공인중개사 2013·2017년

조합원의 사망으로 인하여 조합원의 지위를 상속받으려는 자는 무주택자이어야 한다.
( )

**32** | 공인중개사 2017년

지역주택조합의 조합원이 근무로 인하여 세대주 자격을 일시적으로 상실한 경우로서 시장·군수·구청장이 인정하는 경우에는 조합원 자격이 있는 것으로 본다. ( )

**33** | 공인중개사 2016년

리모델링주택조합의 경우 공동주택의 소유권이 수인의 공유에 속하는 경우에는 그 수인 모두를 조합원으로 본다.
( )

**34** | 공인중개사 2022년

리모델링주택조합 설립에 동의한 자로부터 건축물을 취득하였더라도 리모델링주택조합 설립에 동의한 것으로 보지 않는다.
( )

---

31 (×) 조합원의 사망으로 인하여 조합원의 지위를 상속받으려는 자는 조건 없이 조합원의 지위를 상속받는다.

33 (×) 리모델링주택조합의 경우 공동주택의 소유권이 여러 명의 공유에 속하는 경우에는 그 수인을 대표하는 1명을 조합원으로 본다.

34 (×) 리모델링주택조합 설립에 동의한 자로부터 건축물을 취득하였다면 리모델링주택조합 설립에 동의한 것으로 본다.

**정답** 29 (○), 30 (○), 31 (×), 32 (○), 33 (×), 34 (×)

## 9 조합설립 인가 후 조합원 신규가입

**35** | 공인중개사 2016년
지역주택조합의 설립 인가 후 조합원이 사망하였더라도 조합원수가 주택건설예정세대수의 2분의 1 이상을 유지하고 있다면 조합원을 충원할 수 없다. ( )

**36** | 공인중개사 2017년
지역주택조합설립 인가 후에 조합원의 탈퇴로 조합원 수가 주택건설 예정 세대수의 50% 미만이 되는 경우에는 결원이 발생한 범위에서 조합원을 신규로 가입하게 할 수 있다. ( )

**37** | 공인중개사 2020년
지역주택조합이 설립인가를 받은 후 조합원의 탈퇴 등으로 조합원 수가 주택건설 예정 세대수의 60퍼센트가 된 경우에는 조합원을 신규로 가입하게 할 수 있다. ( )

**38** | 공인중개사 2013·2017년
지역주택조합설립 인가 후에 조합원으로 추가 모집되는 자가 조합원 자격 요건을 갖추었는지를 판단할 때에는 추가모집공고일을 기준으로 한다. ( )

**39** | 공인중개사 2017년
지역주택조합의 경우 조합원 추가모집에 따른 주택조합의 변경인가 신청은 사업계획승인신청일까지 하여야 한다. ( )

**40** | 공인중개사 2018년
주택조합은 설립인가를 받은 날부터 2년 이내에 사업계획승인을 신청하여야 한다. ( )

---

35 (×) 조합원이 사망한 경우에는 조합원을 충원할 수 있다.
37 (×) 조합원의 탈퇴 등으로 조합원 수가 주택건설 예정 세대수의 50% 미만인 경우에 조합원을 충원할 수 있다. 따라서 조합원의 탈퇴 등으로 조합원수가 주택건설 예정 세대수의 60%가 된 경우에는 이미 예정 세대수의 50%를 초과하기 때문에 조합원을 충원할 수 없다.
38 (×) 추가모집공고일(×), 조합설립인가신청일(○), 조합설립 인가 후에 조합원으로 추가모집되는 자가 조합원 자격 요건을 갖추었는지를 판단할 때에는 조합설립인가신청일을 기준으로 한다.

**정답** 35 (×), 36 (○), 37 (×), 38 (×), 39 (○), 40 (○)

## 10 조합임원의 결격사유

**41** | 공인중개사 2018년

조합의 임원이 금고 이상의 실형을 받아 당연퇴직을 하면 그가 퇴직 전에 관여한 행위는 그 효력을 상실한다. ( )

## 11 주택조합의 설립인가취소

**42** | 공인중개사 2019년

국토교통부장관 또는 지방자치단체의 장은 주택조합의 설립인가취소를 하려면 청문을 하여야 한다. ( )

---

41 (×) 조합의 임원이 금고 이상의 실형을 받아 당연퇴직을 하더라도 그가 퇴직 전에 관여한 행위는 그 효력을 상실하지 아니한다.

**정답** 41 (×), 42 (○)

# 핵심테마 35 주택상환사채

## 1 주택상환사채의 발행

**01** | 공인중개사 2020년
한국토지주택공사는 주택상환사채를 발행할 수 있다. ( )

**02** | 공인중개사 2020년
주택상환사채를 발행한 자는 발생조건에 따라 주택을 건설하여 사채권자에게 상환하여야 한다. ( )

**03** | 공인중개사 2016·2022년
주택상환사채를 발행하려는 자는 주택상환사채발행계획을 수립하여 시·도지사의 승인을 받아야 한다. ( )

**04** | 공인중개사 2016년
등록사업자가 주택상환사채를 발행하려면 금융기관 또는 주택도시보증공사의 보증을 받아야 한다. ( )

**05** | 공인중개사 2022년
법인으로서 자본금이 3억 원인 등록사업자는 주택상환사채를 발행할 수 있다. ( )

---

03 (○) 주택상환사채를 발행하려는 자는 주택상환사채발행계획을 수립하여 국토교통부장관의 승인을 받아야 한다.
05 (×) 금융기관 또는 주택도시보증공사의 보증을 받은 법인으로서 자본금이 5억 원 이상인 등록사업자는 주택상환사채를 발행할 수 있다.

**정답** 01 (○), 02 (○), 03 (○), 04 (○), 05 (×)

## 2 주택상환사채의 발행방법 및 양도 등

**06** | 공인중개사 2020·2022년
주택상환사채는 기명증권으로 한다. ( )

**07** | 공인중개사 2022년
발행 조건은 주택상환사채권에 적어야 하는 사항에 포함된다. ( )

**08** | 공인중개사 2022년
주택상환사채는 액면으로 발행하고, 할인의 방법으로 발행할 수 있다. ( )

**09** | 공인중개사 2016년
주택상환사채의 발행자는 주택상환사채대장을 비치하고, 주택상환사채권의 발행 및 상환에 관한 사항을 기재하여야 한다. ( )

**10** | 공인중개사 2020년
사채권자의 명의변경은 취득자의 성명과 주소를 사채원부에 기록하는 방법으로 한다. ( )

**11** | 공인중개사 2016년
주택상환사채는 취득자의 성명을 채권에 기록하지 아니하면 사채발행자 및 제3자에게 대항할 수 없다. ( )

정답 06 (○), 07 (○), 08 (○), 09 (○), 10 (○), 11 (○)

## 3 납입금의 사용

**12** | 공인중개사 2021년

주택건설자재의 구입, 택지의 구입 및 조성, 건설공사비 충당은 주택상환사채의 납입금이 사용될 수 있는 용도로 명시되어 있다. ( )

**13** | 공인중개사 2021년

주택조합 운영비에의 충당, 주택조합 가입 청약철회자의 가입비 반환은 주택상환사채의 납입금이 사용될 수 있는 용도로 명시되어 있다. ( )

## 4 등록사업자의 등록말소와 주택상환사채의 효력

**14** | 공인중개사 2019년

국토교통부장관 또는 지방자치단체의 장은 주택건설사업의 등록말소를 하려면 청문을 하여야 한다. ( )

**15** | 공인중개사 2016·2020년

등록사업자의 등록이 말소된 경우에는 등록사업자가 발행한 주택상환사채의 효력은 상실된다. ( )

---

13 (×) 주택상환채의 납입금이 사용될 수 있는 용도는 다음과 같다.
- 주택상환사채의 납입금이 사용될 수 있는 용도
① 주택건설자재의 구입
② 택지의 구입 및 조성
③ 건설공사비 충당

15 (×) 등록사업자의 등록이 말소된 경우에도 등록사업자가 발행한 주택상환사채의 효력에는 영향을 미치지 아니한다.

**정답** 12 (○), 13 (×), 14 (○), 15 (×)

# 사업계획승인

## 1 사업계획승인

**01** | 공인중개사 2019·2021년
사업계획에는 부대시설 및 복리시설의 설치에 관한 계획 등이 포함되어야 한다.  ( )

**02** | 공인중개사 2020년
대지조성사업계획승인을 받으려는 자는 사업계획승인신청서에 조성한 대지의 공급계획서를 첨부하여 사업계획승인권자에게 제출하여야 한다.  ( )

**03** | 공인중개사 2015·2017년
한국토지주택공사가 주거전용 단독주택인 한옥 50호 이상의 건설사업을 시행하려는 경우 국토교통부장관으로부터 사업계획승인을 받아야 한다.  ( )

**04** | 공인중개사 2015년
지역균형개발 또는 광역적 차원의 조정이 필요하여 국토교통부장관이 지정·고시하는 지역에서 주택사업을 시행하는 경우 국토교통부장관으로부터 사업계획승인을 받아야 한다.  ( )

**05** | 공인중개사 2017·2019·2021년
주택단지의 전체 세대수가 500세대인 주택건설사업을 시행하려는 자는 주택단지를 공구별로 분할하여 주택을 건설·공급할 수 있다.  ( )

---

05 (×) 주택단지의 전체 세대수가 600세대 이상인 주택건설사업을 시행하려는 자는 주택단지를 공구별로 분할하여 주택을 건설·공급할 수 있다.

**정답** 01 (○), 02 (○), 03 (○), 04 (○), 05 (×)

**06** | 공인중개사 2019·2020년

등록사업자는 동일한 규모의 주택을 대량으로 건설하려는 경우에는 시·도지사에게 주택의 형별로 표본설계도서를 작성·제출하여 승인을 받을 수 있다. ( )

## 2 사업계획승인 및 소유권 확보

**07** | 공인중개사 2019년

사업계획승인권자는 사업계획을 승인할 때 사업주체가 제출하는 사업계획에 해당 주택건설사업과 직접적으로 관련이 없거나 과도한 기반시설의 기부채납을 요구하여서는 아니 된다. ( )

**08** | 공인중개사 2017·2019·2021년

사업계획승인권자는 사업계획승인의 신청을 받았을 때에는 정당한 사유가 없으면 신청받은 날부터 60일 이내에 사업주체에게 승인 여부를 통보하여야 한다. ( )

**09** | 공인중개사 모의문제

사업주체가 국가, 지방자치단체, 한국토지주택공사 또는 지방공사인 경우에는 총 사업비의 20퍼센트의 범위에서의 사업비 증감, 대지면적의 20퍼센트의 범위에서의 면적 증감은 경미한 변경으로 사업계획승인권자로부터 변경승인을 받지 아니한다. ( )

**10** | 공인중개사 2018년

주택조합이 승인받은 총사업비의 10퍼센트를 감액하는 변경을 하려면 변경승인을 받아야 한다. ( )

**11** | 공인중개사 2020년

지방공사가 사업주체인 경우 건축물의 설계와 용도별 위치를 변경하지 아니하는 범위에서의 건축물의 배치조정은 경미한 사항에 해당하여 사업계획변경승인을 받지 아니한다. ( )

**12** | 공인중개사 2015년

사업계획승인권자는 사업계획승인에 관한 사항을 고시하여야 한다. ( )

---

06 (×) 시·도지사에게(×), 국토교통부장관에게(○), 등록사업자는 동일한 규모의 주택을 대량으로 건설하려는 경우에는 국토교통부장관에게 주택의 형별로 표본설계도서를 작성·제출하여 승인을 받을 수 있다.

**정답** 06 (×), 07 (○), 08 (○), 09 (○), 10 (○), 11 (○), 12 (○)

**13** | 공인중개사 2018년

사업주체가 주택건설대지를 사용할 수 있는 권원을 확보한 경우에는 그 대지의 소유권을 확보하지 못한 경우에도 사업계획의 승인을 받을 수 있다. ( )

## 3 사업계획승인과 공사의 착수

**14** | 공인중개사 2018년

사업주체가 승인받은 사업계획에 따라 공사를 시작하려는 경우 사업계획승인권자에게 신고하여야 한다. ( )

**15** | 공인중개사 2021년

사업계획승인권자는 착공신고를 받은 날부터 20일 이내에 신고수리 여부를 신고인에게 통지하여야 한다. ( )

**16** | 공인중개사 2017·2021년

사업주체는 사업계획승인을 받은 날부터 1년 이내에 공사를 착수하여야 한다. ( )

**17** | 공인중개사 2015년

공구별로 분할하여 시행하는 것을 내용으로 사업계획승인을 받은 사업주체 甲은 최초로 공사를 진행하는 공구 외의 공구에서 해당주택단지에 대한 최초 착공신고일부터 2년 이내에 공사를 시작하여야 한다. ( )

## 4 공사 착수 기간의 연장

**18** | 공인중개사 2015·2017년

사업계획승인의 조건으로 부과된 사항을 이행함에 따라 공사 착수가 지연되는 경우, 사업계획승인권자는 그 사유가 없어진 날부터 3년의 범위에서 공사의 착수기간을 연장할 수 있다. ( )

---

16 (×) 사업주체는 사업계획승인을 받은 날부터 5년 이내에 공사를 착수하여야 한다.
18 (×) 사업계획승인의 조건으로 부과된 사항을 이행함에 따라 공사 착수가 지연되는 경우, 사업계획승인권자는 그 사유가 없어진 날부터 1년의 범위에서 공사의 착수기간을 연장할 수 있다.

**정답** 13 (○), 14 (○), 15 (○), 16 (×), 17 (○), 18 (×)

**19** | 공인중개사 **2019년**

해당 사업시행지에 대한 소유권 분쟁을 소송의 방법으로 해결하는 과정에서 공사착수가 지연되는 경우에는 착수기간을 연장할 수 있다. ( )

**20** | 공인중개사 **2019년**

공공택지의 개발·조성을 위한 계획에 포함된 기반시설의 설치 지연으로 공사 착수가 지연되는 경우에는 착수기간을 연장할 수 있다. ( )

**21** | 공인중개사 **2019년**

「매장문화재 보호 및 조사에 관한 법률」에 따라 문화재청장의 매장문화재 발굴허가를 받은 경우에는 착수기간을 연장할 수 있다. ( )

**22** | 공인중개사 **2019년**

사업주체에게 책임이 없는 불가항력적인 사유로 인하여 공사 착수가 지연되는 경우에는 착수기간을 연장할 수 있다. ( )

**23** | 공인중개사 **2019년**

해당 사업시행지에 대한 소유권 분쟁을 사업주체가 소송 외의 방법으로 해결하는 과정에서 공사 착수가 지연되는 경우에는 착수기간을 연장할 수 있다. ( )

---

23 (×) 소송 외의 방법으로(×), 소송의 방법으로(○), 해당 사업시행지에 대한 소유권 분쟁을 소송의 방법으로 해결하는 과정에서 공사착수가 지연되는 경우에는 착수기간을 연장할 수 있다.

**정답** 19 (○), 20 (○), 21 (○), 22 (○), 23 (×)

## 5 사업계획승인의 취소

**24** | 공인중개사 2015년

주택분양보증을 받지 않은 사업주체 甲이 파산하여 공사 완료가 불가능한 경우, 사업계획 승인권자는 사업계획승인을 취소할 수 있다. ( )

**25** | 공인중개사 2018년

사업계획승인권자는 사업주체가 경매로 인하여 대지소유권을 상실한 경우에는 그 사업계획의 승인을 취소하여야 한다. ( )

**26** | 공인중개사 2019년

국토교통부장관 또는 지방자치단체의 장은 주택건설 사업계획승인의 취소를 하려면 청문을 하여야 한다. ( )

---

25 (×) 취소하여야 한다(×). 취소할 수 있다(○). 사업계획승인권자는 사업주체가 경매로 인하여 대지소유권을 상실한 경우에는 그 사업계획의 승인을 취소할 수 있다.

**정답** 24 (○), 25 (×), 26 (○)

# 매도청구 및 사용검사

## 1 매도청구

**01** | 공인중개사 **2015년**
주택건설대지에 사용권원을 확보하지 못한 건축물이 있는 경우 그 건축물은 매도청구의 대상이 되지 않는다. ( )

**02** | 공인중개사 **2014년**
리모델링주택조합은 그 리모델링 결의에 찬성하지 아니하는 자의 토지에 대하여 매도청구를 할 수 없다. ( )

**03** | 공인중개사 **2015년**
사업주체가 주택건설대지면적 중 100분의 90에 대하여 사용권원을 확보한 경우, 사용권원을 확보하지 못한 대지의 모든 소유자에게 매도청구를 할 수 있다. ( )

---

01 (×) 주택건설대지에 사용권원을 확보하지 못한 건축물이 있는 경우 그 건축물은 매도청구의 대상에 포함된다.

02 (×) 리모델링의 허가를 신청하기 위한 동의율을 확보한 경우 리모델링 결의를 한 리모델링주택조합은 그 리모델링 결의에 찬성하지 아니하는 자의 주택 및 토지에 대하여 매도청구를 할 수 있다.

03 (×) 사업주체가 주택건설대지면적 중 95% 이상에 대하여 사용권원을 확보한 경우, 사용권원을 확보하지 못한 대지의 모든 소유자에게 매도청구를 할 수 있다.

**정답** 01 (×), 02 (×), 03 (×)

**04** | 공인중개사 2015년

사업주체가 주택건설대지면적 중 100분의 80에 대하여 사용권원을 확보한 경우, 사용권원을 확보하지 못한 대지의 소유자 중 지구단위계획구역 결정고시일 10년 이전에 해당 대지의 소유권을 취득하여 계속 보유하고 있는 자에 대하여는 매도청구를 할 수 없다. ( )

**05** | 공인중개사 2015년

사업주체는 매도청구일 전 60일부터 매도청구 대상이 되는 대지의 소유자와 협의를 진행하여야 한다. ( )

**06** | 공인중개사 2015년

사업주체가 리모델링주택조합인 경우 리모델링 결의에 찬성하지 아니하는 자의 주택에 대하여는 매도청구를 할 수 있다. ( )

## 2 사용검사 후 매도청구

**07** | 공인중개사 2018년

주택건설사업이 완료되어 사용검사가 있은 후에 甲이 주택단지 일부의 토지에 대해 소유권이전등기 말소소송에 따라 해당 토지의 소유권을 회복한 경우, 주택의 소유자들은 甲에게 해당 토지를 시가로 매도할 것을 청구할 수 있다. ( )

**08** | 공인중개사 2018년

주택건설사업이 완료되어 사용검사가 있은 후에 甲이 주택단지 일부의 토지에 대해 소유권이전등기 말소소송에 따라 해당 토지의 소유권을 회복한 경우, 주택의 소유자들이 대표자를 선정하여 매도청구에 관한 소송을 하는 경우 대표자는 복리시설을 포함하여 주택의 소유자 전체의 4분의 3이상의 동의를 받아 선정한다. ( )

**09** | 공인중개사 2018년

대표자를 선정하여 매도청구에 관한 소송을 하는 경우 그 판결은 주택의 소유자 전체에 대하여 효력이 있다. ( )

---

05 (×) 사업주체는 매도청구를 하기 전에 3개월 이상 협의를 하여야 한다.

**정답** 04 (○), 05 (×), 06 (○), 07 (○), 08 (○), 09 (○)

**10** | 공인중개사 2016·2018·2019년

주택의 사용검사 후 주택단지 내 일부의 토지의 소유권을 회복한 자에게 주택소유자들이 매도청구를 하려면 해당 토지의 면적이 주택단지 전체 대지면적의 100분의 5 미만이어야 한다. ( )

**11** | 공인중개사 2018·2019년

주택의 사용검사 후 주택단지 내 일부의 토지의 소유권을 회복한 자에게 주택소유자들이 매도청구를 하려면 매도청구의 의사표시는 해당 실소유자가 해당 토지 소유권을 회복한 날부터 2년 이내에 해당 실소유자에게 송달되어야 한다. ( )

## 3 사용검사

**12** | 공인중개사 2013년

주택건설 사업계획 승인의 조건이 이행되지 않은 경우에는 공사가 완료된 주택에 대하여 동별로 사용검사를 받을 수 없다. ( )

**13** | 공인중개사 2013년

주택건설사업을 공구별로 분할하여 시행하는 내용으로 사업계획의 승인을 받은 경우 완공된 주택에 대하여 공구별로 사용검사를 받을 수 있다. ( )

**14** | 공인중개사 2013년

공동주택이 동별로 공사가 완료되고 임시사용승인신청이 있는 경우 대상 주택이 사업계획의 내용에 적합하고 사용에 지장이 없는 때에는 세대별로 임시사용승인을 할 수 있다. ( )

---

12 (×) 사업계획을 승인받은 경우에는 완공된 주택에 대하여 공구별로 사용검사를 받을 수 있고, 주택건설 사업계획 승인의 조건이 이행되지 않은 경우에는 공사가 완료된 주택에 대하여 동별로 사용검사를 받을 수 있다.

• 임시사용승인
① 대지조성 사업의 경우 : 구획별로 공사가 완료된 때
② 주택건설사업의 경우 : 동별로 공사가 완료된 때 동별로 사용검사
③ 공동주택인 경우 : 세대별로 임시사용승인

**정답** 10 (○), 11 (○), 12 (×), 13 (○), 14 (○)

**15** | 공인중개사 2013년

사업주체가 파산하여 주택건설사업을 계속할 수 없고 시공보증자도 없는 경우 입주예정자대표회의가 시공자를 정하여 잔여공사를 시공하고 사용검사를 받아야 한다. ( )

**16** | 공인중개사 2013년

사용검사는 그 신청일부터 15일 이내에 하여야 한다. ( )

## 4 감리

**17** | 공인중개사 2020년

설계도서가 해당 지형 등에 적합한지에 대한 확인은 감리자의 업무에 해당한다. ( )

**18** | 공인중개사 2020년

감리자는 업무를 수행하면서 위반 사항을 발견하였을 때에는 지체 없이 시공자 및 사업주체에게 위반 사항을 시정할 것을 통지하고, 7일 이내에 사업계획승인권자에게 그 내용을 보고하여야 한다. ( )

**19** | 공인중개사 2020년

사업계획승인권자는 감리자가 업무수행 중 위반 사항이 있음을 알고도 묵인한 경우 그 감리자에 대하여 1년의 범위에서 감리업무의 지정을 제한할 수 있다. ( )

정답 15 (O), 16 (O), 17 (O), 18 (O), 19 (O)

# 핵심테마 38 주택의 공급 및 전매행위 제한

## 1 주택을 공급하는 자의 의무

**01** | 공인중개사 2015년

한국토지주택공사가 사업주체로서 복리시설의 입주자를 모집하려는 경우 시장·군수·구청장에게 신고하여야 한다. ( )

**02** | 공인중개사 2016년

한국토지주택공사가 총지분의 100분의 70을 출자한 부동산투자회사가 사업주체로서 입주자를 모집하려는 경우에는 시장·군수·구청장의 승인을 받지 않아도 된다. ( )

## 2 마감자재 목록표 등의 제출

**03** | 공인중개사 2017년

군수는 입주자 모집승인시 사업주체에게서 받은 마감자재 목록표의 열람을 입주자가 요구하는 경우 이를 공개하여야 한다. ( )

**04** | 공인중개사 2015년

지방공사가 사업주체로서 견본주택을 건설하는 경우에는 견본주택에 사용되는 마감자재 목록표와 견본주택의 각 실의 내부를 촬영한 영상물 등을 제작하여 시장·군수·구청장에게 제출하여야 한다. ( )

**05** | 공인중개사 2017년

사업주체가 마감자재 목록표의 자재와 다른 마감자재를 시공·설치하려는 경우에는 그 사실을 입주예정자에게 알려야 한다. ( )

---

01 (×) 공공주택사업자인 한국토지주택공사는 복리시설의 입주자를 모집하려는 경우에 신고하지 아니한다.
**비교** 사업주체(공공주택사업자는 제외)가 입주자를 모집하려는 경우 시장·군수·구청장의 승인을 받아야 한다. 다만, 복리시설의 경우에는 신고하여야 한다.

**정답** 01 (×), 02 (○), 03 (○), 04 (○), 05 (○)

**06** | 공인중개사 2017년

사업주체가 부득이한 사유로 인하여 사업계획승인의 마감자재와 다르게 시공·설치하려는 경우에는 당초의 마감자재와 같은 질 이하의 자재로 설치할 수 있다. ( )

### 3  분양가상한제

**07** | 공인중개사 2017년

사업주체가 일반인에게 공급하는 공동주택 중 공공택지에서 공급하는 주택의 경우에는 분양가상한제가 적용된다. ( )

**08** | 공인중개사 2015·2017년

공공택지 외의 택지로서 분양가상한제가 적용되는 지역에서 공급하는 도시형 생활주택은 분양가상한제의 적용을 받는다. ( )

**09** | 공인중개사 2015·2016년

「관광진흥법」에 따라 지정된 관광특구에서 건설·공급하는 50층 이상의 공동주택은 분양가상한제의 적용을 받는다. ( )

**10** | 공인중개사 2016년

시·도지사는 주택가격상승률이 물가상승률보다 현저히 높은 지역으로서 주택가격의 급등이 우려되는 지역에 대해서 분양가상한제 적용지역으로 지정할 수 있다. ( )

**11** | 공인중개사 2019년

「주택법」 제58조에 따라 국토교통부장관이 분양가상한제 적용 지역을 지정하는 경우에는 주거정책심의위원회의 심의를 거쳐야 한다. ( )

---

06 (×) 사업주체가 부득이한 사유로 인하여 사업계획승인의 마감자재와 다르게 시공·설치하려는 경우에는 당초의 마감자재와 같은 질 이상의 자재로 설치하여야 한다.

08 (×) 도시형 생활주택은 분양가상한제를 적용하지 아니한다.

09 (×) 「관광진흥법」에 따라 지정된 관광특구에서 건설·공급하는 50층 이상이거나 높이가 150m 이상인 공동주택은 분양가상한제를 적용하지 아니한다.

10 (×) 분양가상한제 적용지역은 국토교통부장관이 지정한다.

**정답** 06 (×), 07 (○), 08 (×), 09 (×), 10 (×), 11 (○)

**12** | 공인중개사 2022년

분양가상한제 적용주택의 분양가격은 택지비와 건축비로 구성된다. ( )

**13** | 공인중개사 2022년

분양가상한제 적용주택의 토지임대부분양주택 분양가격은 건축비로만 구성된다. ( )

**14** | 공인중개사 2022년

공공택지에서 공급하는 주택의 분양가격을 공시할 때에는 택지비, 공사비, 간접비, 그 밖에 국토교통부령으로 정하는 비용을 공시하여야 한다. ( )

**15** | 공인중개사 2015년

시·도지사는 사업계획승인 신청이 있는 날부터 30일 이내에 분양가심사위원회를 설치·운영하여야 한다. ( )

## 4 임대주택건설

**16** | 공인중개사 2018년

사업계획승인권자가 임대주택의 건설을 이유로 용적률을 완화하는 경우 사업주체는 완화된 용적률의 30퍼센트 이상 60퍼센트 이하의 범위에서 시·도의 조례로 정하는 비율 이상 에 해당하는 면적을 임대주택으로 공급하여야 한다. ( )

**17** | 공인중개사 2018년

사업주체는 용적률의 완화로 건설되는 임대주택을 인수자에게 공급하여야 하며, 이 경우 시·도지사가 우선 인수할 수 있다. ( )

---

15 (×) 시장·군수·구청장은 사업계획승인 신청이 있는 날부터 20일 이내에 분양가심사위원회를 설치·운영하여야 한다.

**정답** 12 (○), 13 (○), 14 (○), 15 (×), 16 (○), 17 (○)

**18** | 공인중개사 2019년

「주택법」 제20조에 따라 시장·군수·구청장의 요청을 받아 국토교통부장관이 임대주택의 인수자를 지정하는 경우에는 주거정책심의위원회의 심의를 거쳐야 한다. ( )

### 5 주택공급질서의 교란금지행위

**19** | 공인중개사 2013·2014·2021년

입주자저축 증서의 저당은 주택공급질서의 교란을 방지하기 위하여 금지되는 행위이다. ( )

**20** | 공인중개사 2013·2014년

주택을 공급받을 수 있는 조합원 지위의 매매는 주택공급질서의 교란을 방지하기 위하여 금지되는 행위이다. ( )

**21** | 공인중개사 2021년

주택을 공급받을 수 있는 조합원 지위의 증여는 주택공급질서의 교란을 방지하기 위하여 금지되는 행위이다. ( )

---

18 (×) 「주택법」 제20조에 따라 시장·군수·구청장의 요청을 받아 국토교통부장관이 임대주택의 인수자를 지정하는 경우에는 주거정책심의위원회의 심의를 거치지 않는다.

19 (×) 입주자저축증서의 양도·양수(매매·증여나 그 밖에 권리 변동을 수반하는 모든 행위를 포함하되 상속·저당의 경우는 제외한다)는 금지행위에 해당한다. 하지만 입주자저축증서의 저당 또는 상속은 금지행위에 해당하지 않는다.

- 주택공급질서 교란금지행위
  ㉮ 누구든지 이 법에 따라 건설·공급되는 주택을 공급받거나 공급받게 하기 위하여 다음에 해당하는 증서 또는 지위를 양도·양수(매매·증여나 그 밖에 권리 변동을 수반하는 모든 행위를 포함하되 상속·저당의 경우는 제외한다)하거나 이를 알선하거나, 양도·양수 또는 이를 알선할 목적으로 하는 광고를 하여서는 아니 되며, 누구든지 거짓이나 그 밖의 부정한 방법으로 이 법에 따라 건설·공급되는 증서나 지위 또는 주택을 공급받거나 공급받게 하여서는 아니 된다.
  ① 주택을 공급받을 수 있는 조합원의 지위
  ② 주택상환사채
  ③ 입주자저축증서
  ④ 시장·군수 또는 구청장이 발행한 무허가건물확인서·건물철거예정증명서 또는 건물철거확인서
  ⑤ 공공사업의 시행으로 인한 이주대책에 의하여 주택을 공급받을 수 있는 지위 또는 이주대책대상자확인서

**정답** 18 (×), 19 (×), 20 (○), 21 (○)

**22** | 공인중개사 2013·2021년

공공사업의 시행으로 인한 이주대책에 의하여 주택을 공급받을 수 있는 지위의 매매를 위한 인터넷 광고는 주택공급질서의 교란을 방지하기 위하여 금지되는 행위이다. ( )

**23** | 공인중개사 2013·2021년

주택을 공급받을 수 있는 증서로서 시장·군수·구청장이 발행한 무허가건물 확인서의 증여는 주택공급질서의 교란을 방지하기 위하여 금지되는 행위이다. ( )

**24** | 공인중개사 2013·2014년

주택상환사채의 매입을 목적으로 하는 전화 광고는 주택공급질서의 교란을 방지하기 위하여 금지되는 행위이다. ( )

**25** | 공인중개사 2014년

주택상환사채의 저당은 주택공급질서의 교란을 방지하기 위하여 금지되는 행위이다. ( )

## 6 투기과열지구

**26** | 공인중개사 2014년

일정한 지역의 주택가격상승률이 물가상승률보다 현저히 높은 경우 관할 시장·군수·구청장은 해당 지역을 투기과열지구로 지정할 수 있다. ( )

**27** | 공인중개사 2017·2021년

주택공급이 있었던 2개월 동안 해당 지역에서 공급되는 주택의 월평균 청약경쟁률이 모두 5대 1을 초과하였거나 해당 지역에서 공급되는 국민주택규모 주택의 월평균 청약경쟁률이 모두 10대 1을 초과한 지역은 투기과열지구로 지정할 수 있다. ( )

---

25 (×) 주택상환사채의 양도·양수는 금지행위이지만 상속과 저당의 경우는 제외하므로 주택상환사채의 저당은 금지행위에 해당하지 않는다.

26 (×) 일정한 지역의 주택가격상승률이 물가상승률보다 현저히 높은 경우 국토교통부장관 또는 시·도지사는 해당 지역을 투기과열지구로 지정할 수 있다.

**정답** 22 (○), 23 (○), 24 (○), 25 (×), 26 (×), 27 (○)

**28** | 공인중개사 2014·2017년

주택의 분양계획이 직전월보다 30퍼센트 이상 증가한 곳은 투기과열지구로 지정하여야 한다. ( )

**29** | 공인중개사 2021년

주택의 분양계획이 직전월보다 30퍼센트 이상 감소하여 주택공급이 위축될 우려가 있는 곳은 투기과열지구로 지정할 수 있다. ( )

**30** | 공인중개사 2018년

국토교통부장관은 시·도별 주택보급률 또는 자가주택 비율이 전국 평균을 초과하는 지역을 투기과열지구로 지정할 수 있다. ( )

**31** | 공인중개사 2019년

국토교통부장관 또는 시·도지사가 투기과열지구의 지정 또는 해제하는 경우에는 주거정책심의위원회의 심의를 거쳐야 한다. ( )

**32** | 공인중개사 2018년

투기과열지구의 지정기간은 3년으로 하되, 당해 지역 시장·군수·구청장의 의견을 들어 연장할 수 있다. ( )

**33** | 공인중개사 2014년

시·도지사가 투기과열지구를 지정하는 경우 당해 지역의 시장·군수·구청장과 협의하여야 한다. ( )

---

28 (×) 증가(×), 감소(○), 지정하여야 한다(×). 지정할 수 있다(○). 주택의 분양계획이 직전월보다 30% 이상 감소한 곳은 투기과열지구로 지정할 수 있다.

30 (×) 초과하는(×), 평균 이하인(○), 국토교통부장관은 시·도별 주택보급률 또는 자가주택 비율이 전국 평균 이하인 지역을 투기과열지구로 지정할 수 있다.

32 (×) 투기과열지구의 지정기간은 법령에 규정되어 있지 않다. 다만, 국토교통부장관은 반기마다 주거정책심의위원회의 회의를 소집하여 투기과열지구로 지정된 지역별로 해당 지역의 주택가격 안정여건의 변화 등을 고려하여 투기과열지구 지정의 유지 여부를 재검토하여야 한다.

33 (×) 시·도지사가 투기과열지구를 지정할 경우에는 국토교통부장관과 협의하여야 하고, 국토교통부장관이 투기과열지구를 지정할 경우에는 시·도지사의 의견을 들어야 한다.

**정답** 28 (×), 29 (○), 30 (×), 31 (○), 32 (×), 33 (×)

**34** | 공인중개사 2014년

국토교통부장관은 1년마다 주거정책심의위원회의 회의를 소집하여 투기과열지구로 지정된 지역별로 투기과열지구 지정의 유지 여부를 재검토하여야 한다. ( )

## 7 조정대상지역

**35** | 공인중개사 2018년

시·도지사는 주택의 분양·매매 등 거래가 위축될 우려가 있는 지역을 시·도 주거정책심의위원회의 심의를 거쳐 조정대상지역으로 지정할 수 있다. ( )

**36** | 공인중개사 2018년

조정대상지역으로 지정된 지역의 시장·군수·구청장은 조정대상지역으로 유지할 필요가 없다고 판단되는 경우 국토교통부장관에게 그 지정의 해제를 요청할 수 있다. ( )

## 8 전매제한

**37** | 공인중개사 2018년

투기과열지구로 지정되면 지구 내 건설·공급되는 주택을 전매하거나 이의 전매를 알선할 수 없다. ( )

**38** | 공인중개사 2014·2016년

제한되는 전매에는 매매·증여·상속이나 그 밖에 권리의 변동을 수반하는 모든 행위가 포함된다. ( )

---

34 (×) 국토교통부장관은 반기마다 주거정책심의위원회의 회의를 소집하여 투기과열지구로 지정된 지역별로 투기과열지구 지정의 유지 여부를 재검토하여야 한다.
35 (×) 시·도지사(×), 국토교통부장관(○), 국토교통부장관은 주택의 분양·매매 등 거래가 위축될 우려가 있는 지역을 주거정책심의위원회의 심의를 거쳐 조정대상지역으로 지정할 수 있다.
38 (×) 제한되는 전매에는 매매·증여나 그 밖에 권리의 변동을 수반하는 행위를 포함한다. 다만, 상속의 경우는 제외한다.

**정답** 34 (×), 35 (×), 36 (○), 37 (○), 38 (×)

**39** | 공인중개사 2016년

전매제한 기간은 주택의 수급 상황 및 투기 우려 등을 고려하여 지역별로 달리 정할 수 있다. ( )

**40** | 공인중개사 2014년

투기과열지구에서 건설·공급되는 주택의 입주자로 선정된 지위의 전매제한기간은 해당 주택의 입주자로 선정된 날부터 소유권이전등기일까지의 기간을 말하며, 그 기간이 3년을 초과하는 경우 전매행위제한기간을 3년으로 한다. ( )

**41** | 공인중개사 2013년

세대주의 근무상 사정으로 인하여 세대원 일부가 수도권으로 이전하는 경우 주택의 전매행위 제한을 받는 주택임에도 불구하고 전매가 허용된다. ( )

---

40 (×) 투기과열지구에서 건설·공급되는 주택의 입주자로 선정된 지위의 전매제한 기간은 소유권이전등기일까지이다. 다만, 그 기간이 5년을 초과하는 경우에는 전매제한기간은 5년으로 한다.

41 (×) 근무 또는 생업상의 사정으로 세대원 전원이 다른 광역시, 특별자치시, 시 또는 군(광역시의 관할구역에 있는 군 제외)으로 이전하는 경우(다만, 수도권 안에서 이전하는 경우는 제외한다) 주택의 전매행위 제한을 받는 주택임에도 불구하고 전매가 허용된다.

- **전매제한의 특례**
  ㉮ 투기과열지구 및 조정대상지역에서 건설·공급되는 주택, 분양가상한제 적용주택, 공공택지 외의 택지에서 건설·공급되는 주택, 도시 및 주거환경정비법에 따른 공공재개발사업에서 건설·공급하는 주택을 공급받은 자가 생업상의 사정 등으로 전매가 불가피하다고 인정되는 경우로서 다음에 해당하여 한국토지공사(사업주체가 공공주택사업자인 경우에는 공공주택사업자를 말한다)의 동의를 받은 경우에는 전매제한을 적용하지 아니한다.
  ① 근무 또는 생업상의 사정으로 세대원 전원이 다른 광역시, 특별자치시, 시 또는 군(광역시의 관할구역에 있는 군 제외)으로 이전하는 경우, 다만, 수도권 안에서 이전하는 경우는 제외한다.
  ② 상속에 따라 취득한 주택으로 세대원 전원이 이전하는 경우
  ③ 세대원 전원이 해외로 이주 또는 2년 이상의 기간 동안 해외에 체류하는 경우
  ④ 이혼으로 인하여 입주자로 선정된 지위 또는 주택을 그 배우자에게 이전하는 경우
  ⑤ 이주대책용 주택을 공급하는 경우
  ⑥ 경매 또는 공매를 시행하는 경우
  ⑦ 입주자로 선정된 지위 또는 주택의 일부를 그 배우자에게 증여하는 경우
  ⑧ 실직·파산 또는 신용불량으로 경제적 어려움이 발생한 경우

**정답** 39 (○), 40 (×), 41 (×)

**42** | 공인중개사 2013·2016년

상속에 의하여 취득한 주택으로 세대원 전원이 이전하는 경우로서 한국토지공사(사업주체가 공공주택사업자인 경우에는 공공주택사업자를 말한다)의 동의를 받은 경우에는 전매제한 주택을 전매할 수 있다. ( )

**43** | 공인중개사 2014년

상속에 의하여 취득한 주택으로 세대원 일부가 이전하는 경우 전매제한의 대상이 되는 주택이라도 전매할 수 있다. ( )

**44** | 공인중개사 2014년

투기과열지구에서 건설·공급되는 주택의 입주자로 선정된 지위를 세대원 전원이 해외로 이주하게 되어 사업주체의 동의를 받아 전매하는 경우에는 전매제한이 적용되지 않는다. ( )

**45** | 공인중개사 2013·2016년

세대원 전원이 1년간 해외에 체류하고자 하는 경우 주택의 전매행위 제한을 받는 주택임에도 불구하고 전매가 허용된다. ( )

**46** | 공인중개사 2013년

이혼으로 인하여 주택을 그 배우자에게 이전하는 경우 주택의 전매행위 제한을 받는 주택임에도 불구하고 전매가 허용된다. ( )

**47** | 공인중개사 2016년

공공택지 외의 택지에서 건설·공급되는 주택의 소유자가 국가에 대한 채무를 이행하지 못하여 경매 또는 공매가 시행되는 경우에는 한국토지공사(사업주체가 공공주택사업자인 경우에는 공공주택사업자를 말한다)의 동의를 받은 경우에는 전매할 수 있다. ( )

---

43 (×) 상속에 의하여 취득한 주택으로 세대원 전원이 이전하는 경우 전매제한의 대상이 되는 주택이라도 전매할 수 있다.

45 (×) 세대원 전원이 2년 이상의 기간 동안 해외에 체류하는 경우 주택의 전매행위 제한을 받는 주택임에도 불구하고 전매가 허용된다.

**정답** 42 (○), 43 (×), 44 (○), 45 (×), 46 (○), 47 (○)

## 9 부기등기 및 위반에 대한 환매

**48** | 공인중개사 2014·2016년

사업주체가 전매행위가 제한되는 분양가상한제 적용주택을 공급하는 경우 그 주택의 소유권을 제3자에게 이전할 수 없음을 소유권에 관한 등기에 부기등기하여야 한다. ( )

**49** | 공인중개사 2014년

전매행위 제한을 위반하여 주택의 입주자로 선정된 지위의 전매가 이루어진 경우 사업주체가 전매대금을 지급하고 해당 입주자로 선정된 지위를 매입하여야 한다. ( )

---

49 (×) 전매행위 제한을 위반하여 주택의 입주자로 선정된 지위의 전매가 이루어진 경우 사업주체가 매입비용을 그 매수인에게 지급한 경우에는 그 지급한 날에 사업주체가 해당 입주자로 선정된 지위를 취득한 것으로 본다.

**정답** 48 (○), 49 (×)

#  리모델링 등

## 1 리모델링 기본계획 수립 등

**01** | 공인중개사 2016년

리모델링 기본계획을 수립하거나 변경하려면 14일 이상 주민에게 공람하고, 지방의회의 의견을 들어야 한다. 이 경우 지방의회는 의견제시를 요청받은 날부터 30일 이내에 의견을 제시하여야 한다. ( )

**02** | 공인중개사 2014·2017·2020년

기존 14층 건축물에 수직증축형 리모델링이 허용되는 경우 3개 층까지 증축할 수 있다.
( )

**03** | 공인중개사 2017·2020년

증축형 리모델링을 하려는 자는 시장·군수·구청장에게 안전진단을 요청하여야 한다.
( )

## 2 리모델링 허가와 허가의 취소

**04** | 공인중개사 2020·2022년

공동주택의 입주자가 공동주택을 리모델링하려고 하는 경우에는 시장·군수·구청장의 허가를 받아야 한다. ( )

---

02 (×) 수직증축형 리모델링의 경우 기존 건축물의 층수가 15층 이상인 경우에는 3개 층 이하 범위에서 증축할 수 있고, 기존 건축물의 층수가 14층 이하의 경우에는 2개 층 이하의 범위에서 증축할 수 있다.

**정답** 01 (○), 02 (×), 03 (○), 04 (○)

**05** | 공인중개사 2014년

소유자 전원의 동의를 받은 입주자대표회의는 시장·군수·구청장에게 신고하고 리모델링을 할 수 있다. ( )

**06** | 공인중개사 2017년

입주자·사용자 또는 관리주체가 리모델링하려고 하는 경우에는 공사기간, 공사방법 등이 적혀 있는 동의서에 입주자 전체의 동의를 받아야 한다. ( )

**07** | 공인중개사 2020년

입주자대표회의가 리모델링하려는 경우에는 리모델링 설계개요, 공사비, 소유자의 비용분담 명세가 적혀 있는 결의서에 주택단지 소유자 전원의 동의를 받아야 한다. ( )

**08** | 공인중개사 2022년

주택단지 전체를 리모델링하고자 주택조합을 설립하기위해서는 주택단지 전체의 구분소유자와 의결권의 각 과반수의 결의가 필요하다. ( )

**09** | 공인중개사 2017년

주택단지 전체를 리모델링하고자 하는 경우에는 주택단지 전체의 구분소유자 및 의결권의 각 3분의 2 이상의 결의 및 각 동의 구분소유자와 의결권의 각 과반수의 결의를 얻어야 한다. ( )

---

05 (×) 신고하고(×), 허가를 받아(○), 소유자 전원의 동의를 받은 입주자대표회의는 시장·군수·구청장에게 허가를 받아 리모델링을 할 수 있다.

- 리모델링 허가의 동의비율
  ① 입주자·사용자 또는 관리주체의 경우 : 공사기간, 공사방법 등이 적여 있는 동의서에 입주자 전체의 동의를 받아야 한다.
  ② 리모델링주택조합의 경우 : 리모델링 설계개요, 공사비, 조합원의 비용분담 명세가 적혀 있는 결의서에 주택단지 전체 구분소유자 및 의결권의 각 75% 이상의 동의와 각 동별 구분소유자 및 의결권의 각 50% 이상의 동의를 받아야 한다. 동을 리모델링하는 경우에는 그 동의 구분소유자 및 의결권의 각 75% 이상의 동의를 받아야 한다.
  ③ 입주자대표회의 경우 : 리모델링 설계개요, 공사비, 소유자의 비용분담 명세가 적혀 있는 결의서에 주택단지 소유자 전원의 동의를 받아야 한다.

08 (×) 주택단지 전체를 리모델링하고자 주택조합을 설립하기 위해서는 주택단지 전체의 구분소유자와 의결권의 각 3분의 2 이상의 결의 및 각 동의 구분소유자와 의결권의 각 과반수의 결의가 필요하다. **비교** 주택단지 전체의 리모델링 허가를 받기 위해서는 주택단지 전체 구분소유자 및 의결권의 각 75% 이상의 동의와 각 동별 구분소유자 및 의결권의 각 50% 이상의 동의를 받아야 한다.

**정답** 05 (×), 06 (○), 07 (○), 08 (×), 09 (○)

**10** | 공인중개사 2017년

리모델링에 동의한 소유자는 입주자대표회의가 시장·군수·구청장에게 허가신청서를 제출한 이후에도 서면으로 동의를 철회할 수 있다. ( )

**11** | 공인중개사 2019년

국토교통부장관 또는 지방자치단체의 장은 공동주택 리모델링허가를 취소하려면 청문을 하여야 한다. ( )

## 3 권리변동계획 및 시공자 선정

**12** | 공인중개사 2020년

사업비에 관한 사항은 세대주가 증가되는 리모델링을 하는 경우 수립하여야 하는 권리변동계획에 포함되지 않는다. ( )

**13** | 공인중개사 2015년

리모델링주택조합이 시공자를 선정하는 경우 수의계약의 방법으로 하여야 한다. ( )

---

10 (×) 제출한 이후에도(×), 제출하기 전에는(○), 리모델링에 동의한 소유자는 입주자대표회의가 시장·군수·구청장에게 허가신청서를 제출하기 전에는 동의를 철회할 수 있다. **비교** 허가신청서를 제출한 후에는 동의를 철회할 수 없다.

12 (×) 사업비에 관한 사항은 세대수가 증가되는 리모델링을 하는 경우 수립하여야 하는 권리변동계획에 포함된다.

- 리모델링 권리변동계획의 수립
  ㉮ 세대수가 증가되는 리모델링을 하는 경우에는 기존 주택의 권리변동, 비용분담 등 대통령령으로 정하는 사항에 대한 계획(권리변동계획)을 수립하여 사업계획승인 또는 행위허가를 받아야 한다.
  ① 리모델링 전후의 대지 및 건축물의 권리변동 명세
  ② 조합원의 비용분담
  ③ 사업비
  ④ 조합원 외의 자에 대한 분양계획
  ⑤ 그 밖에 리모델링과 관련된 권리 등에 대하여 해당 시·도 또는 시·군의 조례로 정하는 사항

13 (×) 수의계약(×), 경쟁입찰(○), 리모델링주택조합이 시공자를 선정하는 경우 경쟁입찰의 방법으로 하여야 한다.

**정답** 10 (×), 11 (○), 12 (×), 13 (×)

## 4 토지임대부 분양주택

**14** | 공인중개사 2022년

토지임대부 분양주택의 토지에 대한 임대차기간은 40년 이내로 한다. ( )

**15** | 공인중개사 2022년

토지임대부 분양주택의 토지에 대한 임대차기간을 갱신하기 위해서는 토지임대부 분양주택 소유자의 75% 이상이 계약갱신을 청구하여야 한다. ( )

**16** | 공인중개사 2022년

토지임대부 분양주택을 공급받은 자가 토지임대부 분양주택을 양도하려는 경우에는 한국토지주택공사에게 해당 주택의 매입을 신청하여야 한다. ( )

**17** | 공인중개사 2022년

토지임대료는 월별 임대료를 원칙으로 한다. ( )

**정답** 14 (○), 15 (○), 16 (○), 17 (○)

모두공인공인중개사 슈퍼리멤버
# PART 06
# 농지법

# CHAPTER 01

## 농지법

| 2014년 | 2015년 | 2016년 | 2017년 | 2018년 | 2019년 | 2020년 | 2021년 | 2022년 |
|--------|--------|--------|--------|--------|--------|--------|--------|--------|
| 2문 | 2문 | 2문 | 2문 | 2문 | 2문 | 2문 | 2문 | 2문 |

**핵심 40** | 농지법 용어의 정의
**핵심 41** | 농지의 소유
**핵심 42** | 농지의 이용 · 보전 · 전용

# 농지법 용어의 정의

## 1 용어의 정의

**01** | 공인중개사 2016년
실제로 농작물 경작지로 이용되는 토지이더라도 법적지목이 과수원인 경우는 '농지'에 해당한다. ( )

**02** | 공인중개사 2016년
인삼의 재배지로 계속하여 이용되는 기간이 4년인 지목이 전(田)인 토지는 '농지'에 해당한다. ( )

**03** | 공인중개사 2019년
관상용 수목의 묘목을 조경목적으로 식재한 재배지로 실제로 이용되는 토지는 농지에 해당한다. ( )

**04** | 공인중개사 2019년
대통령령으로 정하는 다년생 물 재배지로 실제로 이용되는 토지(「초지법」에 따라 조성된 초지 등 대통령령으로 정하는 토지는 제외)는 농지에 해당한다. ( )

**05** | 공인중개사 2019년
「공간정보의 구축 및 관리 등에 관한 법률」에 따른 지목이 답(畓)이고 농작물 경작지로 실제로 이용되는 토지의 개량시설에 해당하는 양·배수시설의 부지는 농지에 해당한다. ( )

---

03 (×) 관상용 수목의 묘목을 조경목적으로 식재한 재배지로 실제로 이용되는 토지는 농지에 해당하지 않는다.
- 농작물의 경작지 또는 대통령령으로 정하는 다년생 식물 재배지로 이용되는 토지
  ① 대통령령으로 정하는 다년생식물 재배지로 실제로 이용되는 토지(초지법에 따라 조성된 초지 등 대통령령으로 정하는 토지는 제외)
  ② 조경 또는 관상용 수목과 그 묘목(조경목적으로 식재한 것은 제외)
  ③ 「공간정보의 구축 및 관리 등에 관한 법률」에 따른 지목이 답(畓)이고 농작물 경작지로 실제로 이용되는 토지의 개량시설에 해당하는 양·배수시설의 부지

**정답** 01 (○), 02 (○), 03 (×), 04 (○), 05 (○)

**06** | 공인중개사 **2017년**

대가축 2두, 중가축 10두, 소가축 100두, 가금 1천수 또는 꿀벌 10군 이상을 사육하는 자는 농업인에 해당한다. ( )

**07** | 공인중개사 **2017년**

1년 중 100일 이상 축산업에 종사하는 자는 농업인에 해당한다. ( )

**08** | 공인중개사 **2016년**

소가축 80두를 사육하면서 1년 중 150일을 축산업에 종사하는 개인은 '농업인'에 해당한다. ( )

**09** | 공인중개사 **2017년**

농산물의 연간 판매액이 100만 원인 자는 농업인에 해당한다. ( )

**10** | 공인중개사 **2017년**

농지에 300㎡의 비닐하우스를 설치하여 다년생식물을 재배하는 자는 농업인에 해당한다. ( )

**11** | 공인중개사 **2016년**

3,000㎡의 농지에서 농작물을 경작하면서 1년 중 80일을 농업에 종사하는 개인은 '농업인'에 해당한다. ( )

**12** | 공인중개사 **2016년**

농지 소유자가 타인에게 일정한 보수를 지급하기로 약정하고 농작업의 일부만을 위탁하여 행하는 농업경영도 '위탁경영'에 해당한다. ( )

---

07 (×) 100일(×), 120일(○), 1년 중 120일을 이상 축산업에 종사하는 자는 농업인에 해당한다.
09 (×) 100만 원(×), 120만 원(○), 농산물의 연간 판매액이 120만 원 이상인 자는 농업인에 해당한다.
10 (×) 300㎡ 이상(×), 330㎡ 이상(○), 농지에 330㎡ 이상의 비닐하우스를 설치하여 다년생식물을 재배하는 자는 농업인에 해당한다.

**정답** 06 (○), 07 (×), 08 (○), 09 (×), 10 (×), 11 (○), 12 (○)

# 핵심테마 41 농지의 소유

## 1 농지의 소유제한과 소유상한

**01** | 공인중개사 2015·2022년

주말·체험영농을 하려고 농업진흥지역 내의 농지를 소유하는 경우 농지를 소유할 수 있다. ( )

**02** | 공인중개사 2015년

주말·체험영농을 하려고 농지를 소유하는 경우 세대원 전부가 소유한 면적을 합하여 총 1천 제곱미터 미만의 농지를 소유할 수 있다. ( )

**03** | 공인중개사 2022년

8년 이상 농업경영을 하던 사람이 이농한 후에도 이농 당시 소유 농지 중 1만 제곱미터를 계속 소유하면서 농업경영에 이용되도록 하는 경우 농지를 소유할 수 있다. ( )

**04** | 공인중개사 2022년

농림축산식품부장관과 협의를 마치고 「공익사업을 위한 토지 등의 취득 및 보상에 관한 법률」에 따라 농지를 취득하여 소유하면서 농업경영에 이용되도록 하는 경우 농지를 소유할 수 있다. ( )

**05** | 공인중개사 2022년

「공유수면 관리 및 매립에 관한 법률」에 따라 매립농지를 취득하여 소유하면서 농업경영에 이용되도록 하는 경우 농지를 소유할 수 있다. ( )

**06** | 공인중개사 2022년

「초·중등교육법」 및 「고등교육법」에 따른 학교가 그 목적사업을 수행하기 위하여 필요한 연구지·실습지로 쓰기 위하여 농림축산식품부령으로 정하는 바에 따라 농지를 취득하여 소유하는 경우 농지를 소유할 수 있다. ( )

---

01 (×) 농업진흥지역 내의(×), 농업진흥지역 외의(○), 주말·체험영농을 하려고 농업진흥지역 외의 농지를 소유하는 경우 농지를 소유할 수 있다.

**정답** 01 (×), 02 (○), 03 (○), 04 (○), 05 (○), 06 (○)

## 2 농지취득자격증명의 발급

**07** | 공인중개사 2015년

주말·체험영농을 하려고 농지를 소유하는 경우 농지를 취득하려면 농지취득자격증명을 발급받아야 한다. ( )

**08** | 공인중개사 2015년

농지를 농업인 주택의 부지로 전용하려고 농지전용신고를 한 자는 그 농지를 취득하는 경우에는 농지취득자격증명을 발급받지 않고 농지를 취득할 수 있다. ( )

**09** | 공인중개사 2015년

상속으로 농지를 취득하는 경우에는 농지취득자격증명을 발급받지 않고 농지를 취득할 수 있다. ( )

**10** | 공인중개사 2015년

농업법인의 합병으로 농지를 취득하는 경우에는 농지취득자격증명을 발급받지 않고 농지를 취득할 수 있다. ( )

**11** | 공인중개사 2015년

공유농지의 분할에 의하여 농지를 취득하는 경우에는 농지취득자격증명을 발급받지 않고 농지를 취득할 수 있다. ( )

**12** | 공인중개사 2015년

시효의 완성으로 농지를 취득하는 경우에는 농지취득자격증명을 발급받지 않고 농지를 취득할 수 있다. ( )

---

08 (×) 농지를 농업인 주택의 부지로 전용하려고 농지전용신고를 한 자가 그 농지를 취득하는 경우에는 시장·구청장·읍장·면장으로부터 농지취득자격증명을 발급받아야 한다.

**정답** 07 (○), 08 (×), 09 (○), 10 (○), 11 (○), 12 (○)

## 3 농지의 위탁경영의 제한

**13** | 공인중개사 2014년

구치소에 수용 중이어서 자경할 수 없는 경우 농지 소유자는 소유 농지를 위탁경영할 수 있다. ( )

**14** | 공인중개사 2014년

농업법인이 소송 중인 경우 농지 소유자는 소유 농지를 위탁경영할 수 있다. ( )

**15** | 공인중개사 2019년

과수를 가지치기 또는 열매솎기, 재배관리 및 수확하는 농작업에 1년 중 4주간 직접 종사하는 경우 농지 소유자는 소유 농지를 위탁경영할 수 있다. ( )

**16** | 공인중개사 2014·2018·2019년

1년간 국내 여행 중인 경우 농지 소유자는 소유 농지를 위탁경영할 수 있다. ( )

---

14 (×) 소송 중인 경우(×), 청산 중인 경우(○), 농업법인이 청산 중인 경우 농지 소유자는 소유 농지를 위탁경영할 수 있다.

- 농지의 위탁경영 사유
  ① 「병역법」에 따라 징집 또는 소집된 경우
  ② 3개월 이상 국외여행 중인 경우
  ③ 농업법인이 청산 중인 경우
  ④ 질병, 취학, 선거에 따른 공직 취임, 부상으로 3개월 이상의 치료가 필요한 경우, 교도소·구치소 또는 보호감호시설에 수용 중인 경우, 임신 중이거나 분만 후 6개월 미만인 경우로 자경할 수 없는 경우
  ⑤ 농지이용증진사업 시행계획에 따라 위탁경영하는 경우
  ⑥ 농업인이 자기 노동력이 부족하여 농작업의 일부를 위탁하는 경우 : 다음에 해당하는 농작업에 1년 중 30일 이상 직접 종사하는 경우
    ㉠ 벼 : 이식 또는 파종, 재배관리 및 수확
    ㉡ 과수 : 가지치기 또는 열매솎기, 재배관리 및 수확
    ㉢ ㉠ 및 ㉡ 외의 농작물 또는 다년생식물 : 파종 또는 육묘, 이식, 재배관리 및 수확

15 (×) 1년 중 4주간(×), 1년 중 30일(○), 과수를 가지치기 또는 열매솎기, 재배관리 및 수확하는 농작업에 1년 중 30일 이상 직접 종사하는 경우는 농업인이 자기 노동력이 부족하여 농작업의 일부를 위탁경영할 수 있다.

16 (×) 3개월 이상 국외여행 중인 경우 농지 소유자는 소유 농지를 위탁경영할 수 있다.

**정답** 13 (○), 14 (×), 15 (×), 16 (×)

**17** | 공인중개사 2014·2018년

농작업 중의 부상으로 2개월간 치료가 필요한 경우 농지 소유자는 소유 농지를 위탁경영할 수 있다. ( )

**18** | 공인중개사 2018년

선거에 따른 지방의회의원 취임으로 자경할 수 없는 경우 농지 소유자는 소유 농지를 위탁경영할 수 있다. ( )

## 4 농업경영 위반에 대한 조치

**19** | 공인중개사 2014년

농지처분의무 기간은 처분사유가 발생한 날부터 1년이다. ( )

**20** | 공인중개사 2014년

농지 소유 상한을 초과하여 농지를 소유한 것이 판명된 경우에는 소유농지 전부를 처분하여야 한다. ( )

**21** | 공인중개사 2015년

주말·체험영농을 하려고 농지를 소유하는 경우 농지를 취득한 자가 징집으로 인하여 그 농지를 주말·체험영농에 이용하지 못하게 되면 1년 이내에 그 농지를 처분하여야 한다. ( )

**22** | 공인중개사 2014년

농지 소유자가 선거에 따른 공직취임으로 휴경하는 경우에는 소유농지를 자기의 농업경영에 이용하지 아니하더라도 농지처분의무가 면제된다. ( )

---

17 (×) 부상으로 3개월 이상의 치료가 필요한 경우 농지 소유자는 소유 농지를 위탁경영할 수 있다.

20 (×) 농지소유상한을 초과하여 농지를 소유한 것이 판명된 경우에는 소유상한을 초과하는 면적에 해당하는 농지를 처분하여야 한다.

21 (×) 농지를 취득한 자가 징집·자연재해·질병 등 정당한 사유로 인하여 그 농지를 주말·체험영농에 이용하지 못하게 되는 경우에는 농지의 처분의무가 면제된다.

**정답** 17 (×), 18 (○), 19 (○), 20 (×), 21 (×), 22 (○)

**23** | 공인중개사 2014년

농지전용신고를 하고 그 농지를 취득한 자가 질병으로 인하여 취득한 날부터 2년이 초과하도록 그 목적사업에 착수하지 아니한 경우에는 농지처분의무가 면제된다. ( )

**24** | 공인중개사 2014년

농지 소유자가 시장·군수 또는 구청장으로부터 농지처분명령을 받은 경우 한국토지주택공사에 그 농지의 매수를 청구할 수 있다. ( )

**25** | 공인중개사 2017년

군수는 처분명령을 받은 후 정당한 사유 없이 지정기간까지 그 처분명령을 이행하지 아니한 자에게 해당 농지의 토지가액의 100분의 25에 해당하는 이행강제금을 부과한다. ( )

---

23 (×) 농지전용신고를 하고 그 농지를 취득한 자가 질병으로 인하여 취득한 날부터 2년이 초과하도록 그 목적사업에 착수하지 아니한 경우에는 해당 농지를 처분하여야 한다.

24 (×) 농지소유자가 시장·군수 또는 구청장으로부터 농지처분명령을 받은 경우 한국농어촌공사에 그 농지의 매수를 청구할 수 있다.

**정답** 23 (×), 24 (×), 25 (○)

# 핵심테마 42 농지의 이용·보전·전용

## 1 대리경작자의 지정

**01 | 공인중개사 2021년**
대리경작자 지정은 유휴농지를 경작하려는 농업인 또는 농업법인의 신청이 있을 때에만 할 수 있고, 직권으로는 할 수 없다. ( )

**02 | 공인중개사 2021년**
농지 소유권자를 대신할 대리경작자만 지정할 수 있고, 농지 임차권자를 대신할 대리경작자를 지정할 수는 없다. ( )

**03 | 공인중개사 2021년**
지력의 증진이나 토양의 개량·보전을 위하여 필요한 기간 동안 휴경하는 농지에 대하여는 대리경작자를 지정할 수 있다. ( )

**04 | 공인중개사 2017년**
유휴농지의 대리경작자는 수확량의 100분의 10을 농림축산식품부령으로 정하는 바에 따라 그 농지의 소유권자나 임차권자에게 토지 사용료로 지급하여야 한다. ( )

**05 | 공인중개사 2021년**
대리경작 기간은 3년이고, 이와 다른 기간을 따로 정할 수 없다. ( )

---

01 (×) 대리경작자 지정은 유휴농지를 경작하려는 농업인 또는 농업법인의 신청이 있을 때에 지정할 수 있고, 직권으로도 지정할 수 있다.
02 (×) 농지 소유권자나 임차권자를 대신하여 농작물을 경작할 자(대리경작자)를 지정할 수 있다.
03 (×) 지력의 증진이나 토양의 개량·보전을 위하여 필요한 기간 동안 휴경하는 농지에 대하여는 대리경작자를 지정할 수 없다.
05 (×) 대리경작 기간은 따로 정하지 아니하면 3년으로 한다.

**정답** 01 (×), 02 (×), 03 (×), 04 (○), 05 (×)

**06** | 공인중개사 **2021년**

대리경작자가 경작을 게을리하는 경우에는 대리경작 기간이 끝나기 전이라도 대리경작자 지정을 해지할 수 있다.                                    (  )

## 2 농지의 임대차

**07** | 공인중개사 **2020년**

60세 이상 농업인은 자신이 거주하는 시·군에 있는 소유 농지 중에서 자기의 농업경영에 이용한 기간이 5년이 넘은 농지를 임대할 수 있다.                              (  )

**08** | 공인중개사 **2016·2020년**

농지의 임차인이 그 농지를 정당한 사유 없이 농업경영에 사용하지 아니할 경우 농지소재지 읍·면장은 임대차의 종료를 명할 수 있다.                              (  )

**09** | 공인중개사 **2013년**

임대차계약은 서면계약을 원칙으로 한다.                              (  )

**10** | 공인중개사 **2013·2016·2020년**

국·공유재산이 아닌 농지의 임대차계약은 등기가 있어야만 제3자에게 효력이 생긴다.
                              (  )

**11** | 공인중개사 **2013년**

임대차 기간을 정하지 아니하거나 5년 보다 짧은 경우에는 5년으로 약정된 것으로 본다.
                              (  )

---

08 (×) 읍·면장은(×), 시장·군수·구청장이(○), 농지의 임차인이 그 농지를 정당한 사유 없이 농업경영에 사용하지 아니할 때에는 시장·군수·구청장이 임대차의 종료를 명할 수 있다.

10 (×) 농지의 임대차계약은 그 등기가 없는 경우에도 임차인이 농지소재지를 관할하는 시·구·읍·면의 장의 확인을 받고, 해당 농지를 인도받은 경우에는 그 다음 날부터 제3자에 대하여 효력이 생긴다.

11 (×) 임대차 기간을 정하지 아니하거나 3년(다년생식물 재배지 등의 경우에는 5년)보다 짧은 경우에는 3년(다년생 식물 재배지 등의 경우에는 5년)으로 약정한 것으로 본다.

**정답** 06 (○), 07 (○), 08 (×), 09 (○), 10 (×), 11 (×)

**12** | 공인중개사 **2020년**

농지의 임차인이 농작물의 재배시설로서 비닐하우스를 설치한 농지의 임대차 기간은 10년 이상으로 하여야 한다. ( )

**13** | 공인중개사 **2016년**

임대인이 취학을 이유로 A농지를 임대하는 경우 임대차기간은 3년 이상으로 하여야 한다. ( )

**14** | 공인중개사 **2016년**

임대인이 질병을 이유로 A농지를 임대하였다가 같은 이유로 임대차계약을 갱신하는 경우 임대차기간은 3년 이상으로 하여야 한다. ( )

**15** | 공인중개사 **2020년**

농지임대차조정위원회에서 작성한 조정안을 임대차계약 당사자가 수락한 때에는 이를 당사자 간에 체결된 계약의 내용으로 본다. ( )

**16** | 공인중개사 **2013년**

임대 농지의 양수인은 「농지법」에 따른 임대인의 지위를 승계한 것으로 본다. ( )

**17** | 공인중개사 **2013년**

「농지법」에 위반된 약정으로서 임차인에게 불리한 것은 그 효력이 없다. ( )

**18** | 공인중개사 **2016년**

「국유재산법」과 「공유재산 및 물품 관리법」에 따른 국유재산과 공유재산인 농지에 대해서는 제24조 임대차 기간을 적용하지 아니한다. 따라서 국유재산인 농지의 임대차기간은 3년 또는 5년 미만으로 할 수 있다. ( )

---

12 (×) 농지의 임대차 기간은 3년 이상으로 하여야 한다. 다만, 다년생식물 재배지 등 대통령령으로 정하는 농지(고정식온실 또는 비닐하우스)의 경우에는 5년 이상으로 하여야 한다.

13 (×) 임대인은 질병, 징집, 취학 등 대통령령으로 정하는 불가피한 사유가 있는 경우에는 임대차기간을 3년 미만으로 정할 수 있다.

14 (×) 임대차 기간은 임대차계약을 연장 또는 갱신하거나 재계약을 체결하는 경우에도 동일하게 적용한다. 따라서 임대인은 질병을 이유로 A농지를 임대하였다가 갱신하는 경우에도 임대차기간을 3년 미만으로 정할 수 있다.

**정답** 12 (×), 13 (×), 14 (×), 15 (○), 16 (○), 17 (○), 18 (○)

## 3 농업진흥지역의 지정

**19** | 공인중개사 2020년

농업진흥지역의 지정대상지역은 녹지지역·관리지역·농림지역 및 자연환경보전지역을 대상으로 한다. 다만, 특별시의 녹지지역은 제외한다. ( )

**20** | 공인중개사 2011년

광역시의 녹지지역은 농업진흥지역의 지정대상이 아니다. ( )

**21** | 공인중개사 2011년

농업진흥지역을 지정하는 경우 국토교통부장관의 승인을 받아야 한다. ( )

## 4 농지의 전용

**22** | 공인중개사 2018년

과수원인 토지를 재해로 인한 농작물의 피해를 방지하기 위한 방풍림 부지로 사용하는 것은 농지의 전용에 해당하지 않는다. ( )

**23** | 공인중개사 2018년

산지전용허가를 받지 아니하고 불법으로 개간한 농지라도 이를 다시 산림으로 복구하려면 농지전용허가를 받아야 한다. ( )

**24** | 공인중개사 2018년

전용허가를 받은 농지의 위치를 동일 필지 안에서 변경하는 경우에는 농지전용신고를 하여야 한다. ( )

---

21 (×) 농업진흥지역을 지정하는 경우 농림축산식품부장관의 승인을 받아야 한다.
23 (×) 산지전용허가를 받지 아니하고 불법으로 개간한 농지를 다시 산림으로 복구하려는 경우에는 농지전용허가를 받지 않아도 된다.
24 (×) 농지전용신고(×), 농지전용허가(○), 전용허가를 받은 농지의 위치를 동일 필지 안에서 변경하는 경우에는 농지전용허가를 받아야 한다.

**정답** 19 (○), 20 (×), 21 (×), 22 (○), 23 (×), 24 (×)

**25** | 공인중개사 2018년

농지를 농업인 주택의 부지로 전용하려는 경우에는 농림축산식품부장관에게 농지전용신고를 하여야 한다. ( )

**26** | 공인중개사 2015년

소유 농지를 농수산물 유통·가공시설의 부지로 전용하려면 농지전용신고를 하여야 한다. ( )

**27** | 공인중개사 2015년

주말·체험영농을 하려고 농지를 소유하는 경우 소유 농지를 농수산물 유통·가공시설의 부지로 전용하려면 농지전용신고를 하여야 한다. ( )

**28** | 공인중개사 2013년

농업진흥지역 밖의 농지를 마을회관 부지로 전용하려는 자는 농지전용신고를 하여야 한다. ( )

**29** | 공인중개사 2013년

해당 농지에서 허용되는 주목적사업을 위하여 현장사무소를 설치하는 용도로 농지를 일시사용하려는 자는 시장·군수 또는 자치구구청장에게 신고하여야 한다. ( )

**30** | 공인중개사 2018년

농지전용신고를 하고 농지를 전용하는 경우에는 농지를 전·답·과수원 외의 지목으로 변경하지 못한다. ( )

---

25 (×) 농지를 농업인 주택의 부지로 전용하려는 경우에는 시장·군수·구청장에게 농지전용신고를 하여야 한다.

29 (×) 신고(×), 허가(○), 해당 농지에서 허용되는 주목적사업을 위하여 현장사무소를 설치하는 용도로 농지를 일시사용하려는 자는 시장·군수 또는 자치구구청장에게 허가를 받아야 한다.

30 (×) 농지전용신고를 하고 농지를 전용하는 경우에는 농지를 전·답·과수원 외의 지목으로 변경할 수 있다.

**정답** 25 (×), 26 (○), 27 (○), 28 (○), 29 (×), 30 (×)

### 5 농지보전부담금

**31** | 공인중개사 **2013년**

농지의 타용도 일시사용허가를 받는 자는 농지보전부담금을 납입하여야 한다. ( )

---

31 (×) 농지의 타용도 일시사용허가를 받는 자는 농지보전부담금의 납입대상에서 제외한다.

정답 31 (×)

# 공인중개사 시험 2차 2교시
## 부동산공시법

깨알연구소

# CHAPTER 01

## 공간정보의 구축 및 관리에 관한 법률

| 2014년 | 2015년 | 2016년 | 2017년 | 2018년 | 2019년 | 2020년 | 2021년 | 2022년 |
|---|---|---|---|---|---|---|---|---|
| 26 | 23 | 25 | 27 | 6 | 31 | 25 | 18 | 13 |

**핵심 01** | 토지의 등록
**핵심 02** | 지적공부
**핵심 03** | 토지의 이동 및 지적정리
**핵심 04** | 지적측량

# 핵심테마 01 토지의 등록

**01** | 공인중개사 **2018년**

지번은 아라비아 숫자로 표기하되, 임야대장 및 임야도에 등록하는 토지의 지번은 숫자 앞에 "산"자를 붙인다. ( )

**02** | 공인중개사 **2015년**

지번은 본번(本番)과 부번(副番)으로 구성하며, 북동에서 남서로 순차적으로 부여한다. ( )

**03** | 공인중개사 **2018년**

지번은 국토교통부장관이 시·군·구별로 차례대로 부여한다. ( )

**04** | 공인중개사 **2018년**

지번은 본번과 부번으로 구성하되, 본번과 부번 사이에 "-" 표시로 연결한다. ( )

**05** | 공인중개사 **2015년**

임야대장 및 임야도에 등록하는 토지의 지번은 숫자 뒤에 "산"자를 붙인다. ( )

**06** | 공인중개사 **2015년**

분할의 경우에는 분할된 필지마다 새로운 본번을 부여한다. ( )

---

02 (○) 지번을 부여하는 방식은 북서기번식을 채택하고 있으므로 북서에서 남동으로 순차적으로 부여한다.
03 (×) 지번은 지적소관청이 동·리 단위로 부여한다.
04 (○) 복식지번의 경우 부번의 표기방식은 평행식을 채택하여 본번과 부번 사이에 "-" 표시로 연결한다.
05 (×) 숫자 앞에 "산"자를 붙인다.
06 (×) 분할의 경우에는 분할 후의 필지 중 1필지의 지번은 분할 전의 지번으로 하고, 나머지 필지의 지번은 본번의 최종 부번 다음 순번으로 부번을 부여한다.

**정답** 01 (○), 02 (○), 03 (×), 04 (○), 05 (×), 06 (×)

**07** | 공인중개사 2015년

지적소관청은 축척변경으로 지번에 결번이 생긴 때에는 지체없이 그 사유를 결번대장에 적어 영구히 보존하여야 한다. ( )

**08** | 공인중개사 2017년

축척변경 시행지역의 필지에 지번을 부여할 때, 지적확정측량을 실시한 지역의 각 필지에 지번을 새로 부여하는 방법을 준용한다. ( )

**09** | 공인중개사 2015년

지적소관청이 지번을 변경하기 위해서는 국토교통부장관의 승인을 받아야 한다. ( )

**10** | 공인중개사 2017년

토지소유자가 지번을 변경하려면 지번변경 사유와 지번 변경 대상토지의 지번·지목·면적에 대한 상세한 내용을 기재하여 지적소관청에 신청하여야 한다. ( )

**11** | 공인중개사 2016년

지적소관청은 도시개발사업 등이 준공되기 전에 사업시행자가 지번부여 신청을 하면 지번을 부여할 수 있으며, 도시개발사업 등이 준공되기 전에 지번을 부여하는 때에는 사업계획도에 따르되, 지적확정측량을 실시한 지역의 지번부여 방법에 따라 지번을 부여하여야 한다. ( )

**12** | 공인중개사 2016년

필지마다 하나의 지목을 설정하여야 한다. ( )

---

08 (○) 지적확정측량을 실시한 지역의 지번부여 방식을 준용하는 것은 도시개발사업 지역, 축척변경, 지번변경, 행정구역의 개편 등이다.
09 (×) 지적소관청이 지번을 변경하기 위해서는 '시·도지사 또는 대도시 시장'의 승인을 받아야 한다.
10 (×) 지번변경은 토지소유자가 지적소관청에 신청하는 것이 아니라, 지적소관청이 시·도지사 또는 대도시 시장에게 신청하는 것이다.
12 (○) 우리나라는 1필1목의 원칙을 채택하고 있다.

**정답** 07 (○), 08 (○), 09 (×), 10 (×), 11 (○), 12 (○)

**13** | 공인중개사 2016년

토지가 일시적 또는 임시적인 용도로 사용될 때에는 지목을 변경하지 아니한다. ( )

**14** | 공인중개사 2016년

1필지가 둘 이상의 용도로 활용되는 경우에는 주된 용도에 따라 지목을 설정하여야 한다.
( )

**15** | 공인중개사 2016년

지목을 지적도 및 임야도에 등록하는 때에는 부호로 표기하여야 한다. ( )

**16** | 공인중개사 2017년

선로용지, 항만용지는 공간정보의 구축 및 관리 등에 관한 법령에서 규정하고 있는 지목의 종류에 해당하지 않는다. ( )

**17** | 공인중개사 2017년

물을 상시적으로 이용하지 않고 곡물·원예작물(과수류포함) 등의 식물을 주로 재배하는 토지와 죽림지의 지목은 "전"으로 한다. ( )

**18** | 공인중개사 2015년

물을 상시적으로 직접 이용하여 벼·연(蓮)·미나리·왕골 등의 식물을 주로 재배하는 토지의 지목은 "농지"로 한다. ( )

---

13 (○) 지목영속성의 원칙에 따라 토지가 일시적 또는 임시적인 용도로 사용될 때에는 지목을 변경하지 아니한다.
14 (○) 주지목 추정의 원칙에 따라 주된 용도에 따라 지목을 설정한다.
15 (○) 토지대장, 임야대장에는 정식으로 표기하고, 지적도 및 임야도에 등록하는 때에는 부호로 표기한다.
17 (×) 식용(食用)으로 죽순을 재배하는 토지는 '전'으로 한다. 죽림지의 지목은 "임야"이다.
18 (×) 물을 상시적으로 직접 이용하여 재배하는 토지는 "답"으로 한다. "농지"는 법정 지목이 아니다.

**정답** 13 (○), 14 (○), 15 (○), 16 (○), 17 (×), 18 (×)

**19** | 공인중개사 2022년

사과·배·밤·호두·귤나무 등 과수류를 집단적으로 재배하는 토지와 이에 접속된 주거용 건축물의 부지는 "과수원"으로 한다. ( )

**20** | 공인중개사 2017년

물이 고이거나 상시적으로 물을 저장하고 있는 댐·저수지·소류지(沼溜地) 등의 토지와 연·왕골 등을 재배하는 토지의 지목은 "유지"로 한다. ( )

**21** | 공인중개사 2016년

온수·약수·석유류 등을 일정한 장소로 운송하는 송수관·송유관 및 저장시설의 부지의 지목은 "광천지"로 한다. ( )

**22** | 공인중개사 2019년

광천지는 지적도에 등록하는 때 '천'으로 표기된다. ( )

**23** | 공인중개사 2020년

일반 공중(公衆)의 교통 운수를 위하여 보행이나 차량운행에 필요한 일정한 설비 또는 형태를 갖추어 이용되는 토지의 지목은 '도로'이다. ( )

**24** | 공인중개사 2020년

고속도로의 휴게소 부지의 지목은 '도로'이다. ( )

**25** | 공인중개사 2020년

2필지 이상에 진입하는 통로로 이용되는 토지의 지목은 '도로'이다. ( )

---

19 (×) 사과·배·밤·호두·귤나무 등 과수류를 집단적으로 재배하는 토지와 이에 접속된 저장고 등 부속시설물의 부지는 "과수원"으로 하지만, 접속된 주거용 건축물의 부지는 "대"로 한다.

20 (×) 연·왕골 등이 자생하는 배수가 잘 되지 아니하는 토지는 '유지'로 하지만, 물을 상시적으로 직접 이용하여 벼·연(蓮)·미나리·왕골 등의 식물을 주로 재배하는 토지는 '답'으로 한다.

21 (×) "광천지"란 지하에서 온수·약수·석유류 등이 용출되는 용출구(湧出口)와 그 유지(維持)에 사용되는 부지를 말하고, 온수·약수·석유류 등을 일정한 장소로 운송하는 송수관·송유관 및 저장시설의 부지는 제외한다.

22 (×) 광천지는 '광'으로 표기된다. '천'으로 표기되는 것은 하천이다.

**정답** 19 (×), 20 (×), 21 (×), 22 (×), 23 (○), 24 (○), 25 (○)

**26** | 공인중개사 2014년

아파트·공장 등 단일 용도의 일정한 단지 안에 설치된 통로 등은 "도로"로 한다. ( )

**27** | 공인중개사 2020년

교통 운수를 위하여 일정한 궤도 등의 설비와 형태를 갖추어 이용되는 토지의 지목은 '도로'이다. ( )

**28** | 공인중개사 2016년

사람의 시체나 유골이 매장된 토지, 「장사 등에 관한 법률」 제2조 제9호에 따른 봉안시설과 이에 접속된 부속시설물의 부지 및 묘지의 관리를 위한 건축물의 부지의 지목은 "묘지"로 한다. ( )

**29** | 공인중개사 2014년

자연의 유수(流水)가 있거나 있을 것으로 예상되는 소규모 수로부지는 "하천"으로 한다. ( )

**30** | 공인중개사 2015년

용수(用水) 또는 배수(排水)를 위하여 일정한 형태를 갖춘 인공적인 수로·둑 및 그 부속시설물의 부지의 지목은 "제방"으로 한다. ( )

---

26 (×) "도로"는 2필지 이상에 진입하는 통로로 이용되는 토지이어야 하므로 아파트·공장 등 단일 용도의 일정한 단지 안에 설치된 통로 등은 제외된다.

27 (×) 교통 운수를 위하여 일정한 궤도 등의 설비와 형태를 갖추어 이용되는 토지는 '철도용지'에 해당한다.

28 (×) 사람의 시체나 유골이 매장된 토지, 「장사 등에 관한 법률」 제2조 제9호에 따른 봉안시설과 이에 접속된 부속시설물의 부지의 지목은 "묘지"로 하나, 묘지의 관리를 위한 건축물의 부지의 지목은 '대'로 한다.

29 (×) "하천"은 자연의 유수(流水)가 있거나 있을 것으로 예상되는 토지이나, 소규모 수로부지는 "구거"이다.

30 (×) "구거"에 대한 설명이다. "제방"이란 조수·자연유수(自然流水)·모래·바람 등을 막기 위하여 설치된 방조제·방수제·방사제·방파제 등의 부지를 말한다.

**정답** 26 (×), 27 (×), 28 (×), 29 (×), 30 (×)

**31** | 공인중개사 2018년

해상에 인공으로 조성된 수산생물의 번식 또는 양식을 위한 시설을 갖춘 부지는 "양어장"으로 한다. ( )

**32** | 공인중개사 2015년

축산업 및 낙농업을 하기 위하여 초지를 조성한 토지와 그 토지에 설치된 주거용 건축물의 부지의 지목은 "목장용지"로 한다. ( )

**33** | 공인중개사 2014년

「도시공원 및 녹지 등에 관한 법률」에 따른 묘지공원으로 결정·고시된 토지는 "공원"으로 한다. ( )

**34** | 공인중개사 2018년

일반 공중의 보건·휴양 및 정서생활에 이용하기 위한 시설을 갖춘 토지로서 「국토의 계획 및 이용에 관한 법률」에 따라 공원 또는 녹지로 결정·고시된 토지는 "체육용지"로 한다. ( )

**35** | 공인중개사 2019년

공원은 지적도면에 등록하는 때, '공'으로 표기된다. ( )

---

31 (×) "양어장"은 육상에서 조성된 시설의 부지이다.

32 (×) 축산업 및 낙농업을 하기 위하여 초지를 조성한 토지는 "목장용지"로 한다. 그러나 그 토지에 설치된 주거용 건축물의 부지의 지목은 "대"로 한다.

33 (×) "공원"이란 일반 공중의 보건·휴양 및 정서생활에 이용하기 위한 시설을 갖춘 토지로서 「국토의 계획 및 이용에 관한 법률」에 따라 공원 또는 녹지로 결정·고시된 토지이다. 「도시공원 및 녹지 등에 관한 법률」에 따른 묘지공원으로 결정·고시된 토지는 "묘지"로 한다.

34 (×) "공원"에 대한 설명이다. "체육용지"는 국민의 건강증진 등을 위한 체육활동에 적합한 시설과 형태를 갖춘 종합운동장·실내체육관·야구장·골프장·스키장·승마장·경륜장 등 체육시설의 토지와 이에 접속된 부속시설물의 부지를 말한다.

**정답** 31 (×), 32 (×), 33 (×), 34 (×), 35 (○)

**36** | 공인중개사 2015년

물건 등을 보관하거나 저장하기 위하여 독립적으로 설치된 보관시설물의 부지와 이에 접속된 부속시설물의 부지의 지목은 "대"로 한다. ( )

**37** | 공인중개사 2017년

학교용지·공원 등 다른 지목으로 된 토지에 있는 유적·고적·기념물 등을 보호하기 위하여 구획된 토지의 지목은 "사적지"로 한다. ( )

**38** | 공인중개사 2021년

바닷물을 끌어들여 소금을 채취하기 위하여 조성된 토지와 이에 접속된 제염장(製鹽場) 등 부속시설물의 부지는 "염전"으로 한다. 다만, 천일제염 방식으로 하지 아니하고 동력으로 바닷물을 끌어들여 소금을 제조하는 공장시설물의 부지는 제외한다. ( )

**39** | 공인중개사 2021년

저유소(貯油所) 및 원유저장소의 부지와 이에 접속된 부속시설물의 부지는 "주유소용지"로 한다. 다만, 자동차·선박·기차 등의 제작 또는 정비공장 안에 설치된 급유·송유시설 등의 부지는 제외한다. ( )

**40** | 공인중개사 2020년

변전소, 송신소, 수신소 및 지하에서 석유류 등이 용출되는 용출구(涌出口)와 그 유지(維持)에 사용되는 부지는 '잡종지'이다. ( )

---

36 (×) "창고용지"에 대한 설명이다. "대"는 영구적 건축물 중 주거·사무실·점포와 박물관·극장·미술관 등 문화시설과 이에 접속된 정원 및 부속시설물의 부지, 「국토의 계획 및 이용에 관한 법률」등 관계 법령에 따른 택지조성공사가 준공된 토지를 말한다.

37 (×) "사적지"는 문화재로 지정된 역사적인 유적·고적·기념물 등을 보존하기 위하여 구획된 토지를 말하고, 학교용지·공원·종교용지 등 다른 지목으로 된 토지에 있는 유적·고적·기념물 등을 보호하기 위하여 구획된 토지는 제외한다.

40 (×) 변전소, 송신소, 수신소 및 송유시설 등의 부지는 '잡종지'에 해당한다. 그러나 지하에서 석유류 등이 용출되는 용출구(涌出口)와 그 유지(維持)에 사용되는 부지는 '광천지'에 해당한다.

**정답** 36 (×), 37 (×), 38 (○), 39 (○), 40 (×)

**41** | 공인중개사 2020년

여객자동차터미널, 자동차운전학원, 및 폐차장 등 자동차와 관련된 독립적인 시설물을 갖춘 부지는 '잡종지'이다. ( )

**42** | 공인중개사 2020년

갈대밭, 실외에 물건을 쌓아두는 곳, 산림 및 원야(原野)를 이루고 있는 암석지·자갈땅·모래땅·황무지 등의 토지는 '잡종지'이다. ( )

**43** | 공인중개사 2020년

공항·항만시설 부지 및 물건 등을 보관하거나 저장하기 위하여 독립적으로 설치된 보관시설물의 부지는 '잡종지'이다. ( )

**44** | 공인중개사 2020년

도축장, 쓰레기처리장, 오물처리장 및 일반 공중의 위락·휴양 등에 적합한 시설물을 종합적으로 갖춘 야영장·식물원 등의 토지는 '잡종지'이다. ( )

**45** | 공인중개사 2017년

「산업집적활성화 및 공장설립에 관한 법률」 등 관계법령에 따른 공장부지 조성공사가 준공된 토지의 지목은 "산업용지"로 한다. ( )

---

41 (○) 여객자동차터미널, 자동차운전학원 및 폐차장 등 자동차와 관련된 독립적인 시설물을 갖춘 부지는 '잡종지'로 한다.

42 (×) 갈대밭, 실외에 물건을 쌓아두는 곳은 '잡종지'로 한다. 그러나 산림 및 원야(原野)를 이루고 있는 암석지·자갈땅·모래땅·황무지 등의 토지는 '임야'에 해당한다.

43 (×) 공항시설 및 항만시설 부지는 '잡종지'에 해당한다. 그러나 물건 등을 보관하거나 저장하기 위하여 독립적으로 설치된 보관시설물의 부지는 '창고용지'에 해당한다.

44 (×) 도축장, 쓰레기처리장, 오물처리장 부지는 '잡종지'에 해당한다. 그러나 일반 공중의 위락·휴양 등에 적합한 시설물을 종합적으로 갖춘 야영장·식물원 등의 토지는 '유원지'에 해당한다.

45 (×) '공장용지'에 대한 설명이다. "산업용지"는 법정된 지목이 아니다.

**정답** 41 (○), 42 (×), 43 (×), 44 (×), 45 (×)

**46** | 공인중개사 2019년

공장용지는 지적도에 등록하는 때 '공'으로 표기된다. ( )

**47** | 공인중개사 2014년

연접되는 토지 간에 높낮이 차이가 없는 경우, 그 구조물 등의 바깥쪽 면을 지상 경계의 결정기준으로 한다. ( )

**48** | 공인중개사 2014년

연접되는 토지 간에 높낮이 차이가 있는 경우, 그 구조물 등의 상단부를 지상 경계의 결정기준으로 한다. ( )

**49** | 공인중개사 2014년

도로·구거 등의 토지에 절토(切土)된 부분이 있는 경우, 그 경사면의 하단부를 지상 경계의 결정기준으로 한다. ( )

**50** | 공인중개사 2021년

토지가 해면 또는 수면에 접하는 경우, 최소만조위 또는 최소만수위가 되는 선을 지상 경계의 결정기준으로 한다. ( )

**51** | 공인중개사 2021년

공유수면매립지의 토지 중 제방 등을 토지에 편입하여 등록하는 경우, 그 경사면의 하단부를 지상 경계의 결정기준으로 한다. ( )

---

46 (×) 공장용지는 두 번째 글자를 사용하여 '장'으로 표기된다.
47 (×) 연접되는 토지 간에 높낮이 차이가 없는 경우 : 그 구조물 등의 중앙
48 (×) 연접되는 토지 간에 높낮이 차이가 있는 경우 : 그 구조물 등의 하단부
49 (×) 도로·구거 등의 토지에 절토(切土)된 부분이 있는 경우 : 그 경사면의 상단부
50 (×) 토지가 해면 또는 수면에 접하는 경우에는 최대만수위가 되는 선을 지상경계의 결정기준으로 한다.
51 (×) 공유수면매립지의 토지 중 제방 등을 토지에 편입하여 등록하는 경우에는 바깥쪽 어깨부분을 지상경계의 결정기준으로 한다.

**정답** 46 (×), 47 (×), 48 (×), 49 (×), 50 (×), 51 (×)

**52** | 공인중개사 2018년

토지의 지상경계는 둑, 담장이나 그 밖에 구획의 목표가 될 만한 구조물 및 경계점표지 등으로 구분한다. ( )

**53** | 공인중개사 2018년

도시개발사업 등의 사업시행자가 사업지구의 경계를 결정하기 위하여 토지를 분할하려는 경우에는 지상경계점에 경계점 표지를 설치하여 측량할 수 있다. ( )

**54** | 공인중개사 2018년

지적소관청은 토지의 이동에 따라 지상경계를 새로 정한 경우에는 경계점 위치 설명도 등을 등록한 경계점좌표등록부를 작성·관리하여야 한다. ( )

**55** | 공인중개사 2016년

분할에 따른 지상 경계는 지상건축물을 걸리게 결정해서는 아니 된다. 다만, 법원의 확정판결이 있는 경우에는 그러하지 아니하다. ( )

**56** | 공인중개사 2016년

매매 등을 위하여 토지를 분할하려는 경우 지상 경계점에 경계점표지를 설치하여 측량할 수 있다. ( )

**57** | 공인중개사 2017년

경계점의 사진 파일은 지상경계점등록부의 등록사항이다. ( )

---

54 (×) 지적소관청은 토지의 이동에 따라 지상경계를 새로 정한 경우에 작성하는 장부는 '지상경계점등록부'이다. '경계점좌표등록부'는 경계분쟁이 많은 지역에서 보다 정확한 경계의 정보를 표시하기 위하여 만든 장부이다.

57 (○) 지상경계점등록부의 등록사항은 ㉠ 토지의 소재, ㉡ 지번, ㉢ 경계점 좌표(경계점좌표등록부 시행지역에 한정한다), ㉣ 경계점 위치 설명도, ㉤ 공부상 지목과 실제 토지이용 지목, ㉥ 경계점의 사진 파일, ㉦ 경계점 표지의 종류 및 경계점 위치이다.

**정답** 52 (○), 53 (○), 54 (×), 55 (○), 56 (○), 57 (○)

**58** | 공인중개사 **2019년**

지적도의 축척이 600분의 1인 지역에서 신규등록할 1필지의 면적을 계산한 값이 0.050㎡ 이었다. 토지대장에 등록하는 면적은 0.1㎡로 결정한다. ( )

**59** | 공인중개사 **2016년**

경계점좌표등록부에 등록하는 지역에서 1필지의 면적측정을 위해 계산한 값이 1,029.551㎡인 경우 토지대장에 등록할 면적은 1,029.6㎡ 이다. ( )

**60** | 공인중개사 **2014년**

지적도의 축척이 1200분의 1인 지역의 1필지 면적이 1제곱미터 미만일 때에는 1제곱미터로 한다. ( )

---

58 (○) 지적도의 축척이 600분의 1인 지역은 제곱미터 이하 한 자리 단위로 하되, 0.1제곱미터 미만의 끝수가 있는 경우 0.05제곱미터일 때에는 구하려는 끝자리의 숫자가 0 또는 짝수이면 버리고 홀수이면 올린다. 면적을 계산한 값이 0.050㎡이므로 끝수가 0.05㎡이고, 구하고자 하는 끝자리 수가 0이므로 끝수는 버리는데 0.1㎡ 미만이 되므로 0.1㎡가 된다.

59 (○) 지적도의 축척이 600분의 1인 지역과 경계점좌표등록부에 등록하는 지역의 토지 면적은 제곱미터 이하 한 자리 단위로 하되, 0.1제곱미터 미만의 끝수가 있는 경우 0.05제곱미터 미만일 때에는 버리고 0.05제곱미터를 초과할 때에는 올린다. 계산한 값이 1,029.551㎡ 인 경우에는 0.05제곱미터를 초과하고 있으므로 한자리를 올려서 1,029.6㎡가 된다.

**정답** 58 (○), 59 (○), 60 (○)

# 지적공부

**01** | 공인중개사 2014년
면적은 토지대장 및 경계점좌표등록부의 등록사항이다. ( )

**02** | 공인중개사 2015년
토지의 이동사유를 등록하는 지적공부는 토지대장이다. ( )

**03** | 공인중개사 2016년
경계, 건축물 및 구조물 등의 위치는 지적도의 등록사항이다. ( )

**04** | 공인중개사 2016년
토지의 소재, 토지의 고유번호는 토지대장의 등록사항이다. ( )

**05** | 공인중개사 2016년
지번, 개별공시지가와 그 기준일은 임야대장의 등록사항이다. ( )

**06** | 공인중개사 2016년
소유권 지분, 전유부분의 건물표시는 공유지연명부의 등록사항이다. ( )

**07** | 공인중개사 2016년
대지권 비율, 건물의 명칭은 대지권등록부의 등록사항이다. ( )

**08** | 공인중개사 2021년
토지소유자가 변경된 날과 그 원인은 공유지연명부와 대지권등록부의 공통 등록사항이다. ( )

---

01 (×) 면적은 토지대장 및 임야대장에만 기록된다. 경계점좌표등록부에는 기록되지 않는다.
02 (○) 토지의 이동사유가 기록되는 장부는 토지대장과 임야대장 뿐이다.
06 (×) 소유권 지분은 공유지연명부와 대지권등록부에 등록할 사항이나, 전유부분의 건물표시는 대지권등록부에만 등록하는 사항이다.

**정답** 01 (×), 02 (○), 03 (○), 04 (○), 05 (○), 06 (×), 07 (○), 08 (○)

**09** | 공인중개사 2021년

좌표에 의하여 계산된 경계점 간의 거리(경계점좌표등록부를 갖춰 두는 지역으로 한정)는 지적도 및 임야도의 등록사항이다. ( )

**10** | 공인중개사 2021년

삼각점 및 지적기준점의 위치는 지적도 및 임야도의 등록사항이다. ( )

**11** | 공인중개사 2021년

도곽선(圖廓線)과 그 수치는 지적도 및 임야도의 등록사항이다. ( )

**12** | 공인중개사 2020년

경계와 면적은 토지대장의 등록사항이다. ( )

**13** | 공인중개사 2020년

대지권 비율과 지목은 대지권등록부의 등록사항이다. ( )

**14** | 공인중개사 2014년

좌표와 건축물 및 구조물 등의 위치는 경계점좌표등록부의 등록사항이다. ( )

**15** | 공인중개사 2017년

경계점좌표등록부를 갖춰 두는 지역의 경우, 지적도에 해당 도면의 제명 앞에 "(수치)"라고 표시하여야 한다. ( )

**16** | 공인중개사 2017년

경계점좌표등록부를 갖춰 두는 지역의 경우, 지적도에는 도곽선의 오른쪽 아래 끝에 "이 도면에 의하여 측량을 할 수 없음"이라고 적어야 한다. ( )

---

12 (×) 토지대장에 면적은 등록되나, 경계는 지적도, 임야도와 같은 지적도면에 등록할 사항이다.
13 (×) 대지권등록부에는 소유자와 대지권 비율은 등록사항이나, 지목은 등록사항이 아니다.
14 (×) 경계점좌표등록부에는 좌표와 부호 및 부호도가 등록되지만 건축물 및 구조물 등의 위치는 지적도면에 등록할 사항이다.
15 (×) 지적도에 해당 도면의 제명 끝에 표시하는 것은 "(수치)"가 아니라 "(좌표)"이다.

**정답** 09 (○), 10 (○), 11 (○), 12 (×), 13 (×), 14 (×), 15 (×), 16 (○)

**17** | 공인중개사 2018년

경계점좌표등록부를 갖춰 두는 지역의 임야도에는 해당도면의 제명 끝에 "(좌표)"라고 표시하고, 도곽선의 오른 쪽 아래 끝에 "이 도면에 의하여 측량을 할 수 없음"이라고 적어야 한다. ( )

**18** | 공인중개사 2018년

지적도면에는 지적소관청의 직인을 날인하여야 한다. 다만, 정보처리시스템을 이용하여 관리하는 지적도면의 경우에는 그러하지 아니하다. ( )

**19** | 공인중개사 2017년

경계점좌표등록부를 갖춰 두는 토지는 지적확정측량 또는 축척변경을 위한 측량을 실시하여 경계점을 좌표로 등록한 지역의 토지로 한다. ( )

**20** | 공인중개사 2016년

토지의 고유번호, 부호 및 부호도는 경계점좌표등록부의 등록사항이다. ( )

**21** | 공인중개사 2018년

지적도면의 색인도, 건축물 및 구조물 등의 위치는 지적도면의 등록사항에 해당한다. ( )

**22** | 공인중개사 2018년

지적소관청은 지적도면의 관리에 필요한 경우에는 지번부여 지역마다 일람도와 지번색인표를 작성하여 갖춰 둘 수 있다. ( )

**23** | 공인중개사 2018년

지적도면의 축척은 지적도 7종, 임야도 2종으로 구분한다. ( )

---

17 (×) 경계점좌표등록부는 '지적도' 지역에만 존재할 수 있으며 '임야도' 지역에는 존재하지 않는다.

19 (○) 경계점좌표등록부를 갖춰 두는 지역의 경우, 면적측정 방법은 좌표면적계산법에 의한다.

20 (○) 경계점좌표등록부에만 등록하는 사항으로는 좌표, 부호 및 부호도이다. 토지의 고유번호는 지적도면을 제외한 모든 장부에 등록할 사항이다.

23 (○) 지적도에는 7개 유형의 모든 축척을 사용한다. 임야도의 경우에는 1/3000, 1/6000만 사용한다.

**정답** 17 (×), 18 (○), 19 (○), 20 (○), 21 (○), 22 (○), 23 (○)

**24** | 공인중개사 2018년

1/2000은 지적도의 축척에 해당한다. ( )

**25** | 공인중개사 2020년

지적소관청은 해당 청사에 지적서고를 설치하고 그 곳에 지적공부를 영구히 보존하여야 한다. ( )

**26** | 공인중개사 2015년

지적공부를 정보처리시스템을 통하여 기록·저장한 경우 관할 시·도지사, 시장·군수 또는 구청장은 그 지적공부를 지적정보관리체계에 영구히 보존하여야 한다. ( )

**27** | 공인중개사 2020년

지적서고는 지적사무를 처리하는 사무실과 연접(連接)하여 설치하여야 한다. ( )

**28** | 공인중개사 2018년

바닥과 벽은 2중으로 하고 영구적인 방수설비를 하여야 한다. ( )

**29** | 공인중개사 2018년

창문과 출입문은 2중으로 하되, 안쪽 문은 반드시 철제로 하고 바깥쪽 문은 곤충·쥐·등의 침입을 막을 수 있도록 철망 등을 설치하여야 한다. ( )

**30** | 공인중개사 2018년

온도 및 습도 자동조절장치를 설치하고, 연중 평균온도는 섭씨 20±5도를, 연중평균습도는 65±5퍼센트를 유지하여야 한다. ( )

**31** | 공인중개사 2018년

전기시설을 설치하는 때에는 단독퓨즈를 설치하고 소화장비를 갖춰 두어야 한다. ( )

**32** | 공인중개사 2020년

지적도면은 지번부여지역별로 도면번호순으로 보관하되, 각 장별로 보호대에 넣어야 한다. ( )

---

24 (○) 지적도에는 7개 유형의 모든 축척을 사용한다. 다만 1/2000의 축척은 사용하지 않는다.

29 (×) 안쪽 문이 아니라 바깥쪽 문을 철제로 하고, 안쪽 문은 곤충·쥐 등의 침입을 막을 수 있도록 철망 등을 설치한다.

**정답** 24 (○), 25 (○), 26 (○), 27 (○), 28 (○), 29 (×), 30 (○), 31 (○), 32 (○)

**33** | 공인중개사 2021년

카드로 된 토지대장·임야대장 등은 200장 단위로 바인더(binder)에 넣어 보관하여야 한다. ( )

**34** | 공인중개사 2020년

국토교통부장관의 승인을 받은 경우 지적공부를 해당청사 밖으로 반출할 수 있다. ( )

**35** | 공인중개사 2021년

지적소관청은 천재지변이나 그 밖에 이에 준하는 재난을 피하기 위하여 필요한 경우에는 지적공부를 해당 청사 밖으로 반출할 수 있다. ( )

**36** | 공인중개사 2015년

국토교통부장관은 지적공부를 과세나 부동산정책자료 등으로 활용하기 위하여 주민등록전산자료, 가족관계등록전산자료, 부동산등기전산자료 또는 공시지가전산자료 등을 관리하는 기관에 그 자료를 요청할 수 있다. ( )

**37** | 공인중개사 2015년

토지소유자가 자기 토지에 대한 지적전산자료를 신청하거나, 토지소유자가 사망하여 그 상속인이 피상속인의 토지에 대한 지적전산자료를 신청하는 경우에는 심사를 받지 아니할 수 있다. ( )

---

33 (×) 카드로 된 토지대장·임야대장 등은 '200장 단위'가 아니라 '100장 단위'로 바인더(binder)에 넣어 보관하여야 한다.

34 (×) 지적소관청은 1) 천재지변이나 그 밖에 이에 준하는 재난을 피하기 위하여 필요한 경우, 2) 관할 시·도지사 또는 대도시 시장의 승인을 받은 경우 지적공부를 해당 청사 밖으로 반출할 수 있다(법 제69조 제1항).

37 (○) 지적전산자료의 신청은 지적전산자료의 이용 또는 활용 목적 등에 관하여 미리 관계 중앙행정기관의 심사를 받아야 한다. 다만 1) 토지소유자가 자기 토지에 대한 지적전산자료를 신청하는 경우, 2) 토지소유자가 사망하여 그 상속인이 피상속인의 토지에 대한 지적전산자료를 신청하는 경우, 3) 개인정보를 제외한 지적전산자료를 신청하는 경우에는 심사를 받지 아니할 수 있다.

**정답** 33 (×), 34 (×), 35 (○), 36 (○), 37 (○)

**38** | 공인중개사 2019년

정보처리시스템을 통하여 기록·저장된 지적공부(지적도 및 임야도는 제외한다)를 열람하거나 그 등본을 발급받으려는 경우에는 시·도지사, 시장·군수 또는 구청장이나 읍·면·동의 장에게 신청할 수 있다. ( )

**39** | 공인중개사 2015년

지적소관청은 지적공부의 전부 또는 일부가 멸실되거나 훼손되어 이를 복구하고자 하는 경우에는 국토교통부장관의 승인을 받아야 한다. ( )

**40** | 공인중개사 2015년

부동산종합증명서는 지적공부의 복구에 관한 관계 자료에 해당한다. ( )

**41** | 공인중개사 2015년

토지이동정리 결의서는 지적공부의 복구에 관한 관계 자료에 해당한다. ( )

**42** | 공인중개사 2017년

지적공부를 복구할 때 소유자에 관한 사항은 부동산등기부나 법원의 확정판결에 따라 복구하여야 한다. ( )

**43** | 공인중개사 2015년

지적측량 수행계획서는 지적공부의 복구에 관한 관계 자료에 해당한다. ( )

---

38 (×) 지적공부를 열람하거나 그 등본을 발급받으려는 자는 해당 지적소관청에 그 열람 또는 발급을 신청하여야 한다. 다만 정보처리시스템을 통하여 기록·저장된 지적공부(지적도 및 임야도는 제외한다)를 열람하거나 그 등본을 발급받으려는 경우에는 특별자치시장, 시장·군수 또는 구청장이나 읍·면·동의 장에게 신청할 수 있다. 따라서 '시·도지사'가 아니라 '특별자치시장'이다.

39 (×) 지적소관청은 지적공부의 전부 또는 일부가 멸실되거나 훼손된 경우에는 지체없이 이를 복구하여야 하고, 국토교통부장관의 승인을 받는 것은 아니다.

43 (×) 지적소관청이 지적공부를 복구할 때에는 멸실·훼손 당시의 지적공부와 가장 부합된다고 인정되는 관계 자료에 따라 토지의 표시에 관한 사항을 복구하여야 한다. 지적측량 수행계획서와 같은 계획서는 계획에 불과한 것이므로 복구자료가 될 수 없다.

**정답** 38 (×), 39 (×), 40 (○), 41 (○), 42 (○), 43 (×)

**44** | 공인중개사 2022년

지적측량 의뢰서는 지적공부의 복구에 관한 관계 자료에 해당한다. ( )

**45** | 공인중개사 2020년

지적공부의 등본, 개별공시지가 자료, 측량신청서 및 측량준비도, 법원의 확정판결서 정본 또는 사본은 지적공부의 복구자료이다. ( )

**46** | 공인중개사 2020년

지적소관청은 조사된 복구자료 중 토지대장·임야대장 및 공유지연명부의 등록 내용을 증명하는 서류 등에 따라 지적 복구자료 조사서를 작성하고, 지적도면의 등록 내용을 증명하는 서류 등에 따라 복구자료도를 작성하여야 한다. ( )

**47** | 공인중개사 2020년

복구자료도에 따라 측정한 면적과 지적복구자료 조사서의 조사된 면적의 증감이 오차의 허용범위를 초과하거나 복구자료도를 작성할 복구자료가 없는 경우에는 복구측량을 하여야 한다. ( )

**48** | 공인중개사 2017년

지적소관청이 지적공부를 복구하려는 경우에는 해당 토지의 소유자에게 지적공부의 복구신청을 하도록 통지하여야 한다. ( )

---

44 (×) 지적소관청이 지적공부를 복구할 때에는 멸실·훼손 당시의 지적공부와 가장 부합된다고 인정되는 관계 자료에 따라 토지의 표시에 관한 사항을 복구한다. 지적측량을 의뢰한 것만으로는 지적공부의 내용을 확인할 수 없으므로 '지적측량 의뢰서'는 이에 해당하지 않는다.

45 (×) 지적소관청이 지적공부를 복구할 때에는 멸실·훼손 당시의 지적공부와 가장 부합된다고 인정되는 관계 자료에 따라 토지의 표시에 관한 사항을 복구하여야 한다. 복구자료에 '측량 결과도'는 포함되지만, '측량신청서 및 측량준비도'는 해당하지 않는다.

47 (○) 지적복구자료 조사서의 조사된 면적이 허용범위 이내인 경우에는 그 면적을 복구면적으로 결정하고, 허용범위를 초과하는 오차인 경우, 복구자료도를 작성할 복구자료가 없는 경우에는 복구측량을 하여야 한다.

48 (×) 지적소관청은 복구자료의 조사 또는 복구측량 등이 완료되어 지적공부를 복구하려는 경우에는 복구하려는 토지의 표시 등을 시·군·구 게시판 및 인터넷 홈페이지에 15일 이상 게시하여야 한다. 그러나 지적소관청이 해당 토지의 소유자에게 통지하는 제도는 없다.

**정답** 44 (×), 45 (×), 46 (○), 47 (○), 48 (×)

**49** | 공인중개사 2021년

부동산종합공부를 열람하려는 자는 지적소관청이나 읍·면·동의 장에게 신청할 수 있으며, 부동산종합공부기록사항의 전부 또는 일부에 관한 증명서를 발급받으려는 자는 시·도지사에게 신청하여야 한다. ( )

**50** | 공인중개사 2019년

지적소관청은 부동산종합공부에 「토지이용규제 기본법」 제10조에 따른 토지이용계획확인서의 내용에서 토지의 이용 및 규제에 관한 사항을 등록하여야 한다. ( )

**51** | 공인중개사 2014년

「공익사업을 위한 토지 등의 취득 및 보상에 관한 법률」 제68조에 따른 부동산의 보상 가격 내용은 부동산종합공부의 등록사항이 아니다. ( )

**52** | 공인중개사 2014년

지적소관청은 부동산의 효율적 이용과 부동산과 관련된 정보의 종합적 관리·운영을 위하여 부동산종합공부를 관리·운영한다. ( )

**53** | 공인중개사 2021년

지적소관청은 「부동산등기법」 제48조에 따른 부동산의 권리에 관한 사항을 부동산종합공부에 등록하여야 한다. ( )

**54** | 공인중개사 2022년

「국토의 계획 및 이용에 관한 법률」 제20조 및 제27조에 따른 토지적성평가서의 내용은 부동산종합공부의 등록사항에 해당한다. ( )

---

49 (×) 부동산종합공부를 열람하거나 부동산종합공부 기록사항의 전부 또는 일부에 관한 증명서(=부동산종합증명서)를 발급받으려는 자는 지적소관청이나 읍·면·동의 장에게 신청할 수 있다(법 제76조의4).

51 (×) 부동산의 보상에 관한 사항은 부동산종합공부의 등록사항이 아니다.

54 (×) 그 밖에 부동산의 효율적 이용과 부동산과 관련된 정보의 종합적 관리·운영을 위하여 필요한 사항으로서 대통령령으로 정하는 사항, 이때 '대통령령으로 정하는 사항'이란 「부동산등기법」 제48조에 따른 부동산의 권리에 관한 사항을 말한다(영 제62조의2).

**정답** 49 (×), 50 (○), 51 (×), 52 (○), 53 (○), 54 (×)

**55** | 공인중개사 2021년

지적소관청은 부동산종합공부를 영구히 보존하여야 하며, 부동산종합공부의 멸실 또는 훼손에 대비하여 이를 별도로 복제하여 관리하는 정보관리체계를 구축하여야 한다. ( )

**56** | 공인중개사 2014년

지적소관청은 부동산종합공부의 불일치 등록사항에 대하여는 등록사항을 정정하고, 등록사항을 관리하는 기관의 장에게 그 내용을 통지하여야 한다. ( )

**57** | 공인중개사 2014년

지적소관청은 부동산종합공부의 정확한 등록 및 관리를 위하여 필요한 경우에는 부동산종합공부의 등록사항을 관리하는 기관의 장에게 관련 자료의 제출을 요구할 수 있다.
( )

**58** | 공인중개사 2014년

부동산종합공부의 등록사항을 관리하는 기관의 장은 지적소관청에 상시적으로 관련 정보를 제공하여야 한다. ( )

**59** | 공인중개사 2016년

토지소유자는 부동산종합공부의 토지의 표시에 관한 사항(「공간정보의 구축 및 관리 등에 관한 법률」에 따른 지적공부의 내용)의 등록사항에 잘못이 있음을 발견하면 지적소관청이나 읍·면·동의 장에게 그 정정을 신청할 수 있다. ( )

---

56 (×) 지적소관청은 부동산종합공부의 불일치 등록사항에 대하여 스스로 등록사항을 정정할 수 없고, 그 등록사항을 관리하는 기관의 장에게 정정을 요청할 수 있을 뿐이다.

59 (×) 토지소유자가 부동산종합공부의 토지의 표시에 관한 사항의 등록사항에 잘못이 있음을 발견하면 지적소관청에게 그 정정을 신청할 수 있으며, 읍·면·동의 장에게 신청하는 것은 아니다.

**정답** 55 (○), 56 (×), 57 (○), 58 (○), 59 (×)

# 핵심테마 03 토지의 이동 및 지적정리

**01** | 공인중개사 **2014년**

소유자변경은 토지소유자가 지적소관청에 신청할 수 있는 토지의 이동 종목이 아니다.
( )

**02** | 공인중개사 **2020년**

등록전환을 할 때 임야대장의 면적과 등록전환될 면적의 차이가 오차의 허용범위를 초과하는 경우, 지적측량수행자가 임야대장의 면적 또는 임야도의 경계를 직권으로 정정하여야 한다.
( )

**03** | 공인중개사 **2019년**

토지소유자가 합병 전의 필지에 주거·사무실 등의 건축물이 있어서 그 건축물이 위치한 지번을 합병 후의 지번으로 신청할 때에는 그 지번을 합병 후의 지번으로 부여하여야 한다.
( )

**04** | 공인중개사 **2019년**

토지소유자는 도로, 제방, 하천, 구거, 유지의 토지로서 합병하여야 할 토지가 있으면 그 사유가 발생한 날부터 90일 이내에 지적소관청에 합병을 신청하여야 한다.
( )

**05** | 공인중개사 **2019년**

합병에 따른 면적은 따로 지적측량을 하지 않고 합병 전 각 필지의 면적을 합산하여 합병 후 필지의 면적으로 결정한다.
( )

---

01 (×) '토지의 이동'이란 토지의 표시를 새로 정하거나 변경 또는 말소하는 것을 말한다(법 제2조 제28호). '토지의 표시'란 소재, 지번, 지목, 면적, 경계, 좌표를 의미한다. 따라서 소유자변경은 이에 해당하지 않는다.
02 (×) 지적소관청이 직권으로 정정하여야 한다.
03 (○) 합병은 신청한 경우에 건축물이 있는 지번을 합병 후의 지번으로 부여하지만, 분할의 경우에는 신청 없이 그 건축물이 위치한 지번을 분할 후의 지번으로 한다.
04 (×) 60일 이내에 합병을 신청하여야 한다.

**정답** 01 (×), 02 (×), 03 (○), 04 (×), 05 (○)

**06** | 공인중개사 2019년

합병에 따른 경계는 따로 지적측량을 하지 않고 합병 전 각 필지의 경계 중 합병으로 필요 없게 된 부분을 말소하여 합병 후 필지의 경계로 결정한다. ( )

**07** | 공인중개사 2019년

지적소관청은 토지소유자의 합병신청에 의하여 토지의 이동이 있는 경우에는 지적공부를 정리하여야 하며, 이 경우에는 토지이동정리 결의서를 작성해야 한다. ( )

**08** | 공인중개사 2019년

지적소관청은 지적공부에 등록된 토지가 지형의 변화 등으로 바다로 된 경우로서 원상(原狀)으로 회복될 수 없는 경우에는 지적공부에 등록된 토지소유자에게 지적 공부의 등록말소 신청을 하도록 통지하여야 한다. ( )

**09** | 공인중개사 2019년

지적소관청으로부터 지적공부의 등록말소 신청을 하도록 통지를 받은 토지소유자가 통지를 받은 날부터 60일 이내에 등록말소 신청을 하지 아니하면, 지적소관청은 직권으로 그 지적공부의 등록사항을 말소하여야 한다. ( )

**10** | 공인중개사 2019년

지적소관청은 바다로 된 토지의 등록말소 신청에 의하여 토지의 표시 변경에 관한 등기를 할 필요가 있는 경우에는 지체 없이 관할 등기관서에 그 등기를 촉탁하여야 한다. ( )

**11** | 공인중개사 2019년

지적소관청이 직권으로 지적공부의 등록사항을 말소한 후 지형의 변화 등으로 다시 토지가 된 경우에 토지로 회복등록을 하려면 그 지적측량성과 및 등록말소 당시의 지적공부 등 관계 자료에 따라야 한다. ( )

**12** | 공인중개사 2019년

지적소관청이 직권으로 지적공부의 등록사항을 말소하거나 회복등록하였을 때에는 그 정리 결과를 토지소유자 및 해당 공유수면의 관리청에 통지하여야 한다. ( )

---

09 (×) 90일 이내에 등록말소 신청을 하지 아니하면, 지적소관청은 직권으로 그 지적공부의 등록사항을 말소하여야 한다.

**정답** 06 (○), 07 (○), 08 (○), 09 (×), 10 (○), 11 (○), 12 (○)

**13** | 공인중개사 2017년

지적소관청은 축척변경을 하려면 축척변경 시행지역의 토지소유자 2분의 1 이상의 동의를 받아 축척변경위원회의 의결을 거친 후 국토교통부장관의 승인을 받아야 한다. ( )

**14** | 공인중개사 2016년

축척변경 승인에 관한 사항은 축척변경위원회의 심의·의결사항이다. ( )

**15** | 공인중개사 2017년

축척변경 시행지역의 토지소유자 또는 점유자는 시행 공고일부터 60일 이내에 시행공고일 현재 점유하고 있는 경계에 경계점표지를 설치하여야 한다. ( )

**16** | 공인중개사 2020년

축척변경의 시행자 선정 및 평가방법은 지적소관청이 축척변경 시행공고를 할 때 공고하여야 할 사항이다. ( )

**17** | 공인중개사 2018년

지적소관청은 청산금의 결정을 공고한 날부터 20일 이내에 토지소유자에게 청산금의 납부고지 또는 수령통지를 하여야 한다. ( )

**18** | 공인중개사 2018년

청산금의 납부고지를 받은 자는 그 고지를 받은 날부터 1년 이내에 청산금을 지적소관청에 내야 한다. ( )

**19** | 공인중개사 2018년

지적소관청은 청산금의 수령통지를 한 날부터 6개월 이내에 청산금을 지급하여야 한다. ( )

---

13 (×) 축척변경 시행지역의 토지소유자 3분의 2 이상의 동의를 받아 축척변경위원회의 의결을 거친 후 시·도지사 또는 대도시 시장의 승인을 받아야 한다.

14 (×) 축척변경 승인권자는 시·도지사 또는 대도시 시장이다.

15 (×) 경계점표지 설치기간은 시행 공고일부터 30일 이내이다.

16 (×) 축척변경은 지적소관청이 시·도지사 또는 대도시 시장으로부터 축척변경 승인을 받아서 시행하는 것이므로 시행자 선정 및 평가방법은 공고사항이 아니다.

18 (×) 청산금은 납부고지를 받은 날부터 6개월 이내에 내야 한다.

**정답** 13 (×), 14 (×), 15 (×), 16 (×), 17 (○), 18 (×), 19 (○)

**20** | 공인중개사 2018년

지적소관청은 청산금을 지급받을 자가 행방불명 등으로 받을 수 없거나 받기를 거부할 때에는 그 청산금을 공탁할 수 있다. ( )

**21** | 공인중개사 2018년

수령통지된 청산금에 관하여 이의가 있는 자는 수령통지를 받은 날부터 1개월 이내에 지적소관청에 이의신청을 할 수 있다. ( )

**22** | 공인중개사 2022년

이의신청을 받은 지적소관청은 15일 이내에 축척변경위원회의 심의·의결을 거쳐 그 인용(認容)여부를 결정한 후 지체 없이 그 내용을 이의신청인에게 통지하여야 한다. ( )

**23** | 공인중개사 2020년

청산금의 납부 및 지급이 완료되었을 때에는 지적소관청이 지체 없이 축척변경의 확정공고를 하여야 한다. ( )

**24** | 공인중개사 2022년

축척변경에 관한 사항을 심의·의결하기 위하여 지적소관청에 축척변경위원회를 둔다. ( )

**25** | 공인중개사 2022년

축척변경위원회의 위원장은 위원 중에서 지적소관청이 지명한다. ( )

**26** | 공인중개사 2019년

축척변경위원회는 5명 이상 15명 이하의 위원으로 구성하되, 위원의 3분의 2 이상을 토지소유자로 하여야 한다. 이 경우 그 축척변경 시행지역의 토지소유자가 5명 이하일 때에는 토지소유자 전원을 위원으로 위촉하여야 한다. ( )

**27** | 공인중개사 2019년

위원은 해당 축척변경 시행지역의 토지소유자로서 지역 사정에 정통한 사람과 지적에 관하여 전문지식을 가진 사람 중에서 지적소관청이 위촉한다. ( )

---

22 (×) 이의신청 기간과 축척변경위원회가 결정하는 기간은 모두 1개월 이내이다.

26 (×) 축척변경위원회는 5명 이상 10명 이하의 위원으로 구성하되, 위원의 2분의 1 이상을 토지소유자로 하여야 한다.

**정답** 20 (○), 21 (○), 22 (×), 23 (○), 24 (○), 25 (○), 26 (×), 27 (○)

**28** | 공인중개사 2022년

지적소관청은 축척변경에 관한 측량을 완료하였을 때에는 축척변경 신청일 현재의 지적공부상의 면적과 측량 후의 면적을 비교하여 그 변동사항을 표시한 토지이동현황 조사서를 작성하여야 한다. ( )

**29** | 공인중개사 2019년

「도시개발법」에 따른 도시개발사업의 착수를 지적소관청에 신고하려는 자는 도시개발사업 등의 착수(시행)·변경·완료 신고서에 사업인가서, 지번별 조서, 사업계획도를 첨부하여야 한다. ( )

**30** | 공인중개사 2019년

「농어촌정비법」에 따른 농어촌정비사업의 사업시행자가 지적소관청에 토지의 이동을 신청한 경우 토지의 이동은 토지의 형질변경 등의 공사가 착수(시행)된 때에 이루어진 것으로 본다. ( )

**31** | 공인중개사 2019년

「도시 및 주거환경정비법」에 따른 정비사업의 착수·변경 또는 완료 사실의 신고는 그 사유가 발생한 날부터 15일 이내에 하여야 한다. ( )

**32** | 공인중개사 2015년

「농어촌정비법」에 따른 농어촌정비사업의 시행자는 그 사업의 착수·변경 및 완료 사실을 시·도지사에게 신고하여야 한다. ( )

**33** | 공인중개사 2019년

「주택법」에 따른 주택건설사업의 시행자가 파산 등의 이유로 토지의 이동 신청을 할 수 없을 때에는 그 주택의 시공을 보증한 자 또는 입주예정자 등이 신청할 수 있다. ( )

---

28 (×) 지적소관청은 축척변경에 관한 측량을 완료하였을 때에는 시행공고일 현재의 지적공부상의 면적과 측량 후의 면적을 비교하여 그 변동사항을 표시한 축척변경 지번별 조서를 작성하여야 한다(영 제73조).

30 (×) 「농어촌정비법」에 따른 농어촌정비사업의 사업시행자가 지적소관청에 토지의 이동을 신청한 경우 토지의 이동은 토지의 형질변경 등의 공사가 준공된 때에 이루어진 것으로 본다.

32 (×) 도시개발사업 등의 시행자는 그 사유가 발생한 날부터 15일 이내에 그 사업의 착수·변경 및 완료 사실을 '지적소관청'에 신고하여야 한다.

**정답** 28 (×), 29 (○), 30 (×), 31 (○), 32 (×), 33 (○)

**34** | 공인중개사 2015년

도시개발사업 등의 사업의 착수 또는 변경의 신고가 된 토지의 소유자가 해당 토지의 이동을 원하는 경우에는 해당 사업의 시행자에게 그 토지의 이동을 신청하도록 요청하여야 한다. ( )

**35** | 공인중개사 2019년

「택지개발촉진법」에 따른 택지개발사업의 사업시행자가 지적소관청에 토지의 이동을 신청한 경우 신청 대상 지역이 환지(換地)를 수반하는 경우에는 지적소관청에 신고한 사업완료 신고로써 이를 갈음할 수 있다. 이 경우 사업완료신고서에 택지개발 사업시행자가 토지의 이동 신청을 갈음한다는 뜻을 적어야 한다. ( )

**36** | 공인중개사 2017년

지적소관청은 토지의 이용현황을 직권으로 조사·측량하여 토지의 지번·지목·면적·경계 또는 좌표를 결정하려는 때에는 토지이용계획을 수립하여야 한다. ( )

**37** | 공인중개사 2022년

지적소관청은 토지의 이동현황을 직권으로 조사·측량하여 토지의 지번·지목·면적·경계 또는 좌표를 결정하려는 때에는 토지이동현황 조사계획을 수립하여야 한다. 이 경우 토지이동현황 조사계획은 시·도별로 수립하되, 부득이한 사유가 있는 때에는 시·군·구별로 수립할 수 있다. ( )

**38** | 공인중개사 2018년

지적소관청은 등기부에 적혀 있는 토지의 표시가 지적공부와 일치하지 아니하면 토지소유자를 정리할 수 없다. ( )

**39** | 공인중개사 2018년

「국유재산법」에 따른 총괄청이나 같은 법에 따른 중앙관서의 장이 소유자 없는 부동산에 대한 소유자 등록을 신청하는 경우 지적소관청은 지적공부에 해당 토지의 소유자가 등록되지 아니한 경우에만 등록할 수 있다. ( )

---

36 (×) '토지이동현황 조사계획'을 수립하여야 한다.

37 (×) 지적소관청은 토지의 이동현황을 직권으로 조사·측량하여 토지의 지번·지목·면적·경계 또는 좌표를 결정하려는 때에는 토지이동현황 조사계획을 수립하여야 한다. 이 경우 토지이동현황 조사계획은 "시·군·구"별로 수립하되, 부득이한 사유가 있는 때에는 "읍·면·동"별로 수립할 수 있다(규칙 제59조 제1항).

**정답** 34 (○), 35 (○), 36 (×), 37 (×), 38 (○), 39 (○)

**40** | 공인중개사 2018년

지적공부에 신규등록하는 토지의 소유자에 관한 사항은 등기관서에서 등기한 것을 증명하는 등기필증, 등기완료통지서, 등기사항증명서 또는 등기관서에서 제공한 등기전산정보자료에 따라 정리한다. ( )

**41** | 공인중개사 2018년

지적소관청은 필요하다고 인정하는 경우에는 관할 등기관서의 등기부를 열람하여 지적공부와 부동산등기부가 일치하는지 여부를 조사·확인하여야 한다. ( )

**42** | 공인중개사 2018년

지적소관청 소속 공무원이 지적공부와 부동산등기부의 부합 여부를 확인하기 위하여 등기전산정보자료의 제공을 요청하는 경우 그 수수료는 무료로 한다. ( )

**43** | 공인중개사 2014년

토지대장에 등록된 토지소유자의 변경사항은 등기관서에서 등기한 것을 증명하거나 제공한 자료에 따라 정리한다. 등기신청접수증은 등기관서에서 등기한 것을 증명하거나 제공한 자료이다. ( )

**44** | 공인중개사 2022년

지적공부에 등록된 토지소유자의 변경사항은 등기관서에서 등기한 것을 증명하는 등기필증, 등기완료통지서, 등기사항증명서 또는 등기관서에서 제공한 등기전산정보자료에 따라 정리한다. 다만, 축척변경하는 토지의 소유자는 등기관이 직접 조사하여 등록한다. ( )

**45** | 공인중개사 2019년

지적공부의 작성 또는 재작성 당시 잘못 정리된 경우, 지적소관청이 직권으로 조사·측량하여 정정할 수 있는 경우이다. ( )

---

40 (×) 신규등록의 경우에는 아직 등기부가 개설되어 있지 않으므로 등기필 정보 등은 증명자료가 될 수 없다.
43 (×) 등기신청접수증은 등기관서에서 등기한 것을 증명하거나 제공한 자료가 아니다.
44 (×) "신규등록"의 경우에는 등기부가 개설되어 있지 않으므로 "지적소관청"이 직접 조사하여 등록하여야 한다.

**정답** 40 (×), 41 (○), 42 (○), 43 (×), 44 (×), 45 (○)

**46** | 공인중개사 2019년

지적도에 등록된 필지의 경계가 지상 경계와 일치하지 않아 면적의 증감이 있는 경우, 지적소관청이 직권으로 조사·측량하여 정정할 수 있는 경우이다. ( )

**47** | 공인중개사 2019년

측량 준비 파일과 다르게 정리된 경우, 지적소관청이 직권으로 조사·측량하여 정정할 수 있는 경우이다. ( )

**48** | 공인중개사 2019년

지적공부의 등록사항이 잘못 입력된 경우, 지적소관청이 직권으로 조사·측량하여 정정할 수 있는 경우이다. ( )

**49** | 공인중개사 2016년

지적소관청은 토지의 표시가 잘못되었음을 발견하였을 때에는 30일 이내 등록사항정정에 필요한 서류와 등록사항정정 측량성과도를 작성하고, 「공간정보의 구축 및 관리 등에 관한 법률 시행령」제84조 제2항에 따라 토지이동정리 결의서를 작성한 후 대장의 사유란에 '토지표시정정 대상토지'라고 적고, 토지소유자에게 등록사항정정 신청을 할 수 있도록 그 사유를 통지하여야 한다. ( )

**50** | 공인중개사 2020년

지적소관청은 등록사항 정정 대상토지에 대한 대장을 열람하게 하거나 등본을 발급하는 때에는 "등록사항 정정 대상토지"라고 적은 부분을 흑백으로 반전(反戰)으로 표시하거나 굵은 고딕체로 적어야 한다. ( )

---

46 (×) 지적도 및 임야도에 등록된 필지가 면적의 증감 없이 경계의 위치만 잘못된 경우에는 직권으로 정정할 수 있으나, 면적의 증감이 있는 경우에는 직권정정사유가 아니다.

47 (×) 토지이동정리 결의서의 내용과 다르게 정리된 경우, 지적측량성과와 다르게 정리된 경우에는 직권으로 정정할 수 있으나, 측량 준비 파일과 다르게 정리된 경우는 직권 정정사유가 아니다.

49 (×) 지적소관청은 토지의 표시가 잘못되었음을 발견하였을 때에는 지체 없이 등록사항 정정에 필요한 서류와 등록사항 정정 측량성과도를 작성하고, 토지이동정리 결의서를 작성한 후 대장의 사유란에 "등록사항정정 대상토지"라고 적고, 토지소유자에게 등록사항 정정 신청을 할 수 있도록 그 사유를 통지하여야 한다. 다만 지적소관청이 직권으로 정정할 수 있는 경우에는 토지소유자에게 통지를 하지 아니할 수 있다.

50 (×) 등록사항 정정 대상토지에 대한 대장을 열람하게 하거나 등본을 발급하는 때에는 "등록사항 정정 대상토지"라고 적은 부분을 흑백의 반전(反轉)으로 표시하거나 붉은색으로 적어야 한다.

**정답** 46 (×), 47 (×), 48 (○), 49 (×), 50 (×)

**51** | 공인중개사 2014년

지적소관청이 시·도지사나 대도시 시장의 승인을 받아 지번부여지역의 일부에 대한 지번을 변경하여 지적공부에 등록한 경우 해당 토지소유자에게 통지하여야 한다. ( )

**52** | 공인중개사 2014년

지적소관청은 지적공부의 전부 또는 일부가 멸실되거나 훼손되어 이를 복구 등록한 경우 해당 토지소유자에게 통지하여야 한다. ( )

**53** | 공인중개사 2014년

지적소관청이 직권으로 조사·측량하여 결정한 지번·지목·면적·경계 또는 좌표를 지적공부에 등록한 경우 해당 토지소유자에게 통지하여야 한다. ( )

**54** | 공인중개사 2017년

도시개발사업 시행지역에 있는 토지로서 그 사업 시행에서 제외된 토지의 축척을 지적소관청이 변경하여 등록한 경우, 지적소관청이 토지소유자에게 지적정리 등을 통지하여야 하는 경우에 해당한다. ( )

**55** | 공인중개사 2017년

지적공부의 등록사항에 잘못이 있음을 발견하여 지적소관청이 직권으로 조사·측량하여 정정 등록한 경우, 지적소관청이 토지소유자에게 지적정리 등을 통지하여야 하는 경우에 해당한다. ( )

**56** | 공인중개사 2017년

토지소유자가 하여야 하는 토지이동 신청을 「민법」 제404조에 따른 채권자가 대위하여 지적소관청이 등록한 경우, 지적소관청이 토지소유자에게 지적정리 등을 통지하여야 하는 경우에 해당한다. ( )

**57** | 공인중개사 2017년

등기관서의 등기완료통지에 의하여 지적공부에 등록된 토지소유자의 변경사항을 정리한 경우, 지적소관청이 토지소유자에게 지적정리 등을 통지하여야 하는 경우에 해당한다. ( )

---

57 (×) 소유자를 정리한 경우는 토지소유자에게 통지하는 경우가 아니다.

**정답** 51 (○), 52 (○), 53 (○), 54 (○), 55 (○), 56 (○), 57 (×)

**58** | 공인중개사 **2014년**

토지의 표시에 관한 변경등기가 필요하지 아니한 지적정리 등의 통지는 지적소관청이 지적공부에 등록한 날부터 10일 이내 해당 토지소유자에게 하여야 한다. ( )

**59** | 공인중개사 **2014년**

토지의 표시에 관한 변경등기가 필요한 지적정리 등의 통지는 지적소관청이 그 등기완료의 통지서를 접수한 날부터 15일 이내 해당 토지소유자에게 하여야 한다. ( )

**60** | 공인중개사 **2017년**

지번부여지역의 전부 또는 일부에 대하여 지번을 새로 부여한 경우, 토지의 표시 변경에 관한 등기를 할 필요가 있는 경우에는 지체 없이 관할 등기관서에 그 등기를 촉탁하여야 한다. ( )

**61** | 공인중개사 **2017년**

바다로 된 토지의 등록을 말소한 경우, 토지의 표시 변경에 관한 등기를 할 필요가 있는 경우에는 지체 없이 관할 등기관서에 그 등기를 촉탁하여야 한다. ( )

**62** | 공인중개사 **2017년**

하나의 지번부여지역에 서로 다른 축척의 지적도가 있어 축척을 변경한 경우, 토지의 표시 변경에 관한 등기를 할 필요가 있는 경우에는 지체 없이 관할 등기관서에 그 등기를 촉탁하여야 한다. ( )

**63** | 공인중개사 **2017년**

지적소관청이 신규등록하는 토지의 소유자를 직접 조사하여 등록한 경우, 토지의 표시 변경에 관한 등기를 할 필요가 있는 경우에는 지체 없이 관할 등기관서에 그 등기를 촉탁하여야 한다. ( )

**64** | 공인중개사 **2017년**

지적소관청이 직권으로 조사·측량하여 지적공부의 등록사항을 정정한 경우, 토지의 표시 변경에 관한 등기를 할 필요가 있는 경우에는 지체 없이 관할 등기관서에 그 등기를 촉탁하여야 한다. ( )

---

58 (×) 7일 이내 해당 토지소유자에게 지적정리 등의 통지를 하여야 한다.
63 (×) 신규등록의 경우에는 아직 등기부가 개설되어 있지 않으므로 등기촉탁을 할 수 없다.

**정답** 58 (×), 59 (○), 60 (○), 61 (○), 62 (○), 63 (×), 64 (○)

핵심테마 03 토지의 이동 및 지적정리

# 지적측량

**01** | 공인중개사 2019년

지적소관청이 지적공부의 일부가 멸실되어 이를 복구하기 위하여 측량을 할 필요가 있는 경우, 지적측량을 실시하여야 한다. ( )

**02** | 공인중개사 2019년

「지적재조사에 관한 특별법」에 다른 지적재조사사업에 따라 토지의 이동이 있어 측량을 할 필요가 있는 경우, 지적측량을 실시하여야 한다. ( )

**03** | 공인중개사 모의문제

지상건축물 등의 현황을 지적도 및 임야도에 등록된 경계와 대비하여 표시하는 지적측량은 경계복원측량이다. ( )

**04** | 공인중개사 2022년

지상건축물 등의 현황을 지형도에 표시하는 경우, 지적측량을 실시하여야 한다. ( )

**05** | 공인중개사 2015년

지적측량수행자가 실시한 측량성과에 대하여 지적소관청이 검사를 위해 측량을 하는 경우, 지적측량을 실시하여야 한다. ( )

---

03 (×) 지상건축물 등의 현황을 지적도 및 임야도에 등록된 경계와 대비하여 표시하는 지적측량은 지적현황측량이다.
04 (×) 지상건축물 등의 현황을 '지적도 및 임야도'에 등록된 경계와 대비하여 표시하는 데에 필요한 경우에 측량을 실시한다. '지형도'에 표시하는 것이 아니다.
05 (○) 지적측량수행자가 실시한 측량성과에 대하여 지적소관청이 검사를 위해 측량을 하는 것을 '검사측량'이라 한다.

**정답** 01 (○), 02 (○), 03 (×), 04 (×), 05 (○)

**06** | 공인중개사 2015년

연속지적도에 있는 경계점을 지상에 표시하기 위해 측량을 하는 경우, 지적측량을 실시하여야 한다. ( )

**07** | 공인중개사 2015년

「도시 및 주거환경정비법」에 따른 정비사업 시행지역에서 토지의 이동이 있는 경우로서 측량을 할 필요가 있는 경우, 지적측량을 실시하여야 한다. ( )

**08** | 공인중개사 2016년

합병에 따른 경계·좌표 또는 면적은 지적측량을 하여 결정한다. ( )

**09** | 공인중개사 2020년

지적삼각보조점성과의 열람 및 등본 발급 신청기관은 시·도지사 또는 지적소관청이다.
( )

**10** | 공인중개사 2020년

지적도근점성과의 열람 및 등본 발급 신청기관은 시·도지사 또는 한국국토정보공사이다.
( )

---

06 (×) "연속지적도"란 지적측량을 하지 아니하고 전산화된 지적도 및 임야도 파일을 이용하여, 도면상 경계점들을 연결하여 작성한 도면으로서 측량에 활용할 수 없는 도면을 말한다. 따라서 측량을 하는 경우에 해당하지 않는다.

07 (○) 「도시 및 주거환경정비법」에 따른 정비사업 시행지역에서 토지의 이동이 있는 경우로서 측량을 할 필요가 있는 경우에는 '지적확정측량'을 실시한다.

08 (×) 합병에 따른 경계와 좌표는 합병으로 필요 없게 된 부분을 말소하여 정하고, 면적은 지적측량을 따로 하지 않고, 합산하여 결정한다.

09 (×) 지적삼각보조점 성과관리와 열람, 등본발급 업무는 지적소관청이 한다.

10 (×) 지적도근점의 성과관리와 열람, 등본발급 업무는 지적소관청이다.

**정답** 06 (×), 07 (○), 08 (×), 09 (×), 10 (×)

**11** | 공인중개사 2022년

지적삼각보조점성과 및 지적도근점성과를 열람하거나 등본을 발급받으려는 자는 지적측량수행자에게 신청하여야 한다. ( )

**12** | 공인중개사 2022년

시·도지사나 지적소관청은 지적기준점성과와 그 측량기록을 보관하고 일반인이 열람할 수 있도록 하여야 한다. ( )

**13** | 공인중개사 2022년

지적측량을 의뢰하려는 자는 지적측량 의뢰서에 의뢰 사유를 증명하는 서류를 첨부하여 지적소관청에 제출하여야 한다. ( )

**14** | 공인중개사 2014년

토지소유자는 토지를 분할하는 경우로서 지적측량을 할 필요가 있는 경우에는 지적측량수행자에게 지적측량을 의뢰하여야 한다. ( )

**15** | 공인중개사 2017년

도시개발사업 등의 시행지역에서 토지의 이동이 있는 경우로서 지적측량을 할 필요가 있는 경우, 토지소유자 등 이해관계인이 지적측량수행자에게 지적측량을 의뢰할 수 없다. ( )

**16** | 공인중개사 2017년

「지적재조사에 관한 특별법」에 따른 지적재조사사업에 따라 토지의 이동이 있는 경우로서 지적측량을 할 필요가 있는 경우, 토지소유자 등 이해관계인이 지적측량수행자에게 지적측량을 의뢰할 수 없다. ( )

---

11 (×) '지적소관청'에게 신청하여야 한다. 다만 지적삼각점성과는 '시·도지사 또는 지적소관청'에게 신청하여야 한다.
13 (×) '지적측량수행자'에게 제출하여야 한다.
15 (×) 토지소유자 등 이해관계인이 지적측량을 의뢰할 수 있다.
16 (○) 지적재조사측량은 토지소유자 등 이해관계인이 의뢰할 수 있는 사항이 아니다.

**정답** 11 (×), 12 (○), 13 (×), 14 (○), 15 (×), 16 (○)

**17** | 공인중개사 2021년

지적측량성과를 검사하는 경우, 토지소유자 등 이해관계인이 지적측량수행자에게 지적측량을 의뢰할 수 있다. ( )

**18** | 공인중개사 2014년

지적측량수행자는 지적측량 의뢰를 받은 때에는 측량기간, 측량일자 및 측량 수수료 등을 적은 지적측량 수행계획서를 그 다음 날까지 지적소관청에 제출하여야 한다. ( )

**19** | 공인중개사 2014년

지적기준점을 설치하지 않고 측량 또는 측량검사를 하는 경우 지적측량의 측량기간은 5일, 측량검사기간은 4일을 원칙으로 한다. ( )

**20** | 공인중개사 2014년

지적측량 의뢰인과 지적측량수행자가 서로 합의하여 따로 기간을 정하는 경우에는 그 기간에 따르되, 전체 기간의 5분의 3은 측량기간으로, 전체 기간의 5분의 2는 측량검사기간으로 본다. ( )

**21** | 공인중개사 2018년

지적측량의 측량기간은 5일로 하며, 측량검사기간은 4일로 한다. 다만, 지적기준점을 설치하여 측량 또는 측량검사를 하는 경우 지적기준점이 15점 이하인 경우에는 4일을, 15점을 초과하는 경우에는 4일에 15점을 초과하는 4점마다 1일을 가산한다. ( )

**22** | 공인중개사 2015년

지적측량의뢰인과 지적측량수행자가 서로 합의하여 토지의 분할을 위한 측량기간과 측량검사기간을 합쳐 20일로 정하였다. 이 경우 측량검사기간은 15일이다. ( )

---

17 (×) 지적측량성과의 검사는 토지소유자 등 이해관계인이 의뢰하는 사항이 아니고, 지적측량수행자가 지적소관청에게 받는 것이다.

20 (×) 지적측량 의뢰인과 지적측량수행자가 서로 합의하여 따로 기간을 정하는 경우에는 그 기간에 따르되, 전체 기간의 4분의 3은 측량기간으로, 전체 기간의 4분의 1은 측량검사기간으로 본다.

22 (×) 합의가 있으면 전체 기간의 4분의 3은 측량기간으로, 전체 기간의 4분의 1은 측량검사기간으로 본다. 따라서 측량기간은 15일, 측량검사기간은 5일이다.

**정답** 17 (×), 18 (○), 19 (○), 20 (×), 21 (○), 22 (×)

**23** | 공인중개사 2020년

지적재조사 기본계획의 수립 및 변경에 관한 사항은 중앙지적위원회의 심의·의결사항이다. ( )

**24** | 공인중개사 2016년

중앙지적위원회의 위원장은 국토교통부의 지적업무 담당 국장이, 부위원장은 국토교통부의 지적업무 담당 과장이 된다. ( )

**25** | 공인중개사 2016년

중앙지적위원회는 관계인을 출석하게 하여 의견을 들을 수 있으며, 필요하면 현지조사를 할 수 있다. ( )

**26** | 공인중개사 2016년

중앙지적위원회는 위원장 1명과 부위원장 1명을 포함하여 5명 이상 10명 이하의 위원으로 구성한다. ( )

**27** | 공인중개사 2016년

중앙지적위원회의 회의는 재적위원 과반수의 출석으로 개의(開議)하고, 출석위원 과반수의 찬성으로 의결한다. ( )

**28** | 공인중개사 2016년

위원장이 중앙지적위원회의 회의를 소집할 때에는 회의일시·장소 및 심의 안건을 회의 7일 전까지 각 위원에게 서면으로 통지하여야 한다. ( )

**29** | 공인중개사 2014년

지적측량에 대한 적부심사(適否審査) 청구사항은 지방지적위원회의 심의·의결 사항이다. ( )

---

23 (×) 중앙지적위원회의 심의·의결사항에 해당하지 않는다.
28 (×) 위원장이 중앙지적위원회의 회의를 소집할 때에는 회의 일시·장소 및 심의 안건을 회의 5일 전까지 각 위원에게 서면으로 통지하여야 한다(영 제21조 제5항).
29 (○) 지적측량에 대한 적부심사(適否審査) 청구사항은 지방지적위원회의 심의·의결 사항에 해당하고, 적부재심사(適否再審査) 청구사항은 중앙지적위원회의 심의·의결 사항에 해당한다.

**정답** 23 (×), 24 (○), 25 (○), 26 (○), 27 (○), 28 (×), 29 (○)

**30** | 공인중개사 2019년

지적측량 적부심사에 대한 재심사와 지적분야 측량기술자의 양성에 관한 사항을 심의·의결하기 위하여 설치한 위원회는 지방지적위원회이다. ( )

**31** | 공인중개사 2014년

위원이 중앙지적위원회에서 해당 안건에 대하여 현지조사 결과를 보고 받거나 관계인의 의견을 들은 경우는 중앙지적위원회의 심의·의결에서 제척(除斥)되는 경우에 해당한다. ( )

**32** | 공인중개사 2018년

토지소유자, 이해관계인 또는 지적측량수행자는 지적측량성과에 대하여 다툼이 있는 경우에는 관할 시·도지사를 거쳐 지방지적위원회에 지적측량 적부심사를 청구할 수 있다. ( )

**33** | 공인중개사 2018년

지방지적위원회는 지적측량에 대한 적부심사 청구사항과 지적기술자의 징계요구에 관한 사항을 심의·의결한다. ( )

**34** | 공인중개사 2018년

시·도지사는 지방지적위원회의 의결서를 받은 날부터 7일 이내에 지적측량 적부심사 청구인 및 이해관계인에게 그 의결서를 통지하여야 한다. ( )

---

30 (×) 지적측량 적부심사에 대한 심의·의결은 지방지적위원회이고, 적부 재심사와 지적분야 측량기술자의 양성에 관한 사항 등에 관한 심의·의결은 중앙지적위원회이다.

31 (×) 제척이란 공정한 심의와 의결을 위해서 그 안건에 관계되는 일정한 사람을 배제하는 것이다. 위원이 중앙지적위원회에서 해당 안건에 대하여 현지조사 결과를 보고 받거나 관계인의 의견을 들은 것은 제척사유에 해당하지 않는다.

33 (×) 지적기술자의 징계요구에 관한 사항을 심의·의결하는 기관은 '지방지적위원회'가 아니라 '중앙지적위원회'이다.

**정답** 30 (×), 31 (×), 32 (○), 33 (×), 34 (○)

**35** | 공인중개사 2021년

지적측량 적부심사청구를 받은 지적소관청은 30일 이내에 다툼이 되는 지적측량의 경위 및 그 성과, 해당 토지에 대한 토지이동 및 소유권 변동 연혁, 해당 토지주변의 측량기준점, 경계, 주요 구조물 등 현황 실측도를 조사하여 지방지적위원회에 회부하여야 한다. ( )

**36** | 공인중개사 2021년

지적측량 적부심사청구를 회부받은 지방지적위원회는 부득이한 경우가 아닌 경우 그 심사청구를 회부받은 날부터 90일 이내에 심의·의결하여야 한다. ( )

**37** | 공인중개사 2021년

지방지적위원회는 부득이한 경우에 심의기간을 해당 지적위원회의 의결을 거쳐 60일 이내에서 한 번만 연장할 수 있다. ( )

**38** | 공인중개사 2021년

의결서를 받은 자가 지방지적위원회의 의결에 불복하는 경우에는 그 의결서를 받은 날부터 90일 이내에 시·도지사를 거쳐 중앙지적위원회에 재심사를 청구할 수 있다. ( )

---

35 (×) 지적측량 적부심사청구는 관할 시·도지사를 거쳐 지방지적위원회에 청구할 수 있다.
36 (×) '60일 이내'에 심의·의결하여야 한다.
37 (×) '30일 이내'에서 한 번만 연장할 수 있다.
38 (×) '국토교통부 장관'을 거쳐 중앙지적위원회에 재심사를 청구할 수 있다.

**정답** 35 (×), 36 (×), 37 (×), 38 (×)

# CHAPTER 02

## 부동산등기법

| 2014년 | 2015년 | 2016년 | 2017년 | 2018년 | 2019년 | 2020년 | 2021년 | 2022년 |
|---|---|---|---|---|---|---|---|---|
| 32 | 37 | 39 | 42 | 61 | 61 | 45 | 35 | 33 |

**핵심 05** | 등기법 총칙
**핵심 06** | 등기절차의 개시
**핵심 07** | 등기관의 처분과 이의신청
**핵심 08** | 소유권에 관한 등기절차
**핵심 09** | 소유권 이외의 권리에 관한 등기절차
**핵심 10** | 각종 등기절차

# 05 등기법 총칙

**01** | 공인중개사 2017년
태아로 있는 동안에는 태아의 명의로 대리인이 등기를 신청한다. ( )

**02** | 공인중개사 2021년
외국인은 법령이나 조약의 제한이 없는 한 자기 명의로 등기신청을 하고 등기명의인이 될 수 있다. ( )

**03** | 공인중개사 2017년
민법상 조합은 직접 자신의 명의로 등기를 신청한다. ( )

**04** | 공인중개사 2021년
민법상 조합을 채무자로 표시하여 조합재산에 근저당권설정등기를 할 수 있다. ( )

**05** | 공인중개사 2017년
지방자치단체와 같은 공법인은 직접 자신의 명의로 등기를 신청할 수 없다. ( )

**06** | 공인중개사 2021년
행정조직인 읍, 면은 등기의 당사자능력이 없다. ( )

---

01 (×) 태아는 권리능력이 없으므로 등기명의인이 될 수 없다.
03 (×) 「민법」상 조합은 계약에 불과하므로 등기명의인이 될 수 없으며, 조합원 전원 명의로 합유등기를 하여야 한다. 다만 특별법상 조합은 공법인에 해당하므로 등기명의인이 될 수 있다.
04 (×) 「민법」상 조합은 등기신청당사자능력이 없으므로 근저당권설정등기 신청 시 채무자로 표시할 수 없다 (1984.3.8. 선례 7-10).
05 (×) 지방자치단체는 공공단체로서 공법인에 해당하므로 등기명의인이 될 수 있다.

**정답** 01 (×), 02 (○), 03 (×), 04 (×), 05 (×), 06 (○)

**07** | 공인중개사 2017년

사립학교는 설립주체가 누구인지를 불문하고 학교 명의로 등기를 신청한다. ( )

**08** | 공인중개사 2017년

법인 아닌 사단은 그 사단의 명의로 대표자나 관리인이 등기를 신청한다. ( )

**09** | 공인중개사 2015년

법인 아닌 사단이 등기신청을 하는 경우, 대표자의 성명, 주소 및 주민등록번호를 신청정보의 내용으로 제공하여야 한다. ( )

**10** | 공인중개사 2015년

법인 아닌 사단이 등기권리자인 경우, 사원총회결의가 있었음을 증명하는 정보를 첨부정보로 제공하여야 한다. ( )

**11** | 공인중개사 2015년

법인 아닌 사단이 등기신청을 하는 경우, 등기되어 있는 대표자가 등기를 신청하는 경우, 대표자임을 증명하는 정보를 첨부정보로 제공할 필요가 없다. ( )

**12** | 공인중개사 2015년

대표자의 주소 및 주민등록번호를 증명하는 정보를 첨부정보로 제공하여야 한다. ( )

**13** | 공인중개사 2015년

정관이나 그 밖의 규약의 정보를 첨부정보로 제공하여야 한다. ( )

**14** | 공인중개사 2014년

중복등기기록 중 어느 한 등기기록의 최종 소유권의 등기명의인은 그 명의의 등기기록의 폐쇄를 신청할 수 있다. ( )

---

07 (×) '학교' 자체는 법인이 아니므로 설립주체를 불문하고 등기명의인이 될 수 없다. 다만 재단법인인 '학교법인' 명의로는 등기가 가능하다.

08 (○) 종중, 문중, 정당, 교회와 같은 법인 아닌 사단 또는 재단은 그 사단 또는 재단의 명의로 대표자나 관리인이 등기를 신청할 수 있다.

10 (×) 법인 아닌 사단이 사원총회결의가 있었음을 증명하는 정보를 첨부정보로 제공하는 경우는 등기의무자인 경우로 한정된다.

**정답** 07 (×), 08 (○), 09 (○), 10 (×), 11 (○), 12 (○), 13 (○), 14 (○)

**15** | 공인중개사 2014년

같은 건물에 관하여 중복등기기록을 발견한 등기관은 대법원규칙에 따라 그 중 어느 하나의 등기기록을 폐쇄하여야 한다. ( )

**16** | 공인중개사 2014년

중복등기기록의 정리는 실체의 권리관계에 영향을 미치지 않는다. ( )

**17** | 공인중개사 2016년

등기관이 등기를 마친 경우, 그 등기는 등기를 마친 때부터 효력을 발생한다. ( )

**18** | 공인중개사 2021년

소유권이전등기청구권 보전을 위한 가등기에 기한 본등기가 된 경우 소유권이전의 효력은 본등기시에 발생한다. ( )

**19** | 공인중개사 2021년

소유권이전등기청구권 보전을 위한 가등기권리자는 그 본등기를 명하는 판결이 확정된 경우라도 가등기에 기한 본등기를 마치기 전 가등기만으로는 가등기된 부동산에 경료된 무효인 중복소유권보존등기의 말소를 청구할 수 없다. ( )

**20** | 공인중개사 2021년

사망자 명의의 신청으로 마쳐진 이전등기에 대해서는 그 등기의 무효를 주장하는 자가 현재의 실체관계와 부합하지 않음을 증명할 책임이 있다. ( )

---

15 (×) 「부동산등기법」은 '토지'에 한정하여 규정하고 있다. 따라서 '건물'에 관하여는 등기예규에서 정하는 바에 따른다.

17 (×) 접수된 때로 소급하여 효력을 발생한다.

19 (○) 소유권이전등기청구권 보전을 위한 가등기는 담보가등기와 달리 아무런 실체적 효력이 없으므로 본등기를 하기 전에는 말소등기의 청구를 할 수 없다.

20 (×) 이미 사망한 자의 명의로 마쳐진 등기는 추정력이 인정되지 않으므로 등기의 유효를 주장하는 자가 현재의 실체관계와 부합하는 사실을 증명할 책임이 있다.

**정답** 15 (×), 16 (○), 17 (×), 18 (○), 19 (○), 20 (×)

**21** | 공인중개사 2020년

등기부 표제부의 등기사항인 표시번호는 등기부 갑구(甲區), 을구(乙區)의 필수적 등기사항이 아니다. ( )

**22** | 공인중개사 2014년

1동의 건물을 구분한 건물의 경우, 1동의 건물에 속하는 전부에 대하여 1개의 등기기록을 사용한다. ( )

**23** | 공인중개사 2020년

등기할 건물이 구분건물인 경우에 등기관은 1동 건물의 등기기록의 표제부에는 소재와 지번, 건물명칭 및 번호를 기록하고, 전유부분의 등기기록의 표제부에는 건물번호를 기록하여야 한다. ( )

**24** | 공인중개사 2016년

등기부부본자료는 등기부와 동일한 내용으로 보조기억장치에 기록된 자료이다. ( )

**25** | 공인중개사 2022년

등기관이 등기를 마쳤을 때는 등기부부본자료를 작성해야 한다. ( )

**26** | 공인중개사 2021년

구분건물에 대하여는 전유부분마다 부동산고유번호를 부여한다. ( )

**27** | 공인중개사 2020년

같은 지번 위에 1개의 건물만 있는 경우에는 건물의 등기기록의 표제부에 건물번호를 기록하지 않는다. ( )

---

21 (○) 등기부의 갑구(甲區), 을구(乙區)는 권리에 관한 등기이므로 순위번호가 부여된다. 따라서 표시번호는 등기사항이 아니다.

26 (○) 전유부분마다 별도로 등기가 가능하므로 독립한 부동산으로서 부동산고유번호를 부여한다.

**정답** 21 (○), 22 (○), 23 (○), 24 (○), 25 (○), 26 (○), 27 (○)

**28** | 공인중개사 2016년

구분건물등기기록에는 표제부를 1동의 건물에 두고 전유부분에는 갑구와 을구만 둔다.
( )

**29** | 공인중개사 2020년

규약에 따라 공용부분으로 등기된 후 그 규약이 폐지된 경우, 그 공용부분 취득자는 소유권이전등기를 신청하여야 한다.
( )

**30** | 공인중개사 2017년

집합건물에 있어서 규약에 따른 공용부분이라는 뜻의 등기가 이루어진 후에 그 규약이 폐지된 경우, 그 공용부분의 취득자가 해야 할 소유권보존등기는 '지체 없이' 신청해야 하는 등기이다.
( )

**31** | 공인중개사 2018년

등기관이 구분건물의 대지권등기를 하는 경우에는 건축물대장 소관청의 촉탁으로 대지권의 목적인 토지의 등기기록에 소유권, 지역권, 전세권 또는 임차권이 대지권이라는 뜻을 기록하여야 한다.
( )

**32** | 공인중개사 2018년

구분건물로서 그 대지권의 변경이 있는 경우에는 구분건물의 소유권의 등기명의인은 1동의 건물에 속하는 다른 구분건물의 소유권의 등기명의인을 대위하여 대지권의 변경등기를 신청할 수 있다.
( )

---

28 (×) 구분건물등기기록에는 1동의 건물의 표제부를 두고 전유부분에는 갑구와 을구만 두는 것이 아니라 건물의 표제부도 둔다.

29 (×) 규약에 따라 공용부분으로 된 건물부분은 표제부만 존재하므로 규약이 폐지되면 그 공용부분 취득자는 소유권보존등기를 신청하여야 한다.

30 (○) 공용부분이라는 뜻을 정한 규약을 폐지한 경우에 공용부분의 취득자는 지체 없이 소유권보존등기를 신청하여야 한다(법 제47조 제2항).

31 (×) 등기관이 구분건물의 대지권등기를 한 경우에 대지권의 목적인 토지의 등기기록에 대지권이라는 뜻의 등기는 등기관이 직권으로 하여야 한다.

32 (○) 집합건물은 표제부에 관한 등기는 동시에 하여야 한다. 대지권의 변경등기도 표제부에 관한 등기에 해당하므로 다른 구분건물의 소유권의 등기명의인을 대위하여 신청할 수 있다.

**정답** 28 (×), 29 (×), 30 (○), 31 (×), 32 (○)

**33** | 공인중개사 2018년

'대지권에 대한 등기로서 효력이 있는 등기'와 '대지권의 목적인 토지의 등기기록 중 해당 구에 한 등기'의 순서는 순위번호에 따른다. ( )

**34** | 공인중개사 2018년

구분건물의 등기기록에 대지권이 등기된 후 건물만에 관해 저당권설정계약을 체결한 경우, 그 설정계약을 원인으로 구분건물만에 관한 저당권설정등기를 할 수 있다. ( )

**35** | 공인중개사 2018년

토지의 소유권이 대지권인 경우 토지의 등기기록에 대지권이라는 뜻의 등기가 되어 있더라도, 그 토지에 대한 새로운 저당권설정계약을 원인으로 하여, 그 토지의 등기기록에 저당권설정등기를 할 수 있다. ( )

**36** | 공인중개사 2016년

구분건물을 신축하여 양도한 자가 그 건물의 대지사용권을 나중에 취득해 이전하기로 약정한 경우, 현재 구분건물의 소유명의인과 공동으로 대지사용권에 관한 이전등기를 신청할 수 있다. ( )

**37** | 공인중개사 2016년

A토지를 B토지에 합병하여 등기관이 합필등기를 한 때에는 A토지에 관한 등기기록을 폐쇄해야 한다. ( )

**38** | 공인중개사 2022년

등기관이 등기기록의 전환을 위해 등기기록에 등기된 사항을 새로운 등기기록에 옮겨 기록한 때에는 종전 등기기록을 폐쇄해야 한다. ( )

---

33 (×) '대지권에 대한 등기로서 효력이 있는 등기'와 '대지권의 목적인 토지의 등기기록 중 해당 구에 한 등기'의 순서는 '순위번호'가 아니라 '접수번호'에 따른다.

34 (×) 대지권이 등기된 이후에는 구분건물의 등기기록에는 건물만에 관한 소유권이전등기 또는 저당권설정등기, 그 밖에 이와 관련이 있는 등기를 할 수 없다(법 제61조 제3항).

35 (×) 토지의 소유권이 대지권인 경우 토지의 등기기록에 대지권이라는 뜻의 등기가 된 이후에는 새로운 계약을 원인으로 한 저당권설정등기는 할 수 없다.

**정답** 33 (×), 34 (×), 35 (×), 36 (○), 37 (○), 38 (○)

**39** | 공인중개사 2021년

폐쇄된 등기기록에 기록되어 있는 등기사항에 관한 경정등기는 할 수 없다. ( )

**40** | 공인중개사 2018년

건축물대장에 甲 건물을 乙 건물에 합병하는 등록을 한 후, 건물의 합병등기를 하고자 하는 경우, 甲 건물에만 저당권등기가 존재하는 경우에 건물합병등기가 허용된다. ( )

**41** | 공인중개사 2022년

등기부는 영구(永久)히 보존해야 한다. ( )

**42** | 공인중개사 2016년

폐쇄한 등기기록은 영구히 보존해야 한다. ( )

**43** | 공인중개사 2014년

제공된 신청정보와 첨부정보는 영구보존하여야 한다. ( )

**44** | 공인중개사 2014년

등기사항증명서의 발급청구는 관할등기소가 아닌 등기소에 대하여도 할 수 있다. ( )

**45** | 공인중개사 2016년

등기기록에 기록되어 있는 사항은 이해관계인에 한해 열람을 청구할 수 있다. ( )

**46** | 공인중개사 2022년

등기원인을 증명하는 정보에 대하여는 이해관계 있는 부분만 열람을 청구할 수 있다. ( )

---

39 (○) 경정등기는 현재 효력이 있는 등기사항에 대해서만 가능하므로 폐쇄된 등기기록은 경정등기의 대상이 될 수 없다.

40 (×) 부동산의 일부에 대하여 저당권 설정은 불가능하다. 따라서 합병하려는 건물 중 한 건물에만 저당권등기가 존재하는 경우에는 합병등기가 허용되지 않는다. 다만 등기원인, 등기연월일 및 접수번호가 같은 창설적 공동저당의 경우에는 예외적으로 가능하다.

43 (×) 신청정보와 첨부정보의 보존기간은 영구보존이 아니라 5년이다.

45 (×) 등기기록에 기록되어 있는 사항의 전부 또는 일부의 열람(閱覽)과 이를 증명하는 등기사항증명서의 발급은 누구든지 청구할 수 있다. 다만 등기기록의 부속서류에 대하여는 이해관계 있는 부분만 열람을 청구할 수 있다.

**정답** 39 (○), 40 (×), 41 (○), 42 (○), 43 (×), 44 (○), 45 (×), 46 (○)

**47** | 공인중개사 2021년

폐쇄한 등기기록에 대해서는 등기사항의 열람은 가능하지만 등기사항증명서의 발급은 청구할 수 없다. ( )

**48** | 공인중개사 2016년

등기사항증명서 발급신청시 매매목록은 그 신청이 있는 경우에만 등기사항증명서에 포함하여 발급한다. ( )

**49** | 공인중개사 2016년

등기소에 보관 중인 등기신청서는 법관이 발부한 영장에 의해 압수하는 경우에도 등기소 밖으로 옮기지 못한다. ( )

**50** | 공인중개사 2022년

등기부는 법관이 발부한 영장에 의하여 압수하는 경우에는 대법원규칙으로 정하는 보관·관리 장소 밖으로 옮길 수 있다. ( )

---

47 (×) 폐쇄한 등기기록의 열람과 공개에 대해서는 등기사항의 열람과 발급에 관한 규정을 준용한다. 따라서 누구든지 수수료를 내고 대법원규칙으로 정하는 바에 따라 등기기록에 기록되어 있는 사항의 전부 또는 일부의 열람(閱覽)과 이를 증명하는 등기사항증명서의 발급을 청구할 수 있다.

49 (×) 등기부와 그 부속서류는 전쟁·천재지변이나 그 밖에 이에 준하는 사태를 피하기 위한 경우 외에는 그 장소 밖으로 옮기지 못한다. 다만 신청서나 그 밖의 부속서류에 한해서 법원의 명령 또는 촉탁(囑託)이 있거나 법관이 발부한 영장에 의하여 압수하는 경우에는 가능하다.

50 (×) 등기부와 그 부속서류는 전쟁·천재지변이나 그 밖에 이에 준하는 사태를 피하기 위한 경우에만 이동할 수 있고, 법관이 발부한 영장에 의하여 압수하는 경우에도 이동할 수 없다. 다만 신청서나 그 밖의 부속서류에 대하여는 법관이 발부한 영장에 의하여 압수하는 경우에도 가능하다.

**정답** 47 (×), 48 (○), 49 (×), 50 (×)

#  등기절차의 개시

**01** | 공인중개사 2014년

甲은 乙에게 甲 소유의 X부동산을 부담 없이 증여하기로 하였다. 甲이 X부동산에 대한 소유권보존등기를 신청할 수 있음에도 이를 하지 않고 乙에게 증여하는 계약을 체결하였다면, 증여계약의 체결일이 보존등기 신청기간의 기산일이다. ( )

**02** | 공인중개사 2014년

甲은 乙에게 甲 소유의 X부동산을 부담 없이 증여하기로 하였다. 특별한 사정이 없으면, 신청기간 내에 X부동산에 대한 소유권이전등기를 신청하지 않아도 원인된 계약은 효력을 잃지 않는다. ( )

**03** | 공인중개사 2014년

甲은 乙에게 甲 소유의 X부동산을 부담 없이 증여하기로 하였다. 甲과 乙은 증여계약의 효력이 발생한 날부터 60일 내에 X부동산에 대한 소유권이전등기를 신청하여야 한다. ( )

**04** | 공인중개사 2014년

甲이 甲 소유의 X부동산을 乙에게 매도하였다면, 계약으로 정한 이행기가 그 소유권이전등기 신청기간의 기산일이다. ( )

---

01 (○) 미등기 부동산에 대하여 소유권보존등기를 신청할 수 있음에도 이를 하지 않고 소유권이전을 내용으로 하는 계약을 체결한 자는 그 계약을 체결한 날로부터 60일 이내에 소유권보존등기를 신청하여야 한다.

02 (○) 신청기간 내에 소유권이전등기를 신청하지 않으면 과태료가 부과되지만 甲과 乙 사이의 원인된 계약은 효력을 잃지 않는다.

03 (○) 소유권이전등기의 원인행위가 편무계약인 경우에는 그 계약이 효력을 발생한 날부터 60일 내에 소유권이전등기를 신청하여야 한다.

04 (×) 만일 甲이 乙에게 X부동산을 매도하였다면, 쌍무계약이므로 '이행기'가 아니라 '잔금지급일'이 기산일이 된다.

**정답** 01 (○), 02 (○), 03 (○), 04 (×)

**05** | 공인중개사 2018년

건물합병등기를 신청할 의무 있는 자가 그 등기신청을 게을리 하였더라도, 「부동산등기법」상 과태료를 부과 받지 아니한다. ( )

**06** | 공인중개사 2020년

甲 소유로 등기된 토지에 설정된 乙 명의의 근저당권을 丙에게 이전하는 등기를 신청하는 경우, 등기의무자는 乙이다. ( )

**07** | 공인중개사 2019년

실체법상 등기권리자와 절차법상 등기권리자는 일치하지 않는 경우도 있다. ( )

**08** | 공인중개사 2019년

실체법상 등기권리자는 실체법상 등기의무자에 대해 등기신청에 협력할 것을 요구할 권리를 가진 자이다. ( )

**09** | 공인중개사 2019년

甲이 그 소유의 부동산을 乙에게 매도한 경우, 乙이 소유권이전등기신청에 협조하지 않는 경우, 甲은 乙에게 등기신청에 협조할 것을 소구(訴求)할 수 있다. ( )

**10** | 공인중개사 2019년

甲이 그 소유의 부동산을 乙에게 매도한 경우, 甲이 소유권이전등기신청에 협조하지 않는 경우, 乙은 승소판결을 받아 단독으로 소유권이전등기를 신청할 수 있다. ( )

**11** | 공인중개사 2019년

절차법상 등기의무자에 해당하는지 여부는 등기기록상 형식적으로 판단해야 하고, 실체법상 권리의무에 대해서는 고려해서는 안 된다. ( )

---

05 (○) 건물의 합병등기는 표제부에 관한 변경등기이므로 등기명의인이 1개월 이내에 신청하여야 할 의무가 있다. 그러나 「부동산등기법」상 과태료 규정은 없으므로 그 신청을 게을리 하였다 하더라도 과태료는 부과 받지 않는다.

06 (○) 乙 명의의 근저당권을 丙에게 이전하는 등기는 乙을 등기의무자, 丙을 등기권리자로 하여 공동신청한다. 소유권 이외의 권리의 이전등기이므로 부기등기로 실행한다.

**정답** 05 (○), 06 (○), 07 (○), 08 (○), 09 (○), 10 (○), 11 (○)

**12** | 공인중개사 2019년

甲이 자신의 부동산에 설정해 준 乙명의의 저당권설정 등기를 말소하는 경우, 甲이 절차법상 등기권리자에 해당한다. ( )

**13** | 공인중개사 2019년

부동산이 甲→乙→丙으로 매도되었으나 등기명의가 甲에게 남아 있어 丙이 乙을 대위하여 소유권이전등기를 신청하는 경우, 丙은 절차법상 등기권리자에 해당한다. ( )

**14** | 공인중개사 2020년

甲에서 乙로, 乙에서 丙으로 순차로 소유권이전등기가 이루어졌으나 乙 명의의 등기가 원인무효임을 이유로 甲이 丙을 상대로 丙명의의 등기 말소를 명하는 확정판결을 얻은 경우, 그 판결에 따른 등기에 있어서 등기권리자는 甲이다. ( )

**15** | 공인중개사 2020년

채무자 甲에서 乙로 소유권이전등기가 이루어졌으나 甲의 채권자 丙이 등기원인이 사해행위임을 이유로 그 소유권이전등기의 말소판결을 받은 경우, 그 판결에 따른 등기에 있어서 등기권리자는 甲이다. ( )

**16** | 공인중개사 2020년

대표자가 있는 법인 아닌 재단에 속하는 부동산의 등기에 관하여는 그 대표자를 등기권리자 또는 등기의무자로 한다. ( )

---

13 (×) 부동산이 甲 → 乙 → 丙으로 매도되었으나 등기명의가 甲에게 남아 있어 丙이 乙을 대위하여 소유권이전등기를 신청하는 경우, 乙은 절차법상 등기권리자에 해당한다.

14 (×) 甲이 丙을 상대로 丙명의의 등기를 말소하면 등기기록상 소유자는 乙이 되므로 등기권리자는 乙이다.

15 (○) 乙 명의의 소유권이전등기를 말소하면 등기기록상 소유자는 甲이 되므로 등기권리자는 甲이다.

16 (×) 종중(宗中), 문중(門中), 그 밖에 대표자나 관리인이 있는 법인 아닌 사단(社團)이나 재단(財團)에 속하는 부동산의 등기에 관하여는 그 사단이나 재단을 등기권리자 또는 등기의무자로 한다.

**정답** 12 (○), 13 (×), 14 (×), 15 (○), 16 (×)

**17** | 공인중개사 2020년

甲이 그 소유 부동산을 乙에게 매도하고 사망한 경우, 甲의 단독상속인 丙은 등기의무자로서 甲과 乙의 매매를 원인으로 하여 甲으로부터 乙로의 이전등기를 신청할 수 있다. ( )

**18** | 공인중개사 2021년

건물소유권의 공유지분 일부에 대하여는 전세권설정등기를 할 수 없다. ( )

**19** | 공인중개사 2014년

법률에 다른 규정이 없으면, 촉탁에 따른 등기절차는 신청등기에 관한 규정을 준용한다. ( )

**20** | 공인중개사 2021년

관공서가 등기를 촉탁하는 경우 우편에 의한 등기촉탁도 할 수 있다. ( )

**21** | 공인중개사 2021년

등기의무자인 관공서가 등기권리자의 청구에 의하여 등기를 촉탁하는 경우, 등기의무자의 권리에 관한 등기필정보를 제공할 필요가 없다. ( )

**22** | 공인중개사 2021년

등기권리자인 관공서가 부동산 거래의 주체로서 등기를 촉탁할 수 있는 경우라도 등기의무자와 공동으로 등기를 신청할 수 있다. ( )

---

17 (○) 甲이 그 소유 부동산을 乙에게 매도하고 사망한 경우, 상속등기를 하지 않고, 직접 乙 명의의 소유권이전등기를 할 수 있다. 일종의 중간생략등기에 해당하지만 예외적으로 허용되는 경우이다. 상속인 丙을 등기의무자, 매수인 乙을 등기권리자로 하여 공동으로 신청할 수 있다.

18 (○) 전세권과 같은 용익물권은 부동산 일부에 대해서는 설정할 수 있으나, 소유권의 일부에 대해서는 설정할 수 없다.

20 (○) 관공서가 촉탁하는 경우에는 신용도가 높다는 점에서 당사자나 대리인이 출석하지 않고 우편으로 촉탁서를 제출할 수 있도록 하였다.

21 (○) 관공서는 등기를 마친 경우에도 등기필정보를 교부하지 않기 때문에 등기의무자가 되는 경우라 하더라도 등기필정보를 제공할 수 없다.

22 (○) 촉탁은 신청과 실질적으로 차이가 없으므로 관공서가 부동산 거래의 주체로서 등기를 촉탁할 수 있는 경우라 하더라도 등기의무자와 공동으로 등기를 신청할 수 있다.

**정답** 17 (○), 18 (○), 19 (○), 20 (○), 21 (○), 22 (○)

**23** | 공인중개사 2021년

관공서가 경매로 인하여 소유권이전등기를 촉탁하는 경우, 등기기록과 대장상의 부동산의 표시가 부합하지 않은 때에는 그 등기촉탁을 수리할 수 없다. ( )

**24** | 공인중개사 2016년

승역지에 지역권설정등기를 하였을 경우, 요역지지역권등기는 단독으로 신청할 수 있는 등기이다. ( )

**25** | 공인중개사 2014년

행정구역이 변경되면, 등기기록에 기록된 행정구역에 대하여 변경등기가 있는 것으로 본다. ( )

**26** | 공인중개사 2018년

특별한 사정이 없는 한, 등기의 신청은 1건당 1개의 부동산에 관한 신청정보를 제공하는 방법으로 하여야 한다. ( )

**27** | 공인중개사 2022년

부동산에 관한 근저당권설정등기의 말소등기를 함에 있어 근저당권 설정 후 소유권이 제3자에게 이전된 경우, 근저당권설정자 또는 제3취득자는 근저당권자와 공동으로 그 말소등기를 신청할 수 있다. ( )

**28** | 공인중개사 2018년

같은 채권의 담보를 위하여 여러 개의 부동산에 대한 저당권설정등기를 신청하는 경우, 부동산의 관할 등기소가 서로 다르면 1건의 신청정보로 일괄하여 등기를 신청할 수 없다. ( )

---

23 (×) 등기기록상 부동산표시와 대장상 부동산표시가 불일치하는 경우에는 각하사유가 되는 것이 원칙이나(법 제29조 제11호) 이 규정은 등기명의인이 신청하는 경우에 적용되는 것이고, 관공서가 촉탁을 하는 경우에는 적용되지 않으므로 등기관은 등기촉탁을 수리하여야 한다.

24 (×) 승역지에 지역권설정등기를 하였을 경우, 요역지지역권등기는 등기관이 직권으로 한다.

28 (○) 같은 채권의 담보를 위하여 소유자가 다른 여러 개의 부동산에 대한 저당권설정등기를 신청하는 경우에는 일괄하여 신청할 수 있으나, 관할등기소가 다른 경우에는 그러하지 아니하다.

**정답** 23 (×), 24 (×), 25 (○), 26 (○), 27 (○), 28 (○)

**29** | 공인중개사 2018년

등기신청서에는 신청인 또는 그 대리인이 기명날인하거나 서명하여야 한다. ( )

**30** | 공인중개사 2018년

신청서에 간인을 하는 경우, 등기권리자가 여러 명이고 등기의무자가 1명일 때에는 등기권리자 중 1명과 등기의무자가 간인하는 방법으로 한다. ( )

**31** | 공인중개사 2018년

신청서의 문자를 삭제한 경우에는 그 글자 수를 난외(欄外)에 적으며 문자의 앞뒤에 괄호를 붙이고 이에 서명하고 날인하여야 한다. ( )

**32** | 공인중개사 2016년

특정유증으로 인한 소유권이전등기는 단독으로 신청할 수 있는 등기이다. ( )

**33** | 공인중개사 2021년

포괄유증을 원인으로 하는 수증자의 소유권이전등기 신청은 단독으로 할 수 있다. ( )

**34** | 공인중개사 2016년

근저당권의 채권최고액을 감액하는 변경등기는 단독으로 신청할 수 있는 등기이다. ( )

**35** | 공인중개사 2018년

이행판결에 의한 등기는 승소한 등기권리자 또는 패소한 등기의무자가 단독으로 신청한다. ( )

---

31 (×) 신청서의 문자를 삭제한 경우에는 그 글자 수를 난외(欄外)에 적으며 문자의 앞뒤에 괄호를 붙이고 이에 날인 또는 서명하여야 한다(규칙 제57조 제1항).

32 (×) 특정유증의 경우에는 유언집행자와 수증자의 공동신청으로 소유권이전등기를 한다.

33 (×) 포괄유증을 원인으로 하는 수증자의 소유권이전등기 신청은 상속인 또는 유언집행자를 등기의무자, 수증자를 등기권리자로 하여 공동으로 신청한다.

34 (×) 근저당권의 채권최고액을 감액하는 변경등기는 근저당권자와 근저당권설정자가 공동으로 신청한다.

35 (×) 이행판결에 의한 등기는 승소한 등기권리자가 단독으로 신청한다.

**정답** 29 (○), 30 (○), 31 (×), 32 (×), 33 (×), 34 (×), 35 (×)

**36** | 공인중개사 2015년

소유권이전등기절차의 이행을 명하는 확정판결이 있는 경우, 그 판결 확정 후 10년을 경과하면 그 판결에 의한 등기를 신청할 수 없다. ( )

**37** | 공인중개사 2016년

소유권보존등기의 말소등기는 단독으로 신청할 수 있는 등기이다. ( )

**38** | 공인중개사 2016년

법인합병을 원인으로 한 저당권이전등기는 단독으로 신청할 수 있는 등기이다. ( )

**39** | 공인중개사 2017년

수용으로 인한 소유권이전등기를 하는 경우, 등기권리자는 그 목적물에 설정되어 있는 근저당권설정등기의 말소등기를 단독으로 신청하여야 한다. ( )

**40** | 공인중개사 2022년

부동산표시의 변경이나 경정의 등기는 소유권의 등기명의인이 단독으로 신청한다. ( )

**41** | 공인중개사 2017년

등기명의인 표시변경등기는 해당 권리의 등기명의인이 단독으로 신청할 수 있다. ( )

**42** | 공인중개사 2017년

등기의 말소를 공동으로 신청해야 하는 경우, 등기의무자의 소재불명으로 제권판결을 받으면 등기권리자는 그 사실을 증명하여 단독으로 등기의 말소를 신청할 수 있다. ( )

---

36 (×) 소유권이전등기절차의 이행을 명하는 확정판결이 있는 경우의 등기신청은 기간에 제한이 없으므로 10년이 경과하더라도 가능하다.
37 (○) 소유권보존등기는 단독으로 신청하므로 말소등기도 단독으로 신청한다.
38 (○) 법인이 합병되면 존속하는 법인이 단독으로 저당권이전등기를 신청한다.
39 (×) 수용으로 인한 소유권이전등기를 하는 경우, 그 부동산에 관한 소유권 이외의 권리는 직권으로 말소한다.

**정답** 36 (×), 37 (○), 38 (○), 39 (×), 40 (○), 41 (○), 42 (○)

**43** | 공인중개사 2017년

말소등기 신청시 등기의 말소에 대하여 등기상 이해관계 있는 제3자의 승낙이 있는 경우, 그 제3자 명의의 등기는 등기권리자의 단독신청으로 말소된다. ( )

**44** | 공인중개사 2022년

채권자가 채무자를 대위하여 등기신청을 하는 경우, 채무자가 등기신청인이 된다. ( )

**45** | 공인중개사 2020년

채권자 甲이 채권자대위권에 의하여 채무자 乙을 대위하여 등기 신청하는 경우, 乙에게 등기신청권이 없으면 甲은 대위등기를 신청할 수 없다. ( )

**46** | 공인중개사 2020년

채권자 甲이 채권자대위권에 의하여 채무자 乙을 대위하여 등기 신청하는 경우, 대위등기를 신청할 때 대위원인을 증명하는 정보를 첨부하여야 한다. ( )

**47** | 공인중개사 2020년

채권자 甲이 채권자대위권에 의하여 채무자 乙을 대위하여 등기 신청하는 경우, 대위신청에 따른 등기를 한 경우, 등기관은 乙에게 등기완료의 통지를 하여야 한다. ( )

**48** | 공인중개사 2022년

건물이 멸실된 경우, 그 건물소유권의 등기명의인이 1개월 이내에 멸실등기 신청을 하지 않으면 그 건물대지의 소유자가 그 건물소유권의 등기명의인을 대위하여 멸실등기를 신청할 수 있다. ( )

---

43 (×) 등기의 말소에 대하여 등기상 이해관계 있는 제3자의 승낙이 있는 경우에는 말소등기를 신청할 수 있으며, 이 경우 그 제3자 명의의 등기는 등기관이 직권으로 말소한다.

44 (×) 채권자가 채무자를 대위하여 등기신청을 하는 경우, 채무자는 등기명의인이 되고, 채권자는 등기신청인이 된다.

45 (○) 채권자 대위권에 근거하여 대위신청하는 경우에는 채무자인 乙에게 등기신청권이 있어야 하고, 채권자에게 피대위채권이 있어야 한다.

47 (○) 대위신청에 따른 등기를 한 경우, 신청인과 등기명의인이 일치하지 않으므로 등기필정보는 작성, 교부되지 않으나, 대위신청을 한 甲과 등기권리자인 乙에게 등기완료의 통지는 하여야 한다.

**정답** 43 (×), 44 (×), 45 (○), 46 (○), 47 (○), 48 (○)

**49** | 공인중개사 2022년

1동의 건물에 속하는 구분건물 중 일부만에 관하여 소유권보존등기를 신청하면서 나머지 구분건물의 표시에 관한 등기를 동시에 신청하는 경우, 구분건물의 소유자는 1동에 속하는 다른 구분건물의 소유자를 대위하여 그 건물의 표시에 관한 등기를 신청할 수 있다.
( )

**50** | 공인중개사 2019년

甲이 그 소유의 부동산을 乙에게 매도한 경우, 乙은 甲의 위임을 받더라도 그의 대리인으로서 소유권 이전등기를 신청할 수 없다. ( )

**51** | 공인중개사 2022년

피상속인으로부터 그 소유의 부동산을 매수한 매수인이 등기신청을 하지 않고 있던 중 상속이 개시된 경우, 상속인은 신분을 증명할 수 있는 서류를 첨부하여 피상속인으로부터 바로 매수인 앞으로 소유권이전등기를 신청할 수 있다. ( )

**52** | 공인중개사 2022년

가등기를 마친 후에 가등기권자가 사망한 경우, 그 상속인은 상속등기를 할 필요 없이 상속을 증명하는 서면을 첨부하여 가등기의무자와 공동으로 본등기를 신청할 수 있다. ( )

**53** | 공인중개사 2022년

대리인이 방문하여 등기신청을 대리하는 경우, 그 대리인은 행위능력자임을 요하지 않는다.
( )

**54** | 공인중개사 2016년

법인 아닌 사단은 전자신청을 할 수 없다. ( )

**55** | 공인중개사 2016년

자격자대리인이 아닌 사람도 타인을 대리하여 전자신청을 할 수 있다. ( )

---

50 (×) 등기신청행위는 쌍방대리나 자기계약이 허용되므로 甲의 위임을 받은 경우에 乙은 그의 대리인으로서 소유권 이전등기를 신청할 수 있다.

54 (○) 법인 아닌 사단이나 재단은 전자증명서를 발급받을 수 없으므로 전자신청을 할 수 없다.

55 (×) 자격자대리인이 아닌 사람은 대리신청은 가능하나, 전자신청을 대리할 수는 없다.

**정답** 49 (○), 50 (×), 51 (○), 52 (○), 53 (○), 54 (○), 55 (×)

**56** | 공인중개사 2018년

전자표준양식에 의한 등기신청의 경우, 자격자대리인(법무사 등)이 아닌 자도 타인을 대리하여 등기를 신청할 수 있다. ( )

**57** | 공인중개사 2018년

외국인은 「출입국관리법」에 따라 외국인등록을 하더라도 전산정보처리조직에 의한 사용자등록을 할 수 없으므로 전자신청을 할 수 없다. ( )

**58** | 공인중개사 2022년

매매를 원인으로 한 토지소유권이전등기를 신청하는 경우에 등기권리자의 등기필정보는 신청정보의 내용으로 등기소에 제공해야 하는 사항이다. ( )

**59** | 공인중개사 2022년

매매를 원인으로 한 토지소유권이전등기를 신청하는 경우에 토지의 표시에 관한 사항 중 면적은 신청정보의 내용으로 등기소에 제공해야 하는 사항이다. ( )

**60** | 공인중개사 2022년

매매를 원인으로 한 토지소유권이전등기를 신청하는 경우에 토지의 표시에 관한 사항 중 표시번호는 신청정보의 내용으로 등기소에 제공해야 하는 사항이다. ( )

**61** | 공인중개사 2018년

건축물대장에 甲 건물을 乙 건물에 합병하는 등록을 한 후, 건물의 합병등기를 하고자 하는 경우, 합병등기를 신청하는 경우, 乙 건물의 변경 전과 변경 후의 표시에 관한 정보를 신청정보의 내용으로 등기소에 제공하여야 한다. ( )

---

56 (○) 전자표준양식에 의한 등기신청은 방문신청의 일종이므로 자격자대리인(법무사 등)이 아닌 자도 타인을 대리하여 등기를 신청할 수 있다.

57 (×) 외국인도 「출입국관리법」에 따라 외국인등록을 하면 사용자등록을 할 수 있으므로 전자신청이 가능하다.

58 (×) '등기권리자'가 아니라 '등기의무자'의 등기필정보를 제공하는 경우가 있다.

60 (×) 표시번호는 신청인이 임의적으로 선택할 수 있는 사항이 아니므로 기재할 필요가 없다.

**정답** 56 (○), 57 (×), 58 (×), 59 (○), 60 (×), 61 (○)

**62** | 공인중개사 2022년

매매를 원인으로 한 토지소유권이전등기를 신청하는 경우에 신청인이 법인인 경우에 그 대표자의 주민등록번호는 신청정보의 내용으로 등기소에 제공해야 하는 사항이다. ( )

**63** | 공인중개사 2022년

매매를 원인으로 한 토지소유권이전등기를 신청하는 경우에 대리인에 의하여 등기를 신청하는 경우에 그 대리인의 주민등록번호는 신청정보의 내용으로 등기소에 제공해야 하는 사항이다. ( )

**64** | 공인중개사 2018년

법인 아닌 사단이 등기권리자로서 등기신청을 하는 경우, 그 대표자의 성명 및 주소를 증명하는 정보를 첨부정보로 제공하여야 하지만 주민등록번호를 제공할 필요는 없다. ( )

**65** | 공인중개사 2016년

소유권이전등기신청시 등기의무자의 주소증명정보는 등기소에 제공하지 않는다. ( )

**66** | 공인중개사 2021년

임의경매는 사인(私人)간 토지소유권이전등기 신청시, 등기원인을 증명하는 서면에 검인을 받아야 하는 경우이다. ( )

**67** | 공인중개사 2021년

진정명의 회복은 사인(私人)간 토지소유권이전등기 신청시, 등기원인을 증명하는 서면에 검인을 받아야 하는 경우이다. ( )

---

62 (×) 신청인이 법인인 경우에 그 대표자의 주민등록번호는 제공하지 않으며, 비법인의 경우에는 제공한다.

63 (×) 대리인은 등기부상의 권리자가 되는 것이 아니므로 대리인의 주민등록번호는 제공할 필요가 없다.

64 (×) 법인 아닌 사단이 등기권리자로서 등기신청을 하는 경우, 그 대표자의 성명 및 주소 뿐만 아니라 주민등록번호도 첨부정보로 제공하여야 한다.

65 (×) 소유권이전등기를 신청할 때에는 등기권리자 뿐만 아니라 등기의무자의 주소증명정보도 제공해야 한다.

66 (×) 검인은 계약을 원인으로 소유권이전등기를 신청할 때 필요하므로 경매로 인한 경우는 필요 없다.

67 (×) 진정명의 회복은 따로 계약을 체결하는 것이 아니므로 필요 없다.

**정답** 62 (×), 63 (×), 64 (×), 65 (×), 66 (×), 67 (×)

**68** | 공인중개사 2021년

공유물분할합의는 사인(私人)간 토지소유권이전등기 신청시, 등기원인을 증명하는 서면에 검인을 받아야 하는 경우이다. ( )

**69** | 공인중개사 2021년

양도담보계약은 사인(私人)간 토지소유권이전등기 신청시, 등기원인을 증명하는 서면에 검인을 받아야 하는 경우이다. ( )

**70** | 공인중개사 2021년

명의신탁해지약정은 사인(私人)간 토지소유권이전등기 신청시, 등기원인을 증명하는 서면에 검인을 받아야 하는 경우이다. ( )

**71** | 공인중개사 2015년

상속을 원인으로 하여 농지에 대한 소유권이전등기를 신청하는 경우, 농지취득자격증명은 필요하지 않다. ( )

**72** | 공인중개사 2015년

소유권의 일부에 대한 이전등기를 신청하는 경우, 이전되는 지분을 신청정보의 내용으로 등기소에 제공하여야 한다. ( )

**73** | 공인중개사 2016년

전세권설정범위가 건물 전부인 경우, 전세권설정등기 신청시 건물도면을 첨부정보로서 등기소에 제공해야 한다. ( )

---

68 (○) 공유물분할합의는 계약을 원인으로 소유권이전등기를 신청하는 것이므로 필요하다.

69 (○) 양도담보계약은 계약을 원인으로 소유권이전등기를 신청하므로 필요한 경우이다.

70 (○) 명의신탁이 적법한 경우 그 해지약정은 계약을 원인으로 소유권이전등기를 신청하는 경우이므로 필요하다.

73 (×) 전세권설정범위가 건물의 일부인 경우, 건물도면을 첨부정보로서 등기소에 제공한다.

**정답** 68 (○), 69 (○), 70 (○), 71 (○), 72 (○), 73 (×)

**74** | 공인중개사 2014년

토지대장 정보는 토지소유권이전등기 신청정보에 해당하지 않는다. ( )

**75** | 공인중개사 2016년

법인의 등록번호는 주된 사무소 소재지를 관할하는 시장, 군수 또는 구청장이 부여한다.
( )

**76** | 공인중개사 2016년

주민등록번호가 없는 재외국민의 등록번호는 대법원 소재지 관할 등기소의 등기관이 부여한다. ( )

**77** | 공인중개사 2016년

외국인의 등록번호는 체류지를 관할하는 시장, 군수 또는 구청장이 부여한다. ( )

**78** | 공인중개사 2016년

법인 아닌 사단의 등록번호는 주된 사무소 소재지 관할등기소의 등기관이 부여한다. ( )

**79** | 공인중개사 2016년

국내에 영업소나 사무소의 설치 등기를 하지 아니한 외국법인의 등록번호는 국토교통부장관이 지정·고시한다. ( )

---

74 (×) 토지대장 정보는 신청정보가 아니라 첨부정보에 해당한다.

75 (×) 법인의 등록번호는 주된 사무소(회사의 경우 본점) 소재지 관할 등기소의 등기관이 부여한다.

77 (×) 외국인의 등록번호는 체류지를 관할하는 지방출입국·외국인관서의 장이 부여한다. 국내에 체류지가 없는 경우에는 대법원 소재지에 체류지가 있는 것으로 본다.

78 (×) 법인 아닌 사단의 등록번호는 시장(제주특별자치도 행정시는 포함, 자치구가 아닌 구를 두는 시장은 제외), 군수, 구청장(자치구가 아닌 구청장도 포함)이 부여한다.

79 (×) 국내에 영업소나 사무소의 설치 등기를 하지 아니한 외국법인의 등록번호는 시장(제주특별자치도 행정시는 포함, 자치구가 아닌 구를 두는 시장은 제외), 군수, 구청장(자치구가 아닌 구청장도 포함)이 부여한다.

**정답** 74 (×), 75 (×), 76 (○), 77 (×), 78 (×), 79 (×)

# 등기관의 처분과 이의신청

**01 | 공인중개사 2015년**
이미 보존등기된 부동산에 대하여 다시 보존등기를 신청한 경우는 등기신청의 각하사유에 해당한다. ( )

**02 | 공인중개사 2019년**
일부지분에 대한 소유권보존등기를 신청한 경우는 등기관이 등기신청을 각하해야 한다. ( )

**03 | 공인중개사 2015년**
구분건물의 전유부분과 대지사용권의 분리처분 금지에 위반한 등기를 신청한 경우는 등기신청의 각하사유에 해당한다. ( )

**04 | 공인중개사 2015년**
법령에 근거가 없는 특약사항의 등기를 신청한 경우는 등기신청의 각하사유에 해당한다. ( )

**05 | 공인중개사 2018년**
매매로 인한 소유권이전등기 이후에 환매특약등기를 신청한 경우는 등기신청의 각하사유에 해당한다. ( )

**06 | 공인중개사 2018년**
전세권의 양도금지 특약을 등기신청한 경우는 등기신청의 각하사유에 해당한다. ( )

---

02 (○) 일부지분에 대한 소유권보존등기는 등기할 사항이 아니므로 각하사유에 해당한다.
03 (○) 구분건물의 전유부분과 대지사용권의 일체성에 위반되는 등기는 등기할 사항이 아니다.
05 (○) 환매특약등기는 매매로 인한 소유권이전등기와 동시에 신청하여야 한다.
06 (×) 전세권의 양도금지 특약은 등기할 수 있는 사항에 해당한다.

**정답** 01 (○), 02 (○), 03 (○), 04 (○), 05 (○), 06 (×)

**07** | 공인중개사 2019년

농지를 전세권의 목적으로 하는 등기를 신청한 경우는 등기관이 등기신청을 각하해야 한다. ( )

**08** | 공인중개사 2019년

법원의 촉탁으로 실행되어야 할 등기를 신청한 경우는 등기관이 등기신청을 각하해야 한다. ( )

**09** | 공인중개사 2018년

관공서의 공매처분으로 인한 권리이전의 등기를 매수인이 신청한 경우는 등기신청의 각하사유에 해당한다. ( )

**10** | 공인중개사 2015년

일부지분에 대한 소유권보존등기를 신청한 경우에는 그 등기신청은 각하되어야 한다. ( )

**11** | 공인중개사 2019년

미등기 부동산의 공유자 중 1인은 전체 부동산에 대한 소유권보존등기를 신청할 수 없다. ( )

**12** | 공인중개사 2019년

공동상속인 중 일부가 자신의 상속지분만에 대한 상속등기를 신청한 경우는 등기관이 등기신청을 각하해야 한다. ( )

---

07 (○) 농지를 전세권의 목적으로 하는 등기는 등기할 사항이 아니므로 각하사유에 해당한다.
08 (○) 촉탁으로 실행할 사항을 신청한 것은 등기할 사항이 아니므로 각하사유에 해당한다.
09 (○) 관공서의 공매처분으로 인한 권리이전의 등기는 관공서가 촉탁하는 등기에 해당하므로 매수인이 신청한 경우에는 각하사유가 된다.
10 (○) 일부지분만에 대한 소유권보존등기는 등기할 사항이 아니므로 각하된다.
11 (×) 미등기 부동산의 공유자 중 1인은 자기 지분만에 대한 소유권보존등기는 신청할 수 없으며, 전원명의로 신청할 수 있다.
12 (○) 자신의 상속지분에 대한 상속등기는 등기할 사항이 아니므로 각하사유에 해당한다.

**정답** 07 (○), 08 (○), 09 (○), 10 (○), 11 (×), 12 (○)

**13** | 공인중개사 2015년

공동가등기권자 중 일부의 가등기권자가 자기의 지분만에 관하여 본등기를 신청한 경우는 등기신청의 각하사유에 해당한다. ( )

**14** | 공인중개사 2019년

저당권을 피담보채권과 분리하여 다른 채권의 담보로 하는 등기를 신청한 경우는 등기관이 등기신청을 각하해야 한다. ( )

**15** | 공인중개사 2018년

소유권이전등기의무자의 등기기록상 주소가 신청정보의 주소로 변경된 사실이 명백한 때는 등기신청의 각하사유에 해당한다. ( )

**16** | 공인중개사 2018년

등기관이 합병제한 사유가 있음을 이유로 신청을 각하한 경우 지체 없이 그 사유를 건축물대장 소관청에 알려야 한다. ( )

**17** | 공인중개사 2015년

승소한 등기권리자가 단독으로 판결에 의한 소유권이전등기를 신청하는 경우, 등기의무자의 권리에 관한 등기필정보를 제공할 필요가 없다. ( )

**18** | 공인중개사 2019년

승소한 등기의무자가 단독으로 권리에 관한 등기를 신청하는 경우, 그의 등기필정보를 등기소에 제공하여야 한다. ( )

---

13 (×) 다수의 가등기권자 중 1인은 자기의 지분만에 관하여 본등기를 신청할 수 있으므로 각하사유가 아니다.

14 (○) 저당권을 피담보채권과 분리하여 다른 채권의 담보로 하는 등기는 등기할 사항이 아니므로 각하사유에 해당한다.

15 (×) 소유권이전등기의무자의 등기기록상 주소가 신청정보의 주소로 변경된 사실이 명백한 때에는 등기관이 직권으로 주소변경등기를 실행하므로 각하사유가 아니다.

17 (○) 등기의무자의 의사를 판결로 대신하기 때문이다.

18 (○) 승소한 등기의무자는 자신의 등기필정보를 가지고 있으므로 신청할 때 그의 등기필정보를 등기소에 제공하여야 한다.

**정답** 13 (×), 14 (○), 15 (×), 16 (○), 17 (○), 18 (○)

**19** | 공인중개사 2019년

승소한 등기의무자가 단독으로 등기신청을 한 경우, 등기필정보를 등기권리자에게 통지하지 않아도 된다. ( )

**20** | 공인중개사 2019년

등기관이 새로운 권리에 관한 등기를 마친 경우, 원칙적으로 등기필정보를 작성하여 등기권리자에게 통지해야 한다. ( )

**21** | 공인중개사 2016년

지방자치단체가 등기권리자인 경우, 등기관은 등기필정보를 작성·통지하지 않는다. ( )

**22** | 공인중개사 2019년

등기관이 법원의 촉탁에 따라 가압류등기를 하기 위해 직권으로 소유권보존등기를 한 경우, 소유자에게 등기필정보를 통지하지 않는다. ( )

**23** | 공인중개사 2019년

등기권리자가 등기필정보를 분실한 경우, 관할등기소에 재교부를 신청할 수 있다. ( )

**24** | 공인중개사 2020년

등기관의 결정에 이의가 있는 자는 관할 지방법원에 이의신청을 할 수 있다. ( )

**25** | 공인중개사 2017년

이의신청서에는 이의신청인의 성명과 주소, 이의신청의 대상인 등기관의 결정 또는 처분, 이의신청의 취지와 이유, 그 밖에 대법원예규로 정하는 사항을 적고 신청인이 기명날인 또는 서명하여야 한다. ( )

---

19 (○) 승소한 등기의무자는 새로운 권리자가 아니므로 등기필정보를 작성하여 통지하지 않아도 된다.

22 (○) 신청인과 소유자가 일치하지 않으므로 등기필정보를 작성하여 통지하지 않는다. 다만 등기완료통지는 하여야 한다.

23 (×) 등기필정보는 어떠한 경우에도 재교부되지 않는다.

24 (○) 등기관의 결정에 이의가 있는 자는 관할 지방법원에 이의신청을 할 수 있다. 다만 이의신청서는 등기소에 제출하여야 한다.

**정답** 19 (○), 20 (○), 21 (○), 22 (○), 23 (×), 24 (○), 25 (○)

**26** | 공인중개사 **2020년**

등기관은 이의가 이유없다고 인정하면 이의신청일로부터 3일 이내에 의견을 붙여 이의신청서를 이의신청자에게 보내야 한다. ( )

**27** | 공인중개사 **2020년**

이의신청자는 새로운 사실을 근거로 이의신청을 할 수 있다. ( )

**28** | 공인중개사 **2020년**

이의에는 집행정지의 효력이 있다. ( )

**29** | 공인중개사 **2015년**

상속인이 아닌 자는 상속등기가 위법하다 하여 이의신청을 할 수 없다. ( )

**30** | 공인중개사 **2016년**

등기신청의 각하결정에 대해 제3자는 이의신청을 할 수 없다. ( )

**31** | 공인중개사 **2015년**

이의신청은 구술이 아닌 서면으로 하여야 하며, 그 기간에는 제한이 없다. ( )

**32** | 공인중개사 **2015년**

등기신청의 각하결정에 대한 이의신청은 등기관의 각하결정이 부당하다는 사유로 족하다. ( )

---

26 (×) 등기관은 이의가 이유없다고 인정하면 이의신청일로부터 3일 이내에 의견을 붙여 이의신청서를 지방법원에 보내야 한다. 이의가 이유있다고 인정하면 각하된 등기신청을 수리하여 실행하거나 이미 실행된 등기를 직권으로 말소한다.

27 (×) 이의신청은 등기관의 결정이나 처분 당시의 사실을 기준으로 판단되므로 이의신청자는 새로운 사실이나 증거방법을 근거로 이의신청을 할 수는 없다.

28 (×) 이의신청을 하더라도 집행정지의 효력은 없으므로 새로운 등기신청이 있으면 등기관은 이를 수리하여야 한다.

30 (○) 등기신청을 각하한 결정에 대하여는 등기신청인인 등기권리자 및 등기의무자에 한하여 할 수 있고, 제3자는 등기를 실행한 처분에 대하여는 등기상 이해관계 있는 경우에만 이의신청을 할 수 있다.

**정답** 26 (×), 27 (×), 28 (×), 29 (○), 30 (○), 31 (○), 32 (○)

**33** | 공인중개사 2017년

관할 지방법원은 이의신청에 대하여 결정하기 전에 등기관에게 이의가 있다는 뜻의 부기등기를 명령할 수 있다. ( )

**34** | 공인중개사 2019년

등기신청의 각하결정에 대한 이의신청에 따라 관할법원의 소유권이전등기의 기록명령이 있었으나 그 기록명령에 따른 등기 전에 제3자 명의로 저당권등기가 되어 있는 경우, 등기를 할 수 있다. ( )

**35** | 공인중개사 2019년

등기신청의 각하결정에 대한 이의신청에 따라 관할법원의 권리이전등기의 기록명령이 있었으나 그 기록명령에 따른 등기 전에 제3자 명의로 권리이전등기가 되어 있는 경우, 등기를 할 수 있다. ( )

**36** | 공인중개사 2019년

등기신청의 각하결정에 대한 이의신청에 따라 관할법원의 말소등기의 기록명령이 있었으나 그 기록명령에 따른 등기 전에 등기상 이해관계인이 발생한 경우, 등기를 할 수 있다. ( )

**37** | 공인중개사 2019년

등기신청의 각하결정에 대한 이의신청에 따라 관할법원의 등기관이 기록명령에 따른 등기를 하기 위해 신청인에게 첨부정보를 다시 등기소에 제공할 것을 명령했으나 신청인이 이에 응하지 않은 경우, 등기를 할 수 있다. ( )

---

34 (○) 소유권이전등기와 저당권등기는 양립할 수 있으므로 등기를 할 수 있다.
35 (×) 권리이전등기는 서로 양립할 수 없으므로 등기를 할 수 없다.
36 (×) 이해관계인의 권리를 침해하므로 등기를 할 수 없다.
37 (×) 첨부정보를 제공하지 않으면 등기를 할 수 없다.

**정답** 33 (○), 34 (○), 35 (×), 36 (×), 37 (×)

**38** | 공인중개사 2019년

등기신청의 각하결정에 대한 이의신청에 따라 관할법원의 전세권설정등기의 기록명령이 있었으나 그 기록명령에 따른 등기 전에 동일한 부분에 전세권등기가 되어 있는 경우, 등기를 할 수 있다. ( )

**39** | 공인중개사 2017년

이의에 대한 결정의 통지는 결정서 등본에 의하여 한다. ( )

---

38 (×) 동일한 부분에 대한 전세권 등기는 양립할 수 없으므로 등기를 할 수 없다.

정답 38 (×), 39 (○)

# 소유권에 관한 등기절차

**01** | 공인중개사 2014년

미등기건물의 건축물대장에 최초의 소유자로 등록된 자로부터 포괄유증을 받은 자는 그 건물에 관한 소유권보존등기를 신청할 수 있다. ( )

**02** | 공인중개사 2015년

토지에 관한 소유권보존등기의 경우, 당해 토지가 소유권보존등기 신청인의 소유임을 이유로 소유권보존등기의 말소를 명한 확정판결에 의해서 자기의 소유권을 증명하는 자는 소유권보존등기를 신청할 수 있다. ( )

**03** | 공인중개사 2015년

건물에 대하여 국가를 상대로 한 소유권확인판결에 의해서 자기의 소유권을 증명하는 자는 소유권보존등기를 신청할 수 있다. ( )

**04** | 공인중개사 2022년

수용으로 인하여 소유권을 취득하였음을 증명하는 자는 미등기토지에 대한 보존등기를 신청할 수 있다. ( )

**05** | 공인중개사 2018년

군수의 확인에 의하여 미등기 토지가 자기의 소유임을 증명하는 자는 보존등기를 신청할 수 있다. ( )

---

02 (○) 소유권보존등기는 판결에 의하여 소유권을 증명하는 자도 가능하다. 이때 판결의 종류에는 형성판결, 이행판결, 확인판결 모두 포함된다.

03 (×) 건물의 경우에는 지방자치단체를 상대로 하고, 토지의 경우에는 국가를 상대로 하여야 한다.

04 (○) 미등기 부동산을 수용한 경우에는 그 사실을 증명하여 소유권보존등기를 신청할 수 있고, 등기된 토지에 대해서는 소유권이전등기를 신청할 수 있다.

05 (×) 건물에 한하여 특별자치도지사, 시장, 군수, 구청장의 확인에 의해서 자기의 소유임을 증명하는 자는 소유권보존등기를 신청할 수 있다. 따라서 미등기 토지에 대해서는 신청할 수 없다.

**정답** 01 (○), 02 (○), 03 (×), 04 (○), 05 (×)

**06** | 공인중개사 2019년

토지에 대한 소유권보존등기의 경우, 등기원인과 그 연월일을 기록해야 한다. ( )

**07** | 공인중개사 2019년

토지에 대한 기존의 소유권보존등기를 말소하지 않고는 그 토지에 대한 소유권보존등기를 할 수 없다. ( )

**08** | 공인중개사 2016년

甲이 신축한 미등기건물을 甲으로부터 매수한 乙은 甲명의로 소유권보존등기 후 소유권이전등기를 해야 한다. ( )

**09** | 공인중개사 2015년

미등기부동산을 대장상 소유자로부터 양수인이 이전받아 양수인명의로 소유권보존등기를 한 경우, 그 등기가 실체관계에 부합하면 유효하다. ( )

**10** | 공인중개사 2016년

토지대장상 최초의 소유자인 甲의 미등기토지가 상속된 경우, 甲명의로 보존등기를 한 후 상속인명의로 소유권이전등기를 한다. ( )

**11** | 공인중개사 2016년

본 건물의 사용에만 제공되는 부속건물도 소유자의 신청에 따라 본 건물과 별도의 독립건물로 등기할 수 있다. ( )

---

06 (×) 소유권보존등기의 경우 등기원인과 그 연월일은 기록하지 않는다. 다만 부동산등기법상의 신청근거를 기재하는 것으로 대신한다.

07 (○) 보존등기는 중복할 수 없으므로 토지에 대한 기존의 소유권보존등기가 있으면 그 토지에 대한 소유권보존등기는 할 수 없다. 현실적으로 중복되는 등기가 존재한다면 정리해야 한다.

08 (○) 매수인 명의로 최초로 소유권보존등기를 하는 모두생략등기는 조세 회피의 우려가 있으므로 금지되는 것이 원칙이다.

09 (○) 관할위반이나 등기할 사항이 아닌 것에 해당하지 않고, 실제로 양도한 것이라는 점에서 실체관계가 존재하므로 유효한 등기가 된다.

10 (×) 상속인 등 포괄승계인은 자신의 명의로 소유권보존등기를 할 수 있다.

**정답** 06 (×), 07 (○), 08 (○), 09 (○), 10 (×), 11 (○)

**12** | 공인중개사 2015년

1동의 건물에 속하는 구분건물 중 일부만에 관하여 소유권보존등기를 신청하는 경우에는 나머지 구분건물의 표시에 관한 등기를 동시에 신청하여야 한다. ( )

**13** | 공인중개사 2018년

소유권보존등기를 신청하는 경우 신청인은 등기소에 등기필정보를 제공하여야 한다. ( )

**14** | 공인중개사 2019년

건물소유권보존등기를 신청하는 경우, 건물의 표시를 증명하는 첨부정보를 제공해야 한다. ( )

**15** | 공인중개사 2016년

미등기토지에 대해 소유권처분제한의 등기촉탁이 있는 경우, 등기관이 직권으로 소유권보존등기를 한다. ( )

**16** | 공인중개사 2018년

등기관이 미등기 부동산에 관하여 과세관청의 촉탁에 따라 체납처분으로 인한 압류등기를 하기 위해서는 직권으로 소유권보존등기를 하여야 한다. ( )

**17** | 공인중개사 2019년

미등기 주택에 대해 임차권등기명령에 의한 등기촉탁이 있는 경우, 등기관은 직권으로 소유권보존등기를 한 후 임차권등기를 해야 한다. ( )

---

12 (○) 전유부분은 1동 건물을 전제로 하므로 그 일부만에 관하여 소유권보존등기를 신청하는 경우에는 나머지 구분건물의 표시에 관한 등기를 동시에 신청하여야 한다.

13 (×) 소유권보존등기를 신청하는 경우에는 과거에 작성된 등기필 정보는 존재하지 않으므로 소유자가 등기필정보를 제공할 필요가 없다.

15 (○) 미등기 부동산에 대하여 처분제한의 등기를 하기 위해서 법원의 촉탁이 있으면 등기관이 직권으로 소유권보존등기를 한다.

16 (×) 미등기 부동산에 대하여 과세관청의 촉탁이 있는 경우에는 등기관이 직권으로 하지 않고, 세무서장이 소유권보존등기를 촉탁하여야 한다.

17 (○) 임차권은 소유권을 기초로 하여 설정되는 것이므로 소유권보존등기가 없으면 임차권등기고 불가능하다. 따라서 미등기 주택에 대하여 법원의 임차권등기명령의 촉탁이 있으면 먼저 등기관이 직권으로 소유권보존등기를 하여야 임차권등기를 할 수 있다.

**정답** 12 (○), 13 (×), 14 (○), 15 (○), 16 (×), 17 (○)

**18** | 공인중개사 2021년

2020년에 체결된 부동산매매계약서를 등기원인을 증명하는 정보로 하여 소유권이전등기를 신청하는 경우에는 거래가액을 신청정보의 내용으로 제공하여야 한다. ( )

**19** | 공인중개사 2022년

부동산 매매계약의 계약서를 등기원인증서로 하는 소유권이전등기의 신청인은 시장·군수 또는 구청장이 제공한 거래계약신고필증정보를 첨부정보로서 등기소에 제공해야 한다. ( )

**20** | 공인중개사 2022년

거래부동산이 1개라 하더라도 여러 명의 매도인과 여러 명의 매수인 사이의 매매계약인 경우에는 매매목록을 첨부정보로서 등기소에 제공해야 한다. ( )

**21** | 공인중개사 2022년

등기관은 거래가액을 등기기록 중 갑구의 등기원인란에 기록하는 방법으로 등기한다. ( )

**22** | 공인중개사 2020년

등기관이 소유권의 일부에 관한 이전등기를 할 때에는 이전되는 지분을 기록하여야 하고, 그 등기원인에 분할금지약정이 있을 때에는 그 약정에 관한 사항도 기록하여야 한다. ( )

**23** | 공인중개사 2019년

수용으로 인한 소유권이전등기는 토지수용위원회의 재결서를 등기원인증서로 첨부하여 사업시행자가 단독으로 신청할 수 있다. ( )

---

18 (○) 거래가액은 2006. 1. 1. 이후 작성된 매매계약서를 등기원인증서로 하여 소유권이전등기를 신청하는 경우에 등기한다(예규 제1633호).

20 (○) 거래부동산이 2개 이상인 경우 또는 거래부동산이 1개라 하더라도 여러 명의 매도인과 여러 명의 매수인 사이의 매매계약인 경우에는 매매목록도 첨부정보로서 등기소에 제공하여야 한다(규칙 제124조 제3항).

21 (×) 등기관은 거래가액을 등기기록 중 갑구의 '권리자 및 기타사항란'에 기록하는 방법으로 등기한다.

22 (○) 소유권의 일부에 관하여 이전등기를 한다는 것은 단독소유를 공동소유로 하거나 공유물의 지분을 이전하는 것 등이 있다. 이 경우 분할금지약정이 있으면 등기관은 그 약정에 관한 사항도 기록하여야 한다.

**정답** 18 (○), 19 (○), 20 (○), 21 (×), 22 (○), 23 (○)

**24** | 공인중개사 2020년

국가 및 지방자치단체에 해당하지 않는 등기권리자는 재결수용으로 인한 소유권이전등기를 단독으로 신청할 수 있다. ( )

**25** | 공인중개사 2019년

수용으로 인한 소유권이전등기신청서에 등기원인은 토지수용으로, 그 연월일은 수용의 재결일로 기재해야 한다. ( )

**26** | 공인중개사 2019년

수용으로 인한 등기신청 시 농지취득자격증명을 첨부해야 한다. ( )

**27** | 공인중개사 2020년

등기관은 재결수용으로 인한 소유권이전등기를 하는 경우에 그 부동산을 위하여 존재하는 지역권의 등기를 직권으로 말소하여야 한다. ( )

**28** | 공인중개사 2019년

수용으로 인한 소유권이전등기가 된 후 토지수용위원회의 재결이 실효된 경우, 그 소유권이전등기의 말소등기는 원칙적으로 공동신청에 의한다. ( )

**29** | 공인중개사 2018년

甲소유 토지에 대해 사업시행자 乙이 수용보상금을 지급한 뒤 乙명의로 재결수용에 기한 소유권이전등기를 하는 경우, 수용개시일 후 甲이 丙에게 매매를 원인으로 경료한 소유권이전등기는 직권 말소된다. ( )

---

24 (○) 수용으로 인한 소유권이전등기는 등기권리자가 단독으로 신청할 수 있다. 다만 국가 또는 지방자치단체가 등기권리자인 경우에는 지체 없이 등기를 촉탁하여야 한다.

25 (×) 수용의 '재결일'이 아니라 '개시일'로 기재해야 한다.

26 (×) 매매계약으로 인한 경우가 아니므로 농지취득자격증명을 첨부할 필요는 없다.

27 (×) 수용으로 인한 소유권이전등기를 하는 경우에는 수용개시일 이후에 실행된 소유권이전등기나 소유권 이외의 권리는 모두 직권말소하는 것이 원칙이나, 그 부동산을 위하여 존재하는 지역권의 등기나 재결로 존속이 인정된 권리는 말소하지 않는다.

**정답** 24 (○), 25 (×), 26 (×), 27 (×), 28 (○), 29 (○)

**30** | 공인중개사 2018년

공동상속인이 법정상속분과 다른 비율의 지분 이전등기를 상속을 원인으로 신청하는 경우, 그 지분이 신청인이 주장하는 지분으로 변동된 사실을 증명하는 서면을 신청서에 첨부하여 제출하지 않으면 등기관은 그 신청을 각하한다. ( )

**31** | 공인중개사 2018년

甲소유 토지에 대해 甲과 乙의 가장매매에 의해 乙 앞으로 소유권이전등기가 된 후에 선의의 丙 앞으로 저당권설정등기가 설정된 경우, 甲과 乙은 공동으로 진정명의회복을 위한 이전등기를 신청할 수 없다. ( )

**32** | 공인중개사 2020년

부동산환매특약은 등기능력이 인정된다. ( )

**33** | 공인중개사 2021년

이자지급시기는 환매특약등기의 등기사항이다. ( )

**34** | 공인중개사 2021년

매매비용은 환매특약등기의 등기사항이다. ( )

**35** | 공인중개사 2022년

환매기간은 등기원인에 그 사항이 정하여져 있는 경우에만 기록한다. ( )

**36** | 공인중개사 2022년

환매에 따른 권리취득의 등기를 한 경우, 등기관은 특별한 사정이 없는 한 환매특약의 등기를 직권으로 말소해야 한다. ( )

**37** | 공인중개사 2018년

신탁재산에 속하는 부동산의 신탁등기는 신탁자와 수탁자가 공동으로 신청하여야 한다. ( )

---

31 (×) 丙의 승낙이 없는 한 丙 명의의 저당권설정등기를 말소할 수는 없으나, 진정명의회복을 위한 이전등기는 신청할 수 있다.
33 (×) '환매특약등기'의 필요적 기재사항은 매수인이 지급한 매매대금과 매매비용이다.
37 (×) 신탁재산에 속하는 부동산의 신탁등기는 신탁자가 단독으로 신청한다.

**정답** 30 (○), 31 (×), 32 (○), 33 (×), 34 (○), 35 (○), 36 (○), 37 (×)

**38** | 공인중개사 2016년

수탁자의 신탁등기신청은 해당 부동산에 관한 권리의 설정등기, 보존등기, 이전등기 또는 변경등기의 신청과 동시에 해야 한다. ( )

**39** | 공인중개사 2020년

수익자는 수탁자를 대위하여 신탁등기를 신청할 수 없다. ( )

**40** | 공인중개사 2021년

수익자가 수탁자를 대위하여 신탁등기를 신청하는 경우에는 해당 부동산에 관한 권리의 설정등기의 신청과 동시에 하여야 한다. ( )

**41** | 공인중개사 2015년

신탁가등기의 등기신청도 가능하다. ( )

**42** | 공인중개사 2022년

신탁가등기는 소유권이전청구권보전을 위한 가등기와 동일한 방식으로 신청하되, 신탁원부 작성을 위한 정보를 첨부정보로서 제공해야 한다. ( )

**43** | 공인중개사 2020년

신탁등기의 말소등기는 수탁자가 단독으로 신청할 수 없다. ( )

**44** | 공인중개사 2016년

등기관이 수탁자의 고유재산으로 된 뜻의 등기와 함께 신탁등기의 말소등기를 할 경우, 하나의 순위번호를 사용한다. ( )

---

39 (×) 신탁등기는 수탁자가 단독으로 신청할 수 있다. 수탁자가 등기를 신청하지 않으면 신탁자나 수익자가 수탁자를 대위하여 신탁등기를 신청할 수 있다.

40 (×) 수익자가 수탁자를 대위하여 신탁등기를 신청하는 경우에는 일괄신청의 특례는 적용되지 않는다.

43 (×) 신탁등기의 말소등기도 수탁자가 단독으로 신청할 수 있다.

**정답** 38 (○), 39 (×), 40 (×), 41 (○), 42 (○), 43 (×), 44 (○)

**45** | 공인중개사 2016년

신탁재산의 일부가 처분되어 권리이전등기와 함께 신탁등기의 변경등기를 할 경우, 각기 다른 순위번호를 사용한다. ( )

**46** | 공인중개사 2021년

등기관이 신탁재산에 속하는 부동산에 관한 권리에 대하여 수탁자의 변경으로 인한 이전등기를 할 경우에는 직권으로 그 부동산에 관한 신탁원부 기록의 변경등기를 하여야 한다. ( )

**47** | 공인중개사 2022년

법원이 신탁관리인 선임의 재판을 한 경우, 그 신탁관리인은 지체없이 신탁원부 기록의 변경등기를 신청해야 한다. ( )

**48** | 공인중개사 2021년

법원이 신탁 변경의 재판을 한 경우 수탁자는 지체 없이 신탁원부 기록의 변경등기를 신청하여야 한다. ( )

**49** | 공인중개사 2016년

신탁등기의 말소등기신청은 권리의 이전 또는 말소등기나 수탁자의 고유재산으로 된 뜻의 등기신청과 함께 1건의 신청정보로 일괄하여 해야 한다. ( )

**50** | 공인중개사 2014년

수탁자가 수인일 경우, 신탁재산은 수탁자의 공유로 한다. ( )

---

45 (×) 신탁재산의 일부가 처분되어 권리이전등기와 함께 신탁등기의 변경등기를 할 경우, 하나의 순위번호를 사용한다.

47 (×) 법원이 신탁관리인 선임의 재판을 한 경우 지체없이 신탁원부 기록의 변경등기를 등기소에 '촉탁'하여야 한다.

48 (×) 법원은 수탁자 해임의 재판, 신탁관리인의 선임 또는 해임의 재판, 신탁 변경의 재판을 한 경우 지체 없이 신탁원부 기록의 변경등기를 등기소에 촉탁하여야 한다.

50 (×) 수탁자가 수인일 경우, 신탁재산은 수탁자의 합유로 한다.

**정답** 45 (×), 46 (○), 47 (×), 48 (×), 49 (○), 50 (×)

**51** | 공인중개사 2020년

하나의 부동산에 대해 수탁자가 여러 명인 경우, 등기관은 그 신탁부동산이 합유인 뜻을 기록하여야 한다. ( )

**52** | 공인중개사 2022년

여러 명의 수탁자 중 1인의 임무종료로 인한 합유명의인 변경등기를 한 경우에는 등기관은 직권으로 신탁원부 기록을 변경해야 한다. ( )

**53** | 공인중개사 2015년

신탁재산이 수탁자의 고유재산이 되었을 때에는 그 뜻의 등기를 부기등기로 하여야 한다. ( )

**54** | 공인중개사 2020년

신탁재산에 속한 권리가 이전됨에 따라 신탁재산에 속하지 아니하게 된 경우, 신탁등기의 말소신청은 신탁된 권리의 이전등기가 마쳐진 후에 별도로 하여야 한다. ( )

**55** | 공인중개사 2020년

위탁자와 수익자가 합의로 적법하게 수탁자를 해임함에 따라 수탁자의 임무가 종료된 경우, 신수탁자는 단독으로 신탁재산인 부동산에 관한 권리이전등기를 신청할 수 없다. ( )

---

51 (○) 신탁등기는 신탁의 목적에 따라 처분 등이 제한되므로 등기관은 그 신탁부동산이 합유인 뜻을 기록하여야 한다.
53 (×) 신탁재산이 수탁자의 고유재산이 되었을 때에는 그 뜻의 등기를 주등기로 하여야 한다.
54 (×) 신탁등기의 말소등기신청은 권리의 이전등기신청과 함께 1건의 신청정보로 일괄하여 하여야 한다(규칙 제144조 제1항).
55 (×) 신수탁자는 단독으로 신탁재산인 부동산에 관한 권리이전등기를 신청할 수 있다.

**정답** 51 (○), 52 (○), 53 (×), 54 (×), 55 (×)

**56** | 공인중개사 2014년

위탁자가 자기의 부동산에 채권자 아닌 수탁자를 저당권자로 하여 설정한 저당권을 신탁재산으로 하고 채권자를 수익자로 정한 신탁은 물권법정주의에 반하여 무효이다. ( )

**57** | 공인중개사 2017년

촉탁이나 직권에 의한 신탁변경등기에 해당하는 경우를 제외하고, 신탁재산의 운용을 위한 방법이 변경된 때에 수탁자가 해야 할 신탁원부 기록의 변경등기는 '지체 없이' 신청해야 하는 등기이다. ( )

**58** | 공인중개사 2017년

토지에 대한 공유물분할약정으로 인한 소유권이전등기는 공유자가 공동으로 신청할 수 있다. ( )

**59** | 공인중개사 2021년

공유물분할금지약정이 등기된 경우, 그 약정의 변경등기는 공유자 중 1인이 단독으로 신청할 수 있다. ( )

**60** | 공인중개사 2021년

공유물분할금지약정이 등기된 부동산의 경우에 그 약정상 금지기간 동안에는 그 부동산의 소유권 일부에 관한 이전등기를 할 수 없다. ( )

**61** | 공인중개사 2019년

공유자 중 1인의 지분포기로 인한 소유권이전등기는 지분을 포기한 공유자가 단독으로 신청한다. ( )

---

56 (×) 「부동산등기법」은 '위탁자가 자기 또는 제3자 소유의 부동산에 채권자가 아닌 수탁자를 저당권자로 하여 설정한 저당권을 신탁재산으로 하고 채권자를 수익자로 지정(법 제87조의2 제1항)'하는 담보권신탁'을 인정하고 있으므로 무효가 아니다.

59 (×) 공유물분할금지에 관한 약정기간을 단축하는 경우에는 공유자 전원이 공동으로 변경등기를 신청하여야 한다.

60 (×) 공유물분할금지약정은 약정기간 동안 '분할'이 금지된 것일 뿐 부동산의 소유권 일부에 관한 이전등기가 금지된 것은 아니다.

61 (×) 공유자 중 1인의 지분포기로 인한 소유권이전등기는 공유지분권을 포기하는 공유자와 취득하는 공유자가 공동으로 신청한다.

**정답** 56 (×), 57 (○), 58 (○), 59 (×), 60 (×), 61 (×)

**62** | 공인중개사 2019년

건물의 특정부분이 아닌 공유지분에 대한 전세권설정등기를 할 수 있다. ( )

**63** | 공인중개사 2018년

갑구 순위번호 2번에 기록된 A의 공유지분 4분의 3 중 절반을 B에게 이전하는 경우, 등기목적란에 "2번 A지분 4분의 3 중 일부(2분의 1)이전"으로 기록한다. ( )

**64** | 공인중개사 2018년

농지에 대하여 공유물분할을 원인으로 하는 소유권이전등기를 신청하는 경우, 농지취득자격증명을 첨부하여야 한다. ( )

**65** | 공인중개사 2019년

1필의 토지 일부를 특정하여 구분소유하기로 하고 1필지 전체에 공유지분등기를 마친 경우, 대외관계에서는 1필지 전체에 공유관계가 성립한다. ( )

**66** | 공인중개사 2017년

구분소유적 공유관계에 있는 1필의 토지를 특정된 부분대로 단독소유하기 위해서는 분필등기한 후 공유자 상호간에 명의신탁해지를 원인으로 하는 지분소유권이전등기를 신청한다. ( )

**67** | 공인중개사 2020년

등기부 갑구(甲區)의 등기사항 중 권리자가 2인 이상인 경우에는 권리자별 지분을 기록하여야 하고, 등기할 권리가 합유인 경우에는 그 뜻을 기록하여야 한다. ( )

---

62 (×) 건물의 특정부분이 아닌 공유지분에 대한 전세권 등 용익권 설정등기는 할 수 없다.
63 (×) 갑구 순위번호 2번에 기록된 A의 공유지분 4분의 3 중 절반을 B에게 이전하는 경우, 등기목적란에 "2번 A지분 4분의 3 중 일부(8분의 3)이전"으로 기록한다. 괄호 안에는 부동산 전체에 대한 지분을 명시한다.
64 (×) 농지를 새로이 취득할 때 농지취득자격증명을 첨부하여야 하므로 공유물분할을 원인으로 하는 소유권이전등기는 첨부하지 않는다.
65 (○) 상호명의신탁관계로서 대외적으로는 1필지 전체에 공유관계가 성립한다.

**정답** 62 (×), 63 (×), 64 (×), 65 (○), 66 (○), 67 (○)

**68** | 공인중개사 2019년

민법상 조합의 소유인 부동산을 등기할 경우, 조합원 전원의 명의로 합유등기를 한다.
( )

**69** | 공인중개사 2018년

합유등기에는 합유지분을 표시한다. ( )

**70** | 공인중개사 2019년

합유등기를 하는 경우, 합유자의 이름과 각자의 지분비율이 기록되어야 한다. ( )

**71** | 공인중개사 2019년

2인의 합유자 중 1인이 사망한 경우, 잔존 합유자는 그의 단독소유로 합유명의인 변경등기신청을 할 수 있다. ( )

**72** | 공인중개사 2019년

합유자 중 1인이 다른 합유자 전원의 동의를 얻어 합유지분을 처분하는 경우, 지분이전등기를 신청할 수 없다. ( )

**73** | 공인중개사 2019년

공유자 전원이 그 소유관계를 합유로 변경하는 경우, 변경계약을 등기원인으로 변경등기를 신청해야 한다. ( )

**74** | 공인중개사 2018년

법인 아닌 사단 A명의의 부동산에 관해 A와 B의 매매를 원인으로 이전등기를 신청하는 경우, 특별한 사정이 없는 한 A의 사원총회 결의가 있음을 증명하는 정보를 제출하여야 한다. ( )

---

69 (×) 합유지분은 등기할 사항이 아니다.

70 (×) 합유지분은 등기할 사항이 아니다. 합유인 뜻을 기록하고, 전원 명의로 합유등기를 한다.

74 (○) 법인 아닌 사단의 소유관계는 총유에 해당하고, 총유물의 관리 및 처분은 사원총회의 결의가 있어야 한다. 다만 사원총회 결의서를 첨부정보로 제공하는 경우는 등기의무자인 경우로 한정된다.

**정답** 68 (○), 69 (×), 70 (×), 71 (○), 72 (○), 73 (○), 74 (○)

# 소유권 이외의 권리에 관한 등기절차

**01** | 공인중개사 2017년

지상권설정등기를 할 때에는 지상권설정의 목적을 기록하여야 한다. ( )

**02** | 공인중개사 2017년

지상권설정등기를 신청할 때에 그 범위가 토지의 일부인 경우, 그 부분을 표시한 토지대장을 첨부정보로서 등기소에 제공하여야 한다. ( )

**03** | 공인중개사 2017년

지역권설정등기를 할 때에는 지역권설정의 목적을 기록하여야 한다. ( )

**04** | 공인중개사 2020년

승역지에 지역권설정등기를 한 경우, 요역지의 등기기록에는 그 승역지를 기록할 필요가 없다. ( )

**05** | 공인중개사 2020년

시효완성을 이유로 통행지역권을 취득하기 위해서는 그 등기가 되어야 한다. ( )

**06** | 공인중개사 2016년

지역권설정등기시 승역지소유자가 공작물의 설치의무를 부담하는 약정을 한 경우, 등기원인에 그 약정이 있는 경우에만 이를 기록한다. ( )

**07** | 공인중개사 2014년

등기원인에 위약금약정이 있는 경우, 등기관은 전세권설정등기를 할 때 이를 기록한다. ( )

---

02 (×) 지상권설정등기를 신청할 때에 그 범위가 토지의 일부인 경우, 그 부분을 표시한 '지적도면'을 첨부정보로서 등기소에 제공하여야 한다.
04 (×) 지역권 설정등기는 승역지 등기기록에는 요역지를 표시하고, 요역지 등기기록에는 승역지를 표시하여야 한다.

**정답** 01 (○), 02 (×), 03 (○), 04 (×), 05 (○), 06 (○), 07 (○)

**08** | 공인중개사 2015년

등기관이 전세권설정등기를 할 때에는 전세금을 기록하여야 한다. ( )

**09** | 공인중개사 2015년

등기관이 전세권설정등기를 할 때에는 반드시 존속기간을 기록하여야 한다. ( )

**10** | 공인중개사 2015년

부동산의 일부에 대하여는 전세권설정등기를 신청할 수 없다. ( )

**11** | 공인중개사 2015년

건물의 특정부분이 아닌 공유지분에 대한 전세권설정등기도 가능하다. ( )

**12** | 공인중개사 2022년

집합건물에 있어서 특정 전유부분의 대지권에 대하여는 전세권설정등기를 할 수가 없다. ( )

**13** | 공인중개사 2022년

전세권의 사용·수익 권능을 배제하고 채권담보만을 위해 전세권을 설정한 경우, 그 전세권설정등기는 무효이다. ( )

---

08 (○) 전세권설정등기를 할 때 범위와 전세금은 필요적 기재사항이다.
09 (×) 전세권설정등기를 할 때 존속기간은 임의적 기재사항이다.
10 (×) 전세권은 용익물권이므로 부동산의 일부에 대하여 설정할 수 있다.
11 (×) 전세권은 용익물권이므로 공유지분에 대해서는 설정될 수 없다.
12 (○) 대지권은 지분에 해당하므로 용익물권인 전세권설정등기를 할 수가 없다.
13 (○) 전세권은 용익물권적 성질을 지니고 있으므로 사용·수익 권능을 배제하고 채권담보만을 위해 전세권을 설정할 수는 없다.

**정답** 08 (○), 09 (×), 10 (×), 11 (×), 12 (○), 13 (○)

**14** | 공인중개사 2016년

전세권의 존속기간이 만료된 경우, 전세금반환채권의 일부양도를 원인으로 한 전세권 일부이전등기도 가능하다. ( )

**15** | 공인중개사 2020년

전세금반환채권의 일부 양도를 원인으로 하는 전세권 일부이전등기의 신청은 전세권 소멸의 증명이 없는 한, 전세권 존속기간 만료 전에는 할 수 없다. ( )

**16** | 공인중개사 2014년

전세금반환채권의 일부양도를 원인으로 한 전세권일부이전등기를 할 때 양도액을 기록한다. ( )

**17** | 공인중개사 2015년

전세권의 이전등기는 주등기로 한다. ( )

**18** | 공인중개사 2021년

전세권설정등기가 된 후에 건물전세권의 존속기간이 만료되어 법정갱신이 된 경우, 甲은 존속기간 연장을 위한 변경등기를 하지 않아도 그 전세권에 대한 저당권설정등기를 할 수 있다. ( )

---

14 (○) 존속기간이 만료된 경우에 가능한 것이 원칙이나, 존속기간이 만료되기 전이라 하더라도 전세권이 소멸하였음을 입증한 경우에는 가능하다.

15 (○) 전세권 존속기간 만료 전에는 전세권 소멸을 입증하여야 가능하다.

17 (×) 전세권의 이전등기는 전세권자가 등기의무자이므로 부기등기로 한다.

18 (×) 건물에 대한 전세권이 법정 갱신된 경우 전(前) 전세권과 동일한 조건으로 존속하나, 존속기간은 정함이 없는 것으로 되므로 종전 등기사항을 말소하는 변경등기가 선행되어야 전세권에 대한 저당권설정등기를 할 수 있다.

**정답** 14 (○), 15 (○), 16 (○), 17 (×), 18 (×)

**19** | 공인중개사 2021년

전세권설정등기가 된 후에 甲과 丙이 A건물의 일부에 대한 전전세계약에 따라 전전세등기를 신청하는 경우, 그 부분을 표시한 건물도면을 첨부정보로 등기소에 제공하여야 한다. ( )

**20** | 공인중개사 2022년

전세권의 목적인 범위가 건물의 일부로서 특정 층 전부인 경우에는 전세권설정등기 신청서에 그 층의 도면을 첨부해야 한다. ( )

**21** | 공인중개사 2022년

乙 명의의 전세권등기와 그 전세권에 대한 丙 명의의 가압류가 순차로 마쳐진 甲 소유 부동산에 대하여 乙 명의의 전세권등기를 말소하라는 판결을 받았다고 하더라도 그 판결에 의하여 전세권말소등기를 신청할 때에는 丙에게 대항할 수 있는 재판의 등본을 첨부해야 한다. ( )

**22** | 공인중개사 2017년

임차권설정등기를 할 때에 등기원인에 임차보증금이 있는 경우, 그 임차보증금은 등기사항이다. ( )

**23** | 공인중개사 2017년

임차권설정등기를 신청할 때에는 차임을 신청정보의 내용으로 제공하여야 한다. ( )

**24** | 공인중개사 2020년

임대차 차임지급시기에 관한 약정이 있는 경우, 임차권 등기에 이를 기록하지 않더라도 임차권 등기는 유효하다. ( )

---

19 (○) 건물의 일부에 대한 전세나 전전세는 그 부분을 표시한 건물도면을 첨부정보로 등기소에 제공하여야 한다.
20 (×) 전세권의 목적이 건물의 일부인 경우에는 도면을 첨부하여야 하는 것이 원칙이나, 특정 층 전부인 경우에는 사용 범위가 명확하므로 첨부할 필요가 없다.
24 (○) 차임지급시기는 임의적 기재사항이므로 기록하지 않더라도 임차권 등기 자체는 유효하고 제3자에 대한 대항력이 발생하지 않는다.

**정답** 19 (○), 20 (×), 21 (○), 22 (○), 23 (○), 24 (○)

**25** | 공인중개사 **2016년**

주택임차권등기명령에 따라 임차권등기가 된 경우, 그 등기에 기초한 임차권이전등기를 할 수 있다. ( )

**26** | 공인중개사 **2019년**

변제기는 저당권설정등기의 필요적 기록사항이다. ( )

**27** | 공인중개사 **2019년**

동일한 채권에 관해 2개 부동산에 저당권설정등기를 할 때는 공동담보목록을 작성해야 한다. ( )

**28** | 공인중개사 **2014년**

저당의 목적이 되는 부동산이 5개 이상인 경우, 등기신청인은 공동담보목록을 작성하여 등기소에 제공하여야 한다. ( )

**29** | 공인중개사 **2017년**

채무자와 저당권설정자가 동일한 경우에도 등기기록에 채무자를 표시하여야 한다. ( )

**30** | 공인중개사 **2019년**

일정한 금액을 목적으로 하지 않는 채권을 담보하는 저당권설정의 등기는 채권평가액을 기록할 필요가 없다. ( )

---

25 (×) 주택임차권등기명령에 따른 임차권등기는 이전등기를 할 수 없다.
26 (×) 변제기는 저당권설정등기의 임의적 기록사항이다.
27 (×) 공동담보목록은 5개 이상의 부동산에 저당권설정등기를 할 때 등기관이 작성해야 한다.
28 (×) 공동담보목록은 등기관이 작성하는 것이고, 등기신청인이 등기소에 제공하는 것이 아니다.
30 (×) 일정한 금액을 목적으로 하지 않는 채권을 담보하는 저당권설정의 등기는 채권평가액을 기록하여야 한다.

**정답** 25 (×), 26 (×), 27 (×), 28 (×), 29 (○), 30 (×)

**31** | 공인중개사 2019년

채권의 일부에 대하여 양도로 인한 저당권 일부이전등기를 할 때 양도액을 기록해야 한다. ( )

**32** | 공인중개사 2015년

채권의 일부에 대한 대위변제로 인한 저당권 일부이전등기는 불가능하다. ( )

**33** | 공인중개사 2017년

저당권의 이전등기를 신청하는 경우, 저당권이 채권과 같이 이전한다는 뜻을 신청정보의 내용으로 등기소에 제공하여야 한다. ( )

**34** | 공인중개사 2018년

채무자 변경을 원인으로 하는 저당권변경등기는 변경 전 채무자를 등기권리자로, 변경 후 채무자를 등기의무자로 하여 공동으로 신청한다. ( )

**35** | 공인중개사 2014년

공동저당설정등기를 신청하는 경우, 각 부동산에 관한 권리의 표시를 신청정보의 내용으로 등기소에 제공하여야 한다. ( )

**36** | 공인중개사 2019년

공동저당 부동산 중 일부의 매각대금을 먼저 배당하여 경매부동산의 후순위 저당권자가 대위등기를 할 때, 매각대금을 기록하는 것이 아니라 선순위 저당권자가 변제받은 금액을 기록해야 한다. ( )

---

31 (○) 채권의 일부에 대하여 양도로 인한 저당권 일부이전등기를 할 때 양도액을 기록해야 한다.

32 (×) 저당권의 일부이전등기도 가능하나, 양도액을 기록하여야 한다.

34 (×) 채무자 변경을 원인으로 하는 저당권변경등기에서 채무자는 등기명의인에 해당하지 않는다. 등기권리자는 저당권자이고, 등기의무자는 저당권설정자이다.

36 (×) 공동저당 부동산 중 일부의 매각대금을 먼저 배당하여 경매부동산의 후순위 저당권자가 대위등기를 할 때, '매각대금'과 '선순위 저당권자가 변제받은 금액'을 모두 기록한다.

**정답** 31 (○), 32 (×), 33 (○), 34 (×), 35 (○), 36 (×)

**37** | 공인중개사 2020년

근저당권의 약정된 존속기간은 등기사항이 아니다. ( )

**38** | 공인중개사 2020년

근저당권등기의 경우, 피담보채권의 변제기는 등기사항이 아니다. ( )

**39** | 공인중개사 2018년

근저당권설정등기 신청서에 변제기 및 이자를 기재하여야 한다. ( )

**40** | 공인중개사 2020년

근저당권등기의 경우, 지연배상액은 등기하였을 경우에 한하여 근저당권에 의해 담보된다. ( )

**41** | 공인중개사 2020년

1번 근저당권의 채권자가 여러 명인 경우, 그 근저당권설정등기의 채권최고액은 각 채권자별로 구분하여 기재한다. ( )

**42** | 공인중개사 2020년

채권자가 등기절차에 협력하지 아니한 채무자를 피고로 하여 등기절차의 이행을 명하는 확정판결을 받은 경우, 채권자는 채무자와 공동으로 근저당권설정등기를 신청하여야 한다. ( )

---

37 (×) 약정된 존속기간은 근저당권의 임의적 기재사항에 해당한다.

38 (○) 피담보채권의 변제기는 저당권의 임의적 기재사항이고 근저당권의 기재사항은 아니다.

39 (×) 변제기와 이자는 저당권설정등기의 임의적 기재사항이고, 근저당권설정등기의 기재사항으로 규정되어 있지 않다(법 제75조 제2항).

40 (×) 근저당권을 등기한 경우, 지연배상액은 따로 등기하지 않아도 채권최고액 범위 내에서 담보된다.

41 (×) 근저당권의 채권자가 여러 명인 경우라 하더라도 그 근저당권설정등기의 채권최고액은 단일하게 기재한다.

42 (×) 등기절차의 이행을 명하는 확정판결을 받은 경우에는 채권자는 단독으로 근저당권설정등기를 신청할 수 있다.

**정답** 37 (×), 38 (○), 39 (×), 40 (×), 41 (×), 42 (×)

**43** | 공인중개사 2015년

근저당권의 피담보채권이 확정되기 전에 그 피담보채권이 양도된 경우, 이를 원인으로 하여 근저당권이전등기를 신청할 수 없다. ( )

**44** | 공인중개사 2015년

근저당권이전등기를 신청할 경우, 근저당권설정자가 물상보증인이면 그의 승낙을 증명하는 정보를 등기소에 제공하여야 한다. ( )

**45** | 공인중개사 2020년

저당권부채권에 대한 질권의 설정등기는 할 수 없다. ( )

**46** | 공인중개사 2018년

민법상 저당권부 채권에 대한 질권을 설정함에 있어서 채권최고액은 등기할 수 없다. ( )

---

43 (○) 근저당권의 피담보채권이 확정되기 전에는 피담보채권을 양도할 수는 없고, 계약당사자의 지위를 이전할 수 있을 뿐이다.

44 (×) 근저당권이전등기를 신청하는 경우 근저당권설정자가 물상보증인이거나 소유자가 제3취득자인 경우에도 그의 승낙을 증명하는 정보를 등기소에 제공할 필요가 없다.

45 (×) 권리질권은 부동산 물권은 아니지만 등기능력이 인정되고 있다. 다만 (근)저당권부채권 질권만 의미하는 것이고 용익물권은 권리질권의 대상이 아니다.

46 (×) 저당권에 대한 권리질권의 등기를 신청하는 경우에는 질권의 목적인 채권을 담보하는 저당권의 표시에 관한 사항과 채권액 또는 채권최고액, 채무자의 성명 또는 명칭과 주소 또는 사무소 소재지, 변제기와 이자의 약정이 있는 경우에는 그 내용을 신청정보의 내용으로 등기소에 제공하여야 한다(법 제76조 제1항, 규칙 제132조 제1항).

**정답** 43 (○), 44 (×), 45 (×), 46 (×)

# 핵심테마 10 각종 등기절차

**01** | 공인중개사 2020년

등기관이 토지소유권의 등기명의인 표시변경등기를 하였을 때에는 지체 없이 그 사실을 지적소관청에 알려야 한다. ( )

**02** | 공인중개사 2017년

토지의 지목(地目)이 변경된 경우, 그 토지소유권의 등기명의인이 해야 할 변경등기는 '지체 없이' 신청해야 하는 등기이다. ( )

**03** | 공인중개사 2017년

건축법상 사용승인을 받아야 할 건물임에도 사용승인을 받지 못했다는 사실이 기록된 소유권보존등기가 된 후에 사용승인이 이루어진 경우, 그 건물 소유권의 등기명의인이 해야 할 그 사실에 관한 기록의 말소등기는 '지체 없이' 신청해야 하는 등기이다. ( )

**04** | 공인중개사 2020년

권리의 변경등기는 등기상 이해관계가 있는 제3자의 승낙이 없는 경우에도 부기로 등기할 수 있다. ( )

---

02 (×) 토지의 지목(地目)이 변경된 것은 부동산의 표시변경등기이므로 그 사실이 있는 때로부터 1개월 이내에 신청하여야 한다.

03 (×) 소유권보존등기 후 사용승인이 이루어진 경우에는 그 건물 소유권의 등기명의인은 1개월 이내에 사용승인을 받지 아니하였다는 기록에 대한 말소등기를 신청하여야 한다.

04 (×) 권리의 변경등기는 등기상 이해관계가 있는 제3자의 승낙이 없으면 주등기로 하여야 하고, 승낙이 있으면 부기로 등기할 수 있다.

**정답** 01 (○), 02 (×), 03 (×), 04 (×)

**05** | 공인중개사 2021년

전세금을 증액하는 전세권변경등기는 등기상 이해관계 있는 제3자의 승낙 또는 이에 대항할 수 있는 재판의 등본이 없으면 부기등기가 아닌 주등기로 해야 한다. ( )

**06** | 공인중개사 2020년

등기 후 등기사항에 변경이 생겨 등기와 실체관계가 일치하지 않을 때는 경정등기를 신청하여야 한다. ( )

**07** | 공인중개사 2015년

전세권설정등기를 하기로 합의하였으나 당사자 신청의 착오로 임차권으로 등기된 경우, 그 불일치는 경정등기로 시정할 수 있다. ( )

**08** | 공인중개사 2015년

권리자는 甲임에도 불구하고 당사자 신청의 착오로 乙명의로 등기된 경우, 그 불일치는 경정등기로 시정할 수 없다. ( )

**09** | 공인중개사 2015년

건물에 관한 보존등기상의 표시와 실제건물과의 사이에 건물의 건축시기, 건물 각 부분의 구조, 평수, 소재 지번 등에 관하여 다소의 차이가 있다 할지라도 사회통념상 동일성 혹은 유사성이 인식될 수 있으면 그 등기는 당해 건물에 관한 등기로서 유효하다. ( )

---

05 (○) 전세금을 증액하는 전세권변경등기는 등기상 이해관계 있는 제3자의 승낙 또는 이에 대항할 수 있는 재판의 등본이 있으면 원래 순위를 유지하는 부기등기로 할 수 있으나, 그렇지 않으면 주등기로 해야 한다.

06 (×) 경정등기는 원시적으로 일부 불일치가 있는 경우에 하는 것이므로 등기 후 등기사항에 변경이 생긴 경우에는 변경등기나 멸실등기를 신청하여야 한다.

07 (×) 경정등기는 경정 전후의 등기사항이 동일성이 있어야 하는데, 전세권설정등기와 임차권등기는 등기목적이 전혀 다른 것이므로 경정등기로 시정할 수 없다.

08 (○) 권리자가 전혀 다른 사람인 경우에는 경정 전후의 등기가 동일성이 없으므로 그 불일치는 경정등기로 시정할 수 없다.

**정답** 05 (○), 06 (×), 07 (×), 08 (○), 09 (○)

**10** | 공인중개사 2014년

등기의무자가 2인 이상일 경우, 직권으로 경정등기를 마친 등기관은 그 전원에게 그 사실을 통지하여야 한다. ( )

**11** | 공인중개사 2017년

말소등기는 기존의 등기가 원시적 또는 후발적인 원인에 의하여 등기사항 전부가 부적법할 것을 요건으로 한다. ( )

**12** | 공인중개사 2015년

근저당권설정등기 후 소유권이 제3자에게 이전된 경우, 제3취득자가 근저당권설정자와 공동으로 그 근저당권말소등기를 신청할 수 있다. ( )

**13** | 공인중개사 2015년

근저당권이 이전된 후 근저당권의 양수인은 소유자인 근저당설정자와 공동으로 그 근저당권말소등기를 신청할 수 있다. ( )

**14** | 공인중개사 2015년

말소등기를 신청하는 경우, 그 말소에 대하여 등기상 이해관계 있는 제3자가 있으면 그 제3자의 승낙이 필요하다. ( )

**15** | 공인중개사 2017년

말소등기신청의 경우에 '등기상 이해관계가 있는 제3자'란 등기의 말소로 인하여 손해를 입을 우려가 있다는 것이 등기기록에 의하여 형식적으로 인정되는 자를 말한다. ( )

---

10 (×) 등기의무자가 2인 이상일 경우, 직권으로 경정등기를 마친 등기관은 그 중 1인에게 통지하면 된다.
11 (○) 말소등기는 원시적 또는 후발적인 원인을 불문하고 기존의 등기사항 전부가 불일치하는 경우에 하는 것이다.
12 (×) 제3취득자 또는 근저당권설정자를 등기권리자, 근저당권자를 등기의무자로 하여 공동으로 그 근저당권말소등기를 신청할 수 있다.

**정답** 10 (×), 11 (○), 12 (×), 13 (○), 14 (○), 15 (○)

**16** | 공인중개사 2018년

지상권등기를 말소하는 경우 그 지상권을 목적으로 하는 저당권자는 승낙서를 첨부하여야 하는 등기상 이해관계에 있는 제3자에 해당한다. ( )

**17** | 공인중개사 2018년

토지에 대한 저당권등기를 말소하는 경우 그 토지에 대한 지상권자는 승낙서를 첨부하여야 하는 등기상 이해관계에 있는 제3자에 해당한다. ( )

**18** | 공인중개사 2018년

순위 2번 저당권등기를 말소하는 경우 순위1번 저당권자는 승낙서를 첨부하여야 하는 등기상 이해관계에 있는 제3자에 해당한다. ( )

**19** | 공인중개사 2018년

순위 1번 저당권등기를 말소하는 경우 순위 2번 저당권자는 승낙서를 첨부하여야 하는 등기상 이해관계에 있는 제3자에 해당한다. ( )

**20** | 공인중개사 2018년

소유권보존등기를 말소하는 경우 가압류권자는 승낙서를 첨부하여야 하는 등기상 이해관계에 있는 제3자에 해당한다. ( )

---

16 (○) 지상권등기를 말소하는 경우 그 지상권을 목적으로 하는 저당권은 소멸될 수 있으므로 이해관계인에 해당한다.
17 (×) 토지에 대한 저당권등기를 말소하더라도 그 토지에 대한 지상권은 유효하므로 등기상 이해관계인이 아닙니다.
18 (×) 순위 2번 저당권등기를 말소하는 경우 순위1번 저당권자는 우선순위이므로 등기상 불이익을 받지 않으므로 이해관계인이 아니다.
19 (×) 순위 1번 저당권등기를 말소하는 경우 순위 2번 저당권자는 등기상 불이익이 생기지 않으므로 이해관계인이 아니다.
20 (○) 소유권보존등기를 말소하면 가압류권자의 권리가 침해되므로 이해관계인에 해당한다.

**정답** 16 (○), 17 (×), 18 (×), 19 (×), 20 (○)

**21** | 공인중개사 2017년

피담보채무의 소멸을 이유로 근저당권설정등기가 말소되는 경우, 채무자를 추가한 근저당권 변경의 부기등기는 직권으로 말소된다. ( )

**22** | 공인중개사 2017년

말소되는 등기의 종류에는 제한이 없으며, 말소등기의 말소등기도 허용된다. ( )

**23** | 공인중개사 2016년

말소된 등기의 회복을 신청할 때에 등기상 이해관계 있는 제3자가 있는 경우, 그 제3자의 승낙은 필요하지 않다. ( )

**24** | 공인중개사 2020년

존재하지 아니하는 건물에 대한 등기가 있을 때 그 소유권의 등기명의인은 지체 없이 그 건물의 멸실등기를 신청하여야 한다. ( )

**25** | 공인중개사 2017년

존재하는 건물이 전부 멸실된 경우, 그 건물소유권의 등기명의인이 해야 할 멸실등기는 '지체 없이' 신청해야 하는 등기이다. ( )

**26** | 공인중개사 2021년

등기관이 부기등기를 할 때에는 주등기 또는 부기등기의 순위번호에 가지번호를 붙여서 하여야 한다. ( )

**27** | 공인중개사 2014년

등기원인에 권리소멸약정이 있으면, 그 약정의 등기는 부기로 한다. ( )

---

21 (○) 부기등기는 주등기와 운명을 같이한다. 피담보채무가 소멸하면 근저당권설정등기는 무효가 되고, 이를 말소하면 부기등기는 등기관이 직권으로 말소한다.

22 (×) 말소되는 등기의 종류에는 제한이 없는 것이 원칙이나, 말소등기의 내용을 회복하는 것은 말소회복등기에 의한다.

23 (×) 말소등기를 하거나 말소된 등기의 회복을 신청할 때에 등기상 이해관계 있는 제3자가 있는 경우에는 그 제3자의 승낙이 필요하다.

25 (×) 존재하는 건물이 전부 멸실된 경우, 멸실등기는 멸실된 날로부터 1개월 이내에 신청하여야 한다.

**정답** 21 (○), 22 (×), 23 (×), 24 (○), 25 (×), 26 (○), 27 (○)

**28** | 공인중개사 2019년

환매특약등기는 부기등기로 한다. ( )

**29** | 공인중개사 2019년

권리소멸약정등기는 부기등기로 한다. ( )

**30** | 공인중개사 2019년

전세권을 목적으로 하는 저당권설정등기는 부기등기로 한다. ( )

**31** | 공인중개사 2017년

전전세권 설정등기는 부기등기로 한다. ( )

**32** | 공인중개사 2015년

같은 주등기에 관한 부기등기 상호간의 순위는 그 등기순서에 따른다. ( )

**33** | 공인중개사 2019년

저당부동산의 저당권실행을 위한 경매개시결정등기는 부기등기로 한다. ( )

**34** | 공인중개사 2017년

부동산의 표시변경등기는 부기등기로 한다. ( )

**35** | 공인중개사 2022년

토지분필등기는 부기로 하는 등기이다. ( )

---

33 (×) 저당부동산의 저당권실행을 위한 경매개시결정등기는 소유권을 목적으로 하는 권리이므로 갑구에 주등기로 한다.

34 (×) 부동산의 표시변경등기는 표제부에 하는 등기이므로 언제나 주등기로 한다.

35 (×) 토지분필등기는 표제부 등기이므로 언제나 주등기로 한다.

**정답** 28 (○), 29 (○), 30 (○), 31 (○), 32 (○), 33 (×), 34 (×), 35 (×)

**36** | 공인중개사 2018년

등기명의인표시의 변경등기는 등기상 이해관계 있는 제3자의 승낙이 없어도 부기등기로 할 수 있다. ( )

**37** | 공인중개사 2018년

지상권 위에 설정한 저당권의 이전등기는 등기상 이해관계 있는 제3자의 승낙이 없으면 부기등기로 할 수 없다. ( )

**38** | 공인중개사 2018년

근저당권에서 채권최고액 증액의 변경등기는 등기상 이해관계 있는 제3자의 승낙이 없으면 부기등기로 할 수 없다. ( )

**39** | 공인중개사 2019년

소유권보존등기를 위한 가등기는 할 수 없다. ( )

**40** | 공인중개사 2019년

소유권이전청구권이 장래에 확정될 것인 경우, 가등기를 할 수 있다. ( )

**41** | 공인중개사 2020년

부동산소유권이전의 청구권이 정지조건부인 경우에 그 청구권을 보전하기 위해 가등기를 할 수 있다. ( )

**42** | 공인중개사 2018년

사인증여로 인하여 발생한 소유권이전등기청구권을 보전하기 위한 가등기는 할 수 없다. ( )

---

36 (○) 권리의 변동이 아니므로 이해관계인이 없다.
38 (×) 근저당권에서 채권최고액을 증액하면 이해관계인이 발생할 수 있으므로 승낙이 있으면, 부기등기, 없으면 주등기로 한다.
39 (○) 이미 존재하는 권리이기 때문이다.
41 (○) 장래에 확정될 채권이므로 가등기 할 수 있다.
42 (×) 사인증여로 인하여 발생하는 소유권이전등기청구권도 장래의 채권이므로 가등기 할 수 있다.

**정답** 36 (○), 37 (○), 38 (×), 39 (○), 40 (○), 41 (○), 42 (×)

**43** | 공인중개사 **2018년**

부동산임차권의 이전청구권을 보전하기 위한 가등기는 허용된다. ( )

**44** | 공인중개사 **2017년**

물권적 청구권을 보전하기 위한 가등기는 허용되지 않는다. ( )

**45** | 공인중개사 **2021년**

근저당권 채권최고액의 변경등기청구권을 보전하기 위해 가등기를 할 수 있다. ( )

**46** | 공인중개사 **2018년**

가등기에 기한 본등기를 금지하는 취지의 가처분등기는 할 수 없다. ( )

**47** | 공인중개사 **2016년**

가등기신청시 그 가등기로 보전하려고 하는 권리를 신청정보의 내용으로 등기소에 제공할 필요는 없다. ( )

**48** | 공인중개사 **2019년**

가등기된 권리의 이전등기가 제3자에게 마쳐진 경우, 그 제3자가 본등기의 권리자가 된다. ( )

**49** | 공인중개사 **2015년**

소유권이전등기청구권을 보전하기 위한 가등기에 대하여는 가압류등기를 할 수 없다. ( )

**50** | 공인중개사 **2019년**

가등기권리자가 여럿인 경우, 그 중 1인이 공유물보존 행위에 준하여 가등기 전부에 관한 본등기를 신청할 수 있다. ( )

---

47 (×) 가등기신청시 그 가등기로 보전하려고 하는 권리를 신청정보의 내용으로 등기소에 제공하여야 한다.

49 (×) 소유권이전등기청구권을 보전하기 위한 가등기도 부기등기로 이전이 가능하므로 가압류, 가처분등기도 할 수 있다.

50 (×) 다수의 가등기권리자 중 1인은 자기 지분만에 대한 본등기는 신청할 수 있으나, 가등기 전부에 관한 본등기는 신청할 수 없다.

**정답** 43 (○), 44 (○), 45 (○), 46 (○), 47 (×), 48 (○), 49 (×), 50 (×)

**51** | 공인중개사 2019년

가등기권리자가 가등기에 의한 본등기로 소유권이전등기를 하지 않고 별도의 소유권이전등기를 한 경우, 그 가등기 후에 본등기와 저촉되는 중간등기가 없다면 가등기에 의한 본등기를 할 수 없다. ( )

**52** | 공인중개사 2017년

소유권 외의 권리에 대한 처분제한의 등기는 부기등기로 한다. ( )

**53** | 공인중개사 2015년

가등기의무자는 가등기명의인의 승낙을 받아 단독으로 가등기의 말소를 신청할 수 있다. ( )

**54** | 공인중개사 2017년

가등기의무자가 가등기명의인의 승낙을 얻어 단독으로 가등기의 말소를 신청하는 경우에는 그 승낙이 있음을 증명하는 정보를 등기소에 제공해야 한다. ( )

**55** | 공인중개사 2020년

가등기권리자는 가등기의무자의 승낙이 있는 경우에 단독으로 가등기를 신청할 수 있다. ( )

**56** | 공인중개사 2020년

가등기명의인은 단독으로 가등기의 말소를 신청할 수 있다. ( )

**57** | 공인중개사 2016년

가등기에 관해 등기상 이해관계 있는 자가 가등기명의인의 승낙을 받은 경우, 단독으로 가등기의 말소를 신청할 수 있다. ( )

**58** | 공인중개사 2018년

甲이 자신의 토지에 대해 乙에게 저당권설정청구권 보전을 위한 가등기를 해준 뒤 丙에게 그 토지에 대해 소유권이전등기를 했더라도 가등기에 기한 본등기 신청의 등기의무자는 甲이다. ( )

**59** | 공인중개사 2017년

가등기에 의하여 순위 보전의 대상이 되어 있는 물권변동청구권이 양도된 경우, 그 가등기상의 권리에 대한 이전등기를 할 수 있다. ( )

**정답** 51 (○), 52 (○), 53 (○), 54 (○), 55 (○), 56 (○), 57 (○), 58 (○), 59 (○)

**60** | 공인중개사 2020년

가등기를 명하는 가처분명령은 가등기권리자의 주소지를 관할하는 지방법원이 할 수 있다. ( )

**61** | 공인중개사 2016년

가등기를 명하는 법원의 가처분명령이 있는 경우, 등기관은 법원의 촉탁에 따라 그 가등기를 한다. ( )

**62** | 공인중개사 2017년

가등기에 의한 본등기를 한 경우, 본등기의 순위는 가등기의 순위에 따른다. ( )

**63** | 공인중개사 2021년

가등기를 한 후 본등기의 신청이 있을 때에는 가등기의 순위번호를 사용하여 본등기를 하여야 한다. ( )

**64** | 공인중개사 2014년

소유권이전등기청구권보전 가등기에 의한 본등기를 한 경우, 등기관은 그 가등기 후 본등기 전에 마친 등기 전부를 직권말소한다. ( )

**65** | 공인중개사 2017년

지상권설정등기청구권보전 가등기에 의하여 본등기를 한 경우, 가등기 후 본등기 전에 마쳐진 당해 토지에 대한 저당권설정등기는 직권말소대상이 된다. ( )

---

60 (×) 가등기를 명하는 가처분명령은 가등기권리자의 주소지를 관할하는 지방법원이 아니라 부동산 소재지를 관할하는 지방법원이 할 수 있다.

61 (×) 가등기가처분명령 정본에 의하여 단독으로 신청할 수 있다.

64 (×) 소유권이전등기청구권보전 가등기에 의한 본등기를 한 경우, 등기관은 그 가등기 후 본등기 전에 마친 등기 중에서 가등기상의 권리와 양립할 수 없는 등기를 말소한다.

65 (×) 지상권과 저당권은 양립이 가능한 권리이므로 저당권설정등기는 직권말소의 대상이 아니다.

**정답** 60 (×), 61 (×), 62 (○), 63 (○), 64 (×), 65 (×)

**66 | 공인중개사 2015년**

청산절차를 거치지 아니하여 첨부정보를 제공하지 아니한 채 담보가등기에 기초하여 본등기가 이루어진 경우, 등기관은 그 본등기를 직권으로 말소할 수 있다. ( )

**67 | 공인중개사 2021년**

등기관이 소유권이전등기청구권보전 가등기에 의한 본등기를 한 경우, 가등기 후 본등기 전에 마쳐진 해당 가등기상 권리를 목적으로 하는 가처분등기는 직권으로 말소한다. ( )

**68 | 공인중개사 2021년**

임차권설정등기청구권보전 가등기에 의한 본등기를 한 경우 가등기 후 본등기 전에 마쳐진 저당권설정등기는 직권말소의 대상이 아니다. ( )

**69 | 공인중개사 2014년**

임차권설정등기청구권보전 가등기에 의한 본등기를 마친 경우, 등기관은 가등기 후 본등기 전에 가등기와 동일한 부분에 마친 부동산용익권 등기를 직권말소한다. ( )

**70 | 공인중개사 2014년**

저당권설정등기청구권보전 가등기에 의한 본등기를 한 경우, 등기관은 가등기 후 본등기 전에 마친 제3자 명의의 부동산용익권 등기를 직권말소할 수 없다. ( )

**71 | 공인중개사 2022년**

토지에 대한 소유권이전청구권보전 가등기에 기하여 소유권이전의 본등기를 한 경우, 그 가등기 후 본등기 전에 마쳐진 등기 중 해당 가등기상 권리를 목적으로 하는 가압류등기는 등기관의 직권말소 대상이다. ( )

---

66 (×) 첨부정보를 제공하지 않고 본등기가 이루어진 경우는 직권말소의 대상이 아니다.

67 (×) 등기관이 소유권이전등기청구권보전 가등기에 의한 본등기를 한 경우, 가등기 후 본등기 전에 마쳐진 해당 가등기상권리를 목적으로 하는 가처분등기는 직권으로 말소하지 않는다.

68 (○) 저당권설정등기는 임차권과 양립이 가능하므로 임차권설정등기청구권보전 가등기에 의한 본등기를 한 경우 가등기 후 본등기 전에 마쳐진 저당권설정등기는 직권말소의 대상이 아니다.

71 (×) 가등기에 의한 본등기를 하였을 때에는 등기관은 가등기 이후에 된 등기로서 가등기에 의하여 보전되는 권리를 침해하는 등기는 직권으로 말소한다. 다만 해당 가등기상 권리를 목적으로 하는 가압류등기나 가처분등기는 말소할 수 없다.

**정답** 66 (×), 67 (×), 68 (○), 69 (○), 70 (○), 71 (×)

**72** | 공인중개사 2014년

처분금지가처분등기가 된 후, 가처분채무자를 등기의무자로 하여 소유권이전등기를 신청하는 가처분채권자는 그 가처분등기 후에 마쳐진 등기 전부의 말소를 단독으로 신청할 수 있다. ( )

**73** | 공인중개사 2014년

가처분채권자가 가처분등기 후의 등기말소를 신청할 때에는 "가처분에 의한 실효"를 등기원인으로 하여야 한다. ( )

**74** | 공인중개사 2014년

가처분채권자의 말소신청에 따라 가처분등기 후의 등기를 말소하는 등기관은 그 가처분등기도 직권말소하여야 한다. ( )

**75** | 공인중개사 2014년

등기원인을 경정하는 등기는 단독신청에 의한 등기의 경우에는 단독으로, 공동신청에 의한 등기의 경우에는 공동으로 신청하여야 한다. ( )

**76** | 공인중개사 2014년

체납처분으로 인한 상속부동산의 압류등기를 촉탁하는 관공서는 상속인의 승낙이 없더라도 권리이전의 등기를 함께 촉탁할 수 있다. ( )

---

72 (×) 가처분등기와 양립할 수 없는 등기에 대해서만 단독으로 말소신청을 할 수 있다.

**정답** 72 (×), 73 (○), 74 (○), 75 (○), 76 (○)

공인중개사 시험 2차 2교시
# 부동산세법

모두공인공인중개사 슈퍼리멤버

# PART 01
# 조세총론

# CHAPTER 01

## 조세총론

| 2014년 | 2015년 | 2016년 | 2017년 | 2018년 | 2019년 | 2020년 | 2021년 | 2022년 |
|---|---|---|---|---|---|---|---|---|
| 2문 | 2문 | 1문 | 1문 | 2문 | 3문 | 1문 | 1문 | 2문 |

**핵심 01** | 조세의 기초
**핵심 02** | 납세의무
**핵심 02** | 조세우선권과 조세불복

# 조세의 기초

## 1 조세의 기본개념

**01** | 공인중개사 2020년

「지방세기본법」상 "납세자"란 납세의무자(연대납세의무자와 제2차 납세의무자 및 보증인 포함)와 특별징수의무자를 말한다. ( )

**02** | 공인중개사 2020년

「지방세기본법」상 "보통징수"란 지방세를 징수할 때 편의상 징수할 여건이 좋은 자로 하여금 징수하게 하고 그 징수한 세금을 납부하게 하는 것을 말한다.5 ( )

**03** | 공인중개사 2020년

「지방세기본법」상 "세무공무원"이란 지방자치단체의 장 또는 지방세의 부과·징수 등에 관한 사무를 위임받은 공무원을 말한다. ( )

**04** | 공인중개사 2020년

「지방세기본법」상 "지방자치단체의 징수금"이란 지방세와 가산금 및 체납처분비를 말한다. ( )

## 2 조세의 구분

**05** | 공인중개사 2015년

「지방세기본법」상 등록면허세는 특별시세 세목에 해당한다. ( )

**06** | 공인중개사 2015년

「지방세기본법」상 주민세, 취득세는 특별시세 세목에 해당한다. ( )

---

02 (×) 보통징수는 과세관청이 납세자에게 납세고지서를 교부하여 징수하게 하는 방법이다. **비교** 지방세를 징수할 때 편의상 여건이 좋은 자로 하여금 징수하게 하고 그 징수한 세금을 납부하게 하는 것을 '특별징수'라 한다.

05 (×) 등록면허세는 구세에 해당한다. **보충** 등록면허세와 재산세는 구세에 해당한다.

**정답** 01 (○), 02 (×), 03 (○), 04 (○), 05 (×), 06 (○)

**07** | 공인중개사 2015년

「지방세기본법」상 지방소비세, 지방교육세는 특별시세 세목에 해당한다. ( )

**08** | 공인중개사 2014년

농어촌특별세는 부동산 취득단계에서 부담할 수 있는 세금이다. ( )

**09** | 공인중개사 2019년

농어촌특별세는 부동산 보유단계에서 부담할 수 있는 세금이다. ( )

**10** | 공인중개사 2014년

지방교육세는 부동산 취득단계에서 부담할 수 있는 세금이다. ( )

**11** | 공인중개사 2019년

지방교육세는 부동산 보유단계에서 부담할 수 있는 세금이다. ( )

**12** | 공인중개사 2014년

인지세는 부동산 취득단계에서 부담할 수 있는 세금이다. ( )

**13** | 공인중개사 2014년

재산세는 부동산 취득단계에서 부담할 수 있는 세금이다. ( )

**14** | 공인중개사 2019년

소방분 지역자원시설세는 부동산 보유단계에서 부담할 수 있는 세금이다. ( )

**15** | 공인중개사 2019년

개인지방소득세는 부동산 보유단계에서 부담할 수 있는 세금이다. ( )

**16** | 공인중개사 2014년

종합부동산세는 부동산 취득단계에서 부담할 수 있는 세금이다. ( )

---

13 (×) 재산세는 부동산 보유단계에서 부담할 수 있는 세금이다.
16 (×) 종합부동산세는 부동산 보유단계에서 부담할 수 있는 세금이다.

**정답** 07 (○), 08 (○), 09 (○), 10 (○), 11 (○), 12 (○), 13 (×), 14 (○), 15 (○), 16 (×)

### 3 서류의 송달

**17** | 공인중개사 2022년

연대납세의무자에게 납세의 고지에 관한 서류를 송달할 때에는 연대납세의무자 모두에게 각각 송달하여야 한다. ( )

**18** | 공인중개사 2022년

납세관리인이 있을 때에는 납세의 고지와 독촉에 관한 서류는 그 납세관리인의 주소 또는 영업소에 송달한다. ( )

**19** | 공인중개사 2022년

교부에 의한 서류송달의 경우에 송달할 장소에서 서류를 송달받아야 할 자를 만나지 못하였을 때에는 그의 사용인으로서 사리를 분별할 수 있는 사람에게 서류를 송달할 수 있다. ( )

**20** | 공인중개사 2022년

서류송달을 받아야 할 자의 주소 또는 영업소가 분명하지 아니한 경우에는 서류의 주요 내용을 공고한 날부터 14일이 지나면 서류의 송달이 된 것으로 본다. ( )

**21** | 공인중개사 2022년

기한을 정하여 납세고지서를 송달하였더라도 서류가 도달한 날부터 10일이 되는 날에 납부기한이 되는 경우 지방자치단체의 징수금의 납부기한은 해당 서류가 도달한 날부터 14일이 지난 날로 한다. ( )

### 4 신고불성실가산세

**22** | 공인중개사 2016년

사기나 그 밖의 부정한 행위로 인하지 않은 경우 「지방세기본법」상 무신고가산세는 납부세액의 100분의 20에 상당하는 금액으로 한다. ( )

---

21 (×) 기한을 정하여 납세고지서를 송달하였더라도 서류가 도달한 날부터 14일(지방세의 경우 7일) 이내에 납부기한이 되는 경우 지방자치단체의 징수금의 납부기한은 해당 서류가 도달한 날부터 14일이 지난 날로 한다.

**정답** 17 (○), 18 (○), 19 (○), 20 (○), 21 (×), 22 (○)

**23** | 공인중개사 2016년

사기나 그 밖의 부정한 행위로 인한 경우 「지방세기본법」상 무신고가산세는 납부세액의 100분의 50에 상당하는 금액으로 한다. ( )

**24** | 공인중개사 2016년

사기나 그 밖의 부정한 행위로 인하지 않은 경우 「지방세기본법」상 과소신고가산세는 과소신고분 세액의 100분의 20에 상당하는 금액으로 한다. ( )

**25** | 공인중개사 2016년

사기나 그 밖의 부정한 행위로 인한 경우 「지방세기본법」상 과소신고가산세는 납부세액의 100분의 50에 상당하는 금액으로 한다. ( )

### 5 납부지연가산세

**26** | 공인중개사 2015·2016년

납세의무자가 신고에 의한 납부기한까지 지방세를 납부하지 않은 경우 산출세액의 100분의 20을 가산세로 부과한다. ( )

---

23 (×) 사기나 그 밖의 부정한 행위로 인한 경우 「지방세기본법」상 무신고가산세는 납부세액의 100분의 40에 상당하는 금액으로 한다.

24 (×) 사기나 그 밖의 부정한 행위로 인하지 않은 경우 「지방세기본법」상 과소신고가산세는 과소신고분 세액의 100분의 10에 상당하는 금액으로 한다.

25 (×) 사기나 그 밖의 부정한 행위로 인한 경우 「지방세기본법」상 과소신고가산세는 납부세액의 100분의 40에 상당하는 금액으로 한다.

26 (×) 납세의무자가 신고에 의한 납부기한까지 지방세를 납부하지 않은 경우 납부지연가산세는 납부기한의 다음 날부터 납부일까지의 기간에 대통령령에 따른 1일 기준 이자율(10만분의 22)을 적용하여 계산한다.

**정답** 23 (×), 24 (×), 25 (×), 26 (×)

## 핵심테마 02 납세의무

### 1 납세의무의 성립시기

**01** | 공인중개사 2002년
취득세의 납세의무 성립시기는 과세물건을 취득하는 때이다. ( )

**02** | 공인중개사 2021·2022년
甲이 乙로부터 부동산을 증여받았다면 그 계약일에 취득세납세의무가 성립한다. ( )

**03** | 공인중개사 2022년
등록에 의한 등록면허세의 납세의무 성립시기는 재산권 그 밖의 권리를 등기하거나 등록하는 때이다. ( )

**04** | 공인중개사 2007년
재산세의 납세의무 성립시기는 과세기준일이다. ( )

**05** | 공인중개사 2018년
재산세에 부과되는 지방교육세의 납세의무 성립시기는 매년 8월 1일이다. ( )

**06** | 공인중개사 2007년
종합부동산세의 납세의무 성립시기는 재산세의 과세기준일이다. ( )

**07** | 공인중개사 2018년
거주자의 양도소득에 대한 지방소득세의 납세의무 성립시기는 매년 3월 31일이다. ( )

---

05 (×) 재산세에 부과되는 지방교육세의 납세의무 성립시기는 과세표준이 되는 세목의 납세의무가 성립하는 때(매년 6월1일)이다.

07 (×) 거주자의 양도소득에 대한 지방소득세의 납세의무 성립시기는 과세표준이 되는 소득에 대하여 소득세의 납세의무가 성립하는 때이다.

**정답** 01 (○), 02 (○), 03 (○), 04 (○), 05 (×), 06 (○), 07 (×)

**08** | 공인중개사 2002년

지방교육세의 납세의무 성립시기는 과세표준이 되는 세목의 납세의무가 성립하는 때이다. ( )

**09** | 공인중개사 2004년

농어촌특별세의 납세의무 성립시기는 본세의 납세의무가 성립하는 때이다. ( )

**10** | 공인중개사 2018년

중간예납 하는 소득세의 납세의무 성립시기는 매년 12월 31일이다. ( )

## 2 납세의무의 확정

**11** | 공인중개사 2002년

신고납부란 납세의무자가 그 납부할 지방세의 과세표준과 세액을 신고하고, 신고한 세금을 납부하는 것을 말하며 취득세와 등록에 대한 등록면허세가 이에 해당한다. ( )

**12** | 공인중개사 2002년

보통징수란 세무공무원이 납세고지서를 납세자에게 발급하여 지방세를 징수하는 것을 말하며 재산세와 소방분 지역자원시설세가 이에 해당한다. ( )

**13** | 공인중개사 2005년

등록에 대한 등록면허세와 양도소득세는 원칙적으로 납세의무자가 과세표준과 세액을 과세관청에 신고하는 때 납세의무가 확정되는 세목이다. ( )

**14** | 공인중개사 2013년

취득세는 원칙적으로 과세관청의 결정에 의하여 납세의무가 확정되는 지방세이다. ( )

**15** | 공인중개사 2013년

재산세는 원칙적으로 과세관청의 결정에 의하여 납세의무가 확정되는 지방세이다. ( )

---

10 (×) 중간예납 하는 소득세의 납세의무 성립시기는 중간예납기간이 끝나는 때이다.
14 (×) 취득세는 원칙적으로 신고에 의해 납세의무가 확정되는 지방세이다.

**정답** 08 (○), 09 (○), 10 (×), 11 (○), 12 (○), 13 (○), 14 (×), 15 (○)

**16** | 공인중개사 2013년

양도소득세는 원칙적으로 과세관청의 결정에 의하여 납세의무가 확정되는 지방세이다.
( )

**17** | 공인중개사 2022년

양도소득세의 예정신고만으로 양도소득세 납세의무가 확정되지 아니한다. ( )

**18** | 공인중개사 2013년

종합부동산세는 원칙적으로 과세관청의 결정에 의하여 납세의무가 확정되는 지방세이다.
( )

## 3  납세의무의 소멸과 제척기간

**19** | 공인중개사 2017년

납부·충당되었을 때 지방자치단체의 징수금을 납부할 의무가 소멸된다. ( )

**20** | 공인중개사 2017년

법인이 합병한 때 지방자치단체의 징수금을 납부할 의무가 소멸된다. ( )

**21** | 공인중개사 2017년

지방세징수권의 소멸시효가 완성되었을 때 지방자치단체의 징수금을 납부할 의무가 소멸된다.
( )

---

16 (×) 양도소득세는 원칙적으로 신고에 의해 납세의무가 확정되는 국세이다.

17 (×) 양도소득세의 예정신고만으로 양도소득세 납세의무가 확정된다.

18 (×) 종합부동산세는 원칙적으로 과세관청의 결정에 의하여 납세의무가 확정되는 국세이다.

20 (×) 법인이 합병한 경우는 징수금 납세의무의 소멸사유에 해당하지 않는다.

- 납세의무의 소멸
  ① 납부·충당되었을 때
  ② 부과가 취소되었을 때
  ③ 조세부과의 제척기간이 만료되었을 때
  ④ 조세징수권의 소멸시효가 완성되었을 때

**정답** 16 (×), 17 (×), 18 (×), 19 (○), 20 (×), 21 (○)

**22** | 공인중개사 2017년

지방세부과의 제척기간이 만료되었을 때 지방자치단체의 징수금을 납부할 의무가 소멸된다. ( )

**23** | 공인중개사 2017년

납세의무자의 사망으로 상속이 개시된 때 지방자치단체의 징수금을 납부할 의무가 소멸된다. ( )

**24** | 공인중개사 2015년

납세자가 법정신고기한까지 과세표준신고서를 제출하지 아니한 경우에 지방세 부과 제척기간은 7년이다. ( )

**25** | 공인중개사 2010년

「국세기본법」상 사기나 그 밖의 부정한 행위로 주택의 양도소득세를 포탈하는 경우 국세 부과의 제척기간은 이를 부과할 수 있는 날부터 10년이다. ( )

---

23 (×) 납세의무자의 사망으로 상속이 개시된 경우는 납세의무의 소멸사유에 해당하지 않는다.

**정답** 22 (○), 23 (×), 24 (○), 25 (○)

# 03 조세우선권과 조세불복

## 1 조세채권 상호 간 우선권

**01** | 공인중개사 2015년
지방자치단체 징수금의 징수순위는 체납처분비, 지방세, 가산금의 순서로 한다. ( )

**02** | 공인중개사 2018년
납세담보물 매각 시 압류에 관계되는 조세채권은 담보 있는 조세채권보다 우선한다. ( )

## 2 조세채권과 다른 채권 간 우선권

**03** | 공인중개사 2018년
강제집행으로 부동산을 매각할 때 그 매각금액 중에 국세를 징수하는 경우, 강제집행 비용은 국세에 우선한다. ( )

**04** | 공인중개사 2018·2019년
재산의 매각대금 배분 시 당해 재산에 부과된 종합부동산세는 당해 재산에 설정된 전세권에 따라 담보된 채권보다 우선한다. ( )

**05** | 공인중개사 2018·2019년
재산의 매각대금 배분 시 당해 재산에 부과된 재산세는 당해 재산에 설정된 저당권에 따라 담보된 채권보다 우선한다. ( )

---

02 (×) 납세담보물 매각 시 담보 있는 조세채권은 압류에 관계되는 조세채권보다 우선한다. **보충** 조세채권 상호 간에는 우열의 관계없이 평등하게 징수되는 것을 원칙으로 한다. 다만, 담보우선주의나 압류우선주의와 같은 예외사항에 따라 조세채권 사이에서는 담보에 관계된 조세채권, 압류에 관계된 조세채권, 교부청구 순서로 우선권을 갖는다.

**정답** 01 (○), 02 (×), 03 (○), 04 (○), 05 (○)

**06** | 공인중개사 2018년

취득세 신고서를 납세지 관할 지방자치단체장에게 제출한 날 전에 저당권 설정 등기 사실이 증명되는 재산을 매각하여 그 매각금액에서 취득세를 징수하는 경우, 저당권에 따라 담보된 채권은 취득세에 우선한다. ( )

**07** | 공인중개사 2019년

취득세에 부가되는 지방교육세는 저당권에 따라 담보된 채권에 우선하여 징수하는 조세이다. ( )

**08** | 공인중개사 2019년

부동산임대에 따른 종합소득세는 저당권에 따라 담보된 채권에 우선하여 징수하는 조세이다. ( )

**09** | 공인중개사 2019년

등록면허세는 저당권에 따라 담보된 채권에 우선하여 징수하는 조세이다. ( )

### 3 조세의 불복

**10** | 공인중개사 2015년

지방세에 관한 불복시 불복청구인은 이의신청을 거치지 않고 심판청구를 제기할 수 없다. ( )

**11** | 공인중개사 2012년

이의신청을 거친 후에 심판청구를 할 때에는 이의신청에 대한 결정통지를 받은 날부터 90일 이내에 심판청구를 하여야 한다. ( )

---

07 (×) 취득세는 저당권에 따라 담보된 채권에 우선하여 징수하는 조세에 해당하지 않는다. 따라서 취득세에 부과되는 지방교육세는 담보된 채권에 우선하여 징수되는 조세에 해당하지 않는다. **보충** 저당권에 따라 담보된 채권에 우선하여 징수하는 조세 : 재산에 대하여 부과된 상속세, 증여세, 종합부동산세, 재산세, 소방분 지역자원시설세 등 당해세 및 이에 대한 부가세인 지방교육세, 농어촌특별세 등

08 (×) 종합소득세는 저당권에 따라 담보된 채권에 우선하여 징수하는 조세에 해당하지 않는다.

09 (×) 등록면허세는 저당권에 따라 담보된 채권에 우선하여 징수하는 조세에 해당하지 않는다.

10 (×) 이의신청 여부는 불복청구인의 선택사항이다. 지방세에 관한 불복시 불복청구인은 이의신청을 거치지 않고 심판청구를 제기할 수 있다.

**정답** 06 (○), 07 (×), 08 (×), 09 (×), 10 (×), 11 (○)

**12** | 공인중개사 2019년

심사청구가 이유 없다고 인정될 때에는 청구를 기각하는 결정을 한다. ( )

**13** | 공인중개사 2019년

「지방세기본법」에 따른 과태료의 부과처분을 받은 자는 이의신청, 심사청구 또는 심판청구를 할 수 없다. ( )

**14** | 공인중개사 2022년

「지방세기본법」상 통고처분은 이의신청 또는 심판청구의 대상이 되는 처분에 포함된다.
( )

**15** | 공인중개사 2019년

「지방세기본법」상 이의신청인은 신청금액이 1천만 원 미만인 경우에는 그의 배우자, 4촌 이내의 혈족 또는 그의 배우자의 4촌 이내 혈족을 대리인으로 선임할 수 있다. ( )

**16** | 공인중개사 2022년

「지방세기본법」상 이의신청인은 신청 또는 청구 금액이 8백만 원인 경우에는 그의 배우자를 대리인으로 선임할 수 있다. ( )

**17** | 공인중개사 2019년

「지방세기본법」상 심판청구는 그 처분의 집행에 효력이 미치지 아니하지만 압류한 재산에 대하여는 심판청구의 결정이 있는 날부터 30일까지 그 공매처분을 보류할 수 있다.
( )

---

14 (×) 「지방세기본법」상 통고처분은 이의신청 또는 심판청구를 할 수 없다. **보충** 「지방세기본법」 또는 「지방세관계법」에 따른 처분으로서 위법·부당한 처분을 받았거나 필요한 처분을 받지 못하여 권리 또는 이익을 침해당한 자는 이의신청 또는 심판청구를 할 수 있다. 다만, 다음의 경우는 이의신청 또는 심판청구를 할 수 없다.
① 지방세기본법상 범칙사건 등에 따른 통고처분
② 「감사원법」에 따라 심사청구를 한 처분이나 그 심사청구에 대한 처분
③ 과세전적부심사의 청구에 대한 처분
④ 지방세기본법에 따른 과태료의 부과처분
⑤ 이의신청 또는 심판청구에 대한 처분. 다만, 이의신청에 대한 처분에 대하여 심판청구를 하는 경우는 제외한다.

**정답** 12 (○), 13 (○), 14 (×), 15 (○), 16 (○), 17 (○)

**18** | 공인중개사 2019년

「지방세기본법」상 이의신청을 거치지 아니하고 바로 심판청구를 할 수 있다. ( )

**19** | 공인중개사 2012년

이의신청은 처분이 있은 것을 안 날(처분의 통지를 받았을 때에는 그 통지를 받은 날)로부터 90일 이내에 하여야 한다. ( )

정답  18 (○), 19 (○)

모두공인공인중개사 슈퍼리멤버
# PART 02
# 지방세

# CHAPTER 01

## 취득세

| 2014년 | 2015년 | 2016년 | 2017년 | 2018년 | 2019년 | 2020년 | 2021년 | 2022년 |
|---|---|---|---|---|---|---|---|---|
| 4문 | 3문 | 3문 | 3문 | 3문 | 3문 | 1문 | 2문 | 2문 |

**핵심 04** | 취득세 과세대상과 납세의무자
**핵심 05** | 취득세 과세표준과 세율
**핵심 06** | 취득세 부과 · 징수

# 취득세 과세대상과 납세의무자

## 1 취득의 정의 및 종류

**01** | 공인중개사 2015년

취득세는 부동산, 부동산에 준하는 자산, 광업권, 어업권, 양식업권 및 각종 회원권 등을 취득한 자에게 부과한다. ( )

**02** | 공인중개사 2016·2021년

부동산의 취득은 「민법」 등 관계 법령에 따른 등기를 하지 아니한 경우라도 사실상 취득하면 취득한 것으로 본다. ( )

**03** | 공인중개사 2009년

공유수면을 매립하거나 간척하여 토지를 조성한 경우에는 취득세가 과세될 수 있다. ( )

**04** | 공인중개사 2019년

형제간에 부동산을 상호교환한 경우에는 취득세를 부과한다. ( )

**05** | 공인중개사 2019년

직계존속으로부터 거주하는 주택을 증여받은 경우에는 취득세를 부과한다. ( )

**06** | 공인중개사 2014년

공매를 통하여 배우자의 부동산을 취득한 경우 부동산의 유상취득으로 본다. ( )

**07** | 공인중개사 2014·2019년

파산선고로 인하여 처분되는 직계비속의 부동산을 취득한 경우 부동산의 유상취득으로 본다. ( )

**08** | 공인중개사 2014년

배우자의 부동산을 취득한 경우로서 그 취득대가를 지급한 사실을 증명한 경우 부동산의 유상취득으로 본다. ( )

**정답** 01 (○), 02 (○), 03 (○), 04 (○), 05 (○), 06 (○), 07 (○), 08 (○)

**09** | 공인중개사 2014년

권리의 이전이나 행사에 등기가 필요한 부동산을 직계존속과 서로 교환한 경우 부동산의 유상취득으로 본다. ( )

**10** | 공인중개사 2014년

증여자의 채무를 인수하는 부담부증여로 취득한 경우로서 그 채무액에 상당하는 부분을 제외한 나머지 부분의 경우 부동산의 유상취득으로 본다. ( )

**11** | 공인중개사 2015·2018년

법인설립 시 발행하는 주식을 취득함으로써 지방세기본법에 따른 과점주주가 되었을 때에는 그 과점주주가 해당 법인의 부동산등을 취득한 것으로 본다. ( )

**12** | 공인중개사 2018년

과점주주가 아닌 주주가 다른 주주로부터 주식을 취득함으로서 최초로 과점주주가 된 경우 과점주주의 간주취득세가 과세되는 경우에 해당한다. ( )

**13** | 공인중개사 2018년

이미 과점주주가 된 주주가 해당 법인의 주식을 취득하여 해당 법인의 주식의 총액에 대한 과점주주가 가진 주식의 비율이 증가된 경우 과점주주의 간주취득세가 과세되는 경우에 해당한다. ( )

**14** | 공인중개사 2018년

과점주주 집단 내부에서 주식이 이전되었으나 과점주주 집단이 소유한 총주식의 비율에 변동이 없는 경우 과점주주의 간주취득세가 과세되는 경우에 해당하지 않는다. ( )

---

10 (×) 증여자의 채무를 인수하는 부담증여로 취득한 경우로서 그 채무액에 상당하는 부분은 부동산의 유상취득으로 본다.

11 (×) 비상장법인의 주식 또는 지분을 취득함으로써 과점주주가 되었을 때에는 그 과점주주가 해당 법인의 부동산 등을 취득한 것으로 본다. 다만, 법인설립 시에 발행하는 주식 또는 지분을 취득함으로써 과점주주가 된 경우는 제외한다.

**정답** 09 (○), 10 (×), 11 (×), 12 (○), 13 (○), 14 (○)

## 2 취득세의 납세의무자

**15** | 공인중개사 2015·2021년

토지의 지목을 사실상 변경함으로써 그 가액이 증가한 경우에는 취득으로 본다. ( )

**16** | 공인중개사 2016·2021년

권리의 이전이나 행사에 등기 또는 등록이 필요한 부동산을 직계존속과 서로 교환한 경우에는 무상으로 취득한 것으로 본다. ( )

**17** | 공인중개사 2016년

직계비속이 공매를 통하여 직계존속의 부동산을 취득하는 경우 유상으로 취득한 것으로 본다. ( )

**18** | 공인중개사 2016년

직계비속이 직계존속의 부동산을 매매로 취득하는 때에 해당 직계비속의 다른 재산으로 그 대가를 지급한 사실이 입증되는 경우 유상으로 취득한 것으로 본다. ( )

**19** | 공인중개사 2015·2021년

증여자가 배우자 또는 직계존비속이 아닌 경우 증여자의 채무를 인수하는 부담부 증여의 경우에는 그 채무액에 상당하는 부분은 부동산 등을 유상으로 취득하는 것으로 본다.
( )

---

16 (×) 배우자 또는 직계존비속의 부동산 등을 취득하는 경우에는 증여로 취득한 것으로 본다. 다만, 다음 중 어느 하나에 해당하는 경우에는 유상으로 취득한 것으로 본다.
① 공매·경매를 통하여 부동산 등을 취득한 경우
② 파산선고로 인하여 처분되는 부동산 등을 취득한 경우
③ 권리의 이전이나 행사에 등기 또는 등록이 필요한 부동산 등을 서로 교환한 경우
④ 해당 부동산 등의 취득을 위하여 그 대가를 지급한 사실이 증명되는 경우

**정답** 15 (○), 16 (×), 17 (○), 18 (○), 19 (○)

**20** | 공인중개사 2021년

증여로 인한 승계취득의 경우 해당 취득물건을 등기·등록하더라도 취득일부터 60일 이내에 공증받은 공정증서에 의하여 계약이 해제된 사실이 입증되는 경우에는 취득한 것으로 보지 아니한다.  ( )

**21** | 공인중개사 2017년

무상승계 취득한 취득물건을 취득일에 등기·등록한 후 화해조서·인낙조서에 의하여 취득일부터 60일 이내에 계약이 해제된 사실을 입증하는 경우에는 취득한 것으로 보지 아니한다.  ( )

**22** | 공인중개사 2017년

상속(피상속인이 상속인에게 한 유증 및 포괄유증과 신탁재산의 상속 포함)으로 인하여 취득하는 경우에는 상속인 각자가 상속받는 취득물건(지분을 취득하는 경우에는 그 지분에 해당하는 취득물건을 말함)을 취득한 것으로 본다.  ( )

---

20 (×) 등기·등록하더라도(×), 등기·등록하지 아니하고(○), 증여로 인한 승계취득의 경우 해당 취득물건을 등기·등록하지 아니하고 다음 중 어느 하나에 해당하는 서류에 의하여 계약이 해제된 사실이 입증되는 경우에는 취득한 것으로 보지 아니한다.
  ① 화해조서·인낙조서 (해당 조서에서 취득일부터 60일 이내에 계약이 해제된 사실이 입증되는 경우만 해당한다)
  ② 공정증서 (공증인이 인증한 사서증서를 포함하되, 취득일부터 60일 이내에 공증받은 것만 해당한다)
  ③ 행정안전부령으로 정하는 계약해제신고서 (취득일부터 60일 이내에 제출된 것만 해당한다)

21 (○) 등기·등록한 후(×), 등기·등록하지 아니하고(○), 무상승계 취득한 취득물건을 취득일에 등기·등록하지 아니하고 화해조서·인낙조서에 의하여 취득일부터 60일 이내에 계약이 해제된 사실을 입증하는 경우에는 취득한 것으로 보지 아니한다.

**정답** 20 (×), 21 (○), 22 (○)

**23** | 공인중개사 2021년

상속회복청구의 소에 의한 법원의 확정판결에 의하여 특정 상속인이 당초 상속분을 초과하여 취득하게 되는 재산가액은 상속분이 감소한 상속인으로부터 증여받아 취득한 것으로 본다.  ( )

**24** | 공인중개사 2016·2019년

「주택법」에 따른 주택조합이 해당 조합원용으로 취득하는 조합주택용 부동산(조합원에게 귀속되지 아니하는 부동산은 제외)은 그 조합원이 취득한 것으로 본다. 따라서 그 조합원에게 취득세를 부과한다.  ( )

**25** | 공인중개사 2018년

「주택법」에 따른 주택조합이 비조합원용 부동산을 취득하는 경우 취득세를 부과한다.  ( )

**26** | 공인중개사 2015·2022년

건축물 중 조작설비로서 그 주체구조부와 하나가 되어 건축물로서의 효용가치를 이루고 있는 것에 대하여는 주체구조부 취득자 외의 자가 가설한 경우에도 주체구조부의 취득자가 함께 취득한 것으로 본다.  ( )

## 3 취득세의 비과세

**27** | 공인중개사 2020년

국가 및 외국정부의 취득에 대해서는 취득세를 부과한다.  ( )

---

23 (×) 상속개시 후 상속재산에 대하여 등기 등에 의하여 각 상속인의 상속분이 확정되어 등기 등이 된 후, 그 상속재산에 대하여 공동상속인이 협의하여 재분할한 결과 특정 상속인이 당초 상속분을 초과하여 취득하게 되는 재산가액은 그 재분할에 의하여 상속분이 감소한 상속인으로부터 증여받아 취득한 것으로 본다. 다만, 다음 중 어느 하나에 해당하는 경우에는 그러하지 아니하다.
① 신고·납부기한 내에 재분할에 의한 취득과 등기 등을 모두 마친 경우
② 상속회복청구의 소에 의한 법원의 확정판결에 의하여 상속인 및 상속재산에 변동이 있는 경우
③ 채권자대위권의 행사에 의하여 공동상속인들의 법정상속분대로 등기 등이 된 상속재산을 상속인 사이의 협의분할에 의하여 재분할하는 경우

27 (×) 국가 또는 지방자치단체, 지방자치단체조합, 외국정부 및 주한국제기구의 취득에 대해서는 취득세를 부과하지 아니한다. 다만, 대한민국 정부기관의 취득에 대하여 과세하는 외국정부의 취득에 대해서는 취득세를 부과한다.

**정답** 23 (×), 24 (○), 25 (○), 26 (○), 27 (×)

**28** | 공인중개사 2021년

대한민국 정부기관의 취득에 대하여 과세하는 외국정부의 취득에 대해서는 취득세를 부과한다. ( )

**29** | 공인중개사 2017년

지방자치단체에 기부채납을 조건으로 부동산을 취득하는 경우라도 그 반대급부로 기부채납 대상물의 무상사용권을 제공받는 때에는 그 해당 부분에 대해서는 취득세를 부과한다. ( )

**30** | 공인중개사 2018년

위탁자로부터 수탁자에게 신탁재산을 이전하는 경우 취득세를 부과하지 아니한다. ( )

**31** | 공인중개사 2018년

신탁의 종료로 인하여 수탁자로부터 위탁자에게 신탁재산을 이전하는 경우 취득세를 부과하지 아니한다. ( )

**32** | 공인중개사 2018년

수탁자가 변경되어 신수탁자에게 신탁재산을 이전하는 경우 취득세를 부과하지 아니한다. ( )

**33** | 공인중개사 2022년

공사현장사무소 등 임시건축물의 취득에 대하여는 그 존속기간에 관계없이 취득세를 부과하지 아니한다. ( )

**34** | 공인중개사 2017·2019년

「주택법」에 따른 공동주택의 개수(「건축법」에 따른 대수선 제외)로 인한 취득 중 개수로 인한 취득 당시 주택의 시가표준액이 9억 원 이하인 경우에는 취득세를 부과하지 않는다. ( )

---

33 (×) 공사현장사무소 등 임시건축물의 취득에 대하여는 취득세를 부과하지 아니한다. 다만, 존속기간이 1년을 초과하는 경우에는 취득세를 부과한다.

**정답** 28 (○), 29 (○), 30 (○), 31 (○), 32 (○), 33 (×), 34 (○)

## 4 취득의 시기

**35** | 공인중개사 2019·2021년

상속으로 인한 취득의 경우 상속개시일을 취득일로 본다. ( )

**36** | 공인중개사 2019년

공매방법에 의한 취득의 경우 그 사실상의 잔금지급일에 취득한 것으로 본다. ( )

**37** | 공인중개사 2019년

건축물(주택 아님)을 건축하여 취득하는 경우로서 사용승인서를 내주기 전에 임시사용승인을 받은 경우 그 임시사용승인일과 사실상의 사용일 중 빠른 날을 취득일로 본다. ( )

**38** | 공인중개사 2017년

「주택법」제11조에 따른 주택조합이 주택건설사업을 하면서 조합원으로부터 취득하는 토지 중 조합원에게 귀속되지 아니하는 토지를 취득하는 경우에는 「주택법」제49조에 따른 사용검사를 받은 날에 그 토지를 취득한 것으로 본다. ( )

**39** | 공인중개사 2017·2021년

「도시 및 주거환경정비법」제16조 제3항에 따른 주택재건축조합이 주택재건축사업을 하면서 조합원으로부터 취득하는 토지 중 조합원에게 귀속되지 아니하는 토지를 취득하는 경우에는 「도시 및 주거환경정비법」제86조 제2항에 따른 소유권이전 고시일에 그 토지를 취득한 것으로 본다. ( )

**40** | 공인중개사 2017년

연부로 취득하는 것(취득가액의 총액이 50만 원 이하인 것은 제외)은 그 사실상의 연부금 지급일을 취득일로 본다. 단, 취득일 전에 등기 또는 등록한 경우에는 그 등기일 또는 등록일에 취득한 것으로 본다. ( )

---

39 (×) 소유권이전 고시일(×), 소유권이전 고시일 다음날(○), 「도시 및 주거환경정비법」에 따른 주택재건축조합이 주택재건축사업을 하면서 조합원으로부터 취득하는 토지 중 조합원에게 귀속되지 아니하는 토지를 취득하는 경우에는 「도시 및 주거환경정비법」에 따른 소유권이전 고시일의 다음 날에 그 토지를 취득한 것으로 본다.

**정답** 35 (○), 36 (○), 37 (○), 38 (○), 39 (×), 40 (○)

**41** | 공인중개사 2013년

부동산을 연부로 취득하는 것은 등기일에 관계없이 그 사실상의 최종연부금 지급일을 취득일로 본다. ( )

**42** | 공인중개사 2019년

관계 법령에 따라 매립으로 토지를 원시취득하는 경우 취득물건의 등기일을 취득일로 본다. ( )

**43** | 공인중개사 2017년

관계법령에 따라 매립·간척 등으로 토지를 원시취득하는 경우로서 공사준공인가일 전에 사실상 사용하는 경우에는 그 사실상 사용일을 취득일로 본다. ( )

**44** | 공인중개사 2017·2020년

토지의 지목변경에 따른 취득은 토지의 지목이 사실상 변경된 날과 공부상 변경된 날 중 빠른 날을 취득일로 본다. 다만, 토지의 지목변경일 이전에 사용하는 부분에 대해서는 그 사실상의 사용일을 취득일로 본다. ( )

**45** | 공인중개사 2013년

토지의 지목변경에 따른 취득은 지목변경일 이전에 그 사용여부와 관계없이 사실상 변경된 날과 공부상 변경된 날 중 빠른 날을 취득일로 본다. ( )

**46** | 공인중개사 2019년

「민법」 제839조의 2에 따른 재산분할로 인한 취득의 경우 취득물건의 등기일 또는 등록일을 취득일로 본다. ( )

---

41 (×) 부동산을 연부로 취득하는 것은 그 사실상의 매회 연부금 지급일을 취득일로 본다. 다만, 사실상의 연부금 지급 전에 등기·등록이 된 경우에는 등기·등록일로 한다.

42 (×) 매립·간척 등으로 토지를 원시취득하는 경우에는 공사준공인가일을 취득일로 본다. 다만, 공사준공인가일 전에 사용승낙·허가를 받거나 사실상 사용하는 경우에는 사용승낙일·허가일 또는 사실상 사용일 중 빠른 날을 취득일로 본다.

45 (×) 토지의 지목변경에 따른 취득은 사실상 변경된 날과 공부상 변경된 날 중 빠른 날을 취득일로 본다. 다만, 지목변경일 이전에 사용한 경우에는 그 사용일로 한다.

**정답** 41 (×), 42 (×), 43 (○), 44 (○), 45 (×), 46 (○)

# 취득세 과세표준과 세율

## 1 취득세의 과세표준

**01** | 공인중개사 2016년
「전기사업법」에 따라 전기를 사용하는 자가 분담하는 비용은 취득가격 또는 연부금액을 취득세의 과세표준으로 하는 경우 취득가격 또는 연부금액에 포함된다. ( )

**02** | 공인중개사 2005·2011년
취득세 과세표준을 사실상의 취득가격으로 계산할 때 부가가치세는 취득가격에 포함하지 아니한다. ( )

**03** | 공인중개사 2016년
법인이 취득하는 경우 건설자금에 충당한 차입금의 이자는 취득가격 또는 연부금액을 취득세의 과세표준으로 하는 경우 취득가격 또는 연부금액에 포함된다. ( )

**04** | 공인중개사 2016년
법인이 연부로 취득하는 경우 연부 계약에 따른 이자상당액은 취득가격 또는 연부금액을 취득세의 과세표준으로 하는 경우 취득가격 또는 연부금액에 포함된다. ( )

**05** | 공인중개사 2016년
취득에 필요한 용역을 제공받은 대가로 지급하는 용역비는 취득가격 또는 연부금액을 취득세의 과세표준으로 하는 경우 취득가격 또는 연부금액에 포함된다. ( )

---

01 (×) 다음에 해당하는 비용은 취득가격에 포함하지 아니한다.
① 취득하는 물건의 판매를 위한 광고선전비 등의 판매비용과 그와 관련한 부대비용
② 전기·가스·열 등을 이용하는 자가 분담하는 비용
③ 이주비, 지장물 보상금 등 취득물건과는 별개의 권리에 관한 보상 성격으로 지급되는 비용
④ 부가가치세
⑤ 위의 비용에 준하는 비용

**정답** 01 (×), 02 (○), 03 (○), 04 (○), 05 (○)

**06** | 공인중개사 2016년

취득대금 외에 당사자의 약정에 따른 취득자 조건 부담액은 취득가격 또는 연부금액을 취득세의 과세표준으로 하는 경우 취득가격 또는 연부금액에 포함된다. ( )

**07** | 공인중개사 2015년

취득세의 과세표준은 취득 당시의 가액으로 한다. 다만, 연부로 취득하는 경우의 과세표준은 매회 사실상 지급되는 금액을 말하며, 취득금액에 포함되는 계약보증금을 포함한다.(단, 신고가액은 시가표준액보다 큼) ( )

**08** | 공인중개사 2016년

「부동산 거래신고 등에 관한 법률」에 따른 신고서를 제출하여 같은 법에 따라 검증이 이루어진 취득에 대하여는 취득세의 과세표준을 시가표준액으로 한다. ( )

**09** | 공인중개사 2020년

상속 및 증여에 따른 무상취득의 경우 시가인정액(매매사례가액, 감정가액, 공매가액 등 대통령령으로 정하는 바에 따라 시가로 인정되는 가액)을 취득당시가액으로 한다. ( )

**10** | 공인중개사 2013년

법인장부로 토지의 지목변경에 든 비용이 입증되는 경우 토지의 지목변경에 대한 과세표준은 지목변경 전의 시가표준액에 그 비용을 더한 금액으로 한다. ( )

**11** | 공인중개사 2021년

토지의 시가표준액은 세목별 납세의무의 성립시기 당시 「부동산 가격공시에 관한 법률」에 따른 개별공시지가가 공시된 경우 개별공시지가로 한다. ( )

---

08 (×) 「부동산 거래신고 등에 관한 법률」에 따른 신고서를 제출하여 검증이 이루어진 취득의 경우에는 시가표준액과 비교 없이, 사실상의 취득가격 또는 연부금액을 과세표준으로 한다. 다만, 조사 결과에 따라 확인된 금액보다 적은 경우에는 그 확인된 금액을 과세표준으로 한다.

09 (×) 상속에 따른 무상취득의 경우 시가표준액을 취득당시가액으로 한다.

10 (×) 법인장부로 토지의 지목변경에 든 비용이 입증되는 경우 그 비용을 과세표준으로 한다.

**정답** 06 (○), 07 (○), 08 (×), 09 (×), 10 (×), 11 (○)

**12** | 공인중개사 2021년

건축물의 시가표준액은 소득세법령에 따라 매년 1회 국세청장이 산정, 고시하는 건물신축가격기준액에 행정안전부장관이 정한 기준을 적용하여 국토교통부장관이 결정한 가액으로 한다. ( )

**13** | 공인중개사 2021년

공동주택의 시가표준액은 공동주택가격이 공시되지 아니한 경우에는 지역별·단지별·면적별·층별 특성 및 거래가격을 고려하여 행정안전부장관이 정하는 기준에 따라 국토교통부장관이 산정한 가액으로 한다. ( )

**14** | 공인중개사 2014년

취득가액이 100만 원인 경우에는 취득세를 부과하지 아니한다. ( )

**15** | 공인중개사 2015년

토지를 취득한 자가 그 취득한 날부터 1년 이내에 그에 인접한 토지를 취득한 경우에는 그 전후의 취득에 관한 토지의 취득을 1건의 토지 취득으로 보아 면세점을 적용한다. ( )

---

12 (×) 국토교통부장관(×), 지방자치단체의 장(○), 건축물의 과세대상에 대한 시가표준액은 거래가격, 수입가격, 신축·건조·제조가격 등을 고려하여 정한 기준가격에 종류, 구조, 용도, 경과연수 등 과세대상별 특성을 고려하여 대통령령으로 정하는 기준에 따라 지방자치단체의 장이 결정한 가액으로 한다.

13 (×) 토지 및 주택의 시가표준액은 「지방세기본법」에 따른 세목별 납세의무의 성립시기 당시 공시된 개별공시지가, 개별주택가격 또는 공동주택가격으로 한다. 다만, 개별공시지가, 개별주택가격 또는 공동주택가격이 공시되지 아니한 경우에는 특별자치시장·특별자치도지사·시장·군수 또는 구청장(자치구의 구청장을 말한다)이 산정한 가액으로 한다.

14 (×) 100만 원(×), 50만 원(○), 취득가액이 50만 원 이하인 경우에는 취득세를 부과하지 아니한다. 다만, 토지나 건축물을 취득한 자가 그 취득한 날부터 1년 이내에 그에 인접한 토지나 건축물을 취득한 경우에는 각각 그 전후의 취득에 관한 토지나 건축물의 취득을 1건의 토지 취득 또는 1구의 건축물 취득으로 보아 면세점을 적용한다.

**정답** 12 (×), 13 (×), 14 (×), 15 (○)

## 2 취득세의 표준세율

<취득세 표준세율>

| 구분 | | | | 세율 |
|---|---|---|---|---|
| 부동산 취득 | 무상승계 | 상속 | 농지(전·답·과수원 또는 목장용지 등) | 2.3% |
| | | | 기타 | 2.8% |
| | | 상속 외 | 비영리사업자의 취득 | 2.8% |
| | | | 기타 | 3.5% |
| | 유상승계 | 주택 | 취득가액 6억원 이하 | 1% |
| | | | 취득가액 6억원 초과 9억원 이하 | 법정 차등세율 |
| | | | 취득가액 9억원 초과 | 3% |
| | | 농지(전·답·과수원 또는 목장용지 등) | | 3% |
| | | 기타 | | 4% |
| | 원시취득(개축, 증축의 경우 증가한 가액) | | | 2.8% |
| | 합유물 및 총유물의 분할 | | | 2.3% |
| | 공유물의 분할 또는 「부동산 실권리자명의 등기에 관한 법률」에 따른 공유권 해소를 위한 지분이전(등기부등본상 본인 지분을 초과하는 부분은 제외) | | | 2.3% |
| 부동산 외 취득 | 입목 | | | 2% |
| | 광업권, 어업권, 양식업권, 골프회원권 등 | | | 2% |
| | 선박, 차량, 기계장비, 항공기 | | | 2% 등 |

**16** | 공인중개사 2014년

같은 취득물건에 대하여 둘 이상의 세율이 해당되는 경우에는 그 중 높은 세율을 적용한다. ( )

**17** | 공인중개사 2015년

지방자치단체장은 조례로 정하는 바에 따라 취득세 표준세율의 100분의 50 범위에서 가감할 수 있다. ( )

**18** | 공인중개사 2015년

상속으로 인한 농지취득 경우의 취득세 과세표준에 적용되는 표준세율은 1천분의 23이다. ( )

**정답** 16 (◯), 17 (◯), 18 (◯)

**19** | 공인중개사 **2019년**

상속으로 건물(주택 아님)을 취득한 경우 적용하는 취득세 표준세율은 1천분의 28이다.
( )

**20** | 공인중개사 **2019년**

「사회복지사업법」에 따라 설립된 사회복지법인이 독지가의 기부에 의하여 건물을 취득한 경우 적용하는 취득세 표준세율은 1천분의 28이다. ( )

**21** | 공인중개사 **2015년**

법령으로 정한 비영리사업자의 상속 외의 무상취득 경우의 취득세 과세표준에 적용되는 표준세율은 1천분의 28이다. ( )

**22** | 공인중개사 **2014·2019년**

유상거래를 원인으로 취득당시의 가액이 6억 원 이하인 1세대 1주택을 취득하는 경우에는 1천분의 20의 세율을 적용한다. ( )

<주택의 취득세 표준세율>

| 취득가액 | 적용세율 |
| --- | --- |
| 6억 원 이하 | 1천분의 10 |
| 6억 원 초과 9억 원 이하 | {(해당 주택의 취득 당시의 가액 × 2 ÷ 3억 원) − 3} ÷ 100 |
| 9억 원 초과 | 1천분의 30 |

**23** | 공인중개사 **2019년**

유상거래를 원인으로 농지를 취득한 경우 적용하는 취득세 표준세율은 1천분의 30이다.
( )

**24** | 공인중개사 **2013년**

지방세법상 농지를 상호교환하여 소유권이전등기를 할 때 적용하는 취득세 표준세율은 1천분의 30이다. ( )

---

22 (×) 1천분의 20(×), 1천분의 10(○), 유상거래를 원인으로 취득당시의 가액이 6억 원 이하인 1세대 1주택을 취득하는 경우에는 1천분의 10의 세율을 적용한다.

**정답** 19 (○), 20 (○), 21 (○), 22 (×), 23 (○), 24 (○)

**25** | 공인중개사 2015년

원시취득 경우의 취득세 과세표준에 적용되는 표준세율은 1천분의 28이다. ( )

**26** | 공인중개사 2015년

건축(신축·재축 제외)으로 인하여 건축물 면적이 증가할 때에는 그 증가된 부분에 대하여 원시취득으로 보아 해당 세율을 적용한다. ( )

**27** | 공인중개사 2019년

영리법인이 공유수면을 매립하여 농지를 취득한 경우 적용하는 취득세 표준세율은 1천분의 28이다. ( )

**28** | 공인중개사 2015년

합유물 및 총유물의 분할로 인한 취득하는 경우의 취득세 과세표준에 적용되는 표준세율은 1천분의 23이다. ( )

## 3 취득세의 중과세율

**29** | 공인중개사 2006·2010년

고급주택, 골프장, 법인 소유의 별장, 고급오락장을 취득하는 경우 취득세 표준세율과 중과기준세율의 100분의 400을 합한 세율이 적용된다. ( )

**30** | 공인중개사 2004년

취득세 중과대상인 별장의 경우, 별장의 부속토지로서 그 경계가 명확하지 아니한 때에는 그 건축물 바닥면적의 10배에 해당하는 토지를 그 부속토지로 본다. ( )

**31** | 공인중개사 2014년

과밀억제권역에서 법인이 사원에 대한 임대용으로 직접 사용할 목적으로 사원주거용 목적의 공동주택(1구의 건축물의 연면적이 60제곱미터 이하임)을 취득하는 경우에는 중과세율을 적용한다. ( )

---

31 (×) 과밀억제권역 내 본점(주사무소) 신축·증축 관련 부동산 취득은 중과세율을 적용한다. 다만, 기숙사, 합숙소, 사택, 연수시설, 체육시설 등 복지후생시설과 예비군 병기고 및 탄약고는 중과세율 대상에서 제외한다.

**정답** 25 (○), 26 (○), 27 (○), 28 (○), 29 (○), 30 (○), 31 (×)

## 4 취득세의 특례세율 : 표준세율 - 중과기준세율2% or 중가기준세율2%

**32 | 공인중개사 2017년**

존속기간이 1년을 초과하는 임시건축물의 취득은 취득세 표준세율에서 중과기준세율을 뺀 세율로 산출한 금액을 그 세액으로 한다. ( )

**33 | 공인중개사 2017년**

「민법」 제839조의2에 따라 이혼시 재산분할로 인한 취득은 취득세 표준세율에서 중과기준세율을 뺀 세율로 산출한 금액을 그 세액으로 한다. ( )

**34 | 공인중개사 2017년**

등기부등본상 본인 지분을 초과하지 않는 공유물의 분할로 인한 취득은 취득세 표준세율에서 중과기준세율을 뺀 세율로 산출한 금액을 그 세액으로 한다. ( )

**35 | 공인중개사 2017년**

환매등기를 병행하는 부동산의 매매로서 환매기간 내에 매도자가 환매한 경우의 그 매도자와 매수자의 취득은 취득세 표준세율에서 중과기준세율을 뺀 세율로 산출한 금액을 그 세액으로 한다. ( )

---

32 (×) 존속기간이 1년을 초과하는 임시건축물의 취득은 중과기준세율만 적용하는 경우에 해당한다.
- 취득세 특례세율 : 표준세율 - 중과기준세율 2%
  ① 환매등기를 병행하는 부동산의 매매로서 환매기간 내에 매도자가 환매한 경우의 그 매도자와 매수자의 취득
  ② 법인의 합병으로 인한 취득
  ③ 공유물·합유물의 분할 또는 「부동산 실권리자명의 등기에 관한 법률」에 따른 공유권 해소를 위한 지분이전(등기부등본상 본인 지분을 초과하는 부분은 제외)
  ④ 건축물의 이전으로 인한 취득
  ⑤ 이혼시 재산분할로 인한 취득
  ⑥ 상속을 원인으로 취득한 1가구1주택(고급주택 제외) 및 취득세 감면대상 농지
- 취득세 특례세율 : 중과기준세율 2%
  ① 개수로 인한 취득
  ② 토지의 지목변경 및 선박·차량과 기계장비의 종류변경
  ③ 과점주주의 취득
  ④ 1년을 초과하는 임시건축물의 취득
  ⑤ 무덤과 지적공부상 지목이 묘지인 토지의 취득

**정답** 32 (×), 33 (○), 34 (○), 35 (○)

**36** | 공인중개사 2015년

환매등기를 병행하는 부동산의 매매로서 환매기간 내에 매도자가 환매한 경우의 그 매도자와 매수자의 취득에 대한 취득세는 표준세율에 중과기준세율(100분의 200)을 합한 세율로 산출한 금액으로 한다. ( )

**37** | 공인중개사 2013년

토지의 지목을 사실상 변경함으로써 그 가액이 증가한 경우 취득세액을 계산할 때 중과기준세율만을 적용한다. ( )

**38** | 공인중개사 2013년

법인설립 후 유상 증자시에 주식을 취득하여 최초로 과점주주가 된 경우는 취득세액을 계산할 때 중과기준세율만을 적용한다. ( )

**39** | 공인중개사 2013년

개수로 인하여 건축물 면적이 증가하는 경우 그 증가된 부분의 취득은 취득세액을 계산할 때 중과기준세율만을 적용한다. ( )

**40** | 공인중개사 2013년

상속으로 농지를 취득한 경우 취득세액을 계산할 때 중과기준세율만을 적용한다. ( )

---

36 (×) 합한(×), 차감한 또는 뺀(○), 환매등기를 병행하는 부동산의 매매로서 환매기간 내에 매도자가 환매한 경우의 그 매도자와 매수자의 취득에 대한 취득세는 표준세율에서 중과기준세율을 차감한 세율을 적용하여 산출한다.

39 (×) 면적이 증가하였고 그 증가된 부분은 표준세율의 원시취득에 해당하므로 표준세율 1천분의 28 세율을 적용한다.

40 (×) 표준세율의 무상승계, 농지의 상속에 해당하므로 1천분의 23 세율을 적용한다.

**정답** 36 (×), 37 (○), 38 (○), 39 (×), 40 (×)

# 06 핵심테마 취득세 부과·징수

### 1 취득세의 신고납부 : 원칙

**01** | 공인중개사 2014·2020년

취득세 과세물건을 취득한 자는 그 취득한 날부터 60일 이내에 신고하고 납부하여야 한다. 다만, 상속으로 인한 경우는 상속개시일이 속하는 달의 말일부터, 실종으로 인한 경우는 실종선고일이 속하는 달의 말일부터 각각 6개월(외국에 주소를 둔 상속인이 있는 경우에는 각각 9개월) 이내에 신고하고 납부하여야 한다.　　　　　　　　　　( )

**02** | 공인중개사 2020년

국가가 취득세 과세물건을 매각하면 매각일 부터 60일 이내에 지방자치단체의 장에게 신고하여야 한다.　　　　　　　　　　　　　　　　　　　　　　　　　　( )

**03** | 공인중개사 모의문제

취득세 과세물건을 취득한 자는 상속을 제외한 무상취득의 경우 취득일이 속하는 달의 말일부터 3개월 이내에 신고하고 납부하여야 한다.　　　　　　　　　( )

**04** | 공인중개사 2020·2021년

취득세 과세물건을 취득한 후에 그 과세물건이 중과세율의 적용대상이 되었을 때에는 취득한 날부터 60일 이내에 중과세율을 적용하여 산출한 세액에서 이미 납부한 세액(가산세 포함)을 공제한 금액을 신고하고 납부하여야 한다.　　　　　( )

**05** | 공인중개사 2013년

甲소유의 미등기건물에 대하여 乙이 채권확보를 위하여 법원의 판결에 의한 소유권보존등기를 甲의 명의로 등기할 경우의 취득세 납세의무는 甲에게 있다.　　( )

---

02 (×) 국가, 지방자치단체 또는 지방자치단체조합 또는 지방자치단체의 투자기간이 취득세 과세물건을 매각하면 매각일 부터 30일 이내에 지방자치단체의 장에게 통보하거나 신고하여야 한다.

04 (×) 가산세 포함(×), 가산세 제외(○), 취득세 과세물건을 취득한 후에 그 과세물건이 중과세율의 적용대상이 되었을 때에는 중과세율 적용대상이 된 날부터 60일 이내에 이미 납부한 세액(가산세 제외)을 공제한 금액을 신고하고 납부하여야 한다.

**정답** 01 (○), 02 (×), 03 (○), 04 (×), 05 (○)

**06** | 공인중개사 2014년

재산권을 공부에 등기하려는 경우에는 등기하기 전까지 취득세를 신고납부하여야 한다.
( )

### 2  취득세의 신고납부 : 예외(보통징수)

**07** | 공인중개사 2014년

등기·등록관서의 장은 취득세가 납부되지 아니하였거나 납부부족액을 발견하였을 때에는 다음 달 10일까지 납세지를 관할하는 시장·군수에게 통보하여야 한다. ( )

### 3  취득세의 가산세

**08** | 공인중개사 2014년

취득세 납세의무자가 신고 또는 납부의무를 다하지 아니하면 산출세액 또는 그 부족세액에 「지방세기본법」의 규정에 따라 산출한 가산세를 합한 금액을 세액으로 하여 보통징수의 방법으로 징수한다. ( )

**09** | 공인중개사 2013·2014년

지방자치단체의 장은 취득세 납세의무가 있는 법인이 장부 등의 작성과 보존의무를 이행하지 아니한 경우에는 산출된 세액 또는 부족세액의 100분의 10에 상당하는 금액을 징수하여야 할 세액에 가산한다. ( )

**10** | 공인중개사 2014년

납세의무자가 취득세 과세물건을 사실상 취득한 후 취득세 신고를 하지 아니하고 매각하는 경우에는 산출세액에 100분의 50을 가산한 금액을 세액으로 하여 보통징수의 방법으로 징수한다. ( )

---

10 (×) 100분의 50(×), 100분의 80(○), 납세의무자가 취득세 과세물건을 사실상 취득한 후 신고를 하지 아니하고 매각하는 경우에는 산출세액에 100분의 80을 가산한 금액을 세액으로 하여 보통징수의 방법으로 징수한다.

**정답** 06 (○), 07 (○), 08 (○), 09 (○), 10 (×)

**11** | 공인중개사 **2020년**

지목변경으로 인한 취득세 납세의무자가 신고를 하지 아니하고 매각하는 경우 산출세액에 100분의 80을 가산한 금액을 세액으로 하여 징수한다. ( )

---

11 (×) 납세의무자가 취득세 납세물건을 사실상 취득한 후 신고를 하지 아니하고 매각하는 경우에는 산출세액에 100분의 80을 가산한 금액을 세액으로 하여 보통징수의 방법으로 징수한다. 다만, 등기 또는 등록이 필요하지 아니하는 과세물건(골프회원권, 승마회원권, 콘도미니엄 회원권, 종합체육시설 이용회원권 및 요트회원권은 제외한다)과 지목변경, 차량·기계장비 또는 선박의 종류 변경, 주식 등의 취득 등 취득으로 보는 과세물건에 대해서는 적용하지 아니한다.

정답 11 (×)

# CHAPTER 02

## 등록면허세

| 2014년 | 2015년 | 2016년 | 2017년 | 2018년 | 2019년 | 2020년 | 2021년 | 2022년 |
|---|---|---|---|---|---|---|---|---|
| 0문 | 1문 | 1문 | 2문 | 2문 | 1문 | 3문 | 1문 | 1문 |

**핵심 07** | 등록면허세 과세대상과 납세의무자
**핵심 08** | 등록면허세 과세표준과 세율
**핵심 09** | 등록면허세 부과 · 징수

# 등록면허세 과세대상과 납세의무자

## 1 등록면허세의 정의 및 종류

**01** | 공인중개사 2018년

광업권의 취득에 따른 등록은 등록면허세가 과세된다. ( )

**02** | 공인중개사 2018년

외국인 소유의 선박을 직접 사용하기 위하여 연부취득조건으로 수입하는 선박의 등록은 등록면허세가 과세된다. ( )

**03** | 공인중개사 2018년

취득세 부과제척기간이 경과한 주택의 등기는 등록면허세가 과세된다. ( )

**04** | 공인중개사 2018년

취득가액이 50만 원 이하인 차량의 등록은 등록면허세가 과세된다. ( )

**05** | 공인중개사 2018년

취득가액이 1억 원인 부동산의 소유권이전등기는 등록면허세가 과세된다. ( )

## 2 등록면허세의 납세의무자와 납세지

**06** | 공인중개사 2017년

재산권 기타 권리의 설정·변경 또는 소멸에 관한 사항을 공부에 등기 또는 등록을 받는 등기·등록부상에 기재된 명의자는 등록면허세를 납부할 의무를 진다. ( )

**07** | 공인중개사 2018·2021년

甲이 乙소유 부동산에 관해 전세권설정등기를 하는 경우 등록면허세의 납세의무자는 전세권자인 甲이다. ( )

---

05 (×) 취득을 원인으로 이루어지는 등기 또는 등록은 등록면허세 대상에서 제외한다.

**정답** 01 (○), 02 (○), 03 (○), 04 (○), 05 (×), 06 (○), 07 (○)

**08** | 공인중개사 2018년

乙소유 부동산을 丙이 甲으로부터 전세권을 이전받아 등기하는 경우라면 등록면허세의 납세의무자는 丙이다. ( )

**09** | 공인중개사 2012년

근저당권 말소등기의 경우 등록면허세의 납세의무자는 근저당권 설정자 또는 말소대상 부동산의 현재 소유자이다. ( )

**10** | 공인중개사 2015·2018·2019·2021년

甲이 乙소유 부동산에 관해 전세권설정등기를 하는 경우 부동산소재지와 乙의 주소지가 다른 경우 등록면허세의 납세지는 乙의 주소지로 한다. ( )

**11** | 공인중개사 2013·2020·2022년

부동산 등기에 대한 등록면허세의 납세지는 부동산 소재지이나 그 납세지가 분명하지 아니한 경우에는 등록관청 소재지로 한다. ( )

**12** | 공인중개사 2017년

같은 등록에 관계되는 재산이 둘 이상의 지방자치단체에 걸쳐 있어 등록면허세를 지방자치단체별로 부과할 수 없을 때에는 등록관청 소재지를 납세지로 한다. ( )

**13** | 공인중개사 2022년

같은 채권의 담보를 위하여 설정하는 둘 이상의 저당권을 등록하는 경우에는 이를 하나의 등록으로 보아 그 등록에 관계되는 재산을 처음 등록하는 등록관청 소재지를 납세지로 한다. ( )

---

10 (×) 등록면허세의 납세지는 부동산 소재지로 한다.

**정답** 08 (○), 09 (○), 10 (×), 11 (○), 12 (○), 13 (○)

## 3 등록면허세의 비과세

**14** | 공인중개사 2004년

국가의 취득에 대해서는 취득세를 부과하지 아니하고, 국가가 자기를 위하여 받는 등록에 대하여는 등록면허세를 부과하지 아니한다. ( )

**15** | 공인중개사 2019년

등기 담당 공무원의 착오로 인한 지번의 오기에 대한 경정 등기에 대해서는 등록면허세를 부과하지 아니한다. ( )

**16** | 공인중개사 2013·2017·2020년

무덤과 이에 접속된 부속시설물의 부지로 사용되는 토지로서 지적공부상 지목이 묘지인 토지에 관한 등기에 대하여는 등록면허세를 부과하지 아니한다. ( )

**17** | 공인중개사 2013년

지방세의 체납으로 인하여 압류의 등기를 한 재산에 대하여 압류해제의 등기를 할 경우 등록면허세가 비과세된다. ( )

**정답** 14 (O), 15 (O), 16 (O), 17 (O)

# 핵심테마 08 등록면허세 과세표준과 세율

## 1 등록면허세의 과세표준

**01** | 공인중개사 **2020년**
부동산 등록에 대한 신고가 없는 경우 취득 당시 시가 표준액의 100분의 110을 과세표준으로 한다. ( )

**02** | 공인중개사 **2013년**
등록면허세 신고서상 금액과 공부상 금액이 다를 경우 공부상 금액을 과세표준으로 한다. ( )

**03** | 공인중개사 **2020년**
등록 당시에 자산재평가 또는 감가상각 등의 사유로 그 가액이 달라진 경우에는 변경된 가액을 과세표준으로 한다. ( )

**04** | 공인중개사 **2013년**
사실상의 취득가격을 등록면허세의 과세표준으로 하는 경우 등록 당시에 자산재평가의 사유로 그 가액이 달라진 때에는 자산재평가 전의 가액을 과세표준으로 한다. ( )

**05** | 공인중개사 **2019·2022년**
채권금액으로 과세액을 정하는 경우에 일정한 채권금액이 없을 때에는 채권의 목적이 된 것의 가액 또는 처분의 제한의 목적이 된 금액을 그 채권금액으로 본다. ( )

---

01 (×) 부동산 등록에 대한 신고가 없거나 신고가액이 시가표준액보다 적은 경우에는 등기·등록 당시의 시가표준액을 과세표준으로 한다.
04 (×) 자산재평가 전의 가액(×), 자산재평가된 가액(○), 사실상의 취득가격을 등록면허세의 과세표준으로 하는 경우 등록 당시에 자산재평가의 사유로 그 가액이 달라진 때에는 자산재평가된 가액을 과세표준으로 한다.

**정답** 01 (×), 02 (○), 03 (○), 04 (×), 05 (○)

## 2 등록면허세의 표준세율

**06** | 공인중개사 2017·2020년

지방자치단체의 장은 조례로 정하는 바에 따라 등록면허세의 세율을 부동산 등기에 대한 표준세율의 100분의 50의 범위에서 가감할 수 있다. ( )

**07** | 공인중개사 2017년

임차권 설정 및 이전등기에 대한 등록면허세의 표준세율은 임차보증금의 1,000분의 2이다. ( )

<등록면허세의 과세표준과 세율>

| 구분 | | | 세율 |
|---|---|---|---|
| 소유권 | 보존등기 | | 부동산 가액의 1천분의 8 |
| | 이전등기 | 유상 | 부동산 가액의 1천분의 2<br>다만, 표준세율(1%~3%)을 적용받는 주택의 경우에는 해당 주택의 취득세율에 50%를 곱한 세율 |
| | | 무상 | 부동산 가액의 1천분의 15<br>다만, 상속으로 인한 소유권 이전 등기의 경우에는 부동산 가액의 1천분의 8 |
| 물권과<br>임차권의 설정<br>및 이전 | 지상권 | | 부동산 가액의 1천분의 2 |
| | 지역권 | | 요역지가액의 1천분의 2 |
| | 가등기 | | 부동산 가액 또는 채권금액의 1천분의 2 |
| | 저당권, 경매신청, 가압류, 가처분 | | 채권금액의 1천분의 2 |
| | 전세권 | | 전세금액의 1천분의 2 |
| | 임차권 | | 월 임대차금액의 1천분의 2 |
| 그 밖의 등기(변경등기, 소멸등기, 합필 및 합병등기 등) | | | 건당 6,000원 |

**08** | 공인중개사 2020년

소유권 보존등기에 대한 등록면허세의 표준세율은 부동산 가액의 1,000분의 8이다. ( )

---

07 (×) 임차보증금의(×), 월 임대차금액의(○), 임차권의 경우 월 임대차금액을 과세표준으로 하며 세율은 1천분의 2이다.

**정답** 06 (○), 07 (×), 08 (○)

**09** | 공인중개사 2015·2017·2020년

상속으로 인한 소유권 이전등기에 대한 등록면허세의 표준세율은 부동산 가액의 1,000분의 8이다. ( )

**10** | 공인중개사 2017·2020년

지역권 설정 및 이전등기에 대한 등록면허세의 표준세율은 요역지 가액의 1,000분의 2이다. ( )

**11** | 공인중개사 2017년

저당권 설정 및 이전등기에 대한 등록면허세의 표준세율은 채권금액의 1,000분의 2이다.
( )

**12** | 공인중개사 2016년

부동산가압류에 대한 등록면허세의 세율은 부동산가액의 1천분의 2로 한다. ( )

**13** | 공인중개사 2020년

가처분의 경우 등록면허세의 표준세율은 부동산 가액의 1,000분의 2이다. ( )

**14** | 공인중개사 2017·2018·2020년

전세권설정등기에 대한 등록면허세의 표준세율은 전세금액의 1,000분의 2이다. ( )

**15** | 공인중개사 2018년

전세권설정등기에 대한 등록면허세의 산출세액이 건당 6천 원보다 적을 때에는 등록면허세의 세액은 6천 원으로 한다. ( )

---

12 (×) 부동산 가액의(×), 채권 금액의(○), 부동산가압류에 대한 등록면허세의 세율은 채권금액의 1천분의 2로 한다.

13 (×) 부동산 가액의(×), 채권 금액의(○), 가처분의 경우 채권금액을 과세표준으로 하며 세율은 1천분의 2이다.

**정답** 09 (○), 10 (○), 11 (○), 12 (×), 13 (×), 14 (○), 15 (○)

## 3 등록면허세의 중과세율

**16** | 공인중개사 2015년

대도시 밖에 있는 법인의 본점이나 주사무소를 대도시로 전입함에 따른 등기는 법인등기에 대한 세율의 100분의 200을 적용한다. ( )

**17** | 공인중개사 2017년

「여신전문금융업법」 제2조 제12호에 따른 할부금융업을 영위하기 위하여 대도시에서 법인을 설립함에 따른 등기를 할 때에는 그 세율을 해당 표준세율의 100분의 300으로 한다. 단, 그 등기일부터 2년 이내에 업종변경이나 업종추가는 없다. ( )

**18** | 공인중개사 2019년

「한국은행법」 및 「한국수출입은행법」에 따른 은행업을 영위하기 위하여 대도시에서 법인을 설립함에 따른 등기를 한 법인이 그 등기일부터 2년 이내에 업종변경이나 업종 추가가 없는 때에는 등록면허세의 세율을 중과하지 아니한다. ( )

---

16 (×) 대도시 밖에 있는 법인의 본점이나 주사무소를 대도시로 전입함에 따른 등기는 법인등기에 대한 세율의 100분의 300을 적용한다.

17 (×) 대도시에서 법인을 설립하거나 지점이나 분사무소를 설치함에 따른 등기에 적용되는 세율은 표준세율의 100분의 300으로 한다. 다만, 대도시에 설치가 불가피하다고 인정되는 업종(사회기반시설사업, 은행업, 할부금융업, 첨단기술산업, 의료업, 주택임대사업 등)으로서 대도시 중과 제외 업종에 대해서는 그러하지 아니하다.

**정답** 16 (×), 17 (×), 18 (○)

# 등록면허세 부과·징수

## 1 등록면허세의 신고납부 : 원칙

**01 | 공인중개사 2015년**

부동산을 등기하려는 자는 과세표준에 세율을 적용하여 산출한 세액을 등기를 하기 전까지 납세지를 관할하는 지방자치단체의 장에게 신고·납부하여야 한다. ( )

**02 | 공인중개사 2016년**

취득세 과세물건을 취득한 자가 재산권의 취득에 관한 사항을 등기하는 경우 등기한 후 30일 내에 취득세를 신고·납부하여야 한다. ( )

**03 | 공인중개사 2016년**

취득세 과세물건을 취득한 후 중과세 세율 적용대상이 되었을 경우 60일 이내에 산출세액에서 이미 납부한 세액(가산세 포함)을 공제하여 신고·납부하여야 한다. ( )

**04 | 공인중개사 2015·2016·2019·2020년**

등록을 하려는 자가 법정신고기한까지 등록면허세 산출세액을 신고하지 않은 경우로서 등록 전까지 그 산출세액을 납부한 때에도 「지방세기본법」에 따른 무신고가산세가 부과된다. ( )

---

02 (×) 신고·납부기한 이내에 재산권과 그 밖의 권리의 취득·이전에 관한 등기·등록을 하려는 경우에는 등기 또는 등록 신청서를 등기·등록관서에 접수하는 날까지 취득세를 신고·납부하여야 한다.

03 (×) 이미 납부한 세액(가산세 포함)(×), 이미 납부한 세액(가산세 제외)(○), 취득세 과세물건을 취득한 후에 그 과세물건이 중과세율의 적용대상이 되었을 때에는 중과세율 적용대상이 된 날부터 60일 이내에 이미 납부한 세액(가산세 제외)을 공제한 금액을 신고·납부하여야 한다.

04 (×) 등록을 하려는 자가 법정신고기한까지 등록면허세 산출세액을 신고하지 않은 경우에도 등록면허세 산출세액을 등록하기 전까지 납부하였을 때에는 신고를 하고 납부한 것으로 본다. 이 경우 무신고가산세를 부과하지 아니한다.

**정답** 01 (○), 02 (×), 03 (×), 04 (×)

**05** | 공인중개사 2022년

지방자치단체의 장은 채권자대위자의 부동산의 등기에 대한 등록면허세 신고납부가 있는 경우 납세의무자에게 그 사실을 즉시 통보하여야 한다.                    ( )

## 2 등록면허세의 신고납부 : 예외 및 가산세

**06** | 공인중개사 2020년

등기·등록관서의 장은 등기 또는 등록 후에 등록면허세가 납부되지 아니하였거나 납부부족액을 발견한 경우에는 다음 달 10일까지 납세지를 관할하는 시장·군수·구청장에게 통보하여야 한다.                                                  ( )

**07** | 공인중개사 2022년

등록면허세의 경우 특별징수의무자가 징수하였거나 징수할 세액을 기한까지 납부하지 아니하거나 부족하게 납부하더라도 특별징수의무자에게 「지방세법기본법」 제56조에 따른 가산세는 부과하지 아니한다.                                    ( )

**정답** 05 (○), 06 (○), 07 (○)

# CHAPTER 03

## 재산세

| 2014년 | 2015년 | 2016년 | 2017년 | 2018년 | 2019년 | 2020년 | 2021년 | 2022년 |
|--------|--------|--------|--------|--------|--------|--------|--------|--------|
| 3문 | 3문 | 3문 | 3문 | 2문 | 3문 | 3문 | 2문 | 2문 |

**핵심 10** | 재산세 과세대상과 납세의무자
**핵심 11** | 재산세 과세표준과 세율
**핵심 12** | 재산세 부과 · 징수

# 재산세 과세대상과 납세의무자

### 1 재산세의 특징

**01** | 공인중개사 2019년

재산세의 과세대상 물건이 공부상 등재 현황과 사실상의 현황이 다른 경우에는 공부상 등재 현황에 따라 재산세를 부과한다. ( )

### 2 토지에 대한 재산세

**02** | 공인중개사 2014년

1990년 5월 31일 이전부터 종중이 소유하고 있는 임야와 과세기준일 현재 계속 염전으로 실제 사용하고 있는 토지는 분리과세대상에 해당한다. ( )

**03** | 공인중개사 2018년

「문화재보호법」에 따른 지정문화재 안의 임야는 분리과세대상에 해당한다. ( )

**04** | 공인중개사 2018년

「자연공원법」에 따라 지정된 공원자연환경지구의 임야는 분리과세대상에 해당한다. ( )

**05** | 공인중개사 2018년

국가가 국방상의 목적 외에는 그 사용 및 처분 등을 제한하는 공장 구내의 토지는 분리과세대상에 해당한다. ( )

**06** | 공인중개사 2018년

여객자동차터미널 및 물류터미널용 토지는 분리과세대상에 해당한다. ( )

---

01 (×) 공부상(×), 사실상(○), 재산세의 과세대상 물건이 공부상 등재 현황과 사실상의 현황이 다른 경우에는 사실상의 현황에 따라 재산세를 부과한다.

**정답** 01 (×), 02 (○), 03 (○), 04 (○), 05 (○), 06 (○)

**07** | 공인중개사 2014년

「체육시설의 설치·이용에 관한 법률 시행령」에 따른 회원제 골프장이 아닌 골프장용 토지 중 원형이 보전되는 임야와 「도로교통법」에 따라 등록된 자동차운전학원의 자동차운전학원용 토지로서 같은 법에서 정하는 시설을 갖춘 구역 안의 토지는 별도합산과세대상에 해당한다. ( )

**08** | 공인중개사 2018년

「건축법」 등 관계 법령에 따라 허가 등을 받아야 할 건축물로서 허가 등을 받지 아니한 공장용 건축물의 부속토지는 종합합산과세대상에 해당한다. ( )

## 3 주택에 대한 재산세

**09** | 공인중개사 2020년

재산세 과세대상인 건축물의 범위에는 주택을 포함한다. ( )

**10** | 공인중개사 2020년

토지와 주택에 대한 재산세 과세대상은 종합합산과세대상, 별도합산과세대상 및 분리과세대상으로 구분한다. ( )

**11** | 공인중개사 2022년

1동의 건물이 주거와 주거 외의 용도로 사용되고 있는 경우에는 주거용으로 사용되는 부분만을 주택으로 본다. 이 경우 건물의 부속토지는 주거와 주거 외의 용도로 사용되는 건물의 면적비율에 따라 각각 안분하여 주택의 부속토지와 건축물의 부속토지로 구분한다. ( )

**12** | 공인중개사 2022년

1구의 건물이 주거와 주거 외의 용도로 사용되고 있는 경우에는 주거용으로 사용되는 면적이 전체의 100분의 50 이상인 경우에는 주택으로 본다. ( )

---

09 (×) 건축물과 주택은 구분하여 과세한다. 재산세 과세대상인 건축물의 범위에는 주택을 포함하지 않는다.

10 (×) 토지와 주택(×), 토지(○), 토지에 대한 재산세 과세대상은 종합합산과세대상, 별도합산과세대상 및 분리과세대상으로 구분한다. 주택은 주택별로 구분하여 과세한다.

**정답** 07 (○), 08 (○), 09 (×), 10 (×), 11 (○), 12 (○)

**13** | 공인중개사 2020·2022년

주택 부속토지의 경계가 명백하지 아니한 경우 그 주택의 바닥면적의 20배에 해당하는 토지를 주택의 부속토지로 한다. ( )

## 4 재산세의 납세의무자

**14** | 공인중개사 2015년

5월 31일에 재산세 과세대상 재산의 매매잔금을 수령하고 소유권이전등기를 한 매도인은 지방세법상 재산세 과세기준일 현재 납세의무자이다. ( )

**15** | 공인중개사 2013·2017년

공유재산인 경우 그 지분에 해당하는 부분(지분의 표시가 없는 경우에는 지분이 균등한 것으로 봄)에 대해서 그 지분권자를 납세의무자로 본다. ( )

**16** | 공인중개사 2015년

공유물 분할등기가 이루어지지 아니한 공유토지의 지분권자는 지방세법상 재산세 과세기준일 현재 납세의무자에 해당하지 아니한다. ( )

**17** | 공인중개사 2013년

주택의 건물과 부속토지의 소유자가 다를 경우 그 주택에 대한 산출세액을 건축물과 그 부속토지의 면적 비율로 안분계산한 부분에 대하여 그 소유자를 납세의무자로 본다. ( )

**18** | 공인중개사 2014년

공부상의 소유자가 매매 등의 사유로 소유권이 변동되었는데도 신고하지 아니하여 사실상의 소유자를 알 수 없을 때, 공부상 소유자는 재산세의 납세의무자이다. ( )

---

13 (×) 20배(×), 10배(○), 주택 부속토지의 경계가 명백하지 아니한 경우 그 주택의 바닥면적의 10배에 해당하는 토지를 주택의 부속토지로 한다.

14 (×) 재산세의 과세기준일은 매년 6월 1일이다. 따라서 5월 31일에 재산세 과세대상 재산의 매매잔금을 수령하고 소유권이전등기를 한 경우 납세의무자는 매수인이 된다.

**정답** 13 (×), 14 (×), 15 (○), 16 (○), 17 (○), 18 (○)

**19** | 공인중개사 2014·2017년

재산세의 과세기준일 현재 상속이 개시된 재산으로서 상속등기가 이행되지 아니하고 사실상의 소유자를 신고하지 아니하였을 때에는 공동상속인 각자가 받았거나 받을 재산에 따라 납부할 의무를 진다. ( )

**20** | 공인중개사 2013·2017·2022년

공부상에 개인 등의 명의로 등재되어 있는 사실상의 종중재산으로서 종중소유임을 신고하지 아니하였을 때에는 공부상 소유자를 납세의무자로 본다. ( )

**21** | 공인중개사 2014·2020년

국가가 선수금을 받아 조성하는 매매용 토지로서 사실상 조성이 완료된 토지의 사용권을 무상으로 받은 자는 재산세를 납부할 의무가 없다. ( )

**22** | 공인중개사 2013·2017년

지방자치단체와 재산세 과세대상 재산을 연부로 매매계약을 체결하고 그 재산의 사용권을 무상으로 받은 경우에는 그 매수계약자를 납세의무자로 본다. ( )

**23** | 공인중개사 2014·2015·2020년

신탁법에 따라 위탁자별로 구분되어 수탁자 명의로 등기·등록된 신탁재산의 수탁자는 지방세법상 재산세 과세기준일 현재 납세의무자이다. ( )

**24** | 공인중개사 2014·2015년

도시환경정비사업시행에 따른 환지계획에서 일정한 토지를 환지로 정하지 아니하고 체비지로 정한 경우 종전 토지소유자는 지방세법상 재산세 과세기준일 현재 납세의무자이다.
( )

---

19 (×) 상속이 개시된 재산으로서 상속등기가 이행되지 아니하고 사실상의 소유자를 신고하지 아니하였을 때에는 주된 상속자를 납세의무자로 한다. 주된 상속자란 상속지분이 가장 높은 사람으로 하되, 상속지분이 가장 높은 사람이 두 명 이상이면 그 중 나이가 가장 많은 사람으로 한다.

21 (×) 국가가 선수금을 받아 조성하는 매매용 토지로서 사실상 조성이 완료된 토지의 사용권을 무상으로 받은 자는 재산세 납세의무자이다.

23 (×) 수탁자(×), 위탁자(○), 신탁법에 따라 위탁자별로 구분되어 수탁자 명의로 등기·등록된 신탁재산은 위탁자가 재산세 납세의무자이다.

24 (×) 종전 토지소유자(×), 사업시행자(○), 도시환경정비사업시행에 따른 환지계획에서 일정한 토지를 환지로 정하지 아니하고 체비지로 정한 경우 사업시행자가 재산세 납세의무자이다.

**정답** 19 (×), 20 (○), 21 (×), 22 (○), 23 (×), 24 (×)

**25** | 공인중개사 2013·2017·2022년

소유권의 귀속이 분명하지 아니하여 사실상의 소유자를 확인할 수 없는 경우에는 그 사용자가 납부할 의무가 있다. ( )

## 5 재산세의 비과세

**26** | 공인중개사 2019·2022년

지방자치단체가 1년 이상 공용으로 사용하는 재산에 대하여는 소유권의 유상이전을 약정한 경우로서 그 재산을 취득하기 전에 미리 사용하는 경우 재산세 비과세 대상에 해당한다. ( )

**27** | 공인중개사 2021년

지방자치단체가 1년 이상 공용으로 사용하는 재산으로서 유료로 사용하는 경우에는 재산세를 부과한다. ( )

**28** | 공인중개사 2017년

「도로법」에 따른 도로와 그밖에 일반인의 자유로운 통행을 위하여 제공할 목적으로 개설한 사설도로(「건축법시행령」 제80조의 2에 따른 대지 안의 공지는 제외)는 재산세 비과세 대상에 해당한다. ( )

**29** | 공인중개사 2017년

농업용 구거와 자연유수의 배수처리에 제공하는 구거는 재산세 비과세 대상에 해당한다. ( )

**30** | 공인중개사 2019년

「공간정보의 구축 및 관리 등에 관한 법률」에 따른 제방으로서 특정인이 전용하는 제방은 재산세 과세 대상에 해당한다. ( )

---

26 (×) 국가 등이 1년 이상 무료로 공용 또는 공공용으로 사용하는 재산은 재산세 비과세 대상에 해당한다. 다만, 소유권의 유상이전을 약정한 경우로서 그 재산을 취득하기 전에 미리 사용하는 경우는 재산세를 부과한다.

**정답** 25 (○), 26 (×), 27 (○), 28 (○), 29 (○), 30 (○)

**31** | 공인중개사 2017년

「군사기지 및 군사시설 보호법」에 따른 군사기지 및 군사시설 보호구역 중 통제보호구역에 있는 토지(전·답·과수원 및 대지는 제외)는 재산세 비과세 대상에 해당한다. ( )

**32** | 공인중개사 2019년

「군사기지 및 군사시설 보호법」에 따른 군사기지 및 군사시설 보호구역 중 통제보호구역에 있는 전·답은 재산세 비과세 대상에 해당한다. ( )

**33** | 공인중개사 2019년

「산림자원의 조성 및 관리에 관한 법률」에 따라 지정된 채종림·시험림은 재산세 비과세 대상에 해당한다. ( )

**34** | 공인중개사 2017년

임시로 사용하기 위하여 건축된 건축물로서 재산세 과세기준일 현재 1년 미만의 것은 재산세 비과세 대상에 해당한다. ( )

**35** | 공인중개사 2017년

재산세를 부과하는 해당 연도에 철거하기로 계획이 확정되어 재산세 과세기준일 현재 행정관청으로부터 철거명령을 받은 주택과 그 부속토지인 대지는 재산세 비과세 대상에 해당한다. ( )

---

32 (×) 군사기지 및 군사시설 보호구역 중 통제보호구역 내 토지는 비과세. 다만, 전·답·과수원 및 대지는 과세한다.

35 (×) 그 주택과 그 부속토지인 대지(×), 주택(○), 재산세를 부과하는 해당 연도에 철거하기로 계획이 확정되어 재산세 과세기준일 현재 행정관청으로부터 철거명령을 받은 주택은 비과세대상에 해당한다. 그러나 그 부속토지인 대지는 과세대상에 해당한다.

**정답** 31 (○), 32 (×), 33 (○), 34 (○), 35 (×)

# 재산세 과세표준과 세율

## 1 재산세 과세표준

**01** | 공인중개사 **2015·2019·2020년**

주택에 대한 과세표준은 주택 시가표준액에 100분의 60의 공정시장가액비율을 곱하여 산정한다. ( )

**02** | 공인중개사 **2015년**

주택이 아닌 건축물에 대한 과세표준은 건축물 시가표준액에 100분의 70의 공정시장가액비율을 곱하여 산정한다. ( )

**03** | 공인중개사 **2015년**

토지에 대한 과세표준은 사실상 취득가격이 증명되는 때에는 장부가액으로 한다. ( )

**04** | 공인중개사 **2021년**

토지에 대한 재산세의 과세표준은 시가표준액에 공정시장가액비율(100분의 70)을 곱하여 산정한 가액으로 한다. ( )

---

03 (×) 사실상 취득가격이 증명되는 때에는 장부가액(×), 시가표준액에 공정시장가액비율을 곱하여 산정한 가액 (○), 토지·건축물·주택에 대한 재산세의 과세표준은 사실상 취득가액 등과는 관계없이 시가표준액에 공정시장가액비율(토지 및 건축물은 70%, 주택은 60%)을 곱하여 산정한 가액으로 한다.

**정답** 01 (○), 02 (○), 03 (×), 04 (○)

## 2 재산세 세율

<재산세 표준세율>

| 구분 | 재산세 과세대상 | | 세율 |
|---|---|---|---|
| 토지 | 분리과세 | 농지(전·답·과수원) 및 목장용지 공익목적임야, 종중임야 | 1천분의 0.7 |
| | | 공장용지 | 1천분의 2 |
| | | 골프장용 토지 및 고급오락장용 토지 | 1천분의 40 |
| | 별도합산 | | 1천분의 2 ~ 1천분의 4 |
| | 종합합산 | | 1천분의 2 ~ 1천분의 5 |
| 주택 | 주거용 주택(고급주택 포함) | | 1천분의 1 ~ 1천분의 4 |
| | 별장 | | 1천분의 40 |
| 건축물 | 회원제 골프장 건축물, 고급오락장 건축물 | | 1천분의 40 |
| | 도시(읍·면지역 제외)의 주거지역·상업지역· 녹지지역 내 공장 건축물 | | 1천분의 5 |
| | 기타 건축물 | | 1천분의 2.5 |
| 선박 | 비업무용 자가용 고급선박 | | 1천분의 50 |
| | 기타 선박 | | 1천분의 3 |
| 항공기 | - | | 1천분의 3 |

**05** | 공인중개사 **2019년**

분리과세대상 토지는 재산세 표준세율이 초과누진세율로 되어 있다. ( )

**06** | 공인중개사 **2016년**

재산세 과세표준 20억 원인 분리과세대상 목장용지의 표준세율은 1천분의 0.7이다. ( )

---

05 (×) 분리과세대상 토지는 토지의 가액에 다음의 세율을 적용한다.
① 농지, 목장용지, 임야 : 1천분의 0.7
② 공장용지 등 : 1천분의 2
③ 회원제 골프장용 토지, 고급오락장용 토지 : 1천분의 40

정답 05 (×), 06 (○)

**07** | 공인중개사 2013년

골프장용 토지의 재산세 표준세율은 1천분의 40이다. ( )

**08** | 공인중개사 2020년

법령이 정한 고급오락장용 토지의 재산세 표준세율은 1천분의 40이다. ( )

**09** | 공인중개사 2013년

읍지역 소재 공장용 건축물의 부속토지의 재산세 표준세율은 1천분의 2이다. ( )

**10** | 공인중개사 2016년

재산세 과세표준 10억 원인 분리과세대상 공장용지의 표준세율은 1천분의 2이다. ( )

**11** | 공인중개사 2019년

별도합산과세대상 토지는 재산세 표준세율이 초과누진세율로 되어 있다. ( )

**12** | 공인중개사 2013년

별도합산과세대상 차고용 토지의 재산세 표준세율은 1천분의 2 ~ 1천분의 4이다. ( )

**13** | 공인중개사 2016년

재산세 과세표준 2억 원인 별도합산과세대상 토지의 표준세율은 1천분의 2이다. ( )

**14** | 공인중개사 2013년

종합합산과세대상 무허가건축물의 부속토지의 재산세 표준세율은 1천분의 2 ~ 1천분의 5이다. ( )

**15** | 공인중개사 2016년

재산세 과세표준 5천만 원인 종합합산과세대상 토지의 표준세율은 1천분의 2이다. ( )

**16** | 공인중개사 2019년

주택(「지방세법」에 따른 별장 제외)은 재산세 표준세율이 초과누진세율로 되어 있다.
( )

**17** | 공인중개사 2013년

고급주택(1세대 1주택은 아님)의 재산세 표준세율은 1천분의 1 ~ 1천분의 4이다. ( )

정답  07 (○), 08 (○), 09 (○), 10 (○), 11 (○), 12 (○), 13 (○), 14 (○), 15 (○), 16 (○), 17 (○)

**18** | 공인중개사 2016년

재산세 과세표준 6천만 원인 주택(별장 제외)의 표준세율은 1천분의 1이다. ( )

**19** | 공인중개사 2020년

재산세 세율 적용시, 지방자치단체의 장은 조례로 정하는 바에 따라 표준세율의 100분의 50의 범위에서 가감할 수 있으며, 가감한 세율은 해당 연도부터 3년간 적용한다. ( )

## 3 재산세 중과세율 및 세율의 적용

**20** | 공인중개사 2015년

주택에 대한 재산세는 주택별로 표준세율을 적용한다. ( )

**21** | 공인중개사 2016·2019년

납세의무자가 해당 지방자치단체 관할구역에 2개 이상의 주택을 소유하고 있는 경우 그 주택의 가액을 모두 합한 금액을 과세표준으로 하여 주택의 세율을 적용한다. ( )

**22** | 공인중개사 2016·2021년

주택의 토지와 건물 소유자가 다를 경우 해당 주택에 대한 재산세 세율을 적용할 때 해당 주택의 토지와 건물의 가액을 합산한 과세표준에 주택의 세율을 적용한다. ( )

**23** | 공인중개사 2016년

재산세 과세대상에 대한 표준세율 적용 시, 납세의무자가 해당 지방자치단체 관할구역에 소유하고 있는 별도합산과세대상 토지의 가액을 모두 합한 금액을 과세표준으로 하여 별도합산과세대상의 세율을 적용한다. ( )

---

19 (×) 해당 연도부터 3년간(×), 해당 연도에만(○), 지방자치단체의 장은 특별한 재정수요나 재해 등의 발생으로 재산세의 세율 조정이 불가피하다고 인정되는 경우 조례로 정하는 바에 따라 표준세율의 100분의 50의 범위에서 가감할 수 있다. 다만, 가감한 세율은 해당 연도에만 적용한다.

21 (×) 그 주택의 가액을 모두 합한 금액을(×), 그 주택별로 각각(○), 납세의무자가 해당 지방자치단체 관할구역에 2개 이상의 주택을 소유하고 있는 경우 그 주택별로 각각 세율을 적용한다. **보충** 주택에 대한 재산세는 주택별로 세율을 적용한다. 반면, 토지는 종합합산과세대상과 별도합산과세대상의 경우 지방자치단체 관할구역별로 합산하여 세율을 적용하며, 분리과세대상의 경우 주택과 마찬가지로 분리과세대상 토지별로 세율을 적용한다.

**정답** 18 (○), 19 (×), 20 (○), 21 (×), 22 (○), 23 (○)

**24** | 공인중개사 2016년

재산세 과세대상에 대한 표준세율 적용 시, 분리과세대상이 되는 해당 토지의 가액을 과세표준으로 하여 분리과세대상의 세율을 적용한다. ( )

**25** | 공인중개사 2015년

같은 재산에 대하여 둘 이상의 세율이 해당되는 경우에는 그 중 높은 세율을 적용한다. ( )

정답 24 (○), 25 (○)

# 재산세 부과·징수

## 1 재산세 보통징수

**01** | 공인중개사 2016·2020년
재산세 과세기준일은 매년 7월 1일이다. ( )

**02** | 공인중개사 2014·2015·2020년
재산세는 관할지방자치단체의 장이 세액을 산정하여 보통징수의 방법으로 부과·징수한다. ( )

**03** | 공인중개사 2015·2018년
재산세를 징수하려면 토지, 건축물, 주택, 선박 및 항공기로 각각 구분된 납세고지서에 과세표준과 세액을 적어 늦어도 납기개시 5일 전까지 발급하여야 한다. ( )

**04** | 공인중개사 2015년
토지에 대한 재산세는 납세의무자별로 한 장의 납세고지서로 발급하여야 한다. ( )

**05** | 공인중개사 2014·2015년
고지서 1장당 재산세로 징수할 세액이 2천 원 미만인 경우에는 2천 원을 재산세로 징수한다. ( )

**06** | 공인중개사 2014년
신탁재산의 위탁자가 재산세 등을 체납한 경우로서 그 위탁자의 다른 재산에 대하여 체납처분을 하여도 징수할 금액에 미치지 못할 때에는 해당 신탁재산의 수탁자는 그 신탁재산으로써 위탁자의 재산세 등을 납부할 의무가 있다. ( )

---

01 (×) 재산세 과세기준일은 매년 6월 1일이다.
05 (×) 고지서 1장당 재산세로 징수할 세액이 2천 원 미만인 경우에는 해당 재산세를 징수하지 아니한다.

**정답** 01 (×), 02 (○), 03 (○), 04 (○), 05 (×), 06 (○)

**07** | 공인중개사 2013년

재산세 납부세액이 1천만 원을 초과하여 재산세를 물납하려는 자는 법령으로 정하는 서류를 갖추어 그 납부기간 10일 전까지 납세지를 관할하는 시장·군수에게 신청하여야 한다.
( )

## 2 재산세의 납기

**08** | 공인중개사 2013·2018·2019·2020·2022년

재산세의 납기는 토지의 경우 매년 9월 16일부터 9월 30일까지이며, 건축물의 경우 매년 7월 16일부터 7월 31일까지이다. ( )

**09** | 공인중개사 2013년

주택에 대한 재산세(해당 연도에 부과할 세액이 10만 원을 초과함)의 납기는 해당 연도에 부과·징수할 세액의 2분의 1은 매년 7월 16일부터 7월 31일까지, 나머지 2분의 1은 9월 16일부터 9월 30일까지이다. ( )

**10** | 공인중개사 2016년

주택의 재산세 정기분 납부세액이 50만 원인 경우 세액의 2분의 1은 7월 16일부터 7월 31일까지, 나머지는 10월 16일부터 10월 31일까지를 납기로 한다. ( )

**11** | 공인중개사 2015·2018년

해당 연도에 주택에 부과할 세액이 100만 원인 경우 납기를 7월 16일부터 7월 31일까지로 하여 한꺼번에 부과·징수한다. ( )

**12** | 공인중개사 2014년

과세표준의 1천분의 40의 재산세 세율이 적용되는 별장에 대한 재산세의 납기는 별장 이외의 주택에 대한 재산세의 납기와 같다. ( )

---

10 (×) 주택의 재산세 정기분 납부세액이 50만 원인 경우 세액의 2분의 1은 7월 16일부터 7월 31일까지, 나머지는 9월 16일부터 9월 30일까지를 납기로 한다.

11 (×) 100만 원(×), 20만 원 이하(○), 부과·징수한다(×). 부과·징수할 수 있다(○). 해당 연도에 주택에 부과할 세액이 20만 원 이하인 경우 납기를 7월 16일부터 7월 31일까지로 하여 한꺼번에 부과·징수할 수 있다.

**정답** 07 (○), 08 (○), 09 (○), 10 (×), 11 (×), 12 (○)

### 4 재산세의 신고의무

**24** | 공인중개사 2016년

과세기준일 현재 공부상의 소유자가 매매로 소유권이 변동되었는데도 신고하지 아니하여 사실상의 소유자를 알 수 없는 경우 그 공부상의 소유자가 아닌 사용자에게 재산세 납부의무가 있다. ( )

### 5 재산세의 세부담 상한

<주택의 재산세 세부담 상한>

| 주택공시가격 | 세부담 상한 |
| --- | --- |
| 3억 원 이하 | 직전 연도의 해당 주택에 대한 재산세액 상당액의 100분의 105 |
| 3억 원 초과 6억 원 이하 | 직전 연도의 해당 주택에 대한 재산세액 상당액의 100분의 110 |
| 6억 원 초과 | 직전 연도의 해당 주택에 대한 재산세액 상당액의 100분의 130 |

**25** | 공인중개사 2021년

개인의 경우, 주택공시가격이 6억 원인 주택에 대한 재산세의 산출세액이 직전 연도의 해당 주택에 대한 재산세액 상당액의 100분의 110을 초과하는 경우에는 100분의 110에 해당하는 금액을 해당 연도에 징수할 세액으로 한다. ( )

**26** | 공인중개사 2018년

개인의 경우, 주택공시가격이 9억 원인 주택의 재산세 산출세액은 지방세법령에 따라 계산한 직전 연도 해당 재산에 대한 재산세액 상당액의 100분의 130에 해당하는 금액을 한도로 한다. ( )

---

24 (×) 사용자(×), 공부상 소유자(○), 과세기준일 현재 공부상의 소유자가 매매로 소유권이 변동되었는데도 신고하지 아니하여 사실상의 소유자를 알 수 없는 경우 그 공부상의 소유자에게 재산세 납부의무가 있다.

**정답** 24 (×), 25 (○), 26 (○)

모두공인공인중개사 슈퍼리멤버

# PART 03
# 국세

# CHAPTER 01

## 종합부동산세

| 2014년 | 2015년 | 2016년 | 2017년 | 2018년 | 2019년 | 2020년 | 2021년 | 2022년 |
|--------|--------|--------|--------|--------|--------|--------|--------|--------|
| 0문 | 1문 | 1문 | 1문 | 2문 | 1문 | 1문 | 3문 | 2문 |

**핵심 13** | 종합부동산세 과세대상과 납세의무자
**핵심 14** | 종합부동산세 과세표준과 세율
**핵심 15** | 종합부동산세 부과·징수

# 핵심테마 13 종합부동산세 과세대상과 납세의무자

## 1 종합부동산세의 특징

**01** | 공인중개사 2017·2018년

재산세와 종합부동산세는 부과·징수가 원칙이며, 종합부동산세는 신고·납부도 가능하다. ( )

**02** | 공인중개사 2016·2020년

종합부동산세의 과세기준일은 매년 6월 1일로 한다. ( )

**03** | 공인중개사 2018년

과세대상 토지가 매매로 유상이전 되는 경우로서 매매 계약서 작성일이 2018년 6월 1일이고, 잔금지급 및 소유권이전등기일이 2018년 6월 29일인 경우, 종합부동산세의 납세의무자는 매도인이다. ( )

## 2 종합부동산세의 납세지

**04** | 공인중개사 2018년

납세의무자가 국내에 주소를 두고 있는 개인의 경우 종합부동산세 납세지는 소득세 납세지로 한다. ( )

**05** | 공인중개사 2022년

납세의무자가 법인으로 보지 않는 단체인 경우 주택에 대한 종합부동산세 납세지는 해당 주택의 소재지로 한다. ( )

---

05 (×) 종합부동산세의 납세지는 법인의 경우 법인세 납세지, 개인의 경우 소득세 납세지로 한다. 납세의무자가 법인으로 보지 않는 단체의 종합부동산세 납세지는 개인인 경우와 마찬가지로 소득세의 납세지로 한다.

**정답** 01 (○), 02 (○), 03 (○), 04 (○), 05 (×)

**06** | 공인중개사 2020년

종합부동산세의 납세의무자가 비거주자인 개인으로서 국내사업장이 없고 국내원천소득이 발생하지 아니하는 1주택을 소유한 경우 그 주택 소재지를 납세지로 정한다. ( )

### 3 종합부동산세의 과세대상

**07** | 공인중개사 2019년

별장은 종합부동산세 과세표준 합산의 대상이 되는 주택의 범위에 포함된다. ( )

**08** | 공인중개사 2015년

공장용 건축물은 종합부동산세 과세대상에 해당한다. ( )

**09** | 공인중개사 2013년

취득세 중과대상인 고급오락장용 건축물은 종합부동산세 과세대상에 해당하지 않는다. ( )

**10** | 공인중개사 2013년

「지방세법」에 따라 재산세가 비과세되는 토지는 종합부동산세 과세대상에 해당하지 않는다. ( )

### 4 주택에 대한 종합부동산세 : 납세의무자

**11** | 공인중개사 2022년

과세기준일 현재 주택분 재산세의 납세의무자는 종합부동산세를 납부할 의무가 있다. ( )

**12** | 공인중개사 2018년

「신탁법」에 따라 수탁자의 명의로 등기 또는 등록된 신탁주택인 경우에는 위탁자가 종합부동산세를 납부할 의무가 있다. 이 경우 위탁자가 신탁주택을 소유한 것으로 본다. ( )

---

07 (×) 별장은 분리과세대상으로 재산세 4% 표준세율이 적용된다. 따라서 종합부동산세 과세대상이 아니다.

08 (×) 공장용 건축물은 종합부동산세 과세대상에 해당하지 않는다. 종합부동산세의 과세대상은 토지와 주택이며 주택 이외의 건축물은 해당하지 않는다.

**정답** 06 (○), 07 (×), 08 (×), 09 (○), 10 (○), 11 (○), 12 (○)

## 5 토지에 대한 종합부동산세 : 납세의무자

**13** | 공인중개사 2020년

과세기준일 현재 토지분 재산세의 납세의무자로서 국내에 소재하는 종합합산과세대상 토지의 공시가격을 합한 금액이 5억 원을 초과하는 자는 해당 토지에 대한 종합부동산세를 납부할 의무가 있다. ( )

**14** | 공인중개사 2017년

과세기준일 현재 토지분 재산세의 납세의무자로서 국내에 소재하는 별도합산과세대상 토지의 공시가격을 합한 금액이 80억 원을 초과하는 자는 토지에 대한 종합부동산세의 납세의무자이다. ( )

**15** | 공인중개사 2015년

여객자동차운송사업 면허를 받은 자가 그 면허에 따라 사용하는 차고용 토지(자동차운송사업의 최저보유차고면적기준의 1.5배에 해당하는 면적 이내의 토지)의 공시가격이 100억 원인 경우는 종합부동산세 과세대상에 해당하지 않는다. ( )

**16** | 공인중개사 2021년

재산세 과세대상 중 분리과세대상 토지는 종합부동산세 과세대상에 해당하지 않는다. ( )

**17** | 공인중개사 2019년

과세기준일 현재 토지분 재산세의 납세의무자로서 「자연공원법」에 따라 지정된 공원자연환경지구의 임야를 소유하는 자는 토지에 대한 종합부동산세를 납부할 의무가 있다. ( )

---

15 (×) 여객자동차운송사업 면허를 받은 자가 그 면허에 따라 사용하는 차고용 토지는 별도합산과세대상 토지로 대상공시가격을 합한 금액이 80억 원을 초과하는 자는 해당 토지에 대한 종합부동산세를 납부할 의무가 있다.

17 (×) 종합부동산세의 과세대상은 재산세 과세대상 주택(별장 제외)과 재산세 과세대상 토지 중 종합합산과세대상 및 별도합산과세대상이다. 「자연공원법」에 따라 지정된 공원자연환경지구의 임야는 재산세 과세대상 토지 중 분리과세대상 토지이므로 종합부동산세 과세대상이 아니다.

**정답** 13 (○), 14 (○), 15 (×), 16 (○), 17 (×)

**18** | 공인중개사 2015년

회원제 골프장용 토지(회원제 골프장업의 등록시 구분등록의 대상이 되는 토지)의 공시가격이 100억 원인 경우는 종합부동산세 과세대상에 해당한다. ( )

**19** | 공인중개사 2013년

종중이 1990년 1월부터 소유하는 농지는 종합부동산세 과세대상에 해당하지 않는다. ( )

**20** | 공인중개사 2013년

1990년 1월부터 소유하는 「수도법」에 따른 상수원보호구역의 임야는 종합부동산세 과세대상에 해당하지 않는다. ( )

---

18 (×) 회원제 골프장용 토지는 분리과세대상에 해당하므로 종합부동산세 과세대상에 해당하지 않는다.

**정답** 18 (×), 19 (○), 20 (○)

# 핵심테마 14  종합부동산세 과세표준과 세율

## 1 주택에 대한 종합부동산세 : 과세표준과 세율

**01** | 공인중개사 2016년

과세기준일 현재 개인이 소유한 주택의 공시가격을 합산한 금액이 6억 원인 자는 종합부동산세 납세의무가 있다. ( )

**02** | 공인중개사 2021년

1인 단독소유의 1세대 1주택자는 주택의 공시가격을 합산한 금액에서 12억 원을 공제한 금액에서 공정시장가액비율을 곱한 금액을 과세표준으로 한다. ( )

**03** | 공인중개사 2015년

국내에 있는 부부공동명의(지분비율이 동일함)로 된 1세대 1주택의 공시가격이 10억 원인 경우는 종합부동산세 과세대상에 해당한다. ( )

**04** | 공인중개사 2016·2022년

납세의무자가 법인이며 3주택 이상을 소유한 경우 소유한 주택 수에 따라 과세표준에 1.2%~6%의 세율을 적용하여 계산한 금액을 주택분 종합부동산세액으로 한다. ( )

---

01 (×) 개인의 경우, 과세대상 주택의 공시가격을 합산한 금액이 9억 원(1인 단독소유 1세대 1주택의 경우 12억 원)을 초과하는 경우에 납세의무가 발생하며, 법인은 과세대상 주택이 있다면 납세의무가 발생한다.

03 (×) 국내에 있는 부부공동명의(지분비율이 동일함)로 된 1세대 1주택의 공시가격이 10억 원인 경우 1인의 귀속액이 9억 원을 초과하지 아니하므로 종합부동산세를 납부할 의무가 없다. 보충 1인 단독소유 1세대 1주택을 선택하더라도 공시가격이 12억 원 이하이므로 종합부동산세를 납부할 의무가 없다.

04 (×) 납세의무자가 법인이며 3주택 이상을 소유한 경우 소유한 수에 따라 과세표준에 5%의 세율을 적용하여 계산한 금액을 주택분 종합부동산세액으로 한다. 보충 납세의무자가 법인인 경우 종합부동산세 적용세율은 다음과 같다.

① 2주택 이하를 소유한 경우 : 2.7%
② 3주택 이상을 소유한 경우 : 5%

**정답** 01 (×), 02 (○), 03 (×), 04 (×)

**05** | 공인중개사 2019년

주택분 종합부동산세액을 계산할 때 1주택을 여러 사람이 공동으로 매수하여 소유한 경우 공동 소유자 각자가 그 주택을 소유한 것으로 본다. ( )

**06** | 공인중개사 2021년

합산배제 신고한 「문화재보호법」에 따른 국가등록문화재에 해당하는 주택은 1세대가 소유한 주택 수에서 제외한다. ( )

**07** | 공인중개사 2021년

1세대가 일반 주택과 합산배제 신고한 임대주택을 각각 1채씩 소유한 경우 해당 일반 주택에 그 주택소유자가 실제 거주하지 않더라도 1세대 1주택자에 해당한다. ( )

## 2 주택에 대한 종합부동산세 : 세액공제

**08** | 공인중개사 2019·2021년

1인 단독소유의 1세대 1주택자에 대하여는 주택분 종합부동산세 산출세액에서 소유자의 연령과 주택 보유기간에 따른 공제액을 공제율 합계 100분의 80의 범위에서 중복하여 공제한다. ( )

**09** | 공인중개사 2017년

주택분 종합부동산세액에서 공제되는 재산세액은 재산세 표준세율의 100분의 50의 범위에서 가감된 세율이 적용된 경우에는 그 세율이 적용되기 전의 세액으로 하고, 재산세 세부담 상한을 적용받은 경우에는 그 상한을 적용받기 전의 세액으로 한다. ( )

---

07 (×) 실제 거주하지 않더라도(×), 주민등록이 되어있고 실제로 거주하고 있는 경우에 한하여(○), 1세대가 일반 주택과 합산배제 신고한 임대주택을 각각 1채씩 소유한 경우 해당 일반 주택에 그 주택소유자가 주민등록이 되어있고 실제로 거주하고 있는 경우에 한하여 1세대 1주택자에 해당한다. **보충** 민간임대주택, 기숙사 및 사원용 주택, 주택건설사업자가 건축하여 소유하고 있는 미분양주택, 어린이집용 주택, 노인복지주택, 향교 등의 주택은 합산배제주택으로 종합부동산세 과세표준 합산의 대상이 되는 주택의 범위에 포함되지 않는다.

09 (×) 적용되기 전의(×), 적용된(○), 상한을 적용받기 전의(×), 상한을 적용받은(○), 주택분 종합부동산세액에서 공제되는 재산세액은 재산세 표준세율의 100분의 50의 범위에서 가감된 세율이 적용된 경우에는 그 세율이 적용된 세액으로 하고, 재산세 세부담 상한을 적용받은 경우에는 그 상한을 적용받은 세액으로 한다.

**정답** 05 (○), 06 (○), 07 (×), 08 (○), 09 (×)

**10** | 공인중개사 2018년

거주자甲은 A주택을 3년간 소유하며 직접 거주하고 있으며 만 61세이며 1세대 1주택자이다. 甲의 고령자 세액공제액은 종합부동산세법에 따라 산출된 세액에 100분의 10을 곱한 금액으로 한다. ( )

- 종합부동산세 고령자세액공제

| 연령 | 공제율 |
| --- | --- |
| 만 60세 이상 만 65세 미만 | 산출세액의 20% |
| 만 65세 이상 만 70세 미만 | 산출세액의 30% |
| 만 70세 이상 | 산출세액의 40% |

**11** | 공인중개사 2022년

종합부동산세 과세대상 1세대 1주택자로서 과세기준일 현재 해당 주택을 12년 보유한 자의 보유기간별 세액공제에 적용되는 공제율은 100분의 50이다. ( )

- 종합부동산세 장기보유자세액공제

| 보유기간 | 공제율 |
| --- | --- |
| 5년 이상 10년 미만 | 산출세액의 20% |
| 10년 이상 15년 미만 | 산출세액의 40% |
| 15년 이상 | 산출세액의 50% |

### 3 주택에 대한 종합부동산세 : 세부담 상한

**12** | 공인중개사 2017년

주택에 대한 세부담 상한의 기준이 되는 직전 연도에 해당 주택에 부과된 주택에 대한 총세액상당액은 납세의무자가 해당 연도의 과세표준합산주택을 직전 연도 과세기준일에 실제로 소유하였는지의 여부를 불문하고 직전 연도 과세기준일 현재 소유한 것으로 보아 계산한다. ( )

---

10 (×) 甲의 고령자 세액공제액은 종합부동산세법에 따라 산출된 세액에 100분의 20을 곱한 금액으로 한다.
11 (×) 종합부동산세 과세대상 1세대 1주택자로서 과세기준일 현재 해당 주택을 12년 보유한 자의 보유기간별 세액공제에 적용되는 공제율은 100분의 40이다.

**정답** 10 (×), 11 (×), 12 (○)

## 4  주택에 대한 종합부동산세 : 공동명의 1주택자의 납세의무 등에 관한 특례

**13** | 공인중개사 2021년

과세기준일 현재 세대원 중 1인과 그 배우자만이 공동으로 1주택을 소유하고 해당 세대원 및 다른 세대원이 다른 주택을 소유하지 아니한 경우 신청하지 않더라도 공동명의 1주택자를 해당 1주택에 대한 납세의무자로 한다. ( )

## 5  토지에 대한 종합부동산세

**14** | 공인중개사 2022년

종합합산과세대상인 토지에 대한 종합부동산세의 세액은 과세표준에 1%~3%의 세율을 적용하여 계산한 금액으로 한다. ( )

**15** | 공인중개사 2022년

별도합산과세대상인 토지에 대한 종합부동산세의 세액은 과세표준에 0.5%~0.7%의 세율을 적용하여 계산한 금액으로 한다. ( )

**16** | 공인중개사 2021년

별도합산과세대상인 토지의 재산세로 부과된 세액이 세부담 상한을 적용받는 경우 그 상한을 적용받기 전의 세액을 별도합산과세대상 토지분 종합부동산세액에서 공제한다. ( )

**17** | 공인중개사 2020년

종합합산과세대상 토지의 재산세로 부과된 세액이 세부담상한을 적용받는 경우 그 상한을 적용받기 전의 세액을 종합합산과세대상 토지분 종합부동산세액에서 공제한다. ( )

---

13 (×) 과세기준일 현재 세대원 중 1인이 그 배우자와 공동으로 1주택을 소유하고 해당 세대원 및 다른 세대원이 다른 주택을 소유하지 아니한 경우, 1인 단독소유 1세대 1주택자에 대한 납세의무와 동일한 방식(과세표준 계산시 12억 원 공제와 고령자세액공제 및 장기보유세액공제 적용)으로 주택에 대한 종합부동산세 납세의무를 적용할 수 있다. 해당 특례를 적용받으려는 납세의무자는 당해 연도 9월 16일부터 9월 30일까지 관할세무서장에게 신청하여야 한다.

16 (×) 적용받기 전의(×), 적용받은(○), 별도합산과세대상인 토지의 재산세로 부과된 세액이 세부담 상한을 적용받는 경우 그 상한을 적용받은 세액은 토지분 종합부동산세액에서 공제한다.

17 (×) 상한을 적용받기 전의(×), 상한을 적용받은(○), 종합합산과세대상 토지의 재산세로 부과된 세액이 세부담 상한을 적용받는 경우 그 상한을 적용받은 세액을 종합합산과세대상 토지분 종합부동산세액에서 공제한다.

**정답** 13 (×), 14 (○), 15 (○), 16 (×), 17 (×)

# 종합부동산세 부과·징수

## 1 종합부동산세 부과과세제도 원칙

**01** | 공인중개사 **2022년**

종합부동산세를 신고납부방식으로 납부하고자 하는 납세의무자는 종합부동산세의 과세표준과 세액을 해당 연도 12월 1일부터 12월 15일까지 관할세무서장에게 신고하여야 한다.   ( )

**02** | 공인중개사 **2016·2017·2020년**

관할세무서장이 종합부동산세를 징수하고자 하는 때에는 납세고지서에 주택 및 토지로 구분한 과세표준과 세액을 기재하여 납부기간 개시 5일 전까지 발부하여야 한다.   ( )

**03** | 공인중개사 **2022년**

관할세무서장이 종합부동산세를 징수하려면 납부기간 개시 5일 전까지 주택분과 토지분을 합산한 과세표준과 세액을 납부고지서에 기재하여 발급하여야 한다.   ( )

**04** | 공인중개사 **2016·2018·2021년**

종합부동산세의 물납은 허용되지 않는다.   ( )

**05** | 공인중개사 **2018·2021년**

납세자에게 부정행위가 없으며 특례제척기간에 해당하지 않는 경우 원칙적으로 납세의무 성립일부터 5년이 지나면 종합부동산세를 부과할 수 없다.   ( )

---

03 (×) 주택분과 토지분을 합산한(×), 주택 및 토지로 구분한(○), 관할세무서장이 종합부동산세를 징수하려면 납부기간 개시 5일 전까지 주택 및 토지로 구분한 과세표준과 세액을 납부고지서에 기재하여 발급하여야 한다.

**정답** 01 (○), 02 (○), 03 (×), 04 (○), 05 (○)

**06** | 공인중개사 2018년

납세의무자는 선택에 따라 신고·납부할 수 있으나, 신고를 함에 있어 납부세액을 과소하게 신고한 경우라도 과소신고가산세가 적용되지 않는다. ( )

### 2 종합부동산세 분할납부

**07** | 공인중개사 2018·2021·2022년

관할세무서장은 종합부동산세로 납부하여야 할 세액이 250만 원을 초과하는 경우에는 그 세액의 일부를 납부기한이 경과한 날부터 6개월 이내에 분납하게 할 수 있다. ( )

**08** | 공인중개사 2019년

관할세무서장은 종합부동산세로 납부하여야 할 세액이 400만 원인 경우 최대 200만 원의 세액을 납부기한이 경과한 날부터 6개월 이내에 분납하게 할 수 있다. ( )

---

06 (×) 납세의무자는 선택에 따라 신고·납부한 경우, 신고를 함에 있어 납부세액을 과소하게 신고한 경우 과소신고가산세를 부담한다. **비교** 종합부동산세는 선택에 따라 신고·납부하는 것이기 때문에 무신고가산세는 적용되지 않는다.

08 (×) 관할세무서장은 종합부동산세로 납부하여야 할 세액이 250만 원을 초과하는 경우에는 그 세액의 일부(500만 원 이하인 경우 해당 세액에서 250만 원을 차감한 금액, 500만 원 초과인 경우 해당 세액의 50% 이하의 금액)를 납부기한이 지난날부터 6개월 이내에 분납하게 할 수 있다. 이 경우, 납부하여야 할 세액이 400만 원이므로, 최대 150만 원의 세액을 납부기한이 경과한 날부터 6개월 이내에 분납하게 할 수 있다.

**정답** 06 (×), 07 (○), 08 (×)

# CHAPTER 02

## 종합소득세

| 2014년 | 2015년 | 2016년 | 2017년 | 2018년 | 2019년 | 2020년 | 2021년 | 2022년 |
|--------|--------|--------|--------|--------|--------|--------|--------|--------|
| 1문 | 0문 | 0문 | 1문 | 0문 | 0문 | 1문 | 0문 | 2문 |

**핵심 16** | 종합소득세

# 종합소득세

## 1 종합소득세의 납세의무자와 납세지

**01** | 공인중개사 2013·2020년

국외에 소재하는 주택임대소득은 주택 수에 관계없이 과세된다. ( )

**02** | 공인중개사 2020년

거주자의 부동산임대업에서 발생하는 사업소득의 납세지는 주소지 또는 거소지 관할 세무서로 한다. ( )

## 2 부동산임대사업소득의 범위와 비과세 부동산임대업

**03** | 공인중개사 2017년

부동산임대업에서 발생한 소득은 사업소득에 해당한다. ( )

**04** | 공인중개사 2022년

사업소득에 부동산임대업에서 발생한 소득이 포함되어 있는 사업자는 그 소득별로 구분하여 회계처리하여야 한다. ( )

**05** | 공인중개사 2014년

주택의 임대로 인하여 얻은 과세대상 소득은 사업소득으로서 해당 거주자의 종합소득금액에 합산된다. ( )

**06** | 공인중개사 2014년

주택을 임대하여 얻은 소득은 거주자가 사업자등록을 한 경우에 한하여 소득세 납세의무가 있다. ( )

---

06 (×) 과세대상 사업소득이 있는 사업자는 사업자등록여부를 불문하고 이에 대한 납세의무를 부담한다.

**정답** 01 (○), 02 (○), 03 (○), 04 (○), 05 (○), 06 (×)

**07** | 공인중개사 **2017·2020년**

공익사업과 관련된 지상권의 대여로 인한 소득은 사업소득에 해당하지 아니하고 기타소득으로 한다. ( )

**08** | 공인중개사 **2020년**

국내에 소재하는 논·밭을 작물 생산에 이용하게 함으로써 발생하는 소득과 1개의 주택을 소유하는 자의 주택임대소득(기준시가 12억 원을 초과하는 주택 및 국외에 소재하는 주택의 임대소득은 제외한다)에 대해서는 사업소득은 소득세를 과세하지 아니한다. ( )

## 3 부동산임대사업소득의 간주임대료

**09** | 공인중개사 **2013·2022년**

3주택(주택 수에 포함되지 않는 주택 제외) 이상을 소유한 거주자가 주택과 주택부수토지를 임대(주택부수토지만 임대하는 경우 제외)하고 보증금 등의 합계가 3억 원인 경우 간주임대료를 총수입금액에 산입한다. ( )

**10** | 공인중개사 **2022년**

간주임대료 계산 시 3주택 이상 여부 판정에 있어 주택수에 포함되지 않는 주택이란 주거의 용도로만 쓰이는 면적이 1호 또는 1세대당 40제곱미터 이하인 주택으로서 해당 과세기간의 기준시가가 2억 원 이하인 주택을 말한다. ( )

**11** | 공인중개사 **2014년**

거주자의 보유주택 수를 계산함에 있어서 다가구주택은 1개의 주택으로 보되, 구분 등기된 경우에는 각각을 1개의 주택으로 계산한다. ( )

**12** | 공인중개사 **2014년**

주택 1채만을 소유한 거주자가 과세기간 종료일 현재 기준시가 10억 원인 해당 주택을 전세금을 받고 임대하여 얻은 소득에 대해서는 소득세가 과세되지 아니한다. ( )

---

09 (○) 3억 원(×), 3억 원을 초과하는(○), 3주택(주택 수에 포함되지 않는 주택 제외) 이상을 소유하고 보증금 등의 합계가 3억 원을 초과하는 경우에는 법령으로 정하는 바에 따라 계산한 금액(간주임대료)을 총수입금액에 산입한다.

**정답** 07 (○), 08 (○), 09 (○), 10 (○), 11 (○), 12 (○)

**13** | 공인중개사 **2014년**

주택 2채를 소유한 거주자가 1채는 월세계약으로 나머지 1채는 전세계약의 형태로 임대한 경우, 월세계약에 의하여 받은 임대료에 대해서만 소득세가 과세된다. ( )

**14** | 공인중개사 **2013년**

2주택(법령에 따른 소형주택 아님)과 2개의 상업용 건물을 소유하는 자가 보증금을 받은 경우 2개의 상업용 건물에 대하여만 법령으로 정하는 바에 따라 계산한 간주 임대료를 사업소득 총수입금액에 산입한다. ( )

**15** | 공인중개사 **2013년**

주택임대소득이 과세되는 고가주택은 과세기간 종료일 현재 기준시가 9억 원을 초과하는 주택을 말한다. ( )

**16** | 공인중개사 **2017년**

임대보증금의 간주임대료를 계산하는 과정에서 금융수익을 차감할 때 그 금융수익은 수입이자와 할인료, 수입배당금, 유가증권처분이익으로 한다. ( )

**17** | 공인중개사 **2013년**

사업자가 부동산을 임대하고 임대료 외에 전기료·수도료 등 공공요금의 명목으로 지급받은 금액이 공공요금의 납부액을 초과할 때 그 초과하는 금액은 사업소득 총수입금액에 산입한다. ( )

---

16 (×) 임대보증금의 간주임대료를 계산하는 과정에서 금융수익을 차감할 때 유가증권처분이익과 신주인수권처분이익은 제외한다.

**정답** 13 (○), 14 (○), 15 (○), 16 (×), 17 (○)

## 4 부동산임대사업소득의 선택적 분리과세

**18** | 공인중개사 2017년

2주택을 소유한 자가 1주택을 임대하고 연간 1,800만 원의 임대료를 받았을 경우 선택적 분리과세가 가능하다. ( )

**19** | 공인중개사 2022년

해당 과세기간에 분리과세 주택임대소득이 있는 거주자(종합소득과세표준이 없거나 결손금이 있는 거주자 포함)는 그 종합소득 과세표준을 그 과세기간의 다음 연도 5월 1일부터 5월 31일까지 신고하여야 한다. ( )

## 5 부동산임대사업소득의 결손금

**20** | 공인중개사 2022년

해당 과세기간의 주거용 건물 임대업을 제외한 부동산 임대업에서 발생한 결손금은 그 과세기간의 종합소득과세표준을 계산할 때 공제하지 않는다. ( )

**21** | 공인중개사 2017·2020년

주거용 건물 임대업에서 발생한 결손금은 종합소득 과세표준을 계산할 때 타소득에서 공제한다. ( )

**정답** 18 (○), 19 (○), 20 (○), 21 (○)

# MEMO

# CHAPTER 03

# 양도소득세

| 2014년 | 2015년 | 2016년 | 2017년 | 2018년 | 2019년 | 2020년 | 2021년 | 2022년 |
|---|---|---|---|---|---|---|---|---|
| 6문 | 6문 | 7문 | 5문 | 5문 | 5문 | 4문 | 6문 | 5문 |

**핵심 17** | 양도소득세 과세대상
**핵심 18** | 비과세 양도소득
**핵심 19** | 양도시기와 취득시기
**핵심 20** | 양도차익의 계산
**핵심 21** | 양도차익 특례
**핵심 22** | 양도소득세 과세표준과 산출세액
**핵심 23** | 양도소득세 신고 및 납부
**핵심 24** | 국외자산양도에 대한 양도소득

# 핵심테마 17 양도소득세 과세대상

## 1 양도소득세 과세대상

**01** | 공인중개사 2014·2015년
전세권의 양도는 양도소득의 과세대상에 해당한다. ( )

**02** | 공인중개사 2013·2015·2017년
지상권의 양도는 양도소득의 과세대상에 해당한다. ( )

**03** | 공인중개사 2014년
지역권의 양도는 양도소득의 과세대상에 해당한다. ( )

**04** | 공인중개사 2014·2015·2017년
등기된 부동산임차권의 양도는 양도소득의 과세대상에 해당한다. ( )

**05** | 공인중개사 2014년
건물이 완성되는 때에 그 건물과 이에 딸린 토지를 취득할 수 있는 권리의 양도는 양도소득의 과세대상에 해당한다. ( )

**06** | 공인중개사 2014·2015·2017년
영업권(사업용 고정자산과 분리되어 양도되는 것)의 양도는 양도소득의 과세대상에 해당한다. ( )

**07** | 공인중개사 2015년
골프회원권의 양도는 양도소득의 과세대상에 해당한다. ( )

---

03 (×) 지역권의 양도는 양도소득세 과세대상에 해당하지 않는다.
06 (×) 사업용 고정자산과 분리되어 양도하는 영업권의 양도는 양도소득세 과세대상에 해당하지 않으며 기타소득으로 과세한다. **비교** 토지·건물·부동산에 관한 권리와 함께 양도하는 영업권은 양도소득세 과세대상에 해당한다.

**정답** 01 (○), 02 (○), 03 (×), 04 (○), 05 (○), 06 (×), 07 (○)

**08** | 공인중개사 2017년

무상이전에 따라 자산의 소유권이 변경된 경우에는 양도소득세 과세대상이 되지 아니한다. ( )

**09** | 공인중개사 2017년

법인의 주식을 소유하는 것만으로 시설물을 배타적으로 이용하게 되는 경우 그 주식의 양도는 양도소득세 과세대상이다. ( )

**10** | 공인중개사 2013년

개인의 토지를 법인에 현물출자 하는 경우는 양도소득세 과세대상에 해당한다. ( )

## 2 양도로 보지 않는 경우

**11** | 공인중개사 2013·2017년

「도시개발법」이나 그 밖의 법률에 따른 환지처분으로 지목 또는 지번의 변경은 양도로 보지 않는다. ( )

**12** | 공인중개사 2017년

부담부증여시 그 증여가액 중 채무액에 해당하는 부분을 제외한 부분은 양도로 보지 않는다. ( )

**13** | 공인중개사 2017년

양도담보계약을 체결한 후 채무불이행으로 인하여 당해 자산을 변제에 충당한 때는 양도로 보지 않는다. ( )

**14** | 공인중개사 2015년

법원의 확정판결에 의하여 신탁해지를 원인으로 소유권 이전등기를 하는 경우는 양도로 보지 않는다. ( )

---

13 (×) 채무의 변제를 담보하기 위하여 자산을 양도하는 계약을 체결한 경우는 양도로 보지 않는다. 다만, 채무불이행으로 인하여 당해 자산을 변제에 충당한 때에는 이를 양도한 것으로 본다.

**정답** 08 (○), 09 (○), 10 (○), 11 (○), 12 (○), 13 (×), 14 (○)

**15** | 공인중개사 2015·2017년

매매원인 무효의 소에 의하여 그 매매사실이 원인무효로 판시되어 소유권이 환원되는 경우는 양도로 보지 않는다. ( )

**16** | 공인중개사 2015년

공동소유의 토지를 공유자 지분변경 없이 2개 이상의 공유토지로 분할하였다가 공동지분의 변경 없이 그 공유 토지를 소유지분별로 단순히 재분할 하는 경우는 양도로 보지 않는다. ( )

**17** | 공인중개사 2015년

법원의 확정판결에 의한 이혼위자료로 배우자에게 토지의 소유권을 이전하는 경우는 양도로 보지 않는다. ( )

**18** | 공인중개사 2015·2017년

본인 소유 자산을 경매로 인하여 본인이 재취득한 경우는 양도로 보지 않는다. ( )

---

17 (×) 이혼위자료로 배우자에게 토지의 소유권을 이전하는 경우는 양도한 것으로 본다. **비교** 이혼으로 인하여 혼인 중에 형성된 부부공동재산을 재산분할하는 경우는 양도로 보지 않는다.

**정답** 15 (○), 16 (○), 17 (×), 18 (○)

 비과세 양도소득

## 1 1세대 1주택 비과세

**01** | 공인중개사 2013년
1세대 1주택 비과세규정을 적용하는 경우 부부가 각각 세대를 달리 구성하는 경우에도 동일한 세대로 본다. ( )

**02** | 공인중개사 2013년
「건축법 시행령」 별표 1 제1호 다목에 해당하는 다가구주택은 해당 다가구주책을 구획된 부분별로 분양하지 아니하고 하나의 매매단위로 하여 양도하는 경우 그 구획된 부분을 각각 하나의 주택으로 본다. ( )

**03** | 공인중개사 2016년
양도 당시 실지거래가액이 13억 원인 1세대 1주택의 양도로 발생하는 양도차익 전부가 비과세된다. ( )

**04** | 공인중개사 2015년
겸용주택의 경우, 주택 연면적이 주택 외 연면적보다 큰 경우 전부 주택으로 보며 그렇지 않은 경우에는 주택부분만 주택으로 본다. ( )

---

02 (✕) 다가구주택은 해당 다가구주책을 구획된 부분별로 분양하지 아니하고 하나의 매매단위로 하여 양도하는 경우 그 전체를 하나의 주택으로 본다. **비교** 다가구주택은 해당 다가구주책을 구획된 부분별로 분양하는 경우에는 구획된 부분을 각각 하나의 주택으로 본다.
03 (✕) 양도 당시 실지거래가액이 13억 원인 1세대 1주택의 양도로 발생하는 양도차익 실지거래가액의 12억 원 초과분에 대해서는 과세된다.

**정답** 01 (○), 02 (✕), 03 (✕), 04 (○)

## 2 1세대 1주택 비과세 : 보유기간 및 거주기간의 제한을 받지 않는 경우

**05** | 공인중개사 2013년

양도일 현재 「민간임대주택에 관한 특별법」에 의한 건설임대주책 1주택만을 보유하는 1세대는 당해 건설임대주택의 임차일부터 해당 주택의 양도일까지의 거주기간이 5년 이상인 경우 보유기간 요건을 충족하지 않더라도 비과세한다. ( )

**06** | 공인중개사 2013년

「해외이주법」에 따른 해외이주로 세대전원이 출국하는 경우 출국일 현재 1주택을 보유하고 있고 출국일로부터 2년 이내에 해당 주택을 양도하는 경우 보유기간 요건을 충족하지 않더라도 비과세한다. ( )

**07** | 공인중개사 2016년

국내에 1주택만을 보유하고 있는 1세대가 해외이주로 세대전원이 출국하는 경우 출국일부터 3년이 되는 날 해당 주택을 양도하면 비과세된다. ( )

**08** | 공인중개사 2016년

직장의 변경으로 세대전원이 다른 시로 주거를 이전하는 경우 6개월간 거주한 1주택을 양도하면 비과세된다. ( )

## 3 1세대 1주택 비과세 특례

**09** | 공인중개사 2018년

1주택을 보유하고 1세대를 구성하는 자가 1주택을 보유하고 있는 60세 이상의 직계존속(배우자의 직계존속을 포함하며, 직계존속 중 어느 한 사람이 60세 미만인 경우를 포함)을 동거봉양하기 위하여 세대를 합침으로서 1세대가 2주택을 보유하게 되는 경우 합친 날부터 10년 이내에 먼저 양도하는 주택은 이를 1세대 1주택으로 보아 양도세 비과세를 적용한다. ( )

---

07 (×) 3년이 되는 날(×), 2년 이내에(○), 국내에 1주택만을 보유하고 있는 1세대가 해외이주로 세대전원이 출국하는 경우 출국일 부터 2년 이내에 해당 주택을 양도하면 비과세된다.

08 (×) 6개월(×), 1년 이상(○), 직장의 변경으로 세대전원이 다른 시로 주거를 이전하는 경우 1년 이상 거주한 1주택을 양도하면 비과세된다.

**정답** 05 (○), 06 (○), 07 (×), 08 (×), 09 (○)

**10** | 공인중개사 2013·2018·2022년

1주택을 보유하는 자가 1주택을 보유하는 자와 혼인함으로써 1세대가 2주택을 보유하게 되는 경우 혼인한 날부터 5년 이내에 먼저 양도하는 주택은 이를 1세대 1주택으로 보아 양도세 비과세를 적용한다. ( )

**11** | 공인중개사 2022년

영농의 목적으로 취득한 귀농주택으로서 수도권 밖의 지역 중 면지역에 소재하는 주택과 일반주택을 국내에 각각 1개씩 소유하고 있는 1세대가 귀농주택을 취득한 날부터 5년 이내에 일반주택을 양도하는 경우에는 국내에 1개의 주택을 소유하고 있는 것으로 보아 1세대 1주택의 특례를 적용한다. ( )

**12** | 공인중개사 2022년

취학 등 부득이한 사유로 취득한 수도권 밖에 소재하는 주택과 일반주택을 국내에 각각 1개씩 소유하고 있는 1세대가 부득이한 사유가 해소된 날부터 3년 이내에 일반주택을 양도하는 경우에는 국내에 1개의 주택을 소유하고 있는 것으로 보아 1세대 1주택의 특례를 적용한다. ( )

## 4 기타 비과세 양도소득

**13** | 공인중개사 2016년

농지를 교환할 때 쌍방 토지가액의 차액이 가액이 큰 편의 3분의 1인 경우 발생하는 소득은 비과세된다. ( )

---

13 (×) 3분의 1(×), 4분의 1(○), 농지를 교환할 때 쌍방 토지가액의 차액이 가액이 큰 편의 4분의 1인 경우 발생하는 소득은 비과세된다.

**정답** 10 (○), 11 (○), 12 (○), 13 (×)

## 5 미등기 자산의 양도소득세 비과세 배제

**14** | 공인중개사 2018년

미등기 양도자산도 양도소득에 대한 소득세의 비과세에 관한 규정을 적용할 수 있다. ( )

**15** | 공인중개사 2018·2021년

미등기양도자산의 양도소득금액 계산 시 양도소득기본공제를 적용할 수 있다. ( )

**16** | 공인중개사 2017·2018·2021년

미등기 양도자산의 양도소득금액 계산 시 장기보유특별공제를 적용할 수 있다. ( )

**17** | 공인중개사 2016·2021년

법원의 결정에 의하여 양도 당시 취득에 관한 등기가 불가능한 미등기주택은 양도소득세 비과세가 배제되는 미등기양도자산에 해당하지 않는다. ( )

**18** | 공인중개사 2021년

양도소득세 비과세요건을 충족한 1세대 1주택으로서 「건축법」에 따른 건축허가를 받지 아니하여 등기가 불가능한 자산은 미등기 양도자산에 해당하지 않는다. ( )

**19** | 공인중개사 2021년

「도시개발법」에 따른 도시개발사업이 종료되지 아니하여 토지 취득등기를 하지 아니하고 양도하는 토지는 미등기 양도자산에 해당하지 않는다. ( )

**20** | 공인중개사 2018년

건설업자가 「도시개발법」에 따라 공사용역 대가로 취득한 체비지를 토지구획환지처분공고 전에 양도하는 토지는 미등기 양도자산에 해당하지 않는다. ( )

---

14 (×) 등기가 필요한 자산을 미등기 양도한 경우에는 비과세를 적용하지 아니한다.
15 (×) 미등기양도자산의 양도소득금액 계산 시 양도소득기본공제를 적용할 수 없다.
16 (×) 미등기 양도자산의 양도소득금액 계산 시 장기보유특별공제를 적용할 수 없다.

**정답** 14 (×), 15 (×), 16 (×), 17 (○), 18 (○), 19 (○), 20 (○)

#  양도시기와 취득시기

## 1 양도소득세 취득·양도시기

- 양도소득세의 양도 또는 취득시기

| 구분 | 취득·양도시기 |
|---|---|
| 원칙은 | 대금을 청산한 날 |
| 대금을 청산한 날이 분명하지 않은 경우 | 등기부·등록부 또는 명부 등에 기재된 등기·등록접수일 또는 명의개서일 |
| 대금을 청산하기 전에 소유권이전등기를 한 경우 | 등기부·등록부 또는 명부 등에 기재된 등기접수일 |
| 장기할부조건의 경우 | 소유권이전등기 접수일·인도일 또는 사용수익일 중 빠른 날 |
| 자기가 건설한 건축물의 경우 | 사용승인서 교부일 |
| 자기가 건설한 건축물, 다만, 사용승인서 교부일 전에 사실상 사용하거나 임시사용승인을 받은 경우 | 그 사실상의 사용일 또는 임시사용승인을 받은 날 중 빠른 날로 하고 건축허가를 받지 아니하고 건축하는 건축물에 있어서는 그 사실상의 사용일 |
| 상속 또는 증여의 경우 | 상속이 개시된 날 또는 증여를 받은 날 |
| 점유취득으로 소유권을 취득한 경우 | 점유를 개시한 날 |
| 수용되는 경우 | 대금을 청산한 날, 수용의 개시일 또는 소유권이전등기접수일 중 빠른 날. 다만, 소유권에 관한 소송으로 보상금이 공탁된 경우에는 소유권 관련 소송 판결 확정일 |
| 해당 자산의 대금을 청산한 날까지 그 목적물이 완성 또는 확정되지 아니한 경우 | 그 목적물이 완성 또는 확정된 날 |
| 환지처분으로 인하여 취득한 토지 | 환지 전의 토지의 취득일. 다만, 교부받은 토지의 면적이 환지처분에 의한 권리면적보다 증가 또는 감소된 경우에는 그 증가 또는 감소된 면적의 토지에 대한 취득시기 또는 양도시기는 환지처분의 공고가 있은 날의 다음 날로 한다. |
| 무효판결로 환원된 경우 | 해당 자산의 당초 취득일 |

**01** | 공인중개사 2014·2021년

대금을 청산한 날이 분명하지 아니한 경우에는 등기부·등록부 또는 명부 등에 기재된 등기·등록접수일 또는 명의개서일을 양도소득세 취득·양도시기로 한다. ( )

**02** | 공인중개사 2014·2018년

대금을 청산하기 전에 소유권이전등기(등록 및 명의개서를 포함)를 한 경우에는 등기부·등록부 또는 명부 등에 기재된 등기접수일을 양도소득세 취득·양도시기로 한다. ( )

**03** | 공인중개사 2018·2021년

기획재정부령이 정하는 장기할부조건의 경우에는 소유권이전등기(등록 및 명의개서를 포함) 접수일·인도일 또는 사용수익일 중 빠른 날을 양도소득세 취득·양도시기로 한다.
( )

**04** | 공인중개사 2018·2021년

자기가 건설한 건축물에 있어서 건축허가를 받지 아니하고 건축하는 건축물은 추후 사용승인 또는 임시사용승인을 받는 날을 양도소득세 취득·양도시기로 한다. ( )

**05** | 공인중개사 2014·2018년

상속에 의하여 취득한 자산에 대하여는 그 상속이 개시된 날을 양도소득세 취득·양도시기로 한다. ( )

**06** | 공인중개사 2014년

증여에 의하여 취득한 자산의 경우에는 증여를 받은 날을 양도소득세 취득·양도시기로 한다. ( )

**07** | 공인중개사 2021년

「민법」 제245조 제1항의 규정에 의하여 부동산의 소유권을 취득하는 경우에는 당해 부동산의 점유를 개시한 날을 양도소득세 취득·양도시기로 한다. ( )

---

04 (×) 자기가 건설한 건축물에 있어서는 사용승인서 교부일을 취득의 시기로 한다. 다만, 사용승인서 교부일 전에 사실상 사용하거나 임시사용승인을 받은 경우에는 그 사실상의 사용일 또는 임시사용승인을 받은 날 중 빠른 날로 하고 건축허가를 받지 아니하고 건축하는 건축물에 있어서는 그 사실상의 사용일로 한다.

**정답** 01 (○), 02 (○), 03 (○), 04 (×), 05 (○), 06 (○), 07 (○)

**08** | 공인중개사 2014년

「공익사업을 위한 토지 등의 취득 및 보상에 관한 법률」에 따라 공익사업을 위하여 수용되는 경우에는 사업인정 고시일을 양도소득세 취득·양도시기로 한다. ( )

**09** | 공인중개사 2018·2021년

「도시개발법」에 따라 교부받은 토지의 면적이 환지처분에 의한 권리면적보다 증가 또는 감소된 경우에는 환지처분의 공고가 있은 날을 양도소득세 취득·양도시기로 한다. ( )

---

08 (×) 수용되는 경우에는 대금을 청산한 날, 수용의 개시일, 소유권이전등기접수일 중 빠른 날을 취득 및 양도시기로 한다. 다만, 소유권에 관한 소송으로 보상금이 공탁된 경우에는 소유권 관련 소송 판결 확정일로 한다.

09 (×) 환지처분으로 인하여 취득한 토지의 취득시기는 환지 전의 토지의 취득일을 양도 또는 취득시기로 한다. 다만, 교부받은 토지의 면적이 환지처분에 의한 권리면적보다 증가 또는 감소된 경우에는 그 증가 또는 감소된 면적의 토지에 대한 취득시기 또는 양도시기는 환지처분의 공고가 있은 날의 다음날로 한다.

**정답** 08 (×), 09 (×)

# 양도차익의 계산

## 1 양도가액 및 취득가액의 산정

**01** | 공인중개사 2015년

양도와 취득시의 실지거래가액을 확인할 수 있는 경우에는 양도가액과 취득가액을 실지거래가액으로 산정한다. ( )

**02** | 공인중개사 2013·2015·2017년

취득당시 실지거래가액을 확인할 수 없는 경우에는 매매사례가액, 환산가액, 감정가액, 기준시가를 순차로 적용하여 산정한 가액을 취득가액으로 한다. ( )

**03** | 공인중개사 2013년

부동산의 양도가액 또는 취득가액을 추계조사하여 양도소득 과세표준 및 세액을 결정하는 경우, 매매사례가액은 양도일 또는 취득일 전후 각 3개월 이내에 해당 자산과 동일성 또는 유사성이 있는 자산의 매매사례가 있는 경우 그 가액을 말한다. ( )

**04** | 공인중개사 2013년

감정가액은 당해 자산에 대하여 감정평가기준일이 양도일 또는 취득일 전후 각 3월 이내이고 2 이상의 감정평가 법인이 평가한 것으로서 신빙성이 인정되는 경우 그 감정가액의 평균액으로 한다. ( )

**05** | 공인중개사 2013년

환산가액은 양도가액을 추계할 경우에는 적용되지만 취득가액을 추계할 경우에는 적용되지 않는다. ( )

---

02 (×) 매·환·감·기(×), 매·감·환·기(○), 해당 자산의 양도 당시 또는 취득 당시의 실지거래가액을 인정 또는 확인할 수 없는 경우에는 양도가액 또는 취득가액을 매매사례가액, 감정가액, 환산취득가액, 기준시가를 순차적으로 적용하여 양도가액 및 취득가액을 산정한다.

05 (×) 환산가액은 취득가액을 추계할 경우에는 적용되지만 양도가액을 추계할 경우에는 적용되지 않는다.

**정답** 01 (○), 02 (×), 03 (○), 04 (○), 05 (×)

**06** | 공인중개사 2015년

양도가액을 기준시가에 따를 때에는 취득가액도 기준시가에 따른다. ( )

**07** | 공인중개사 2013년

부동산의 양도가액 또는 취득가액을 추계조사하여 양도소득 과세표준 및 세액을 결정하는 경우, 양도 또는 취득당시 실지거래가액의 확인을 위하여 필요한 장부·매매계약서·영수증 기타 증빙서류가 없거나 그 중요한 부분이 미비된 경우 추계결정 또는 경정의 사유에 해당한다. ( )

## 2 양도가액 및 취득가액 산정의 필요경비

**08** | 공인중개사 2015년

취득가액을 실지거래가액으로 계산하는 경우 자본적 지출액은 필요경비에 포함된다. ( )

**09** | 공인중개사 2017·2018년

양도소득의 필요경비를 산정하는 경우, 취득가액을 실지거래가액에 의하는 경우에는 자본적 지출액도 실지로 지출된 가액에 의하므로「소득세법」제160조의 2 제2항에 따른 증명서류를 수취·보관하지 않더라도 지출사실이 입증되면 이를 필요경비로 인정한다. ( )

**10** | 공인중개사 2017년

양도소득의 필요경비를 산정하는 경우, 취득세는 납부영수증이 없으면 필요경비로 인정되지 아니한다. ( )

**11** | 공인중개사 2017년

양도소득의 필요경비를 산정하는 경우, 취득가액을 계산할 때 감가상각비를 공제하는 것은 취득가액을 실지거래가액으로 하는 경우에만 적용하므로 취득가액을 환산가액으로 하는 때에는 적용하지 아니한다. ( )

---

09 (×) 취득가액을 실지거래가액에 의하는 경우 자본적 지출액도 실지로 지출된 가액에 의하며 증명서류를 수취·보관하여 지출사실이 입증되면 이를 필요경비로 인정한다.
10 (×) 취득세는 납부영수증이 없더라도 필요경비로 인정된다.
11 (×) 취득가액을 실지거래가액이 아닌 매매사례가액, 감정가액, 환산취득가액, 기준시가를 적용하는 경우에도 감가상각액을 차감한다.

**정답** 06 (○), 07 (○), 08 (○), 09 (×), 10 (×), 11 (×)

**12** | 공인중개사 2017년

양도소득의 필요경비를 산정하는 경우, 토지를 취득함에 있어서 부수적으로 매입한 채권을 만기 전에 양도함으로써 발생하는 매각차손은 채권의 매매상대방과 관계없이 전액양도비용으로 인정된다. ( )

**13** | 공인중개사 2016년

양도자산의 취득 후 쟁송이 있는 경우 그 소유권을 확보하기 위하여 직접 소요된 소송비용으로서 그 지출한 연도의 각 사업소득금액 계산시 필요경비에 산입된 금액은 양도가액에서 공제할 자본적 지출액 또는 양도비에 포함된다. ( )

**14** | 공인중개사 2016년

양도자산의 이용편의를 위하여 지출한 비용은 양도가액에서 공제할 자본적 지출액 또는 양도비에 포함된다. ( )

**15** | 공인중개사 2016년

납부의무자와 양도자가 동일한 경우 「재건축초과이익 환수에 관한 법률」에 따른 재건축부담금은 양도가액에서 공제할 자본적 지출액 또는 양도비에 포함된다. ( )

**16** | 공인중개사 2016년

자산을 양도하기 위하여 직접 지출한 양도소득세과세표준 신고서 작성비용은 양도가액에서 공제할 자본적 지출액 또는 양도비에 포함된다. ( )

**17** | 공인중개사 2016년

자산을 양도하기 위하여 직접 지출한 공증비용은 양도가액에서 공제할 자본적 지출액 또는 양도비에 포함된다. ( )

**18** | 공인중개사 2017년

취득가액을 실지거래가액에 의하는 경우 당초 약정에 의한 지급기일의 지연으로 인하여 추가로 발생하는 이자상당액은 취득원가에 포함하지 아니한다. ( )

---

12 (×) 부동산 취득시 매입한 국민주택채권 등의 양도차손은 금융회사에 매각시 매각차손을 한도로 적용한다.

13 (×) 취득에 관한 쟁송 등과 관련하여 직접 소요된 비용은 필요경비로 인정한다. 다만, 해당 금액 중 지출연도의 각 소득금액 계산시 사업의 필요경비로 산입한 금액은 이미 사업소득 계산시 공제하였으므로 중복공제를 방지하기 위해 양도가액에서는 공제할 필요경비에 포함하지 않는다.

**정답** 12 (×), 13 (×), 14 (○), 15 (○), 16 (○), 17 (○), 18 (○)

## 3 필요경비 개산공제

**19** | 공인중개사 2015년

취득가액을 매매사례가액으로 계산하는 경우 취득당시 개별공시지가에 3/100을 곱한 금액이 필요경비에 포함된다. ( )

**20** | 공인중개사 2015년

필요경비개산공제는 미등기양도자산에는 적용되지 않는다. ( )

## 4 필요경비 개산공제의 기준시가 산정방법

**21** | 공인중개사 2019년

개발사업 등으로 지가가 급등하거나 급등우려가 있는 지역으로서 국세청장이 지정한 지역에 있는 토지의 기준시가는 배율방법에 따라 평가한 가액으로 한다. ( )

**22** | 공인중개사 2019년

국세청장이 지정하는 지역에 있는 오피스텔의 기준시가는 건물의 종류, 규모, 거래상황, 위치 등을 고려하여 매년 1회 이상 국세청장이 토지와 건물에 대하여 일괄하여 산정·고시하는 가액으로 한다. ( )

**23** | 공인중개사 2019년

「민사집행법」에 의한 저당권 실행을 위하여 토지가 경매되는 경우의 그 경락가액이 개별공시지가 보다 낮은 경우에는 그 차액을 개별공시지가에서 차감하여 양도 당시 기준시가를 계산한다(단, 지가 급등 지역 아님). ( )

**24** | 공인중개사 2019년

부동산을 취득할 수 있는 권리에 대한 기준시가는 양도자산의 종류를 고려하여 취득일 또는 양도일까지 납입한 금액으로 한다. ( )

---

20 (×) 필요경비개산공제는 미등기양도자산에도 적용된다.

24 (×) 부동산을 취득할 수 있는 권리의 기준시가는 취득일 또는 양도일까지 납입한 금액과 취득일 또는 양도일 현재의 프리미엄 상당액의 합계액으로 한다.

**정답** 19 (○), 20 (×), 21 (○), 22 (○), 23 (○), 24 (×)

# 핵심테마 21 양도차익 특례

## 1 고가주택에 대한 양도차익 특례

**01** | 공인중개사 **2020년**

국내소재 1세대 1주택의 양도소득세에서 "고가주택"이란 기준시가 12억 원을 초과하는 주택을 말한다. ( )

**02** | 공인중개사 **2020년**

국내소재 1세대 1주택의 양도소득세에서 다가구주택을 구획된 부분별로 양도하지 아니하고 하나의 매매단위로 양도하여 단독주택으로 보는 다가구주택의 경우에는 그 전체를 하나의 주택으로 보아 법령에 따른 고가주택 여부를 판단한다. ( )

## 2 부담부증여에 대한 양도차익 특례

**03** | 공인중개사 **2019년**

배우자 간 부담부증여로서 수증자에게 인수되지 아니한 것으로 추정되는 채무액은 부담부증여의 채무액에 해당하는 부분에서 제외한다. ( )

**04** | 공인중개사 **2019년**

배우자 및 직계존비속간 부담부증여시 채무인수액은 금융기관 채무 등 객관적인 경우에 한하여 인정한다. ( )

**05** | 공인중개사 **2019년**

거주자 甲은 국내에 있는 양도소득세 과세대상 X토지를 2010년 시가 1억 원에 매수하여 2019년 배우자 乙에게 증여하였다. X토지에는 甲의 금융기관 차입금 5천만 원에 대한 저당권이 설정되어 있었으며 乙이 이를 인수한 사실은 채무부담계약서에 의하여 확인되었다. X토지의 증여가액과 증여시「상속세 및 증여세법」에 따라 평가한 가액(시가)은 각각 2억 원이었다. 乙이 인수한 채무 5천만 원에 해당하는 부분은 양도로 본다. ( )

---

01 (×) 기준시가(×), 실지거래가액의 합계액(○), 양도소득세에서 고가주택이란 주택 및 이에 딸린 토지의 양도 당시의 실지거래가액의 합계액이 12억 원을 초과하는 것을 말한다.

**정답** 01 (×), 02 (○), 03 (○), 04 (○), 05 (○)

## 3 배우자·직계존비속 간 증여재산 이월과세 특례

**06** | 공인중개사 2021년

거주자가 양도일부터 소급하여 10년 이내에 그 배우자(양도 당시 사망으로 혼인관계가 소멸된 경우 포함)로부터 증여받은 토지를 양도할 경우에 이월과세를 적용한다. ( )

**07** | 공인중개사 2014년

소득세법상 거주자 甲이 2017년 1월에 취득한 건물(취득가액 3억 원)을 甲의 배우자 乙에게 2021년 3월에 증여(해당 건물의 시가 8억 원)한 후, 乙이 당해 5월에 해당 건물을 甲·乙의 특수관계인이 아닌 丙에게 10억 원에 매도하였다. 배우자·직계존비속간 증여재산 이월과세 규정에 따라 양도소득세 납세의무자는 乙이다. ( )

**08** | 공인중개사 2021년

이월과세를 적용받은 자산의 보유기간은 증여한 배우자가 그 자산을 증여한 날을 취득일로 본다. ( )

**09** | 공인중개사 2014년

소득세법상 거주자 甲이 2017년 1월에 취득한 건물(취득가액 3억 원)을 甲의 배우자 乙에게 2021년 3월에 증여(해당 건물의 시가 8억 원)한 후, 乙이 당해 5월에 해당 건물을 甲·乙의 특수관계인이 아닌 丙에게 10억 원에 매도하였다. 양도차익 계산시 양도가액에서 공제할 취득가액은 3억 원이다. ( )

**10** | 공인중개사 2020·2021년

배우자 간 증여재산의 이월과세를 적용하는 경우 거주자가 배우자로부터 증여받은 자산에 대하여 납부한 증여세를 필요경비에 산입하지 아니한다. ( )

---

06 (×) 사망으로 혼인관계가 소멸된 경우 포함(×), 사망으로 혼인관계가 소멸한 경우 제외(○), 거주자가 양도일부터 소급하여 10년 이내에 그 배우자(양도 당시 사망으로 혼인관계가 소멸된 경우 제외)로부터 증여받은 토지를 양도할 경우에 이월과세를 적용한다.

08 (×) 증여한 날을(×), 취득한 날을(○). 이월과세를 적용받은 자산의 보유기간은 증여한 배우자가 그 자산을 증여한 날을 취득일로 본다.

10 (×) 산입하지 아니한다(×), 산입한다(○). 이월과세를 적용하는 경우 거주자가 배우자로부터 증여받은 자산에 대하여 납부한 증여세를 필요경비에 산입한다.

**정답** 06 (×), 07 (○), 08 (×), 09 (○), 10 (×)

**11** | 공인중개사 2014년

소득세법상 거주자 甲이 2017년 1월에 취득한 건물(취득가액 3억 원)을 甲의 배우자 乙에게 2021년 3월에 증여(해당 건물의 시가 8억 원)한 후, 乙이 당해 5월에 해당 건물을 甲·乙의 특수관계인이 아닌 丙에게 10억 원에 매도하였다. 乙이 납부한 증여세는 양도소득세 납부세액 계산시 세액공제된다. ( )

**12** | 공인중개사 2014년

소득세법상 거주자 甲이 2017년 1월에 취득한 건물(취득가액 3억 원)을 甲의 배우자 乙에게 2021년 3월에 증여(해당 건물의 시가 8억 원)한 후, 乙이 당해 5월에 해당 건물을 甲·乙의 특수관계인이 아닌 丙에게 10억 원에 매도하였다. 양도소득금액 계산시 甲의 취득당시를 기준으로 장기보유특별공제가 적용된다. ( )

**13** | 공인중개사 2014년

소득세법상 거주자 甲이 2017년 1월에 취득한 건물(취득가액 3억 원)을 甲의 배우자 乙에게 2021년 3월에 증여(해당 건물의 시가 8억 원)한 후, 乙이 당해 5월에 해당 건물을 甲·乙의 특수관계인이 아닌 丙에게 10억 원에 매도하였다. 양도소득세에 대해 甲과 乙이 연대하여 납세의무를 진다. ( )

**14** | 공인중개사 2021년

거주자가 사업인정고시일부터 소급하여 2년 이전에 배우자로부터 증여받은 경우로서 「공익사업을 위한 토지 등의 취득 및 보상에 관한 법률」에 따라 수용된 경우에는 이월과세를 적용한다. ( )

---

11 (×) 乙이 납부한 증여세는 양도소득세 계산시 필요경비에 산입한다.

13 (×) 배우자·직계존비속간 증여재산 이월과세는 부당행위계산부인 증여 후 양도 규정과는 다르게 양도소득세에 대해 연대납세의무가 없다.

14 (×) 다음의 경우는 배우자·직계존비속간 증여재산 이월과세를 적용하지 아니한다.
 ① 사업인정고시일부터 소급하여 2년 이전에 증여받은 경우로서 법률에 따라 협의매수 또는 수용된 경우
 ② 배우자·직계존비속간 증여재산 이월과세 규정을 적용할 경우 비과세대상인 1세대 1주택에 해당하게 되는 경우
 ③ 배우자·직계존비속간 증여재산 이월과세 규정을 적용하여 계산한 양도소득 결정세액이 해당 규정을 적용하지 아니하고 계산한 양도소득 결정세액보다 적은 경우

**정답** 11 (×), 12 (○), 13 (×), 14 (×)

**15** | 공인중개사 2021년

이월과세를 적용하여 계산한 양도소득결정세액이 이월과세를 적용하지 않고 계산한 양도소득결정세액보다 적은 경우에 이월과세를 적용하지 아니한다. ( )

## 4 부당행위계산의 부인

**16** | 공인중개사 2020년

거주자가 특수관계인과의 거래(시가와 거래가액의 차액이 5억 원임)에 있어서 토지를 시가에 미달하게 양도함으로써 조세의 부담을 부당히 감소시킨 것으로 인정되는 때에는 그 양도가액을 시가에 의하여 계산한다. ( )

**17** | 공인중개사 2022년

거주자 甲이 특수관계인 乙에게 자산을 증여한 후 증여받은 자 乙이 그 증여일부터 10년 이내에 타인에게 양도하였다. 乙의 증여세와 양도소득세를 합한 세액이 甲이 직접 양도하는 경우로 보아 계산한 양도소득세보다 적은 경우, 甲은 양도소득세 납세의무자이다. ( )

**18** | 공인중개사 2022년

거주자 甲이 특수관계인 乙에게 자산을 증여한 후 증여받은 자 乙이 그 증여일부터 10년 이내에 타인에게 양도하였다. 乙의 증여세와 양도소득세를 합한 세액이 甲이 직접 양도하는 경우로 보아 계산한 양도소득세보다 적은 경우, 양도차익 계산 시 취득가액은 甲의 취득 당시를 기준으로 한다. ( )

**19** | 공인중개사 2022년

거주자 甲이 특수관계인 乙에게 자산을 증여한 후 증여받은 자 乙이 그 증여일부터 10년 이내에 타인에게 양도하였다. 乙의 증여세와 양도소득세를 합한 세액이 甲이 직접 양도하는 경우로 보아 계산한 양도소득세보다 적은 경우, 양도소득세 계산 시 보유기간은 甲의 취득일부터 乙의 양도일까지의 기간으로 한다. ( )

---

16 (○) 거주자가 특수관계인과의 고가취득·저가양도의 거래를 통해 조세의 부담을 부당하게 감소시킨 것으로 인정되는 경우에는 그 양도가액을 시가에 의하여 계산한다. 이러한 고가취득·저가양도의 부당행위계산 부인은 시가와 거래가액의 차액이 3억 원 이상이거나 시가의 100분의 5에 상당하는 금액 이상인 경우로 한정한다.

**정답** 15 (○), 16 (○), 17 (○), 18 (○), 19 (○)

**20** | 공인중개사 2020년

특수관계인에게 증여한 자산에 대해 증여자인 거주자에게 양도소득세가 과세되는 경우 수증자가 부담한 증여세 상당액은 양도가액에서 공제할 필요경비에 산입한다. ( )

**21** | 공인중개사 2022년

거주자 甲이 특수관계인 乙에게 자산을 증여한 후 증여받은 자 乙이 그 증여일부터 10년 이내에 타인에게 양도하였다. 乙의 증여세와 양도소득세를 합한 세액이 甲이 직접 양도하는 경우로 보아 계산한 양도소득세보다 적은 경우, 乙이 납부한 증여세는 양도차익 계산 시 필요경비에 산입한다. ( )

**22** | 공인중개사 2022년

거주자 甲이 특수관계인 乙에게 자산을 증여한 후 증여받은 자 乙이 그 증여일부터 10년 이내에 타인에게 양도하였다. 乙의 증여세와 양도소득세를 합한 세액이 甲이 직접 양도하는 경우로 보아 계산한 양도소득세보다 적은 경우, 양도소득세에 대해서는 甲과 乙이 연대하여 납세의무를 진다. ( )

---

20 (×) 증여자에게 양도소득세가 과세되는 경우에는 당초 증여받은 자산에 대한 증여세는 부과를 취소하여 수증자에게 환급한다.

21 (×) 증여자에게 양도소득세가 과세되는 경우에는 당초 증여받은 자산에 대한 증여세는 부과를 취소하여 수증자에게 환급한다.

**정답** 20 (×), 21 (×), 22 (○)

# 핵심테마 22 양도소득세 과세표준과 산출세액

## 1 장기보유특별공제

**01** | 공인중개사 2013년

양도소득세의 경우, 보유기간이 3년 이상인 토지 및 건물(미등기양도자산 및 비사업용토지 제외)에 한정하여 장기보유특별공제가 적용된다. ( )

**02** | 공인중개사 2015년

양도소득세의 경우, 보유기간이 3년 이상인 등기된 상가건물은 장기보유특별공제가 적용된다. ( )

**03** | 공인중개사 2015년

양도소득세의 경우, 1세대 1주택 요건을 충족한 고가주택(보유기간 2년 6개월)이 과세되는 경우 장기보유특별공제가 적용된다. ( )

**04** | 공인중개사 2020년

국내소재 1세대 1주택의 양도소득세에서 거주자가 2019년 취득 후 계속 거주한 법령에 따른 고가주택을 2020년 5월에 양도하는 경우 장기보유특별공제의 대상이 되지 않는다. ( )

**05** | 공인중개사 2013년

등기된 비사업용토지를 양도한 경우 양도소득기본공제 대상이 된다. ( )

**06** | 공인중개사 2015년

양도소득세의 경우, 100분의 70의 세율이 적용되는 미등기 건물에 대해서는 장기보유특별공제를 적용하지 아니한다. ( )

---

01 (○) 토지·건물에 한정하여(×), 토지·건물 및 조합원입주권에 대하여(○), 보유기간이 3년 이상인 토지·건물 및 조합원입주권에 대하여 장기보유특별공제가 적용된다.
03 (×) 장기보유특별공제는 국내자산으로서 3년 이상 보유한 토지·건물·조합원입주권을 대상으로 한다. 따라서 1세대 1주택 요건을 충족하더라도 고가주택의 보유기간이 2년 6개월인 경우에는 장기보유특별공제를 적용하지 않는다.

**정답** 01 (○), 02 (○), 03 (×), 04 (○), 05 (○), 06 (○)

**07** | 공인중개사 2013년

양도소득세의 경우, 1세대 1주택이라도 장기보유특별공제가 적용될 수 있다. ( )

**08** | 공인중개사 2020년

국내소재 1세대 1주택의 양도소득세에서 장기보유특별공제는 보유기간에 따른 공제와 거주기간에 따른 공제를 합쳐서 계산한다. ( )

**09** | 공인중개사 2013·2015년

양도소득세의 경우, 장기보유특별공제액은 건물의 양도차익에 보유기간별 공제율을 곱하여 계산한다. ( )

**10** | 공인중개사 2015년

보유기간이 15년인 등기된 상가건물의 보유기간별 공제율은 100분의 30이다. ( )

**11** | 공인중개사 2020년

국내소재 1세대 1주택의 양도소득세에서 고가주택에 해당하는 자산의 장기보유특별공제액은 소득세법 제95조 제2항에 따른 장기보유특별공제액에 "양도가액에서 12억 원을 차감한 금액이 양도가액에서 차지하는 비율"을 곱하여 산출한다. ( )

**12** | 공인중개사 2020년

국내소재 1세대 1주택의 양도소득세에서 법령에 따른 고가주택에 해당하는 자산의 양도차익은 양도차익에 "양도가액에서 12억 원을 차감한 금액이 양도가액에서 차지하는 비율"을 곱하여 산출한다. ( )

**13** | 공인중개사 2013년

양도소득세의 경우, 장기보유특별공제 계산시 해당 자산의 보유기간은 그 자산의 취득일부터 양도일까지로 하지만 「소득세법」 제97조 제4항에 따른 배우자 또는 직계존비속간 증여 재산에 대한 이월과세가 적용되는 경우에는 증여한 배우자 또는 직계존비속이 해당 자산을 취득한 날부터 기산한다. ( )

**정답** 07 (O), 08 (O), 09 (O), 10 (O), 11 (O), 12 (O), 13 (O)

## 2 양도차손

**14** | 공인중개사 2018·2020년

부동산에 관한 권리의 양도로 발생한 양도차손은 토지의 양도에서 발생한 양도소득금액에서 공제할 수 없다. ( )

## 3 양도소득세 세율

**15** | 공인중개사 2016년

1년 6개월 보유한 조정대상지역 외 1주택의 양소소득세율은 100분의 40이다. ( )

**16** | 공인중개사 2016년

6개월 보유한 1주택의 양소소득세율은 100분의 70이다. ( )

**17** | 공인중개사 2016·2019년

보유기간이 1년 미만인 조합원입주권의 양소소득세율은 100분의 70이다. ( )

**18** | 공인중개사 2019년

보유기간이 2년 이상인 분양권의 양소소득세율은 기본세율을 적용한다. ( )

---

14 (×) 부동산에 대한 권리의 양도로 발생한 양도차손과 토지의 양도에서 발생한 양도소득금액은 같은 그룹에 속하므로 그 양도차손을 공제할 수 있다.

15 (×) 1년 6개월 보유한 조정대상지역 외 1주택의 양소소득세율은 100분의 60이다. **보충** 주택·조합원입주권의 양도소득세율은 보유기간 1년 미만인 경우에는 100분의 70, 보유기간 1년 이상 2년 미만인 경우에는 100분의 60, 보유기간 2년 이상인 경우에는 기본세율을 적용한다.

18 (×) 보유기간이 2년 이상인 분양권의 양소소득세율은 100분의 60이다. **보충** 분양권의 양도소득세율은 보유기간 1년 미만인 경우에는 100분의 70, 보유기간 1년 이상 2년 미만인 경우에는 100분의 60, 보유기간 2년 이상인 경우에는 100분의 60을 적용한다.

**정답** 14 (×), 15 (×), 16 (○), 17 (○), 18 (×)

**19** | 공인중개사 **2016년**

2년 1개월 보유한 상가건물의 양소소득세율은 100분의 40이다. ( )

**20** | 공인중개사 **2016년**

10개월 보유한 상가건물의 양소소득세율은 100분의 50이다. ( )

**21** | 공인중개사 **2016·2019년**

1년 8개월 보유한 상가건물의 양소소득세율은 100분의 40이다. ( )

**22** | 공인중개사 **2019년**

미등기건물의 양소소득세율은 100분의 70이다. ( )

**23** | 공인중개사 **2018년**

미등기양도자산은 양도소득세 과세표준에 100분의 70을 곱한 금액을 양도소득 결정세액에 더한다. ( )

**24** | 공인중개사 **2019년**

양도소득과세표준이 1,400만 원 이하인 등기된 비사업용토지의 양소소득세율은 100분의 6이다. ( )

---

19 (×) 2년 1개월 보유한 상가건물의 양소소득세율은 기본세율을 적용한다. **보충** 일반의 양도소득세율은 보유기간 1년 미만인 경우에는 100분의 50, 보유기간 1년 이상 2년 미만인 경우에는 100분의 40, 보유기간 2년 이상인 경우에는 기본세율을 적용한다.

23 (×) 미등기 양도자산은 양도소득세 과세표준에 100분의 70을 곱한 금액을 양도소득 산출세액으로 한다.

24 (×) 양도소득과세표준이 1,400만 원 이하인 등기된 비사업용토지의 양소소득세율은 100분의 16이다. **보충** 비사업용토지의 양도소득세율은 기본세율 + 10%이다. 따라서 비사업용토지의 양도소득세율은 양도소득과세표준이 1,400만 원 이하의 토지의 세율 6% + 10% = 16%이다.

**정답** 19 (×), 20 (○), 21 (○), 22 (○), 23 (×), 24 (×)

## 4 비사업용 토지

**25** | 공인중개사 2019년

「국토의 계획 및 이용에 관한 법률」에 따른 개발제한구역에 있는 농지는 비사업용 토지에 해당한다. ( )

**26** | 공인중개사 2019년

농지로부터 직선거리 30킬로미터 이내에 있는 지역에 사실상 거주하는 자가 그 소유농지에서 농작업의 2분의 1 이상을 자기의 노동력에 의하여 경작하는 경우 비사업용 토지에서 제외한다. ( )

## 5 세액공제·세액감면과 가산세

**27** | 공인중개사 2022년

과세표준 예정신고와 함께 납부하는 때에는 산출세액에서 납부할 세액의 100분의 5에 상당하는 금액을 공제한다. ( )

**28** | 공인중개사 2022년

납세의무자가 법정신고기한까지 양도소득세의 과세표준 신고를 하지 아니한 경우(부정행위로 인한 무신고는 제외)에는 그 무신고납부세액에 100분의 20을 곱한 금액을 가산세로 한다. ( )

---

25 (×) 농지로서 다음에 해당하는 것은 비사업용토지로 본다.
① 소유자가 일정한 농지 소재지에 거주하지 아니하거나 자기가 경작하지 아니하는 농지. 다만, 「농지법」이나 그 밖의 법률에 따라 소유할 수 있는 농지로서 대통령령으로 정하는 경우는 제외한다. "소유자가 농지소재지에 거주하지 아니하거나 자기가 경작하지 아니하는 농지"란 농지의 소재지와 동일한 시·군·구, 연접한 시·군·구 또는 농지로부터 직선거리 30킬로미터 이내에 있는 지역에 사실상 거주하는 자가 직접 경작을 하는 농지를 제외한 농지를 말한다.
② 특별시·광역시·특별자치시·특별자치도 및 시지역 중 「국토의 계획 및 이용에 관한 법률」에 따른 도시지역(녹지지역 및 개발제한구역은 제외한다)에 있는 농지. 다만, 소유자가 농지 소재지에 거주하며 스스로 경작하던 농지로서 특별시·광역시·특별자치시·특별자치도 및 시지역의 도시지역에 편입된 날부터 3년의 기간이 지나지 아니한 농지는 제외한다.

27 (×) 과세표준 예정신고에 대한 세액공제는 없다. **보충** 납세자가 직접 전자신고를 하는 경우에는 해당 납부세액에서 전자신고세액공제 2만 원을 공제한다.

**정답** 25 (×), 26 (○), 27 (×), 28 (○)

**29** | 공인중개사 2018년

건물을 신축하고 그 신축한 건물의 취득일부터 5년 이내에 해당 건물을 양도하는 경우로서 취득 당시의 실지 거래가액을 확인할 수 없어 환산가액을 그 취득가액으로 하는 경우에는 양도소득세 산출세액의 100분의 5에 해당하는 금액을 양도소득 결정세액에 더한다. ( )

**30** | 공인중개사 2022년

건물을 신축하고 그 취득일부터 3년 이내에 양도하는 경우로서 감정가액을 취득가액으로 하는 경우에는 그 감정가액의 100분의 3에 해당하는 금액을 양도소득 결정세액에 가산한다. ( )

---

29 (×) 양도소득세 산출세액의 100분의 5(×), 환산취득가액의 100분의 5(○), 건물을 신축하고 그 신축한 건물의 취득일부터 5년 이내에 해당 건물을 양도하는 경우로서 취득 당시의 실지거래가액을 확인할 수 없어 환산가액을 그 취득가액으로 하는 경우에는 환산취득가액의 100분의 5에 해당하는 금액을 양도소득 결정세액에 더한다.

30 (×) 감정가액의 100분의 3(×), 감정가액의 100분의 5(○), 건물을 신축하고 그 취득일부터 5년 이내에 양도하는 경우로서 감정가액을 취득가액으로 하는 경우에는 그 감정가액의 100분의 5에 해당하는 금액을 양도소득 결정세액에 가산한다.

정답 29 (×), 30 (×)

# 핵심테마 23 양도소득세 신고 및 납부

## 1 예정신고·납부

**01** | 공인중개사 2015·2018년

토지 또는 건물을 양도한 경우에는 그 양도일이 속하는 분기의 말일부터 2개월 이내에 양도소득과세표준을 신고해야 한다. ( )

**02** | 공인중개사 2020년

법령에 따른 부담부증여의 채무액에 해당하는 부분으로서 양도로 보는 경우 그 양도일이 속하는 달의 말일부터 3개월 이내에 양도소득과세표준을 납세지 관할 세무서장에게 신고하여야 한다. ( )

**03** | 공인중개사 2015·2016·2018·2020년

양도차익이 없거나 양도차손이 발생한 경우에는 양도소득과세표준 예정신고 의무가 없다. ( )

**04** | 공인중개사 2016년

예정신고하지 않은 거주자가 해당 과세기간의 과세표준이 없는 경우 확정신고하지 아니한다. ( )

---

01 (×) 분기의 말일부터(×), 달의 말일부터(○), 토지 또는 건물을 양도한 경우에는 그 양도일이 속하는 달의 말일부터 2개월 이내에 양도소득과세표준을 신고해야 한다.
03 (×) 양도차익이 없거나 양도차손이 발생한 경우에도 양도소득과세표준 예정신고 할 의무가 있다.
04 (×) 예정신고를 하지 않은 경우, 양도차익이 없는 경우에도 예정신고의무가 있는 경우에는 신고를 해야 한다.

**정답** 01 (×), 02 (○), 03 (×), 04 (×)

**05** | 공인중개사 2022년

양도소득세 과세대상 건물을 양도한 거주자는 부담부증여의 채무액을 양도로 보는 경우 예정신고 없이 확정신고를 하여야 한다. ( )

**06** | 공인중개사 2020년

예정신고납부를 하는 경우 예정신고 산출세액에서 감면세액을 빼고 수시부과세액이 있을 때에는 이를 공제하지 아니한 세액을 납부한다. ( )

**07** | 공인중개사 2015년

예정신고를 하지 않은 경우 확정신고를 하면, 예정신고에 대한 가산세는 부과되지 아니한다. ( )

## 2 확정신고·납부

**08** | 공인중개사 2015·2018·2020년

예정신고를 하는 경우에는 확정신고를 하지 아니할 수 있다. 다만, 당해연도에 누진세율의 적용대상 자산에 대한 예정신고를 2회 이상 한 자가 이미 신고한 양도소득금액과 합산하여 신고하지 아니한 경우 등과 같이 세액이 달라지는 경우에는 예정신고를 하였더라도 확정신고를 하여야 한다. ( )

**09** | 공인중개사 2022년

양도소득세 납세의무의 확정은 납세의무자의 신고에 의하지 않고 관할세무서장의 결정에 의한다. ( )

---

05 (×) 양도소득세 과세대상 건물을 양도한 거주자는 부담부증여의 채무액을 양도로 보는 경우에도 예정신고를 하여야 한다.

06 (×) 예정신고를 할 때에는 예정신고 산출세액에서 「조세특례제한법」이나 그 밖의 법률에 따른 감면세액을 차감하고 수시부과세액이 있을 때에는 이를 공제하여 납부하여야 한다.

07 (×) 예정신고와 관련하여 신고·납부의무를 위반한 경우에는 국세기본법상 신고가산세 및 납부지연가산세를 부담한다. 예정신고시 부담한 가산세는 확정신고시 중복적용하지 않는다.

09 (×) 양도소득세 납세의무의 확정은 납세의무자의 신고에 의하여 확정된다.

**정답** 05 (×), 06 (×), 07 (×), 08 (○), 09 (×)

**10** | 공인중개사 2022년

이미 납부한 확정신고세액이 관할세무서장이 결정한 양도소득 총결정세액을 초과할 때에는 해당 결정일부터 30일 이내에 환급해야 한다. ( )

**11** | 공인중개사 2022년

양도소득과세표준과 세액을 결정 또는 경정한 경우 관할세무서장이 결정한 양도소득 총결정세액이 이미 납부한 확정신고세액을 초과할 때에는 그 초과하는 세액을 해당 거주자에게 알린 날부터 30일 이내에 징수한다. ( )

**12** | 공인중개사 2022년

과세기간별로 이미 납부한 확정신고세액이 관할세무서장이 결정한 양도소득 총결정세액을 초과한 경우 다른 국세에 충당할 수 있다. ( )

## 3 양도소득세의 분할납부

**13** | 공인중개사 2014년

양도소득세의 분할납부는 예정신고납부시에는 적용되지 않고 확정신고납부시에만 적용된다. ( )

**14** | 공인중개사 2014·2015·2018년

양도소득과세표준 예정신고시에도 납부할 세액이 1천만 원을 초과하면 그 납부할 세액의 일부를 분할납부할 수 있다. ( )

**15** | 공인중개사 2016·2022년

예정신고납부할 세액이 1천 5백만 원인 자는 그 세액의 100분의 50의 금액을 납부기한이 지난 후 2개월 이내에 분할납부할 수 있다. ( )

---

13 (×) 양도소득세의 분할납부는 예정신고 및 확정신고시에 적용된다.
15 (×) 거주자로서 예정신고 또는 확정신고시 납부할 세액이 각각 1천만 원을 초과하는 자는 다음의 금액을 납부기한이 지난 후 2개월 이내에 분할납부할 수 있다.
  ① 납부할 세액이 2천만 원 이하인 때에는 1천만 원을 초과하는 금액
  ② 납부할 세액이 2천만 원을 초과하는 때에는 그 세액의 100분의 50 이하의 금액

**정답** 10 (○), 11 (○), 12 (○), 13 (×), 14 (○), 15 (×)

**16** | 공인중개사 2016·2020년

예정신고납부할 세액이 2천만 원을 초과하는 때에는 그 세액의 100분의 50 이하의 금액을 납부기한이 지난 후 2개월 이내에 분할납부할 수 있다. ( )

**17** | 공인중개사 2022년

공공사업의 시행자에게 수용되어 발생한 양도소득세액이 2천만 원을 초과하는 경우 납세의무자는 물납을 신청할 수 있다. ( )

**18** | 공인중개사 2014년

양도소득세를 물납하고자 하는 자는 양도소득세 과세표준 확정신고기한이 끝난 후 10일 이내에 납세지 관할세무서장에게 신청하여야 한다. ( )

## 4 양도소득세에 대한 지방소득세

**19** | 공인중개사 2016·2018년

양도소득에 대한 개인지방소득세 과세표준은 종합소득및 퇴직소득에 대한 개인지방소득세 과세표준과 구분하여 계산한다. ( )

**20** | 공인중개사 2016년

양도소득에 대한 개인지방소득세 과세표준은 「소득세법」상 양도소득과세표준으로 하는 것이 원칙이다. ( )

**21** | 공인중개사 2016년

양도소득에 대한 개인지방소득세의 공제세액이 산출세액을 초과하는 경우 그 초과금액은 없는 것으로 한다. ( )

---

17 (×) 양도소득세는 물납이 허용되지 않는다.

18 (×) 양도소득세는 물납이 허용되지 않는다. **보충** 양도소득세를 분할납부하고자 하는 자는 양도소득세 과세표준 예정신고기한 및 확정신고기한까지 납세지 관할세무서장에게 신청하여야 한다.

**정답** 16 (○), 17 (×), 18 (×), 19 (○), 20 (○), 21 (○)

**22** | 공인중개사 **2016년**

양도소득에 대한 개인지방소득세의 세액이 2천 원인 경우에는 이를 징수하지 아니한다.
( )

22 (×) 2천 원(×), 2천 원 미만(○), 지방소득세로 징수할 세액이 고지서 1장당 2천 원 미만인 경우에는 그 지방소득세를 징수하지 아니한다.

정답 22 (×)

# 핵심테마 24 국외자산양도에 대한 양도소득

## 1 국외자산 양도소득의 범위

**01** | 공인중개사 2014년

국외자산 양도시 양도소득세의 납세의무자는 국외자산의 양도일까지 계속하여 3년간 국내에 주소를 둔 거주자이다. ( )

**02** | 공인중개사 2016·2019년

거주자가 국외 토지를 양도한 경우 양도일까지 계속해서 5년 이상 국내에 주소를 두었다면 양도소득과세표준을 예정신고하여야 한다. ( )

**03** | 공인중개사 2016년

비거주자가 국외 토지를 양도한 경우 양도소득세 납부 의무가 있다. ( )

**04** | 공인중개사 2016년

거주자가 국내 상가건물을 양도한 경우 거주자의 주소지와 상가건물의 소재지가 다르다면 양도소득세 납세지는 상가건물의 소재지이다. ( )

**05** | 공인중개사 2016년

비거주자가 국내 주택을 양도한 경우 양도소득세 납세지는 비거주자의 국외 주소지이다. ( )

---

01 (×) 국외자산 양도시 양도소득세의 납세의무자는 거주자로서 해당 자산의 양도일까지 계속 5년 이상 국내에 주소 또는 거소를 둔 자이다.
03 (×) 비거주자는 국외 토지를 양도에 대하여 양도소득세 납부의무가 없다.
04 (×) 거주자가 국내 상가건물을 양도한 경우 거주자의 주소지와 상가건물의 소재지가 다르다면 양도소득세 납세지는 거주자의 주소지 또는 거소지로 한다.
05 (×) 비거주자가 국내 주택을 양도한 경우 양도소득세 납세지는 국내사업장의 소재지로 한다. 다만, 국내사업장이 없는 경우에는 국내원천소득이 발생한 장소로 한다.

**정답** 01 (×), 02 (○), 03 (×), 04 (×), 05 (×)

**06 | 공인중개사 2020년**

국외에 있는 부동산에 관한 권리로서 미등기 양도자산의 양도로 발생하는 소득은 양도소득의 범위에 포함된다. ( )

**07 | 공인중개사 2019·2021년**

거주자 甲이 국외에서 외화를 차입하여 국외에 있는 양도소득세 과세대상 X토지를 취득한 경우 환율변동으로 인하여 외화차입금으로부터 발생한 환차익은 양도소득의 범위에서 제외한다. ( )

## 2 국외자산 양도가액과 필요경비

**08 | 공인중개사 2014·2019·2020년**

국외자산의 양도가액은 실지거래가액이 있더라도 양도 당시 현황을 반영한 시가에 의하는 것이 원칙이다. ( )

**09 | 공인중개사 2016·2021년**

국외자산의 양도는 기준시가와 기타필요경비의 개산공제를 적용하지 아니하며, 장기보유특별공제, 중과세율 등을 적용하지 않는다. ( )

**10 | 공인중개사 2014년**

양도차익 계산시 필요경비의 외화환산은 지출일 현재 「외국환거래법」에 의한 기준환율 또는 재정환율에 의한다. ( )

## 3 국외자산 양도소득의 장기보유특별공제, 양도소득기본공제 및 세율

**11 | 공인중개사 2016·2019·2020·2021년**

거주자가 국외 주택을 양도한 경우 양도일까지 계속해서 5년간 국내에 주소를 두었다면 양도소득금액 계산시 장기보유특별공제가 적용된다. ( )

---

08 (×) 국외자산의 양도가액과 그 자산의 양도 당시의 실지거래가액으로 한다. 양도 당시의 실지거래가액을 확인할 수 없는 경우에는 양도자산이 소재하는 국가의 양도 당시 현황을 반영한 시가에 따른다.

11 (×) 국외자산에 대한 양도소득금액 계산시에는 장기보유특별공제를 적용하지 아니한다.

**정답** 06 (○), 07 (○), 08(×), 09 (○), 10 (○), 11 (×)

**12** | 공인중개사 2014년

장기보유특별공제는 국외자산의 보유기간이 3년 이상인 경우에만 적용된다. ( )

**13** | 공인중개사 2016·2020·2021년

거주자 甲이 국외에서 외화를 차입하여 국외에 있는 양도소득세 과세대상 X토지를 취득한 경우 X토지에 대한 양도소득금액에서 양도소득 기본공제로 250만원을 공제한다. ( )

**14** | 공인중개사 2014년

미등기 국외토지에 대한 양도소득세율은 70%이다. ( )

**15** | 공인중개사 2020년

국외토지의 양도소득에 대하여 해당 외국에서 과세를 하는 경우로서 법령이 정한 그 국외자산 양도소득세액을 납부하였거나 납부할 것이 있을 때에는 외국납부세액의 세액공제방법과 필요경비 산입방법 중 하나를 선택하여 적용할 수 있다. ( )

---

12 (×) 국외자산에 대한 양도소득금액 계산시에는 장기보유특별공제를 적용하지 아니한다.

14 (×) 국외자산양도에 대한 양도소득에 대해서는 기본세율을 적용하며, 중과세율은 적용하지 아니한다.

**정답** 12 (×), 13 (○), 14 (×), 15 (○)

## 이 현

연세대학교 법과대학 법학과 졸업
공인중개사
한양대학교, 동국대학교, 대전 지방국세청, 감사교육원, 경기도 인재개발원, 강동구청, 송파구청 특강
베리타스, 한국법학원, 태학관(사시, 행시)
국가공무원 학원(공무원)
현) 모두공인 공인중개사 민법 및 민사특별법·부동산공시법 강사

## 모두공인 공인중개사 슈퍼리멤버

2차 | 공인중개사법령 및 중개실무 · 부동산공법 · 부동산공시법 · 부동산세법

**초판발행** 2023년 6월 25일
**저자** 이현 · 깨알연구소
**발행인** 이종은
**발행처** 신조사
**등록번호** 제1994-000070호
**전화** 02-713-0402
**팩스** 02-713-0403
**이메일** sinjosa@sinjosa.co.kr
**ISBN** 979-11-86377-95-6
**정가** 38,000원

이 책은 도서출판 신조사가 저작권자와의 계약에 따라 발행하였으며,
인지는 상호 협의 하에 첩부를 생략합니다.
본사의 허락 없이는 어떠한 형태나 수단으로도 이 책의 내용을 이용하지 못합니다.
잘못된 책은 구입처에서 교환해 드립니다.